北京海淀年鉴

2009

《北京海淀年鉴》编纂委员会　编

中央文献出版社

图书在版编目(CIP)数据

北京海淀年鉴.2009/《北京海淀年鉴》编委会编.—北京：中央文献出版社，2009.12

ISBN 978-7-5073-2945-2

Ⅰ.北… Ⅱ.北… Ⅲ.海淀区-2009-年鉴
Ⅳ.Z521.3

中国版本图书馆CIP数据核字(2009)第214054号

北京海淀年鉴.2009

编　　者/《北京海淀年鉴》编委会
责任编辑/孙　翊
封面设计/梓　天

出版发行/中央文献出版社
地　　址/北京西四北大街前毛家湾1号
邮　　编/100017
经　　销/新华书店
排　　版/中国印刷总公司
印　　刷/中国印刷总公司

185×260mm　16开　31.75印张　52插页　768千字
2009年12月第1版　2010年2月第1次印刷
印数1-1800册

ISBN 978-7-5073-2945-2　定价:150.00元

《北京海淀年鉴》编纂委员会

《北京海淀年鉴》编辑部

出版说明

1、《北京海淀年鉴·2009》是一部综合性资料性工具书。本书在中共海淀区委、海淀区人民政府领导下，由《北京海淀年鉴》编纂委员会组织编纂，《北京海淀年鉴》编辑部负责实际编写工作。本书著作权属《北京海淀年鉴》编纂委员会及其下属的《北京海淀年鉴》编辑部。

2、《北京海淀年鉴》编写工作以马克思列宁主义、毛泽东思想、邓小平理论和"三个代表"重要思想为指导，贯彻落实科学发展观，坚持以人为本，构建和谐社会。

3、《北京海淀年鉴》按年度编纂出版，本书是该年鉴系列的第八卷。本书全面记述海淀区2008年经济和社会发展各方面的基本情况和重大事件，记述时限为2008年1月1日至2008年12月31日。凡在文中直书月、日的，均指2008年内的日期，文中"本年"、"年内"、"今年"一律指2008年。书中涉及其他年份的时间均标明年份。

4、本书设区情概述、特载文献、规范性文件选载、大事记、党派、人大·政协、区人民政府、奥运专题、群众团体、政法·军事、中关村科技园区海淀园、综合经济管理、工业、农业·水务·气象、商业服务业·对外经济贸易、旅游业、城乡建设、市政管理、科技文化卫生体育、教育、社会事务、街道乡镇概况、人物、统计资料、附录，共25个一级类目，一级类目下设二级类目，部分二级类目下设三级类目，三级（或二级）类目之下为综合性文字（"综述"）和条目。本书体裁以文章、条目为主，还有少量统计表格、名录等。部分综合性文字以黑体字分段。

5、收入本年鉴的烈士按批准时间收入；先进人物一般是按表彰年度（2008年度）收入，不按年度表彰或实际表彰时间较晚、未能收入该年度年鉴的，则按实际表彰时间收入相应年度年鉴；新闻人物以2008年内正式报道为限；逝世人物限2008年逝世的。本区党政机关、民主党派、群众团体负责人名录以2008年在职为限，但此前任免而未记的，则本年补记。

6、本书引用的统计数字，部分与区统计局编《海淀统计年鉴（2009）》进行了核对，未能核对的以资料提供单位的最后确定数字为准。各街道乡镇的辖区面积数以区民政局2006年2月图测数据为准。

7、本年鉴多数内容由本区各机关、单位和部分企业提供，年鉴编辑部人员也直接收集了部分资料，有少量内容向驻区的公用事业服务单位征集。凡经专人撰写的，在文中有关内容的最后列出初稿撰稿人的姓名。年鉴编辑部人员对各方面提供的初稿和资料大多进行了修改，有的做了较大改动和补充，并单独编写了部分条目；凡属编辑部人员直接收集资料并单独撰写的条目和内容，署撰写者姓名，其他的修改补充内容一般不另署名；改动、补充较多的，由原撰稿人与有关编辑部人员共同署名。本年鉴收入的照片署拍摄者姓名，部分作者不明的暂未署名。正文之前收录的《海淀区行政区划图》由北京市测绘设计研究院制图中心提供底图，由编辑部根据截止到2008年的实际变动情况做了修改。

8、由于编辑人员水平、能力有限，本年鉴内容不当之处请各界读者批评指正，并对各有关单位的大力支持表示诚挚谢意。

《北京海淀年鉴》编辑部

地　址：海淀区长春桥路17号海淀区政府办公楼四层
电　话：010－82510069　82510073
邮　编：100089
网　址：www.hddsqz.cn

2010年2月

海淀区行政区划图

（2008年12月）

2008年5月3日，中共中央总书记、国家主席胡锦涛(中)在北京大学建校110周年之际到校考察。（鞠 鹏 摄）

2008 年 4 月 1 日，中共中央政治局常委、全国人大常委会委员长吴邦国(右二)考察五棵松篮球馆。（李瑞林 摄）

2008年12月27日，中共中央政治局常委、国务院总理温家宝（中）考察中关村科技园区海淀园。（刘卫兵 摄）

2008年6月20日，中共中央政治局常委、全国政协主席贾庆林（前右）到中国农业大学体育馆考察奥运会筹备情况。（李瑞林 摄）

2008年9月20日，中共中央政治局常委李长春（中）在中国人民革命军事博物馆参观“抗震救灾众志成城——2008中国抗震救灾大型新闻图片展”。（饶爱民 摄）

2008年7月21日，中共中央政治局常委、国家副主席习近平（左二）在北京大学体育馆考察奥运会筹备工作。（李瑞林 摄）

2008年11月18日，中共中央政治局委员、北京市委书记刘淇（中）到本区御香观光园调研农业。
（李瑞林 摄）

2008年2月22日，北京市委副书记、市长郭金龙（右）到中关村科技园区海淀园调研。
（李瑞林 摄）

2008年8月10日，区委书记谭维克（中）到本区运动员、奥运会男子400米自由泳银牌获得者张琳家中表示祝贺，并与张琳通话。（李瑞林 摄）

2008年7月29日，区委副书记、区长林抚生（前左）在万寿路街道调研环境整治工作。（万寿路街道 供图）

2008年5月9日，区人大常委会主任周来升（右二）在南水北调工程海淀段工地调研。

（区人大 供图）

2008年6月4日，区政协主席彭兴业（中）调研公安工作。（区政协 提供）

2008年7月19日，区委副书记关成启(左)慰问奥运会志愿者。　　(团区委 供图)

4月3日，海淀各界1500余人参加奥运林全民植树活动。　　(李瑞林 摄)

2008年春，我国南方遭受严重雨雪冰冻灾害。海淀各界迅速行动，捐款捐物支援灾区。（李瑞林 摄）

海淀区捐助10万元电话卡，为因冰雪灾害不能回家过年的外来务工人员开通“新年呼唤热线”。（白锐 摄）

4月29日，本区举办纪念中共中央"五一口号"发布60周年知识竞赛。（李瑞林 摄）

4月10日，八里庄街道世纪新景园社区"八德"文化墙落成。（李瑞林 摄）

5月12日14时28分，四川汶川发生特大（里氏8级）地震。海淀人民和全国人民一道，关注着灾情，牵挂着灾区，并迅速行动起来，通过各种方式抗震救灾。（上图：李瑞林 摄 下图：蒋梦恬 摄）

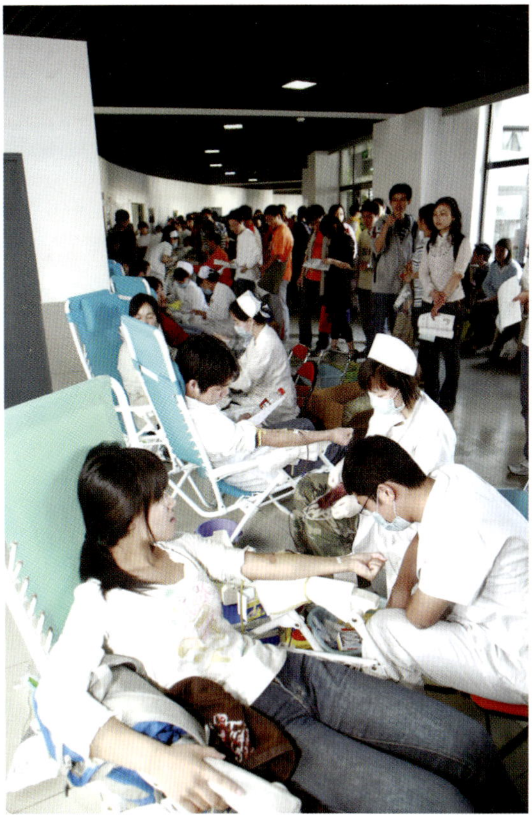

抗震救灾，众志成城，全区人民踊跃捐款、献血支援灾区。（李瑞林 摄）

海淀公安消防支队救援队迅速奔赴地震灾区实施救援　（消防支队 供图）

海淀区医疗队赶赴地震灾区实施救援　　（区公共委 供图）

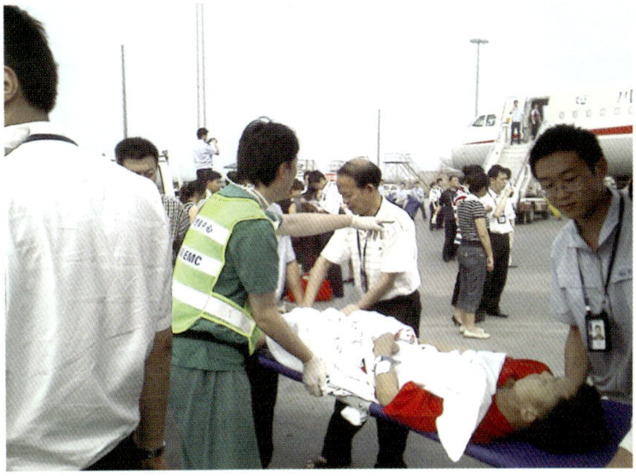

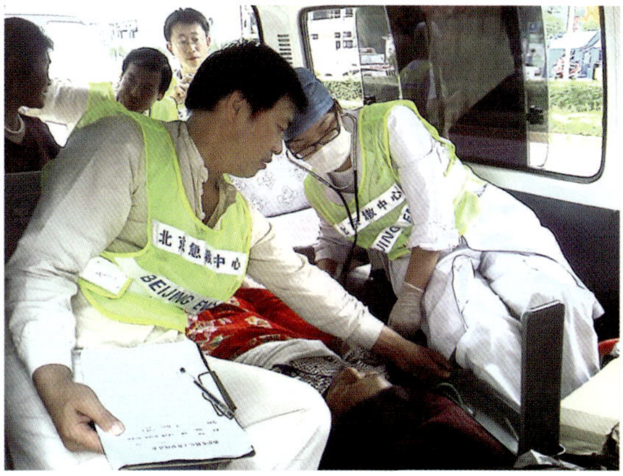

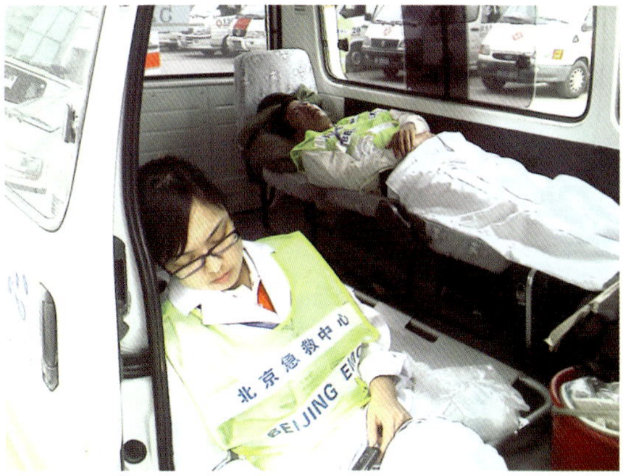

海淀医学救援中心在北京西站转运地震灾区转来首都治疗的伤员　　（张万春 摄）

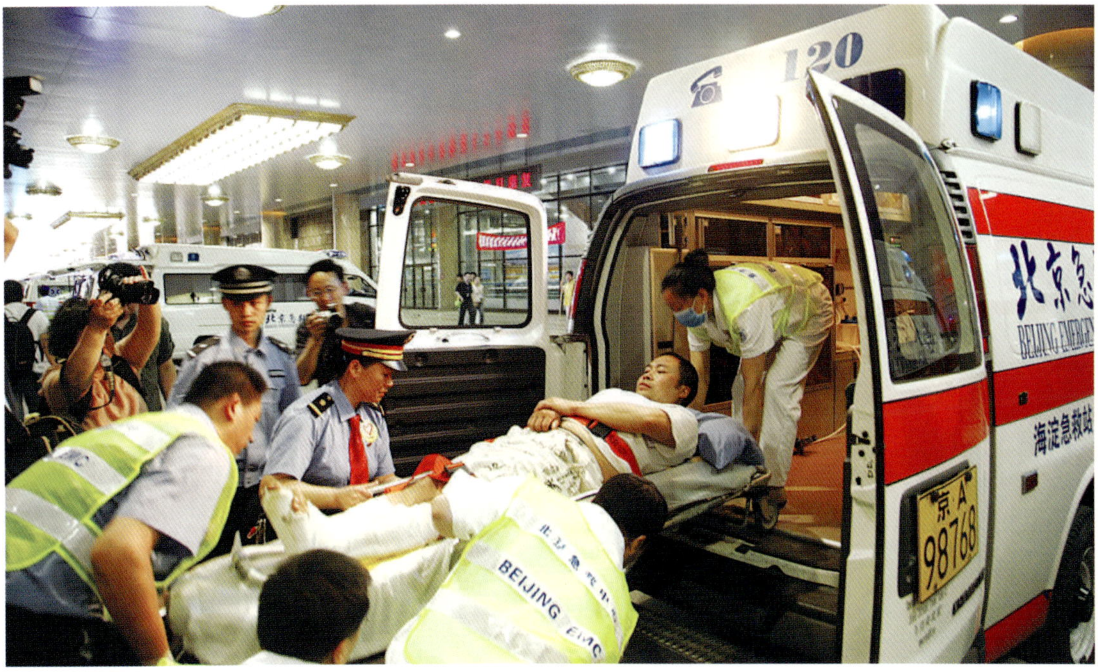

六一儿童节前夕，本区为灾区小学生捐赠书包。
（李瑞林 摄）

6月11日，海淀外国语实验学校迎接73名此后两年将在该校借读的灾区学生。（李瑞林 摄）

入冬前，海淀人民捐赠的18万件棉衣被紧急运往灾区。（田峰 摄）

6月24日，本区举办抗震救灾先进事迹报告会。（李瑞林 摄）

海淀区重视并加强安全工作，广泛开展公共安全教育。

上图为消防应急演练

中图为新落成的曙光防灾教育公园一角

下图为本区举办的人民防空展览

（李瑞林 摄）

本区对奥运会马拉松路线两侧100米内的房屋楼顶进行绿化美化。图为东升大厦楼顶绿化效果。（张幸福 摄）

统一销毁违法运营车辆　　（李瑞林 摄）

本年本区空气质量二级和好于二级的天数达268天，比上年多21天。　　（李瑞林 摄）

本区为25.5万名海淀户籍65岁以上老人办理老年人优待卡 （李瑞林 摄）

8月，中关村南路180米长的"科学碑"落成。 （邹懂礼 摄）

7月19日，途经海淀区的地铁10号线（一期）通车试运营。 （李瑞林 摄）

12月20日，海淀区域发展高层联席会议暨中国·海淀艺术团联盟成立祝贺演出在五棵松篮球馆举行。（李瑞林 摄）

圆明园兽首仿品展览
（李瑞林 摄）

7月29日，圆明园九州景区试开放。图为景区景点之一“坦坦荡荡”，俗称“金鱼池”，是当年清代皇帝喂鱼观赏的地方。（李瑞林 摄）

海淀交通支队保障香山红叶节　　（李瑞林 摄）

区检察院、区地税局联合举办预防职务犯罪专题讲座

海淀法院与中国互联网协会签订互联网知识产权民事纠纷委托调解协议　　（李瑞林 摄）

举办普法嘉年华活动　　（区司法局 供图）

万寿路街道总参通信部社区创建全国文明社区启动仪式 （李瑞林 摄）

本区表彰义工之星（李瑞林 摄）

音乐普及进社区 （李瑞林 摄）

田村路街道泽丰苑社区获得北京市第三届魅力社区评比第一名 （田村路街道 供图）

11月10日，全球PE北京论坛在海淀区举行。（李瑞林 摄）

12月17日，在海淀区促进中小企业融资政策发布暨投融资洽谈会上，中国银行、交通银行、北京银行等多家金融机构与本区中小企业签约融资意向逾2亿元。（李瑞林 摄）

本区加快经济适用房建设（刘素娟 摄）

6月15日，同庆街环境治理工程(一期)竣工。（李瑞林 摄）

9月9日，国家图书馆（二期）交付使用。（区建委 供图）

海淀区797名文明乘车监督员成为北京一道亮丽的风景　（李瑞林 摄）

数字生活走进农村家庭　（李瑞林 摄）

海淀乡西苑村合作社进行社员老股金、劳龄公示。 （区农经站 供图）

林业职工防控美国白蛾作业 （陈刚 摄）

全国学校预防艾滋病教育优秀教学现场展示活动在本区举办 （李瑞林 摄）

新课程改革课堂

7月12日至15日，本区中学生运动员在美国旧金山举行的第42届国际少年运动会上夺得奖牌14枚，其中金牌7枚。 （李瑞林 摄）

本区举办城市流动儿童运动会 （区妇联 供图）

7月7日(奥地利时间7月8日)，中关村二小金帆交响乐团获“第二届维也纳国际青年艺术节大赛”交响组一等奖和最佳表演奖。 （中关村二小 供图）

中关村下一代互联网产业联盟应邀参加欧盟IPv6日活动　　　　（张迎春 摄）

《中关村改革风云纪事》首发式　　　　（李瑞林 摄）

海淀区纪念改革开放30周年、中关村科技园区海淀园成立20周年展览一角。（李瑞林 摄）

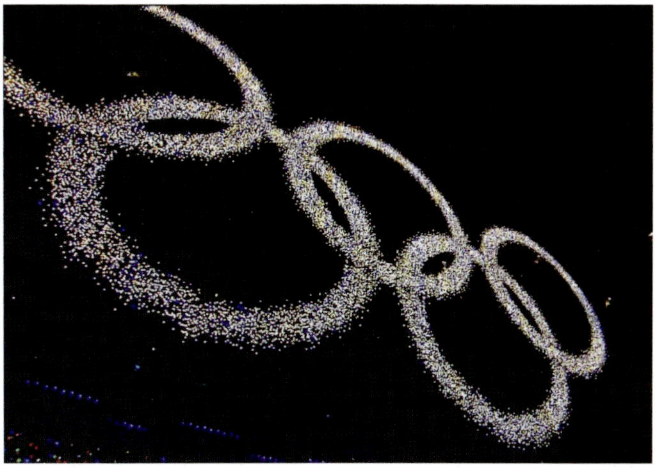

由海淀园北京利亚德电子科技有限公司研发的奥运会开幕式梦幻五环

（利亚德公司 提供）

由海淀园水晶石公司参与制作的奥运会开幕式“卷轴”数字影像

（水晶石公司 提供）

10月28日，海淀区创意产业协会成立。（李瑞林 摄）

海淀园按照国际标准培养高级人才的“千人百家软件工程国际标准测试”启动　　　　（李瑞林 摄）

本年，本区开发社区就业岗位15442个，安置失业人员13001名。　（李瑞林 摄）

海淀区在北京师范大学举办的招聘会现场　　　　（李瑞林 摄）

本区承办的国际民歌博览音乐周　（李瑞林 摄）

本区举办中关村动漫节　（李瑞林 摄）

5月8日，中国矿业大学、第29届奥组委和海淀区政府等联合举办“中国观赏石博览会·2008携手奥运精品展”。　（李瑞林 摄）

实施标准化建设后的蓟门里社区卫生服务中心
（田峰 摄）

1月29日，区慈善协会受中华慈善总会委托建立的“格列卫”患者援助项目北京发药点在阜外亮甲店1号恩济西园揭牌并开始发药。（李瑞林 摄）

本区着力提高社区卫生服务水平，逐步形成“小病在社区，大病到医院，康复回社区”的有序医疗服务格局。（李瑞林 摄）

公共服务进社区 （李瑞林 摄）

金秋宝宝运动会 （李瑞林 摄）

本区举办“和谐杯”社区乒乓球赛 （李瑞林 摄）

11月1日，国际友人环昆明湖长走在颐和园举行，来自40多个国家的驻华外交官、专家、留学生等700人参加。 （李瑞林 摄）

摩托车越野赛 （李瑞林 摄）

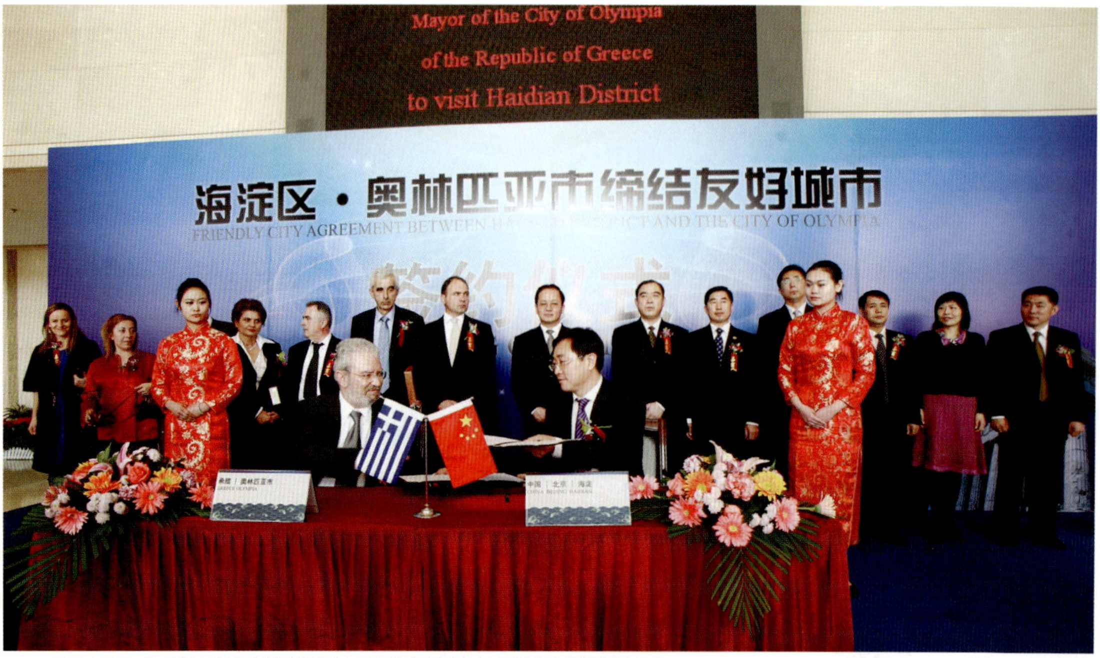

2月28日，海淀区与希腊的奥林匹亚市缔结友好城市签字仪式。（李瑞林 摄）

11月11日—23日，“飞天壮歌——神舟七号载人航天飞行纪实摄影展览”在军事博物馆举办。（李瑞林 摄）

社区居民的“老物件”展（李瑞林 摄）

目　录

区情概述

………………………………………… (1)

特载文献

关于开展廉政风险防范管理工作的意见 ………………………………………… (8)

关于贯彻京发〔2007〕20 号文件全面加强人口和计划生育工作统筹解决人口问题的实施意见 ……………… (9)

关于进一步促进服务业发展的实施意见 ………………………………………… (14)

规范性文件选载

海淀区关于进一步提升行政执行力的若干措施(试行) …………………… (19)

海淀区关于进一步优化发展环境为区域重点企业做好服务的办法(试行) ………………………………………… (20)

海淀区关于落实《北京市新型农村社会养老保险试行办法》的实施办法 ………………………………………… (23)

海淀区促进创业投资企业发展暂行办法 ………………………………………… (24)

关于加强为金融机构服务工作的若干意见 ………………………………………… (26)

海淀区促进大学科技园发展暂行办法 ………………………………………… (29)

海淀区关于开展居家养老服务工作的意见 ………………………………………… (31)

海淀区促进商业服务业发展暂行办法 ………………………………………… (33)

大 事 记

………………………………………… (35)

党　派

中国共产党海淀区地方组织……… (39)

概述 ………………………………… (39)

区委重要工作及重大活动 ………… (41)

区委十届六次全会 ………………… (41)

2008 年经济工作会 ……………… (41)

区委十届七次全会 ………………… (41)

关成启任区委副书记 ……………… (41)

“大走访工作月”活动 …………… (41)

四套班子务虚会 ………………… (42)

2008 年区域发展高层联席会议暨中国·海淀艺术团联盟成立祝贺演出 … (42)

区委日常事务 …………………… (42)

组织·干部·人才工作 ………… (43)

宣传思想工作 …………………… (46)

新闻传播工作 …………………… (48)

精神文明建设 …………………… (50)

统一战线·对台工作 …………… (53)

综述 …………………………………… (53)
开展多党合作知识竞赛纪念“五一口号”发布60周年 ………………………… (55)
完成“相约2008”第九届京台青少年交流周暨“两岸青年同心结奥运体验营”接待任务 ………………………… (55)
启动宗教教职人员综合素质提高工程 ………………………………… (55)
海淀地区海外联谊会六届一次理事会召开 ………………………………… (55)
区直属机关工作委员会工作 ………… (55)
区委党校(区行政学院)工作 ………… (57)
综述 …………………………………… (57)
主体班培训情况 ……………………… (58)
党史研究工作 ……………………… (59)
老干部工作 ………………………… (60)
纪检监察工作 ……………………… (61)
民主党派　工商联地方组织 ……… (62)
中国国民党革命委员会北京市海淀区工作委员会 ……………………… (62)
中国民主同盟北京市海淀区委员会 … (63)
中国民主建国会北京市海淀区委员会 ………………………………… (64)
中国民主促进会北京市海淀区委员会 ………………………………… (65)
中国农工民主党北京市海淀区委员会 ………………………………… (65)
中国致公党北京市海淀区委员会 …… (66)
九三学社北京市海淀区委员会 ……… (67)
台湾民主自治同盟北京市海淀区工作委员会 ………………………………… (68)
北京市海淀区工商业联合会 ………… (68)

人大·政协

海淀区地方国家权力机关 ………… (70)
综述 …………………………………… (70)
区十四届人大三次会议 ……………… (72)
区人大常委会第9次会议 …………… (72)
区人大常委会第10次会议 …………… (72)
区人大常委会第11次会议 …………… (72)
区人大常委会第12次会议 …………… (72)
区人大常委会第13次会议 …………… (72)
区人大常委会第14次会议 …………… (72)
区人大常委会第15次会议 …………… (72)
中国人民政治协商会议北京市海淀区委员会 ………………………… (73)
综述 …………………………………… (73)
八届二次会议 ………………………… (75)
常务委员会第10次会议 ……………… (75)
常务委员会第11次会议 ……………… (75)
常务委员会第12次会议 ……………… (75)
2008年“创新与和谐海淀论坛” ……… (75)
常务委员会第13次会议 ……………… (75)
常务委员会第14次会议 ……………… (75)
承办全国政协信息联系点第九次联系会议 ………………………………… (75)
界别活动月 …………………………… (76)
常务委员会第15次会议 ……………… (76)

海淀区人民政府

概述 ………………………………… (77)
日常政务 …………………………… (79)
外事工作 ……………………………… (80)
信息化工作 …………………………… (81)
法制工作 …………………………… (82)
人事·编制工作 …………………… (83)
综述 …………………………………… (83)
组建区委社工委(区社会办) ………… (84)
组建区房屋管理局 …………………… (84)
成立区金融办 ………………………… (84)
海淀园投促办加挂区投促局牌子 …… (84)
海淀区入选北京市2008年新世纪百千万人才工程人员名单 ……………… (85)
公共服务事业管理 ………………… (85)
综述 …………………………………… (85)

海淀区医学救援中心(120) …………… (88)
海淀医院通过“示范中医科”验收 …… (88)
区妇幼保健院发售新生儿出生纪念金银证 …… (88)
羊坊店医院成为“北京—四川新型农村合作医疗定点医疗机构” ………… (88)
海淀博物馆免费对公众开放 ………… (88)
信息化城市管理工作 ……………… (89)
综述 …………………………………… (89)
城市管理部件普查 …………………… (90)
城管监察执法 ……………………… (90)
综述 …………………………………… (90)
采取治理非法小广告工作新举措 …… (93)
信访和人民建议征集工作 ………… (94)
档案工作 …………………………… (96)
综述 …………………………………… (96)
创办《海淀网络新闻》 ……………… (98)
地方志工作 ………………………… (98)
机关事务管理 ……………………… (98)

奥运专题

概述 ………………………………… (101)
附:
海淀区域内奥运场馆及涉奥场所 …… (103)
海淀区承担的 2008 年“好运北京”测试赛 …………………………………… (105)
海淀区域内举行的奥运会赛事 ……… (105)
海淀区域内举行的残奥会赛事 ……… (106)
海淀区选送的奥运会火炬手 ………… (106)
驻区单位选送的火炬手(名单不全) …………………………………… (106)
海淀区选送的残奥会火炬手 ………… (107)
海淀区境内奥运圣火传递火炬手 …… (107)
中国奥运会代表团中海淀区输送的运动员 …………………………………… (107)
参加残奥会的海淀区运动员 ………… (107)
奥运筹办和赛时服务保障工作组织指挥体系 ………………………… (107)
附:海淀区获得的北京奥运会、残奥会荣誉奖项 ……………………………… (112)
奥运服务保障各项专业工作 …… (114)
环境建设工作 ……………………… (114)
场馆建设及设施保障工作 ………… (118)
社区关系协调工作 ………………… (119)
安全保卫及交通组织工作 ………… (122)
商务环境保障工作 ………………… (126)
宣传和媒体接待工作 ……………… (131)
组织动员工作 ……………………… (132)
“迎讲树促建”活动 ………………… (133)
应急指挥工作 ……………………… (139)
督察工作 …………………………… (141)
奥运期间城市运行信息化管理工作 …………………………………… (142)
奥运大事记 ………………………… (144)

群众团体

海淀区总工会 ……………………… (147)
首都劳动奖状获得集体 ……………… (148)
北京市工人先锋号获得集体 ………… (148)
中国共产主义青年团北京市海淀区委员会 …………………………… (149)
综述 …………………………………… (149)
海淀区青年联合会 …………………… (150)
海淀区未成年人保护委员会 ………… (151)
希望工程北京捐助中心海淀区工作站 … (151)
第四届“海淀区十大杰出青年” ……… (151)
海淀区妇女联合会 ………………… (151)
综述 …………………………………… (151)
海淀区妇女儿童工作委员会 ………… (153)
海淀区家庭教育研究会 ……………… (153)
全国“巾帼文明岗”名单 ……………… (153)
海淀区归国华侨联合会 …………… (153)
海淀区科学技术协会 ……………… (154)
综述 …………………………………… (154)

完成区域内院士状况调查统计工作 ……………………………… (155)
海淀区文学艺术界联合会 ……… (155)
海淀区残疾人联合会 ……………… (156)

政法·军事

政法工作概述 ………………………… (160)
社会治安综合治理 …………………… (162)
流动人口和出租房屋管理 ………… (163)
公安工作 ……………………………… (165)
综述 ……………………………………… (165)
破获"1·04"特大抢劫案 ……………… (168)
打掉一抢劫团伙 ………………………… (168)
破获利用专利网站诈骗案 …………… (168)
破获一起系列入室盗窃案件 ………… (168)
破获特大贩卖毒品案 ………………… (168)
开展涉奥出租房屋基础信息普查 …… (168)
破获特大系列盗窃案 ………………… (168)
成功解救人质 …………………………… (168)
抓获倒卖奥运门票嫌疑人 …………… (169)
打掉两个诈骗犯罪团伙 ……………… (169)
破获系列枪击汽车玻璃案 …………… (169)
破获胡卫东强迫卖淫案 ……………… (169)
打掉租房诈骗犯罪团伙 ……………… (169)
打掉一扒窃团伙 ………………………… (169)
破获7·21入室抢劫案 ………………… (169)
完成美国总统观赛安保任务 ………… (169)
启用出入境新接待大厅 ……………… (170)
破获团伙敲诈案 ………………………… (170)
杀人劫持人质嫌疑人被擒 …………… (170)
交通管理 ……………………………… (172)
综述 ……………………………………… (172)
"6·13"强雷阵雨天气交通秩序维护工作 ……………………………………… (173)
处置奥运火炬传递现场群众围观 ……………………………………… (173)
检察工作 ……………………………… (173)
综述 ……………………………………… (173)
制定《审查批捕环节伤情鉴定审查规范》 ……………………………………… (175)
与北师大刑科院暨法学院签订交流合作协议 ……………………………… (175)
张忠俊网上银行盗窃案 ……………… (175)
张葵寻衅滋事、扰乱社会秩序案 …… (175)
何钻波利用地震募捐短信涉嫌诈骗 ……………………………………… (175)
做好四川籍在押人员安抚工作 ……… (175)
盗窃骨灰盒敲诈公墓案 ……………… (175)
完成山西襄汾"9·8"溃坝事故协查 ……………………………………… (176)
建议地铁十号线塌方案撤案 ………… (176)
与医学救援中心合作开辟医疗急救绿色通道 ……………………………… (176)
5人涉嫌贩卖涉密地图被提起公诉 … (176)
审判工作 ……………………………… (176)
综述 ……………………………………… (176)
首试物业纠纷判后调解 ……………… (178)
杨其峙等诉新浪信息公司侵权案判决生效 ……………………………………… (178)
非法经营人寿保险案宣判 …………… (178)
向新闻出版总署发出"出版图书一书一号"司法建议 ……………………… (179)
北京肿瘤医院特大抢劫案宣判 ……… (179)
审结商家"假一罚十"单方承诺案 …… (179)
法官中断庭审为被告人联系灾区家人 ……………………………………… (179)
遗弃婴儿案宣判 ………………………… (179)
作品未经许可上网案宣判 …………… (180)
审结507件学位论文作者诉万方公司侵犯著作权案 ………………………… (180)
审结本市首例"包间费"案 …………… (180)
居室采光未达标获补偿 ……………… (180)
白吃白喝消费案宣判 ………………… (180)
为38名农民工成功追索工资 ……… (180)
截获一企图离境的被执行人 ………… (181)
诉讼材料电子邮件送达 ……………… (181)

首次裁定网站协议管辖条款无效 …… (181)
运用网络视频审理涉外离婚案 ……… (181)
总结医疗纠纷中病历常见错误 ……… (181)
司法行政工作 ……………………… (182)
综述 ………………………………… (182)
法院依法确认人民调解协议书效力 ……………………………… (184)
为地震灾区农民工开通“法援绿色通道” ……………………………… (184)
建立物业管理纠纷协调联动机制 …… (184)
148 热线劳动纠纷咨询现高峰 ……… (184)
防范和处理邪教 …………………… (184)
人民武装工作 ……………………… (186)
人民防空工作 ……………………… (187)
消防工作 ………………………… (188)
综述 ………………………………… (188)
扑救北新建材城火灾 ……………… (190)
扑救海军大院家属楼火灾 ………… (190)
“平民英雄”刘学军受聘为消防队荣誉指导员 ……………………… (190)
扑救北洼路高层民居火灾 ………… (190)
扑救菊园小区火灾 ………………… (190)
扑救中国农业大学(东区)火灾 ……… (191)

中关村科技园区海淀园

园区发展概述 …………………… (192)
中关村广场(西区) ………………… (194)
上地信息产业基地 ………………… (194)
中关村软件园 ……………………… (194)
中关村永丰高新技术产业基地 ……… (194)
清华科技园 ………………………… (195)
中关村环保科技示范园 …………… (195)
中关村国际教育园 ………………… (195)
中关村文化教育基地(南部地区) …… (195)
北大科技园上地园区 ……………… (195)
中关村科学城 ……………………… (195)
中关村创新园 ……………………… (196)
联想集团进军全球消费 PC 市场 …… (196)
中关村数字电视增值业务产业联盟成立 ……………………………… (196)
“五笔字型”获国家技术发明奖 ……… (196)
清华科技园获批市文化创意产业集聚区 ……………………………… (196)
启动“千人百家软件工程国际标准测试”活动 ……………………… (196)
中关村西区被定位为新型科技金融功能区 ……………………………… (196)
微软中国研发集团落户中关村西区 ……………………………… (197)
中关村虚拟现实产业联盟成立 …… (197)
东华合创数字医疗软件助力震区远程医疗诊断 ……………………… (197)
中关村企业家投资联盟成立 ……… (197)
国家动画产业基地落户海淀 ……… (197)
新增 3 家企业博士后工作站 ……… (197)
“闪联”成为全球首个国际 3C 标准 ……………………………… (197)
联想首度入围 2008 年全球 500 强 … (197)
海淀园 42 家企业入围中关村科技园区第二批百家创新型试点企业 ……… (197)
中关村海淀专业园联盟成立 ……… (197)
全市首个区级文化创意产业协会成立 ……………………………… (197)
启动建立动漫游戏孵化器 ………… (197)
“爱国者”获版权创意金奖 ………… (198)
海淀园“免费电子测试开放实验室”开通运营 ……………………… (198)
2008 年度十大“中国芯”评选结果揭晓 ……………………………… (198)
张辉入选 2008 年度“北京十大杰出青年” ……………………………… (198)
第二届“海淀科技园区优秀青年企业家”名单 ……………………… (198)
园区服务与行政管理 ……………… (198)
综述 ………………………………… (198)
全国首家科技租赁公共技术服务平台投

入运营 …………………………………… (201)
"红色中关村 5·12 志愿者服务队"参与四川地震救灾 …………………… (201)
《中关村改革风云纪事》出版发行 …… (201)
海淀园高新技术企业工会联合会成立 …………………………………… (201)
中关村电脑节承办权转移 …………… (201)
园区基础设施建设 ……………… (202)
综述 ………………………………… (202)
中关村广场(西区) ………………… (202)
中关村软件园 ……………………… (202)
中关村永丰高新技术产业基地 ……… (202)
中关村环保科技示范园 …………… (202)
中关村创新园 ……………………… (202)
北京海淀科技园建设股份有限公司 …………………………………… (203)
北京实创高科技发展总公司 ………… (203)
北大科技园创新中心暨北大博雅国际会议中心开业 …………………… (203)

综合经济管理

经济社会发展与运行调控 ……… (204)
综述 ………………………………… (204)
海淀区"十一五"规划中期评估工作 …………………………………… (208)
申报国家发改委信息安全专项企业数据全市之首 ……………………… (208)
安全生产监督管理 ……………… (208)
综述 ………………………………… (208)
打击安全生产非法违法行为专项行动 …………………………………… (210)
有毒气体致二人死亡 ……………… (210)
地铁十号线发生电梯伤害事故 …… (210)
财政工作 ……………………… (210)
国有资产监管工作 ……………… (212)
综述 ………………………………… (212)
北京市海淀区国有资产投资经营公司 …………………………………… (214)
审计工作 ……………………… (215)
统计工作 ……………………… (217)
税务 …………………………… (220)
国家税务 ……………………… (220)
综述 ………………………………… (220)
实行按地域管理 …………………… (222)
推广使用税控收款机 ……………… (223)
地方税务 ……………………… (224)
质量技术监督 ………………… (226)
综述 ………………………………… (226)
海淀区境内获第三届"中国标准创新贡献奖"一等奖项目名录 ………… (228)
国家食品质量安全监督检验中心 …… (228)
出入境检验检疫 ……………… (228)
药品监督 ……………………… (229)
综述 ………………………………… (229)
向疫苗、血液制品、注射剂和含兴奋剂成分药品生产企业派驻监督员 …… (230)
烟草专卖与管理 ……………… (230)
工商行政管理 ………………… (232)
综述 ………………………………… (232)
食品安全综合协调工作 …………… (241)
信息档案中心 ……………………… (242)
工商行政管理学会 ………………… (242)
海淀区私营个体劳动者协会 ……… (243)
北京某宾馆有限公司"奥标专用权"侵权案 …………………………… (245)
北京某国际技术培训中心虚假宣传案 …………………………………… (245)
北京某技术公司涂改营业执照案 …… (245)
北京某建筑板业有限责任公司侵权案 …………………………………… (245)
陈某销售侵犯注册商标专用权商品案 …………………………………… (245)
14 个工商所为农民专设服务窗口 …………………………………… (245)
北京某科技有限公司商业贿赂案 …… (246)

消费者权益保护 …………………… (246)

工　业

综述 ………………………………… (249)
海淀区工业公司 ……………………… (249)

农业·水务·气象

农业………………………………… (251)
农村经济概述 ……………………… (251)
突发高致病性禽流感疫情和兽医实验室
　　安全应急处理演练 ……………… (252)
西山农场 ……………………………… (253)
北京中海拓科技发展总公司 ………… (254)
农村经济管理 ……………………… (254)
种植　养殖业 ……………………… (257)
综述 …………………………………… (257)
“海淀区增殖渔业资源　养护水域环境”
　　活动启动仪式 …………………… (257)
林业 ………………………………… (257)
综述 …………………………………… (257)
玉东、丹青圃郊野公园正式开放 …… (258)
首届中国绿色发展高层论坛 ………… (259)
北京市西山试验林场 ………………… (259)
水务………………………………… (260)
综述 …………………………………… (260)
2008 年重点水利工程………………… (262)
气象………………………………… (262)
综述 …………………………………… (262)
2008 年海淀区重大气候事件………… (263)
2008 年海淀区气候概况……………… (263)

商业服务业·对外经济贸易

商业服务业 ………………………… (265)
综述 …………………………………… (265)
海淀区商业联合会 …………………… (267)
海淀区饮食服务行业协会 …………… (267)
北京京海联实业开发总公司 ………… (268)
海淀区物资总公司 …………………… (268)
海淀区物资回收公司 ………………… (269)
北京翠微大厦股份有限公司 ………… (269)
北京翠微集团 ………………………… (270)
北京超市发国有资产经营公司 ……… (271)
北京超市发连锁股份有限公司 ……… (272)
北京海龙资产经营集团有限公司 …… (273)
北京华奥商厦有限责任公司 ………… (273)
北京甘家口大厦 ……………………… (274)
北京当代商城有限责任公司 ………… (274)
中关村电子市场全面实施明码标价
　　……………………………………… (275)
举办迎奥运商业服务业第二届技能风采
　　大赛 ……………………………… (275)
当代商城接待奥林匹克青年营专场购物
　　……………………………………… (275)
幸福海淀·2008“中国移动”海淀商业品
　　牌消费节 ………………………… (275)
对外经济贸易 ……………………… (276)
综述 …………………………………… (276)
北京市海淀区对外贸易公司 ………… (276)

旅 游 业

综述 …………………………………… (277)
2008 年海淀星级饭店、旅游区(点)统计表
　　……………………………………… (278)
2008 年海淀区旅游景区(点)名录 … (279)
颐和园 ………………………………… (279)
北京香山公园 ………………………… (280)
圆明园遗址公园 ……………………… (280)
北京植物园 …………………………… (281)
北京凤凰岭自然风景公园 …………… (281)
北京市团城演武厅 …………………… (281)
海淀公园 ……………………………… (282)
翠湖湿地公园 ………………………… (283)
北京市皇苑大酒店 …………………… (283)

北京稻香湖投资发展有限责任公司 …………………………………… (284)
首届香山草莓文化旅游节开幕 …………………………………… (285)
《颐和园》特种邮票北京首发 ………… (285)
颐和园无障碍设施完成升级改造 …… (285)
圆明园举办第 22 届中国荷花展 …… (285)
圆明园九州景区对社会试开放 ……… (285)
紫竹院公园举办第十五届竹荷文化展 …………………………………… (285)
颐和园安装多语种电子售票系统 …………………………………… (285)
“十一”黄金周海淀区旅游景区创五年来多个之最 ………………………… (285)
第二十届香山红叶文化节 …………… (285)
圆明园通过 4A 级旅游景区验收 …… (285)

城乡建设

规划工作 …………………………… (286)
综述 …………………………………… (286)
北下关街道控规公示 ………………… (288)
控规调整首度网上公示 ……………… (288)
翠湖再生水厂工程获规划批复 ……… (288)
2008 年审批地名、核准建筑物名称、居住区名称情况 …………………………… (288)
土地管理 …………………………… (289)
综述 …………………………………… (289)
开展海淀区第二次全国土地调查 …… (293)
房地产开发及市政基础设施建设 …………………………………… (293)
综述 …………………………………… (293)
北京昊海建设有限公司 ……………… (295)
北京海开房地产集团公司 …………… (296)
北京市威凯房地产开发经营公司 …… (297)
北京龙海苑开发建设有限责任公司 …………………………………… (298)
北京市京门房地产开发公司 ………… (298)
北京海融达投资建设有限公司 ……… (299)
民大西路打通工程建成 ……………… (299)
西北旺南路打通工程建成 …………… (299)
同庆街环境整治工程(一期)完成 …… (299)
西苑桥隔音屏建成 …………………… (300)
采石路北延建成 ……………………… (300)
玉渊潭南路西延建成 ………………… (300)
北太平路建成 ………………………… (300)
中关村大街人行天桥(一期)建成 …… (300)
苏家坨镇中路建成 …………………… (300)
区园林中心市政工程 ………………… (301)
五棵松奥林匹克场馆群竣工 ………… (301)
北京体育大学游泳馆竣工 …………… (301)
海淀区“三中心”项目开工建设 ……… (301)
区委党校教学培训楼及教学综合楼工程竣工验收并投入使用 ……………… (302)
海淀新区建设 ……………………… (302)
防震减灾工作 ……………………… (303)
综述 …………………………………… (303)
2008 年海淀区震情 ………………… (305)

市政管理

公用事业和市政设施管理 ……… (306)
综述 …………………………………… (306)
上地东里小区甬路修复工程 ………… (308)
海淀区最北端村庄通上公交车 ……… (308)
房屋管理 …………………………… (308)
综述 …………………………………… (308)
成立海淀区物业协会 ………………… (310)
北京市海淀区房屋土地经营管理中心 …………………………………… (310)
环境综合整治 ……………………… (312)
邮政·电信 ………………………… (313)
邮政 ………………………………… (313)
综述 …………………………………… (313)
2008 年海淀区邮电局下辖支局、所(共 17 个邮电支局、79 个邮电所) … (316)
电信 ………………………………… (320)

北京联通 ……………………………… (320)
北京联通海淀辖区内营业厅名单 …… (322)
北京铁通 ……………………………… (322)
电力供应 ………………………… (323)
综述 ………………………………… (323)
区供电公司为奥运大厦接通第二路电源 ……………………………… (324)
园林绿化 ………………………… (325)
综述 ………………………………… (325)
新建、改造绿化工程 ………………… (326)
环境保护 ………………………… (328)
综述 ………………………………… (328)
开展第一次全国环境污染源普查 …… (330)
环境卫生管理 …………………… (330)
综述 ………………………………… (330)
北京绿海能环保有限责任公司 ……… (333)
400 名环境文明引导员上岗 ………… (334)

科技·文化·卫生·体育

科技……………………………… (335)
文化……………………………… (339)
综述 ………………………………… (339)
海淀区电影管理处 ………………… (341)
海淀区图书馆 ……………………… (341)
军博免费开放 ……………………… (343)
第五届海淀文化节 ………………… (343)
行知希望学校销售非法出版物案 …… (343)
国图新馆开馆 ……………………… (343)
中关村图书大厦成立 5 周年 ……… (343)
2008 年海淀区境内文物保护单位…… (343)
卫生·红十字会工作…………… (344)
卫生工作 ………………………… (344)
综述 ………………………………… (344)
爱国卫生运动 ……………………… (353)
海淀开办第三家惠民医院 ………… (354)
中关村医院创海淀区首家“全国无烟医院” ……………………………… (354)
羊坊店医院挂牌北京四川新型农村合作医疗定点机构 ……………… (354)
区妇幼保健院成立护士礼仪培训基地 ……………………………… (354)
海淀育龄妇女可免费领叶酸 ……… (354)
海淀区区属医院 …………………… (355)
辖区内部属、部队、市属医院(三级) ……………………………… (356)
红十字会工作 …………………… (357)
体育……………………………… (358)
综述 ………………………………… (358)
奥运倒计时 100 天气功展示活动 …… (361)
海淀区运动员参加农运会 ………… (361)
中国第一个 YONEX 羽毛球馆落户海淀 ……………………………… (361)

教　育

基础教育概述 …………………… (362)
外国语实验学校援建爱心希望小学 ……………………………… (369)
5 所中小学成为本市首批京剧试点校 ……………………………… (369)
举办绿色奥运中英双语演讲比赛 …… (369)
北航附中建立优秀后备人才培养试验基地 ……………………………… (369)
参加北京国际教育博览会 ………… (369)
英国教育代表团在海淀区研修 …… (369)
启动情系灾区红领巾爱心传递行动 ……………………………… (369)
农大附中体育设施向社区开放 …… (369)
中小学生赴新疆参加观测日全食科技活动 ……………………………… (369)
刘彭芝当选全国十大教育杰出贡献校长 ……………………………… (370)
中学生“黑衣帮”成员受审 ……… (370)
幼儿教育 ………………………… (370)
综述 ………………………………… (370)
北京明天幼稚集团 ………………… (370)

召开以园为本教研制度建设项目工作会 …………………………………… (371)

中小学教育 …………………………… (371)

综述 ………………………………………… (371)
中关村二小开展“与航天英雄在一起”系列活动 …………………………………… (372)
十一学校名家大师进校园活动启动 …………………………………… (372)
十九中艺术团赴美交流演出 ………… (372)
中关村中学举办纪念周恩来诗歌朗诵演唱会 …………………………………… (372)
2 学生获科技创新大赛市长奖 ……… (372)
北大附小承办全国古诗文诵读交流活动 …………………………………… (372)
实验小学成立豫剧团 ………………… (372)
清华附中男子篮球队蝉联全国总冠军 …………………………………… (372)
开展小学春季传染病防控检查 ……… (372)
八一中学学生获世界机器人锦标赛top10/优秀奖 …………………………… (372)
人大附中培训中西部乡村中小学体育教师 …………………………………… (373)
八一中学举办宣传绿色奥运信件展 …………………………………… (373)
中关村二小获国际艺术大赛三项大奖 …………………………………… (373)
人大附中学生获国际数学奥林匹克金牌 …………………………………… (373)
海淀中心学区启动“携手互助工程” …………………………………… (373)
奥林匹克青年营在一〇一中学开营………… …………………………………… (373)
十九中学民乐团获奥林匹克文化节特殊贡献奖 ………………………………… (373)
十一学校学生获世界航海模型锦标赛金牌 …………………………………… (373)
海淀区高考情况 ……………………… (373)
农大附中内地新疆高中班开学典礼 …………………………………… (374)
人大附中出版“超常儿童培养系列丛书” …………………………………… (374)
民大附中举办建校 95 周年庆祝活动 …………………………………… (374)
3 所小学获少儿戏曲小梅花金奖 …… (374)
农大附小学生获宋庆龄奖学金 ……… (374)
清华附中与英国布莱顿中学合作建立孔子课堂 ……………………………… (374)
中坞小学亚太口琴节获奖 …………… (374)
射击协会后备人才基地在清华附中挂牌 …………………………………… (375)
中关村中学学生获“明天小小科学家”一等奖 ………………………………… (375)
清华附中获泛太平洋中学生运动会 2 枚金牌 ………………………………… (375)
中关村二小举办首次跨国视频数学研修活动 ………………………………… (375)
海淀区部分北京市示范高中简介 …… (375)
海淀区中小学 2008 年基本情况 …… (379)

职业教育 …………………………… (384)

综述 ………………………………………… (384)
2008 年海淀区中等职业学校名单…… (384)

特殊教育 …………………………… (385)

综述 ………………………………………… (385)
北京市第三聋人学校(北京市残疾人职业高中) ………………………………… (385)
北京市盲人学校 ……………………… (386)
海淀区培智中心学校 ………………… (386)
北京市海淀区寄读学校 ……………… (387)
盲人学校首届成人中专班毕业 ……… (387)
盲人学校举办中美多重残疾和学前视障儿童项目师资培训班 ……………… (387)
盲人学校举办首届盲人五子棋比赛 …………………………………… (388)
海淀培智中心校新址落成 …………… (388)
刘延东六一慰问学生 ………………… (388)
第三聋人学校举办建校 50 周年庆典 …………………………………… (388)
第三聋人学校承办全国特教课改与特教

科研工作研讨会 …………………… (388)
海淀培智中心举办国际残疾人日校园开放日 …………………………………… (388)
培智中心学校承办国际特奥东亚区家庭论坛 …………………………………… (388)
成人教育 ……………………………… (388)
综述 ……………………………………… (388)
自学考试工作 …………………………… (389)
中关村学院(海淀职工大学、北京广播电视大学海淀分校) ………………… (389)
海淀区职业学校 ………………………… (390)
4 所村级社区教育学校成立 …………… (390)
中关村学院首届动漫专业开课 ……… (390)
海淀区职工大学纪念建校 50 周年 … (390)
2008 年海淀区境内参加统一招生的成人高校名单 ……………………………… (390)
高等教育 ……………………………… (392)
综述 ……………………………………… (392)
第四届“精彩人生”校园社交舞蹈比赛举行 ………………………………………… (392)
低碳能源实验室落户清华大学 ……… (393)
北京奥运会残奥会制服发布会 ……… (393)
清华大学全国中学生文化艺术冬令营开营 ………………………………………… (393)
泥人张彩塑作品北大展览 …………… (393)
北外开设“国学”公共课 ……………… (393)
高校周边租房市场火爆 ……………… (393)
第十五届北京大学生电影节开幕 …… (393)
成立全市首支涉外奥运大学生志愿普法队 ………………………………………… (393)
清华大学与市委社工委合办社会建设研究机构 ……………………………… (393)
中国人民大学与民盟市委联合举办民生论坛 ……………………………………… (393)
北师大工地失火罚 3 万 ……………… (394)
北航学生采集圣山雪水赠奥运 ……… (394)
高校资助灾区新生入学 ……………… (394)
海淀 6 万高校新生统一监测结核 …… (394)
北理工加入“马可·波罗”计划 ……… (394)
驻区 19 所高校可单独招考研究生 … (394)
预防高校职务犯罪论坛 ……………… (394)
战国竹简古文《尚书》入藏清华大学…… (394)
季羡林藏品“外流”事件 ……………… (394)
5 名诺贝尔奖获得者成 5 所高校名誉教授 ………………………………………… (395)
海淀区大学生就业实习基地建成 …… (395)
4 名大学生参加 APEC 会议 ………… (395)
海淀高校近百名大学生应征入伍 …… (395)
海淀区境内普通高等院校名单 ……… (395)
社会力量办学 ………………………… (398)
综述 ……………………………………… (398)
“范跑跑”进京任职无限期推迟 ……… (398)
2008 年海淀区境内具有招生资格的民办非学历高等教育机构名单 ……… (398)
语言文字工作 ………………………… (400)
区属校办企业及资产管理 ……… (400)

社会事务

人口和计划生育工作……………… (402)
综述 ……………………………………… (402)
“春晓工程”启动 ……………………… (405)
海淀区计划生育协会 ………………… (406)
劳动和社会保障工作……………… (406)
民族·宗教·侨务工作 ………… (409)
民政工作 ……………………………… (411)
综述 ……………………………………… (411)
开展支援四川地震灾区募捐活动 …… (414)
召开 2008 年社区服务重点项目发布会 ………………………………………… (415)
8 月 8 日结婚登记高峰日 …………… (415)

街道、乡镇概况

社会建设和街道工作综述 ……… (417)
万寿路街道 ………………………… (419)
羊坊店街道 ………………………… (420)

"七个一"活动 …………………………… (422)
甘家口街道 …………………………… (422)
八里庄街道 …………………………… (424)
"孝亲亭"八德文化墙落成 ……………… (425)
紫竹院街道 …………………………… (425)
北下关街道 …………………………… (427)
建成全市面积最大的街道级温馨家园
…………………………………… (429)
北太平庄街道 ………………………… (429)
学院路街道 …………………………… (431)
街道通过全国安全社区现场评定 …… (432)
中关村街道 …………………………… (432)
海淀街道 ……………………………… (433)
阳春新纪元社区被评为"全国综合减灾示范社区" ………………………… (435)
青龙桥街道 …………………………… (435)
清河街道 ……………………………… (437)
成立人大代表工作站 ………………… (438)
永定路街道 …………………………… (438)
清华园街道 …………………………… (440)
燕园街道 ……………………………… (442)
香山街道 ……………………………… (443)
花园路街道 …………………………… (445)
西三旗街道 …………………………… (447)
马连洼街道 …………………………… (449)
田村路街道 …………………………… (450)
泽丰苑社区获北京第三届魅力社区评比第一名 ……………………… (451)
上地街道 ……………………………… (451)
曙光街道 ……………………………… (453)
成立本区首家餐饮服务行业工会联合会
…………………………………… (454)
乡镇工作综述 ………………………… (454)
四季青镇 ……………………………… (455)
玉渊潭乡(实际撤销) ……………… (456)
玉渊潭农工商总公司 ………………… (456)
海淀乡(万柳地区) ………………… (458)
东升乡(东升地区) ………………… (459)
花园饭店完成奥运外宾接待任务 …… (461)
苏家坨镇 ……………………………… (462)
温泉镇 ………………………………… (463)
举行地区运动会 ……………………… (465)
上庄镇 ………………………………… (465)
成立全区首家农村义工分会 ………… (467)
西北旺镇 ……………………………… (467)

人　物

先进人物 ……………………………… (469)
区政权机关、党派、群众团体、垂直领导单位,直属事业单位及街道乡镇领导人(负责人) …… (469)
烈士 …………………………………… (474)
逝世知名人物 ………………………… (474)

统计资料(选编)

…………………………………… (476)

附　录

中共海淀区委 2008 年文件目录(京海发)
…………………………………… (479)
海淀区人民政府 2008 年文件目录(海政发) ……………………… (480)
海淀区行政区划基本情况 …………… (483)
海淀区域发展高层联席会议倡导单位名单(2008) ………………… (484)
海淀区域内中国科学院院士名单 …… (490)
海淀区域内中国工程院院士名单 …… (491)

区情概述

海淀区是北京市市辖区之一，位于市区和近郊区的西部和西北部，全区总面积430.76平方公里。东临朝阳区、西城区，南接宣武区、丰台区，西接石景山区、门头沟区，北临昌平区。区党政领导机关驻地——海淀区长春桥路17号。

海淀区是著名的文化科学教育区、风景名胜旅游区和新技术产业开发区。境内名胜古迹众多，有各类文物古迹262处，著名的清代皇家园林“三山五园”就在境内。区内聚集了清华大学、北京大学等37所普通高校、35所成人高等院校以及中央党校、国家行政学院、国防大学等党政军最高学府。驻有156个中央、市属机关，181个部队大院。有中科院、国家部委、北京市所属及其他类型等213个科研院所。有各类图书馆、博物馆、影剧院、著名表演单位数百处。截止到2008年10月底，在海淀区域内工作和居住的中国科学院院士和中国工程院院士共有511名，占全国两院院士总数的36.74%，占北京市两院院士总数的76.38%。中关村科技园区的中心区和发展区绝大部分在海淀区境内。

海淀区现辖域于1949年7月设置单独行政建制，1952年9月命名为海淀区。

本区下辖3乡（其中玉渊潭乡已实际撤销）、5镇、22个街道办事处，84个村委会、578个社区居委会；另设东升、万柳两个地区办事处分别与东升乡、海淀乡合署办公。年末全区户籍人口209.9万人，包括56个民族，其中农业人口9.6万人，非农业人口200.3万人。全区常住人口293.0万人。全年户籍人口出生17558人，出生率为8.3‰；死亡5416人，死亡率为2.5‰；人口自然增长率为5.7‰。计划生育率为98.2%。全年降雨量779.8毫米，比常年偏多34%；年平均气温13.1℃，比常年偏高0.8℃。

经济发展

2008年是改革开放三十周年，中关村科技园区海淀园成立二十周年，北京举办奥运之年，也是国际国内经济形势发生重大变化的一年。全区人民克服了一系列困难，圆满完成奥运服务保障任务，全区经济社会发展呈现稳中趋好的态势，主要计划目标按期完成，“十一五”规划各项任务进展顺利。

全年实现地区生产总值2109.72亿元，同比增长15.4%，第一、二、三产业增加值占生产总值比重分别为0.06%、18.5%和81.44%，三产比重超过80%，已达到发达国家水平。人均生产总值10028.4美元。区域内国税收入562.4265亿元，同比增长41%；地税各项收入298.9亿元，同比增长17.9%。区域财政收入837.9亿元，增长32.1%；区级财政收入136.22亿元，增长17.8%。实现工业总产值1100.9亿元，同比增长0.5%。全社会固定资产投资总额463.67亿元，同比下降2.6%。万元生产总值能耗下降4%。社会消费品零售额达885亿元，同比增长18.5%。辖区完成进出口总额298.3亿美元，增长13.8%；实际利用外资12亿美元,增长22.4%。城市居民人均可支配收入28417.7元,同比增长12.3%;农民人均现金收入14319.3元,同比增长14.1%。全区城镇登记失业率1.1%。

高新技术产业快速发展。海淀园总收入4844亿元,比上年增长18.8%;利润总额325亿元,下降2.6%;上缴税费233亿元,比上年增长19.9%;出口48亿美元,增长44.4%。截至年底,海淀园有高新技术企业13511家,其中总收入过亿元的企业580家;全年新认定三资企业220家。文化创意产业发展迅速,总收入占园区总收入的52%,比上年提高1.3个百分点。推进高端产业、研发机构、总部型企业在海淀聚集,京沪高铁、阿尔贝革、中广核、微软中国研发集团等企业落户本区。信息服务、新材料新能源等优势产业保持良好发展态势。涌现出一批"科技奥运"重大创新成果,海淀园的外包产业产值已占北京地区的80%,占全国的三分之一左右。在全市火炬计划和重点新产品计划项目中,海淀园的项目数分别占51.9和65.2%。全区30家企业入围中关村国家高新技术产业标准化示范区首批试点企业,占全市的55%。本年,3家企业获第三届中国标准创新贡献奖一等奖(占全国获奖数的37.5%),10家企业获中国名牌称号。实现专利申请20899件,技术交易额678.15亿元,分别占全市的48%和66%。本区被确定为6个国家知识产权质押融资试点地区之一。AVS-S视频编码标准成为全球范围内首个针对视频监控的视频编码标准。具有自主知识产权的闪联标准①成为ISO国际标准,是中国在信息技术领域首个国际标准。海淀园创业孵化服务机构达29家,在孵企业1489家,占全市的57%。举办中关村论坛,对园区改革发展20年进行全面总结。本年金融业实现国地税总收入255.04亿元,同比增长112.4%;区级收入10.97亿元,同比增长54.9%。确定了本区"一新一圈一后台"的金融业发展格局(即中关村西区新兴科技金融功能区、稻香湖金融后台服务区、西直门外商圈),国家开发银行总行、中国人民银行清算总中心等大型金融企业的后台服务机构和一批金融企业入驻,全区金融机构总数达1000余家。拓展海淀资本中心综合服务功能,深圳证券交易所路演中心等24家机构入驻。开展小额贷款公司试点。本年海淀园在境内外上市企业已达68家。

五道口商业中心等新建成的大型商业设施投入运营,新建16家便民菜店,完成11家社区菜市场升级改造。全区109个市场全部通过规范达标验收,现有的52个市场全部完成升级改造。举办品牌消费节等消费促进活动,整顿规范市场秩序,本区在全市商业服务消费者满意度调查中排名第一。年初推出科技庙会等新春活动和北京植物园桃花节等春季踏青活动,区内各大公园继续开展特色节庆旅游活动。奥运会结束后,推出"奥运冠军之路游"、"奥运都市休闲游"、"金秋西山乡村游"等3条旅游线路。圆明园通过国家4A级景区验收。作为市重点规划的乡村旅游带之一的温泉红楼梦源文化旅游示范带建设一期工程正在实施。阳台山古香道环境综合整治工程竣工,大西山旅游防火路开工建设。全年旅游接待3370.2万人次,实现收入158.8亿元。

农村经济实现总收入171.7亿元、纯收入35.7亿元,分别增长7.5%和9.8%,推进67项

---

① 即信息设备资源共享协同服务标准(Intelligent Grouping and Resource Sharing,简称IGRS标准),是新一代网络信息设备的交换技术和接口规范,在通信及内容安全机制的保证下,支持各种3C(computer consumer electronics communication devices)设备智能互联、资源共享和协同服务,实现"3C+网络运营+内容/服务"的全新内线架构,为未来的终端设备提供商、网络运营商和网络内容/服务提供商创造出健康清晰的赢利模式,为用户提供高质量的信息服务和娱乐方式。2003年7月,在信息产业部支持下,信息设备资源共享协同服务标准工作组成立,中文简称闪联。2005年6月,IGRS标准正式获批成为国家推荐性行业标准,成为中国第一个"3C协同产业技术标准"。

新农村建设折子工程，已全部完成。大力发展都市型现代农业，推广有机栽培技术和标准化生产技术，新建农业标准化基地9个，提升有机化示范基地4个。产业带、产业基地建设进展顺利，“一河十园”①产业带基本形成，加快京包路、大西山、稻香湖等农业产业带建设。全年果品产量达到7436吨，产值5075万元；其中观光采摘量1854吨。本年已有玉渊潭农工商总公司、东升乡、海淀乡、西北旺镇、苏家坨镇5个乡镇的39个单位开展集体经济产权制度改革工作，其中东升乡的7个分社基本完成股份经济合作社改建工作。首批农民专业合作社取得营业执照。本年已落实农田保护面积83235.5亩(5549.03公顷)。

海淀区被确定为北京市两个循环经济试点区之一。六里屯循环经济示范产业园被确定为北京市第一批循环经济试点单位。在全区开展产业结构调整等十大工程建设，推动循环经济发展，促进节能减排。完成约16.2万平方米的普通公建、约20.05万平方米的普通住宅节能改造，超额完成市下达的任务。韩家川回收分拣中心新建电子垃圾、废塑料和废钢铁3个分拣处理功能区。

全年新批外商投资企业449户，实现进出口总额298.3亿美元，增长13.8%，其中出口121.8亿美元，增长34.6%。

开展安全生产九大专项整治和百日督察专项行动，全年未发生较大以上安全生产事故。共发生各类死亡事故100起、死亡104人，同比事故减少22起，死亡人数减少33人。

奥运赛事和服务保障工作

2008年是北京举办奥运会之年，海淀区作为北京奥运会、残奥会的重要区域，承担的奥运筹办和服务保障任务繁重。举办奥运会10项赛事，占总赛事的35.7%；举办残奥会7项赛事，占全部赛事的30%。区域内有各类涉奥场所、机构86个，其中竞赛场馆占全市的25.8%，独立训练场馆占全市的53%，非竞赛场馆占全市的20%；还有公路自行车赛、马拉松比赛2项开放性赛事，分别占全程20%以上和占总里程的近半；奥运会、残奥会火炬传递活动经过区境。奥运赛场、训练场馆的服务保障范围覆盖全区80%的街乡(地区)。赛事服务保障时间从7月20日到9月20日，历时2个月。海淀区还承担5项2008年“好运北京”测试赛的外围保障任务，占全市的31.3%。本区有10名运动员参加奥运会(其中一名为户籍在本区)，7名运动员参加残奥会，获得2枚奥运会金牌、1枚银牌，2枚残奥会金牌并打破两项世界纪录。

海淀区在全市率先建立区级奥运筹办服务指挥机构，形成“1+10+22+29”的奥运服务保障工作体系②和“三级两进入”工作体制③，以竞赛为中心、场馆为基础、属地为保障，形成了

---

① 一河指旱河，十园指观光园，即四季青镇沿旱河两侧分布的有一定规模和接待能力的九个观光园，以及海淀乡西洼俱乐部。

② 即成立的海淀区奥运筹办和赛时保障工作领导小组(海淀区奥运服务保障工作总指挥部)，下设10个专业指挥部、22个外围保障团队、29个街道乡镇奥运服务保障工作指挥机构。

③ 为加强属地政府与涉奥单位的协调衔接。在区级层面，区四套班子主要领导担任区奥运筹办和赛时保障工作领导小组(区奥运服务保障总指挥部)组长、副组长，区域内8家竞赛场馆运行团队主任担任执行副组长；在场馆团队层面，由一名区领导进入区域内各竞赛场馆运行团队担任属地关系副主任，同时兼任场馆外围保障团队主任，一名处级领导干部进入场馆运行团队担任联络员，各竞赛场馆运行团队负责设施与环境工作的副主任进入场馆外围保障团队，担任常务副主任；在街道、乡镇层面，所有训练场馆、非竞赛场馆、签约宾馆饭店、定点医院、配餐公司、奥运文化广场等6类涉奥单位的一名负责人，进入街道、乡镇奥运服务保障工作机构任职。

全区大融合、大保障、大联动、大服务的工作格局,确保了本区8个竞赛场馆的712场奥运会、残奥会赛事成功举行。

奥运赛事期间辖区内场馆运行做到了住宿服务高标准、餐饮供应零投诉、仪器安全零事故、医疗保障无差错。妥善处理了奥运门票现场销售、火炬传递等应急突发事件。奥运期间全区未发生重大突发公共卫生和食品安全事件,警情和发案均降至2000以来的最低点,空气质量天天达标。

继续开展"迎讲树促建"①活动,继续实施"九大文明行动"。组织群众性文体活动近千场次,两个奥运文化广场举办文艺演出百余场,吸引观众71万余人次。本年全区创建24个残疾人温馨家园②。近26万名志愿者直接参加奥运志愿服务。

奥运会为海淀区留下了场馆、配套设施等丰厚的物质财富,海淀区在城市管理、社会管理方面形成了包括奥运筹办保障"五种精神"③在内的一大批奥运文化遗产。

城乡建设与管理

实现全社会固定资产投资463.7亿元,完成重大项目投资40亿元,新开工重大工程项目25项,竣工20项。新建道路通车里程达到20.5公里。完成28条区管道路的大中修。经济适用房开复工面积57.8万平方米,启动廉租住房建房约10万平方米,危旧房改造开复工面积129万平方米。西北旺小学等社会事业项目基本建成。地铁4号线一期工程拆迁完成,地铁8号线、9号线在拆迁中。区委党校综合楼建成。

加快生态海淀、宜居海淀建设。完成城区绿化面积228.21公顷,为全年任务的228.21%。完成昆玉河水景观走廊建设等绿化工程。加强对油烟和有机废气、机动车尾气、加油站油气回收等专项整治,严控扬尘污染。全区空气质量二级和好于二级天数达到268天,占全年的73.4%,创十年来最好水平;水体化学需氧量同比削减率26.71%,二氧化硫减排提前完成"十一五"任务。全区污水处理率达到93.7%,生活垃圾无害化处理率达到100%,林木绿化率达到47.5%。完成第一次全国环境污染源普查。新建10座密闭式清洁站,新、翻、改建20座二类以上公共卫生间,三星庄粪便消纳站土建主体结构通过验收。六里屯垃圾填埋场臭气和渗滤液处理取得成效。海淀区获"首届中国十佳绿色城市奖"。前章村雨洪利用工程完工,温泉、永丰两座再生水厂一期工程完工。本年创建节水型单位(小区)共39个。

全面落实"数字海淀"建设规划,建成覆盖全区的科技创安视频监控系统,完成82个行政村、60个老旧小区的视频监控图像信息采集系统建设。加强流动人口管理。全区社会治安形势稳定,刑事案件发案数比上年下降28.3%,全年处置结案各类城市管理问题19万余件,区级层面问题处理的及时率和结案率达到94.82%和99.29%。全年拆除违法建设51.84万平方米。全年食品安全抽检合格率达96.43%,药品抽检合格率达96.77%。泽丰苑社区和有色设计院社区获"北京第三届魅力社区"称号。

开展环境优美乡镇、文明生态村创建活动,台头村等3个村被评为市级文明生态村。车耳

① 迎奥运、讲文明、树新风、促和谐、建首善。

② 指本市各区县的基层街道、乡镇按照市委、市政府关于建设和谐社区、和谐村镇的要求,为满足残疾人的特殊需求,统筹规划、整合资源,依托本地区内公共活动(服务)中心建立的以各类残疾人为服务对象的综合性活动和服务载体。

③ 为国争光的爱国精神、艰苦奋斗的奉献精神、精益求精的敬业精神、勇攀高峰的创新精神、团结协作的团队精神。

营村被评为2008年度“北京最美的乡村”。城乡结合部的23个村庄环境整治基本完成，近两年共对49个村（自然村）进行安全饮水改造，农民安全饮水目标基本实现。市区两级政府投资改造完成农村地区500座户厕。“村村通公交”工程进展顺利，全区行政村通车率100%。建成玉东、丹青圃2个郊野公园，人工造林200.8公顷，种植苗木38.65万株。

北部新区调整土地一级开发模式，全年投资项目80个，完成投资53.2亿元。北部专业园区建设项目29个，完成投资19.6亿元。新区城镇开发建设项目完成投资12.08亿元。

科技　教育　文化　卫生　体育

区财政保证医疗卫生、社保就业、教育、文化体育与传媒等民生领域的支出持续增长。

区域内有52个项目获2008年度国家科学技术奖，占全国获奖项目总数的20.55%。本年海淀区“科三费”资金9800万元，支持科技项目199项，其中星火计划立项4项、滚动执行9项。25家企业的项目产品获得2008—2009年度国家重点新产品证书，比上年增加1.5倍。继续开展“北京市创新型科普社区”创建活动，本年有3个社区入选。本年海淀区青少年在参加的各类科技竞赛活动中，获得国际大赛奖8个、全国大赛奖68个、北京市奖200余个。

加快实施办学条件达标工程，继续推进小学规范化建设和初中建设工程。实施素质教育，本年评定13所小学素质教育优质校，在11所市级示范高中就读的初中毕业生已占全区毕业生的29.2%。。深化基础教育课程改革，体美校外教育成果丰硕。继续执行国家“两免一补”政策。中考、高考成绩继续保持全市领先。海淀区被评为首批“全国社区教育示范区”。

开展疾病预防控制工作，有效处置手足口病、问题奶粉事件。全区的社区卫生服务中心（站）达到224个，社区卫生服务机构标准化建设完成率达到94.8%。社区卫生服务机构全面实施收支两条线管理，药品零差率销售实现城乡全覆盖。居民健康档案建档率达到100%。创建6个“北京市健康促进示范村”。区妇幼保健院改扩建工程进展顺利，精神卫生防治院易址新建工程基本完工。海淀区获“全国中医药特色社区卫生服务示范区”称号。在抗震救灾中，派出医疗救援队奔赴灾区开展医疗救助，并派出医护人员参与北京老年医院对四川绵阳地震伤员的治疗和护理。

举办第十八届农民艺术节，组织迎奥运100天、“五月的鲜花”、惠民电影周、第五届海淀文化节、奥运文化广场等系列文化活动。开展人文奥运活动，奥运期间完成演出、展览、展示约360场。实施“扫黄打非”专项行动。史志工作取得新成就，《海淀建设史》、《海淀改革开放30年》出版。完成文保单位和文物普查登记的古建筑状况调查。对圆明园遗址文物、北坞村关帝庙文物、妙云寺古建等文物进行修缮。

发挥本区传统的群众体育品牌优势，开展全民健身活动。全区16所中小学体育设施对社会开放。完成奥运会、残奥会火炬海淀段的传递任务和海淀区属体育场馆承担的奥运训练任务。

政治建设

中共海淀区委以推动科学发展、促进社会和谐、服务保障奥运为主线，推动全区经济、政治、文化、社会和党的建设的发展。实施文化大发展大繁荣战略。深入“创新聚力”工程，开展

“展党员风采,做奥运先锋”主题实践活动和“为奥运奉献,为党旗增辉”主题党日活动。进一步健全党风廉政建设责任制工作体系和机制,开展廉政风险防范管理试点工作。全年立案25件,结案10件;查处商业贿赂案件39件。从7月1日至11月30日,全区开展平安奥运维护稳定大会战暨矛盾纠纷排查化解大接访活动,大接访期间区级、处级两级领导共接访1306批3942人次,化解519件矛盾纠纷。全区各级受理信访案件39194件,同比下降15.5%。汶川地震发生后,支持消防抢险、医疗救援队伍赴地震灾区开展救援工作,发动全区人民捐款捐物合计61583.2万元。

区人大常委会把支持、参与、促进奥运筹办工作作为重点,加强对“一府两院”工作的监督和协调配合,就各项奥运筹办工作听取政府专题报告,组织执法检查,加强对有关奥运议案的督办。依法履行职能,推进本区经济、政治、文化和社会建设的全面协调发展。

区政协围绕全区工作大局,以“助推科学发展,服务保障奥运,关注民生改善,提升履职能力”为重点,在经济发展、园区建设、新区建设、社会保障等8个方面提出40余条意见和建议。就有关本区发展的重大问题开展调查研究,向区政府提出两项建议案。本区各民主党派组织积极参与全区重大课题调研,开展纪念“五一口号”发表六十周年活动。

区政府贯彻落实中央、北京市的一系列重大决策和部署,坚持依法行政,较好地完成了奥运筹办和服务保障等各项工作任务。举办第四届区域发展高层联席会议,成立中国·海淀艺术团联盟。办复全国、市、区人大代表建议、政协委员提案818件。推进电子政务建设,全区35个委办局的1578项全程代理服务事项和17个部门的256类跨部门协同办理事务全部在区政府网站上线。建立健全政府信息公开工作机制。成立区社工委(社会办)、金融办、投资促进局,海淀园管理机构进行了调整改革。制定《海淀区与密云县合作发展五年规划(2009~2013)》,与希腊奥林匹亚市、美国圣何塞市缔结友好合作关系。

加强人口和计划生育工作,推动人才规划实施。加强国防和民兵预备役建设,双拥共建活动深入开展。民族、宗教、侨务、气象、防震减灾、档案等工作取得新成绩。

人民生活

2008年,本区城市居民人均可支配收入28417.7元,同比增长12.3%;农民人均现金收入14319.3元,同比增长14.1%。

本年新增就业5.4万人。24899名城镇登记失业人员实现再就业,失业人员再就业率62.58%,城镇登记失业率为1.1%;11489名“4050”人员实现再就业。3111名农村富余劳动力实现转移就业。“零就业家庭”保持动态为零。继续开展充分就业社区(村)创建工作,全区384个社区实现充分就业,占社区总量的66%;34个村成为“充分就业村”。开展残疾人就业培训、残困家庭救助、残疾人康复等工作。首次将全区3.2万名无保障老人、7025名无业居民纳入社会保障覆盖范围。新型农村合作医疗参合率达93.72%,参合农民年人均筹资提升到460元,报销封顶线达到6万元,均列全市首位。农村养老保险参保覆盖率达到96%,农民月平均养老金从102元提高到492元。全年受理劳动争议案件8109件,结案率为99%。全区五项社会保障累计收缴基金124.63亿元,比上年增长29.46%。城乡低保标准从330元提高到390元。加强住房保障工作,对325户家庭进行廉租住房补贴,3000余户家庭通过摇号配售限价房。全区实现“五无”即“无零就业家庭、无城镇危房户、无重大重复上访户、无社会救助盲点、无拖欠工资问题”的目标。

工作中存在的矛盾和问题：一是受国际金融危机影响，投资、消费增速持续放缓，园区产业政策调整，部分企业税负增加，中小企业发展面临更多挑战，保持经济平稳较快发展的难度加大；二是人口资源环境问题依然突出；三是社会矛盾呈多发态势，妥善处理群众利益诉求，加快解决涉及群众利益的突出问题，切实维护社会稳定的任务依然十分繁重；四是物价高位运行对低收入群众生活的影响明显，社会保障面需进一步扩大；五是政府职能转变还不到位，政府行政效率和服务质量还需进一步提高。（王宋文　钟　冷）

特载文献

关于开展廉政风险防范管理工作的意见

京海发[2008]5号

2008年2月21日

为进一步加强有效预防,深入推进我区反腐倡廉建设,根据市委和市纪委的要求,现就学习借鉴崇文经验,结合本区实际,抓好廉政风险防范管理工作提出以下意见。

一、充分认识开展廉政风险防范管理的重要意义

党的十七大指出,要在坚决惩治腐败的同时,更加注重治本,更加注重预防,更加注重制度建设,拓宽从源头上预防腐败工作领域。这为新时期加强党风廉政建设和反腐败工作指明了方向。预防腐败,就是要超前化解权力运行过程中的各类腐败风险,防范于未然,使腐败行为不发生或少发生,特别是不发生大的问题,使党员干部不犯或少犯错误,党和人民的利益少受或不受损失。崇文区通过把现代管理科学中的风险管理理论和全面质量管理方法,运用到反腐倡廉工作中,走出一条预防腐败的新路子。实施廉政风险防范管理为预防腐败工作提供了一个科学的机制和有效载体,是预防腐败工作思路和工作方法上的创新实践。这项工作得到中央纪委和市委领导的高度重视,刘淇书记多次作出批示,并要求在全市积极推广。市纪委文件(京纪通[2008]1号)将我区列为十四个重点联系单位之一。我们一定要按照市委、市纪委的部署和要求,提高认识,统一思想,紧密结合海淀实际,学习借鉴成功经验,积极实践,努力创新,进一步提高有效预防腐败的工作水平,推动我区党风廉政建设和反腐败工作取得新成效。

二、坚持有计划实施、分步骤推进

开展廉政风险防范管理工作要坚持同我区的实际情况相结合,同贯彻执行党风廉政建设责任制相结合,同推进惩防腐败体系建设各项任务相结合,同各部门各单位的具体工作相结合,按照循序渐进的原则,边学习边实践,先抓好试点,不断总结积累经验,逐步全面推开。具体实施步骤:

(一)1月,制定实施意见;成立区廉政风险防范管理工作领导小组,加强对这项工作的领导和组织实施。

(二)2月,在全区党风廉政建设大会上,对开展廉政风险防范管理工作进行部署,提出总体要求。拟确定青龙桥街道、东升乡、人事局和区地税局4个单位作为首期试点;召开试点单位动员会,启动试点工作。

(三)2—3月,各试点单位完成工作方案,提出实施细则;在查找风险点的基础上,制定措施,完善制度,进入执行阶段。

(四)加强培训,增强防范风险的自觉性。以试点单位为重点,通过专家讲座、论证会、座谈会、专题辅导和参观学习等形式，尽快把握关键，掌握基本内容和具体操作方法，积极推动工作开展。

（五）加强宣传，统一思想。要通过区内媒体、相关会议、专项工作简报，加大宣传报道力度，提高广大党员干部参与防范廉政风险的意识，营造有利于开展工作的良好氛围。

（六）下半年，论证试点运行情况，总结经验，及时研究决定进一步扩大范围。

三、成立领导机构，明确职责，建立工作机制

为扎实推进廉政风险防范管理，成立区廉政风险防范管理工作领导小组，由区委书记任组长，区纪委书记、常务副区长任副组长，其他有关部门的主要领导为领导小组成员（名单附后）。领导小组办公室设在区纪委。

领导小组的主要职责：领导、协调、监督、检查全区廉政风险防范管理工作；研究工作意见和实施方案；对全区廉政风险防范管理工作做出部署和阶段性安排；对工作开展情况进行监督检查；听取汇报，提出工作要求和指导意见。

领导小组办公室的职责是：负责联系区属各处级单位，协调其制定工作方案和实施细则，健全管理制度，建立防范机制；检查指导各单位廉政风险防范管理工作，确保各项制度和措施得到贯彻落实；对各处级单位开展廉政风险防范管理工作情况进行考核；总结经验，查找问题，及时向领导小组报告工作、反映问题、提出意见和建议；处理领导小组交办的有关事项。

按照党风廉政建设责任制的要求，建立健全推进廉政风险防范管理工作的领导体制和工作机制：区委统一领导，纪委组织协调，各部门党政齐抓共管、各负其责，依纪依法开展廉政风险防范管理工作，不断增强有效预防的能力，提高党风廉政建设和反腐败工作水平。

基层各处级单位也要根据工作推进情况，及时成立相应的领导机构，建立有效的工作机制。

关于贯彻京发〔2007〕20号文件全面加强人口和计划生育工作统筹解决人口问题的实施意见

京海发〔2008〕14号

2008年4月3日

为认真贯彻落实市委、市政府《关于深入贯彻落实科学发展观统筹解决人口问题的决定》（京发〔2007〕20号，以下简称《决定》）精神，全面加强和推进新形势下人口和计划生育工作，统筹解决人口问题，促进全区人口与经济、社会、资源、环境全面协调可持续发展，现结合本区实际，提出以下实施意见。

一、充分认识人口和计划生育工作在全面建设小康社会中的重要地位

人口问题始终是制约海淀区全面协调可持续发展的重大问题，是影响经济社会发展的关键因素。坚定不移走统筹解决人口问题的道路是全区实现科学发展的必然选择，是全面建设小康社会、让改革发展成果惠及全区人民的重要途径，也是构建和谐海淀的应有之义。

市委、市政府作出的《决定》提出统筹解决人口问题的六大任务和具体措施，是指导当前和今后一个时期人口和计划生育工作的纲领性文件，是进一步抓好人口和计划生育工作的行动指南。全区各级党委、政府及各部门要认真学习宣传《决定》精神,使广大党员和干部真正把思想和行动统一到《决定》精神上来,充分认识人口和计划生育工作在全面建设小康社会中的重要战略地位。

当前,全区人口和计划生育工作总体局面是好的。低生育水平持续稳定,出生人口素质保持较高水平,人口现代化建设有新进展,计划生育事业取得了显著成绩,有力地促进了全区经济社会又好又快发展。但是,也必须清醒地看到人口发展的形势依然严峻,任务更加艰巨,主要表现在:本区已经进入第四次出生人口高峰期,政策内生育水平持续上升,现有生育政策与群众的生育意愿之间存在一定距离,低生育水平面临反弹的现实风险;人口素质总体水平还不高,与海淀高新技术发展区和教育文化示范区的区域功能定位还有一定距离;常住人口特别是流动人口出生性别比持续偏高,给社会和谐与稳定带来新的隐患;人口老龄化趋势加快,"未富先老"对社会保障和社会养老服务体系造成很大压力;流动迁移人口持续增加,对公共资源配制和政府社会管理能力构成很大挑战;人口计生工作管理难度加大,违法生育及瞒报、漏报现象时有发生;少数领导和部门对新时期统筹解决人口问题的长期性、艰巨性、复杂性认识不足,统筹解决人口问题的体制、机制不健全,对新形势新问题缺乏系统研究探索等。对此,全区各级党委、政府和广大党员干部群众要从贯彻落实科学发展观的高度,从全面建设小康社会和构建和谐社会的高度,充分认识人口问题的重要性和严峻性,充分认识统筹解决人口问题的复杂性和紧迫性,始终把人口计生工作作为第一国策来抓,推动新时期人口计生事业的健康发展。

二、明确统筹解决人口问题的总体要求

当前及今后一个时期,全区人口与计划生育工作的总体要求是:以党的十七大精神为指导,深入贯彻落实科学发展观,牢固树立"以人为本"的理念,优先投资于人的全面发展,继续稳定低生育水平,提高人口素质,构建人力资本强区,优化人口结构,破解流动人口管理与服务难题,引导人口有序流动和合理分布,保障人口安全,"十一五"期间,全区户籍人口总量控制在226万以内;到2020年前后,低生育水平持续稳定,总和生育率保持在更替水平以下,基本实现人口现代化,人与自然和谐发展的奋斗目标,为全区实现经济社会永续发展创造良好的人口环境。

三、以人的全面发展统筹解决人口问题

(一)千方百计稳定低生育水平。稳定低生育水平是新时期人口计生工作的首要任务,是统筹解决人口问题的基础。必须坚持计划生育基本国策和稳定现行生育政策不动摇,党政一把手亲自抓、负总责不动摇,稳定人口和计划生育工作机构、队伍不动摇,不断创新人口和计划生育工作体制、机制、手段和方法不动摇。全面加强基层基础工作,综合运用法律、行政、教育、经济等手段,不断完善"依法管理、村(居)民自治、优质服务、政策推动、综合治理"的长效工作机制,逐步实现人员、经费、管理、服务四位一体的全区常住人口公共管理服务新模式。在城区,继续坚持"属地管理、单位负责、居民自治、社区服务"工作思路,把人口计生工作纳入社区管理体制和综合服务体系之中,纳入和谐社区建设之中;在农村,要深化和巩固计划生育村民自治,将人口计生工作纳入建设社会主义新农村的总体部署,充分发挥人口计生网络作用,大力实施"新农村新家庭计划"。

进一步完善政府为主、社会补充的人口和计划生育利益导向政策体系。全面落实对计划生育家庭的各项奖励优惠政策,继续督促辖区单位落实好计划生育四项奖励。贯彻落实人口计生、财政等六部门《关于完善海淀区人口和计划生育工作利益导向机制的通知》精神，积极推进“国策关怀”各项工作。各相关部门在建立完善城乡低保、城镇居民医疗保险、农村新型合作医疗、劳动就业和其他社会经济政策时，都要体现对计划生育家庭的优先优惠原则，促使计划生育家庭优先分享改革发展成果。

结合“五五”普法，进一步加强人口和计划生育法制宣传，引导群众遵纪守法，自觉实行计划生育。加强社会监督，完善对违法生育的有奖举报制度。坚持依法管理，严肃查处违法生育行为。对违法生育者，一律依法征收社会抚养费；造成恶劣影响的，给与公开揭露。贯彻落实中组部、国家人口计生委等11部委《关于加强人口和计划生育工作若干政策措施的通知》精神，探索建立依据个人实际收入征收社会抚养费的措施办法，加大对违法生育行为惩处的力度和效应。

（二）大力提高出生人口素质。出生人口素质是总人口素质的基础，要科学制定提高出生人口素质的规划及行动计划，加强出生缺陷干预能力建设。卫生、民政、人口计生、残联等部门或团体要整合资源，将出生缺陷预防作为生殖健康服务体系的基本内容，健全以育龄人群为基础的出生缺陷监测制度，构建出生缺陷一级和二、三级预防的综合服务平台。

计生卫生联手实施健康生育计划和健康关爱计划，拓展健康服务领域，满足群众多层次的卫生健康需求。加大宣传和财政投入力度，继续在全区开展免费的优生优育知识培训和咨询工作，积极推进免费科学婚检制度，不断提高婚前咨询率和婚检率，提高孕前保健服务水平。加强性病和艾滋病防治工作，预防艾滋病母婴传播。开展产前筛查和诊断、新生儿疾病筛查和康复等工作，从源头上预防出生缺陷的发生。大力普及婴幼儿抚养和家庭教育的科学知识，开展婴幼儿早期教育。强化独生子女社会行为教育和培养。切实维护流动育龄群众的生育权益。加强孕前孕期健康教育宣传，提高流动育龄妇女自觉接受孕前保健、孕产期保健的意识和能力。

（三）综合治理出生人口性别比偏高问题。要建立健全“党政负责、部门配合、社会参与、标本兼治”的综合治理工作机制。各级政府是责任主体，卫生、人口计生、药监、公安、流管等部门要各司其职、紧密配合。把综合治理出生人口性别比偏高问题作为对各级相关部门人口和计划生育目标管理责任制的考核内容。要广泛宣传男女平等的新型婚育观念，深入开展“关爱女孩行动”、“幸福工程”、“春蕾计划”等社会公益活动，进一步制定并实施有利于女孩健康成长和妇女平等参与的社会经济政策，在全社会努力营造关爱女孩、尊重女性的舆论环境。卫生、药品监督、人口计生、公安等部门要运用法律手段，加强对B超、终止妊娠药物和手术的管理，组织开展打击“两非”（非医学需要的胎儿性别鉴定和选择性别的人工终止妊娠）活动，最大限度地平拟出生人口性别比升高，优化出生人口结构。

（四）建立健全流动人口服务与管理体系。探索建立“政府主导，部门联动，统一管理，优质服务，信息共享”的综合治理机制，不断增强实有人口管理的针对性。健全流动人口管理组织机构，加强基层服务站规范化建设，夯实流动人口管理工作基础。推动流动人口管理重心下移，区、乡镇（街道）两级流管机构组织好流动人口信息采集，摸清流动人口底数，对重点地区、重点人群定期进行检查，消除不安全隐患，推进社会面防控体系建设。政府信息办、流管办牵头建立全区流动人口和出租房屋管理服务综合信息平台，利用公安、民政、人口计生等部门流动人口信息资源，研究建立信息资源跨部门的交换、对比、整合和共享机制。树立流动人口“一盘棋”的工作思想，积极与人口流出地加强合作，建立流出地和流入地双向互动协作管理机制。相关部门和机构为流动人口办理经商、务工、购房、租房、社会保障等手续时,应与人口计生部门密切配合、互通信息。要按照“属地化管理,市民化服务”的原则,将流动人口服务与管理纳入经常性工作范围,提供相关的生殖健康免费服务。

维护流动人口的合法权益,劳动部门要加大对农民工为主的流动人口劳动合同监督管理力度,重点督促用工企业严格执行医疗保险、养老保险等劳动社会保障制度。加强流动人口聚集地宣传服务阵地建设,在流动人口集中的社区、企业、集贸市场等成立计划生育协会,经常性的开展活动,丰富外来务工人员的精神文化生活。

(五)积极应对人口老龄化。坚持“政府主导,社会参与”的原则,大力推进养老服务事业社会化进程。按照国家和北京市的统一要求,进一步落实养老保险制度,确保基本养老金按时足额发放率达100%。落实好北京市城乡60岁以上无社会保障老人保障待遇。建立和完善适应养老需求多样化特点的养老服务体系,培育和发展中介组织和民间组织,探索政府购买服务的新途径。积极创建以居家养老为主、社区服务为依托、机构照料为补充的多层次的养老服务体系。一是要大力推进居家养老服务事业发展,成立区、乡镇(街道)两级居家养老服务中心,负责地区居家养老服务工作的组织管理和推进,在“十一五”期末达到80%以上的社区和村建立社区为老服务组织;二是加大投入,不断完善扶持政策,多渠道筹集发展资金,兴建养老院、护理院、老年公寓等养老服务设施,为老年人提供多种服务选择。在“十一五”期末达到每百名老人拥有养老机构床位数2.5张,养老床位总数达到8750张。

发扬良好社会风尚,大力营造“敬老、爱老、助老”良好社会氛围,促进代内公平和代际和谐。加强老年维权工作组织建设,继续推行老年法律援助工作,切实维护老年人合法权益。重视独生子女父母养老保障和养老服务。老龄、民政、劳动保障等部门在研究制定实现积极人口老龄化的政策措施时,要体现对计划生育家庭的倾斜。

(六)合理调控人口规模,促进人口资源环境协调发展。全面落实海淀区的城市功能定位和总体发展战略,执行城市人口合理规模及增速的调控政策与措施。充分发挥产业政策对人口宏观调控的配置作用,积极构建发挥海淀优势的新型经济体系,集中发展高新技术产业和现代服务业,加快转移、淘汰劳动密集型产业和技术含量低的低端产业,提高职业素质要求,减少发展对人口的依赖。统筹区域协调发展,加快北部新区城市化进程,建设生态型、田原型和现代化的自然生态系统与城市生态系统相结合的综合城市新区,引导人口有序迁移和合理分布。加强土地资源的规划和利用,坚持逆向调整规划思路,适度控制住宅区规模,推进普通住宅建设用地与人口增长目标相适应。强化城市建设管理,加快“城中村”改造进程,力争在“十一五”期间逐步拆迁改造完流动人口高度集中的“城中村”,对城乡结合部地区加强联合管理和监控。严格执行北京市有关人才引进、干部调动等政策和要求,依据本区需求短缺人才状况实施选择性的人才引进迁入政策。加强水、土地及其他资源的节约与合理利用,拓展城市的人口承载力,提高人口的环境资源素质,加强和保护生态环境。

四、加强人口和计划生育事业基础能力建设

(一)完善稳定增长的投入保障体系。完善“足额预算、逐年提高、专款专用”的公共财政投入保障机制,确保人口和计划生育财政投入增长幅度高于经常性财政收入的增长幅度,建立按照常住人口规模比例分配人口计生事业经费的财政投入体制。优化公共财政投资结构,优先投资于人的全面发展,进一步加大对计划生育、基础教育、公共卫生、福利保障等人口发展领域的投入,促进人口事业健康发展。

（二）认真落实依法行政。以《全面推进依法行政实施纲要》为指针，深入有效的落实《北京市人口与计划生育依法行政工作实施方案（2004－2008年）》。以提高计生系统各级工作人员的依法行政意识和能力为基础，以全面持久的普法和法制宣传为保障，积极完善行政监督制度和机制，强化对计生行政行为的监督，努力率先实现部门工作法制化目标。

（三）构建优质高效的技术服务体系。依托人口和计划生育优质服务网络，按照“以人为本，世代服务，健康促进，按需给予”的宗旨，积极为育龄群众提供科学规范的计划生育、优生优育、避孕节育知情选择等生殖保健服务。加强硬件设施建设，优化机构，提升能力，打造“生殖健康技术服务中心”品牌工程：探索建立全区计划生育困难家庭育龄妇女生殖健康咨询普查的服务信息系统；依托驻区医疗机构，扩大全区育龄妇女基本技术服务网络，实现信息化管理；形成以区计划生育生殖健康技术服务中心为主体，以定点医院及社区卫生机构为依托的公共型、倡导型、特需型的计卫联手服务格局。

积极推进计划生育药具工作改革，完善药具管理机制，继续巩固以计划生育免费供应为主体、多种供应相互补充的基本保障体系，逐步形成药具管理信息化、发放手段“易得”化、宣传内容“知情”化、服务方式“物流”化的能最大限度满足群众药具需求的工作格局。

（四）进一步加强人口和计划生育宣传教育。要以社会主义文化大发展大繁荣为契机，广泛深入开展“婚育新风进万家”活动，将活动全面渗透到各个领域，做到与社会主义文化建设相结合，与群众性精神文明建设创建活动相结合。坚持工作重心下移，逐步推进生育文明村（居）建设，加大对基层生育文化宣传阵地投入力度，特别是北部新区生育文化阵地的投入建设，开展形式多样、群众喜闻乐见的优秀人口文化活动，在全区营造具有品牌化、多样化、精品化、大众化的人口计生宣传环境。宣传教育部门充分利用报刊、广播、电视、网路等主渠道传媒，面向社会和广大群众深入开展国策、区情和人口形势教育，增强人口安全和人口忧患意识，积极营造全社会关心支持人口计生工作的舆论环境。

（五）加强人口问题研究工作。充分发挥海淀资源优势，加强与相关部门、学术团体和研究机构之间的交流与合作，完善“政府牵头、部门合作、专家指引、课题运作”的人口问题研究模式。即要着眼未来，加强人口问题的前瞻性、战略性研究；又要立足当前，着力解决人民群众最关心、最直接的重点问题和热点问题，为党委、政府实施人口与发展综合决策提供科学依据。积极推进《海淀区“十一五”时期人口全面发展规划》的贯彻执行，建立《规划》实施督察的长效机制。不断完善海淀区人口信息警示服务系统，对人口安全态势进行动态跟踪监测和预警。办好全区两年一届的“人口与发展论坛”。

（六）推进人口和计划生育管理服务信息化。以横向联网、纵向延伸为重点，进一步完善人口计生信息网络。政府信息办建立政府信息共享通道，牵头人口计生、民政、公安、卫生等部门加快横向联网进程，整合信息资源，搭建人口信息共享平台，建立全区常住人口库，推进数字人口建设。开发和完善WIS系统的使用功能，逐步实现市、区、乡镇（街道）、村（居）四级联网，推进人口管理和服务功能信息化，加强基层计算机配置和人员培训，形成人员专业化、设备功能化、信息共享化、管理现代化的运作格局。

五、加强对人口和计划生育事业的领导

（一）建立统筹解决人口问题的决策和调控机制。各级党委、政府要把人口和计划生育工作摆上重要议事日程，加强统筹协调和督促检查。研究制定和出台经济社会发展政策时，要与落实计划生育基本国策相衔接，并适时进行人口与资源环境状况评价分析，形成有利于稳定低生育水平、统筹解决人口问题、促进人的全面发展的政策体系。区委、区政府每年将全区人口计生工作向市委、市政府作专题汇报,同时听取区人口和计划生育领导小组成员单位履行职责情况汇报。适时调整人口计划生育综合治理部门,不断完善、细化成员单位的工作职责,积极推进综合施治。

(二)进一步完善人口计生目标管理责任制。坚持党政一把手"亲自抓、负总责",把人口和计划生育工作作为对各部门、各乡镇(街道)年度目标责任考核的一项重要内容,区政府坚持每年与各责任单位签订目标责任书。进一步改革目标管理考核办法,加大重点单位管理力度,每年对人口和计划生育工作成绩突出的先进集体、先进个人给予表彰和奖励,对不能完成目标责任制的地区单位和部门主要领导严格实行"一票否决"并给予通报。

(三)充分发挥计划生育协会作用。充分发挥协会在基层人口和计划生育工作中的生力军作用,广泛宣传教育群众,引导群众自我教育、自我管理、自我服务。深入扎实地开展生育关怀行动,拓展服务内容和形式,不断扩大对独生子女夭折或伤残的计划生育困难家庭的全方位、多样化救助帮扶力度,建立政府长效关怀机制;倡导全社会通过各种途径和方式参与到生育关怀帮扶活动中,将生育关怀行动打造成人口计生领域中的社会公益知名品牌。继续开展"青少年青春健康教育"项目,建立和整合青春健康教育资源库,促进生殖健康教育进校园、进社区。

(四)建设高素质的人口和计划生育干部队伍。按照常住人口规模比例配备人口和计划生育工作人员,重点加强基层计生干部队伍建设,确保乡镇(街道)计生工作机构和队伍的稳定,机关、企事业单位按照规定配设专(兼)职计划生育干部。要按规定保障好村(居)计生专干工资和社会保障待遇,落实好基层计划生育宣传员的工作补贴,组织实施好对村(居)计生专干每年一次的健康体检工作。要选拔德才兼备的优秀人才充实到人口计生干部队伍,对在工作中做出突出成绩的要适时培养使用。加强人口计生教育工作,将人口计生法律法规及人口国情的培训纳入各级理论学习中心组计划、区委党校及各类培训班教学计划。加快职业化干部队伍建设,分级分类搞好干部培训。

区属各部门、各乡镇(街道)要根据本意见精神,结合各自实际制定具体措施,进一步做好人口和计划生育工作,为建设富裕民主文明和谐的新海淀创造良好的人口环境。区委、区政府督查室要定期对各部门、各乡镇(街道)贯彻落实本意见情况进行督查,确保《实施意见》的各项要求落到实处。

关于进一步促进服务业发展的实施意见

京海发[2008]19号

2008年6月11日

为深入贯彻党的十七大精神和《国务院关于加快发展服务业的若干意见》,全面落实市、区第十次党代会精神和区"十一五"规划,按照《中共北京市委、北京市人民政府关于进一步促进服务业发展的意见》的要求,结合海淀区实际情况,就进一步促进服务业发展提出以下意见。

第一章 总 则

第一条 促进服务业发展的指导思想:以邓小平理论和“三个代表”重要思想为指导,深入贯彻落实科学发展观,坚持市场化、产业化、社会化、国际化的方向,进一步优化服务业产业结构,增强服务业发展活力,全面加强生产性服务业高端化发展,切实保证生活性服务业均衡化发展,大力促进社会公共服务业均等化发展,为建设富裕民主文明和谐的新海淀提供强有力支撑。

第二条 促进服务业发展的主要目标:抓住国家、北京市加快推进服务业发展的有利契机,做优做强海淀服务业,打造一批具有国际竞争力的龙头企业,培育一批具有国际影响力的服务品牌。至2010年,争取服务业增加值占地区生产总值比重在80%左右的基础上逐步提高,现代服务业增加值占生产总值的比重达70%左右,实现生产性服务业更加高端高效,生活性服务业更加优质便利,社会公共服务业更加公平均衡。

第三条 促进服务业发展的基本原则:政府引导、市场运作原则,强化政府对服务业发展的引导作用,加大对服务业的资源整合力度,充分发挥企业的市场主体作用和市场配置资源的基础性作用,通过市场竞争提高服务业发展效率。发挥优势、突出重点原则,充分发挥我区良好的区位优势,重点提升信息服务业、文化创意产业等一批重点产业。产业联动、协调发展原则,强化服务业内部各行业的协调和联动,形成相互促进、协调发展的格局。

第二章 重点领域

第四条 重点发展生产性服务业。生产性服务业指直接或间接为生产过程提供中间服务的服务性产业,与社会生产力的发展及科技进步密不可分,具有高科技含量、高渗透性、高附加值特征。要以生产性服务业为突破口来带动全区服务业高端、高效、优质发展。当前海淀区发展生产性服务业,主要包括信息服务业、金融业、科技服务业、商务服务业、现代物流业等领域。

第五条 大力提升信息服务业。海淀园牵头,积极发展信息服务业,建立较为完善的高端产业体系,着力推进第三代移动通信系统产业化,拓展IPv6技术标准产业化应用方面的优势,促进形成新一代互联网产业链。加快推动数字电视、移动电视等行业发展,形成数字音视频产业集群。引导和鼓励软件企业发挥在移动通信、嵌入设备、企业应用等特定市场领域的优势,参与国际软件外包服务,推进软件外包产业发展。

第六条 全力推进金融服务业。区发改委(金融办)牵头,抓住中关村西区、西直门商圈、稻香湖金融服务区建设契机,健全金融服务支持体系。制定海淀稻香湖金融服务区发展规划及配套建设方案,推进金融基础设施建设,打造金融后台服务产业集群。积极引进金融机构,鼓励金融机构进行金融创新,实现金融业聚集带动区域经济发展。建立健全创业投资体系,推动对企业上市的融资服务,扩大中关村股份报价转让试点建设,推动建设全国非上市公司股权交易市场。

第七条 全面加强科技服务业。海淀园、区科委牵头,依托海淀科技优势,加快自主创新步伐,逐步完善区域创新体系,加强科技服务功能。强化企业技术创新主体地位,鼓励发展技术联盟、产业联盟,加快产学研互动,激发科技中介机构的活力。吸引外资研发机构、国内研发总部等国内外科研资源集聚,支持以应用为导向的产学研项目和以扩大产业规模为目标的科技成果产业化项目。

第八条 做大做强商务服务业。区商务局牵头,加快引进和培育一批有影响力的商务服务企业,推进中小企业专业化发展,构建功能完善、服务规范、与国际接轨的商务服务体系。积极发展项目策划、财务顾问等资产管理类服务业,规范发展会计、审计、资产评估等经济鉴证类服务。加快发展会展业,提升会展服务专业化水平,充分利用好奥运场馆和现有会展设施,打造一批知名的会展品牌。

第九条 加快发展现代物流业。区商务局牵头,推广现代物流管理技术,促进企业内部物流社会化,提高工作效率,降低社会成本。积极培育一批专业化物流企业,发展第三方物流。加快发展城市物流配送服务。

第十条 积极发展教育培训业。区教委牵头,以专业培训、职业教育培训、专业资格考试培训等为重点发展教育培训业,培育一批具有品牌影响力的教育培训产业集团。以教育图书、教育软件、在线教育等为主体,发展教育服务业,提升教育资源辐射力。鼓励国际合作办学,支持民办教育发展。

第十一条 全面提升生活性服务业质量。生活性服务业是满足居民生活消费需要的服务性行业,随着生活水平的日益提高和居民消费结构的升级,对发展生活性服务业提出了更高的要求。用现代信息技术全面提升居民生活服务业,不断完善便利化、多样化的居民生活服务体系。当前海淀区发展生活性服务业,主要包括住宅房地产业、商贸服务业、社区服务业、文化休闲业和农村生活服务业等。

第十二条 健康发展住宅房地产业。区建委牵头,大力发展廉租房、经济适用房和两限房,建立住房保障体系。在优化住房供应结构,完善一级市场的同时,推动二手房市场发展。规范物业管理,保障百姓安居乐业。

第十三条 改造提升商贸服务业。区商务局牵头,提升原有传统商业区的吸引、辐射能力,合理调整完善商业网点布局,加快北部地区商业设施建设。推广连锁经营、特许经营等现代流通方式,增强商品集散和辐射能力。吸引国内外知名品牌企业落户海淀,进一步提升商贸服务业国际化水平。

第十四条 积极发展社区服务业。区商务局牵头,围绕便民服务,重点发展社区商业、便民菜店等,支持社区商业中心和连锁超市、便利店建设,吸引品牌连锁企业进入社区,改善社会商业经营环境。实现社区服务规范化、网络化、人性化,充分发挥社会组织和志愿者在社区服务中的作用。

第十五条 加快发展农村生活服务业。区农林委牵头,以改善农民生活质量为着力点,努力创造便捷舒适宜居的生活环境。加快电信网络、文化娱乐、健身休闲等设施建设,提高农村信息利用便捷程度,丰富农村基层文化生活。加快农村集贸市场建设和改造,继续推进超市、便民店下乡工程。

第十六条 全面提升旅游业水平。区旅游局牵头,以举办奥运会为契机,提高旅游业的国际化和专业化水平。扎实推进旅游景区设施建设,加快乡村旅游项目开发建设。整合区域旅游资源,加快奥运旅游、科教旅游等特色旅游产品开发,举办大型旅游节庆活动,进一步加强行业管理工作和旅游环境秩序建设。

第十七条 加快发展文化体育休闲产业。区文化委、体育局牵头，促进文化大繁荣、大发展，提高体育产业化程度，深度开发奥运资源，搞好体育场馆利用，大力发展文化休闲、文艺表演、体育健身等多种形式活动，支持民间资本和社会力量投资文化体育产业，形成多业并举、多种所有制共同发展的产业格局。

第十八条 积极发展社会公共服务业，促进基本社会公共服务均等化。强化政府对公益性社会公共服务的责任和投入，通过财政补贴、特许经营等方式，引导社会力量发展混合性社会公共服务。区财政局牵头，以均等化和普及化为方向，加大政府对公共服务领域的投入。区教委牵头，加快推进海淀公共教育优质、均衡、协调发展。区公共委牵头，优化公共服务资源配置，加强公共卫生和基本医疗服务。区农林委牵头，加快农村地区基本社会公共服务体系建设，改善农村居民就学、就医、就业条件。

第十九条 培育壮大文化创意产业。海淀园企发处、区文化委牵头，充分发挥海淀科教文化、技术人才、基础设施优势，借助现代信息技术和信息基础设施，进一步促进高技术和文化的融合，推动文化创意产业的集聚化、高端化、组织化发展。重点发展软件设计和服务、网络技术、电信增值、动漫游戏、版权贸易、工业与城市设计、创意时尚生活等产业领域。加快建设中关村创意产业先导基地等产业聚集区，建立创意工厂区和专业文化创意企业孵化器。

第三章　发展环境

第二十条 进一步深化服务型政府建设。区政府办牵头，以行政管理体制改革为契机，切实提高政府服务水平，转变职能，改进作风，提高效率，为推动服务业发展营造良好的环境。提升“一站式”办公服务水平，构建顺畅的服务链条，降低企业办事成本。

第二十一条 引导服务业资源合理布局。区规划分局牵头，合理规划服务业产业用地，保障社区服务业基本用地需求，促使新建小区配套设施逐步完善。

第二十二条 积极吸引国内外企业总部。区发改委、海淀园投促办牵头，大力吸引外部高端资源，积极争取国内外企业在海淀区设立总部或分支机构。注重引进先进技术和管理理念，促进服务品种及经营模式创新，提升海淀区国际竞争力。

第二十三条 鼓励非公经济和中小服务企业发展。区发改委牵头，贯彻落实《海淀区关于鼓励支持和引导个体私营等非公有制经济发展的实施意见》，提高非公有制经济在服务业中的比重。鼓励开展创业、管理、融资等系列培训，发挥好中小企业发展专项资金的作用，创新中小服务企业间接融资模式，提高中小服务企业融资能力。

第二十四条 提高服务业信息化水平。区信息办牵头，加快推进“数字海淀”建设，建立由政府支持、企业运作、服务社会的公共信息平台，鼓励通过信息化改造传统服务业。

第二十五条 加强人才公共服务体系建设。区人事局牵头，落实人事人才政策，做好人才服务工作。鼓励企业培养、引进、使用人才，采取灵活多样的形式，积极吸引各类专家、海外留学人员等高层次人才参与服务业的建设和发展，创建培养人才、吸引人才、用好人才、留住人才的良好环境。

第二十六条 完善服务业统计信息发布制度。区统计局牵头，完善服务业统计信息定期发布制度，加强服务业统计数据分析工作，更好地满足指导产业发展等工作的需要。

全区各相关单位要根据意见要求,9 月底前制定出促进服务业发展的配套实施方案和具体政策措施。区政府将意见中的各项任务纳入到督查工作体系,负责会同有关部门对各相关单位落实本意见的情况进行监督检查。

规范性文件选载

海淀区关于进一步提升行政执行力的若干措施(试行)

2008 年 3 月 17 日第 54 次区政府常务会议审议通过
海政发[2008]23 号

为进一步提升行政执行力,确保执行顺畅、监督有力,努力建设服务型政府,根据《北京市海淀区人民政府工作规则》,特制定以下措施。

一、执行的任务范围

(一)国家部署的要求。要认真执行国家法律法规和党中央、国务院制定的方针政策、工作部署,包括文件、会议、领导批示和其他形式交办的事项。

(二)北京市部署的要求。要认真执行北京市地方性法规、规章和市委、市政府制定的方针政策、工作部署,包括文件、会议、领导批示和其他形式交办的事项。

(三)区委、区政府部署的要求。要认真执行区委、区政府制定的政策、行政规范性文件和工作部署,包括文件、会议、领导批示和其他形式交办的事项。在完成区委、区政府各项任务的同时,要认真执行人大及其常委会的决议,自觉接受人大法律监督、政协民主监督。

(四)其他需要政府及所属部门执行的任务。

二、执行的基本原则

(五)依法执行。要坚持依法执行,加强依法行政,严格遵守法律法规,按照法定权限和程序行使权力、履行职责,确保各项工作的落实不违背法律法规的要求,并确保在执行中保守国家秘密。

(六)科学执行。要坚持科学执行,统筹兼顾,运用科学的方法制定执行计划、组织实施。

(七)高效执行。要坚持高效执行,在接到任务后第一时间开展行动,要认真分析任务的时间、进度要求,在保证质量的前提下按照规定的时间节点,如期完成任务。

三、执行的主体责任

(八)区领导责任。区政府要坚决贯彻落实上级的政策方针,区政府领导在决策和部署任务过程中要明确每项任务的完成时限、完成目标、执行部门等各项工作要求。

(九)主办部门责任。主办部门行政主要领导对本部门贯彻执行各项任务负总责,根据实际情况对各自承担的任务进行细化分解,认真制定实施方案,严格按照领导确定的质量、时限等要求完成任务,确保决策的全面落实。

(十)协办部门责任。协办部门行政主要领导对本部门协助主办部门落实各项任务负直接责任,按照任务的明确要求积极做好各项协助和配合工作。

四、执行的工作流程

(十一)制定执行计划。各部门执行上级决策时,要根据实际情况制定科学可行的实施方案,明确具体任务的目标、阶段性重要节点、时限、手段、主体,并多方面考虑执行过程中可能出现的突发情况,必要时制定科学可行的应急预案。

(十二)加强沟通协调。对涉及两个以上部门共同负责的任务,牵头部门要会同协办部门充分利用多种手段,共同商定工作计划,协办部门要密切配合,共同完成任务。对同级部门之间协调无法解决的问题,由牵头部门向区政府汇报,由区政府主管领导进行协调解决。

(十三)定期报告进展。在办理过程中,承办部门要及时以书面或口头形式向区政府主管领导或任务交办领导报告承办任务的进展情况。特别是涉及国计民生的重要任务在完成后,承办部门要进行总结,并对完成情况进行评估。

(十四)适时适度纠偏。当法律、法规、政策以及客观实际发生变化,或者遇到不可抗拒原因,导致原决策不适应新形势的发展要求时,各部门在执行过程中要早发现、早汇报,积极向上级提出合理的建议和意见,由上级根据实际情况对原决策进行适当调整。

五、执行的监督反馈

(十五)督促检查。要切实加大督促检查力度,区政府办、监察局、人事局、财政局、发展改革委等部门发挥各自职责,根据不同任务的不同性质、内容、时限等工作要求,妥善确定督促检查的时间节点,并采用电话提醒、书面提醒、通报等督促方式和现场检查、材料核对、访谈等检查方式。对任务的落实情况进行分类管理。对既督又查的任务,按照要求提醒责任部门落实任务,组织人员检查落实情况,并及时反馈完成情况;对只督不查的任务,提醒责任部门按照要求落实任务;对不督只查的任务,对执行部门执行任务的情况进行检查,并将检查情况向领导反馈;对不督不查的任务,责任部门要主动履职,并将落实情况报相关领导或部门。

(十六)监督考评。加强政府决策情况的跟踪监督,将各部门的执行情况纳入政府督查考核范围。根据科学的绩效评估指标体系,对政府各部门履行法定职责、完成工作目标、预算执行情况、依法行政以及工作效率等方面的情况进行综合考评,奖优罚劣,对任务完成情况好的单位给予通报表扬,对任务完成差的单位给予通报批评。

六、附则

(十七)全区各部门各单位要认真执行,并结合实际制定贯彻落实的具体措施。

(十八)本措施自发文之日起执行。

(十九)本措施由区政府办公室负责解释。

海淀区关于进一步优化发展环境为区域重点企业做好服务的办法(试行)

2008年3月17日第54次区政府常务会议审议通过

海政发[2008]24号

第一条 为进一步优化区域发展环境,做好重点企业服务工作,促进区域经济发展,根据国家和北京市有关法律、法规和促进企业发展的相关政策,结合我区实际,制定本办法。

第二条 本办法所指重点企业是:

(一)上年度区级财政贡献前100名企业;

(二)跨国公司地区性总部、中央企事业单位、上市公司及其他各种类型企业总部或下属骨干企业;

(三)重点高新技术企业;

(四)区委、区政府确定的其他重点企业。

第三条 重点企业必须在我区工商注册及国税、地税登记,且被税务部门认定为纳税信誉等级B级(含)以上的企业(或机构)。存在偷逃税、欠缴税款及其他违法、违纪行为的企业(或机构),不能被认定为重点企业。

第四条 重点企业由区投资促进和税源建设领导小组组织确定,每两年更新一次。备选重点企业名单由各主管部门提供。其中:

(一)区级财政贡献前100名企业由区财政局根据区国税局、地税局提供的企业区级财政贡献排名情况提名;

(二)跨国公司地区性总部、中央企事业单位、上市公司及其他各种类型企业总部或下属骨干企业、重点高新技术企业由海淀园投促办、海淀园企发处、发展改革委、商务局等部门提名;

(三)其他区委、区政府确定的重点企业由区投资促进和税源建设领导小组提名确定。

第五条 重点企业名单确认后,由区投资促进和税源建设领导小组发区发展改革委、教委、建委、市政管委、公共委、海淀园投促办、财政局、商务局、国税局、地税局、工商海淀分局、国土资源海淀分局、规划海淀分局、人事局、卫生局、劳动保障局、公安海淀分局、质监局、统计局、海淀园企发处等为企业提供各类服务的部门备案。重点企业获得海淀区政府颁发的《海淀区重点企业服务卡》。服务卡中各项服务内容由重点企业填写确定,并交区投资促进和税源建设领导小组依照国家有关规定协调解决。

第六条 建立重点企业区长联系制度。每月由海淀园投促办分类汇总企业要求,有针对性地安排区领导接待企业负责人。(责任单位:海淀园投促办)

第七条 建立重点企业座谈会制度。由区投资促进和税源建设领导小组组织重点企业座谈会,听取企业对政府部门和区域发展环境的意见,根据内容和专题每季度举办一次。(责任单位:区发展改革委)

第八条 建立重点企业联谊制度。每半年安排重点企业联谊一次,为企业间横向交流、商机互动提供平台。(责任单位:海淀园投促办)

第九条 建立行政事项快捷办理制度。区发展改革委、教委、建委、市政管委、公共委、海淀园投促办、财政局、商务局、国税局、地税局、工商海淀分局、国土资源海淀分局、规划海淀分局、人事局、卫生局、劳动保障局、公安海淀分局、质监局、统计局、海淀园企发处设立专门窗口(指定专人)、专用服务电话或电子邮箱为企业提供各项服务。重点企业可以通过电话预约办理各项业务,必要时相关部门上门服务。(责任单位:各有关部门)

第十条 建立重点企业子女教育保障制度。依照国家有关规定协调解决重点企业中层以上管理人员子女在义务教育阶段的入学问题;重点企业高管(副总以上)人员子女有入学需求的,依照国家有关规定协调辖区内优质教育资源解决。优质教育资源名单由区政府确定。

(责任单位:区教委)

第十一条 建立重点企业人才引进保障制度。

(一)为重点企业优先办理北京市工作居住证和普通高等学校非北京生源应届毕业生留京相关手续;重点企业引进急需人才优先报批。(责任单位:区人事局)

(二)符合北京市解决夫妻两地分居条件,京外一方系干部(含聘用制干部)并经区人事局审核合格的,由区人事局向市人事局申报;京外一方系工人的,由区劳动保障局办理报批手续。(责任单位:区人事局、劳动保障局)

第十二条 建立重点企业卫生和医疗保障制度。

(一)协调确定定点医疗机构每年为重点企业高管(副总以上)免费体检一次,并免费建立健康档案,对上述人员就医实行预约专家门诊和导医服务,住院可入驻高诊病房。定点医疗机构名单由区政府确定。(责任单位:区公共委)

(二)为重点企业优先办理卫生许可证,无偿提供卫生技术指导和卫生信息。(责任单位:区卫生局)

第十三条 建立重点企业劳动和社会保障服务制度。区劳动保障局为重点企业提供优质存档服务、预约或上门服务,优先办理各项手续。(责任单位:区劳动保障局)

第十四条 区政府设立的各类专项扶持资金优先支持重点企业。

第十五条 设立政府专项资金。从区级财政年度预算中每年安排 2000 万元用于重点企业服务,具体办法由海淀园投促办负责拟定。(责任单位:海淀园投促办、财政局)

第十六条 完善海淀区政府企业服务中心的功能,统一受理本办法规定的重点企业所需政府服务有关事项。(责任单位:海淀园投促办)

第十七条 每年二月底之前,由区投资促进与税源建设领导小组组织相关部门根据上一年度企业财政贡献进行企业奖励评选工作。

第十八条 对于本办法中第二条第一款规定的企业或机构,授予"海淀区贡献突出企业"称号,区政府颁发荣誉证书,获奖企业名录在有影响的媒体整版发布。对上述企业或机构给予免费发布广告奖励,免费发布的广告价值与其年度区级财政贡献相关。在同等条件下,政府优先采购获奖企业的产品和服务。

第十九条 获得"海淀区贡献突出企业"称号的企业或机构若在获得奖励后发现有偷逃税、欠缴税款及其他违法、违纪行为的,停止给予奖励。

第二十条 各责任单位未按本办法执行或执行不力的,由区监察局按有关规定追究责任。

第二十一条 各责任单位制定落实本办法相关措施的实施细则,报区投资促进和税源建设领导小组及区监察局备案。

第二十二条 本办法由区投资促进和税源建设领导小组负责解释。

第二十三条 本办法自发布之日起实施。《关于印发海淀区企业奖励办法的通知》(海政发〔2005〕22 号)同时废止。

海淀区关于落实《北京市新型农村社会养老保险试行办法》的实施办法

2008 年 6 月 20 日

海政发[2008]34 号

根据市政府《关于印发北京市新型农村社会养老保险试行办法的通知》(京政发〔2007〕34号)、市劳动和社会保障局、市财政局《关于印发〈北京市新型农村社会养老保险试行办法实施细则〉的通知》(京劳社农发〔2008〕17 号)精神,为保证新老政策的平稳衔接和提高农民养老保障水平,结合本区实际,制定本实施办法。

一、基本原则

(一)坚持新老政策平稳过渡原则

确保海淀区农村社会养老保险制度与本市新型农村社会养老保险试行办法的平稳衔接,以保障广大参保人员的切身利益。

(二)坚持对缴费金额和养老金分别补贴的原则

实行缴费补助和基础养老金补贴,以减轻农民负担,提高农民养老保障水平,使农民共享改革开放的成果。

二、适用范围

男年满 16 周岁未满 60 周岁,女年满 16 周岁未满 55 周岁的本区农村户籍人员;男年满 60 周岁以上、女年满 55 周岁以上,符合按月享受新型农村社会养老保险待遇并领取基础养老金的本区户籍人员。

三、补贴标准

(一)缴费补助

海淀区农村社会养老保险年最低缴费标准是本区上年度农村居民人均纯收入的 10%(含)。在个人缴纳最低缴费标准 50% 的基础上,区财政按照最低缴费标准的 50% 予以补助,并记入个人账户。

(二)基础养老金补贴

当基础养老金低于本区农村居民最低生活保障标准时,区财政对领取农村社会养老保险待遇的人员,按本区农村居民最低生活保障标准与基础养老金之间的差额给予补贴。基础养老金补贴与本区农村居民最低生活保障标准同时调整。

四、资金来源

农村社会养老保险补助由区财政局每年纳入区劳动和社会保障局部门预算。

有条件的农村集体经济组织,可对参加新型农村社会养老保险的人员给予补助,具体补助数额根据自身条件确定。

五、其他

本实施办法未涉及事项,按照市政府《关于印发北京市新型农村社会养老保险试行办法的通知》(京政发〔2007〕34 号)、市劳动和社会保障局、市财政局《关于印发〈北京市新型农村社会养老保险试行办法实施细则〉的通知》(京劳社农发〔2008〕17 号)的相关规定执行。

本实施办法自 2008 年 1 月 1 日起施行,由区劳动和社会保障局组织实施和负责解释。区政府《关于印发海淀区农村社会养老保险试行办法的通知》(海政发〔2005〕15 号)、区政府《关于推进农村社会养老保险工作的意见》(海政发[2005]69 号)、区政府办《关于印发〈海淀区农村社会养老保险试行办法〉及其实施细则修改补充方案的通知》(海政办发〔2006〕57 号)及区政府《关于调整本区农村社会养老保险待遇的通知》(海政发〔2007〕65 号)、区劳动和社会保障局、区财政局《关于印发〈海淀区农村社会养老保险试行办法实施细则〉的通知》(海劳社农发〔2005〕19 号)同时废止。

海淀区促进创业投资企业发展暂行办法

2008 年 8 月 7 日

海政发[2008]39 号

第一条　为贯彻落实《中共北京市委北京市人民政府关于促进首都金融业发展的意见》(京发〔2008〕8 号),推动海淀区创业投资行业规范、快速发展,吸引国内外各类创业投资机构聚集并投资于我区企业,制定本办法。

第二条　本办法所称创业投资机构是指在海淀区进行工商注册及税务登记并从事创业投资业务活动的创业投资企业及创业投资管理企业。

第三条　本办法中创业投资企业的业务活动指:

(一)直接投资于企业;

(二)接受其他创业投资企业及经济组织的委托,管理其创业投资业务;

(三)提供创业投资及管理咨询;

(四)法律、法规允许的其他业务。

第四条　本办法中创业投资管理企业的业务活动指:

(一)接受其他创业投资企业及经济组织的委托,管理其创业投资业务;

(二)投资于其他创业投资企业及经济组织委托其管理的项目;

(三)提供创业投资项目推荐和评估服务;

(四)提供创业投资及管理咨询;

(五)法律、法规允许的其他业务。

第五条　建立海淀区创业投资机构联席会制度,政府有关部门与创业投资机构共同参加。具体事务由北京市海淀区创业投资与私募股权投资协会(以下简称“创投协会”)负责组织。

第六条　申请本办法政策支持的创业投资企业应满足以下条件:

(一)仅限于投资未上市企业,且对单个企业的投资不得超过创业投资企业总资产的 20%;

(二)应当在章程、委托管理协议等法律文件中,明确管理运营费用或管理顾问机构的管理顾问费用的计提方式,建立管理成本约束机制;

(三)资信良好并由具备创业投资或相关业务经验的法人或自然人作为主要发起人;

（四）创业投资企业注册资本不低于 1 亿元人民币或等值外币。首期出资应在企业注册登记前缴纳，且企业实收资本比例不得低于注册资本的 20%，其余出资应在企业营业执照签发之日起 5 年内全部缴清。境外投资者投资的创业投资企业，首期出资不得低于各自认缴出资额的 15%，且应当自企业营业执照签发之日起 3 个月内缴清，其余出资应在企业营业执照签发之日起 3 年内全部缴清。创业投资企业的实收资本必须经法定的验资机构验资并出具证明；

（五）已完成实际投资，即投资资金已到位；

（六）在市发展改革委（市金融办）备案；

（七）此前未获得过相关补助。

第七条 申请本办法支持的创业投资管理企业应当符合以下条件：

（一）资信良好并由具备创业投资或相关业务经验的法人或自然人作为主要发起人，有必需的创业投资业务管理人员；

（二）注册资本不低于 1000 万元人民币或等额外币。首期出资应在企业申请注册登记前缴纳，且企业实收资本比例不得低于注册资本的 20%，其余出资应在企业营业执照签发之日起 2 年内全部缴清。境外投资者投资的创业投资管理企业，首期出资不得低于各自认缴出资额的 15%，且应当自企业营业执照签发之日起 3 个月内缴清，其余出资应在企业营业执照签发之日起 3 年内全部缴清。创业投资管理企业的实收资本必须经法定的验资机构验资并出具证明；

（三）在市发展改革委（市金融办）备案；

（四）此前未获得过相关补助。

第八条 新设立或新迁入海淀区且工商注册和税务登记在海淀区的创业投资企业，正式开展创业投资业务并完成第一笔投资业务后，可以申请一次性资金补助。

注册资本 1 亿元人民币（含）以上、5 亿元人民币以下且第一笔业务投资于工商注册和税务登记在海淀区的企业的，补助 50 万元人民币；注册资本 5 亿元人民币（含）以上且第一笔业务投资于工商注册和税务登记在海淀区的企业的，补助 80 万元人民币。第一笔业务投资于海淀区以外地区的，可以按上述补助标准 70% 的额度申请一次性资金补助，申请补助后又投资于工商注册和税务登记在海淀区的企业的，可以按上述补助标准 30% 的额度再次申请。

第九条 新设立或新迁入海淀区且工商注册和税务登记在海淀区的创业投资企业及总部型创业投资管理企业，租用办公用房从事创投业务的，可以享受三年租金价格补贴。第一年补贴 50%，第二年补贴 30%，第三年补贴 20%。其中：对于创业投资企业，注册资本 5 亿元人民币（含）以上，补贴面积不超过 500 平方米；注册资本 5 亿元人民币以下、1 亿元人民币（含）以上的，补贴面积不超过 300 平方米。对于创业投资管理企业，注册资本 5000 万元人民币（含）以上的，补贴面积不超过 400 平方米；注册资本 5000 万元人民币以下、1000 万元人民币（含）以上的，补贴面积不超过 200 平方米。

第十条 自本办法发布之日起，创业投资机构投资于工商注册和税务登记在海淀区的企业且被投资企业在境内、外成功上市的，创业投资机构可以获得一次性资金奖励人民币 50 万元。

第十一条 申请本办法政策支持的创业投资机构应提交以下材料：

（一）获得有关补助的书面申请（须承诺遵守本办法的相关规定）；

(二)机构批准文件或备案情况;

(三)法人代码证书;

(四)营业执照及国、地税务登记证;

(五)法定验资机构出具的验资证明;

(六)企业章程或其他进行投资和管理的主要文件,包括但不限于:项目评估标准说明,投资决策程序介绍及激励约束机制说明等;

(七)企业主要投资管理人员介绍材料,包括但不限于:三名以上(含三名)主要管理人员的从业背景、投资纪录;

(八)创业投资机构以股份进行投资的,须出具出资转让协议和股东会决议;

(九)租赁办公用房合同;

(十)交费发票;

(十一)书面承诺5年之内不将工商注册和税务登记手续迁出海淀区,若迁出退还区政府全部补助资金;

(十二)上述材料提交复印件加盖公章,一式二份;

(十三)申请相关补助的创业投资机构将申请材料于每年7月末之前交由北京中关村海淀金融创新商会及创投协会统一受理。经两部门初审认定符合补助条件的,报区发展改革委和区财政局共同审核。

第十二条　本办法第八条、第九条适用于2007年1月1日以后注册于或迁入海淀区的创业投资企业和创业投资管理企业。

第十三条　本办法实施过程中如遇国家或北京市颁布新政策,则按新政策执行;以前已颁布的政策与本办法不一致的,以本办法为准。本办法实施过程中如遇同时享受优惠政策条款时,可以从优但不得重复享受优惠政策。

第十四条　本办法自发布之日起施行。

关于加强为金融机构服务工作的若干意见

2008年9月16日
海政发[2008]44号

为了进一步贯彻落实《中共北京市委、北京市人民政府关于促进首都金融业发展的意见》,优化海淀区金融发展环境,提升整体金融实力,发展科技金融,构建支持高新技术产业发展的投融资体系,建设好中关村西区、西直门商圈新兴科技金融功能区和稻香湖金融服务区,保持经济又好又快的发展,海淀区人民政府经研究,现就加强为金融机构服务工作提出如下意见:

一、统一思想,提高认识,加强领导

(一)金融是现代经济的核心,在经济社会发展中的地位和作用日显突出。大力发展金融业,对于促进海淀区产业升级,赢得发展优势、开创新的发展局面,保持经济平稳较快发展,发展民生,构建社会主义和谐社会,都具有重要意义。为金融机构做好服务是保持我区金融业持续、健康、稳定发展，推动科技金融创新，发挥金融业对其它产业、特别是高新技术产业的拉动作用的重要保障。

（二）成立以海淀区区长任组长，相关副区长任副组长，相关委、办、局主要领导为成员的海淀区金融工作领导小组（以下简称领导小组）。领导小组是为金融机构服务的领导机构，负责相关重大事项的决策和协调。领导小组的常设机构为海淀区金融服务办公室（以下简称区金融办），具体负责协调落实为金融机构服务的各项工作，并负责将重大事项提请领导小组研究讨论。

（三）海淀区为金融机构服务的各项具体措施由区监察局备案，列入政府效能监察。

二、金融机构的范围

（四）本意见所指金融机构是指：

1. 在海淀区注册的具有独立法人资格的金融企业。

2. 在国家发展改革委、北京市金融办公室备案的股权投资企业、创业投资企业、其它类型的投资公司和北京市金融办公室批准成立的小额贷款公司且工商注册地与税务登记地均在海淀区的。

3. 总部不在我区工商注册或税务登记的金融机构，但在我区设有分支机构，为我区金融业发展做出卓越贡献或投资我区企业数额较大、成效明显的，经单位申请，区金融办提交区金融工作领导小组审议批准，可以部分或全部享受海淀区为金融机构服务的各项措施。

（五）区金融办每年 9 月更新金融机构名单。在海淀区新注册登记或新迁入的金融机构，可于每周的第一个工作日向区金融办提出备案，金融办定期通报领导小组成员单位。

三、营造良好经营环境

（六）建立金融机构区长联系制度。由区金融办分类汇总企业要求，有针对性地安排区领导接待金融机构负责人。

（七）建立金融机构座谈会制度。由区金融办组织金融机构座谈会，听取金融机构对政府部门和区域发展环境的意见，根据内容和专题每季度举办一次。

（八）建立金融机构行业交流制度。定期举行金融联谊活动，择机举办金融论坛、学术研讨会、茶话会等活动，为金融机构间横向交流、商机互动提供平台。邀请国际知名金融机构到我区访问，促进海淀区金融机构与国外金融机构在业务方面的交流和沟通。

（九）建立金融机构与驻区企业交流制度。定期举办企业项目、金融形势、金融政策和产品发布会，促进区域投融资活动。

四、加强政府专项服务通道建设

（十）建立行政事项快捷办理制度。区发展改革委、金融办、教委、建委、市政管委、公共委、海淀园投促办、财政局、商务局、国税局、地税局、工商海淀分局、国土资源海淀分局、规划海淀分局、人事局、卫生局、劳动保障局、公安海淀分局、质监局、统计局、海淀园企发处设立专门窗口（指定专人）、专用服务电话和电子邮箱为金融机构提供各项服务。金融机构可以通过电话预约办理各项业务，必要时相关部门上门服务。

（十一）在政府投资项目中有序安排金融产业相关的基础设施、社会事业等配套设施的落实。

（十二）区金融办设立金融专项服务热线，定期发布征求意见函，随时协调、解决、处理、答复金融机构提出的各项要求。

(十三)建立金融机构子女教育保障制度。依照国家有关规定协调解决金融机构中层以上管理人员子女在义务教育阶段的入学问题;具体实施参照《海淀区关于进一步优化发展环境为区域重点企业做好服务的意见》及其实施细则。

(十四)做好金融机构人事、劳动和社会保障服务工作。金融机构申请办理人才引进、北京市工作居住证和引进接收非北京生源应届高校毕业生,符合北京市有关规定条件的,优先办理审核报批手续。金融机构高管(副总以上)符合北京市解决夫妻两地分居条件,京外一方系干部(含聘用制干部)的,由区人事局审核并报送市人事局审批;京外一方系工人的,由区劳动保障局办理报批手续。区人事局、区劳动保障局为金融机构提供优质存档服务。

五、加大财政支持力度

(十五)在优化区域发展环境基金中列支发展金融专项资金,用于落实市、区两级政府发展金融业的各项政策、发展金融产业的重点项目和具体办事事项所需资金。

(十六)贯彻落实《中共北京市委、北京市人民政府关于促进首都金融业发展的意见》、《关于促进首都金融产业发展的意见》及其实施细则、《海淀区促进金融产业发展办法》、《海淀区关于促进创业投资业发展的暂行办法》、《海淀区促进企业上市工作实施意见》等一系列金融扶持政策。

六、加强平台建设,鼓励科技金融创新

(十七)鼓励科技金融创新,在海淀区政府权限内对其提供各项支持,并积极争取国家、北京市的各项政策支持。

(十八)对于金融机构相关的教育培训和评估、法律、审计、外包、信息服务、公关咨询等行业进行扶持,发展两到三家在国际或国内具有一定影响力的行业龙头企业。

(十九)积极与国家、北京市的行业协会进行合作,大力发展海淀区金融类行业协会、中介等非政府组织,鼓励金融行业自约自律。充分发挥北京市中关村海淀金融创新商会、海淀资本中心、海淀区创业投资与私募股权投资协会为金融业服务的作用,为金融机构协调解决各项非政府服务事项。

(二十)整合海淀区现有资源,支持海淀区小额贷款公司的组建。

七、建立金融宣传服务体系

(二十一)设立专职金融工作发言人,建立核心媒体圈,建立媒体见面会制度,定期和适时举行海淀区金融发展情况新闻发布会。

(二十二)依托金融协会,与院校和研究机构合作,定期发布行业相关数据和政策信息,建立行业发展分析和预警体系,发行专业出版物。

(二十三)建立海淀区金融服务办公室网站,实时发布海淀区金融政策、金融信息、金融业务品种和中小企业资金供求信息。设立海淀区金融电子公告板(BBS),强化政府、金融机构、企业和市民间的无阻时时沟通渠道,建立金融各项信息的交流平台。

海淀区促进大学科技园发展暂行办法

2008 年 9 月 16 日

海政发[2008]45 号

第一章 总 则

第一条 为贯彻落实《中共北京市委北京市人民政府关于增强自主创新能力 建设创新型城市的意见》,顺应海淀区高新技术产业发展新形势,发挥大学科技园在聚集高端产业、提升创新能力、促进经济发展方面的作用,促进大学科技园驻区发展,做优做强海淀园,根据《北京市关于进一步促进大学科技园发展的若干意见》、海淀区"十一五"规划及国家、北京市有关法律、法规、政策,结合海淀区实际,特制定本办法。

第二条 大学科技园在海淀区形成聚集,是海淀区区域创新体系的重要组成部分,是实现产、学、研结合和科技成果产业化的重要平台,也是区域内持续聚集"高端、高效、高辐射"产业、实现产业结构优化升级,形成经济增长点的重要载体。海淀区积极鼓励、引导驻区大学科技园融入区域经济与社会一体化发展。

第三条 本办法中涉及的财政支持资金从海淀区支持经济和社会发展专项资金及园区发展专项资金中安排。

第二章 支持对象

第四条 本办法所指大学科技园,是指经国家科学技术部、教育部认定的"国家级大学科技园"和经过市科委、市教委和中关村科技园区管理委员会认定的"北京市大学科技园"。

第五条 可申请享受本办法支持政策的大学科技园,是指总部位于海淀区辖区范围内,且大学科技园开发建设经营主体(以下简称经营管理机构)工商注册在海淀区,并在海淀区办理税务登记的大学科技园。

大学科技园在海淀区建有分园的,分园经营管理机构及园内企业申请本办法规定的支持政策,由大学科技园总部一并提出。提出申请的分园及其园内企业的工商注册地、税务登记地应在海淀区。

第三章 支持方向

第六条 鼓励大学科技园的发展规划与海淀区经济与社会发展规划相适应,与地方主导产业结合,发展高新技术产业、金融服务业、文化创意产业、研发服务业等特色产业,融入区域经济与社会发展。

第七条 支持大学科技园作为自主创新体系的重要平台推进政产学研合作,实现技术创新突破,提升区域创新能力。

第八条 鼓励大学科技园协助政府开展对入驻企业的延伸服务,完善自身创新、创业服务体系,持续并加大对创业期、成长期企业的公共服务与投入。

第九条 鼓励大学科技园依托自身优势吸引高端产业内龙头企业、总部型企业、运营中心、销售中心以及进入快速发展期的优质企业入驻,调整园内入驻存量和增量企业结构,带动区域经济实现又好又快发展。

第十条 支持大学科技园开展并推动区域对外交流合作,提升区域国际化程度。

第四章 支持措施

第十一条 制定对大学科技园的绩效评估评价体系,指导大学科技园在海淀区长期、协调发展。对绩效考评优秀的大学科技园给予重点扶持。

第十二条 对经绩效考评优秀的大学科技园推荐的园内高新技术企业,申报海淀区各项发展专项资金的,同等条件下给予优先支持。

第十三条 鼓励大学科技园创建产学研合作示范基地,对产学研合作项目以及产学研合作成功案例的推广工作,根据不同情况给予资金支持。

第十四条 鼓励大学科技园建设高新技术企业服务平台、公共技术与产业化平台。对于达到一定规模、年活动数量较多的高新技术企业服务平台和符合海淀区重点产业支持方向、经济效益和社会效益较好的公共技术与产业化平台项目,给予不超过其年度投入经费20%的支持。

上述服务平台需位于海淀区,平台服务对象为海淀区内企业。

第十五条 对于经大学科技园培育成功上市的企业(暂定为境外主要证券市场、境内A股主板、中小企业板、创业板市场上市),每上市一家企业,给予大学科技园50万元的上市扶持资金。大学科技园经营管理机构应为园内企业上市后在海淀区的长期稳定发展提供协调服务。

第十六条 鼓励大学科技园聚集优质企业,对自2007年1月1日之后入驻大学科技园的新设企业,或从其他地区进入大学科技园发展的企业,年度区级财政贡献在300万元人民币以上(含300万元)的,将其区级财政贡献的5%用于奖励该企业所在的大学科技园。

第十七条 对大学科技园经营管理机构对园区内公共配套设施、市政基础设施等硬环境建设持续投入进行升级改造的,给予一定资金支持,以保持良好的创新创业环境。

第十八条 鼓励大学科技园内企业开展国际合作。支持大学科技园内企业加入国际行业协会、科技商会并积极参与交流活动;支持企业在标准制定、技术转移、知识产权认证等多个领域开展国际合作;支持企业管理及研究人员参与国际学术交流,发表演讲,鼓励在重要国际学术组织中担任领导职务。对上述国际交流活动视不同情况,给予相关支出费用20%的补助。

第十九条 鼓励大学科技园经营管理机构在海淀区发展。自2008年起,以该经营管理机构上一年区级财政贡献的10%为额度给予奖励。

第二十条 支持大学科技园联盟的建设。政府每年给予中关村大学科技园联盟10万元资金用于支持联盟开展各类有利于区域经济发展的活动。该笔资金由大学科技园联盟常设管理机构统一支配。

第二十一条 支持大学科技园在海淀区拓展产业空间,输出品牌、管理与服务。海淀区政府有关部门向大学科技园提供区域发展信息，鼓励大学科技园与区内街乡、国有企业等具有空间资源的单位开展合作，优化地区产业结构，形成新的高端产业聚集区。相关合作项目可享受本办法规定的给予大学科技园的支持政策。

第二十二条 协助大学科技园开展宣传推广活动，提高社会知名度。对大学科技园及其入驻的重点企业涉及的行政事项，协调提供快捷办理。

第五章 申报办理程序及资金使用监督

第二十三条 符合本办法规定的大学科技园经营管理机构及大学科技园所推荐的园内企业申报海淀区各项发展专项资金的，根据各专项资金管理办法进行申报；大学科技园经营管理机构申报本办法规定的其他支持政策的，在每一财政年度结束后，汇总园区注册经营企业情况、经营管理机构自身经营情况，向海淀园管理机构提交申请报告。申报事项涉及海淀区其他政府部门的，也可直接向相关主管部门提出申请。区政府各有关单位依据本办法制定相关实施细则及申报指南。

第二十四条 大学科技园经营管理机构应按本办法及实施细则规定的用途使用各项财政支持资金，每年底应总结其使用情况并报海淀区财政局和海淀园管理机构备案。财政支持资金的使用情况受区财政局和海淀园管理机构的监督检查。

第二十五条 对政府给予大学科技园的支持资金，在明确用途的基础上，应加强后期监管，确保财政资金的有效利用。

第二十六条 对于提供虚假材料、骗取财政支持资金、未按规定使用支持资金或资金使用用途与本办法规定的支持方向不符的，相关部门有权收回政府支持资金并根据国家相关法律、法规进行处理。

第六章 附 则

第二十七条 本办法由区财政局、海淀园投促办负责解释。

第二十八条 本办法自发布之日起执行。

海淀区关于开展居家养老服务工作的意见

2008年9月16日第74次区政府常务会议审议通过

海政发[2008]46号

为贯彻落实《北京市民政局 北京市财政局关于深入开展居家养老服务试点工作的通知》、《北京市民政局 北京市财政局关于印发〈北京市特殊老年人养老服务补贴办法（试行）〉的通知》等文件精神，进一步推动海淀区养老服务社会化进程，加快发展老年社会福利事业，不断完善养老服务体系，促进老龄事业与经济社会协调发展，结合海淀区实际，就开展居家养老服务工作提出如下意见：

一、指导思想

以"三个代表"重要思想为指导,认真落实科学发展观,坚持"以人为本,为民解困"的服务理念,以满足人民群众日益增长的养老服务需求为出发点,以保障经济困难、生活能力障碍等困难老年人为重点,通过政府扶持、实体管理、社会参与、专业化服务、市场化运作的方式,开展居家养老服务。建立并完善适应经济社会发展,具有海淀特色的新型养老服务体系,不断满足老年人养老服务需求,进一步提高老年人的生活质量,促进海淀区经济与社会的协调发展,为构建社会主义和谐社会而努力。

二、任务目标

按照居家养老服务工作的总体要求,建立政府扶持、民政部门牵头、有关部门配合、实体具体运作的管理体制;培育专业化服务队伍和志愿者服务队伍;形成政府、社会、社区、家庭良性互动的居家养老服务格局;构建以居家养老服务为基础、以社区服务为依托、以机构养老为补充的养老服务体系。逐步使社区居家老人都能够获得就近、便捷、周到的养老服务。

三、组织机构与责任分工

(一)区级

成立海淀区居家养老服务工作领导小组,负责统筹规划、监督指导海淀区居家养老服务工作。各成员单位要根据各自业务范围,制定对居家养老服务工作的支持政策并积极开展工作。领导小组下设办公室,办公室设在区民政局老龄办。具体负责制定海淀区居家养老服务工作相关政策及规章制度;构建居家养老服务工作网络;统计汇总相关数据;开展相关调研工作;开展相关宣传工作;组织开展相关培训;委托有关部门进行专业评估;对与街道、乡镇签订协议加入居家养老服务网络的服务商及其他服务队伍进行备案;对街道、乡镇所提交的服务券及服务记录进行审核并结算;对申请补贴的对象进行审批和备案。

(二)街道、乡镇一级

组建以街道办事处主任或乡镇长为组长,社区事务管理科(街道)或民政居民科(乡镇)、社区服务中心、地区医疗服务机构、社保所等相关部门参加的地区居家养老服务工作领导小组,办公室设在社区事务管理科(街道)或民政居民科(乡镇)。具体负责落实市、区相关文件精神,组织实施本地区居家养老服务工作。

(三)社区、村一级

社区居委会、村委会在居家养老服务工作中具体负责受理补贴服务申请并报街道、乡镇审核;对服务人员的服务质量进行监督和信息反馈;配合街道、乡镇了解补贴对象的经济、健康状况。

四、服务范围及补贴标准

在本区居住的60周岁及以上老年人都属于居家养老服务对象,都可享受居家养老服务。其中具有海淀区正式户口且其经济状况、居住状况、身体状况符合《海淀区特殊老年人养老服务补贴办法(试行)》相关规定的特殊老年人,还可享受由政府出资以服务券形式购买的居家养老服务。其中经济状况、居住状况的评估工作由街道办事处、乡镇人民政府负责组织实施;身体状况的评估工作由区公共委、区卫生局负责组织实施。具体见《海淀区特殊老年人养老服务补贴办法(试行)》。

五、服务队伍与服务项目

各乡镇、街道办事处要根据本地区老年人养老服务需求,充分整合辖区资源,选择服务单位、设定养老服务项目,为老年人提供内容丰富、优质规范的居家养老服务。在重点保障特殊老年人服务需求的同时,面向全社会老年人开展居家养老服务。

六、资金保障

(一)补贴资金

特殊老年人养老服务补贴经费由市、区财政和福利彩票公益金按照1:1:2的比例分别负担,其中由于我区补贴标准高于北京市补贴标准而产生的补贴资金由区财政负担。

(二)工作经费

1、按照区级每年40万元,街道、乡镇一级每年10万元安排居家养老服务专项工作经费。

2、区财政2008年以区级90万元,每个街道、乡镇9万元的标准安排居家养老服务专项工作启动经费。

3、根据为老服务质量、数量及优惠程度等方面为全区居家养老服务实体安排专项奖励资金。

工作经费纳入区财政预算管理。

海淀区促进商业服务业发展暂行办法

2008年10月17日

海政发[2008]52号

第一条 为进一步促进海淀区现代流通业发展,引导商业服务业进行结构调整,根据《北京市商业流通发展资金使用管理办法》和《海淀区促进区域经济发展专项资金管理办法》,特制定本办法。

第二条 海淀区支持提升商业服务业经营品质,鼓励商业服务业行业创新和人才培训。

第三条 本办法中涉及的财政支持资金从海淀区促进区域经济发展专项资金中安排。

第四条 本办法支持的对象为符合条件的商业服务业企业、商业资产经营管理公司、相关行业协会及组织。

第五条 本办法资金使用的范围包括:优化调整商业结构,升级改造传统商业;商业服务业行业创新;商业服务业人才培训;其他需要支持的项目。

第六条 优化调整商业结构,升级改造传统商业项目。

(一)支持符合我区商业总体规划,有利于满足不同人群的消费需求,改善商务环境、增强消费吸引力、对区域经济发展贡献突出的项目。

(二)重点支持符合商业集聚区、特色功能区发展要求的商业服务业企业的引进及项目建设,培育发展商业知名品牌。

(三)支持特色商业街区的前期规划、标志、标识、街景美化、环保、环境整治、交通、停车、开放性空间等为街区提供公共服务的设施改造,支持特色街区民族化、国际化的发展方向。

(四)支持特色市场、购物中心、大型商品交易中心刷卡消费无障碍、商业设施无障碍、停车引导系统改造,商场超市节能改造,公共区域的升级改造。

(五)支持商业服务业老字号弘扬中华民族传统文化,继承发掘优秀传统工艺、技术的项目和采用现代流通方式,实现品牌化发展的项目。

第七条 商业服务行业创新项目。鼓励商业服务业领域经营理念创新、管理制度创新、服务方式和服务流程创新。支持行业协会推广明码标价、制定行业规范、建立公共服务信息平台、中介服务信用体系建设。支持具有发展潜力的新兴行业。

第八条 商业服务业人才培训项目。支持行业协会等中介组织开展人才培养和在岗人员培训,完善商业服务业发展的人才支撑体系。鼓励行业协会创办报刊、网站,开展法律、政策、管理、技术等咨询服务,组织人才、技术、管理、法规等培训业务。

第九条 支持推进区域营销,打造商业氛围,提升海淀商业形象,促进区域经济发展的活动。

第十条 符合本办法规定的支持对象申请资金支持的,项目的申报、评审、审批及资金拨付等程序按照《海淀区促进区域经济发展专项资金管理办法》以及区商务局、区财政局当年发布的项目申报指南进行。

第十一条 同一申报单位的同一项目不得重复申报区政府各部门的专项资金。

第十二条 项目单位应按照本办法规定的用途使用各项财政支持资金,按照《海淀区促进区域经济发展专项资金管理办法》第十六条的规定向区财政局及区商务局报送项目建设情况及资金使用情况,接受区财政局及区商务局的监督检查,并接受审计部门的审计监督。

第十三条 获得财政资金支持的单位对政府拨付的财政支持资金,在明确用途的基础上应加强后期监管,确保财政资金的有效利用。

第十四条 对于提供虚假材料、骗取财政支持资金、未按规定使用支持资金或资金使用用途与本办法的支持方向不符的,由区商务局会同区财政局收回已拨付财政资金,并由相关部门根据国家相关法律、法规进行处理。

第十五条 本办法自发布之日起实施。

大 事 记

一月

11 日　五棵松奥林匹克篮球馆竣工交付使用。五棵松奥林匹克篮球馆是北京 2008 年奥运会篮球比赛用馆,总占地面积 16.8 万平方米,总建筑面积 6.3 万平方米,可容纳观众 1.8 万人。至此,在海淀区辖域内的奥运场馆已全部建成。

19 日　在 2008 年春节到来前夕,中共中央总书记、国家主席、中央军委主席胡锦涛看望居住在海淀区的著名科学家钱学森、吴文俊。

二月

16 日　中共中央政治局委员、中共北京市委书记、北京奥组委主席刘淇与国务委员、北京奥组委第一副主席陈至立,中共北京市委副书记、北京市市长、北京奥组委执行主席郭金龙等到国奥村和奥林匹克篮球馆调查研究。

三月

1 日　第一期"中关村企业家中央党校培训班"开班。邓中翰、俞敏洪、冯军等 34 位中关村高新技术企业的知名企业家入班接受培训。该培训班由中共北京市委和中共中央党校联合举办。在两个月的集中培训中,学员们接受了马克思主义基本理论、宏观经济、领导力、执行力、决策力等培训。

7 日　海淀区召开 2008 年奥运服务保障工作誓师大会。会议强调,办好 2008 年奥运会是本年工作的重中之重,是海淀区肩负的重大政治责任。

28 日　北京市第二中级人民法院对海淀区原区长周良洛受贿案一审作出宣判,以受贿罪判处周良洛死刑、缓期两年执行,剥夺政治权利终身,并处没收个人全部财产;以受贿罪判处同案共犯、周妻鲁小丹无期徒刑,剥夺政治权利终身,并处没收个人全部财产。宣判后,周良洛没有提起上诉。法院经审理查明,1998 年至 2006 年,周良洛在担任中共北京市朝阳区委常委、宣传部长,朝阳区常务副区长,海淀区委副书记、区长期间,利用职务之便,为他人谋取利益,收受贿赂 1672 万元,其中周妻鲁小丹参与受贿 889 万元。周良洛 2002 年 3 月任海淀区委副书记,4 月任海淀区代区长,11 月任海淀区区长。2007 年 4 月 6 日,中共北京市纪委决定,周良洛因涉嫌严重违纪问题接受组织审查。

四月

1 日　中共中央政治局常委、全国人大常委会委员长吴邦国到海淀区视察奥运服务保障工作。吴邦国一行查看了五棵松篮球馆和棒球馆,又到海淀园企业——华旗资讯和中芯微了解企业为奥运提供技术服务保障情况。

28 日　南水北调中线北京段工程基本完工,通过临时通水技术验收。该工程起自房山拒马河,向北穿过永定河,经丰台,沿西四环路北上,至颐和园团城湖,全长 80.4 公里,全部为地下管涵。9 月,该工程成功实现河北水进京。

五月

3 日　在五四青年节和北京大学建校 110 周年之际,胡锦涛冒雨到北京大学考察。

4 日　中共中央政治局常委、国务院总理温家宝到中国政法大学学院路校区与师生共度五四青年节。

23 日　区委、区政府印发《关于深入开展支援抗震救灾工作的意见》,要求全区深入开展救灾捐助活动,利用多种途径帮助灾区群众抗震救灾、重建家园。5 月 12 日四川汶川地震发生后,区委、区政府成立支援抗震救灾工作领导小组,全区社会各界积极开展支援抗震救灾捐助。并派出医疗队和抗震抢险突击队。年内,全区累计捐款捐物超过 6 亿元,本区与四川什邡等地的对口支援工作有序开展。

24 日　刘淇和郭金龙到海淀区调研社会建设工作。

27 日　中共中央政治局常委、国家副主席习近平考察五棵松篮球馆、北京大学体育馆等奥运场馆。

28 日　91 名四川地震灾区伤员乘专列抵达北京接受治疗。他们被安置在位于海淀区温泉镇的北京老年医院。

29 日　全国第一支由共产党员组成的抗震救灾志愿者服务队——红色中关村志愿者服务队第一梯队在灾区工作 10 天后返回北京。这支服务队由海淀园联合党委第六总支 9 名党员组成,成员都是海淀园高新技术企业的工作人员。服务队是 5 月 19 日奔赴地震灾区的。

六月

6 日　“追溯创新之源——纪念中关村科技园区成立 20 周年系列活动”启动。

20 日　中共中央政治局常委、全国政协主席贾庆林一行先后到首都体育学院体育馆、北京航空航天大学体育馆、五棵松体育馆、北京大学体育馆、北京科技大学体育馆、中国农业大学体育馆等奥运场馆,考察场馆建设、运行及外围服务保障情况,并慰问志愿者。

七月

19 日　地铁十号线一期、地铁奥运支线和机场专线通车运营。其中十号线沿北土城西路、知春路、海淀南路、巴沟路一线在海淀区境内设巴沟站、苏州街站、海淀黄庄站、知春里站、知春路站、西土城站、牡丹园站。

20 日　为保障北京 2008 年奥运会和残奥会顺利举行，自本日起，海淀区全面启动奥运赛事运行和城市运行工作机制。到 9 月 20 日截止。

25 日　连结四环路和五环路的阜石路高架路通车。阜石路改扩建工程从西四环定慧桥到西五环晋元桥，全长 55.2 公里，道路中间是长 4.02 公里的连续高架桥。

29 日　位于圆明园遗址西部的九州景区试开放。开放的区域占地约 40 万平方米，包括正大光明、勤政亲贤、九州清晏等 14 处园林景观，是圆明园兴盛时期的中心区域。

八月

2 日　温家宝分别看望著名老专家季羡林、钱学森、何泽慧。

3 日　温家宝考察五棵松奥运篮球馆，并慰问场馆内的奥运志愿者和正在训练的中国男子篮球队。

8 日　上午，北京 2008 年奥林匹克运动会圣火在北京奥林匹克青年营所在地——北京市一〇一中学完成了全部传递活动。当晚，第 29 届奥林匹克运动会开幕。

九月

5 日　上午 8 时 15 分，北京 2008 年残奥会火炬在北京传递活动的起跑仪式在中华世纪坛举行。随后，火炬经转场进入颐和园。火炬在颐和园内的传递路线包括昆明湖的水上传递，水上传递的路线为“之”字形，与残奥会“天地人”会徽图形相契合。6 日，第 13 届残疾人奥林匹克运动会开幕。

9 日　国家图书馆二期暨国家数字图书馆正式开馆接待读者。二期新馆坐落在国家图书馆一期的北侧，建筑面积 80538 平方米，设有读者座位 2900 个，日接待能力为 8000 人次。国家数字图书馆将为全国及世界提供数字资源服务。

20 日　“万众一心　众志成城——抗震救灾主题展览”在中国人民革命军事博物馆开幕。中共中央政治局常委李长春出席开幕式。

29 日　上午 9 时许，顺利返回地面的神舟七号飞船航天员翟志刚、刘伯明、景海鹏乘专机抵达北京后，回到北京航天城，受到各界群众上万人的夹道欢迎。翟志刚等三名航天员乘坐神舟七号飞船于 9 月 25 日 21 时 10 分发射升空，并在飞行过程中进行了中国航天员首次空间出舱活动。9 月 28 日 17 时 37 分，三名航天员乘坐飞船返回舱返回地面。

十月

9 日　“创新之路——中关村科技园区成立 20 周年成就展”开幕。展览由中关村科技园区管委会、海淀区人民政府等联合举办。

10 日　温家宝为中央民族大学附属中学题词：“祝全国各民族青年团结、进步、健康成长”。10 月，中央民大附中纪念建校 95 周年。

28 日 “中关村海淀专业园联盟”成立。联盟的目标是,依托海淀科技园的资源优势,建立专业园资源共享机制,加强各专业园、各高校与社会创新服务机构的互动结合。该联盟有14 个发起单位,包含中关村软件园、永丰基地、上地基地、中关村环保科技示范园等各主要专业园区。

十一月

1 日 刘淇到本区视察部分高新技术企业,强调推进“人文、科技、绿色”北京的建设。5 日,刘淇等来到本区城乡结合部地区调查研究。18 日,刘淇又到位于本区的北京市农林科学院视察调研。

14 日 “中关村论坛”开幕。“中关村论坛”原名“中关村发展论坛”,是中关村电脑节的一项活动。本年 9 月 26 日中关村电脑节的承办权正式由政府行政机构移交给有关社会团体,而中关村论坛则从电脑节分离出来,由国家有关部委、中科院、北京市政府主办,由海淀区政府、中关村科技园区管委会等联合承办。

15 日 首届中国绿色发展高层论坛在海淀区举行,论坛宣示了“绿色、和谐、发展”的宗旨,确立“绿色责任与低碳经济”的主题,提出“有绿色才有生命”的口号。在此次论坛上,海淀区等 5 座城市获首届“中国十佳绿色城市”称号。

十二月

20 日 2008 年海淀区域发展高层联席会议暨中国·海淀艺术团联盟成立祝贺演出举行。此次联席会议以“文化大发展大繁荣”为主题,提出以文化促进区域发展的战略思想。

27 日 温家宝到中关村科技园区海淀园考察。

党　派

中国共产党海淀区地方组织

概　述

中共北京市海淀区委员会是中国共产党在海淀区的领导机关，中共北京市海淀区纪律检查委员会是负责海淀区党的纪律检查工作的领导机关。本届（第十届）区委、区纪委是在2006年12月召开的中共北京市海淀区第十次代表大会上选举产生的。

2008年是北京奥运之年、改革开放30周年和海淀园成立20周年，这一年，国家还遭遇了雨雪冰冻和汶川地震等自然灾害。在中共北京市委的领导下，中共海淀区委与区人大、区政府、区政协齐心协力，团结带领全区人民，以推动科学发展、促进社会和谐、服务保障奥运为主线，全面落实年初确定的各项工作目标和重点任务，推动全区经济、政治、文化、社会和党的建设取得了新的成就。年内召开区委全体会议2次、常委会议37次；召开由区委、区人大、区政府、区政协主要领导参加的“四长”联席会议4次。

到本年底，海淀区共有中共党员118538名（不包括驻区中央和市直属单位和部队单位党员），比上年增加4809人，增加4.2%。其中女党员54476名，占46%；少数民族党员4535名，占3.8%；35岁以下党员22826名，占19.3%；大专以上文化程度党员64413名，占54.3%。区委下属的基层党组织：区委派出工委24个、党委54个，其中设在政府工作部门的9个；党组44个，其中设在区级机关的42个；党总支391个，党支部3523个。2008年新发展党员1221名，其中女党员653名，占53.5%；少数民族党员41名，占3.4%；35岁以下党员753名，占61.7%；大专以上文化程度党员945名，占77.4%。

党的建设和干部队伍建设　落实区委全会、区委常委会议事规则和“三重一大”等制度，强化区委常委会领导核心作用，围绕169项涉及筹办奥运和区域发展的重大议题进行研究决策，落实了年初确定的常委会工作目标和23项工作要点。以学习贯彻党的十七大精神为重点，举办区级理论中心组学习16次。四川汶川地震发生后，迅速组织全区开展救灾捐助活动，全年累计捐款捐物价值超过6亿元，全区党员自愿交纳特殊党费2042万元。本区派出医疗队和消防支队抗震救灾突击队奔赴灾区，并参与北京市与四川什邡等地的对口支援。区理论中心组还赴四川什邡市开展“弘扬抗震救灾精神，倾注真情凝结关爱”主题教育。加强对外宣传和舆论引导。修订出台改进会风文风和工作作风若干措施，制定区级领导公务用车、办公用房管理规定。制定《中国共产党北京市海淀区代表大会代表证制度》，为全区党代表统一制发代表证。

加强领导班子和干部队伍建设，完善考核评价体系，为重点部门配备专职党组书记（副书记）。实施“一把手”素质提升工程，开展处级干部十七大精神集中轮训。加大干部公开招聘力度,面向社会公开选拔了处级干部10名。全年共调整处级干部256人,其中提拔104名、交流77名。推进基层党组织和党员队伍建设,深化“创新聚力”工程,按照“创一流党建,建一流海淀,为奥运会成功举办提供一流服务保障”要求,将服务保障奥运纳入基层党建工作责任制。进一步健全党风廉政建设责任制工作体系和机制,制定贯彻落实惩防体系工作规划的具体方案,抓好权重部门和牵头单位的制度建设,开展廉政风险防范管理试点工作,严肃查处违法违纪案件,反腐倡廉建设取得新成效。

奥运服务保障工作 健全“1+10+22+29”指挥体系和“三级双进入”工作机制,实行区级领导分片包干、一岗双责,形成区域融合联动的工作格局。开展平安奥运维护稳定大会战,妥善处理了各类突发事件,完成奥运安保任务。开展“展共产党员风采、做奥运服务先锋”主题实践活动,组织党员参与奥运志愿服务。开展“迎奥运、讲文明、树新风、促和谐、建首善”活动,文明出行、排队礼让、支残助残、窗口行业微笑服务取得明显成效。各种涉奥文化活动广泛开展,营造了浓郁的奥运氛围。成立奥运会海淀区志愿者联合总队,在奥运期间发挥了积极作用。全面完成奥运场馆及配套工程建设、重点奥运道路建设、环境建设、赛事组织、火炬传递、志愿服务、媒体宣传、商务保障、观赛氛围等奥运会、残奥会各项建设和服务保障任务,区域内8个奥运会竞赛场馆、500场奥运会赛事,6个残奥会竞赛场馆、212场残奥会赛事顺利进行。(详见“奥运专题”)

经济建设 应对国内外经济走势变化和国家宏观政策调整,加强对发展模式的谋划。按照“高端、低耗、轻型、优质”的产业发展方向,继续调整优化经济结构,高新技术产业、文化创意产业、生产性服务业等高端产业引领辐射作用进一步增强。总结海淀园20周年经验,申报开展自主创新综合改革试验,研究制定进一步做优做强海淀园的工作意见,优化调整园区管理体制。加快金融服务业发展,中关村西区新兴科技金融功能区、稻香湖金融后台服务区聚集效应显现。北部新区和皇家园林、稻香湖、大西山三大旅游区建设继续推进。落实十七届三中全会精神,推进城乡一体化和新农村建设,开展课题研究,加大公共财政、公共服务对农村的倾斜力度,新农村建设折子工程基本完成。实施“碧水蓝天”工程和节能工程建设,开展环境优美乡镇、文明生态村创建和循环经济园区试点工作,获首届“中国十佳绿色城市奖”。推进国有企业、农村集体经济等改革,开展针对重点企业、纳税大户的“大走访、大服务”活动,帮助企业解决困难。全年地区生产总值(GDP)完成2109.72亿元,人均超过1万美元,区域财政收入、区级财政收入、海淀园技工贸总收入、城镇和农村居民收入呈两位数增长,经济质量效益进一步提升。

政治建设 落实区委关于加强人大、政协工作的有关决定,重视人大、政协议案和人大代表、政协委员各类提案、建议的办理。制定并落实《2008-2013年党外代表人士队伍建设规划》,增进与党外人士的沟通合作,民族、宗教和港澳侨台工作取得新进展。支持各群团组织依照章程开展工作,发挥各类社会组织和基层群众自治组织在区域发展及重大活动中的积极作用。开展矛盾纠纷排查化解大接访活动,落实“七个一批”①工作目标,区、处两级领导共接访1306批3942人次,化解518件矛盾纠纷,维护了社会和谐稳定。加强社会治安综合治理,建立“网格化布防,

① 海淀区在开展平安奥运维护稳定大会战暨矛盾纠纷排查化解大接访活动中,结合区域特点就矛盾纠纷排查化解工作提出的总体思路与原则,即诉求合理的,集中解决一批;诉求不合理的,集中教育一批;无理缠访的,集中处置一批;确实生活困难的,集中帮扶一批;历史积案和重信重访的,创新工作方法集中化解一批;跨系统跨部门的,会同市相关部门协调一批;属于政策问题一时解决不了的,采取有效措施稳控一批。

区域联防、全区联动”的治安防范体系，完成奥运会、残奥会和各次重要会议、活动安保任务，刑事发案绝对数下降，群众安全感位居全市前列。完成流动人口和出租房屋基础调查工作。强化安全生产，各项事故控制在预定指标以内。

社会建设与文化建设　年内，在全市第一批成立区级社会建设工作机构，组建各街道社会工作委员会，启动社会建设领域调研课题。转变街道职能，规范社区治理模式，完善社区服务设施，推进社区信息化建设，在魅力社区、和谐社区创建中取得较好成绩。加强城市网格化、精细化、信息化管理和后奥运长效机制建设，探索建立城市运行新机制。努力解决群众关心的问题，本年度拟办的76件实事得到落实；失业登记率控制在1.1%以内；首次将全区无保障老人、无业居民和农村劳动力纳入社会保障范围；大幅提高农村养老、新型农村合作医疗保障水平和城乡低保标准；推进保障性住房建设。北京市提出的“无零就业家庭、无城镇危房户、无重大重复上访户、无社会救助盲点、无拖欠工资问题”即“五无”目标全面实现。推进基础教育优质均衡发展，实施办学条件达标工程，基础教育课程改革、素质教育、高考高招等继续保持全市领先，海淀区被评为首批“全国社区教育示范区”。成立文化大发展大繁荣领导小组和专家委员会，组建中国·海淀艺术团联盟，举办第四届区域发展高层联席会议。加强科技创新和科普工作，“全国科技进步示范区”中期评估获得优秀。发展公共卫生事业，社区卫生服务机构标准化建设基本完成，获“全国中医药特色社区卫生服务示范区”称号。开展全民健身活动，海淀籍运动员在奥运会、残奥会上取得好成绩。

中国共产党北京市海淀区委员会
地　址：海淀区长春桥路17号
邮　编：100089
电　话：62551614　82579329
（杨晓辉）

区委重要工作及重大活动

【区委十届六次全会】　1月4日举行。会议学习贯彻党的十七大、中央经济工作会议和市委十届二次、三次全会精神，总结2007年工作，研究部署2008年的各项任务。会议提出，2008年的工作重点是：全力办好奥运，展示海淀形象；坚持好字优先，推动科学发展；坚持创新驱动，激发区域活力；统筹城乡发展，强化“三农”工作；着力改善民生，促进社会祥和；发展先进文化，推动文化繁荣；发展民主政治，维护安定团结；加强党的建设，提高执政能力。会议审议通过了《中共海淀区委常委会2008年工作要点》。

【2008年经济工作会】　4月2日举行。会议研究部署了2008年全区经济工作，提出全区经济工作既要坚持好字优先，不断提高经济社会发展的质量，又要稳中求进，保持科学、合理、适度的发展速度，坚持奥运筹办与经济发展“两手抓”。

【区委十届七次全会】　7月2日举行。会议学习贯彻中央召开的省区市和中央部门主要负责同志会议以及市委十届四次全会精神，总结上半年工作，部署下半年任务。会议提出，要深入贯彻落实科学发展观，全力做好奥运服务保障工作，继续支援抗震救灾，保持经济平稳较快发展，加快推进以民生为重点的社会建设，以改革创新精神加强党的建设。会议审议通过了《中国共产党北京市海淀区代表大会代表证制度》。

【关成启任区委副书记】　7月16日，市委决定，关成启任中共海淀区委副书记。

【“大走访工作月”活动】　11月中旬至12月15日，区四套班子、相关职能部门与各街乡镇领导分别带队对区域发展高层联席会议倡导单位及拟邀加盟单位、区域重要企业、海淀艺术团联盟成员单位等驻区单位进行走访，加强海淀区与驻区单位间的沟通交流，征询驻区单位对区域发展的意见和建议,做好第四届区域发展高层联席会议的前期准备工作。活动期间,共走访驻区单位240家。

【四套班子务虚会】 12月9至10日举行。会议回顾总结了2008年的工作,研究了2009年的工作思路与安排,强调要积极领会"人文北京、科技北京、绿色北京"的理念,推动海淀经济社会又好又快发展,解决好影响区域科学发展的战略性、科学性、实践性问题,加强社会建设、文化建设、党的建设,提高干部队伍的素质和能力,推进海淀的改革发展稳定。

【2008年区域发展高层联席会议暨中国·海淀艺术团联盟成立祝贺演出】 12月20日在五棵松奥林匹克篮球馆举行。市委常委、宣传部长、副市长蔡赴朝到会讲话。区委书记谭维克作《积极推动海淀文化大发展大繁荣,努力走在建设和谐社会首善之区的前列》主题报告。著名文化学者余秋雨、解放军艺术学院院长张继刚少将发表致辞。会上宣布60家2008年新加盟海淀区域发展高层联席会议倡导单位名单,倡导单位总数达到228家;宣布成立海淀区文化大发展大繁荣专家委员会,中国电影集团公司与海淀区签署合作意向书。中国·海淀艺术团联盟举行成立祝贺演出。 (杨晓辉)

区委日常事务

中共海淀区委办公室是区委日常工作部门和区委系统工作协调部门。区保密委员会办公室、区国家保密局对外保留牌子,机构设在区委办公室。2008年区委办公室执行区委的决策部署,围绕全区中心工作履行职责,为区委各项工作部署的有效落实,特别是全力筹办奥运和促进科学发展发挥了服务保障作用。本年度,区委办公室被评为全市奥运服务保障工作先进集体、全市党政密码工作先进单位,连续第5年以第一名的成绩获得全区督察考核测评先进称号。在由区属58家单位参加的对区委办服务工作满意度测评中,满意度达到100%。

奥运服务保障工作 协调区领导参与领导干部大接访工作180次,办公室领导班子成员及有关科室参与了大接访工作。服务上级领导涉奥视察、调研50余次,服务区领导指挥检查百余次,完成了奥运工作大会、奥运服务保障工作誓师大会等重要会议的服务保障任务。加强对市区涉奥重点工作和58项奥运服务保障任务的督查工作,协调驻区单位加强沟通配合,发挥各自优势,高质量完成奥运筹办任务。抽调13人到奥运服务保障一线岗位工作。4人被评为北京市奥运服务保障工作先进个人和优秀志愿者。

调研工作 经区委常委会审定,确定年度区级调研课题立项142项,重点课题35项,关注课题107项。承担或组织完成区委区政府主要领导主持的两项市级关注课题,在市级刊物刊登调研报告16篇。加强对全区调研工作的指导、培训、服务,组织调研评比,评选出30个调研工作先进单位,形成45篇优秀调研成果。召开全区调研工作大会。

督查工作 围绕区委区政府重点工作,特别是维护稳定和改善民生等加大督查力度。对市区两级14类910余项重大决策部署开展决策督查,保障政令畅通和决策落实;承办各级领导督办件28件,涉及承办单位57家,现场实地督查40余次,做到事事有落实、件件有回音。全年区领导对督查工作做重要批示15件33条,形成各类报告52篇20余万字。

综合协调工作 加强值班,全年接听电话2万余个,处理各类来件1800余件、非机要公文700余件,分发报刊信件4万余份。加强会议管理,拟制2009年度全区性会议计划,梳理汇总全区性会议110个、活动34个。全区性会议数量较上年减少35次,减幅57%,采用电视电话会议形式开会率达到

34%。全年召开全区二级班子办公室主任例会3次、“四办”主任协调会议48次,形成纪要45期。编排领导活动安排表48期,召开各类专项工作协调会30余次。服务上级领导到海淀调研20余次,安排组织区领导走访慰问检查等70余次,协调区领导出席重要会议活动50余次。协调安排公务用车3000余次,没有发生交通安全事故。

文秘工作 全年安排保障区委常委会37次、四长联席会4次、区理论中心组学习16次。制发各类公文206件,起草完成区委全会报告、党课报告、各类讲话文稿180余篇。做好《北京工作》投稿工作,被采用稿件6篇。做好区委领导的协理服务工作,安排领导调研近百次,服务领导参加各类会议活动130余次。以区委区政府名义制发文件59件,同比减少6件。

信息工作 全年编发《海淀信息》普刊98期、1479条,专报260期、1527条,业务通讯10期。获市领导批示3条,区领导批示22条。《北京信息》采用本区专报信息119条,累计分数406分,在十八区县位列第二名。创办了领导参阅专刊。加强全区简报信息管理,区属各类简报、刊物、信息减少至132种,减幅36%。

机要档案工作 收发中央和市、区委机要文件18404份,内部刊物14312份,清退销毁上年度机要文件7345份。加大区属受文单位机要文件工作培训、管理、考核力度,提高基层单位机要文件管理水平。继续开展《中办通讯》征订和学用工作,连续第2年获市委办公厅《中办通讯》征订工作特等奖。建立办公室档案工作组织机构,制定规章制度,加强对专兼职档案员的业务培训。完成办公室2007年立卷归档工作,向区机关文档中心移交档案129卷,其中永久60卷,三十年35卷,十年34卷。

保密工作 制发《北京市海淀区政府信息公开保密审查办法》、《海淀区涉密计算机及移动存储介质的保密管理规定》、《海淀区涉密信息安全突发事件应急预案》,与134家区属单位签订了新一轮为期3年的保密责任书。印发保密宣传手册近6万册,受教育人员近2万人次。抽查38家单位的95台计算机,完成对25个高考点、2个卫生专业技术资格考试点的保密检查验收,对辖区内25家定点印刷复制企业进行保密年审及执行检查,对5家旧货市场进行保密专项检查,累计实施互联网信息检查407个小时。查处泄密案件2起,密级鉴定2起。办理军工企业保密资格认证初审21家。

区域发展联络工作 加强与驻区单位联系沟通,全年组织召开区域单位座谈会22次,协调安排区领导到驻区单位走访座谈247家。落实《2008年北京市服务中央单位和驻京部队折子工程》任务,为区域单位办实事128件。区秘书学会吸纳新加盟理事单位23家。开展联欢、座谈交流、参观等活动7次。组织召开2008年区域发展高层联席会议暨中国·海淀艺术团联盟成立祝贺演出。吸纳60家驻区单位加盟区域发展倡导单位,总数达228家(原有的北京奥组委秘书行政部已结束)。

对外接待 加强与友城地区的联系沟通。全年完成对外接待任务46批次,接待国家、地方各级领导326人次。年内区委区政府与唐山市、合肥市签定战略合作框架协议。本区在国内友好城区的数量达到25个。

(杨晓辉)

组织·干部·人才工作

中共海淀区委组织部是海淀区党的组织工作、干部工作、人才工作的主管部门。2008年,区委组织部围绕促进全区经济发展、支援抗震救灾、办好奥运会等工作大局,完成了各项工作任务,为全区经济社会协调发展提供组织保证和人才支持。

奥运服务保障工作　履行区奥运服务保障工作组织动员指挥部办公室职责,做好涉奥工作人员选调与管理工作。奥运期间,共向奥组委、五棵松场馆以及区奥运服务保障工作机构推荐岗位人选350人次,其中局级干部38人次、处级干部142人次、科级干部45人次,并完成对区奥运服务保障总指挥部办公室及各专业指挥部选调人员的季度考核和综合考核。成立海淀区域内奥运比赛场馆观众组织组,制定《奥运会(残奥会)海淀区域内比赛场馆观众组织工作方案》,先后组织观赛人员67600余人次。按照"创一流党建,建一流海淀,为奥运会成功举办提供一流服务保障"要求,将服务保障奥运纳入基层党建工作责任制,量化基层党组织服务保障奥运任务指标,在各类涉奥工作团队中建立临时党支部16个、党小组62个。开展"展共产党员风采、做服务奥运先锋"主题实践活动,组织全区各级党组织和党员积极参与奥运、服务奥运、奉献奥运。培育以党员为骨干的奥运志愿者服务队伍。奥运会和残奥会期间,全区共有3900多支党员志愿者队伍,近6万名党员志愿者参与了"社会面防控"、"平安奥运行动"等各类奥运志愿服务活动。

加强培训和服务,将奥运知识纳入全区干部教育培训内容,提高干部服务奥运的综合素质和专业能力。适应奥运服务人才专业化要求,举办急需紧缺人才培训班、加大对涉奥优秀人才资助力度等,培养锻炼创新型、领军型人才。组织人才专家对涉奥科技企业开展人才政策和人力资源管理咨询。采取表彰奥运人才工作项目、宣传奥运优秀人才事迹、走访慰问奥运优秀人才等措施,营造关注奥运、支持奥运的氛围。

领导班子和干部队伍建设　落实"讲党性、重品行、作表率"要求,通过创建学习型党组织、实施"创新聚力"工程等活动载体以及服务保障奥运、支援抗震救灾等实践锻炼,抓好各级领导干部理想信念教育和思想道德建设。召开领导干部思想作风建设座谈会,引导各级领导班子和领导干部以科学发展观塑造科学的世界观、价值观,以科学发展观培育正确的政绩观。

加大干部公开招聘力度,面向全市对区金融办副主任、区财政局副局长等10个处级领导职位进行公开选拔。坚持正确用人导向,科学调配干部,全年共调整处级干部256人,其中提拔处级领导职务86人、非领导职务18人,平职交流77人,改任75人。加大后备干部使用力度,提拔担任处级领导职务的比例达到75.6%。完善领导干部任前公示制,继续推进干部选拔任用全程记实工作。制定《关于进一步规范和改进干部考察工作的若干规定》、《干部考察人员行为规范》和《关于建立干部考察工作责任制的暂行规定》等制度,完善干部考察工作责任制,健全考察文书归档制度。在街道乡镇领导干部量化绩效考核试点工作基础上,建立政府委办局系统考核指标体系。建立专业化的干部考察员队伍,将考察员分为考察组长、专职考察员、兼职考察员3个层级,通过考试、考察等遴选程序,在全区组工干部中确定考察组长和专职考察员10人、兼职考察员24人。建立干部考察工作责任追究机制。

完成2007年度处级领导干部个人有关事项报告、收入申报等工作,做好干部任免动态发布、干部监督信箱维护管理及"12380"举报电话受理、来信来访处理等工作。加强与纪检监察、审计等部门和巡视组的协调合作,增强干部监督合力。做好党政干部企业兼职任职清理和军转干部安置工作。继续推进干部健康工程,加大对领导干部关心关爱力度。

启动新一轮大规模培训干部工作,制定《组织调训制度》、《训用结合制度》、《项目管理办法》、《质量评估办法》和《工作考核办法》等5项制度,完善干部教育培训制度体系。开展重点培训班次项目管理试点工作。

开展全区处级干部十七大精神集中轮训，举办2期“正处级干部研讨班”和8期“副处级干部培训班”。继续推进“一把手”素质提升工程，举办学习实践科学发展观院士系列报告会，委托中央党校举办处级主要领导干部理论培训班，联合北京大学、清华大学等高校举办现代公共管理、社会工作等各类专题培训班，并组织学员赴美国和澳大利亚参加人力资源管理、社区建设等专题培训。严格执行组织调训制度，抽调120名副处级干部参加2008年春季、秋季处级干部进修班，组织52名新任处级领导干部参加任职培训班，安排41名副处级后备干部参加第21期中青年干部培训班。引入拓展训练、发展性培训、军事训练等培训方式，尝试开展小班教学和异地培训。

基层党组织和党员队伍建设 统筹推进社区、农村、“两新”组织、国有企业以及机关和事业单位等方面的党建工作创新，发现和培育基层党建工作典型，总结全区各级党组织在推进基层党建工作创新方面的经验。加强党员教育管理和服务，组织指导党员培训，健全流动党员动态管理机制，制定并落实全区年度发展党员工作计划，做好党组织党员信息库维护工作。进一步完善党内激励、关怀、帮扶机制，做好建国前入党的农村老党员及未享受离退休待遇的城镇老党员生活补贴发放工作和北京市生活困难党员帮扶专项资金申领工作，对全区生活困难党员进行全面普查。按照每户每月200元标准，为全区享受社会最低生活保障的困难党员家庭发放补贴。开展“创先争优”活动，营造学先进、做先进、争创一流工作氛围。召开本区纪念建党87周年大会，对55个“海淀区先进基层党组织”、111名“海淀区优秀共产党员”、30名“海淀区优秀党务工作者”和10名“海淀区十佳政工师”进行表彰。

按照党的十七大关于推进党内民主、实行党代会代表任期制要求，制定实施《中国共产党北京市海淀区代表大会代表证制度》，为全区党代表统一制发党代表证。对区党代表在党代会闭会期间发挥作用取得的阶段性成果进行总结，编写《推进党内民主加强党内监督》一书。

人才工作 制定下发《2008年海淀区人才工作要点》、《海淀区人才工作领导小组2008年重点工作安排》、《关于加强高层次人才队伍建设的实施意见》、《关于进一步加强高技能人才工作的实施意见》和《关于加强农村实用人才队伍建设的实施意见》等文件，对区“十一五”时期人才发展规划中期实施情况进行分析评估，对高新技术产业人才队伍建设情况进行专题调研。组建区人才工作专家顾问组，聘请北京大学、中国人事科学研究院等单位的5名专家担任顾问，参与指导全区人才工作的决策、咨询、培训活动，提升人才工作制度化、规范化、科学化水平；加大优秀人才引进力度，引进24名博士、博士后、优秀青年教师到区属单位挂职锻炼。遴选海淀区首批高层次人才，确定科技、软件等十个方面共233名高层次人才、561名后备人才。推荐北京市第十批“有突出贡献人才”人选6人，宣传文化系统“四个一批”①人才人选8人。举办全区专家政治理论读书班，做好北京市优秀人才培养资助申报工作。组织区人才工作领导小组成员单位与园区创新型企业开展“一对一”人才服务，协调解决政策咨询、项目资助等方面的问题。做好政工职称申报和评审工作。

调研与信息工作 完成2007年市、区上账调研课题结项工作，确立全年调研课题，完成市委组织部和区委重点调研课题申报工

① 一批全面掌握邓小平理论、“三个代表”重要思想、科学发展观，学贯中西、联系实际的理论家；一批坚持正确导向、深入反映生活、受到群众喜爱的名记者、名编辑、名主持人；一批熟悉党和国家方针政策、社会责任感强、精通业务知识的出版家；一批紧跟时代步伐、热爱祖国和人民、艺术水平精湛的作家、艺术家。

作。配合市委组织部和市人事局完成“干部队伍建设情况统计调查”、“优秀领导干部成长规律课题研究”等调研任务。完成《关于全区律师党员队伍建设的现状及其思考》、《对加强街道机关党建工作的调查与思考》等课题的调研,参与撰写《全市组织系统服务保障奥运筹办工作总结报告》,协调相关单位完成市委组织部《北京组工通讯》编委会关于奥运筹办工作的约稿。对全区各单位调研信息工作进行评比表彰,继续推行基层信息员跟班学习制度,定期通报信息工作情况,加强对全区组织系统信息工作的督促指导。加大部内信息工作协调力度,重新确定各组(室)信息员,并进行业务培训。全年共编发《海淀组工动态》32 期。向中组部、市委组织部报送信息 59 篇,被采用 33 篇,采用率为 56%。完成 2007 年党内统计工作以及 2007 年干部、党内统计分析材料的撰写工作。

组织部门自身建设 开展“讲党性、重品行、做表率,树职工干部新形象”活动,组织全区各级组织部门和组工干部在服务奉献奥运、支援抗震救灾、提升自身素质和优化工作作风 4 个方面践行“讲党性、重品行、作表率”要求。组织组工干部参与“大接访”活动和社会面防控工作,参加“平安奥运”社区志愿服务以及奥运交通、消防安全、法制教育等主题宣传活动,协助基层党组织对不稳定因素进行排查,化解矛盾纠纷。组织组工干部带头交纳抗震救灾“特殊党费”,并做好特殊党费收交工作,全区共交纳特殊党费 2042 万元。开展学习研讨活动和组工业务培训,提升组工干部的业务素质。征求下级组织部门、工作对象、人民群众和社会各界对组织工作和组工干部的意见和建议,优化工作作风。

加强组织系统信息化建设。完成专用机房建设工作,实施部内局域网改造工程。开展组工专网分级保护试点工作,开发海淀组工网和海淀区组织系统管理服务平台,实现组工信息的发布、共享和交流。完成组织部内部协同办公系统的开发、部署和相关培训工作。

2008 年全区组织工作需要改进的地方:一些党组织和领导干部促进科学发展的本领有待进一步提高,一些领导班子和领导干部的思想作风还不够深入扎实,干部人事制度改革的各项措施还需进一步健全完善,干部教育培训的数量、质量还不能充分满足广大干部的实际需求,区域人才工作的整合力度还需进一步加大,基层党组织建设的工作力度有待进一步加强。

中共海淀区委组织部
地　址:海淀区长春桥路 17 号
邮　编:100089
电　话:82510223
(杨光红)

宣传思想工作

中共海淀区委宣传部是区委负责意识形态和精神文明建设工作的主管部门。2008 年,全区宣传思想战线把握“高举旗帜、围绕大局、服务人民、改革创新”的总要求,为举办一届有特色高水平的奥运会、残奥会,建设社会主义核心价值体系,巩固主流思想舆论阵地,推动海淀文化大发展大繁荣,建设富裕民主文明和谐新海淀提供思想文化保证。

学习贯彻党的十七大精神 贯彻落实《2008 年海淀区干部理论学习安排意见》,以区委中心组学习为龙头,以区处两级领导干部为重点,围绕中国特色社会主义理论体系和科学发展观等重大理论问题,结合海淀实际,组织开展学习活动。区级中心组举办学习会 16 次,并赴四川什邡市开展“弘扬抗震救灾精神,倾注真情凝结关爱”主题教育实践活动。加大对基层理论学习的指导服务力度,召开处级中心组学习情况调研座谈会,了解各单位学习情况,听取意见和建议。

坚持面向基层、服务群众、突出特色,宣

传党的理论和路线方针政策，进一步增强党的理论创新成果的吸引力和凝聚力。全年共录制讲座光盘20余盘，供全区学习借阅，为全区各单位推荐理论宣教老师100余人次，为区中心组订阅学习资料5000余册，向全区免费发放《理论热点面对面·2008》6000余册，各项理论宣传活动直接受众超过4万人次。做好党报党刊的征订发行工作，本区党报党刊的征订量稳中有升。围绕年度热点问题，举办"海淀讲坛"9场、"北京周末社区大讲堂"7场。

围绕重大理论和现实问题，组织全区宣传思想战线和各级党员干部开展理论研究和学术活动，推出一批研究成果，全区处级以上领导干部撰写理论学习体会文章300余篇。在全市理论工作领域的"评先创优"中，本区的获奖数量和获奖比例均比往年有明显提高。在2007年度北京市局级干部优秀理论文章评选中，本区获一等奖8篇、二等奖5篇；在北京市第十八届"灵山杯"优秀报告（党课）评选中，本区获一等奖2个、二等奖4个、三等奖1个，并获组织奖；在北京市"双优"评选中，本区3家单位获"北京市思想政治工作优秀单位"称号，3人获"北京市优秀思想政治工作者"称号。

奥运文化宣传 贯彻落实党中央、国务院和北京市委、市政府关于办好奥运会的一系列指示精神，做好奥运宣传和媒体服务工作，建立"区、处、社区（村）"三级奥运宣传工作网络，制定工作会商制度、形成重要问题口径审批机制和突发事件新闻应急处理机制，有效引导新闻舆论。全方位开展教育培训，先后组织区级领导集中学习3次、全区各单位党政正职培训3次、全区各单位新闻发言人及新闻宣传主管领导培训4次，培训社区干部和村干部980人次，提高了全区各级领导的新闻实战能力和应急处理能力。奥运会、残奥会赛事期间，接待境外媒体记者2300多名，无突发、异常事件发生。

抓好宣传文化系统"平安奥运行动"、文化娱乐服务场所整治工作等，净化海淀区文化市场。与政法委合作开展"平安奥运"专题宣传教育活动，组织专门力量进社区向居民宣讲、普及奥运安全知识，做到全覆盖、无遗漏。

推动文化大发展大繁荣 年内，在区委主要领导的带领和参与下，区委宣传部、文化委、公共委、发改委、规划分局、统计局、海淀园管委会、旅游局、财政局、文明办等10余家单位共同开展了海淀区推动文化大发展大繁荣专题调研活动，完成一个总报告和12个分报告共计20余万字的研究成果，摸清了本区文化发展的现状，理清推动本区文化发展的工作思路。采取招投标方式，启动《海淀区推动文化大发展大繁荣专项规划》的编制工作。

区委区政府成立了海淀区推动文化大发展大繁荣领导小组，由区委书记、区长任组长，6名主管区领导任副组长，26家相关工作部门作为成员单位，统筹领导推动全区的文化大发展工作。成立由43名国内顶级文化专家、区域内主要文化机构负责人组成的海淀文化大发展大繁荣专家委员会，作为本区文化大发展大繁荣的思想库、智囊团、情报站、参谋部、推进器。

整合区域文艺院团资源，按照"共存、共责、共建、共赢"的区域发展理念，区委区政府与北京舞蹈学院、中国电影乐团、中央民族歌舞团等50多家区域文艺单位共同发起成立了中国·海淀艺术团联盟，这是推动海淀文化大发展大繁荣的重大举措。实施大项目带动战略，促进文化产品和文化活动的聚集，遴选出国家排演中心、国家电影放映中心等一批重大文化项目，启动海淀博物馆等重大公益性文化设施的改造提升工程。

新闻和舆论引导工作 全年共组织新闻发布会和各类宣传活动51次，邀请媒体记者1100余人次，围绕区委、区政府的中心工作和重大活动,组织大型宣传活动。对区“两会”、社工委挂牌、奥运服务保障、改革开放30周年、中关村科技园区成立20周年、文化大发展大繁荣、抗震救灾等工作精心组织、重点报道,在重要媒体的重要版面、重要时段进行重点宣传,形成多个宣传高潮,扩大正面宣传的声势和影响力,展现了海淀区的良好形象。

出台《海淀区突发事件新闻应急预案》,建立重大突发事件的信息通报机制和应急处理机制,最大程度减少突发事件造成的负面影响。提高区属媒体的新闻报道水平,提高广播电视新闻、专题节目的制作播出质量和《海淀报》、《海淀科技园区》、《城市周刊》的稿件质量。海淀有线电视创新拓展报道方式,启动“海淀数字频道”的筹建工作。整合电视栏目和报纸版面,优化栏目版面结构。

舆情信息和调查研究　按照《海淀区关于进一步加强舆情信息工作的意见》,对全区舆情信息工作的人员队伍、工作机制、激励办法等进行规范。加强对各基层舆情信息点的指导,下发舆情信息需求要点,先后指导甘家口街道、曙光街道等单位开展社区舆情信息员培训。全年编写舆情信息100余篇,完成市委宣传部和区委交办的专题舆情15篇。本区连续3年被评为“全市舆情信息调研先进单位”。

按照“传达精神、宣传大事、辅弼领导、交流经验”的宗旨,继续编好《海淀宣传》刊物,全年共刊发6期,并编印了《抗震救灾特刊》和《奥运特刊》。

围绕贯彻落实科学发展观和推动文化大发展大繁荣等重大工作,组织各方力量,开展调查研究。《海淀创新研究报告》被评为海淀区“2006－2007”优秀调研报告一等奖、全市“丹柯杯”优秀研究成果二等奖;《海淀区和谐邻里关系调查报告》在市政研会组织的基层重点研究课题评审中被评为优秀论文。

群众性宣传教育　坚持用民族精神和时代精神凝聚力量,倡导爱国、敬业、诚信、友善等道德规范,发挥典型示范带动作用。组建海淀区抗震救灾先进事迹报告团,举办多场报告会,产生了广泛的社会影响。进一步加强青少年思想道德建设,制定《2008－2010年海淀区加强和改进未成年人思想道德建设工作折子工程》和《海淀区关于未成年人思想道德建设工作责任单位考评办法》,开展“知荣辱、树新风、我行动”道德实践活动,完善学校、家庭、社会“三结合”的教育网络。为纪念改革开放三十年和中关村科技园区成立20周年,开展一系列宣传教育活动。

中共海淀区委宣传部
地　址:海淀区长春桥路17号
邮　编:100089
电　话:82510819
电子信箱:hdqwxcb@163.com　(孟凡忠)

新闻传播工作

海淀区新闻中心是在撤销原海淀区广播电视中心和原海淀报社建制的基础上,于2006年2月28日成立,是区委区政府所属相当正处级全额拨款事业单位,下属海淀区有线电视网络信息中心一个事业单位。主要职能是:利用本区广播电视、报刊、网络等媒体宣传党和国家的路线、方针、政策和法律、政令,发挥舆论导向作用。负责新闻宣传队伍建设,区属媒体产业的规划、建设、管理,本区有线电视的联网,确保广播电视节目的安全播出等工作。

原海淀区广播电视中心的前身最早是海淀区人民政府广播科,1986年3月,区广播科改为海淀区广播电视局。1995年4月,海淀区广播电视局设立电视播出机构——海淀区有线广播电视台,实行局台合署办公。2001年11月,海淀区广播电视局撤销,原行政职能划归区文委,成立海淀区广播电视中心。自2003年1月1日起,海淀有线电视的节目全部纳入北京电视台公共频道播出。海淀有线电视在公共频道播出自办节目《海淀新闻》、《今日海淀》、《海淀1时间》以及与区相关单位合办的《红盾时空》、《教育新闻》、《警方在线》、《城管视点》、《人口与家庭》等专题节目。

《海淀报》是海淀区委、区政府机关报，原名《海淀新闻》，创刊于1992年9月25日。1993年更名为《海淀报》，每周1期，为对开4版大报。1999年10月改为周2刊。2002年《海淀报》改为周3刊，2002年4月又增办《中关村科技园区周刊》（每星期四出版），成为周4刊。2005年4月《中关村科技园区周刊》更名为《海淀科技园区周刊》。

《城市周刊》由海淀区新闻中心与《购物导报》合办，于2007年9月25日创刊，每周二出版。本年《城市周刊》进行了改版，由16版扩充为24版，一些版面逐渐形成品牌，并新增加了教育等栏目。

2008年，区新闻中心以奥运服务保障为第一要务，以宣传为中心，以队伍建设为基础，以安全播出为保证，大力发展广播电视、报纸和网络建设，为建设"奥运北京、奥运海淀"提供强有力的舆论支持。本年度被评为"海淀区奥运工作先进集体"和"北京市精神文明建设先进单位"。

新闻宣传　2008年出版发行《海淀报》191期、《科技园区周刊》45期、《城市周刊》48期；北京电视台公共频道播出《海淀新闻》3200多条、5500分钟，周末节目64期，拍摄保留资料200多小时，制作专题汇报片21部。

建立了编前会制度和每月一次的编委会制度。完成区"两会"、学习贯彻党的"十七大"精神、奥运和"纪念改革开放30周年"的宣传报道。在奥运宣传报道中，增添"本土元素"，宣传了区域内奥运火炬的传递以及本区20名奥运火炬手的风采，对第一个在奥运会上取得男子400米游泳项目银牌、由海淀输送的运动员张琳进行了重点宣传报道。

通过开展"好新闻"评选活动、实施精品工程和建立科学的管理制度，新闻报导亮点频出。全年共评出优秀新闻作品24条，报送北京电视台新闻60余条，2人次获得北京电视学会评选新闻类节目三等奖。新闻节目《百姓吃上放心菜》、《林下经济富裕农民》、《政府出措施民工得实惠》、《校官理发队》，《我区山区雨洪利用工程显成效》、《小果子摘出大商机》、《我区推广"明厨亮灶"工程》等，在社会上产生广泛影响。

参与奥运服务保障　奥运会筹备期间，区新闻中心先后抽调4人到北京奥组委、海淀区2008年环境建设办公室帮助工作。奥运期间，确保电视节目的安全正常播出，确保辖区百姓收看电视节目。奥运会前投资50多万元，施工近3个月，为苏家坨镇寨口村、大工村接通电视光缆，方便村民收看到图像清晰、信号稳定的奥运节目。本年度，新闻中心4人获北京市奥运服务保障工作先进个人、22人获区奥运服务保障工作先进个人称号。

严格执行重要岗位的24小时值班制度、重大安全事故报告制度和播出保证期每日报告制度，领导亲自带班、靠前指挥。严肃播出纪律，严格审片制度，坚持节目登记播出制度，对机房、网络等要害部位密切监控，确保万无一失。在奥运会筹备期间，技术部门会同设备制造厂家对中心播出系统进行全面检查，更换了播出服务器的散热系统，对播出机房环境控制系统全面检修。奥运期间拟定《奥运期间节目制作及播出责任书》，与节目制作、播出人员签订责任书，排查播出系统存在的隐患，制订了相应的解决办法。完善各项应急预案，组织多次演练。相关人员熟悉应急预案和处理程序，做到熟练操作，关键时刻能够采取果断措施，不给反动声音和画面任何可乘之机。

事业发展　本年，本中心内部完成新闻非编制作网的搭建,实现了各个非编站点共享节目数据,顺利完成新闻制作由线性编辑向非线性网络化编辑的过渡。将两台配音工作站并入新闻制播网,对6台非线编辑系统进行改造,实现了新闻制作环节无带化、网络化,提高了节目的制作效率和质量。在网络建设方面,继续进行二级网络整合,包括双向干线网络;数字互动电视信源平台已调试完成,奥运前转换3000户。本年配置了档案密集柜,按行业标准建设了档案库房,完成播出节目、重要资料的归档和每天对外宣传剪报的收集立卷、照片归档等工作,保证新播出节目及时上载编目和新生资料及时入库,增加了5个专题栏目的编录。全年接待借出查找复制资料700余人次,刻录光盘复制音像带百余人次。

海淀区新闻中心
地　址:西四环北路11号(区政府第二办公区)
邮　编:100195
电　话:88487116　88487250(传真)

(刘　莉)

精神文明建设

海淀区精神文明建设委员会办公室是海淀区精神文明建设委员会的常设办事机构,负责本区精神文明建设的组织、协调、指导和督察工作。

2008年是奥运之年。全区继续开展"迎奥运、讲文明、树新风、促和谐、建首善"活动,推动群众性精神文明创建活动,加强未成年人思想道德建设,提升城乡文明程度和市民文明素质,营造了参与奥运、奉献奥运、共享奥运的人文环境。

本年,区文明办获"全国迎奥运讲文明树新风礼仪知识竞赛"活动北京市组织工作一等奖,获首都"迎奥运、讲文明、树新风"活动优秀组织奖、北京奥运会残奥会先进集体、北京奥运会残奥会环境建设先进集体和首都奉献奥运好活动等荣誉。

"迎奥运、讲文明、树新风、促和谐、建首善"活动　2008年,区文明办与中国人民大学人文奥运中心合作开展"人文奥运伴我行"——人文奥运进社区宣传活动,通过人文奥运进社区、进村镇、进区域的"三进"方式,使上百万群众接受奥运理念教育。组织3万多人参加海淀区"心相印"杯奥运观赛礼仪知识竞赛,通过开展多种形式的宣讲活动,普及观赛礼仪;开展"触摸奥运·感受激情"活动,制作了一批"奥运仿真软式器材",在社区、学校开展奥运体验活动;开展"我为奥运祝福、我为奥运添彩、我为奥运加油"网上签名寄语活动,本区全国道德模范王世昌、刘月生夫妇等各界人士踊跃参与现场签名。在全国"迎奥运、讲文明、树新风"礼仪知识竞赛北京赛区决赛中,海淀区代表队获冠军,后入选北京市代表队获得全国总决赛冠军。

开展迎奥运群众性文体活动。举办以"迎北京奥运,展海淀形象"为主题的迎奥运倒计时100天系列活动,分"六大板块"展示"迎讲树促建"活动成果,包括青年志愿者风采展示活动、城市环境建设风貌展示活动、窗口行业奥运培训展示活动、迎奥运群众性文化活动展示、迎奥运全民健身活动展示、迎奥运青少年传承中华文化风采展示活动。全区组织开展"鸣响永乐大钟·祈福百年奥运"、"百县千村健身气功交流展示大会"、"全民健身与奥运同行万人棋牌赛"、"和谐社区杯"乒乓球赛、"迎奥运和谐杯金秋全民健身篮球赛"等两百多项群众性文体活动,上百万群众参与。在中华世纪坛和颐和园,组织上万群众参与残奥会火炬传递仪式。把"迎讲树促建"融入群众性文化活动中,举办中华世纪坛和北京科技大学两大奥运文化广场活动,开展"同一个世界、同一个梦想"大型主题展览和几十场文艺演出,奥运期间吸引了近百万中外游客。开展以"奥运、和谐、青春”为主题的海淀文化节，以“美丽乡村迎奥运，美好生活向文明”为主题的农民艺术节。

开展“迎奥运讲文明树新风志愿服务行动”，创立海淀区志愿服务“6+2”工作模式，即在全区成立奥运会志愿者联合总队，下设城市志愿者总队、社会志愿者总队、驾驶员志愿者总队、环境建设志愿者总队、治安巡逻志愿者总队、拉拉队志愿者总队6支志愿队伍，以及志愿者工作和培训工作协调小组、窗口行业培训工作协调小组等两个协调小组。制定《海淀区迎奥运讲文明树新风志愿者服务行动折子工程》。编写《海淀区奥运志愿者培训教材》，与驻区高等院校联手共同搭建志愿服务培训平台，开展多类别、多层次的志愿者培训。开展“志愿服务心语”征集、“志愿者出征仪式”等活动，普及志愿理念，弘扬志愿精神。全面开展“迎奥运讲文明树新风志愿服务七大行动”，奥运期间，海淀有8.9万名城市志愿者、15万名社会志愿者及环保志愿者、驾驶员志愿者等参加了志愿服务，为近45万人次的中外游客、运动员、奥林匹克大家庭成员和各界群众提供信息咨询、应急服务和语言翻译等服务。

以职业道德、职业技能、服务规范、外语培训和助残技能培训为重点，加强窗口行业奥运培训，海淀区各行业共编写各类教材114册，全区20多万窗口服务业员工接受培训，实现了培训对象全覆盖、培训内容全落实、培训成果全转化的“三全”目标。组织“微笑服务示范岗”、“微笑服务大使”和“规范化服务达标”评选，开展“商业服务业风采大赛”、“中关村美食节”、“职业礼仪大赛”等200多项活动。在北京商业服务业满意度测试活动中，海淀顾客整体满意度为90.34%，为全市最高。

加强赛场文明建设，培育热情懂行文明观众。在普及文明观赛知识的同时，组建8000人的海淀职工文明拉拉队，设计了文明观赛道具，开展了加油口号、助威掌法、奥运歌曲、手语动作培训。在奥运会和残奥会期间，全区组织观赛人员达67600多人次。特别是在马拉松赛场，组织上千人的太极拳、木兰扇、秧歌表演，烘托了观赛氛围。

公民思想道德建设　持续开展“11排队推动日”活动，每月一个主题，组织宣传活动240余次，30余万人次参与。全区近800名文明乘车监督员加强文明引导，强化市民自觉排队意识。启动“过路要看红绿灯，开车礼让斑马线”全民行动，在全区设立30个“文明交通示范路口”，针对出租车司机、公务员、公交车司机等不同群体，开展高潮日活动，宣扬“崇尚文明交通，建设和谐海淀”、“交通我参与、礼让我快乐”、“做文明出行北京人”的理念。开展“文明乘梯，右站左行”宣传实践活动，在全区公共场所1454部滚梯张贴“文明乘梯，右站左行”标志，宣传文明乘梯、安全乘梯常识，文明乘梯成为培养秩序文明的又一有效途径。

加大未成年人思想道德建设力度，调整充实区加强和改进未成年人思想道德建设领导小组。成立海淀区未成年人思想道德建设迎检测评小组，以《全国未成年人思想道德建设工作测评体系》为标准，逐一对照，开展自测工作，并接受北京市未成年人思想道德建设测评组测评。以“做一个有道德的人”为主题，开展“情系奥运，文明礼仪伴我行”、“福娃进校园”、“知荣辱、树新风、我行动”、“芭蕾进校园”等系列活动，提高青少年的思想道德素养和文明礼仪素养。策划创作了《福娃说奥运》中英文双语系列丛书，借助福娃卡通形象向学生们讲述奥林匹克知识。优化未成年人成长的社会环境，学校、家庭、社区“三结合”德育网络体系进一步巩固。以学校为龙头，推进德育、法制教育进课堂，尝试开展心理健康和性健康教育；以家庭为基础，执行《北京市家长学校教学大纲》及《家长学校评估标准》，实现学校与家庭的密切配合；以社区为平台，开展“快乐假期——争当社区‘奥运文明小使者’”等主题活动,拓宽社区教育渠道。

发挥“迎讲树促建”领导小组的作用,调动多方媒体宣传资源,编发《海淀区“迎讲树促建”工作简讯》180 期;在《北京晨报》、《前线》、《海淀报》等媒体设立“迎讲树促建”活动专版和专题,在《北京日报》、《北京青年报》、《北京晚报》等媒体大量刊发海淀区“迎讲树促建”活动信息;在北京电视台、凤凰卫视、海淀有线、《今日海淀》和《海淀1时间》,播发多篇专题、特写、新闻等;与央视国际(CCTV 奥运网)合作建立海淀“迎讲树促建”专题网站,与人民网合作建立“人文奥运·海淀之旅”专题网站,利用首都文明热线、区政府网站等平台,设置专题,实现链接。利用8处户外广告设施,全年滚动进行“迎讲树促建”及“迎奥运讲文明树新风志愿服务行动”公益宣传;制作倡议书、宣传册,印制海报、宣传画,利用各街乡、社区精神文明宣传栏和文化墙等,宣传“迎讲树促建”活动;发放几十万份宣传品;制作文明观赛礼仪扇,发放到相应的比赛场馆。

群众性精神文明创建活动 继续推进市、区两级公共文明示范地区建设,治理乱吐乱扔乱停乱行等不文明行为。10 所高校3个街道联合开展“共建学院路奥运文明示范区”活动,上地信息产业基地等示范地区成为展示海淀环境文明的窗口。开展“假日服务周”、“星期六擦亮行动”,29 支环境志愿分队在社区、乡镇持续开展清洁活动;开展“百处景观,绽放奥运——我为奥运种鲜花”活动,10余万群众参与社区鲜花摆放;开展“做奥运环保使者,建绿色文明家园”签名活动,历时50天传递,拼成81 平方米的巨幅奥运绿色环保标志,被海淀博物馆永久收藏;发放“我爱北京”标识牌,两万个安装在自行车上的荧光标示,成为流动的文明岗哨。全区加强文化墙建设,八里庄街道的“孝亲亭”和“八德”文化墙,北下关街道的奥运文化墙,北京理工大学西墙的奥运涂鸦文化墙,羊坊店街道的玉渊潭南路百米奥运长廊,成为展示海淀的风景线。

以第二轮国家级文明创建为契机,将文明社区、文明单位、文明村镇“三大创建”活动与“迎讲树促建”紧密结合,谋划建立精神文明创建长效机制。本区调整群众性精神文明创建工作的牵头部门、考评小组和资格评议小组,并在北京市社会科学院协助下,对群众性精神文明创建的评选标准和考评机制进行重新考量,制定创建工作的系列规范性文件。加强文明景区创建指导,倡导文明开发、文明经营、文明服务和文明管理,颐和园通过“全国文明风景旅游区”复查。继续开展“城乡携手迎奥运,共建文明京郊行”活动,实现文明单位结对率100%,开展“四带四促”(带科教兴农,勤劳致富,促进城乡经济社会全面协调可持续发展;带整合资源,优化环境,促进农村城镇化、现代化进程;带文化下乡,满足需求,促进农民全面发展;带提高素质,维护权益,促进海淀区和谐村镇建设),促进新农村建设。

本年海淀区创建首都文明街道9个、首都文明社区105个、首都公共文明示范地区1个、首都文明乡镇2个、首都文明村32个、首都文明单位58个、首都文明景区13个;创建区级文明街道10个、区级文明社区211个、区级文明村24个、区级文明单位456个。田村路街道泽丰苑、羊坊店街道有色设计院两个社区当选为第三届北京市“魅力社区”,苏家坨镇车耳营村获得“北京最美的乡村”荣誉称号。

海淀区精神文明建设委员会办公室
地　址:海淀区长春桥路17号
邮　编:100089
电　话:82510193
电子信箱:hdwmbggyx@ sina. com　(王桂芳)

统一战线·对台工作

【综述】 中共海淀区委统一战线工作部是负责本区统一战线工作的区委机构。中共海淀区委台湾工作办公室挂海淀区政府台湾事务办公室牌子(简称区台办),是区委、区政府负责本区对台工作的机构,与区委统战部合署办公。2008年,本区统战工作围绕中心凝聚力量,服务大局发挥作用。年内,区委常委会两次听取统战工作汇报,研究部署统战工作。进一步完善区委统一领导,统战部牵头,台办、民宗侨办、公安、安全和相关部门组成的民族宗教突发事件、涉台突发事件应急协调机制,制定《海淀区奥运宗教工作预案》、《海淀区清真网点治理工作方案》及《北京市海淀区奥运筹备期、赛事期间涉台突发事件应急预案》。

围绕中心 服务大局 本区统一战线成员积极投入奥运志愿服务。有32名民主党派成员和宗教界、侨界人士直接参与奥运服务保障工作;经注册,民建清河支部成为奥运服务集体;区工商联召开全区非公企业誓师大会,号召全区非公企业以实际行动支持奥运,向奥运安保一线的交警捐赠电视机20台;3名台商、30名台生被录取为奥运会赛事志愿者,台资企业威盛电子公司资助奥运会宣传片拍摄。九三学社社员孙迎春、赵国春,宗教界代表人士吴伟庆等受到奥组委的表彰,100名统一战线成员在市、区统一战线参与奥运、服务奥运总结表彰大会上受到表彰。

四川汶川特大地震发生后,区委统战部向全区统一战线成员发出支援地震灾区的倡议书,统一战线广大成员捐款捐物达1200余万元。各民主党派、非公经济代表人士、台侨界、民族宗教界代表人士还参加了市委统战部组织的“为了汶川的孩子们”大型募捐活动,当场捐款15万元。

及时反映社情民意,全年共编辑上报信息480篇,区委采纳117篇;各民主党派、无党派人士上报涉奥信息100多条,其中有多条被中央和市领导批示,信息成为党外人士参政议政的“快车道”。汶川地震发生后,各民主党派组织为地震灾区救援及重建工作献计献策,在灾后十余天时间内共报送各类信息近50条,涉及救灾机制、通讯保障、卫生防疫、舆论引导、灾民安置、重建家园等方面。部分信息被中央统战部、市委统战部采纳,如九三学社区委副主委郑晓东报送的《为抗震救灾工作建言》的信息被中央统战部刊载。

本年,区委统战部获北京市统一战线理论研究和调查研究优秀组织奖,其中《关于新的历史条件下党外人士政治引导的基本途径和方法的调查研究》获全国统战理论研究成果三等奖、北京市统战理论研究优秀成果一等奖,《非公经济人士思想教育研究》获北京市统战理论研究优秀成果三等奖,《台商在海淀投资电子产品销售企业情况分析》获北京市涉台调研评比一等奖。各民主党派积极组织调研,建言献策,全年申报课题34项,其中14项被认定为区委调研课题,为区委区政府科学决策发挥了重要作用。编纂《改革开放30年海淀区统一战线工作》一书,举办“纪念改革开放30周年”征文活动,共收集征文100余篇。参加市委统战部举办的《中国的政党制度》知识竞答,获优秀组织奖。推进统战、涉台宣传进党校、进校园、进社区,发放统战、涉台宣传教育材料,举办多场形势报告会和多次座谈会,在区属媒体开设专栏。海淀诤友艺术团活动丰富多彩。

多党合作和党外代表人士队伍建设 本年,继续支持和帮助本区民主党派组织、无党派人士开展政治交接主题教育活动。以坚持走中国特色社会主义政治发展道路为主题,召开纪念中共发布“五一口号”60周年座谈会,组织各民主党派和无党派人士赴西柏坡参观学习,并向当地学校赠送图书和学习用品。举办“继承优良传统,共建和谐海淀——纪念‘五一口号’发布60周年知识竞赛”和征文活动。各民主党派组织开展了追忆传统、建立教育基地、纪念改革开放30周年、制作政治交接教育活动展板等活动。

落实《2008—2013年党外代表人士队伍建设规划》,完善党外代表人士培养选拔机制,对全区党外人士情况进行摸底,并有针对性地开展培训教育工作。与区委组织部联合下发《关于党外后备干部到政府有关部门、司法机关、国有企事业单位挂职锻炼的意见》,两名民主党派成员作为第一批党外后备干部分别到区科委和文委挂职。

参加组织部开展的“一对一”人才服务工作,推荐3名党外后备干部参加北京市公开选拔处级领导干部的工作。将统一战线理论政策纳入区委党校培训党政干部的课程。举办党外代表人士培训班,举办第14期党外中青年骨干培训班,45名党外中青年骨干参加学习。与区政协共同举办第20期暑期读书班。

召开新社会阶层工作联席会,学习贯彻京统通〔2008〕19号文件。举办第二期新社会阶层人士学习班、纪念改革开放30周年座谈会和“我与改革开放”征文活动,组织新社会阶层人士参加市委统战部举办的高级理论研修班。引导新社会阶层人士树立坚定正确的政治方向,做合格的中国特色社会主义事业建设者,为海淀发展作出新贡献。本区在全国统战部长培训班及北京市新社会阶层人士统战工作会议上分别做了交流发言。

港澳台和民族宗教工作 调整充实区对台工作领导小组,区委常委会批准成立“海淀区台胞权益保障协调小组”,坚持和完善涉台突发事件应急指导协调机制和区对台经济工作协调办公室制度。北京奥运会期间,台湾民众所关心的棒球、跆拳道、柔道等项目都在海淀区举行,区委区政府领导密切关注,区台办、公安等相关部门与万寿路、学院路等街道密切配合,完成本区奥运场馆的外围涉台保障和台湾非注册媒体的管理及服务工作。年内,区台办牵头、圆明园等单位参与,接待中国国民党主席吴伯雄率“中国国民党大陆访问团”参观五棵松棒球场、亲民党主席宋楚瑜参观圆明园遗址公园、台湾海基会董事长江丙坤率代表团拜谒孙中山衣冠冢等台湾重要客人活动。台办、教委与相关学校配合,成功举办“相约2008”第九届京台青少年交流周暨“两岸青年同心结奥运体验营”海淀团的活动。围绕台湾地区年内两场重要选举,与有关部门会商,成立了应急小组,维护对台工作稳定,完成了中央和市委布置的专项工作。

加强对基层对台工作指导,形成了较为完整的对台工作网络。继续坚持区委主要领导及相关区领导传统节日与台商座谈联谊,举办了“海淀区第十次区长接待台商日”活动。帮助台胞、台属、台生解决实际困难。协调、办理台商、台资企业寻求服务的事宜近20起,协调处理涉台投诉16件。全年审批赴台项目129项、442人次。

多次召开民族宗教突发事件应急小组协调会,举办10余次民族宗教政策培训班,开展清真饮副食网点和基督教活动场所治理。投入700多万元解决蓝靛厂清真寺自养房、民族宗教活动场所修缮问题及某少数民族上层人士的后事处理,为天主教神哲学院安装电视监控设施,排除安全隐患。启动海淀区宗教教职人员综合素质提高工程。妥善高效处理一系列涉奥民族宗教事务,民族宗教工作“三级网络”、“两级责任制”在工作中发挥了积极作用。完成外国领导人到基督教海淀堂参加宗教活动的接待任务。

完成第六届海淀地区海外联谊会的换届工作。

基层统战工作 基层统战工作的力度加大,各单位建立了统战、对台工作考核机制和工作台账。通过培训,各级领导干部的统战理论、对台政策水平提高,工作实效增强。注重发挥本辖区、本单位统战成员的积极性，鼓励他们在支援地震灾区、奥运服务保障工作中做出贡献。基层统战成员在落实民族政策和宗教专项治理工作中讲政治、顾大局，积极配合，妥善解决了涉奥安全等一系列问题。在全市民族社区创建活动工作会上，本区有7个社区做了大会交流和书面交流。

【开展多党合作知识竞赛纪念“五一口号”发布60周年】 为纪念中共中央发布“五一口号”60周年，4月29日海淀区举办以“继承优良传统，共建和谐海淀”为主题的多党合作知识竞赛。来自本区八个民主党派的24名选手参加比赛。致公党代表队获得一等奖，九三学社和民盟代表队获二等奖，民革、民建、民进、农工党和台盟代表队获三等奖。

【完成“相约2008”第九届京台青少年交流周暨“两岸青年同心结奥运体验营”接待任务】 8月10日至17日，“相约2008”第九届京台青少年交流周暨“两岸青年同心结奥运体验营”在京举行。本区参与了此次接待工作。海淀实验中学接待了来访的60多名台湾师生，并与他们进行校际交流。交流周期间，台湾师生观看了在海淀区内举行的奥运棒球比赛和垒球比赛，游览了八达岭长城、十三陵等名胜古迹。

【启动宗教教职人员综合素质提高工程】 9月11日，本区正式启动宗教教职人员综合素质提高工程。来自全区主要宗教活动场所的30名教职人员参加了启动仪式。从9月14日起，他们分别接受为期4个月的阿拉伯语、英语培训和为期2年半的行政管理专科教育培训。这是本区首次大规模对宗教教职人员进行综合素质的系统培训，是贯彻全国和北京市宗教工作座谈会精神，落实《海淀区宗教界人士2008－2012年培养规划》的一项重要举措。该工程已纳入全区人才工作折子工程。

【海淀地区海外联谊会六届一次理事会召开】 11月11日，北京市海淀地区海外联谊会第六届理事会第一次会议举行。本届会议是五年一次的换届会议，会议修改并通过了《北京市海淀地区海外联谊会章程》，宣布了理事会理事名单，聘请区政协主席彭兴业，区委副书记关成启，区委常委、宣传部长、副区长于军为名誉会长，选举区政协副主席、区委统战部常务副部长刘恪为会长，选举副会长、常务理事，通过监事会监事、秘书长、副秘书长名单，并颁发聘书。

中共海淀区委统一战线工作部·台湾工作办公室
地　址：海淀区长春桥路17号
邮　编：100089
电　话：82510260
网　址：http://www.hdtzb.gov.cn （冀　伟）

区直属机关工作委员会工作

海淀区直属机关工作委员会是负责本区直属机关党的建设和思想政治工作的区委派出机构，下辖71个机关基层党组织（5个机关党委，22个直属党总支，44个直属党支部）、46个机关工会分会（小组）和21个机关基层团组织，有党员7014名、工会会员2000多名、共青团员近200名。

2008年，区直机关工委学习党的十七大精神，贯彻落实科学发展观，以建设和谐机关为目标，加强机关思想建设、组织建设、作风建设和制度建设，提高机关党员履职能力和办事效率，做好奥运服务保障等工作。

奥运服务保障工作 奥运倒计时100天之际，组织区直机关“迎、讲、树、促、建”展示周活动，将一年来各单位开展活动的情况做成58块展板，在第一、第二办公区展出。奥运倒计时50天之际，与海淀街道工委开展“展党员风采、做奥运先锋”共建活动。抽调骨干力量参加海淀区平安奥运督察活动，协助相关单位组织机关干部近400人次参加奥运驾驶员志愿者和奥运义务献血志愿者等活动。奥运会、残奥会期间,机关工委、工会和团工委组建了总数为700人的应急队伍,承担了多次观赛任务,共出动8900人次。

奥运会赛事期间,机关工委9名工作人员中有5名被抽调到各个部门。工委书记被区委区政府大接访工作组抽调,担任四季青镇督导组组长,督促办理区领导督办件28件,参与接访175批次,271人次,下访近30次,努力控制越级集体访,化解了部分重点问题;工委副书记和一名工作人员被区奥运安保及交通组织指挥部抽调到海淀街道督查组;两人被区奥指办抽调担任奥运会驾驶员志愿者,分别担任第四大队大队长和第五小队小队长。

制订《关于组织区直机关在职党员干部奥运会期间参加社会面防控工作的实施意见》,将机关53个不直接承担奥运服务保障工作的单位分成19个小组,与涉奥重点场所和地区的街道乡镇结成对子,在奥运会、残奥会期间(8月5日-9月20日)组织1500多人次赴各街乡参与社会面防控工作。发动机关干部利用业余时间和双休日,主动与居住地的社区联系,报名参加治安巡逻防范工作。累计有500多人次参加了总计1500余小时的治安巡逻工作。

学习宣传贯彻党的十七大精神　年初,制定学习宣传贯彻十七大精神工作方案,分工委、党支部、党员三个层面组织开展学习教育活动。配发了十七大报告单行本和《党章(修正案)》6000余册、学习辅导材料3000多本。开展工委会中心组学习12次,各单位党组织开展集中学习200多次,党员撰写心得体会3000余篇。实现机关党员干部受教育率和机关党务工作者培训率两个100%。

坚持工委委员会和机关党支部书记例会制度、重大事项集体表决制度。健全和完善各级党组织的建制,审批10个单位党组织的换届选举报告。开展"展机关党员风采、做服务奥运先锋"和"讲党性、重品行、做表率"主题实践活动。召开纪念建党87周年表彰报告会,邀请海淀区赴四川灾区抗震救灾模范人物为机关党员作报告,表彰先进机关党组织28个、优秀共产党员100名和优秀党务工作者25名。举办党支部书记和支部委员培训班,首次在区委党校举办发展对象培训班,培训发展对象140名。全面实行党员发展公示和票决制度,本年发展新党员146名,批准预备党员转正71名。

落实党风廉政建设责任　工委党风廉政建设责任制工作领导小组坚持每半年召开一次领导班子会议,专题研究部署党风廉政建设工作;每季度检查贯彻落实情况。工委领导带头遵守法律法规和廉政自律各项规定,接受群众和有关部门监督。本年,工委未发生以权谋私、假公济私、奢侈浪费等消极腐败现象。配合区纪委对部分单位召开领导班子民主生活会和落实党风廉政建设责任制情况进行检查。在机关开展"做党的忠诚卫士、当群众的贴心人"主题教育活动。组织纪检监察干部聆听市纪检监察系统抗震救灾先进事迹报告会,组织系统内100多名中层以上领导干部到海淀区反腐倡廉教育基地——海淀法院旁听审判,组织部分纪检监察干部赴崇文区考察廉政风险防范体系。全年接待信访12人次,处分党员2名。

精神文明创建　配合区文明办指导区人事局申报创建全国精神文明建设工作先进单位,开展2008年度海淀区文明单位申报工作,对提出申报的26个单位进行检查验收。推进学习型机关和学习型党组织建设向更高更深层次发展,对基础较好的先进单位进行重点指导,培育创建样板。推荐区财政局参加"海淀区创建学习型组织示范单位"评选。

走访北部四镇,就近3年来"1+1"手拉手献爱心活动开展情况进行摸底调查,与北部四镇领导研究如何拓展帮扶范围。在苏家坨镇车耳营村召开"城乡携手迎奥运,共建京郊文明行"现场推介会。组织机关系统区级巾帼文明建功标兵参加“体验新农村变化、牵手新农村发展”活动。汶川地震发生后，多次组织机关干部开展抗震救灾捐款，收到捐款205万余元。机关4931名党员自愿交纳“特殊党费”249万余元。发挥慈善协会机关工作站作用，组织开展“捐赠一件棉衣(被)、温暖你我他”、“一张纸献爱心”等活动，累计捐款近10万元，棉衣棉被3900多件。春节、七一期间用党费慰问困难党员。

举办新春联谊会、春节联欢会、三八节机关妇女联谊会，组织了登山、乒乓球比赛和排舞培训班。加强机关计划生育工作，与海淀街道签署人口和计划生育目标管理责任书。

2008年，机关党建工作仍然存在不足之处，主要体现为：一是机关党员教育的针对性和有效性有待进一步加强，机关党务干部兼职多，专职少，影响党务工作深入开展；二是机关党建创新工作发展不平衡，典型示范、整体推动工作需要进一步加强；三是机关作风建设需要进一步加强，监督管理力度仍需加大。

中共海淀区委区直属机关工作委员会
地　址：海淀区长春桥路17号
邮　编：100089
电　话：82510179　82510180(传真)
电子信箱：hdjggw@sina.com　(刘亚东)

区委党校(区行政学院)工作

【综述】 1958年11月区委决定筹建区委党校，12月开始办班，进行干部培训工作。1959年7月中共海淀区委党校正式命名成立。1998年5月加挂海淀区社会主义学院牌子。2000年6月加挂海淀区行政学院牌子。2003年12月加挂海淀区社会科学研究所牌子。中共海淀区委党校与海淀区行政学院、海淀区社会主义学院、海淀区社会科学研究所合署办公，是一个机构四块牌子的全额拨款事业单位。2008年12月16日，中共北京市委组织部批复同意中共北京市海淀区委党校(海淀区行政学院)列入参照《公务员法》管理机构。中共北京市海淀区委党校(海淀区行政学院)(办公室、机关党委、财务室、教务处、培训部、后勤保障部)从事党务和行政管理工作人员及退休人员共42人列入参照《公务员法》管理范围。

区委党校是在中共海淀区委的直接领导下，培训全区党政领导干部和理论干部的学校；行政学院按照区人事局制定的全区公务员培训计划完成相关培训任务及军转干部培训任务；社会主义学院负责培训海淀区的中共统一战线工作干部和民主党派、无党派干部并开展理论研究工作；社会科学研究所主要承接区委、区政府交办的课题，研究与区域发展相关的问题，定期出版内部刊物。党校现有专职教师12人，其中副教授5人、讲师7人。

2008年，本校学习贯彻全国干部教育培训工作会议精神和《中国共产党党校工作条例》，以科学发展观为指导，以学习马克思主义中国化的最新成果和研究海淀区重大问题为中心，坚持理论联系实际、按需施教、讲求实效的原则，努力实现海淀区干部教育培训工作创新。在教学内容上，一是进一步加强对中国特色社会主义理论体系的学习和研究。二是把理论教育、知识教育、党性教育有机统一起来，完善“一个中心、四个方面”的教学布局(一个中心即：坚持以学习邓小平理论、“三个代表”重要思想以及科学发展观等重大战略思想为中心；四个方面即：夯实学员的理论基础、拓展学员的世界眼光、培养学员的战略思维、加强学员的党性修养)。三是联系国际国内发展变化的形势和本区经济社会发展面临的新情况新问题，开展对本区重大现实问题的研讨和调研活动。四是首次在处级干部进修班尝试分类别、分专题的小班教学，首次对处级干部进行为期2天的生存拓展培训。五是总结梳理教师资源，完善党校基础师资库。在教学方式方法上,提高课堂教学质量和品味,优化和完善研究式、案例式、体验式等教学方法。用案例式、模拟式教学方式加强素质能力教育,用讲授式、研讨式教学方式加强基本理论教育,用体验式、辩论式教学等方式加强理想信念教育。在培训特点上,逐步由区属党校向区域党校拓展,逐步由服务海淀向支持西部地区拓展,逐步由单一课堂讲授向课堂讲授为主、多种培训方式为辅拓展。本年,党校扩大办学规模,加大培训力度,全年完成各类主体培训班29期,开发新专题79个,外请授课专家213人次,培训学员1878人。2005级、2006级学历班学员毕业163人,在校学历班学员还有8人。

教学方面:专职教师承担了13个主体班的教学工作,涉及34个专题,共计184课时。完成学历班教学共计176课时,批改学员毕业论文77篇。教研部对授课教师的29个专题进行了试讲和讲评,提高了教学质量。有7名教师分别在主体班开展了12个专题的案例教学。有4名教师完成了市委组织部有关现场教学基地教学方案的编写,2名教师参与了市委组织部有关情景模拟教学课程的研讨和开发,有4名教师应邀到区内外单位授课8次。教师有11人次担任主体班班主任和教学班班主任。全体教师还参加在职学习与培训。

科研方面:教师在校外公开刊物上发表论文11篇。在《海淀社会科学》发表论文28篇。教师参与校外课题研究7项,其中国家级课题4项、区级课题3项。全年完成4期《海淀社会科学》的组稿和编辑工作,刊发论文88篇、50万字。本校廖扬丽所著《政府的自我革命——中国行政审批制度改革研究》一书获得北京市第十届哲学社会科学优秀成果二等奖,是各区县党校中唯一一部获此奖项图书。

3月6日,本校与中共四川省广安市委党校正式缔结为友好党校。

5月30日,北京市十城区党校管理工作座谈会在本校召开,东城、西城、宣武、崇文、朝阳、丰台、石景山、门头沟、房山及海淀十个城区党校的主要领导参加会议。9月25日至27日,全国直辖市科教文化区党校干部培训协作组第六届年会在本校召开,天津南开区、上海浦东新区、上海徐汇区、重庆沙坪坝区、北京丰台区及北京海淀区党校主要领导参加会议。

6月~9月,本校分五批共20人参加北京奥运会、残奥会志愿者服务工作。

【主体班培训情况】 (共29期)

处级干部学习贯彻党的十七大精神培训班(共8期),3月17~3月26日,学员612人;

第21期正科级公务员任职培训班,3月31~4月25日,学员44人;

2008年春季处级干部进修班,4月1~4月30日,学员47人;

第14期副科级公务员任职培训班,4月7~4月30日,学员43人;

海淀区引进挂职人员岗前培训班,4月28~4月30日,学员26人;

2008年乡镇机关公务员专题培训班(共2期),5月12~5月14日,学员107人;

海淀区第14期党外中青年骨干培训班,5月18~5月21日,学员50人;

区直机关入党发展对象培训班,5月19~5月23日,学员140人;

海淀区专家政治理论读书班,5月26~5月30日,学员35人;

重庆九龙坡区正处级领导干部读书班,6月10~6月17日,学员40人;

重庆九龙坡区中青年干部培训班,10月6~10月12日,学员50人;

2008年初任公务员任职培训班,10月6~10月17日,学员163人;

第22期正科级公务员任职培训班,10月7~10月31日,学员37人;

海淀区2008年度农村党务干部培训班，10月8～10月10日，学员27人；

2008年处级领导干部任职培训班，10月20～10月24日，学员51人；

西北旺镇两委干部任职培训班，10月20～10月31日，学员47人；

2008年秋季处级干部进修班（含四川广安市、青海海西州学员各10人），10月20～11月21日，学员81人；

第21期中青年干部培训班（含四川广安市、青海海西州学员各10人），10月20～12月12日，学员61人；

2007年第1期军队转业干部培训班，10月27～10月31日，学员86人；

2007年第2期军队转业干部培训班，11月3～11月7日，学员87人；

第15期副科级公务员任职培训班，11月10～12月5日，学员44人。

中共海淀区委党校（海淀区行政学院、海淀区社会主义学院、海淀区社会科学研究所）

地　址：海淀区东北旺南路27号（本年由东北旺路32号改号）

邮　编：100193

电　话：62986061

网　址：http://www.hddx.org.cn　（张丽英）

党史研究工作

海淀区党史区志办公室（简称区史志办）成立于2001年11月，承担本区地方中共党史、地方志资料的征集、研究、编写、保存、利用工作，负责本区地方史的宣传教育工作。2008年是海淀解放60周年和改革开放30周年，区史志办配合市委党史研究室工作，开展纪念性书籍的编写出版。被评为2005—2006年度北京市党史工作先进集体、2007—2008年度全国党史部门先进集体。

本年出版《海淀建设史》，全书8章50节，43万字，正文包含8章内容，依次是建立新政权恢复国民经济、完成三大改造建立社会主义制度、艰辛探索曲折前进、十年内乱灾难深重、解放思想迈上改革开放之路、深化改革建设新海淀、加快发展步伐　构建社会主义市场经济体系、建设中关村科技园区　海淀现代化建设新高潮兴起，记录近60年来海淀区建设历程和取得的成就。

区史志办于2007年11月启动《海淀改革开放30年》编写工作，2008年11月出版，全书36万字，本书分专题编写，设全国第一家高新区的诞生与发展、都市型农业发展之路、商业服务业的转型与现代服务业的兴起、民主法制建设的历程、教育强区战略的实施、文化的繁荣与创新、精神文明建设谱新篇、建设宜居生态现代化新海淀、奥运在海淀和党建工作的探索与创新10个专题，展示了海淀区改革开放30年取得的成就。

与北京电视台合作召开纪念中共中央进驻香山60周年专题座谈会。与北京市委党史研究室、北京电视台联合拍摄《中共中央在香山》电视专题片3集共90分钟，并于4月在北京电视台第一套节目《真实档案》栏目中播出。

有3篇文章在市级刊物上发表，《海淀区人民公社化运动的特点》、《新中国成立初期海淀区的扫盲运动》分别发表于《北京党史》第1期和第3期，《海淀区第一次普选与首届人民代表大会的召开》发表于《蓝图初绘　创业维艰》（中共北京历史专题研究丛书之一）。

在抗震救灾工作中捐款4600元，交纳特殊党费4170元。在奥运服务中，抽调1名干部参加区奥运商务保障工作，派出4名机关干部参加五棵松篮球馆治安保障工作，参加奥运会火炬和残奥会火炬传递观看。

海淀区党史区志办公室

地　址：海淀区长春桥路17号

邮　编：100089

电　话：82510074

网　址:www.hddsqz.cn　(杨光红)

老干部工作

中共海淀区委老干部局是区委、区政府主管全区离休干部和副处以上退休干部工作的职能部门,由区委组织部管理。下属海淀区老干部活动中心。截至年底,全区有离休干部1052人,易地进京安置离休干部137人,平均年龄80.2岁;副处以上退休干部958人。年内,区老干部局按照党的十七大提出的"全面做好离退休干部工作"要求,围绕"高举旗帜促和谐,携手奥运乐晚年"主题开展活动,发挥老干部在抗震救灾和参与奥运活动中的积极作用。

本年,贯彻落实中组部《关于进一步加强新形势下离退休干部工作的意见》及市委组织部、市老干部局《关于深入贯彻党的十七大精神　全面加强离退休干部党支部建设的意见》,组织离退休干部学习党的十七大精神。成立老干部十七大精神宣讲团,深入街道社区宣传十七大精神。全年共举办老干部党支部书记培训班和老干部学习骨干读书班5期,参加学习培训的老同志500余人(次);举办形势报告会、情况通报会和理论辅导讲座12场,参加学习的老同志1000余人(次)。推进老干部党校社区课堂建设,全区已开办社区课堂35所。年内区领导两次向区老领导和老同志通报区情并听取意见。结合纪念改革开放30周年,组织150余名老干部赴广东、广西参观学习。结合纪念"改革开放30年"、"中关村科技园区成立20周年"、"海淀解放60周年",与区新闻中心、史志办、档案局等单位开展"追踪流逝的岁月"、"我与改革开放"、"携手奥运"等征文活动。在抗击冰冻雨雪灾害及抗震救灾期间,全区离退休干部共捐款90余万元。

区老干部活动中心定期举办保健知识讲座,电脑、英语等各类培训班,各类社团坚持常年活动,全年到中心参加活动的老同志共计2万余人(次)。组织老同志参加首都老干部"高举旗帜,唱响奥运"大型演唱会,参加"迎奥运、讲文明、树新风——我参与、我奉献、我快乐"知识竞赛和"我的社区生活"书画摄影展,老干部手工兴趣组为外国友人编织奥运纪念品30幅(块)。奥运会和残奥会期间,组织老干部参观奥运场馆,观看奥运比赛,参与社区防控执勤、街头宣传和秩序维护。

继续完善离休干部"三个机制",优化老干部工作的外部环境,为离休干部在看病就医、报销药费等方面创造便利条件。关心易地安置离休干部的思想和生活,做好两费催汇工作。落实"退休改离休(退改离)"部分老干部的住房补贴政策,督促个别区属企业为去世离休干部遗属在限期内足额发放一次性补助金7万余元。春节、国庆节等节日,老干部局及各单位在普遍走访慰问的基础上有重点地对老干部进行探望。年内老干部局工作人员看望老红军、特困老干部、老干部遗属及探视住院老干部共600余人(次),送去慰问金和慰问品50万元。全区各单位普遍走访慰问老干部4000余人次,送慰问金近160万元。为1600名离休及处级退休干部进行健康体检并建立体检电子档案,为全区离休和处退以上老干部购置运动服,完成988名离休干部急救呼叫器的维护及费用交纳,为全区64岁以下处级退休干部办理公园门票。

推进老干部社区"四就近"(就近学习、就近活动、就近得到关心照顾、就近发挥作用)服务工作,下拨"四就近"专项资金100余万元,组织各街道、乡镇老干部工作人员召开座谈会、经验交流会。

中共海淀区委老干部局
地　址:知春东里科南路26号
邮　编:100086
电　话:62566275
网　址:www.lgj.bjhd.gov.cn　(王　瑛)

纪检监察工作

中共海淀区纪律检查委员会是本区负责维护党的章程和其他党内法规,检查党的路线、方针、政策和决议的执行情况,协助区委加强党风廉政建设和组织协调反腐败工作的领导机关。海淀区监察局是负责本区行政监察工作的政府部门。区监察局与区纪委合署办公。区行政投诉中心是负责受理全区行政投诉案件的政府工作部门,设在区监察局。

2008 年,区纪委、监察局履行纪检监察职责,开展奥运监督工作,推进廉政风险防范管理,加强制度建设,解决损害群众利益的突出问题,推动全区党风廉政建设和反腐败工作取得新进展。年内,区纪委召开了十届五次、六次全会。

开展奥运监督 在奥运筹办和举办期间,坚持“关口前移、重在预防、全程介入、依法监督”方针,建立“监察、督查、检察”三位一体和层级监察、督查工作运行机制,加强对奥运工程施工建设、竣工验收、资金结算、场馆运行、各项保障措施等重点领域和关键环节的监督检查,开展控制大气污染和保障奥运食品安全的效能监察。开展领导干部大接访活动,对农村基层信访举报问题进行专项排查,7 月 1 日至 10 月份,化解 518 件矛盾纠纷,解决了一些影响奥运会举办的问题和隐患。转发市纪委《关于严明纪律确保第 29 届奥运会顺利举办的通知》,强化奥运举办期间服务保障工作的纪律监督。区监察局被市委、市政府评为“北京奥运会、残奥会先进集体”,被市 2008 环境建设指挥部授予“北京奥运会、残奥会环境建设先进集体”荣誉称号。

制度建设与廉政监督 区委落实区委全会、区委常委会议事规则和“三重一大”等制度,修订下发《关于改进会风文风和工作作风的若干措施(修订)》,制定区级领导干部公务用车、办公用房等管理规定。区政府完善决策、执行、监督体系,出台《以奥运为契机,进一步加强服务型政府建设的意见》、《海淀区关于进一步提升行政执行力的若干措施(试行)》和《海淀区关于进一步提升行政执行力的监察办法(试行)》;贯彻国务院《政府信息公开条例》,制定《海淀区违反政府信息公开规定行为责任追究暂行办法》、《海淀区政府信息公开监督检查及考核办法》等 10 余项制度,规范和加强政务信息公开工作。推进网上办公和网上监察,全区 35 个委办局 1578 项全程代理服务事项和涉及 17 个委办局的 256 项跨部门协同办理业务,全部在区政府网站上线,29 个委办局实现了网上审批,在办事大厅搭建行政监察快速投诉平台。

2008 年,中共北京市委在全市部署开展廉政风险防范管理工作。区纪委围绕重大事项、工程项目、大额资金、房地产开发、审批权、人事权、监管权等高风险领域,协调督促各重点单位分析查找制度机制风险。全区 11 个重点单位新建或修订各项制度 152 项,从源头防范和治理腐败。区委出台《关于开展廉政风险防范管理工作的意见》,在青龙桥、东升乡、人事局和地税局先行试点。4 个单位共找出各类风险点 1687 个,提出防控措施 1256 条,建立健全了监督制约机制,用制度管事管人取得阶段性成果。

落实党风廉政建设责任制,强化全区各级领导班子成员尤其是“一把手”履行一岗双责、抓好反腐倡廉工作的意识。11 月,在全区各单位普遍自查的基础上,区委成立检查组,由区领导带队,对 12 家重点单位党政领导班子贯彻落实党风廉政建设责任制、落实惩防体系建设任务以及区委区政府部署的反腐倡廉工作任务的完成情况分别进行检查,对发现的情况进行反馈并督促整改。开展对党员领导干部用车、企业兼职任职情况的专项检查,纠正党政机关及事业单位干部公款出国(境)旅游等问题。落实领导干部述职述廉、诫勉谈话、个人有关事项报告等制度。出台《巡视结果报告和反馈办法》,对8个单位进行巡视,为区委加强对处级领导干部的管理提供依据。

协同区农林委等部门出台《海淀区新农村建设项目管理意见》,对农村建设项目资金投入进行规范管理。协调区国资委制定下发《关于推进国有企业惩防体系基本制度建设的通知》,制定和完善30多项监督管理制度。执行国有企业领导人员廉洁自律"七项要求",纠正个别企业存在的问题。

廉政教育　组织全区各单位通过讲党课、作辅导、看展览等形式开展廉政教育。以区委党校、区法院、海淀看守所和区检察院为平台,建立"3+1"警示教育基地,组织1000多名党员干部接受教育。与区委组织部共同组织102名新任处级领导干部和国有企业领导人员参加党纪政纪条规考试,进行廉政谈话。

查办案件　全区纪检监察组织共受理属于纪检监察业务范围内的群众信访举报749件次。年内立案25件,结案10件,给予党纪政纪处分10人。惩治商业贿赂行为,全年查处商业贿赂案件39件,没收违法所得235.18万元。编印《海淀区信访举报工作手册》,出台《海淀区信访工作责任制》,规范全区纪检监察信访工作流程和标准。

行政监察　加强对固定资产投资、节约集约用地、节能减排的监督检查。加强对市场价格、食品药品和生产安全、保障性住房等涉及民生重大问题的监督检查。配合和督促有关部门加强对社区医疗服务机构药品零差率补贴和收支两条线落实情况的监督,加大对社保基金、住房公积金和扶贫救灾专项资金的监管力度。成立专项检查组,对区民政局救灾捐赠事务管理中心、区慈善协会、区红十字会接受的社会各界抗震救灾捐赠款物的管理和使用情况进行专项检查和审计。减轻农民和企业负担、规范政府职能部门评比达标表彰活动的工作成果不断巩固。政务公开和公共企事业单位办事公开的力度继续加大。加强教育系统行风建设,对20所学校进行重点抽查,清理了一些学校违规收费项目。加强市场价格监管,及时启动临时价格干预措施,实施督促检查,确保价格监管政策的落实。发挥网上监督平台作用,对群众事务呼叫中心受理的1313件事项进行督办。区行政投诉中心受理投诉178件次,办结率97.7%。督促协调有关部门解决了群众反映强烈的百旺家苑水污染和个别企业劳资纠纷等难点问题,受到群众好评。

中共北京市海淀区纪律检查委员会
北京市海淀区监察局
地　址:海淀区长春桥路17号
邮　编:100089
电　话:82510354(办公室)
82579350(信访室)
82510164(行政投诉中心)
82579164(传真)
(刘梦瑶)

民主党派
工商联地方组织

中国国民党革命委员会
北京市海淀区工作委员会

中国国民党革命委员会(简称"民革")是具有政治联盟性质的、致力于建设中国特色社会主义和祖国统一事业的政党,是中国共产党领导的多党合作和政治协商制度的参政党。民革海淀区工委是民革北京市委的派出机构,成立于1990年11月16日。民革海淀区工委现有17个支部、596名党员,其中本年新发展党员34名。有全国政协委员3人,市人大代表2名,市政协委员4名(常委

1名),区人大代表2名,区政协委员13名,民革中央委员1人。

本年,民革海淀区工委完成中共区委统战部调研课题《迎奥运行动海淀政府引导策略的研究》、《关于发展海淀北部新区高效生态农业的建议》、《关于海淀区和谐社区建设的基本思路研究》,其中《关于发展海淀北部新区高效生态农业的建议》在区政协第八届三次会议上被评为优秀提案。全年共报送信息63条。出版《海淀民革》2期。

4月,组织赴河南商丘参加"经济发展论坛",并在论坛上做演讲。参加区委统战部举办的"继承优良传统,构建和谐海淀"为主题的多党合作知识竞赛,获三等奖。

"5·12"四川汶川地震后,区工委动员广大党员积极捐献,截至6月5日,累计为灾区捐款795778元。区工委委员陈定旺捐款30万元;支委靳包平在本单位捐款后,又到区工委捐款2000元;党员李建海捐款1万元,党员陈贯捐款1万元和价值18.4万元医疗设备;党员訾贵江捐款4000元。

11月6日,民革海淀区工委法律工作委员会与北京联合大学领导教师共18人,到地处山区的密云县大城子乡大龙口村举行"法律入乡村实践交流活动",就现阶段农村土地法律政策、土地承包经营及流转、基层农村政权建设、未成人的教育和保护等问题,举行专题讲座并与村民交流。这次活动是联合大学实施北京市教工委"心桥工程"(即教育理论与实践相结合活动)的一部分。

中国国民党革命委员会北京市海淀区工作委员会
地 址:海淀区西四环北路11号
邮 编:100195
电 话:88487502
电子信箱:mghd@263.net (王永平)

中国民主同盟北京市海淀区委员会

中国民主同盟(简称民盟)是由从事文化教育以及科学技术工作的高中级知识分子组成的、具有政治联盟性质的、致力于社会主义事业的政党,是同中国共产党通力合作的参政党。1990年11月24日,民盟北京市海淀区工作委员会成立。1999年12月8日,民盟海淀区委员会成立。至本年底,民盟海淀区委下属1个基层委员会、2个总支委员会、46个支部。有盟员1100人。盟员中,有民盟中央委员4人(其中常委2人),北京市委常委1人、委员6人;有市人大代表1人,区人大代表6人(其中常委1人);有全国政协委员5人,区政协委员21人(其中副主席1人、常委4人、副秘书长1人)。全年共发展新盟员49人,转入201人,转出1人,去世3人,退盟1人。

本年,本区委召开主任委员会议5次,全体委员会议4次,调研课题工作会4次。选派28名中青年盟员参加各类学习班。召开信息工作总结暨表彰会,表彰先进集体20个,先进个人37人。全年编发《盟务动态》12期。

本年,本区委向政协区八届二次会议提交党派提案4件,大会发言1件;向区十四届人大三次会议提交议案6件。完成中共区委统战部调研课题《海淀区义务教育阶段综合实践活动课程实施策略研究》。全年共上报信息309条,多篇被市领导批示。本区委获民盟市委优秀信息工作组织奖,获中共海淀区委统战系统信息工作优秀单位一等奖,获海淀区政协优秀党派团体提案奖、信息工作先进集体一等奖,1名盟员被民盟中央授予信息工作先进个人,5名盟员被海淀区政协评为"优秀提案者",2名被海淀区政协评为优秀信息员。

9 名盟员在“参与奥运、服务奥运”活动中受到北京市委统战部表彰、13 名盟员受到区委统战部表彰。

向地震灾区捐款 167 万余元。人力资源社会保障部、中国地震局授予盟员温增平“地震系统抗震救灾英雄”荣誉称号;新东方教育科技集团筹集 1500 万元,重建四川灾区学校富新中学,更名为“民盟新东方烛光中学”,学校设立教学研究培训基地,对周边县市的中小学教师开展培训。

1 月,民盟海淀区委举办“民盟海淀区委工作总结暨迎新春联欢会”,近 230 人参加。3 月,制定《民盟海淀区委基层组织换届工作条例》。4 月,组织区委委员到北京体育大学进行奥运项目训练基地实地调研。5 月,成立民盟海淀经济总支委员会。6 月,民盟北京市委将 7 个民盟市委直属基层组织划归民盟海淀区委,实行属地管理。7 月,组织区委委员赴陕西延安市、西安市开展以“传承民盟优良传统,深入开展政治交接学习教育活动”为主题的学习实践活动。8 月,《海淀盟讯》复刊。9 月,组织“迎重阳参观首都博物馆”活动。10 月,举办“以改革开放精神推进政治交接与民盟基层组织建设”为主题的第九期学习班。

中国民主同盟北京市海淀区委员会
地　址:海淀区西四环北路 11 号(区政府第二办公区)
邮　编:100195
电　话:88487503　88487505
　　　　88487504(传真)
电子信箱:bjhdmm@263. net　　　(张月华)

中国民主建国会
北京市海淀区委员会

中国民主建国会(简称民建)主要是由经济界人士组成的、具有政治联盟特点的、致力于建设中国特色社会主义事业的政党。民建北京市海淀区委员会成立于 1998 年 9 月 28 日,现为第三届委员会。截至年底,有 24 个支部,会员 1014 人,其中有各级人大代表 8 人(区人大代表 6 人),各级政协委员 45 人(区政协委员 27 人),特约职务 53 人。民建区委下属六个专门委员会:组织工作委员会、宣传工作委员会、参政议政委员会、企业经济科技委员会、妇女工作委员会、老年工作委员会。

年内,民建区委继续开展政治交接学习教育活动,举办了谈心会、民主生活会,提出整改方案和措施。举办“继承优良传统,纪念‘五一口号’60 周年”学习报告会和座谈会。参加中共区委统战部组织的赴西柏坡学习考察活动和“继承优良传统,共建和谐海淀——纪念‘五一口号’发布 60 周年知识竞赛”,获三等奖。编写《海淀民建的奥运情怀》书刊,编印 3 期《海淀民建》,向《人民政协报》、《民讯》、《北京民建》、《海淀政协》、《海淀报》等报刊投稿 55 篇。

向区政协八届二次会议提交党派提案 4 件、大会发言 1 篇、个人提案 20 件。《关于海淀职业教育发展的建议》和 7 篇个人提案被评为 2007 年度区政协优秀提案,《非营利组织在构建“和谐海淀”中的作用及相关政策建议》获海淀区 2006 - 2007 年度优秀调查研究成果三等奖。立项开展《海淀区高新技术企业产学研结合情况调研》、《海淀区城乡基本医疗保险制度比较研究》2 项中共海淀区委调研课题。全年报送信息 276 条,《警惕恐怖分子复制 4 · 28 惨剧》被国务院副总理张德江批示,《发展农村科学文化教育缓解农村劳动力就业问题》、《关于完善土地招拍挂制度的建议》被北京市副市长陈刚批示,《建议老年病医院应纳入公疗医院》被北京市副市长丁向阳批示。民建区委被区政协评为反映社情民意信息工作先进集体一等奖。

本年,会员向地震灾区捐款捐物合计价值 522 万余元。

4月9日，全国政协副主席、民建中央第一副主席张榕明到海淀区视察工作。

年内，民建海淀区委与民建北京市委企业委员会联合举办“关注全球危机，谋求创新突围——2008咨询北京高峰论坛”，国内外咨询界精英、企业家、媒体代表600多人参加。

中国民主建国会北京市海淀区委员会
地　址：海淀区西四环北路11号
邮　编：100195
电　话：88487508　　（郭　焕）

中国民主促进会
北京市海淀区委员会

中国民主促进会（简称民进）是以从事教育文化出版工作的高中级知识分子为主的、具有政治联盟性质的、致力于建设中国特色社会主义事业的政党。1984年10月，民进海淀区工作委员会成立。1996年12月6日，民进海淀区委成立，为海淀区第一个民主党派区级组织。现为第二届委员会。至本年底，共有区属支部31个，会员615人。本年发展新会员25人，转入会员1人。会员中，有民进中央委员4人（常委1人），民进市委委员7人（常委3人）；全国人大代表1人，市人大代表2人，市政协委员2人；区人大代表2人（常委1人），区政协委员11人（常委1人）；各类特约监察员18人。

本年，召开全体委员会议4次。选派60余名骨干会员参加各级各类学习培训。年初，召开民进海淀区委2007年度工作总结暨优秀会员参政议政先进个人表彰会，表彰113名优秀会员、40名参政议政先进个人。5月，组织会员为地震灾区捐款62万余元，捐物价值50万元。民进海淀区委、海淀企业支部被民进北京市委授予民进抗震救灾工作先进集体称号。10月至11月，在所属支部中开展坚持走中国特色社会主义政治发展道路主题教育活动。12月，本区委向六郎庄小学捐赠图书4888册，价值50637元。

本年，完成调研课题《北京市城市周边新建小区的教育资源合理配置问题》。《建立健全通信灾害预警及应急机制》等建议被全国政协、民进中央等部门采用。上报各类信息105条，被全国政协采纳4条，民进中央采纳6条，市委统战部采纳12条，民进北京市委采纳36条。《建议在中小学进行环境教育》被中央统战部《零讯》采用，得到刘延东批示；《发挥高校工会作用，建设和谐校园》得到中共北京市委常委、市总工会主席梁伟批示。获海淀区政协反映社情民意信息工作先进集体一等奖。

臧铁军、李焕喜、吴森堂、王幼复、殷强获北京市委统战部参与奥运、服务奥运先进个人称号。

中国民主促进会北京市海淀区委员会
地　址：海淀区西四环北路11号
邮　编：100195
电　话：88487521　88487522
电子信箱：hdminjin@126.com　　（孙晓玉）

中国农工民主党
北京市海淀区委员会

中国农工民主党（简称农工党）是以医药卫生界高、中级知识分子为主、具有政治联盟特点、致力于建设中国特色社会主义事业的政党。农工党北京市海淀区委员会成立于2004年6月20日，现为第二届委员会。现有支部18个，党员370人，其中本年新发展党员12人，转入6人。党员中，卫生系统占47.6%，科教系统占32.4%。党员中有农工中央委员3人，全国政协委员1人，农工市委委员6人（常委3人），市人大代表1人，市政协委员3人，区人大副主任1人；区政协委员13人（常委2人，副秘书长1人）；各级监督员11人，北京市人民政府顾问1人，北京市人民政府参事3人,有长江学者1人。

年内,举办第四期信息员培训班,参加区委统战部组织的赴西柏坡学习考察活动和“继承优良传统,共建和谐海淀——纪念‘五一口号’发布60周年知识竞赛”,获三等奖。继续进行政治交接学习教育活动。4月,组织党员赴上海、江苏考察,与农工党上海市徐汇区委、农工党南京市委座谈。7月初,15名新党员参加第一期新党员培训班;7月中旬,召开政治交接学习教育阶段总结工作会。10月,举办“中国环境与健康宣传周活动”水与健康专题讲座。11月,举办第二十届“国际科学与和平周”创建和谐家庭讲座,组织经济委员会成员去怀柔北京汽车制造厂考察,组织科技与教育专委会委员去青龙桥街道调研。12月,召开“农工党海淀区委第二届联情会”,区委统战部领导及11个支部所在单位的中共党委领导出席。本年,50人次参加农工党中央、农工党北京市委、中共海淀区委统战部组织的学习班,5人次参加区政协暑期读书班。参加各级组织的考察10次。召开本年度总结表彰会,表彰先进集体5个,先进个人15人。

本区委牵头完成2项调研课题《农村社区卫生服务中心面临的问题和对策研究》、《海淀区城乡结合部地区综合治理问题对策研究》。其中《海淀区城乡结合部地区综合治理问题对策研究》作为区政协党派提案,在政协大会上发言。全年报送各类信息160条,被全国政协、农工党北京市委、中共海淀区委采用60余条。

9月,组织“9·20国际爱牙日”大型义诊咨询活动,为400多名群众诊治,发放宣传资料500多份。12月初,与农工党北京市委联合组织“优秀文化进校园”活动。12月中旬,支援平谷区大东沟村建立卫生室,捐赠价值6000元的药品、医疗器械。为地震灾区捐款、捐物折合人民币40万元。

《海淀农工》报出刊2期,累计出刊15期,编发《农工党海淀区委政治交接学习教育活动工作纪实》专刊。

本年,区委被农工党中央评为农工党中央政治交接学习教育活动先进市级组织、农工党中央社情民意信息工作先进单位、农工党中央社会服务工作先进单位;被农工党北京市委评为农工党北京市政治交接学习教育活动先进集体、农工党北京市2007—2008年度先进集体;被中共海淀区委评为海淀区调查研究工作先进单位;被区政协评为2008年度反应社情民意信息工作先进集体二等奖。杨忠岐、吕振华、段新芳、韩鲁佳、季冬生、孙东东被农工党中央评为农工党中央参政议政工作先进党员;刘平被农工党中央评为农工党中央社情民意信息工作先进个人;邢振玉、赵合宇被农工党中央评为农工党中央抗震救灾先进个人。13人被农工党北京市委评为农工党北京市2007—2008年度优秀党员,33人被农工党北京市委评为农工党北京市2007—2008年度先进党员。杨葵被评为北京奥运会残奥会先进个人;王东、张令文、张人佶、李志民被评为北京统一战线参与奥运、服务奥运先进个人。

中国农工民主党北京市海淀区委员会
地　址:海淀区西四环北路11号
邮　编:100195
电　话:88487517(传真)
电子信箱:hdng@263. net
(魏明昭)

中国致公党
北京市海淀区委员会

中国致公党是以归侨、侨眷中的中上层人士、有海外关系的代表性人士及其他方面有代表性的中高级知识分子组成的政党,是中国共产党亲密合作的友党和参政党。1994年3月28日致公党海淀区工作委员会成立,2002年12月22日致公党北京市海淀区委员会成立,现为第二届委员会。

至本年底，致公党海淀区委有支部16个，党员491名。党员中，担任致公党中央委员7人（常委1人），各专门委员会委员87人；全国人大代表1人，全国政协委员6人；致公党北京市委委员7人（副主委1人，常委1人）；市人大代表1人，市政协委员4人（常委2人）；区人大代表4人（常委1人），区政协委员12人（副主席1人，常委1人）；担任全国、北京市、海淀区各类特邀人员15人。年内发展党员21名，下拨党员10名，转出党员3人，去世党员2名。

本年，致公区委完成区调研课题《海淀区高校归国留学人员资源与区内产学研结合机制创新研究》。在区政协全会提出《保护生态环境是建设海淀北部新区的基石》、《海淀区留学归国人员创业新情况调研与政策建议》2项党派提案，其中《保护生态环境是建设海淀北部新区的基石》获区政协党派团体优秀提案奖。

4月28号，致公海淀区委召开了纪念“五一口号”发布60周年座谈会。4月29号，致公区委代表队参加区委统战部举办“继承优良传统，构建和谐海淀”知识竞赛获得一等奖。

10月26日，中国农业大学支部接待印尼经济界、法律界、新闻界、教育界组成的教育基金代表团。

11月28日，致公海淀区委被致公党北京市委评为政治交接学习教育活动优秀集体，19名党员被评为先进个人。12月16日致公海淀区委被致公中央授予政治交接学习教育活动先进集体称号。致公海淀区委出版12期政治交接学习教育活动简报，制作纪念光盘。

本年，向南方冰雪灾害和四川地震灾区捐款200余万元。25名党员被致公中央评为抗震救灾先进个人，4名党员被授予突出贡献奖。

杨蔚宇获中共北京市委、北京市政府、北京奥组委授予的“北京奥运会、残奥会优秀志愿者”称号。周秀青获塔吉克斯坦在文学、艺术等领域最高奖章——鲁达基纪念奖章。

中国致公党北京市海淀区委员会
地　址：海淀区西四环北路11号
邮　编：100195
电　话：88487512
电子信箱：zhigonghd@ sohu. com　（李冬妮）

九三学社
北京市海淀区委员会

九三学社是以科学技术界高中级知识分子为主的具有政治联盟特点的政党，是接受中国共产党领导、同中国共产党亲密合作、致力于建设中国特色社会主义事业的参政党。九三学社北京市海淀区委员会成立于2000年6月13日。本届委员会为第三届。现有基层委员会3个，支社（小组）42个。本年发展新成员54人，社市委下拨20人，现有成员1289人。高级以上职称有893人；大学本科以上学历有1177人。成员中有九三学社中央委员4人，九三学社北京市委委员9人（常委1人）；市人大代表5人，区人大代表4人（常委1人），全国政协委员6人，市政协委员6人，区政协委员23人（政协副主席1人、常委1人）。有院士3人、长江学者2人。

本年，完成海淀区调研课题《关于海淀文化生态平衡发展对推动区域经济可持续发展的调研》、《关于海淀区发展的综合承载力限制与解决途径的调研》和《加强科技公共平台和服务体系建设进一步提升自主创新能力》3项。

向地震灾区捐款14万余元，定向捐赠甘肃省陇南地区九三学社小学5万余元；捐赠医疗用品、衣被、生活用品、义卖的书画作品价值3万余元；向九三学社中央上交特殊社费4万余元。7位社员赴地震灾区参加抢险。社员唐方头被九三学社中央、九三学社北京市委评为抗震救灾先进个人。九三学社海淀区委中国地震局支社被九三学社中央评为抗震救灾先进支社。

在中关村街道举办“奥运宣传进社区”活动,向社区居民捐赠图书100余册。

本年,在九三学社中央开展的“以坚持走中国特色社会主义政治发展道路为主题的政治交接学习教育活动”中,九三学社海淀区委被评为全国先进集体。

出版《政治交接学习教育活动》专刊1期,举办各类活动9次,组织报告会4次,组织座谈会、研讨会6次。举办基层干部暑期读书班。上报信息83条,获海淀区政协反映社情民意信息工作先进集体二等奖,海淀区统战系统信息工作优秀单位一等奖。

九三学社北京市海淀区委员会
地　址:海淀区西四环北路11号(区政府第二办公区)
邮　编:100195
电　话:88487524
电子信箱:hdjs@263.net　　(高　亮)

台湾民主自治同盟北京市海淀区工作委员会

台湾民主自治同盟是由台湾同胞组成的社会主义劳动者、社会主义事业的建设者和拥护社会主义的爱国者的政治联盟,是为社会主义服务的政治力量,是我国爱国统一战线的组成部分。台盟海淀区工委成立于1998年10月。本届工作委员会为第三届,于2006年7月22日成立。本年接收新盟员1人,调入2人,调出1人,去世2人,现有盟员75人。其中有全国政协委员4人,市人大代表1人,市政协委员3人,区人大代表1人(常委1人),区政协委员7人(常委1人,副秘书长1人)。

本年,台盟海淀区工委完成区调研课题《台资高新技术企业状况调查与发展研究》,参与台盟北京市委的《京台两地学前教育比较与研究》等项调研;在区政协八届二次全会上,提交党派提案1件,委员个人提案5件;在市人大十三届一次会议和区人大十四届三次会议上提交代表建议6件;报送信息87篇,获区政协信息工作先进集体二等奖、区统战系统信息工作优秀单位三等奖,2名盟员被区政协、区委统战部评为优秀信息员。

本年,台盟海淀区工委组织召开了盟员大会2次,主任工作会4次,工委及扩大会议4次,参政议政小组工作会议3次。参加中共区委统战部举办的“纪念‘五一口号’发布60周年”知识竞赛,获三等奖。为地震灾区捐款捐物约4万元;引导盟员参与奥运、服务奥运,协助台盟北京市委举办“区工委成立十周年”纪念活动;组织盟员参与各级统一战线举办的“纪念改革开放30周年”纪念活动。

台湾民主自治同盟北京市海淀区工作委员会
地　址:海淀区西四环北路11号
邮　编:100195
电　话:88487518
电子信箱:tmhdgw@126.com　　(王琪萍)

北京市海淀区工商业联合会

中华全国工商业联合会是中国共产党领导的中国工商界组成的人民团体和民间商会,是党和政府联系非公有制经济人士的桥梁和纽带,是政府管理非公有制经济的助手,是具有统战性、民间性和经济性的组织。海淀区工商业联合会成立于1951年6月,现有基层组织5个:田村路街道地区分会、清河街道地区分会、苏家坨地区分会和本年度新成立的留学人员分会、西北旺地区分会(行业协会是会员单位,不是分会)。有会员1296户,其中本年度发展非公有制企业会员16户。会员单位法人代表中有全国工商联副主席、全国人大代表1人，全国政协委员1人，市人大代表1人，市政协委员8人，区人大常委1人，区政协副主席1人、常委4人、委员36人。

年内，组织召开工商联主席会4次，执常委会各1次，召开政策发布会、联谊会、座谈会等活动14次。举办非公经济代表人士学习研讨班和纪念改革开放30周年座谈会。组织主席班子部分成员到湖南远大空调集团、武汉清大集团进行调研，组织会员企业代表赴云南腾冲考察，组织主席班子成员赴武汉工商联进行交流。接待哈尔滨市延寿县领导的来访，协助会员企业旗舰食品集团赴延寿县进行回访和投资考察，组织会员企业赴河北唐山曹妃甸开发区和顺义新城建设区进行投资环境考察活动。

组织女企业家进行健康体检。

本年，28家会员企业获市工商联系统文明单位或文明标兵。《海淀工商联会刊》和12家会员企业刊物获市工商联“优秀内报内刊奖”。佳讯飞鸿电气股份公司被评为北京市工商联文明单位标兵，艺海集团、燕园图新电梯自动化技术公司、北京御都家具制造有限公司被评为北京市工商联文明单位。在海淀有线电视台宣传12位民营企业家的创业事迹。冯军、赵建国、吴双、刘迎建、林菁、秦升益、张骥等被编入《历史的回声 时代的见证》大型宣传文集。

年内，区工商联协助发改委进行中小企业自主创新调查问卷，为16家会员企业申报获得政府专项扶持资金和名牌产品奖励资金720万元。

4月30日，区工商联发出了“海淀区非公企业为奥运做贡献”的倡议活动，向海淀交通支队民警捐献20台大彩电。筹得奥运捐款15.85万元。许多会员企业参与奥运建设工程和奥运保障工作。仁创集团为鸟巢、水立方铺设环保透水砖，佳讯飞鸿为奥运安保提供综合通信管理平台，二十一世纪公司为奥运提供卫星数据监测服务，新奥特集团提供中文信息平台及视频转播服务，东方正通公司提供的应急系统管理服务。30位非公经济人士和企业在北京市和海淀区举行的奥运总结表彰大会上受到表彰。

5月12日汶川地震发生当日，区工商联就组织捐款人民币10万余元、价值6万元的新棉被和20多万元的药品。区工商联会员企业累计向灾区捐款捐物达2100多万元。

全年接待来信来访50余人次，办理困难补助和节日补助100余人次。本会对原工商业者及遗孀进行摸底建档，区内原工商业者及三小人员共有76名，遗孀60名，平均年龄80多岁。走访慰问代表人士13位，发放慰问金、交通补助、困难补助等计12万元。

北京市海淀区工商业联合会

地　址：海淀区丹棱街10号新海大厦四层
邮　编：100080
电　话：82666491
电子信箱：hdgsl@ vip. sina. com
网　址：www. hdgsl. cn

（郭京萍）

人大·政协

海淀区地方国家权力机关

【综述】 海淀区人民代表大会是海淀区地方国家权力机关,区人民代表大会常务委员会是区人民代表大会的常设机关。本届(十四届)区人民代表大会是2006年12月组成的。2008年是奥运之年,区人大及其常委会围绕“新北京、新奥运”的大局,履行宪法和法律赋予的各项职能,突出监督实效,提高工作质量和工作水平,推动海淀区经济、政治、文化和社会建设的全面协调发展。

本年召开区人民代表大会会议1次,常委会会议7次、主任会议12次,听取和审议了“一府两院”工作报告29项,作出决议、决定6项,对4个方面法律法规的实施情况进行了检查。本年,张连仲、汤新秀2人辞去代表职务,苏朝光、周春华、李山、李林蔚、李百顺、张颐春、赵赳7名代表调离海淀区,上述9名代表的代表资格依法终止。补选代表8名:赖东、杨文胜、王忠文、陈红宣、魏佑江、张建国、毕春景、骞西昌。现有代表411人。

支持、参与、促进奥运工作 本年,常委会按照“少而精、抓重点、求实效”的原则,把支持、参与、促进奥运筹办工作作为重点,加强与“一府两院”的协调配合,为本区的奥运筹办工作提供法制保障。就“平安奥运”、奥运环境建设、“迎讲树促建”等工作的落实情况听取区政府的专题工作报告;就食品卫生与安全、无障碍设施建设和管理、环境整治和奥运景观布置、社会救助管理、社会面控制等工作,组织人大代表进行视察和执法检查;加大对奥运议案的督办力度,促使区政府加快治安、市容环境、交通、市场经营、旅游等专项治理工作的进程;通过政府半年工作通报会、组织视察慰问等形式,组织人大代表和常委会驻会组成人员参与奥运服务筹备工作;通过举办代表论坛、专题访谈等形式,收集、反映代表对奥运筹办工作的建议。

依法审议决定重大事项 本年,区十四届人大三次会议听取并审议了海淀区人民政府工作报告、海淀区2007年财政预算执行情况和2008年财政预算草案的报告;审议了海淀区2007年国民经济和社会发展计划执行情况与2008年国民经济和社会发展计划草案的报告;听取并审议了海淀区人大常委会工作报告、海淀区人民法院工作报告、海淀区人民检察院工作报告。对上述报告做了相关决议。区人大常委会听取和审议区政府关于“2007年财政决算”、“2008年上半年国民经济、社会发展计划执行情况”、“2008年上半年财政预算执行和财政预算变更情况”、“2009年财政预算草案”等报告,并作出相关决议;对区“十一五”规划中期调整提出建设性意见,督促区政府根据国内外经济形势的变化调整规划指标;按照《监督法》的要求,提前介入下一财政年度的财政预算编制工作,建议区政府将财力更多地投向教育、公共卫生、社会保障和环境保护等社会公共事业;听取区政府关于投资项目的管理和重大项目进展情况、海淀园建设与发展情况和本区“科技三项费”使用情况的报告。推动教育、卫生等社会事业“十一五”专项规划的落实。本年,常委会审议政府财政、审计报告、奥运环境整治议案办理报告和低收入人群住房难议案办理报告等,形成4份审议意见书,提出意见30余条。

促进依法治区工作开展。听取和审议区政府2007年依法行政、“五五法制宣传教育”等工作情况的报告,并通过了相关决议。听取区法院、区检察院专项工作报告,并推动区法院解决“执行难”问题,推动区检察院加强专业化队伍的建设。

日常监督和人事任免 本年,区人大常委会继续贯彻落实《监督法》,重点对《北京市市容环境卫生条例》等法律法规的执行情况进行检查,实施监督。加强议案督办。督办“关注民生,尽快解决我区低收入人群的住有所居问题”和“加强社区卫生服务建设,建立良好社区卫生服务体系”2项议案。召开党风廉政建设情况通报会,由区纪委、监察局向代表通报相关工作情况。

强化人事监督工作。坚持对被任命人员进行任前考察和法律知识测试,加强对被任命人员的任后监督。本年,常委会依法任免了国家机关工作人员23人(次),接受2人辞去代表职务,任命区人民法院人民陪审员48人。

代表工作 全年组织代表集中学习《组织法》和《义务教育法》2次,开展了1次学法答题活动,坚持“每月一法”学习制度。

采取组织代表视察、担任监督员、举办区情通报会等形式,向代表提供全区工作的信息,保障代表的知情权。组织代表年中活动、改进代表集中视察和执法检查方式、定期组织接待选民和代表述职等活动,便利代表履行职责。本年,常委会还就2009年拟听取的专项工作议题和执法检查议题向全体代表征询意见,并将代表建议议题纳入常委会2009年的监督工作中。

改进代表“建议”督办工作,注重办理实效。首次聘请13名代表作为常委会建议督办监督员,对部分建议承办单位进行检查;加强与“一府两院”主管部门的信息交流,随时掌握代表建议办理的动态;注重对建议的复查补办工作,对代表签署“不满意”的建议办理报告,交由承办单位重新研究补办。在区十四届人大三次会上,共收到代表建议、批评和意见585件,问题得到解决、基本解决的占51%。闭会期间代表提出的35件建议,多数已处理完毕。

本年,常委会新成立了海淀区市人大代表联络处,制定了《市、区人大代表联合活动制度(试行)》、《市人大代表联系区人大代表制度(试行)》等五项工作制度,组织3次市代表集中视察和6次市代表小组活动。

常委会和机关自身建设 坚持常委会组成人员学习制度,通过举办代表论坛、常委会年度读书班和各种专题座谈会,组织常委会组成人员和机关干部学习党的十七大精神和科学发展观。完善常委会组成人员联系代表、常委会主任接待日、代表列席和公民旁听常委会会议等制度,增强人大常委会工作的公开性和透明度。发挥常委会各工作委员会职能作用,发挥本届常委会组成人员结构素质好、专职人员多的优势,改进工作方式,形成工作合力。

加强调查研究工作。以海淀人大工作研究会为平台,实行调研课题制,形成各类调研文章22篇。常委会领导集体到“一府两院”有关部门进行工作调研12次。

加大信息和宣传工作力度。在海淀电视台首播了“人大在线”栏目,编发《海淀人大》4期,《海淀人大信息》普刊34期、增刊54期、专报96期、参阅专刊9期,人大工作参考6期。加强每月一期《海淀报》人大专版的策划和人大常委会网站建设。

修改完善《海淀区人民代表大会常务委员会议事规则》和《海淀区人民代表大会常务委员会监督工作办法》,完善机关内部管理制度和工作机制,畅通干部的内外交流渠道,提高机关工作人员的服务意识和工作水平。

与上海市浦东区、天津市南开区、重庆市渝北区、广州市白云区、太原市小店区、长沙市雨花区、包头市九原区、兰州市七里河区、西安市雁塔区、成都市金牛区、合肥市包河区、武汉市东西湖区、杭州市拱墅区人大常委会加强友好联系,进行工作研讨。

【区十四届人大三次会议】 1月14~17日召开。会议听取并审议区政府工作报告、区人大常委会工作报告等6个报告,通过了相应决议。会议期间,共收到代表10人以上联名提出的议案37件,收到区人大代表提出的"建议、批评和意见"585件。

【区人大常委会第9次会议】 2月26日召开。会议审议通过了海淀区人大常委会2008年工作要点。

【区人大常委会第10次会议】 4月15日召开。会议听取和审议区政府关于《海淀区人民政府依法行政工作报告》,并通过了相关决议;听取了区政府关于中关村科技园区海淀园建设与发展情况的报告;决定接受张连仲、汤新秀辞去海淀区第十四届人民代表大会代表职务的请求,作出人事任免决定。

【区人大常委会第11次会议】 6月24日召开。会议听取和审议了区政府关于北京市海淀区2007年财政决算的报告和关于2007年度海淀区预算执行和其他财政收支情况的审计工作报告,决定批准区政府关于2007年区级财政决算的报告,听取和审议了区政府关于并案办理代表所提"全面加大整治力度,提升科学管理水平,为奥运增光添彩"等四件议案情况的报告,听取了区政府关于政府投资项目管理和重大项目进展情况的报告,任命赖东为区人大常委会学院路街道工作委员会主任、杨文胜为区人大常委会北太平庄街道工作委员会主任。

【区人大常委会第12次会议】 7月22日召开。会议听取了区政府《关于海淀区"平安奥运行动"工作情况的报告》,通过了海淀区人民法院人民陪审员的调整名单。

【区人大常委会第13次会议】 9月23日召开。会议听取和审议区政府关于《海淀区2008年国民经济和社会发展计划上半年执行情况与下半年重点工作安排(草案)的报告》和《关于海淀区2008年上半年财政预算执行情况和对本级财政预算作部分调整(草案)的报告》,通过关于批准区政府部分调整2008年本级财政预算的决议;听取区政府《关于编制〈海淀区"十一五"规划纲要中期实施情况评估报告〉的说明》、区人民检察院关于《海淀区人民检察院公诉工作情况报告》和区人民法院关于《海淀区人民法院执行工作情况报告》。

【区人大常委会第14次会议】 11月25日召开。会议听取和审议区政府关于并案办理代表所提"关注民生、尽快解决我区低收入人群住有所居问题"等5件议案的情况报告,区政府、区法院、区检察院关于办理十四届人大三次会议代表"建议、批评和意见"情况的报告,以及区人大常委会关于十四届人大三次会议代表"建议、批评和意见"办理情况及检查情况的报告;听取了区政府关于"加强社区卫生服务建设,建立良好社区卫生体系"的专项工作报告;审议通过了《海淀区人民代表大会常务委员会议事规则修正案》和《海淀区人民代表大会常务委员会监督工作办法》、海淀区人民代表大会常务委员会关于召开海淀区第十四届人民代表大会第四次会议的决定;通过了关于接受于军辞去海淀区人民政府副区长职务请求的决定。

【区人大常委会第15次会议】 12月16日召开。会议听取了区政府《关于海淀区2009年财政收支预算初步安排情况的报告》,并进行了初步审查。听取区政府关于《海淀区2008年经济运行情况分析及2009年展望》的报告、区政府《关于义务教育均衡发展议案“审议意见书”落实情况工作报告》、区人大常委会关于区十四届人大四次会议代表变动情况和补选代表的代表资格审查报告、关于举行海淀区第十四届人民代表大会第四次会议的筹备工作情况报告，讨论通过了提请海淀区第十四届人民代表大会第四次会议审议的区人大常委会工作报告。补选苟仲文、黄卫为海淀区出席北京市第十三届人民代表大会代表。

海淀区人民代表大会常务委员会
地　址：海淀区长春桥路17号
邮　编：100089
电　话：82510126
网　址：www.hdrd.gov.cn　　（吴向荣）

中国人民政治协商会议北京市海淀区委员会

【综述】　中国人民政治协商会议北京市海淀区委员会成立于1981年。2006年12月区政协召开八届一次会议，选举产生第八届常务委员会。本年，王锋、王晓军、范怀安、杨建国4人不再担任委员，增补马秋华、王建中、韦媛萍、冯兵、卢小兵、左京风、张华、张续茂、明建华、曹建华10人为区政协委员。到年底，共有政协委员356名，其中常委会组成人员53名。年内，区政协召开常委会议7次（第9至第15次）、主席会6次。

政治协商　民主监督　八届二次全会期间，委员们就本区经济发展、园区建设、新区建设和社会保障等8个方面提出40余条意见和建议。年内，常委会、主席会听取了关于政府投资项目管理、重大项目进展等情况的通报，重点协商了《海淀区社会建设近期工作规划》；各专门委员会围绕城市交通管理、水污染治理和农民就业等工作进行专题协商，推动有关部门解决难点、热点问题。听取本区依法行政、防震减灾、贯彻《劳动合同法》、民办教育和职业教育发展等情况的通报，与相关部门负责人交流并提出建议。财政、教育、社会发展与资源3个咨议小组就财政预决算中对改善民生工作的投入、推进高中课改和做好社会保障等工作提出监督意见。

围绕民生工作开展视察活动20余次，视察了“两限房”工作、社区卫生服务、新型农村合作医疗等，继续关注六里屯垃圾填埋场建设。

参政议政　建言献策　举办第二十期读书班，学习《科学发展观与中国特色社会主义》。与会者同区政府领导进行了恳谈，听取了区政府半年工作通报。各民主党派和工商联分别就本区突发事件防范、科学决策能力的提高、后奥运问题、中小学校食品安全管理、留学人员创业园的可持续发展等问题与区政府领导进行了沟通、交流。

年内，区政协常委会就建设循环经济技术支撑体系、推进垃圾分类处理和促进文化大发展大繁荣等内容由主席、副主席牵头开展重点调研；各专门委员会就挖掘培育新的核心竞争力、建设高新技术企业投融资体系、政府依法行政和小学生家庭教育环境等内容开展专题调研。组织通报会、座谈会20余次，视察、考察活动10余次，问卷调查400余人次。在调研的基础上，常委会向区政府提交了《关于建设海淀区循环经济技术支撑体系的建议案》、《关于推进海淀区垃圾分类的建议案》。

就奥运环境整治、平安奥运和奥运场馆建设等工作组织调研、视察20余次；委员们就奥运风险评估和防范、环境建设、交通治理、食品安全、市民文明素质培育和奥运宗教服务等提出意见和建议。组织委员和专家学者就继承奥运遗产、巩固奥运成果、城市志愿者服务项目转化等问题进行前瞻性研究，与区委统战部共同举办了“海淀奥运后发展论坛”，就奥运后加快体育产业发展、保持经济持续较快增长、提升城市管理水平和推进人文海淀建设等四个方面工作提出20条意见和建议。

全年收到信息869篇,编发374篇,被各级采用79件,采用率21%;其中全国政协采用21件,市政协采用13件,区委、区政府采用45件,15件被转送中央部委办理。信息网络进一步健全。承办全国政协信息联系点第九次会议。区政协被评为"全国政协办公厅信息工作先进单位"并获"全国政协信息工作"一等奖。

解决了地区政协委员活动小组的经费保障问题。与街道主要领导协商调整地区活动小组组长。各地区活动小组全年组织各类活动60余次,深入基层了解区情民意、开展民主监督、促进地区工作。举办2008年"创新与和谐海淀"论坛。组织"界别活动月",开展活动30余次。

提案工作 全年共收到提案251件,立案220件,其中党派团体提案21件,委员个人提案199件,已全部办复。超出本区事权范围的31件提案未予立案,作为人民来信转中央和市属有关单位处理。提案提出的建议被承办单位采纳、问题得到解决的占提案总数的53%;列入工作计划的占9%;向委员解释清楚,委员表示理解和同意的占38%。

拓宽委员知情渠道,举办提案工作讲座,完善提案办理程序,细化提案统计方式。修订了《提案工作条例》、《提案审查立案办法》,更新了政协网站"提案中心"版块。由主席重点督办食品安全提案与蓝靛厂清真寺自养房提案,把《关于重新研究六里屯垃圾填埋场垃圾处理方案的建议》等8件提案列为重点提案,将《关于建立因公感染"非典"致残医务人员专项保障资金长效机制的建议》等列入跨年度追踪办理件。提案委员会对提案的统计方式在以往"满意、同意、不同意"的基础上细化为"已经解决或采纳、列入计划拟解决、留作参考"三个类别。

凝心聚力 服务社会 举办以"关注奥运,与奥运同行"为主题的女委员活动。政协书画摄影联谊会举办"书百年奥运梦想,画今日海淀宏图"书画笔会和"情系奥运、展示风采"摄影作品展。区政协机关3位处级干部直接参与负责奥运场馆团队有关工作,2位处级干部参与全区大接访督导工作,1人参与奥运驾驶员志愿服务,机关全体干部在奥运期间轮流参加社区治安巡逻。

为四川地震灾区捐款捐物。据不完全统计,委员个人捐款人民币1313.5万元、港币14万元、澳门币20万元、捐物折合人民币486万元;区政协机关干部和离退休老同志捐款和交纳特殊党费5.76万元;不少委员赴灾区慰问或在救援、重建方面提供专业指导。书画摄影联谊会举办了"情系灾区、奉献爱心"书画笔会活动,向区慈善协会捐赠65幅作品义卖。

学习交流 机关建设 举办"学习贯彻中共十七大精神,开创政协工作新局面"理论研讨会,收到论文33篇,11人在会上发言。召开"口述历史:寻找创新之源,弘扬中关村精神"座谈会,收集和编辑反映中关村20年发展历史的文史专辑。以改革开放30周年与人民政协发展为主题,召开回顾区政协27年发展历程座谈会,专题讨论《海淀改革开放30年》中关于政协工作部分的内容。

继续做好政协文史工作,筹备编辑《海淀文史选编》第15辑和《京西名园记胜》。在《人民政协报》上发表题为《北京海淀政协办论坛 吹响关注后奥运问题"集结号"》和《北京市海淀区政协建言垃圾分类处理》文章2篇。《海淀政协》全年出刊4期,采用文字24万字、刊用图片180幅、登载委员文章35篇。

修订了《党组议事规则》、《常委会议工作规则》等工作制度42项,制定《关于加强政协委员履行职责管理与服务工作的规定》等工作规范3项。完善政协网站建设,改进和丰富网站内容，增设了履职统计、政协简报和大事记等栏目。“五型”（学习型、服务型、创新型、和谐型、健康型）机关建设初见成效。

区政协工作中存在的差距：一是委员知情问政渠道需要进一步拓展和完善，政协举办活动的形式需要进一步创新、质量需要进一步提高；二是少数委员的参政议政意识还需要进一步增强，履职热情和履职水平还需进一步提高，网上履职的方式还需进一步探索，特别是自觉深入调查研究的风气还需要进一步树立；三是民主监督工作的方式方法还需进一步拓展；四是政协机关工作效能和水平还需进一步提升。

【八届二次会议】 1月8日～11日召开，321名委员参加。会议听取并审议通过了区政协常委会工作报告和提案工作报告；听取并讨论了区政府工作报告等3个报告；协商讨论了区政府关于八届一次会议提案办理情况的报告，审议通过了八届二次会议决议。会上表彰了2007年度优秀提案、信息工作先进集体、优秀信息员和优秀信息。

【常务委员会第10次会议】 1月11日召开。会议审议通过了2008年常委会工作要点；审议通过了关于增补和调整委员的决定和关于任命副秘书长的决定。

【常务委员会第11次会议】 3月19日召开。会议听取了区政府关于2007年区政协常委会建议案办理情况的通报；听取了区政府关于本区2008年在直接关系群众生活方面拟办重要实事的通报和关于进一步加强提案办理工作的通报。

【常务委员会第12次会议】 5月21日召开。会议听取了区地震局关于防震减灾工作情况、区法制办关于区政府依法行政工作情况以及区劳动和社会保障局关于本区贯彻落实《劳动合同法》情况的通报，审议通过任免决定，研究第二十期读书班事宜。

【2008年“创新与和谐海淀”论坛】 6月18日举办。委员们分别从海淀区发展循环经济技术支撑、推进垃圾分类、促进文化大繁荣大发展、培养领袖企业和企业领袖等方面建言献策。论坛编印了《创新与和谐海淀论坛材料汇编》，收有发言材料45篇，共计30余万字。

【常务委员会第13次会议】 7月18日召开。会议审议通过了区政协常委会《关于推进海淀区垃圾分类的建议案》和《关于建设海淀区循环经济技术支撑体系的建议案》，提交区政府研究办理；听取了区发改委关于区政府投资项目管理和重大项目进展情况的通报。

【常务委员会第14次会议】 9月27日召开。会议听取了本区2008年国民经济和社会发展计划上半年执行情况与下半年重点工作安排的通报；听取了本区2008年上半年财政预算执行情况和对本级财政预算做部分调整情况的通报；审议了《区政协规章制度汇编（征求意见稿）》，通过了需常委会议审定的7项工作制度。

【承办全国政协信息联系点第九次联系会议】 10月13日～16日召开，全国政协副主席李兆焯、北京市政协副主席沈宝昌等领导出席。会议期间，全国政协信息局就一年来社情民意信息工作情况进行了总结，对下一步工作进行了部署，传达了全国政协信息工作座谈会议精神以及全国政协领导对社情民意信息工作的重要指示；各信息联系点就如何完善信息工作机制、选准信息工作着力点、提高信息报送质量等进行了交流；围绕海淀主题、文化主题及奥运主题组织了参观考察。内蒙古自治区赤峰市政协、黑龙江省海林市政协、江苏省泰州市政协、山东省潍坊市政协、湖北省潜江市政协、广东省佛山市政协、广西壮族自治区北海市政协、新疆维吾尔自治区伊犁哈萨克自治州政协、四川省泸州市政协以及北京市海淀区政协等10个信息联系点的负责人出席。

【**界别活动月**】 11月10日~12月10日,区政协举办2008年"界别活动月"活动。31个界别的委员组成17个界别活动组,分别以金融危机对经济的影响及对策、学习实践科学发展观利用提案履行政协职能、构建基本卫生保健制度进展情况、改革开放30年、绿色科技、科技助农、清真食品安全、预防儿童意外伤害等为主题开展界别活动。累计开展界别活动30余次,近千人次参加。

【**常务委员会第15次会议**】 12月17日召开。会议听取了区委办、区政府办关于提案办理情况的通报;审议通过了委员增补、调整事宜与机关任免决定;审议通过了常委会向区政协八届三次提交的工作报告、提案工作报告以及八届三次会议议程(草案)、日程(草案)。书面听取了本区2008年经济形势分析和2009年经济形势预测情况的通报与本区党风廉政建设情况的通报。

中国人民政治协商会议北京市海淀区委员会
地　址:海淀区长春桥路17号
邮　编:100089
电　话:82579050　82510058
网　址:www.hdzx.gov.cn

(冯攀攀)

海淀区人民政府

概 述

2008年，本届区政府贯彻落实中央、北京市的系列重大决策和部署，以科学发展观统领经济社会发展全局，坚持依法行政，完成奥运筹办和服务保障等各项工作任务。

区政府全年召开区政府常务会议40次(第46次－85次。经核实，上年为第2次－第45次)，区政府全体会议1次(第2次。经核实，上年为第1次)，区政府专题会议55次，研究全区经济和社会发展计划、重大项目安排、重要资金使用以及协调日常工作。

奥运筹办和服务保障 海淀区在全市率先建立区级奥运筹办工作体系，实行区级领导分片包干、一岗双责，建立指挥统一、责任明确分工合理的领导指挥体系，加强地方党委、政府与涉奥机构的沟通协调，使场馆运行、外围保障和城市运行实现了无缝对接。实施“平安奥运”行动，强化环境整治和景观建设，保障奥运期间城市运行高效有序，实现了市委市政府“大事不出、小事减少、管理严格、秩序良好”的要求。确保本区奥运、残奥赛事成功举办。

推动经济发展和城乡建设 本年，区政府制定《关于进一步优化发展环境为区域重点企业做好服务的办法》。海淀园继续推进“绿色行动计划”，为企业实施标准化战略、开展专利实施等活动提供资金支持。建立海淀园创新资金项目预选库，向56个项目补贴创新资金2210万元。出台《海淀区促进大学科技园发展暂行办法》等政策，投入支持资金1463.22万元。继续实施海淀园文化创意产业专项，推荐北京市文化创意产业项目132项。组织企业和相关人才申报国家、市、区人才资助项目。制定《海淀区促进创业投资企业发展暂行办法》，实施创业企业辅导示范工程，海淀园企业博士后工作站增加到31家，创业中心吸引31名留学人员入园，新办企业29家。制定《海淀园科技企业孵化器股权投资资助资金办法》，给予5家企业孵化器总额156.75万元的资金支持。推进高新技术产业标准化示范区建设，走访调研试点企业，建立双向沟通机制。

加大对政府投资建设项目的监管力度，完善后评价工作，使政府投资项目从前期调研、中期建设到后期使用形成循环体系。构建促进金融业发展的政策支持体系，发布《关于加强为金融机构服务工作的若干意见》。组建海淀区创业投资与私募股权投资协会。实施《海淀区加快发展循环经济建设资源节约型环境友好型城区2008年行动计划》，将推动循环经济发展的十大工程建设列入区政府督察项目。对22个循环经济和环保示范项目给予资金支持，推广一批节能减排新技术、新产品。加快循环经济试点园区建设，开展能源审计试点。

安排区级新农村建设专项资金4亿元，落实新农村建设项目248个。开展高致病性禽流感预防和以防治美国白蛾为重点的林木有害生物防治工作。清理和规范农村集体经济合同，开展创建北京市农村集体财务管理规范化示范单位活动，促进农民专业合作组织发展。本区农村集体经济产权制度改革继续向“资产变股权,农民当股东”的方向推进,截至年底,启动产权制度改革的单位已退偿老股金4163万元,涉及资产总额165.85亿元,申请流转变现总额26.23亿元。

制定《关于进一步促进服务业发展的实施意见》、《海淀区促进商业服务业发展暂行办法》等政策文件。自本年起,海淀区每年投入5000万元,用于发展公共产品行业和特色商业,引进名品名店和支持老字号创新发展,确定本区商业网点近期7个重点发展项目和5个重点关注项目。争取各类扶持资金近2000万元,受益商业企业近40家。继续整顿和规范中关村地区电子市场明码标价以及教育收费、医疗价格、涉农收费等收费公示。做好临时价格干预工作和市场监测,确保人民生活必需品市场价格基本稳定。完善本区旅游秩序联合执法机制,形成政府联动、企业配合、多位一体、齐抓共管的管理模式。

开展安全生产宣传教育和专项整治,全区发生的各类事故起数和死亡人数有了较大幅度的“双下降”。

加快生态海淀、宜居海淀建设,首届中国绿色发展高层论坛在本区举行,本区获“首届中国十佳绿色城市奖”。进行全区城市道路普查。启动实施“全国生态环境监察试点区”工作,全区环境保护投资总额达586851.86万元,占上年地区生产总值的3.21%。固体废物无害化、资源化、减量化的处理能力持续增加。推进垃圾分类工作,全区共有460个小区、大厦实现垃圾分类收集和处理,实现垃圾分类人口108万人。通过面向社会公开招标,区内新增道路实施保洁工作市场化服务近200万平方米。

文化与社会建设 区财政投入科技经费40211.9万元,实施科技计划项目,支持企业技术创新和成果转化。实行向循环经济适度倾斜的项目管理政策,开展“百家节能减排科技创新示范企业”评选。本年新建两个农村科技协调员工作站,工作站总数达到8个。支持基层文艺团队和文化设施建设,有18支团队通过市文化活动中心审查,全区基层共有文化站27个、文化广场101个、文化室371个。推进基础教育优质均衡发展,推进学习型海淀建设,大力发展社区教育。注重学校干部教师队伍建设,推进干部教师多样化培训,开展教师交流和支教工作。本区承担北京市重点改革项目“探索政府购买公共卫生服务的有效形式和机制”,完善公共卫生体系建设。区财政安排政府购买公共服务经费2300万元,达到人均25元。在计划生育工作中,开展“国策关怀”健康促进计划,实施“强基、丝雨、阳光、易得、春晓”五项工程,区委区政府下发《关于贯彻京发〔2007〕20号文件全面加强人口和计划生育工作统筹解决人口问题的实施意见》。

关注民生 实施城乡一体化就业工程,调整完善农村劳动力就业补助政策,实施困难人员就业援助工程,完善“零就业家庭”长效帮扶机制。创新职业技能培训办法,注重培训的针对性、实效性。本年社会保障范围进一步扩大,服务进一步便捷,强化了社保基金安全管理。年内本区先后就城乡特困人员医疗救助、完善临时救助制度、建立优抚对象临时困难补助制度下发文件,落实区政府为民办实事工程。区政府协调有关部门,在全市率先出台引导无照经营户办理证照的文件,引导无照经营户办照1983户。婚姻登记工作严格依法办事,不断创新服务,在2008年8月8日当天办理2902对新人结婚登记,居全市首位。

服务型政府建设 出台进一步加强人大代表建议、政协委员提案办理工作的意见以及相关专项资金管理办法。全年办复全国、市、区人大代表建议、政协委员提案818件,区人大议案2件、区政协建议案2件。办理行政复议案件96件,结案72件。进行海淀区“十一五”规划的中期评估工作。出台进一步提升行政执行力的若干措施。建立健全政府信息公开工作机制，搭建政府信息公开平台。开展大接访工作，实行“开门接访、重点约访、带案下访、定期回访”办法，完善矛盾纠纷会商协调机制，落实领导包案制度，化解信访难题。建立覆盖全区街道乡镇、村（社区）的矛盾纠纷排查和调解防范工作网络。构建“网络布防、分区布控、等级启动、区域联控、全区联动”的社会防控模式，公安机关实施并强化“扁平化”勤务指挥模式，开展为期六个月的11项清理整治行动，遏制了违法犯罪。据调查，2008年本区群众安全感达到94.8%，比上年提高3.8个百分点。实行联勤联动，开展各部门联合执法，治理环境秩序工作取得明显成效。本年在北部地区推行信息化城市管理，信息化城市管理系统在全区范围内开通运行。落实“数字海淀”建设规划，建成覆盖全区的科技创安视频监控系统。贯彻落实“三重一大”制度，落实行政执法责任制和责任追究制，规范行政执法行为。本年清理2007年12月31日前制定的区级行政规范性文件，保留64件、废止失效66件、修改16件。

组建区委社会工作委员会（区政府社会建设工作办公室），成立区金融服务办公室，海淀园投资促进办公室加挂区投资促进局牌子，组建区房屋管理局。年内，海淀园管理委员会内部机构进行了调整改革；完成本区畜牧兽医管理体制改革，区农林委加挂区动物卫生监督管理局牌子。各乡镇农经站加挂农村统计信息中心牌子，形成本区农村统计工作的特有模式。北部新区办公室职能调整，改变新区土地一级开发模式。就新区城市化、征地拆迁、农民安置就业与社会保障问题进行政策研究。加强节约型机关建设，压缩行政成本10%。

北京市海淀区人民政府
地　址：海淀区长春桥路17号
邮　编：100089
电　话：62553400　82579201
网　址：www.bjhd.gov.cn　　（徐　川）

日常政务

区政府日常政务工作由区政府办公室办理。本年，区政府被评为市政府系统公文处理工作先进单位、2008年度政务信息工作优秀单位。

突发公共事件应急工作　以奥运服务保障为中心，建立健全应急工作机制，制定区级专项应急预案32个，区级保障应急预案7个，街道乡镇应急预案135个，社区（村）应急预案659个，生产经营单位综合预案和专项预案42852个。初步建成全区800兆应急通讯系统平台，全区指挥通讯系统24小时畅通。开展应急演练60余次。处理五棵松等场馆奥运门票销售、101中学奥运火炬传递、颐和园残奥会火炬传递、奥运开幕式纪念邮品发行、8月8日婚姻登记现场群众聚集等各类应急突发事件；完成奥运会开闭幕式期间社会面防控、人工除雨、闭幕式焰火燃放等重点服务保障工作；确保男女自行车公路赛、马拉松赛海淀赛段赛程等奥运赛事顺利进行。

公文处理工作　本年制发“海政发”文件58件、“海政函”文件212件、“海政报”文件43件、“海政任”文件99件、其他各类政府便函13件，制发“海政办发”文件74件、“海政办函”文件39件、“海政办报”文件9件、其他各类政府办便函34件。在区政府系统实行公文处理拟办制度，全年共登记办理公文5600余件、制发公文660余件、流转发送文件数万份。区属单位公文收发除涉密及敏感信息外，全部实现网上传输，制发公文数量同比压缩10%。网上收发电子公文800余件。

领导调研活动　组织区领导调研活动20余次，加强调研活动前期沟通协调，中期衔接配合，后期领导决策督办等。

政务信息 本年共整理信息10000多条,为区领导和区属单位各级领导提供信息1820条,区领导批示48条次。国务院办公厅信息刊物《昨日要情》采用信息1条,市政府办公厅信息刊物《昨日市情》采用信息146条。完成《海淀区积极推动草编产业创新实现农民就业增收》、《五棵松场馆群奥运赛后利用的思路措施及相关建议》等6篇综合性调研信息。

建议、提案办理工作 本年办理全国政协委员提案3件、北京市人大代表建议58件(其中会上45件、平类13件)、北京市政协委员提案16件(其中会上14件、平类2件)、海淀区人大代表建议548件(其中会上519件、平类29件)、海淀区政协委员提案193件(其中会上190件、平类3件),总计818件建议、提案。

督查工作 本年督办539项近5000子项任务,办结率100%。采取督查、督办和督促的不同方式促进决策落实。对重大决策进行全程督查。扩展督查联动机制,促进会议议定、领导批示和交办事项的落实。健全现场督查机制全年赴现场督查百余次。完成督查考核,制定《督查考核工作实施方案》,评选出督查考核先进单位。

养犬管理工作 本年共办理登记年检犬只71798条,收缴无证犬和流浪犬3580条,警告养犬户6398人,查处举报282件。发放宣传材料20余万份,在奥运场馆周边的30余个社区举办文明养犬社区行活动。

政府信息公开工作 本年是《中华人民共和国政府信息公开条例》正式施行第一年。年内建立政府信息公开工作领导机构和工作联席会议机制,推动政府信息公开各项工作的开展。建立健全工作制度体系,形成了82名全职(兼职)工作人员队伍,完成6处区级政府信息公开场所建设,开发区政府信息依申请公开网上办理系统,开展30多轮次的业务培训,受训人员超过5000人次。主动公开政府信息26041条,全文电子化率100%,政府信息公开专栏访问量20588次。接受公民、法人及其他组织政府信息公开方面的咨询5021人次。办理政府信息公开申请350件,主要集中在城市建设、社区规划、房屋权属、拆迁补偿、环境质量等方面。

(陈瑾 钟玉谦 徐川 徐和盟 王煜 王磊 孙树昆 张鹏云 姜玉芹)

【外事工作】 海淀区人民政府外事办公室(又称区委外事工作领导小组办公室,简称区外办)是本区外事工作的综合归口管理部门,设在区政府办公室,受市外办和区委、区政府的双重领导,以区委、区政府领导为主。本年,海淀区外办被评为北京市因公出入境工作先进单位、北京市民讲外语活动优秀组织单位、北京市规范公共场所英语标识工作先进单位。

本年,共办理团组100批、264人次,批次同比下降54.8%,人数同比下降37.6%。其中自行组团16批、136人次,随部委团组28批、45人次,随市团组56批、83人次。

完成来自47个国家及地区18批322人次的外宾接待任务,外宾来访国家、批次及人数同比增长了56.7%、63.6%、89.4%。编辑撰写外事工作动态43期,被市外办《外事通讯》刊载25条。

奥运期间,遵循应对境外媒体记者"精心准备、主动参与、细致服务、积极应对"的工作原则,赛前模拟一般性、敏感性和重大涉外突发事件,对境外记者采访情况进行演练;对全区街道、乡镇等一线基层部门主管领导和外宣干部开展相关培训;借助宣传、外事、公安等部门的联动机制,引导境外媒体客观友善地报道奥运、宣传海淀。赛时阶段,海淀区外办执行严格的双人24小时值守制度,并参与宣传发动指挥部的应急值守,在海淀区媒体服务中心协调指导下,完成奥运宝宝、婚姻登记高峰日等敏感时间的媒体应对及紫竹院公园、意大利之家等敏感场所的涉奥应急值守任务。奥运期间海淀区各部门共接待境外媒体记者613名,各旅游景点、公园接待境外媒体记者1000余名,实现"零拒绝、零投诉"目标。

2月28日与奥林匹亚市缔结友好城市关系;3月,应奥林匹亚市乔治·安东尼斯市长邀请,林抚生区长率海淀区政府代表团随北京奥组委赴希腊参加2008年北京奥运会圣火火种采集仪式,并出席海淀区与奥林匹亚市缔结友好关系协议书确认文本签字仪式。8月奥林匹亚市政府赠送海淀区的胜利女神雕像抵京,被安放在区政府大楼西侧草坪。与美国圣何塞市签订了友好交流意向书。

奥运赛事期间,奥组委、外交部、市外办等交办重要接待任务9批205人次,主要参观海淀区创意文化产业、高新技术产业、教育、民政和经济等领域。8月,中非合作论坛高管会议筹备会在海淀区召开,30个国家的59名驻华大使及夫人参观圆明园和阳台山老年公寓。9月、10月,两次接待北京大学"非洲国家公共行政管理研修班"的政府官员。

与3个大洲的8个城市进行友好交流。区外办代表区政府接受东京商工会议所和日本社会各界人士捐款5345915日元,并通过红十字协会转交给灾区人民。

开展市民讲外语活动。工作重点转向为奥运营造良好的人文气氛和语言环境。在2008年市、区市民讲外语社区优秀评比活动中,本区市级优秀社区11家,区级先进社区35家;10个街道、乡镇被选为社区奥运外语培训大讲堂辅导站,占全市总数的1/3;出现众多明星社区和个人,获得2008年北京市民学外语能力展示嘉年华"最具奥运精神奖","首都窗口行业外语服务风采秀"最佳团队奖;举办"迎奥运倒计时100天"市民讲外语优秀英语节目展演等活动;对全区重点涉外场所和地区的英语标识进行拉网式检查。美联社、法国电视一台、瑞典电视台、日本电视网、央视国际网络奥运频道、《21st Century》(《二十一世纪报》)、《China Daily》(《中国日报》)等外国(文)媒体和《北京日报》、《北京晚报》等10余家中文媒体做了报道。

(张　焱)

【信息化工作】 北京市海淀区信息化工作办公室(简称区信息办)是海淀区信息化工作领导小组的办事机构,主要负责海淀区以电子政务为主的信息化建设管理工作。

本年,海淀区被国家信息化协会授予"中国信息化突出贡献单位",被北京市信息化领导小组评为北京市奥运服务保障先进单位,被北京市信息通讯保障与信息安全指挥部评为北京市政务网络运维先进单位。区政府网站被市监察局、市信息办评为北京市政务先进网站。

奥运信息安全和通讯保障 完成奥运筹备和运行期间通讯和信息安全保障、重要应用系统运行维护保障等任务。和64个区属单位签订信息安全责任书,进行11场次信息安全和通讯安全培训。组建包括应急通讯保障分队、网站群保障分队和机房网络信息安全应急保障分队组成的应急处置队伍,成立专家顾问组,完善专项应急预案。制定、转发《关于严格管理政务专网互联网端口的通知》等29份文件,对各单位机房、网站、信息系统、电脑终端的管理进行规范,编制《2008年北京奥运会、残奥会期间海淀区通讯和信息安全保障工作手册》。部署重要网络设备的备品备件,调配一批服务器作为关键业务系统的备机。建立全区核心机房和政务网络、政府网站每日巡检制度,实行7×24小时值班,对区政府网站群进行漏洞检测、加固。进行2次重大安全事件应急演练。制定电视电话会议、网站等系统应急预案。建立信息化值班的应急值守体系,制定信息报送流程,确保第一时间送达信息。保障北京市应急IP视频会议13次,海淀区奥指办视频会议

31次。保障8月8日北京市结婚登记高峰日工作。保障政务网络及办公电脑稳定运行,保障奥运期间政府网站信息安全,保障信息化城市管理指挥系统。

“数字海淀”建设 本年覆盖全国的信息化城市管理系统开通运行,完成5个委办局和26个街乡的图像信息系统建设。建成地理信息共享平台,开展以地理信息共享平台为依托的数据采集与共享新模式,实现9家委办局183个图层信息的共享;开展区域人口信息整合应用,完成采集入库160余万条流动人口数据,12万余条出租房屋数据;建成以区人大、区政府、区政协为基础、互联互通的区级办公自动化系统,实现区级与部门级信息纵向传递畅通无阻、横向公文互联互通,全区周知性信息(如会议通知)充分共享;建立数据共享形成长效机制,实现包括38个区属委办局和人民法院、检察院的数据共享,共享指标项共计3249项。上地办公中心政务核心机房和重要信息机房初步建成,完成区县政府信息公开管理平台同市级管理平台数据上下对接,完成依申请公开受理平台项目一期建设。加强无线通讯建设,共配发800M终端3815台,提高应急指挥调度的能力。

创新网上公共服务内容,实现安全证书登录方式,为第一批1500家重点纳税企业免费发放数字证书;大力推进网上办事,累计办结85111件业务事项。

社区信息化服务 继续完善“海淀区社区信息化”的顶层设计。调研学院路国产网络计算机试点情况,分析新形势下的社区信息化工作。开展以中关村街道和甘家口街道为试点的“街道、社区两级协同办公”,以青龙桥街道为试点的社区一窗式服务模式,以北下关街道为试点建设“社区管理与服务连锁平台”。完善基于“北京市社区公共服务信息网”的社区业务信息的网上公开。完善社区义工系统,所有街道通过社区义工一卡制网上信息化管理系统在线管理全区义工,注册登记义工人数已达到6万多人。实施7个街道社区联网工作,利用覆盖全区的2M光纤宽带MSTP专网实现市、区、街、居四级网络连通。

农村信息化服务 完善农村综合服务信息平台,推进海淀区农村信息资源和业务资源的统一管理、统一开发利用。全区安装8台信息机、35台农信机,发送政务通知、天气预报、民俗旅游和观光采摘宣传、农产品小知识、市场销售情况等信息2万多条。开展全区农村信息化(CIO)专业队伍的建设,对信息员开展信息化知识和计算机操作技能等培训。建设农村信息化“数字家园”6个,为村民提供信息服务。

信息化日常管理 年内完成城市管理监督指挥中心、旅游局等部门多个信息化项目的申报受理工作;落实ISMS信息安全管理体系,开展全区政府网站建设情况普查及各单位网站风险自查,通过电子标准化四所组织的ISMS安全体系外审;规范合同管理、健全档案制度,整理全区34个单位共127个信息化系统;规范2002年以来信息办负责的157个信息化合同;审批对讲机3990余部。

(付海涛)

法制工作

海淀区政府法制办公室是负责本区政府法制工作事务的政府机构。主要负责承办区政府行政复议案件,代理应诉,推进本区依法行政工作,并为区政府决策提供法律意见。2008年,继续落实国务院《全面推进依法行政实施纲要》和市政府实施意见,推进依法行政工作。

召开全区依法行政工作暨政府与法院联席会议,发布《海淀区人民法院行政审判情况白皮书》。区政府坚持会前学法制度,政府常务会议会前专题学习《中华人民共和国行政复议法实施条例》。组织全区依法行政工作培训班。区政府组织行政执法人员就行政处罚执法资格公共法律知识进行两次培训和两次考试,1350 多人参加考试。组织全区180 余人旁听法院行政案件审理。

贯彻《北京市行政规范性文件备案监督办法》和《北京市海淀区行政规范性文件制定和备案监督办法》,审核区属各部门报送的文件草稿 76 件,提出修改意见建议 170 余条;完成市政府法规、规章征求意见工作 17 件。清理区政府及所属委办局、各镇(乡)政府、街道办事处在 2007 年 12 月 31 日前制定和公布的现行有效的行政规范性文件,以区政府、区政府办名义制发的区级行政规范性文件保留 64 件、废止失效 66 件、修改 16 件。

协助开展迎奥运环境建设整治工作,审核区城管监察大队报送的强制拆除违法建设案件 87 件,批准 78 件。

为解决重点矛盾提供法律支持,化解社会矛盾。在大接访活动中,成立法律政策研究专项工作组,对重大疑难信访事项进行调查了解,查询、研究相关法律、法规、规章和政策,提出处理意见,对信访当事人进行解释和答复,并为镇(乡)政府和街道办事处处理信访事项在法律政策层面上进行指导。处理重点信访事项 9 件。

下发《海淀区行政执法案卷评查办法》、《海淀区行政处罚执法资格管理制度》、《海淀区行政处罚自由裁量监督工作规定》、《海淀区实施〈北京市行政执法责任追究办法〉细则》四项制度和《关于做好〈海淀区行政执法案卷评查办法〉等四项制度贯彻实施工作的意见》。开展案卷评查工作。参加评查的执法部门 32 个,报送的 100 卷中评出行政处罚优秀卷 46 卷、合格卷 24 卷、不合格卷 3 卷;行政许可优秀卷 20 卷、合格卷 6 卷、不合格卷 1 卷。

年初召开海淀区行政复议工作会。组织复议人员参加行政复议培训和资格审核工作。本年,区政府接待复议咨询 200 起次,办理行政复议 96 件,受理 90 件、不予受理 5 件,其他处理 1 件。受理案件审结 72 件,其中,维持 44 件、终止 20 件、驳回 7 件、撤销 1 件。启用行政复议专用章,对原案件报审程序进行调整。探索出一套规范化、精细化案件分类处理模式:在立案阶段,推行行政复议案前化解;在审理阶段,根据案件的难易程度及对社会的影响等因素,分别实行书面审理、听证审理和会商会审。2008 年所有行政相对人要求听证的案件全部实现了听证,为争议双方搭建了抗辩及和解的平台,弥补了书面审理的不足。

北京市海淀区人民政府"行政争议调处接待室"自 2007 年 11 月 16 日正式挂牌,一年多时间里,共办理调解案件 77 件,成功 39 件,约占全部案件的 51%。行政调解工作受到市民及《法制日报》等媒体的广泛关注。

海淀区人民政府法制办公室
地　址:海淀区长春桥路 17 号
邮　编:100089
电　话:82510401　82570462(传真)
电子信箱:haogz@ mail. bjhd. gov. cn

(郝广智)

人事·编制工作

【综述】 海淀区人事局是负责本区人事人才综合管理工作的政府职能部门。海淀区机构编制委员会办公室(简称区编办)是海淀区机构编制委员会的常设办事机构,负责本区行政管理体制改革以及机构编制日常管理工作,与区人事局合署办公。3 月 31 日至 4 月 7 日,区人事局机关和下属事业单位分批由八一中学大楼、海淀科技大厦迁往海淀区西四环北路 73 号"中关村人才发展中心"办公。

本年,区人事局实施人才强区战略,深化行政管理体制改革,在优化人才发展环境、加强人才队伍建设、促进区域人才市场发展、服务保障奥运等方面开展工作。被中央精神文明建设指导委员会评为“全国精神文明建设工作先进单位”,被29届奥林匹克运动会组织委员会交通部评为“奥运会、残奥会交通服务工作先进集体”。

公务员管理 截至2008年底,本区科级及以下公务员4362人(含检察院和法院)。本年录用101名应届毕业生、62名社会人员为公务员。4803名(含处级)公务员参加2007年度考核、奖励工作,783人被评为优秀等次,3880人被评为称职等次;7人记二等功,109人记三等功,763人获得嘉奖。

事业单位人事管理 全区共有事业单位597个,编制34159名。其中教委所属事业单位编制18497名,实有14782人;公共委所属事业单位编制5913名,实有3339人。事业单位公开招聘应届高校毕业生116人,面向社会公开招聘110人。全区有26133人参加2007年度事业单位考核,其中优秀4219人、合格21642人、基本合格25人、不合格4人,未确定等次243人、未参加考核288人。事业单位有专业技术人员19441人,占全区总量86.6%。其中教委有专业技术人员14480人,公共委有专业技术人员3298人,合计占区属单位总数的91.4%。

人才管理 对41家企业接收的301名毕业生进行薪酬调查,完成《中关村IT企业2007届毕业生薪酬调查报告》,在《人民日报》等20余家新闻媒体发表。企业接收应届毕业生4830人,其中非北京生源应届毕业生3094人。全年为区属单位和高新技术企业引进人才92人。解决夫妻两地分居45人。办理《北京市工作居住证》1679人。招聘66名大学生担任村党支部书记和村委会主任助理。4人入选北京市2008年“新世纪百千万人才工程”。

军转干部及随军家属安置 北京市下达本区计划安置军转干部406人(其中团职76人,营以下及技术级330人),2008年实际接收档案371人,实际报到195人,进入公务员队伍96人,安置报到率达到52.6%。接收自主择业军转干部189名和随军家属235人。计划安置随军家属45名,实际安置68名。

机构编制管理工作 以服务保障奥运、关注民生为重点,健全完善住房保障、金融服务体系以及社会建设和管理领导体制机制建设,推进新型农村合作医疗制度建设,加强社区服务和社保机构力量。

做好事业单位法人登记管理工作,全年共办理事业单位法人设立登记13家、变更221家,年检合格827家、注销26家。

【组建区委社工委(区社会办)】 3月,调整整合中共北京市海淀区委街道工作委员会、北京市海淀区人民政府街道工作办公室机构和职能,组建中共北京市海淀区委社会工作委员会、北京市海淀区社会建设工作办公室,同时撤销区委街工委、区街工办。区委社会工委为区委派出机构,列入区委机构序列;区社会办为区政府工作部门,与区委社会工委合署办公。

【组建区房屋管理局】 3月,组建北京市海淀区房屋管理局(简称区房管局),为北京市海淀区建设委员会(简称区建委)管理的负责本区房屋行政管理、住房保障和改革工作的行政机构,机构规格为副处级;原挂在区建委的“北京市海淀区人民政府住房制度改革办公室”牌子改挂在区房管局,并更名为“北京市海淀区人民政府住房保障和改革办公室”。

【成立区金融办】 6月,成立北京市海淀区金融服务办公室(简称区金融办),为本区负责金融服务工作的正处级行政机构,挂靠区发改委。

【海淀园投促办加挂区投促局牌子】 9月,

中关村科技园区海淀园管理委员会投资促进办公室加挂北京市海淀区投资促进局牌子，简称海淀园投资促进办公室（区投资促进局）。

【海淀区入选北京市2008年新世纪百千万人才工程人员名单】

杨宝祝　硕士研究生，研究员，北京派得伟业信息技术有限公司总经理，兼任北京农业信息技术研究中心（国家农业信息化工程技术研究中心）副主任、书记。

葛　亮　硕士研究生，高级工程师，北京四方继保自动化股份有限公司副总工程师。

任永杰　博士研究生，高级工程师北京人大金仓信息技术股份有限公司总经理。

郑　珺（女）　博士研究生，工程师，北京美尔斯通科技发展有限公司项目主任。

下属事业单位（地址均在海淀区西四环北路73号中关村人才发展中心）

中关村人才市场
邮　编：100195
电　话：62531175
网　址：www.zgcrc.gov.cn

海淀区干部就业指导服务中心
邮　编：100195
电　话：62559523

海淀区人才服务中心
邮　编：100195
电　话：68945136
网　址：www.hdrc.com.cn

海淀区考试中心
邮　编：100195
电　话：68945516
网　址：www.kaoshi.gov.cn

海淀区培训中心
邮　编：100195
电　话：68945516
网　址：www.peixun.gov.cn

海淀区人事局、区编办
邮　编：100195
电　话：62615185
网　址：www.hdrshj.gov.cn

（张丽伟　王　静）

公共服务事业管理

【综述】　海淀区政府公共服务委员会（简称公共委）成立于2005年7月，代表海淀区政府行使公共服务类事业单位的管理职能，本年监管34家医疗类事业单位和3家文化类事业单位。

本年，公共委及所属海淀医院、中关村医院、中西医结合医院获得“北京奥运会、残奥会海淀区奥运服务保障工作先进集体”称号，海淀医院、万寿路医院、海淀区文化馆获得首都精神文明办颁发的“首都支援奥运好团队”称号，海淀医院获得北京市卫生局“首都窗口行业奥运培训工作先进单位”称号；全系统共28人获得各级奥运服务保障先进个人称号，其中中央级2人、市级23人、区级5人。

公共事业行政管理　进行公共服务绩效管理课题研究，出版《公共服务绩效考核理论探索和实践经验》一书。完善绩效考核指标细则。

成立纪检监察科，严格预算、决算管理，继续执行基层单位的财务内部控制工作，对2007年财务工作进行了财务收支、财务合规、经济效益审计。

创新信访工作方式，各级党政领导按照“一岗双责”要求，分片包干，深入基层，排查矛盾隐患，变“接访”为“约访、下访”，做好重点时期信访安全工作。全年处理各类信访案件211件次，其中来信75件次、来访37次、电话99人次。

规范机关信息公开。推进区属医疗类事业单位信息公开，重点公开医院基本信息、医疗服务规范、医疗服务信息。办结人大建议

7件、政协提案6件,办结率100%。

出版《公共服务报》12期。播出《公共服务在身边》电视专栏48期。在抗震救灾期间,制作战地专刊,刊载于《北京晚报》、《海淀报》、《海淀新闻周刊》。

为南方冰雪灾区捐款157324.8元。四川汶川地震后,组织捐赠活动,捐赠211.96万元。支援什邡市灾后重建,启动了"公共志愿服务基金"。

首次组织外地校园招聘会。全年招收毕业生183名,其中社区卫生服务中心招收100名。制定《海淀区公共委系统补充人员招聘实施办法》,组织首次面向社会的公开招聘。重新核定社区卫生服务机构编制,增加社区卫生服务机构财政补助事业编制500名。

开展"2008年度公共服务进万家活动"。推动文化进社区、进农村,倡导"每人每年捐一本好书"。在图书馆组织下,收到各单位捐赠图书13000余册,转赠敬老院、打工子弟学校、乡图书室等7家单位7000余册,《北京日报》、《京华时报》、《海淀报》、海淀台等媒体进行了报道。西北旺镇和八里庄街道、温泉镇和曙光街道组成文化交流对子。

与香格里拉饭店合作启动"08奥运光明行动"活动,为海淀区、内蒙赤峰市、宁夏吴忠市、青海海西州的约200名贫困白内障患者施行免费手术治疗;在奥运倒计时100天之际,开展为期2个月的"百名专家、千名护士进农村、进社区"活动;4月中旬至10月,在全系统开展"和谐团队展风采,服务奥运做先锋"的主题实践活动。

医疗卫生事业 区属医疗机构全年门(急)诊480.8万人次,出院53337人。"农民健康工程"基本完成,体检总人数72021人,并完成数据录入。

区妇幼保健院改扩建工程开工。区精神卫生防治院易址新建工程基本完成,全区精神病人纳入精防院统一管理。与意大利爱心与服务协会就启动特伦托项目达成共识,引进精神病康复模式经验,选取海淀区精神卫生防治院为试点。与阜外心血管医院合作共建海淀医院、四季青医院2个平台和社区综合防治体系,建立心血管病防治管理体系。区域医学影像服务中心建设项目二期工程扩充1个区域数据分中心、7家医院、2家社区卫生服务中心。医学数字图书馆试运行工作完成,海淀医院、海淀妇幼保健院成为第一批试运行单位。

完成104个社区卫生服务中心(站)的标准化建设任务,累计完成投资1.2亿元。社区卫生服务机构实施收支两条线管理,药品零差率销售实现城乡全覆盖。建立2056145份个人健康档案、694421份家庭健康档案,居民建档率100%;二、三级医院与社区卫生服务建立对口支援关系,通过门诊、会诊、带教培训、健康讲座、咨询义诊、双向转诊等方式缓解群众看病难问题。制定北部地区医疗卫生发展规划,启动卫生院改扩建工程。区属二级医院与山后地区卫生院一对一结对子发展。3所惠民医院成为海淀区新农合定点医疗机构。羊坊店医院成为"北京-四川新型农村合作医疗定点医疗机构"。

在抗震救灾中,组建150位中级以上职称医护人员组成的医疗救援队,从其中派出3批共12名医护人员、2辆救护车奔赴灾区执行医疗救治任务。救护车累计行程11000公里,运送各类危、急、重症病人110余人次,排查、诊治800余名伤员,护理伤员100余人。组建了2个梯次的医疗救援预备队,并在海淀医院建立价值289.8万元的海淀区地震应急医疗物资储备库。派出8辆救护车和16名医生和护士,将来自四川绵阳的91名伤员和87名家属转运至北京市老年医院接受治疗,并派出16名医护人员前往老年医院参与治疗护理。

在“三鹿问题奶粉”[①]事件发生后，建立“二级医院－社区卫生服务中心”两级筛查体系，区属二级医院累计筛查患儿 7410 人，社区卫生服务机构筛查 37061 人次。

接待孟加拉国卫生与家庭福利官员参观。接待什邡市考察团到海淀区妇幼保健院考察。

公共文化事业 开展文化大发展大繁荣调研，与区委宣传部、区文化委策划成立了海淀艺术团联盟。完成区博物馆新建基础调研工作，起草迁址可行性报告、文物征集方案、筹备工作计划、迁建经费报告。

参与策划并组织海淀区奥运文化广场、残奥会火炬传递海淀段结束仪式演出等活动；辅导 4 支社区舞蹈队参加天安门奥运广场舞大赛获优秀表演奖；参与文化部、北京市文化局举办的“点亮奥运、北京 2008”城市彩灯征集展示活动，获得 2 个金奖、2 个银奖、1 个铜奖；参与举办“三下乡”、“夏日文化广场”、“农民艺术节”、“五月的鲜花”等大型演出，组织“外来工作人员才艺大赛”、“椿树杯京剧票友大赛”、“河北梆子大赛”等群众性文艺比赛；开展“怎样搞好群众文化活动”、“怎样搞好基层文化设施建设”等参观交流活动。在大钟寺博物馆举办主题为“展民族文化风采，圆百年奥运梦想”文化遗产日宣传活动。海淀博物馆举办“海淀区清河镇、西苑地区及蓝靛厂地区胡同”展。

流动图书车下基层 159 天、268 次，行程 4154 公里，办证 193 个，图书流通 2124 人次、5774 册次，解答读者咨询 168 人次。区文化馆全年下乡演出 22 场，全年完成各种演出 57 场，参与观众 6 万多人次；举办其它文化活动 19 场。获市级一等奖 6 个、二等奖 9 个、三等奖 12 个。

奥运服务保障 制定《海淀区政府公共服务委员会奥运会筹备期与赛时应急医疗救治工作实施方案》，建立以海淀医院为中心、二级医院为主体的院内急救网络，建立以海淀医学救援中心及其所属急救站为主体，社区卫生服务中心为网底的院前急救网络；落实新增 13 个急救站的筹备、建设、运转、人员抽调、招募及培训工作，新增站点于 7 月运行。完成“好运北京”2008 国际举重邀请赛医疗保障工作，接诊患者 71 例。

奥运期间，除常规运行 17 个站点外，每天备有 5 辆急救车及 5 组人员待命，随时增援。97 名医务人员被抽调到北航举重馆、北大乒乓球馆、五棵松篮球馆及棒球场、人大游泳馆、海淀体育中心、奥运急救站、老山自行车馆及奥运村进行医疗服务保障。派出医疗机构 15 家、医务人员 429 人次，完成奥运会（残奥会）马拉松赛、公路自行车赛等外围赛事保障及开闭幕式焰火燃放、火炬传递、奥运文化广场、奥运售票点、紫竹院公园游行点等活动的医疗保障任务。海淀医院作为 24 家奥运定点医院中唯一一家区属医院，奥运期间启用急诊 ICU 与高干门诊作为奥运指定就诊区域，安排 16 名可以熟练使用英语的医护人员、20 余名导医人员协助做好专区患者接诊工作。奥运就诊专区在奥运期间共接诊涉奥人员 962 名。

公共委系统 2800 余名干部职工成为城市志愿者，主要承担应急医疗保障任务。组建 6 支 255 人的拉拉队，组织 3740 人次观赛。

队伍建设 建立社区卫生服务培训中心，加强社区卫生岗位技能培训；围绕“公共文化培训工程”，加强基础公共文化人才培养；海淀区妇幼保健院与华中科技大学同济医学院首次举办少儿卫生与妇幼保健学专业研究生课程进修班。举办 2008 年首期全科医师培训班，培训 10 个社区卫生服务中心的

---

① 三鹿奶粉事件：2008 年下半年，全国多个省份发生婴幼儿泌尿系统结石病例，且多为食用三鹿牌婴幼儿奶粉儿童。经调查，病因为三鹿集团在其生产的婴幼儿奶粉中非法添加三聚氰胺。随即全国开展奶业、奶制品大检查和婴幼儿泌尿系统结石病例大筛查活动。

10名医生。举办5次后备干部培训讲座,从基层推荐的100名高层次人才备选者中遴选出10名海淀区高层次卫生人才进行培训。区文化馆举办“2008奥运文化广场”主持人培训班等,开展培训117期,培训2.5万多人次。

继续推进与解放军总医院的科研合作项目;承担“惠民医院可持续发展研究”、“劳动合同法施行后事业单位人事管理问题探析”、“公共服务绩效考核理论探索与实践”等区委调研课题。与中央党校科研部合作开展“区县社会公共服务体制改革研究”课题调研。

召开公共委工会第一次会员代表大会,选举产生公共委工会第一届委员会和第一届经审委员会。

【海淀区医学救援中心(120)】 海淀区医学救援中心(120)承担海淀区约350万民众日常医疗急救任务和大型活动、灾害事故的医疗保障服务,以及专业急救队伍的培训、社区急救知识的普及和重点人员急救技能的培训等任务。2008年,区医学救援中心在原有1个中心、3个分站(中关村医院、四季青医院、上地医院)基础上新增育新花园分站。同时为做好奥运期间医疗急救工作,增设了13个临时站点,圆满完成奥运会(残奥会)场馆外城市运行及日常急救和五棵松比赛场馆、紫竹院公园游行点、公路自行车赛和马拉松赛、残奥会火炬传递等奥运医疗保障任务。四川汶川地震发生后,中心抽调1辆救护车、2名司机、1名护士奔赴灾区执行急救任务。2008年全年出车22246车次,其中实施日常医疗救护10280人次、危重病人抢救3252人次、突发公共事件救援28次。

【海淀医院通过“示范中医科”验收】 1月21日,北京市中医管理局举行北京地区第二批“示范中医科”验收工作会议,海淀医院通过验收。

【区妇幼保健院发售新生儿出生纪念金银证】 2月18日,海淀区妇幼保健院举行“新生儿出生纪念金银证正式销售首发式”,是全国首家出生金银纪念证发售点。其部分收益捐赠给中国妇女发展基金会设立母婴健康专项基金,重点用于边远贫困地区母婴保健及妇女儿童健康等公益项目

【羊坊店医院成为“北京－四川新型农村合作医疗定点医疗机构”】 3月27日,北京－四川新型农村合作医疗定点医疗机构授牌仪式在北京市羊坊店医院举行,羊坊店医院成为四川省新型农村合作医疗在京定点医疗机构之一(全市有2家,另一家是朝阳区第二医院)。近200万川籍在京参合农民到这两所定点医院就诊,能够享受到与北京市民同等的医疗服务和四川省的新型农村合作医疗补偿政策。

【海淀博物馆免费对公众开放】 3月28日起,海淀博物馆免费对公众开放。本次北京市又有33家博物馆免费对外开放。

北京市海淀区政府公共服务委员会
地　址:海淀区四季青路6号
邮　编:100195
电　话:88498108　88497285(传真)
电子信箱:hdggw2005@sina.com

区公共委所属事业单位(37个)

海淀区政府公共服务委员会医院管理服务中心
地　址:海淀区甘家口小区12号楼
电　话:88364211

海淀区卫生人才服务中心
地　址:海淀区甘家口小区12号楼
电　话:88364069

海淀区卫生学校
地　址:海淀区清河永泰庄北27号
电　话:62911802

海淀区医学救援中心
地　址:海淀区中关村大街29号
电　话:62520521

海淀区图书馆

地　址:海淀区丹棱街 16 号海兴大厦 C 座
电　话:82605291
海淀区博物馆
地　址:海淀区中关村大街 28－1 号
电　话:51601042
海淀区文化馆
地　址:海淀区中关村大街 28－1 号
电　话:51601622
北京市海淀医院(以下单位地址、电话、邮编见"卫生"篇)

北京市中关村医院
北京市中西医结合医院
海淀区妇幼保健院
北京市羊坊店医院
北京市上地医院
海淀区双榆树社区卫生服务中心(海淀区中医院)
海淀区甘家口社区卫生服务中心(甘家口医院)
海淀区北下关社区卫生服务中心(北下关医院)
海淀区北太平庄社区卫生服务中心(北太平庄医院)
海淀区清河社区卫生服务中心(清河医院)
海淀区精神卫生防治院
海淀区青龙桥社区卫生服务中心(新加入)
海淀区蓟门里社区卫生服务中心(蓟门里医院)
海淀区万寿路社区卫生服务中心(万寿路医院)
海淀区北蜂窝社区卫生服务中心(北蜂窝医院)
海淀区八里庄社区卫生服务中心(八里庄医院)
北京市海淀区西三旗社区卫生服务中心(新加入)
北京市海淀区花园路社区卫生服务中心(新加入)
四季青医院
玉渊潭医院
东升乡卫生院
海淀乡卫生院
东北旺中心卫生院
温泉中心卫生院
永丰卫生院
北安河卫生院
聂各庄卫生院
上庄卫生院
苏家坨中心卫生院　　(彭　婷)

信息化城市管理工作

【综述】　北京市海淀区城市管理监督指挥中心(简称区城市管理监督指挥中心)是海淀区运用信息化城市管理系统负责城市管理监督评价和指挥协调工作的区政府正处级行政机构,2006 年成立。加挂群众事务呼叫中心、非紧急救助服务中心和海淀区视频调度指挥中心 3 块牌子。本年 7 月 3 日,海淀区视频调度指挥中心挂牌。

信息化城市管理工作　2008 年,城市管理监督指挥中心信息化城市管理系统共受理监督员上报各类城市管理问题 197018 件,立案 195770 件,其中部件问题 7344 件,事件 188426 件。区属单位结案 191084 件,结案率 99.29%,及时率 94.82%。

2006 年 1 月,本区信息化城市管理工作启动,在三环以内的 6 个街道和上地信息产业基地、中关村西区等地区试点运行,同年 12 月在建成区推广运行,逐步建立了完备的指挥派遣和问题处置工作机制。2008 年年初,区委、区政府决定在北部地区推行信息化城市管理工作,并列入 2008 年区政府重点工作任务。指挥中心对北部地区开展调研,完成部件普查和大部分权属指认工作,修订立结案标准,制定试运行期间的问题处理时限,完成首批52名监督员的招聘培训、落实监督员装备等工作。至此,信息化城市管理工作在海淀全区域范围内开通运行。

指挥中心实行监督责任制。把6267个单元网格的监督巡查责任落实到每一名城管监督员;强化对各分中心的业务指导。开发出与信息化城市管理系统自动对接的考核评价系统,会同监察局、政府办督察室制定了11种考核评价指标,并将考评结果纳入相关单位的年度督查考核中。

及时有效地解决问题。细化派遣的责任主体,责任主体明确且唯一的问题,按责任主体派遣;责任主体虽然明确,但不唯一的问题,按牵头单位派遣;责任主体不明确的问题,按"归口"或"属地"派遣。建立复杂、疑难案件的确权和会商机制和问题分级处置制度,并规定了相应的派遣优先级、时限和处置规范。对重点问题及职能交叉、权责不清等问题进行现场协调督办;健全联席会议制度;对问题处理结果进行监督,所有问题的处理结果必须要有监督员进行现场核实,问题解决了才予以结案;对城市管理中的高发问题以及分布区域、特点进行统计分析,定期向有关部门和街(乡)通报。

开展奥运服务保障工作,加强全面监控,加大指挥协调,提升了区域城市管理和城市运行的效能水平。奥运服务保障期间,解决各类城市管理问题27716件,其中涉奥重点问题4171件。及时化解城市管理和运行中出现的问题、群众诉求希望解决的问题和威胁社会稳定的矛盾问题。视频监控系统对奥运场馆外围保障、突发事件处置及公路自行车、马拉松赛事进行服务保障。

群众事务呼叫(非紧急救助服务)工作　2008年,努力确立区政府"勤政为民、服务百姓"的"窗口"形象。群众事务呼叫系统受理各类群众诉求30730件,月均受理量约2500件。经分拣转办后,全区共有79家委办局、镇乡街道及具体作业部门承担群众诉求的答复解释和办理工作,共办结16285件,完成率97.87%,及时率95.82%。

视频调度指挥工作　海淀区视频调度指挥中心成立后,主要职责是负责区公共视频监控系统的管理、协调和维护及对视频监控系统反映的城市管理、社会治安、社会综合管理问题进行登记、受理,并转办相关责任部门。中心对全区2000余路视频图像进行统一调度、指挥和管理。区图像信息系统发现城市管理问题5636件、治安防控问题52件、应急突发问题8件,公安、交通部门累计调取录像超过千余小时。中心配合区综治办、区信息办做好视频调度指挥中心的建设,完成一、二、三期系统建设,26个街乡镇的2387路视频图像与指挥中心实现互联、互通、可控。

【城市管理部件普查】　4月26日,指挥中心启动城市管理部件普查工作,全年完成工作总量的90%。全部工作计划2009年一季度完成。本次普查面积更新区域222.76平方公里,北部四镇普查面积207.8平方公里。外业调查的图幅北部四镇3176幅,奥运7个街道1165幅,其他更新区域2848幅,共计7189幅。调查部件约120余万个、地理信息编码8万余个。

北京市海淀区城市管理监督指挥中心
地　址:海淀区长春桥路17号
邮　编:100089
电　话:82570487
(严　岩)

城管监察执法

【综述】　海淀区城市管理监察大队(以下简称城管大队)是本区城市管理综合行政执法机关,成立于1998年12月1日。本年,城管大队行使市容环境卫生管理、市政管理、公用事业管理、城市节水管理、园林绿化管理、环境保护管理、城市河湖管理、施工现场管理、停车管理、交通管理、工商行政管理、城市规划管理、旅游管理共13个方面职能、282项处罚权和4项行政强制措施,下设32个基层分队。全年查处各类案件2.6万起,罚款650万元。本年,城管大队被评为“北京市城管执法系统奥运会、残奥会环境秩序保障突出贡献单位”,海淀分队被中共中央、国务院授予“北京奥运会、残奥会先进集体”荣誉称号。

12月1日,城管大队由海淀区丹棱街10号新海大厦迁至东北旺路32号上地办公中心(2009年1月1日后更名为海淀区东北旺南路27号上地办公中心)。

奥运保障 北京奥运会筹备和举办期间,城管大队落实“平安奥运行动计划”,建立健全“四全四控”(全方位调控、全天候布控、全过程监控、全覆盖防控)防控体系,开展环境秩序综合整治。完善保障机制建设,制定奥运环境保障工作方案、应急预案6个,开展应急演练6次;加强科技城管建设,改装指挥车、配置PDA执法终端、为执法车加装GPS卫星定位系统。奥运赛事期间,海淀区奥运场馆、训练场馆、涉奥路线、重点旅游景区和主要商业繁华场所周边的市容环境秩序良好,小街、小巷、胡同的市容环境秩序明显改善。

及时处理中关村南大街理工大学东门至魏公村路口夜间出现的大面积遗撒问题。

实施分类管理,在时间上,将奥运会划分为严整、严防、严控、严守四个阶段;在地域上,将全区划分为奥运核心区、奥运涉足区、奥运外围区三类区域;在执法力量上,将28个地区分队划分为常规保障、加强保障、超强保障三种级别,实行分片包干责任制,对28个地区分队实施“一对一”的工作监督和指导。各分队按照定人、定车、定时、定岗、定责的要求实行“实名制”。强化内部监督管理,依据“千分制”和“百分制”考核办法,注重跟踪问效,实行工作会商制、情况通报制、“黄牌”警示制及责任追究处理制。

奥运会期间,在涉奥地区增设100余个“城管执法服务站”,每个服务站配备2至3名能用英语交流的城管执法人员。残奥会期间,设立了助残服务站。

监察执法 强化与公安、交通、各街乡镇等部门的协作;实行部门联勤联动,开展联合执法行动。与公安、交通部门组成的联勤联动执法组,保证长安街沿线环境秩序良好;与环保、园林等8个部门就案件移送、接转、办理、反馈等环节进行沟通,保证案件办理的时效性和执法效果的最大化;与京密引水管理处成立京密引水城管协管分队;与各街乡镇联合整治奥运场馆周边的违法建设、暴露垃圾;与工商、商务、环保等部门合作,开展食品安全和施工工地联合检查,保证了城市环境管理无缝隙。

城管大队全年上账拆违任务513处、41.23万平方米,3月底在全市率先完成上账拆违任务。4月1日,海淀区拆违工作在市政府的《昨日市情》上被通报表扬。年内还拆除账外违法建设307处、8.38万平方米和新生违法建设124处、2.23万平方米。全年共拆除违法建设944处、51.84万平方米。完成市级挂账的22处占压电力、供水和燃气管网建筑物的排查工作,拆除3处违法建设;配合“区08环办”,拆除了中央电视塔、天佑市场、首体周边、如意门、韩家川等地区的违法建设;完成区国土资源分局移送的第七次卫星遥感发现的10处违法建设的排查、拆除等任务。

治理环境秩序突出问题,加强“门前三包”管理,对无主垃圾、违规户外广告、晚间霓虹灯断亮、夜市大排档等问题开展专项治理;严控重点地区无照经营行为,对辖区内一、二、三类大街和地区实行“人盯车巡”。加大对非法张贴散发小广告和“黑车”的执法力度,协助民政部门救助流浪乞讨人员,加强施工工地管理和对运输车辆道路遗撒的查处,开展食品安全、非法出版物、店外经营、废旧物资回收等专项执法行动40余次。五棵松场馆等90余个涉奥场所周边、96条重点道路两侧的环境改善,颐和园周边、西三旗、清河、五棵松等地区的“黑车”问题得到遏制。

全年共查处违反“门前三包”规定211起,罚款8万元;查处无照经营1.73万起,罚款36万元;查处非法张贴、散发小广告1635起、小广告窝点366个,罚款47万元,收缴各类小广告285万张;录入非法小广告电话号码2.4万条,移送停机处理1.05万部,罚款30万元;查处“黑车”574起、罚款206万元,罚没黑“摩的”、黑人力三轮车517辆;查处未按规定施工324起,罚款150万元;查处未按规定运输车辆896起,罚款122万元;收缴盗版淫秽光盘4.47万张。救助流浪乞讨人员253人次。

执法为民 以96310城管热线、区“三中心”①为依托,解决群众关注的问题;规范信访办理工作,完善约访、下访、会商研判和稳控等工作机制,形成接收、办理、回复的闭合控制回路。在全区开展的“平安奥运”维护稳定大会战和矛盾纠纷排查化解大接访活动中,按照“吸附在基层,消除在初始”的工作原则,将大接访活动延伸到各分队。加大对群众信访问题办理的监督,提高各类案件的办结率。全年共办理各类信访件853件,办理96310城管热线3.9万件,接听群众举报电话1.5万件,办复率均为100%;接收区信息化城市管理系统派遣案件15万件,占全区职能部门总量的93%,占全区总量的80%,办结率99%;办理各类行政投诉信件73件,接待群众行政投诉来访57批、140人次,做到件件有回音。

运用提示、告诫、约见、建议等管理行为,采用送达告知书、签订责任书、发放宣传资料及张贴公示等方法,强化服务功能。全年各分队发放行政指导提示单、告诫书等4100余份。改革执法证据保存办法,变提取证据为固定证据,逐步扩大现场执法照片在案卷中的适用范围,增强了办案的严谨性。在奥运环境整治工作中,拆除违规户外广告410余处、3万余平方米,规范牌匾标识2100余处、4万余平方米,未出现一起行政复议案件,未发生一起安全责任事故;提示、督促相关部门清理脏乱点400余个,清理垃圾6000余吨。做好案前化解工作,引导当事人自愿撤议、息诉。

开展“暖心利民工程”等活动,解决群众反映强烈的热点、难点问题,全年为群众办实事、办好事1890件。常年在颐和园、公主坟、人大东门三个重点部位设立“城管执法服务站”。全年“城管执法服务站”(包括奥运、残奥会期间增设的服务站)共为来京的外国人士提供帮助500余次,为群众提供指路服务16万余人次。

“公众城管”建设 加强信息工作,全年在《北京日报》、《北京青年报》等13家市级以上媒体刊登稿件251条,在《海淀报》等区级媒体刊登稿件79条;在中央、北京电视台播发新闻228条,制作编辑《城管视点》24期;在北京广播电台、交通台等电台播发新闻549条;编发信息117期、546条,城管监察简报27期;编辑《城管》杂志12期。规范信息公开工作,按照5大类、28个分支进行政务信息公开,全年公开政府信息470条;加强法律知识的宣传,提高公众的法律意识;采取走访、召开联系会议等形式,听取社会单位、居民的意见和建议。

动员社会力量维护、管理城市环境秩序。创新治理非法张贴、散发小广告的方式,采取监控非法小广告多发重点地区,暂停非法小

① “三中心”是城市管理监督指挥中心、群众事务呼叫中心(非紧急救助服务中心)和视频调度指挥中心的简称。

广告通信服务号码,督促环卫、街道保洁部门、“门前三包”单位加强清理保洁,引导社区、院校建立信息亭、信息栏,联合公安、工商等部门查处小广告窝点,建立预警机制、奖励群众参与等多种治理非法小广告的措施。聘请“社区环境监督员”、成立“城市环境秩序监督员”队伍、组织“社区劝导队”,发动群众维护社区的环境秩序;开展“假日文明行动”,组织社会单位、志愿者参与纠正不文明的行为;组织小学生开展用散发的小广告制作污物盒等活动。加强社会监督,组织社区居民、社会单位为城管执法工作打分,并将评议成绩作为考核分队执法工作的依据。

队伍建设 开展“和谐城管,平安奥运”主题教育、演讲比赛、礼仪知识竞赛等专题活动;开展教育培训活动,154 名科队长、政工干部和业务骨干参加专项培训,540 名队员、517 名协管员参加全员培训,93 名保安员参加岗前培训;参加公务员超市学习,开办奥运保障重点分队英语口语小教员培训班;举办心理辅导讲座和自救互救知识培训。

加强日常动态管理,建立重点人员、内部矛盾、执法风险和人员管理四本台账;依托“千分制”和“百分制”考核办法,强化工作绩效考核和人员日常管理。完善中层领导干部竞任上岗和任用制度,坚持每年两次对中层班子进行考核。严格案卷管理和评查,加大案卷复审及评查中行政处罚自由裁量的审核,定期发布案卷评查情况通报。聘请 127 名党风廉政监督员,加强对全员执法风纪、廉洁自律等方面的行政执法监督。全年共办理人大代表建议、政协委员提案 103 件,办结率 100%。

发挥基层党组织和共产党员的作用,在“平安奥运城管先锋行”专题教育活动中,成立 58 个共产党员突击队、95 个共产党员责任区、73 个共产党员示范岗;南方部分地区遭受低温冷冻灾害和四川汶川发生大地震后,全大队共捐款 30 余万元。继续开展“聚心工程”,组织慰问城管“好后盾”、队员体检、春季登山、摄影书法等活动,慰问李志强烈士亲属及家庭生活困难的队员。

【采取治理非法小广告工作新举措】 5 月 6 日,城管大队公布实施《非法小广告违法行为举报奖励办法》。年内市民上交清理张贴、收捡的非法小广告 163 万余张,向分队移送张贴、散发非法小广告的违法人员 28 人。地贴小广告严重的中关村大街、当代商城门前、双安商场周边的情况明显好转。城管大队分 30 批奖励市民 400 余人次,奖励金额 10.7 万元。

下设地区分队

1. 永定路分队
   地 址:海淀区永定路 57 号院 210 号楼北侧
   电 话:68760347
2. 万寿路分队
   地 址:海淀区万寿路西街 8 号
   电 话:68160516
3. 羊坊店分队
   地 址:海淀区北蜂窝中路甲 2 号
   电 话:68216361
4. 甘家口分队
   地 址:海淀区阜成路北 10 号楼东侧
   电 话:68475008
5. 八里庄分队
   地 址:海淀区亮甲店 1 号恩济西苑 7 号楼
   电 话:88131371
6. 紫竹院分队
   地 址:海淀区万寿寺北里 5 号楼
   电 话:68413478
7. 北太平庄分队
   地 址:海淀区明光北里甲 3 号
   电 话:62276965
8. 北下关分队
   地 址:海淀区双榆树南里华侨公寓北侧
   电 话:62149634

9. 海淀分队
地　址:海淀区苏州街75号院内
电　话:62559884
10. 中关村分队
地　址:海淀区知春路甲49号
电　话:62542671
11. 学院路分队
地　址:海淀区志新西路16号
电　话:82385110
12. 清河分队
地　址:海淀区清河三街72号
电　话:62913473
13. 青龙桥分队
地　址:海淀区西苑一亩园
电　话:62881370
14. 香山分队
地　址:海淀区香山路甲1号
电　话:82593165
15. 西北旺镇分队
地　址:海淀区西北旺镇屯佃村千秋花园北侧
电　话:62479171
16. 四季青镇分队
地　址:海淀区四季青镇东冉村29号
电　话:88430592
17. 田村路分队
地　址:海淀区田村路41号
电　话:88629705
18. 海淀乡分队
地　址:海淀区西苑操场108号
电　话:62887478
19. 上地分队
地　址:海淀区马连洼北路9号
电　话:62983293
20. 花园路分队
地　址:海淀区花园北路35号
电　话:62044063
21. 西三旗分队
地　址:海淀区清河龙岗路6号
电　话:62993361
22. 马连洼分队
地　址:海淀区农大南路万树园小区西侧
电　话:62987654
23. 高校分队
地　址:海淀区清华大学照澜院15号
电　话:62799786
24. 东升乡分队
地　址:海淀区成府路甲45号
电　话:82673817
25. 苏家坨镇分队
地　址:海淀区苏家坨镇苏家坨路
电　话:62404510
26. 温泉镇分队
地　址:海淀区温泉镇温泉路
电　话:62400115
27. 上庄镇分队
地　址:海淀区上庄镇八家村80号
电　话:82473991
28. 曙光分队
地　址:海淀区蓝靛厂西路1号曙光办公中心
电　话:88874543

海淀区城市管理监察大队
地　址:海淀区东北旺南路27号上地办公中心
邮　编:100193
电　话:82785803　　　　(乔东升)

信访和人民建议征集工作

海淀区委区政府信访办公室是区委区政府负责本区人民来信来访事务的工作部门,挂人民建议征集办公室牌子。同时,负责全区重点人民内部矛盾纠纷排查调处工作、人民建议征集工作和区长信箱邮件的办理工作。2008年,信访工作围绕“奥运会举办年”主题,开展领导干部大接访活动,加大矛盾纠纷排查化解力度,解决突出矛盾和问题,实现“三无”①和“双零指标”②。

2008年,全区共受理信访案件39194件,同比下降15.5%。区信访办受理群众信访7235件(批)。收到群众来信6426件,其中联名信50件、6347人次;受理群众到区来访809批、6182人次,其中集体访196批、5281人次。市长信箱收到信件1666件,区长信访箱收到信件1273件。征集人民建议206件。群众到区政府要求复查案件227件,立案165件,其中已办结161件,正在办理4件,协助市复查复核委员会办理17件。开展重点矛盾纠纷排查4次。全区排查出矛盾纠纷1509件,化解771件;区级重点矛盾54件,化解29件;重信重访专项治理疏理出123件案件,化解67件。国家信访局和市信访办交办信访案件81件,办结79件;中央和市联席会交办49件,办结48件。对18件重点矛盾纠纷报请市级协调。本区群众越级到市集体访52批2228人次,越级到国家信访集体访4批154人次。

为实现“平安奥运”的总目标,维护社会和谐稳定,畅通信访渠道,7月1日至11月30日,本区开展大接访活动。成立以区委书记、区长为组长的大接访活动领导小组,组建接访、法律政策研究、疏导劝返、监察督查、信息材料、宣传报道6个专项工作组,抽调145人成立29个督导组,由6名副区级领导和23名正处级领导担任组长,并吸收人大代表和律师参加,按照“七个一批”③的要求开展工作。

区属各部门各单位均成立大接访活动领导小组。开展“开门接访、重点约访、带案下访、定期回访”工作,区委书记、区长每周半天时间接待上访群众,区四套班子成员和相关部门负责人接待或到基层下访接待或重点约访,直接听取群众诉求;处级班子主要领导每周2天时间接待信访群众,保证每个工作日都有处级领导接待信访群众,保证上访群众人人都能得到领导接待。实行首访责任制、领导接访包案责任制,明确属地单位、责任单位、责任人的责任和调处化解时限,确保“事事有答复,件件要落实”。通过媒体公布预约电话、接访时间和地点,保证上访群众得到领导接待。召开有上访群众代表参加的协调会、座谈会,通报信访案件办理的进展情况和结果。

完善矛盾纠纷会商协调机制。通过区矛盾纠纷排查调处工作领导小组组长会(区联席会议)、大接访督导组工作片会、区排查办主任办公会、大接访活动领导小组办公室碰头会、信访问题协调会等,研究解决大接访活动中出现的问题。大接访期间,每天召开大接访矛盾纠纷会商会,由法律工作人员协助界定矛盾纠纷的合法性及适用法律法规,由区监察局督促承办单位落实工作方案。召开区排查调处领导小组组长会、排查办主任办公会共18次,研究解决重大疑难信访问题,每周召开一次区排查调处领导小组组长会,听取各单位矛盾排查、大接访工作情况汇报;每周召开二次区排查办主任办公会,对重点矛盾纠纷逐案剖析,大多数矛盾纠纷在基层得到化解或稳控。落实领导包案制度,化解信访难题。

大接访期间,26名区领导参加接待135次,接待来访群众431批1859人次,其中主要区领导参加接待41次,接待信访群众131批560人次;立案211件,化解114件。处级

① 三无:无重大重复上访户、无信访群体性事件、敏感时期无非正常上访。

② 双零指标:无非正常上访,无群体性事件。

③ 七个一批指的是在大接访活动中,对于群众反映的问题,诉求合理的集中解决一批,诉求不合理的集中教育一批,无理缠访闹访集中处置一批,确实生活困难的集中帮扶一批,历史积案和重信重访的创新工作方法集中化解一批,跨系统跨部门的会同市相关部门协调一批,属于政策问题一时解决不了的采取有效措施稳控一批。

领导干部参加接待875次,接待群众875批次2083人次,化解405件。全区区、处两级领导共接待上访群众1306批3942人次,519件矛盾纠纷得到化解。褐石园小区业主入住、玉渊潭金属结构厂拆迁、四季青镇民宅纠纷等一批复杂问题得到较好解决,紫金长安小区矛盾得到较好稳控,矛盾纠纷较多的四季青镇、海淀乡等群众上访量大幅下降。

建立覆盖全区街道、乡(镇)、村(社区)三级矛盾纠纷排查和调解防范工作网络,搭建起与驻地单位共同化解社会矛盾的"新平台"。海淀乡、田村路街道、西北旺镇等在属地范围内逐村组、逐社区、逐单位进行摸排梳理,做到村不漏户、户不漏人、人不漏事。学院路街道组织街道调委会、38个社区调委会、158个调解小组、1600余名调解信息员组成的四级调解力量,主动查找和介入各类矛盾纠纷,将大量矛盾化解或稳控在辖区内。在排查的基础上,全区各单位对辖区内矛盾纠纷立档建册,明确责任部门和责任人,建立动态接访资料库,每天向区大接访办公室反馈情况,29个街乡建立分类工作台账60余册。各单位加大重点矛盾解决力度,制定工作预案。对到区以上集体访挂账案件逐一制定具体措施,明确责任人和办结时间。西三旗街道、八里庄街道、苏家坨镇等将"四访"报告表公示;香山街道、东升乡等建立"重访"、"老户"和"重点人员"工作台账,做到矛盾产生原因、涉及人数、包案领导、责任单位、解决办法和办结时限"六清楚",并对矛盾纠纷信息即时分析,实行动态管理。

根据市联席会议《关于推进建立重大决策信访风险评估机制的指导意见》(京信联办(2008J22号)的要求,建立重大决策信访风险评估机制。成立了以区信访办、法制办、司法局为成员单位的工作机构,初步形成了《海淀区重大信访案件风险评估办法》。

建立法律政策研究分析机制,律师参与接访工作,协助界定梳理群众反映的信访问题。安排律师向信访人宣讲法律政策,引导其依法上访。

建立信访案件督导督办制度和处理结果公开通报制度。监察督查专项组对信访案件全程跟踪督办。对区领导接访的信访件,均交由监察督查专项工作组负责督办。对信访案件的办理进行全程跟踪督办,对案件处理结果在一定范围内通报。在大接访活动期间,各督导组与街乡镇一起接访、约访、下访、回访431批752人次,召开案情会商、工作协调等会议156次。

海淀区委区政府信访办公室
地　址:海淀区长春桥路17号
邮　编:100089
电　话:82510660
(张文华)

档案工作

【综述】　海淀区档案局是海淀区政府主管全区档案工作的行政管理机构,海淀区档案馆是地方性综合档案馆,海淀区档案局、档案馆合署办公。2008年,区档案局以做好奥运档案工作为重点,加强重点领域的档案服务和资源建设。被市档案局评为"北京市奥运会残奥会档案工作先进集体"。"照片档案数字化管理研究"课题获市科研成果三等奖,《档案馆开展口述档案工作大有可为》获中国档案学会第六次档案学术论文三等奖、市档案学会2006~2007年度学术论文一等奖,《海淀区家庭建档为和谐社会服务的探索与实践》获中国档案学会第六次档案学术论文三等奖及区调研工作优秀成果奖,《为城市文化建设服务是档案展览的方向》和《档案法制化演进的动力体系》获市档案学会学术论文三等奖,《海淀区社区档案利用者的目标市场选择》获市档案学会学术论文创意奖。

档案执法管理　与区法制办联合制定

“2008 年度档案行政执法检查考核评估细则”，对 47 家单位档案工作进行了执法检查；对升级、复查及前期的奥运档案进行了专项检查。实施了首例档案行政处罚。

加强档案基础管理工作。对 46 家立档单位进行检查。对奥运工程监督工作档案进行专项检查，制定《海淀区档案局关于对确保赛后奥运资料齐全、完整归档进行专项行政监察的实施方案》及《关于加强奥运服务保障工作档案管理的意见》。与区环保局联合下发《关于加强第一次全国污染源普查档案管理的通知》，并协助做好档案管理工作。对区公共委、卫生局、民政局、红十字会、新闻中心等抗震救灾重点单位加强档案工作指导，做好抗震救灾文件材料的归档工作。专题调研海淀区“医保档案”和“最低生活保障档案”等涉及民生档案工作。

本年，贯彻落实国家档案局颁布的《机关文件材料归档范围和文书档案保管期限规定》（国家档案局 8 号令），印发《海淀区机关文件材料归档范围和文书档案保管期限规定实施细则（试行）》；完成全区 64 个党政机关和人民团体机关文件材料归档范围和文书档案保管期限表的审批工作，以及 36 个企事业单位文件材料归档范围和文书档案保管期限表的备案工作。

指导培训工作　对全区 137 个单位的 160 余名档案工作者进行了关于实施《机关文件材料归档范围及文书档案保密期限规定》的培训，对区政协、区委办、区政府办、永丰产业基地、北部办、实创环保园、区公共委、图书馆等 9 家单位进行了专题业务培训，200 余人参加了奥运档案管理专项培训，上岗与网上继续教育培训人数达 522 人。近 200 家外资企业的行政经理和财务经理参加了区档案局与中关村外资企业协会联合举办的档案法律基础知识及会计档案培训。全年培训人数达 1437 人次。

档案信息化建设　本馆承担的《公共档案馆服务活动中的著作权保护研究与应用》通过国家课题组评审，《照片档案数字化管理研究》课题通过北京市评审。区档案馆以《照片档案数字化管理研究》课题为依据，对馆藏照片档案进行数字化转换。机关文档中心完成数字档案的目录与图像全文挂接。《家庭档案为民生建设服务的研究》和“关于翻译及出版《英汉档案缩略语汇编》的可行性研究”两个科研项目获市、区批准立项。完成区档案局（馆）网络升级改造工程，加强了网络监控的能力。奥运期间平均每日拦截各级网络攻击 600 余次。2008 年有 7.9 万人次浏览本馆网站。

档案征集利用　2008 年，海淀区档案馆共征集档案、资料 900 余件，接收进馆档案 11099 卷，不立卷 963 件，资料 86 册，照片 3532 张。征集、整理陈春先第二批资料进馆，增添“名人展”展室熊希龄、杜丽丽的展品。截至年底馆藏档案总数为 173610 卷，不立卷 3087 件（因馆藏部分全宗档案立卷整理，故件数减少），资料 12350 册，照片 22717 张。

全年接待利用者 5707 人次，利用档案 9436 卷、资料 286 册。开展馆藏满 30 年的档案开放审查鉴定工作，审定到期 63 个全宗 2010 卷档案，开放 894 卷，开放率达 44.48%。根据《中华人民共和国政府信息公开条例》的规定，区档案馆在 5 月前完善馆内政府信息公开场所的制度和设施建设。设立 20 余平方米的查阅场所并配备相应设备，制作了《中华人民共和国政府信息公开条例（摘要）》、《海淀区档案馆查阅政府公开信息服务规则》等制度明示牌。全年接收、上架政府公开信息 140 件（法规文件、公开指南）。

机关文档中心全年接收区直机关档案 1850 卷，接待利用者 124 人次，利用档案 628 卷、电子档案 231 件。

全程拍摄了政协海淀区八届委员会第二

次会议、海淀区十四届人大三次会议、第五届中关村国际美食节、区红十字会赈灾捐赠仪式等重大活动,共拍摄影像资料 750 分钟。编辑《2008 年度领导政务活动汇编》6 套、《海淀新闻汇编》23 期、《海淀新闻汇编》(特快版)7 期、《海淀档案工作》12 期以及《2007 年海淀区大事记》。创办《海淀网络新闻》和《海淀网络新闻》(特快版),共向区领导发送 12 期。编写了《海淀区先进模范人物名录及事迹选编(1949-2008)》一书。

宣传教育 继续发挥爱国主义教育基地的宣传和教育作用。利用“海之澜 淀之浒”海淀史迹展,开展“知海淀 爱海淀 建海淀”宣传。市区属机关单位、街道社区、乡镇机关、社会各界群众参观了《华彩海淀·非物质文化遗产档案集萃》陈列展。举办了《辉映海淀·海淀区先进模范人物事迹选》、《海淀区入选首批北京市艺术家庭图片展》、《承载历史 铸就明天》等巡回展览,全年巡回展览参观人数达 14900 人次,馆内展厅、展室参观人数 6794 人次。

1 月,“北京海淀区档案馆非物质文化遗产档案展”图文报道获档案工作者摄影研究会开展的档案工作风采摄影大赛三等奖。配合北京市档案局举办“北京档案珍藏展”,提供了香山慈幼院及巴沟村土改工作等有关档案资料。

【创办《海淀网络新闻》】 7 月 1 日,区档案局利用互联网创办《海淀网络新闻》和《海淀网络新闻》(特快版)。把从网络媒体中搜集到的反映海淀的新闻进行汇编,以电子邮件的形式发送给区有关领导。

海淀区档案局、档案馆
地　址:海淀区万泉河路 81 号
邮　编:100089
电　话:62626900-340
网　址:www.hdda.gov.cn　　(孟宪华)

地方志工作

海淀区党史区志办公室负责海淀区地方志和《海淀年鉴》编纂工作。

2008 年,区史志办学习中央和市级领导关于第二轮修志工作讲话、《中国地方志指导小组关于第二轮地方志书编纂的若干意见》和《关于开展北京市第二轮地方志书编纂工作的通知》,开展海淀区第二轮地方志编纂的准备工作,初步讨论并编订了篇目草案。《关于二轮修志一些问题的思考》一文刊登于北京地方志办公室网站理论版。

召开海淀区 2008 年年鉴工作会议。举办《北京海淀年鉴》培训会,组织全区《北京海淀年鉴》撰写员参加培训。编辑出版《北京海淀年鉴·2008》,25 个一级类目,74 万字,新增奥运筹办工作 1 个一级类目。《北京海淀年鉴·2007》获中国出版工作者协会年鉴工作委员会第四届全国年鉴编校质量检查评比活动二等奖。

编发《海淀史志》4 期,刊登文章 50 余篇,共 40 余万字,累计出刊 11 期。完成《北京大辞典》海淀部分约 1000 余条目的修改审核工作。与清华大学校史馆座谈清华园历史。参加圆明园协会举办的《康熙年间的海淀园林》讲座。踏访万安山法海寺、晏公祠、五塔寺等文物古迹。　　(王　鑫)

机关事务管理

海淀区政府机关事务管理处负责区委、区人大、区政府、区政协机关运转的支持保障工作,负责区属行政事业性国有资产管理、政府采购管理、公共机构节能管理、机关职工住房管理、后勤保障管理等工作。本年,区机关事务管理处服务大局,完成各项任务。

区机关事务管理工作集团化趋势加强，管理区域扩大。完成中关村人才发展中心电力系统改造，人事局、劳动局部分下属单位、中关村人才市场入驻；从京门房地产公司接管上地办公中心A、B座办公楼；成立田村办公中心和卫生大厦监管科。到2008年底，机关事务管理处共监管第一办公区、第二办公区、曙光办公中心、区政府综合楼、招商大厦、中关村人才发展中心、上地办公中心、妇女儿童活动中心、田村办公中心和卫生大厦等10个办公场所。

完成购置国有资产、办公用房调整、设备改造等任务。完成对马连洼社区服务中心办公楼、海淀进出口检验检疫局办公大楼、区质量技术监督局质检中心大楼、招商大厦、苏州街49－1号房产、区药监局万寿路西街北8号等8处房产的过户手续。接管西北旺大学生公寓、人事局东北旺东馨园1号楼人才公寓的资产。对区人事局、中关村东路100号、区新闻中心、区农村合作经济经营管理站、五棵松体育场馆、区奥运指挥部等6个部门的资产进行无偿划拨，本单位共增加资产1112580元。完成对区建委、区法院、区环保局、区疾病控制中心、区城管大队、区渣土管理中心办公用房的调研工作。截至年底，机关事务管理处共有房产16处，总面积393125平方米，总资产13.76亿元。

完成了上地办公中心绿色停车场项目、曙光办公中心立体停车场项目、第一办公区政协会议室装修工程。在建的有第一办公区信访楼、妇女儿童活动中心装修改造项目、田村路办公中心装修改造项目。办理第一办公区康体改造项目和招商大厦立体停车库项目前期手续。工程建设全年无事故。

加强财务监管，落实财务制度。全年累计实现资金收付3.8亿余元，处理会计凭证5431张。完善物品采购程序。完成办公区餐卡系统联网工作。完成对统计、税务、财政等各部门有关资料的申报。

强化制度管理。贯彻执行《北京市公共场所禁止吸烟范围若干规定》（市政府第204号令），制定了《区机关办公区禁烟管理规定》。制定《区政府机关食堂餐卡、餐券管理规定》和《物业监管规范手册》（初稿）。

开展节能降耗工作。区政府第一办公区完成有关能源监测和节能改造的论证工作。曙光办公中心、上地办公中心、招商大厦、人才发展中心、第二办公区开展了节能计量、监测、改造工作，已完成5个办公区用能情况诊断工作，并提出改造方案。对全体监管人员进行节能知识培训。

按照公开、公正、公平的原则执行政府采购项目。本年，政府集中采购项目立项102个，完成采购项目107个（其中重招项目25个），采购预算金额28773.3407万元，实际采购结果金额26754.3105万元，节约财政资金2019.0301万元，节约率约6.66%，有效投诉为零，采购人满意率100%。

全年公务用车出车4245台次，安全行驶134210多公里，完成11辆车的年检工作。共接收、发送文件235000余件，接收档案3700余件，转寄档案420件；接收各类刊物17000余册，报纸350000余份，平信10万余封，挂号信、特快、包裹、汇款单4200余件，未出现丢失、错送等问题。根据单双号限行规定，制定了奥运期间公务车出车时间表，指派专人负责调度，完成奥运期间的公务车使用保障任务。

区机关幼儿园申报市级示范幼儿园，对园舍进行了修缮装修，获得海淀区最佳学习型团队奖、海淀区园本培训示范园，海淀区幼儿园教育管理先进集体等称号。

筹备成立机关职工住房管理中心。根据《关于机关职工周转住房建设管理工作的会议纪要》（海政会［2008］46号）的精神，筹备机关职工住宅建设前期工作。

为奥运服务提供后勤保障。加大对进

出入办公区人员、车辆的盘查力度,加大对办公楼内、院外的巡查密度,加大夜间对办公区的巡视,增加对办公区内监控区域的监控。各办公区安排人员24小时值班。调研与奥运有关的固定资产,走访收集资料,落实奥运赛事后资产处置工作。在奥运会筹备、举办期间,部分人员被借调到奥运服务一线工作。

下设直属机构

1、海淀区政府采购中心

2、海淀区机关幼儿园

海淀区人民政府机关事务管理处
地　址:海淀区长春桥路17号
邮　编:100089
电　话:82510733
电子信箱:hdxzcbgs@163.com　　(傅昱程)

北京第29届奥林匹克运动会会徽

奥运会吉祥物

北京第13届残疾人奥林匹克运动会会徽

残奥会吉祥物

8月8日晚8时，第29届奥林匹克运动会在北京开幕。

3月7日，海淀区举办奥运服务保障誓师大会。

值守桥梁等重点目标

社区巡逻

奥运交通保障

区城市管理监督指挥中心的公共视频监控系统保障奥

奥运场馆卫生监督检测

（本版图片 李瑞林 摄）

运场馆安保监测

奥运赛事保障

8月8日，北京奥运会火炬在海淀区一〇一中学奥林匹克青年营传递。 （李瑞林 摄）

9月5日，北京残奥会火炬在颐和园传递。 （李瑞林 摄）

社区居民热情感受奥运火炬　　（李瑞林 摄）

海淀区奥运火炬手　　（李瑞林 摄）

环卫职工全力保障奥运环境卫生

本区举办奥运家庭英语赛

奥运姐妹指路队

（区妇联 供图）

(环卫中心 供图)

(本版图片除署名外均为 李瑞林 摄)

北大附中学生卢菲手绘50米长卷向奥运会献礼

祝福奥运寄语

手语培训服务残奥会

为中国加油

农村欢庆奥运会

外国残疾人在残奥会期间参观颐和园 （李瑞林 摄）

8月20日，7名奥运会获奖运动员在金源时代购物中心参加“红色梦想——冠军与您相约”活动，与小朋友们分享成功的喜悦。 （李瑞林 摄）

8月8日，北京奥运会开幕当天，本区有2902对新人登记结婚。 （李瑞林 摄）

五棵松奥运会篮球比赛门票销售 （李瑞林 摄）

本区志愿者服务奥运会、残奥会

（团区委 供图

（本版图片除署名外均为 李瑞林 摄）

（团区委 供图）

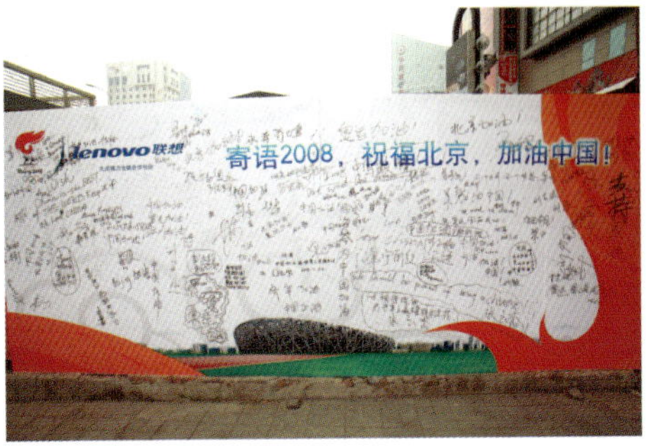
lenovo联想
寄语2008，祝福北京，加油中国！

同一个世界 同一个梦想
One World One Dream

Beijing 2008

Beijing 2008
金牌
51
银牌
21
铜牌
28
中国

位于海淀区的奥运会、残奥会比赛场馆

首都体育馆

五棵松棒球场 （李瑞林 摄）

北京大学体育馆

北京理工大学体育馆 （李瑞林 摄）

北京航空航天大学体育馆

（侯少辉 摄）

五棵松篮球馆 （李瑞林 摄）

中国农业大学体育馆 （李瑞林 摄）

（于腾飞 摄）

北京科技大学体育馆

本区运动员林跃（左）和队友火亮获北京奥运会男子双人10米跳台冠军。（区体育局 供图）

本区上庄镇视力障碍运动员朱鹏凯夺得北京残奥会男子标枪F11/F12级决赛冠军，并打破世界纪录。

本区运动员张琳获北京奥运会男子400米自由泳银牌，实现了中国男子游泳的历史性突破。（区体育局 供图）

本区运动员杨育青（右）与队友获北京残奥会男子4x100米接力T11–T13级冠军并打破世界纪录

户籍在本区的运动员何可欣获北京奥运会女子体操高低杠冠军。

奥运会女子马拉松参赛运动员途经清华园 （郭海军 摄）

残奥会比赛中，海淀残疾人观众为运动员加油。 （李瑞林 摄）

海淀职工文明拉拉队为运动员加油 （区工会 供图）

街头奥运赛程每日公布 （李瑞林 摄）

8月9日，奥运会男子自行车比赛途经海淀，道路两旁挤满了欢呼加油的人群。 （刘新生 摄）

位于阜外亮甲店1号恩济西园的海淀区奥运服务保障工作总指挥部

7月24日，区奥运服务保障工作总指挥部召开全体会议，研究奥运会开幕前的各项工作。

10月10日，区领导与奥运会、残奥会获奖的海淀区运动员合影。

10月10日，海淀区在中国农业大学体育馆举行奥运工作总结表彰大会。（本版图片 王慧春 摄）

奥运专题

概述

2008年8月8日至24日、9月6日至17日，第29届奥林匹克运动会、第13届残疾人奥林匹克运动会在北京举行。海淀区作为举办北京奥运会、残奥会的重要区域，承担的奥运筹办和服务保障任务具有点多、线长、面广、量大的特点。点多是指涉奥场馆多，区域内有各类涉奥场所、机构86个（奥运火炬传递及军事安保设施未计在内），其中：竞赛场馆有7处8个，占全市的25.8%；独立训练场馆8处26个，占全市的53%；附属训练场馆2处3个，占全市的14.3%；非竞赛场馆3个，占全市的20%；4个奥运之家；有公路自行车和马拉松2项开放性赛事和火炬传递活动；奥运签约宾馆、饭店23家，占全市的20.5%；定点医院5家，占全市的20.8%；还有2处奥运文化广场、7家餐饮服务公司、1个交通场站、2个呼叫中心。线长一是指比赛线路长：公路自行车赛海淀段线路全长20.9公里，占全程20%以上；马拉松比赛线路全长19.8公里，占总里程的近半；海淀区奥运会火炬转运17.8公里、传递350米，残奥会火炬传递总长3500米（不含水上距离），颐和园水上传递时间30分钟。二是指赛事服务保障时间长：从7月20日到9月20日，包括城市运行工作的部署时间、运动员等到达时间、奥运会火炬在京传递时间、奥运会比赛时间，奥运会与残奥会间隔时间、残奥会火炬在京传递时间、残奥会比赛时间、城市运行工作的撤除时间等，历时2个月。面广是指涉及面广，奥运赛点、训练点分布于驻区12所大学，服务保障范围以学院路、五棵松地区为重点，覆盖全区80%的街乡（地区），涉奥场所覆盖全区29个街乡（地区）；场馆类型全，既有竞赛场馆和开放式比赛线路，又有训练场馆和非竞赛场馆，既有新建场馆，又有改扩建和临建场馆；场馆业主单位类型多，有国家体育总局、院校、企业和区政府；与奥运会和残奥会有关的宾馆、医院、购物娱乐场所、名胜古迹较多。量大是指海淀区承担了11项“好运北京”测试赛（其中2008年承担了5项）外围保障任务，占全市的28.2%；奥运会10项赛事，占全部28大项的35.7%；残奥会7项赛事，占全部20大项的30%；海淀区奥运环境整治上账任务总量居全市前列。

奥运服务保障工作是指围绕奥运赛事，通过开展场馆建设、市政通讯保障、环境整治及景观建设、安全保卫、交通组织、社区关系协调、商务整顿、组织观众、医疗防疫、食品药品安全、文化活动（精神文明建设）、新闻媒体、气象服务、宗教服务、应急管理以及组织宣传等各项工作，落实保障预案、处置突发事件，从而为场馆提供一个良好的、安全的、优质的和无障碍的外部环境，确保赛事顺利进行。

奥运服务保障工作的总体思路是：按照“以竞赛场馆为中心，以场馆为基础，以属地为保障”，在城市运行相关部门配合下，统筹协调各专业指挥部、各场馆外围保障团队、街乡奥运服务保障机构，以场馆外围保障区域为重点，步调一致地做好服务保障工作，确保赛事顺利进行。

全区奥运服务保障工作的总体要求是：全面贯彻党的十七大精神，以邓小平理论和“三个代表”重要思想为指导，深入贯彻落实科学发展观，在北京奥组委和市委、市政府的统一领导下，按照市委十届三次全会、北京奥组委第五次全体（扩大）会议及区委十届六次全会的部署要求，充分发挥体制优势，积极落实绿色奥运、科技奥运、人文奥运理念，广泛宣传超越、融合、共享的残奥理念，进一步完善全区奥运服务保障工作指挥体系，调动各方面积极性，整合资源，强化内外沟通机制，发挥海淀优势，体现海淀特色，争创一流，营造安全有序、稳定和谐的社会氛围，确保全区各场馆内部运行、外围保障和城市运行的高度统一，圆满完成全区奥运服务保障工作任务，为全力办好一届“有特色、高水平”的奥运会做出新贡献。

海淀区把奥运筹办和服务保障工作作为首要的政治任务来抓。从2001年北京申办奥运会成功开始，全区人民经过7年的努力，特别是2006年、2007年两年的工作，到2008年，海淀区形成“1＋10＋22＋29”的指挥体系，实行区级领导分片包干、一岗双责，建立指挥统一、责任明确、分工合理的领导指挥体系，各项服务保障措施、工作预案周密细致。坚持以竞赛为中心、场馆为基础、属地为保障，加强属地党委、政府与涉奥机构的沟通协调，建立了沟通协调制度、信息综报制度、工作汇报机制、联席会议制度以及领导小组工作会、场馆运行与外围保障联席会、街道乡镇与涉奥单位协调会的“三会”制度、运行团队与区奥指办日常联络协调等机制，使场馆运行、外围保障和城市运行实现了无缝衔接，形成了全区大融合、大保障、大联动、大服务的工作格局。

全面实施平安奥运行动，建立了“统一领导、专群结合、统筹兼顾、标本兼治”的工作机制和“网格化布防，区域联防、全区联动”的治安防范体系。以奥运场馆、涉奥场所为重点，启动社会面一级防控。奥运期间，累计投入警力12万人次，动员群防群治力量788万人次，实现了“五个不发生”①、“八个安全”②的目标，奥运期间警情和发案均降至2000年以来的最低点。在全市率先建立涉奥场所周边生产经营单位安全监管台账，开展全覆盖、高频率安全大检查和隐患大排查。开展维稳大会战和矛盾纠纷排查大接访活动，从7月1日到残奥会结束，区、处两级领导共接访1142批2964人次，有效化解矛盾纠纷497件次，实现“双零”③指标，实现平安奥运。

全区应急体系与奥运应急体系有效对接，制定各类应急预案600余件，开展实战演练360场次。开展风险源调查和风险评估工作，建立了系统、动态的风险评估机构，做好应对突发应急事件的物资保障、人员力量、通讯联络准备。妥善处理了五棵松等场馆奥运门票销售、101中学奥运会火炬传递、奥运开幕式纪念邮品发行、奥运会开幕式当天婚姻登记现场群众聚集等各类应急突发事件。及时发现和处理涉奥城市管理问题4171件。

提升城市管理和运行的精细化、智能化水平，既保障城市发展和市民生活的日常需要，又满足奥运特殊需求。奥运期间城市秩序良好、服务到位、保障有力。辖区内场馆运行做到了住宿服务高标准、餐饮供应零投诉、仪器安全零事故、医疗保障无差错；市政、交通、通讯、地下管线等各系统运转顺畅。城市管理视频图像信息系统建成并投入使用，区级层面问题处理的及时率和结案率分别为

---

① 即确保不发生危害社会安全的暴力恐怖事件，不发生敌对势力和“法轮功”等邪教组织的捣乱破坏事件，不发生恶性重大刑事事件，不发生大规模的群体性事件，不发生群死群伤重大安全事故和有重大社会影响的社会事件。

② 即确保奥运设施安全、重点地区部位安全、公共交通安全、基本通讯安全、水电气热运行安全、食品药品安全、公共卫生安全、信息网络安全。

③ 无非正常上访、无群体性事件。

94.8%和99.3%；全区日常生活品供应充足，没有发生重大传染病疫情、食品安全等突发公共卫生事件，在北京市商业服务业满意度测试活动中，海淀各项指标和总分均排名全市第一。

2008年是海淀区环境建设“治乱、见新、添彩”中的“添彩”阶段，主要进行环境整治及景观建设，推进奥运场馆及周边地区、重点大街、“城中村”、城乡结合部等区域的违法建设拆除、垃圾渣土清运、建筑物外立面清洗粉饰、老旧小区整治、夜景亮丽照明、花卉布置等工作。拆除违法建设近44万平方米，对13处边角地进行集中整治，修缮改造老旧小区93个。完成楼房外立面清洗粉饰511.2万平方米。对136条主要道路进行全面清理，实施昆玉河沿线等89栋住宅楼夜景照明工程。完成涉奥重点地区94公顷的绿化美化任务。奥运赛时花卉景观布置840余万株（盆）。实施“碧水蓝天”工程，奥运期间全区空气质量天天达标，空气质量创十年来最好水平。

以“做文明市民，建文明城区，办成功奥运”为主线，开展“迎、讲、树、促、建”活动，实施“九大文明行动”。广泛开展各种涉奥文化活动和群众性文化体育活动，举办了万名公务员签名、“和谐社区杯”乒乓球比赛和百名院士、将军、教授、企业家、世界冠军寄语奥运等大型活动；开展奥运培训和教育，倡导人文奥运理念；成立奥运会海淀区志愿者联合总队，组织25.8万余名志愿者、包括8000名拉拉队员服务奥运会、残奥会，其中驾驶员志愿服务做到了“零事故、零故障、零投诉”。奥运残奥期间全区共接待境外媒体记者2300多名。

7月20日，海淀全面进入奥运会赛时运行体制，在原有的奥运筹办和赛时保障工作体系的基础上，采用“三级双进入制”，进一步充实、完善区奥运筹办和赛时保障工作领导小组。同时，海淀区奥运服务保障工作体系与上级奥运工作体系逐级对接，区域各竞赛场馆、独立训练场馆、非竞赛场馆、独立训练场馆外围保障团队与其对应的运行团队对接，全区各街道、乡镇奥运服务保障工作指挥机构与辖区内的涉奥场所和机构对接。

海淀的8个比赛场馆共举行奥运会赛事500场，产生金牌64枚（北京奥运会首枚金牌产生在海淀），接待运动员6500人次、观众80万人次；共举行残奥会赛事212场，产生金牌49枚。党和国家领导人及一些重要外宾多次莅临海淀观赛。来自海淀的运动员在奥运会上获得两枚金牌、一枚银牌，在残奥会上获得两枚金牌并打破两项世界纪录，实现了海淀体育史上的重大突破。海淀区奥运会和残奥会火炬传递组织工作，分别被北京奥运会火炬接力北京地区传递组委会授予优秀组织奖。

海淀区为奥运会、残奥会在北京的成功举办作出了重要贡献。奥运会、残奥会也为本区留下了场馆、配套设施等奥运物质财富，为区域经济社会发展、改善群众生活质量创造了有利条件。海淀区在奥运服务保障工作中形成了“为国争光的爱国精神、艰苦奋斗的奉献精神、精益求精的敬业精神、勇攀高峰的创新精神、团结协作的团队精神”为主要内容的奥运精神和其他一大批丰硕的奥运文化成果。

附：

一、海淀区域内奥运场馆及涉奥场所（依据奥运会开幕前夕最后确认的情况）

（一）竞赛场馆：7处8个，占全市31个的25.8%，分别是：

1、五棵松场馆群

奥林匹克篮球馆（新建）

测试赛　篮球　4.19－4.26

奥运会篮球预赛、决赛 8.9-8.23

五棵松棒球场(临建)

奥运会棒球预赛、决赛 8.13-8.23

2、北京大学体育馆(新建)

奥运会乒乓球预决赛 8.13-8.23

残奥会乒乓球预决赛 9.7-9.15

3、北京科技大学体育馆(新建)

测试赛 跆拳道 2.26-2.29

奥运会 柔道 8.9-8.15 跆拳道 8.20-8.23

残奥会 轮椅篮球预赛 9.7-9.16 轮椅橄榄球预赛 9.12-9.16

4、北京理工大学体育馆(改扩建)

测试赛 排球 4.16-4.21

奥运会 排球预赛 8.9-8.18

残奥会 盲人门球 9.7-9.14

5、北京航空航天大学体育馆(改扩建)

测试赛 举重 1.20-1.24

奥运会 举重 8.9-8.19

残奥会 举重 9.9-9.16

6、中国农业大学体育馆(东区)(新建)

奥运会 摔跤 8.12-8.21

残奥会 坐式排球 9.7-9.15

7、首都体育馆(改扩建)

测试赛 排球 4.16-4.21

奥运会 排球预赛、决赛 8.9-8.24

(二)训练场馆:

独立训练场馆:8处26个(首都体育学院教学训练综合楼四层体操馆为新增),占全市49个的53%,分别是:

1、海淀体育中心场馆群、3个:

海淀体育馆(乒乓球)

海淀综合训练馆(乒乓球)

海淀体育场(足球)

2、北京语言大学体育馆(篮球)

3、北京交通大学体育馆(排球)

4、首都师范大学体育馆(排球)

5、北京体育大学场馆群、9个:

足球训练场(足球)

大鹏馆(体操)

训练馆A(现代五项射击)

训练馆B(现代五项击剑)

马术场(现代五项马术)

田径场(现代五项跑步)

游泳馆(现代五项游泳)

综合馆(排球)

综合馆附馆(排球)

6、首都体育学院场馆群、6个:

训练馆A(柔道)

训练馆B(跆拳道)

游泳馆(水球)

教学训练综合楼四层体操馆(体操、新增)

田径馆(体操)

田径场(田径)

7、中国人民大学体育馆场馆群、2个:

世纪馆(艺术体操)

游泳馆(游泳)

8、清华大学体育馆场馆群、3个:

体育馆(篮球)

游泳跳水馆跳水池(跳水)

游泳跳水馆游泳池(水球)

附属训练场馆:2处3个,占全市21个的14.3%,分别是:

1、北京航空航天大学训练馆(举重)

2、五棵松棒球练习场1号

3、五棵松棒球练习场2号

(三)开放性比赛线路(2条)

1、马拉松赛海淀段(总长42.195公里,海淀段全长19.8公里)

测试赛 4月20日

奥运会 8月17日(女子)、8月24日(男子)

残奥会 9月17日

2、公路自行车赛海淀段(总长102.6公里,海淀段全长20.9公里)

(四)非竞赛场馆:3个,占全市15个的20%,分别是:

1、北京奥运大厦

2、奥运会工作人员注册和制服发放中心(奥运大厦配楼)

3、一〇一中学奥林匹克青年营

(五)奥运之家(4个)

1、北京师范大学美国运动员训练营驻地①

2、海淀公园意大利奥运之家

3、北京体育大学意大利运动员训练营

4、联想集团赞助商之家

(六)其他涉奥场所

1、签约宾馆、饭店:2008年调整后为23家,占全市的20.5%。

五星级7家:北京西苑饭店、北京翠宫饭店、北京京都信苑饭店、香格里拉饭店、北京金域万豪酒店、北京世纪金源大酒店、北京新世纪日航饭店。

四星级8家:钓鱼台大酒店、北京友谊宾馆、梅地亚中心、北京燕山大酒店、北京长峰假日酒店、丽亭华苑大酒店、中苑宾馆、清华紫光国际文化交流中心。

三星级5家:湖北大厦、北京西郊宾馆、北京首体宾馆、北京鸿翔大厦、梦溪宾馆。

二星级2家:花园饭店、大唐科苑宾馆。

其他:北京光华之家国际酒店。

2、定点医院:5家,占全市的20.8%。

中国人民解放军总医院

北京大学第三附属医院

北京大学口腔医院

北京海淀医院

中国人民武装警察部队总医院(新增)

3、交通场站(1处)

海淀奥运交通场站(昆明湖南路甲7号院)

4、呼叫中心(2处)

第29届奥林匹克运动会观众呼叫中心(皂君庙9号B座904)

北京外国语大学多语言服务中心(北京外国语大学内)

5、奥运文化广场(2处)

中华世纪坛奥运文化广场

北京科技大学奥运文化广场

6、独立训练场馆配餐点(7家)

园丁园餐饮有限公司

北京体育大学后勤管理处

首都体育学院总务处饮食服务中心

清华大学饮食服务中心

北京交通大学后勤集团饮食服务中心

中国人民大学饮食服务中心

首都师范大学饮食服务中心

二、海淀区承担的2008年“好运北京”测试赛(共16项,海淀区承担其中5项)

1、中国举重公开赛,1月20日-1月24日,北京航空航天大学体育馆。

2、跆拳道国际邀请赛,2月26日-2月29日,北京科技大学体育馆。

3、全国俱乐部男女排球赛,4月16日-4月21日,北京理工大学体育馆、首都体育馆。

4、国际女子篮球邀请赛,4月19日-4月26日,五棵松篮球馆。

5、马拉松赛,4月20日,海淀赛段起点为三里河路口,终点为健德桥,全长19.8公里。

三、海淀区域内举行的奥运会赛事(10项,占全部28个大项的35.7%)

本届奥运会共设比赛项目28个大项,需37个比赛场馆,其中北京地区31个,其余6个分别位于秦皇岛、青岛、香港、沈阳、天津、上海6个城市。海淀区奥运会比赛项目有

① 2007年为非竞赛场馆,2008年调整为奥运之家。

10大项,分别是:乒乓球、举重、摔跤、柔道、跆拳道、篮球、棒球、排球、公路自行车、马拉松。

四、海淀区域内举行的残奥会赛事(7项,占全部20个大项的35%)

本届残奥会有比赛项目20个大项,除帆船在青岛、马术在香港举行外,其它项目均在北京举行。海淀区的残奥会比赛项目有乒乓球、举重、坐式排球、轮椅橄榄球、轮椅篮球、盲人门球、马拉松。

五、海淀区选送的奥运会火炬手(19名)

谭维克——区委书记

吴长清——海淀区直机关工委书记

米　良——北京至高美术馆馆长

平亚丽(女)——北京市平亚丽盲人按摩院按摩师

宋瑞宏——海淀公安分局恩济庄派出所民警

陈　茹(女)——海淀区民政局婚姻登记处主任

黄晓文——北京市海淀区人民检察院政治处主任

李春玲(女)——海淀区植物组织培养技术试验室主任

赵晓霞(女)——海淀区环卫卫生服务中心一队党支部书记

刘彭芝(女)——人大附中校长

王树新——学院路街道东王庄社区居委会主任

贺贝奇——北京电视台新闻主播、海淀区青年联合会副主席

李　鸥(女)——海淀医院高干门诊护士

张　唤——北京一〇一中学学生,海淀区中学生学生总会主席

王小兰(女)——时代集团总裁

张丽君——翠微大厦股份有限责任公司董事长、总经理

孟令迪——海淀区体育局局长

齐素霞(女)——海淀区重竞技体校教练员

刘　贵——海淀区体育局副局长

六、驻区单位选送的火炬手(名单不全)

鲁瑞清——海龙集团董事长

杨利伟——中国航天员科研训练中心副主任

吴敬琏——北京大学经济学院教授

白岩松——中央电视台主持人

宋鱼水——北京市海淀区人民法院庭长

胡　凯——清华大学

邓中翰——北京中星微电子有限公司董事长

魏　红(女)——北京市颐和园管理处导游服务中心主任

丽菲玛(女)——尼日利亚人、北京语言大学学生

胡　洁——北京清华城市规划设计研究院风景园林规划设计研究所

罗　京——中央电视台播音员

许智宏——北京大学校长、中科院院士

柳传志——联想集团创始人

冯　军——华旗爱国者总裁(在雅典传递奥运圣火)

刘漪秾——中国人民大学附属中学学生

白　林——清华园街道南楼社区居民

刘　通——八一中学初二学生

七、海淀区选送的残奥会火炬手(5名)

邱长贵——区环保局科长

马　军——区法院民一庭庭长

朱鹏凯——区残疾人体育协会

张　涛——四方电气集团有限公司副总裁

吕雪晶——北京市第三聋人学校教师

八、海淀区境内奥运圣火传递火炬手(8名)

郭　涵——青年营场馆团队副主任,北京一〇一中学校长

李建立——青年营残疾人营员代表,山东省特殊教育中等专业学校计算机技术专业2007级学生

尼古拉斯(Nicolas Kontochristopoulos)——青年营希腊营员,击剑运动员

王雪峰——共青团中央青年志愿者工作部部长

萨曼莎(Samantha Whitesid)——青年营加拿大营员,Geulph大学学生

马嘉阳——青年营营员,北京景山学校高中学生

王　粤——北京2008奥林匹克青年营场馆主任,共青团北京市委副书记

许智宏——北京大学校长,中科院院士

九、中国奥运会代表团中海淀区输送的运动员(9名,另有户籍在本区的1名运动员)

林　跃(男子双人10米跳台、金牌)

张　琳(男子400米自由泳银牌、1500米自由泳第7名)

辛　桐(男子公开水域赛第24名)

刘哮波(男子跆拳道预赛80公斤以上级)

王楠、孙炜、王伟(男子棒球第8名)

张培萌(男子200米、4×100米接力赛,4×100米接力赛进入决赛)

邢衍安(男子4×100米接力赛,进入决赛)

何可欣(女子高低杠金牌,户籍在花园路街道)

十、参加残奥会的海淀区运动员(7名)

朱鹏凯(男,在海淀区注册)　视力残疾
　标枪 F11/12　金牌

杨育青(男,在海淀区注册)　视力残疾
　T11/13　4×100米接力　金牌
　T12　100米　铜牌
　T12　200米　铜牌

徐　然(男,在海淀区注册)　肢体残疾
　T36　100米　第4名
　T36　200米　第5名

彭凤玲(女,居住在海淀区)　肢体残疾
　女子轮椅蓝球　第8名

李鹏程(男,居住在海淀区)　肢体残疾
　男子轮椅蓝球　第11名

张　磊(男,居住在海淀区)　肢体残疾
　男子轮椅蓝球　第11名

郭严冬(男,居住在海淀区)　肢体残疾
　男子轮椅蓝球　第11名

奥运筹办和赛时服务保障工作组织指挥体系

根据北京市统一部署,2006年6月,海淀区成立了区奥运保障工作指挥部,指挥部下设“2008”环境建设、场馆建设保障两个指挥部及综合协调办公室。同时,“2008”环境

建设指挥部成立办公室(简称区08办,于1月成立,6月2日正式列编),为正处级临时行政机构。全区29个街道乡镇成立“2008”环境建设分指挥部,负责本地区城市环境景观、市政设施建设整治及环境秩序整治工作的具体落实。2006年,海淀区就形成了以区08环境建设指挥部统一指挥、区08办统筹协调、40个成员单位和29个分指挥部为主体的奥运环境建设工作体系。2007年5月15日,海淀区在北京市率先成立区奥运服务保障工作总指挥部,即海淀区奥运筹办和赛时保障工作领导小组。同年6月18日,海淀区奥运服务保障工作总指挥部办公室成立。

随着奥运的临近以及2007年北京测试赛向赛时运行转变,根据北京奥组委及市委市政府有关要求,海淀区于2008年对区奥运服务保障工作指挥体系进行了充实调整,到奥运会召开前夕,海淀区已形成完善的“1+10+22+29”的奥运筹办和赛时服务保障工作组织指挥体系,即区奥运筹办和赛时保障工作领导小组(区奥运服务保障工作总指挥部),及领导小组办公室(总指挥部办公室、区奥运办)和环境建设、场馆建设及设施保障、社区关系协调、安全保卫及交通组织、商务环境保障、宣传发动、组织动员、“迎讲树促建”活动、应急、督察10个专业指挥部、22个外围保障团队以及29个街乡奥运服务保障工作指挥机构。领导小组(总指挥部)及其办公室、10个专业机构与市级有关机构对接,各竞赛场馆、独立训练场馆、非竞赛场馆外围保障团队与其对应的运行团队对接,街道乡镇奥运服务保障工作指挥机构与辖区内的涉奥场所和机构进行对接。

组织指挥体系

海淀区奥运筹办和赛时保障工作领导小组(海淀区奥运服务保障工作总指挥部)

组　长(总指挥):谭维克(区委书记)

林抚生(区委副书记、区政府区长)

副组长(副总指挥):周来升(区人大常委会主任)

彭兴业(区政协主席)

执行副组长:

张　彦(北京大学党委副书记、北京大学体育馆运行团队主任)

杨　宾(北京理工大学党委副书记、副校长,北京理工大学体育馆运行团队主任)

权良柱(北京科技大学副校长、北京科技大学体育馆运行团队主任)

秦世成(中国农业大学体育馆运行团队主任)

王揖涛(国家体育总局冬季运动管理中心主任、党委副书记,首都体育馆运行团队主任)

魏志敏(北京航空航天大学副校长、北京航空航天大学体育馆运行团队主任)

王　粤(团市委副书记、奥林匹克青年营运行团队主任)

穆　鹏(海淀区政府副区长、五棵松场馆群运行团队和外围保障团队主任)

主要职责:组织落实中央、北京奥组委、北京市委市政府、海淀区委区政府关于奥运筹办和赛时保障工作的决策部署和工作要求;统筹协调区域资源和力量为奥运赛事服务,做好后勤保障工作,满足赛时筹办和赛事运行需要;按照“平安奥运”的要求,做好奥运安保工作;深入开展“迎奥运、讲文明、树新风——我参与、我奉献、我快乐”活动。领导小组(总指挥部)下设办公室、10个专业指挥部、22个场馆外围保障团队、29个属地奥运服务保障工作指挥机构。领导小组(总指挥部)与北京奥运会、残奥会总指挥部及运行指挥部对接。

领导小组(总指挥部)办公室(简称区奥指办)

主　任:刘　鸿(区委常委、区委办公室主任)

吴亚梅(区政府副区长)

丁志明(区政府办公室主任)

副主任:吴宝华(区机关事务管理处书

记,专职)

白　艳(区纪委副书记、区监察局局长)

张　炜(区文明办主任)

杨剑飞(区委办常务副主任)

陈　清(区委组织部常务副部长)

周建欣(区委政法委常务副书记)

潘开云(区社会建设工作办公室主任)

张　强(区建委主任)

孙俊宏(区财政局党组书记)

王淑侠(区商务局局长)

周有建(区市政管委主任、区08环办主任)

魏怀忠(区委宣传部常务副部长)

陈　刚(区城市管理监督指挥中心常务副主任)

张启兵(区委办公室副主任)

王伟丽(区政府办副主任)

魏　星(区建委副主任,专职)

任小平(区城管指挥中心副主任,专职)

区奥运办与区奥指办合署办公,区涉外宾客项目接待工作运行协调小组办公室设在区奥指办。区奥指办下设行政秘书组、协调联络组、宣传信息组、后勤保障组四个工作组,设一个专职副主任。主要工作职责是:在奥指办的领导下,加强各专业指挥部之间的工作统筹协调,保证全区步调一致地开展工作;负责起草、审核、印制以区奥运服务保障工作总指挥部及办公室名义上报和下发的各类公文;负责以区奥运服务保障工作总指挥部及办公室名义举行的各类会议和活动的组织、保障、服务工作;及时收集、汇总、上报工作中遇到的困难和问题,组织专题会议研究解决,并督促落实;加强与北京奥组委、市委市政府及市相关部门的沟通联系,落实解决上级交办的各项工作任务;加强与区域内各有关单位的协调联络,按相关规定处理好对外事务;负责全区奥运服务保障工作信息的收集、编辑、报送、指导工作;负责本办公室各类文件的立卷归档,及对各专业指挥部文件归档的业务指导;完成上级主管部门和区奥运服务保障工作总指挥部交办的其它任务;统筹协调建立区奥运城市运行及信息化指挥中心。奥指办对接北京市奥运会(残奥会)总指挥部及运行指挥部办公室,市运行指挥调度中心,市竞赛指挥组,市外事联络组,市机场协调组,市政府奥运办,市城市运行保障协调小组、市奥运之家协调小组、市残奥会筹办工作指挥部。

专业指挥部(10个)

环境建设指挥部(对接市运行指挥部交通与环境保障组,市08环办,市环境保护协调小组)

场馆建设及设施保障指挥部(对接市运行指挥部工程设施保障组)

社区关系协调指挥部

安全保卫及交通组织指挥部(对接市运行指挥部安全保卫组、交通与环境保障组,市平安奥运行动协调指挥领导小组、市交通协调小组)

商务环境保障指挥部(对接市运行指挥部服务协调组,市餐饮协调小组、市医疗卫生协调小组、市住宿协调小组)

宣传发动指挥部(对接市运行指挥部宣传文化组)

组织动员指挥部(对接市运行指挥部人才资源及志愿者工作组,市志愿者协调小组、市志愿者培训协调小组)

“迎讲树促建”活动指挥部(对接市运行指挥部宣传文化组,市“迎讲树”活动协调小组、市文化活动协调小组)

应急指挥部(对接市运行指挥部技术及网络保障部)

督察指挥部

区奥指办和10个专业指挥部同时负责“好运北京”各项测试赛的相关工作任务。

场馆外围保障团队(22个)

按照奥运赛事和“好运北京”体育赛事

需求,海淀区设立22个场馆外围保障团队,每个保障团队下设办公室、安保、交通、市政通讯、环境整治、景观建设、商业整顿、社区关系协调、应急管理、观众组织等专项工作组。场馆外围保障团队的主要工作职责是:开展现状调查,制定外围保障各项准备工作标准,列出具体工作项目,排出工作计划,落实工作经费,确定工作职责;组织宣传发动,开展文化教育活动;开展环境整治,搞好绿化、美化、亮化及户外广告整顿等工作;做好市政保障,落实水、电、气、热、电信等保障措施;规范商业服务,加强场馆周边各类商业服务单位的规范管理;加强社区管理,维护周边秩序,构建和谐环境;研究安全保卫、交通组织、观众引导工作方案,编制突发事件应急预案;加强无障碍设施建设与管理。

场馆外围保障区域是在场馆(场馆群)封闭区之外,划定一定宽度的区域范围,是城市运行和场馆内部运行的一个重要联结区域。奥运场馆外围保障工作在政府统一组织下,围绕奥运赛事,开展系列工作,为场馆提供一个良好的、完全的、优质的和无障碍的外部环境,确保赛事顺利进行。

五棵松场馆群场馆运行团队(竞赛场馆)、外围保障团队(万寿路街道)

北京大学体育馆场馆运行团队(竞赛场馆)、外围保障团队(海淀街道)

北京理工大学体育馆场馆运行团队(竞赛场馆)、外围保障团队(紫竹院街道)

北京科技大学体育馆场馆运行团队(竞赛场馆)、外围保障团队(学院路街道)

中国农业大学(东区)体育馆场馆运行团队(竞赛场馆)、外围保障团队(学院路街道)

首都体育馆场馆运行团队(竞赛场馆)、外围保障团队(北下关街道)

北京航空航天大学体育馆场馆运行团队(竞赛场馆)、外围保障团队(花园路街道)

首都体育学院场馆内部团队(训练场馆)、外围保障团队(北太平庄街道)

海淀体育中心场馆内部团队(训练场馆)、外围保障团队(海淀街道)

清华大学体育馆场馆内部团队(训练场馆)、外围保障团队(青龙桥街道)

北京体育大学场馆内部团队(训练场馆)、外围保障团队(上地街道)

北京语言大学体育馆场馆内部团队(训练场馆)、外围保障团队(学院路街道)

北京交通大学体育馆场馆内部团队(训练场馆)、外围保障团队(北下关街道)

首都师范大学体育馆场馆内部团队(训练场馆)、外围保障团队(八里庄街道)

中国人民大学体育馆场馆内部团队(训练场馆)、外围保障团队(新海大厦)

北京奥运大厦、奥运会工作人员注册和制服发放中心内部团队(非竞赛场馆)、外围保障团队(学院路街道)

一〇一中学奥林匹克青年营内部团队(非竞赛场馆)、外围保障团队(青龙桥街道)

北京师范大学美国运动员训练营驻地奥运之家工作领导小组(非竞赛场馆)、外围保障团队(北太平庄街道)

海淀公园意大利奥运之家外围保障团队(非竞赛场馆)(海淀乡)

马拉松赛海淀段赛时指挥机构(竞赛场馆)、外围保障团队(办公室设在区奥指办)

公路自行车赛海淀段运行团队(竞赛场馆、设在先农坛体育场)、外围保障团队(办公室设在区奥指办)

奥运会火炬传递海淀段保障工作团队(非竞赛)

街道乡镇奥运服务保障工作指挥机构(29个)

在与区奥指办、10个专业指挥部、22个外围保障团队充分对接的原则下,全区29个街道乡镇设立奥运服务保障工作机构(有场馆的街道乡镇可根据实际情况与场馆外围保障团队合署办公),与辖区内的涉奥场所和机构进行对接。同时将全区29个街乡镇划分为4片，由区四套班子主要领导分别联系，区主要领导全面领导所联系街乡镇的奥运安保工作，定期召集街乡镇协调会，定期到所联系街乡镇调研、走访。

万寿路街道属地奥运服务保障工作指挥机构(解放军总医院)

甘家口街道属地奥运服务保障工作指挥机构(金域万豪酒店、新世纪日航饭店、西苑饭店、钓鱼台大酒店)

紫竹院街道属地奥运服务保障工作指挥机构(香格里拉大饭店、友谊宾馆、北外多语言服务中心)

中关村街道属地奥运服务保障工作指挥机构(翠宫饭店、燕山大酒店)

清河街道属地奥运服务保障工作指挥机构

香山街道属地奥运服务保障工作指挥机构

马连洼街道属地奥运服务保障工作指挥机构

田村路街道属地奥运服务保障工作指挥机构

曙光街道属地奥运服务保障工作指挥机构(世纪金源大酒店)

永定路街道属地奥运服务保障工作指挥机构(长峰假日酒店、武警总医院)

四季青镇属地奥运服务保障工作指挥机构(奥运海淀交通场站)

海淀乡属地奥运服务保障工作指挥机构

温泉镇属地奥运服务保障工作指挥机构

上庄镇属地奥运服务保障工作指挥机构

羊坊店街道属地奥运服务保障工作指挥机构(梅地亚中心、京都信苑宾馆、中华世纪坛奥运文化广场)

八里庄街道属地奥运服务保障工作指挥机构

北下关街道属地奥运服务保障工作指挥机构(中苑宾馆、湖北大厦、首体宾馆、观众呼叫中心、北大口腔医院)

北太平庄街道属地奥运服务保障工作指挥机构

海淀街道属地奥运服务保障工作指挥机构(海淀医院)

学院路街道属地奥运服务保障工作指挥机构(西郊宾馆、梦溪宾馆、北京光华之家国际酒店、北京科技大学奥运文化广场)

青龙桥街道属地奥运服务保障工作指挥机构

西三旗街道属地奥运服务保障工作指挥机构

花园路街道属地奥运服务保障工作指挥机构(鸿翔大厦、丽亭华苑大酒店、花园饭店、大唐科苑宾馆、北医三院)

上地街道属地奥运服务保障工作指挥机构

清华园街道属地奥运服务保障工作指挥机构(紫光国际文化交流中心)

燕园街道属地奥运服务保障工作指挥机构

东升乡属地奥运服务保障工作指挥机构

西北旺镇属地奥运服务保障工作指挥机构

苏家坨镇属地奥运服务保障工作指挥机构

奥运服务保障工作组织指挥体系的职能关系

1、区总指挥部统筹全区奥运服务保障工作，领导区奥指办、10个专业指挥部、22个外围保障团队和29个街乡镇奥运服务保障工作机构，发动全区各部门力量，全方位开展服务保障工作。

2、在区总指挥部的领导下，区奥指办负责10个专业指挥部、22个场馆外围保障团队和29个街乡镇奥运服务保障工作机构之间工作的统筹协调；负责对外联络、处理对外事务；及时掌握工作中遇到的困难和问题，保证全区步调一致地开展服务保障工作。

3、在区总指挥部的领导下和市专业指挥部的业务指导下,区10个专业指挥部统筹全区奥运服务保障(包括"好运北京"各项测试赛及奥运会、残奥会)专项工作,指导服务保障22个场馆外围保障团队工作,领导29个街道乡镇奥运服务保障机构的对应部门开展工作。

4、在区总指挥部、场馆主任的双重领导下,在市专业指挥部的指导下,在区各专业指挥部的指导服务保障下,22个场馆外围保障团队开展场馆外围保障工作,所属的安保、交通、市政专项组分别接受场馆副主任、后勤副主任的领导,环境整治及景观建设、商业整顿、社区关系协调、应急管理、其他类等工作组受区相应专业指挥部的指导。

5、29个街道乡镇服务保障工作机构在区总指挥部领导下,与区奥指办、10个专业指挥部和对应的场馆外围保障团队进行无缝对接,全方位开展奥运服务保障工作。

6、跨区域的奥运服务保障工作,由场馆所在区域的外围保障团队牵头,相关地区的奥运服务保障工作机构予以保障。

7、开放性赛事外围保障团队设在区总指挥部,办公室设在海奥指办协调联络组,各专项工作组与相关的街乡镇奥运服务保障工作机构进行工作对接。

奥运服务保障工作层级

奥运服务保障工作主要由场馆运行、外围保障、城市运行组成,整体服务保障工作分为4个层级:

一级工作:北京奥组委、市委市政府、市城市运行总指挥部(08环境建设指挥部)部署的全局性工作,场馆外围保障工作要求的大尺度城市运行工作由区总指挥部牵头处理。

二级工作:不属于全局性的工作,需要协调多个领域或相关街乡镇的工作,由相关专业指挥部牵头,协调相关委办局、街乡镇处理。

三级工作:街乡镇无法完成的专业性工作,由专业指挥部协调市区所属专业集团、公司处理。

四级工作:依靠区域内职能部门和街乡镇就能协调处理的工作,由街乡镇奥运服务保障对应机构和场馆保障团队依据职责范围分别进行处理。

海淀区2008年奥运服务保障工作有关部署

2008年全区奥运服务保障工作要点是:优化对口衔接,完善指挥体系;研究赛事规律,健全工作机制;支持统筹协调,推进重点工作;强化社会管控,实现平安奥运;落实人文行动,营造良好氛围。

奥运服务保障工作的区域划分为场馆核心区、外围保障区、城市运行区。奥运服务保障工作的重点区域是指竞赛场馆、训练场馆、重点旅游景点、重点卫生医疗单位、重点涉足购物场所,奥运会官员、记者、教练员、运动员驻地及途径路线等。

按照北京城市运行工作总体方案,海淀区确定了12项奥运重点保障工作:能源和水保障、市场供应、通信保障和信息安全、安全生产、交通组织、大气治理、市容环境、旅游接待、文体活动、公共卫生、社会治安、防灾减灾。

在完成奥运会、残奥会的各项任务后,海淀区奥运服务保障工作总指挥部及其办公室、各分指挥部于2008年10月解散。

附:

海淀区获得的北京奥运会、残奥会荣誉奖项

一、全国先进

1、先进集体(5个)

北京市海淀区奥运服务保障工作总指挥部办公室

北京市海淀区“2008”环境建设指挥部

北京市海淀区城管监察大队海淀分队

北京市海淀区人民政府学院路街道办事处

奥运安保北京赛区海淀分指挥部(公安分局)

2、先进个人(9 名)

张伟刚　海淀公安分局局长、奥运北京安保指挥中心海淀赛区分指挥部指挥

陈国启　北京市海淀区万寿路街道办事处主任

贾虎平　北京市公安局海淀分局北太平庄派出所政委,北京航空航天大学体育馆场馆团队安保副主任

曹宝森　北京市海淀区产品质量监督检验所主任

梁建林　北京市公安局海淀分局巡警支队副调研员,北京大学体育馆场馆团队安保副主任

周　兵　海淀公安分局永定路派出所政委、五棵松场馆群安保团队主任

林　跃　国家跳水队运动员

朱鹏凯　中国残疾人体育代表团田径队运动员

杨育青　中国残疾人体育代表团田径队运动员

3、优秀志愿者

樊凌雯(女)　北京东方灵盾公司总裁助理

二、市级先进

1、先进集体(36 个)

北京市海淀区人民政府万寿路街道办事处

北京市海淀区人民政府八里庄街道办事处

中共北京市海淀区海淀乡委员会

北京市海淀区人民政府花园路街道办事处

北京市海淀区人民政府羊坊店街道办事处

北京市海淀区人民政府甘家口街道办事处

北京市海淀区人民政府青龙桥街道办事处

北京市海淀区人民政府上地街道办事处

北京市海淀区人民政府海淀街道办事处

北京市海淀区人民政府紫竹院街道办事处

北京市海淀区人民政府北下关　街道办事处

北京市海淀区人民政府北太平庄街道办事处

北京市海淀区人民政府西三旗街道办事处

北京市海淀区人民政府中关村街道办事处

北京市海淀区四季青镇人民政府

北京市海淀区建设委员会

北京市海淀区商务局

中国共产主义青年团北京市海淀区委员会

北京市海淀区卫生局

北京市海淀区监察局

中共北京市海淀区委海淀区人民政府信访办公室

北京市公安局公安交通管理海淀交通支队

北京市海淀区安全生产监督管理局

中共北京市海淀区委防范和处理邪教问题领导小组办公室

北京市海淀区精神文明建设委员会办公室

海淀区维稳办

海淀区综治办

海淀区流管办

海淀区司法局
海淀区公安消防支队
北京市药品监督管理局海淀分局
海淀区翠微大厦
共青团海淀区教育工作委员会
海淀供电公司
海淀区市政管理委员会
北京市第一〇一中学

2、先进个人(105 名)

时福礼 李　博 马　刚 杨　葵
余力伟 王甫亮 焦云恒 王家磊 李　剑
阚乃处 王　军 郝文明 那旭东 李福兴
王世松 仲惟为 许敬山 赵静国 曹　伟
寇　平 贺茂国 陈　兵 高建华 师和平
陈景华 王景海 杨兴文 王际宝 赵　寒
沙海江 蔡德利 王建奎 郑秀山 王京立
曹建华 张晨光 李国祥 仙文新 李万生
刘长刚 王建中 赵　迅 郝　飞 邢玉平
高　斌 刘海勤 吴宝华 王喜瑁 周修富
梁爱民 王长林 张启兵 曹　臻 鲍忠义
韩文龙 常增玉 张建国 刘志平 王　宏
张春民 刘明星 朱文才 胡淑彦 王勇禄
郑　涛 李红杰 惠远霖 张春华 孙　艺
任小平 谭维克 林抚生 刘　鸿 吴亚梅
李方强 丁志明 高云波 周建欣 于　群
蔡天明 郑晓雨 许小健 曹宇明 刘　昊
周有建 黄仁乐 贺　仙 穆　鹏 蒋海军
林日盛 姚　晖 杨博文 张国增 李彦儒
李振山 王志革 于宝东 胡文英 高　峰
郭　杰 李春仁 黄亦兵 张预军 李燕生
杨　超

3、优秀志愿者

驾驶员志愿者 王　勇 田宝利
社会志愿者 张文涛
治安巡逻志愿者 王树新
拉拉队志愿者 许小健
城市志愿者(31 名):

吕胜杰 于超群 王潇潇 高利君
赵雨竹 杨　萍 李　萱 陈　丽 李振峰
郭　荣 杜　鹃 贾　凡 梁丽蓉 路　鹏
姜　薇 郭小乔 殷秀颀 尹　博 孟宪莲
章凤仙 吴进途 赵金蕊 李　博 王　博
王建良 张玉彬 胡　琼 高京育 王凌峰
卢　谦 李　响

三、区级先进

1、先进集体(300 个,名单略)
2、先进个人(2000 名,名单略)
3、优秀志愿者(3000 名,名单略)

奥运服务保障各项专业工作

环境建设工作

环境建设指挥部指挥:吴亚梅(区政府副区长),副指挥:李松波(区人大常委会副主任)、丁志明(区政府办主任)、周有建(区市政管委主任、区 08 办主任)。

环境建设指挥部成立于 2006 年 6 月,指挥部办公室设在区“2008”环境建设指挥部办公室(区 08 办)。区相关部门作为成员单位参与其中。各街道乡镇也成立了分指挥部,围绕各项环境建设任务还成立了多个专项工作小组,形成了“横向到边,纵向到底”的指挥体系和主责部门牵头、相关部门配合,属地组织落实的运行管理模式。环境建设指挥部的工作职责是:组织编制和监督实施 2008 年前海淀区城市环境景观建设、市政设施建设(不包括奥运场馆及附属工程相关的市政设施)规划及年度计划;组织制定和实施 2008 年前海淀区城市环境秩序整顿治理方案,负责 2008 年奥运会期间海淀区城市运行环境保障等工作的落实;组织开展全面的环境检查、环境治理和市容市貌整治行动,突出对城中村、城市角落、城乡接壤、老旧小区等区域的环境卫生治理；突出抓好违章建设的拆除及主要大街、奥运场馆周边、风景名胜区及重点地区、铁路沿线环境的整治，开展环境治理成果评比，推出一批环境治理品牌街区；开展阶段性大气污染防治工作，对水源保护区的加油站及其它污染源进行有效监控，确保大气环境质量、饮用水及城市水系达标；加强城市绿化、夜景、雕塑、标识等系统的建设，建立城市景观运行保障体系；负责奥运环境宣传发动，组织社会各界参与相关工作；指导、协调、督促各街乡镇分指挥部的工作，加强与市“2008”环境建设指挥部及有关部门的综合协调；完成上级主管部门和海淀区奥运服务保障工作总指挥部交办的其他工作任务。指挥部对接市运行指挥部交通与环境保障组，市08环办，市环境保护协调小组。

本年，海淀区的奥运环境建设工作坚持“有乱治乱，继续见新，精心添彩”的工作方针，突出保环境、保秩序、保运行的工作重点。本年的重点工作是：一是奥运场馆周边、途经路线两侧和比赛路线沿线的环境整治和景观建设，做到与场馆同步建设、同步推进、同步使用；二是重点道路及其连接线、重点大街、重点地区的环境整治和景观建设；三是城乡结合部和严重影响城市景观地区的环境建设，实现“六建六不见”目标[①]；四是做好“好运北京”测试赛场馆外围保障工作。

环境建设 “治乱”工作。按市“2008”环境建设指挥部的要求，海淀区奥运全部上账拆除违法建设总量为218.4万平方米，居全市首位。本年，区环境建设指挥部确定了16类、3388项环境建设任务。截至6月底，全区拆除513处、建筑面积41.23万平方米的违法建设，并拆除帐外违法建设29处、面积21686.84平方米，拆除新生违法建设5297.22平方米。海淀区提前并超额完成上账任务，受到市长王岐山的肯定。完成中关村软件园康体中心工程烂尾楼的整治，完成10条道路弱电架空线入地改造，推进新增西翠路、中央电视塔北侧弱电架空入地工作；基本完成综合科技楼项目、大钟寺现代商城项目、中国政法大学项目等3处代征地的整治，完成对中央电视塔腾退的48000平方米土地绿化景观建设，对剩余的25户居民实施拆迁；完成北极寺休干所22户居民的拆迁和其它地上建筑物的腾退工作，拆除主要道路两侧违规公共服务设施1764处。

“见新”工作。完成楼房外立面清洗粉饰511.2万平方米。整治老旧小区93个。完成比赛路线、奥运场馆、签约饭店、“2468”[②]连接线及重点大街的临街商铺整治16.7万平方米、简易绿化79.22万平方米、景观绿化23.11万平方米，围挡墙修复33.32万平方米，清运垃圾渣土22.5万立方米。

“添彩”工程。在主要环路、奥运比赛场馆和训练场馆、城市主要大街、火炬接力路线、奥运签约饭店、商业街区、文化街区等场所悬挂旗帜17810面，楼体装饰8处，桥体装饰3924.5平方米，围挡墙装饰32398.18平方米，景观造型25个，组织摆放奥运花卉840余万盆。

环境秩序整治 城乡结合部环境整治工作。把公厕建设、垃圾清运及污水管线等市政基础设施纳入城市化管理体系，建立日常保洁、运行和监管体制。完成城乡结合部地区16个行政村及农村地区23个行政村的道

---

① 即修建平整道路、改建公共厕所、建立垃圾收集设施、建立安全饮水设施，建立保洁队伍、建立治安联防队伍，不见积存垃圾、不见占路违章、不见污水四溢、不见小广告、不见残垣断壁、不见制假窝点。

② “2468”景观规划：“2468”是指两轴、四环、六区、八线。两轴是指东西长安街、南北中轴路；四环是指二环、三环、四环、五环路、长安街及延长线以北；六区是指天安门广场及周边地区、首都国际机场地区、奥运中心区、王府井商业区、北京站和什刹海地区；八线是指机场路、崇雍大街及延长线、西单北大街及延长线、平安大街及延长线、两广路、前三门大街、朝阜路、中关村大街。2007年开始实施。

路、排水设施、安全饮用水、垃圾消纳系统等的改造。在城乡结合部地区拆除账外违法建设57496.32平方米,新改建厕所14座,完善道路照明设施5780米,清运垃圾4588立方米。

城市秩序治理整顿。将城市秩序治理整顿纳入"平安奥运行动"和奥运环境建设重点任务整体规划中,以"改善环境,惠及百姓"为目标。上半年,配合有关部门开展奥运五项秩序(治安、市容环境、交通、市场经营、旅游秩序)整治行动,重点清理整治治安重点地区①存在的突出问题。配合区公安分局开展治理黑车、游商、黑导游、小广告等扰乱公共场所秩序专项行动。配合区城管大队开展治理非法小广告、无照经营、黑车、露天烧烤、施工工地、道路遗洒、非法出版物、店外经营、霓虹灯断亮、废旧物资回收等专项行动。配合区交通支队开展治理"摩的"、残疾人三轮车拉客,酒后开车、非司机驾驶,闯红灯,涉牌等"四类"严重违法行为及大货车、农用车违法上路行驶等专项行动。查扣"摩的"、残疾人三轮车1.1万辆,处罚货车违法行为22.4万余起,查处酒后开车8301起、涉牌违章7.8万余起。配合区工商分局开展治理坐商无证照经营、食品安全、奥标维权等专项行动。查处无证照案件2205件,取缔无照经营1283户。配合区旅游局治理香山、颐和园等重点景区旅游秩序。出动4890人次,对140家企业执法检查,查处打击黑导游。配合区民政局开展流浪乞讨人员日常救助和联合集中救助行动。

铁路沿线环境整治。从2月29日开始到奥运会结束,打造奥运平安铁路通道,包括京沪线、京包线、西北环线、京门线、机场路五条干支线,实现城区铁路沿线两侧各500米、农村铁路沿线两侧各1000米内没有威胁行车安全的违章建筑、没有影响市容的垃圾堆放等现象。同时把铁路桥梁、涵洞、路口等重点部位纳入奥运安保社会面控制范围。

"好运北京"测试赛外围保障工作。编制《海淀区场馆与外围保障通用手册》、《海淀区奥运会和残奥会场馆外围环境保障工作方案》及组织实施方案、应急预案,并负责实施。开展奥运场馆、比赛路线现状调查及15项外围环境整治工作,完成2008年"好运北京"测试赛中的篮球、马拉松、排球等项赛事及5家奥运饭店、1条奥运途经路线的环境保障任务。

环境建设中还存在一些问题:一是一些历史成因复杂、涉及群体多元、整治总量巨大的难点、重点地区问题的彻底解决还需要一个过程,二是城乡结合部地区脏乱现象没有从根本上消除,三是新的违法建设仍在不断产生,村民在宅基地上私搭乱建现象十分普遍,环境整治难度很大;四是环境建设和城市管理存在粗放式、扩张型的痼疾,精细化、集约化水平还有待提高,并需完善环境建设长效管理机制。

大气治理　区环保局在实施《第十四阶段控制大气污染措施》基础上,采取"治、管、限、停"措施,强化大气污染防治工作力度。

本年开展了加油站油气回收,餐饮业油烟净化,重点企业有机废气防治和五环路内裸地绿化等系列综合整治工程。84家加油站提前完成油气回收治理工程,治理率100%;治理辖区五环路内特别是奥运场馆周边半径1公里范围内的裸地122块、86万平方米;4188多家餐饮业油烟净化治理工作完成,重点区域内的1500余家餐饮企业全部实现达标排放;2000余家有机化工、印刷、家具制造、汽车喷漆、服装干洗等挥发性有机废气

① 包括涉奥比赛场馆、训练场馆、非竞赛场馆、比赛路线、途经路线,奥运火炬传递路线以及签约宾馆饭店、定点医院周边;在各国官员、运动员、教练员、记者、游客可能涉足场所,包括政治敏感地区、公园旅游景区、大型商厦市场、主要交通枢纽、城市干道、繁华地区、特色餐饮、娱乐场所、校园等周边,以及市、区上帐环境秩序重点整治地区和城乡结合部地区。

净化大部分完成。

8月8日奥运会开幕以后,区环保局对冶金建材、燃煤锅炉、水泥搅拌站、餐饮业油烟、有机化工、加油站油气、汽车修理、家具制造、印刷企业、服装干洗等10类大气污染源实施不间断巡查和严密监控。严把环保审批关验收关,对不符合国家产业政策和行业标准的项目不予环保审批。7月20日至9月20日期间,党政机关用车总量的70%停驶。截至8月24日,出动检查人员336人次,累计巡查各类污染源1522家。检查机动车62711辆,查处黄标车236辆,违反单双号限行车辆260辆,尾气排放超标车辆250辆。奥运期间,全区共削减粉尘排放2.29吨、烟尘排放8.3吨、二氧化硫排放10.27吨、氮氧化物排放20.78吨,各类污染物排放比上年同期下降了约30%。

7月20日至9月20日,对辖区所有施工工地实施停止土方施工、停止混凝土浇铸等限制措施,并做好绿化、覆盖工作。对3家重点污染企业采取压缩产量、调整运行方式、强化污染治理等措施,在确保实现达标排放基础上,再减少污染排放30%。关停12家水泥搅拌站。在全区范围内禁止露天喷漆,暂停含有挥发性有机溶剂的建筑喷涂和粉刷作业,对不能确保稳定达标排放的有机物生产企业责令停产并进行处罚。

环境卫生保障工作 区环境卫生服务中心负责涉奥场所外围环境卫生保障工作,奥运期间还临时接管其他单位保洁的13条道路。

赛事期间,采取延长路面作业时间和达标公厕开放保洁时间等措施。7月20日至9月17日,共清运场馆垃圾2192.8吨(包括可回收垃圾242.5吨)、清运场馆粪便342.1吨;处理道路遗撒突发事件28起,出动444人次、78车次,清理遗撒垃圾渣土116.46吨,清理油料遗洒面积1720平方米。7月27日至9月17日,清理小广告35.7万余张,雨后推水作业累计处理积水面积约61.8万平方米,清理无主垃圾渣土82次。

宣传动员工作 从年初起,开展“清洁城市·走进2008”活动,各分指挥部发动社区、学校、社会单位等开展了多种活动,如“我爱北京　我最喜爱的楼门庭院”社会评选工作、“迎奥运、创环境、讲诚信,营造和谐消费环境”宣传周活动、“百处景观、百天奥运——我为奥运种鲜花”活动、“美化环境迎奥运,播种绿色建和谐”全民植树日活动、与北京人民广播电台联合组织“描绘多彩奥运·共建绚丽北京——北京奥运文化墙创意设计活动”,北京理工大学西墙是全市第一面奥运文化墙,全长460米。

组建一支由29个中队、1240人组成的奥运环境建设志愿者服务总队,开展“全民发动,专群结合,优化环境,奉献奥运——海淀全民携手清洁城市志愿服务行动”。志愿者服务总队在赛事期间以奥运场馆周边、重要赛事沿线为集中活动地,设立“奥运环境巡察哨”,开展“清洁城市保奥运”活动。

创刊《海淀奥运环境》报。全年刊登新闻稿件563篇、电视新闻429条,编发内部工作刊物69期,被市08环境办采用112条。宣传发动工作被市08环境办评为优秀组织奖和最佳精品创意奖。

赛时保障工作 奥运会、残奥会的赛时保障工作按照“建机制　控常态　防突发　严保障”的工作思路开展,做到“全覆盖、全天候、无缝隙”。重点是奥运赛时景观布置、重点地区、重要活动的环境秩序保障,以及公路自行车赛、马拉松赛沿线环境保障工作。

奥运景观布置任务6月底前完成。组织7处奥运比赛场馆及火炬传递路线、“2468”重点大街的城市景观布置工作。在主要环路辅路及奥运比赛场馆和训练场馆周边悬挂旗帜9656面,楼体装饰8处,桥体装饰2754.5平方米,围挡墙装饰846块,景观造型14个。在主要大街、奥运签约饭店、商业街区、文化街区及其他奥运相关场所悬挂旗帜8154面,楼体装饰51平方米,桥体装饰1170平方米,围挡墙装饰20块,景观造型11个。奥运比赛(训练)场馆周边及比赛线路沿线地栽花卉布置24123.61平方米、花钵8671平方米,城市主要干道地栽花卉布置19396.39平方米、花钵7234.23平方米,其他地区布置8000平方米。6月底,由海淀区承建的34项共83万平方米的奥运绿化环境建设工程全面完成。

环境秩序保障工作采取专业执法、联合执法的方式,做到监管到位,严防死守、综合防控,杜绝在重点地区、重要活动时各类严重影响环境秩序现象的发生。截至8月18日,全区累计出动执法人员91201人次、治安巡防员218317人次、志愿者1038169人次。查处小广告、黑车、无照游商等影响秩序的行为1000余起,收缴非法销售的小国旗、奥林匹克会旗近2万面,处罚违法人员199人、劝导530人、训诫87人,救助流浪乞讨人员71人。成立由500人组成的应急队伍和74辆应急车辆以及20人的道路抢险队伍。

残奥会保障工作。按照"两个奥运,同样精彩"的原则,开展奥运会、残奥会转换期及赛时保障工作。更换旗帜1800面,整理花卉、绿地2000余平方米,进行运动员临时厕所的设置和赛后撤除。组织了3次环境建设工作检查,残奥会前解决了遗留奥运标志的问题12处,完成残奥会转换期及赛事期的环境保障任务。

场馆建设及设施保障工作

场馆建设及设施保障指挥部指挥:穆鹏(区政府副区长),副指挥:王纪表(区人大常委会常务副主任)、张强(区建委主任)、孟令迪(区体育局局长)。

场馆建设及设施保障指挥部成立于2006年6月(时称场馆建设保障指挥部),指挥部办公室设在区建委,工作职责是:按照市"2008"工程指挥部办公室的统一部署,负责检查、落实辖区内奥运场馆及相关配套工程(包括奥运场馆、附属工作及相关市政设施)建设情况并向区委区政府报告检查和落实情况;在市"2008"工程指挥部办公室指导下,负责海淀辖区内奥运场馆及相关配套工程建设协调和属地管理等工作,协调解决工程建设过程中出现的问题,确保工程建设安全、质量、工期、功能和成本的协调统一;负责汇总海淀辖区内奥运场馆及相关配套工程周边环境整治工作的难点、重点问题,研究解决措施,并及时协调和汇报;负责海淀辖区内奥运场馆及相关配套工程建设信息的收集、整理、统计和管理工作,组织指导有关单位做好工程建设的档案管理工作;按照市"2008"工程指挥部办公室的要求负责本区内奥运建设宣传报道,负责海淀辖区内奥运场馆及相关配套工作建设的社会协调工作,加强与市"2008"工程指挥部办公室和市奥组委及有关部门的联系,做好宣传动员工作;负责承办区委区政府、区奥总指办和市"2008"工程指挥部办公室交办的其他工作事项;加强与区各委、办、局、街道、乡(成员单位)的沟通联系,协调相关部门开展工作。指挥部对接市运行指挥部工程设施保障组。

海淀区承担的奥运场馆及配套工程共53项,任务量占全市总量的近四成①,还承担由本区重点负责的25项奥运改造场馆和配套工程(包括3项比赛场馆、22项训练场馆)的质量监督管理工作。2008年主要是进行奥运工程收尾阶段的安全质量监管,确保工程质量合格率达100%。8个比赛场馆和26个训练场馆均按时竣工。承担的12条奥运道路的建设工程,总里程16.07公里,均按期

① 北京奥运会新建和改扩建比赛场馆36个、独立训练馆和国家队训练基地66个,共计102个奥运项目,分别位于北京、天津、上海、沈阳、秦皇岛、青岛等城市。

通车。6月底完成了比赛场馆、指定宾馆酒店、重点旅游景区周边和山后农村地区的22条道路的大修工程,总长约20公里,面积约21万平方米。

成立海淀区奥运服务保障工作场馆建设及设施保障指挥部办公室,制定倒排工期制度、周报制度、协调推进制度。向各奥运场馆施工现场派驻联络人员,随时把握工程的进展情况及存在问题。建设"廉洁奥运",做到所有奥运工程从规划、设计到施工建设公开透明,杜绝暗箱操作。分别成立奥运工程质量及安全生产专项检查小组。每两周进行一次专项检查,共进行130余次的巡查,发现问题360个,均督促整改。

奥运期间采取定期(每周1次)日常检查结合不定期多部门联合检查的方式,对各施工工地进行检查。海淀区共有涉奥场所周边工程269个,7月20日至9月20日,对57个施工的工地出动检查人员13490人/次,检查工地18442个/次,发现隐患6818处。

对农民工全面开展安全教育,所有奥运工程在施工地都建立了农民工夜校和项目工会。向农民工发放实名制卡,以建立保障农民工合法权益的长效机制。

制定了奥运会、残奥会期间污染天气应急保障工作方案。本区的3个空气质量监测子站周边1500米范围内所有施工现场停止作业,以保证空气达标;对各建筑施工现场进行食品安全隐患检查,防止发生食物中毒事件。与区环保局、区城管大队等部门联合执法,加大扬尘治理力度,推进蓝天工程,确保工地"黄土不露天"。

年初,区建委开展农民工工资专项检查,共检查工地736个,解决纠纷130余起,涉及金额1.01亿元。加强奥运会前劳务纠纷隐患排查工作。奥运期间本区未发生一起因讨薪引发的群体性事件。截至9月底,全区共排查工资纠纷1200余条,解决纠纷200起,涉及4799余人、金额2.58亿元。

落实市委"无城镇危房户"工作目标。海淀区共有城镇危险住宅458间(223户),6月30日前全部解危,解危率达到100%。9月底,其余非住宅排险解危完成308间、5359平方米,完成非住宅排险解危总量的84.4%。

残奥会期间,加强对各工地的检查。共检查施工现场3506个/次,发现隐患459条,扬尘问题14条,责成有关单位立即整改;采取周末值班带班与协管员周末加班制度,建立每日信息报送制度。

社区关系协调工作

社区关系协调指挥部指挥:贾沫微(区委常委、区委政法委书记)、刘鸿(区委常委、区委办公室主任)、刘长利(区委政法委副书记、区政府副区长)、臧桂武(区政府副区长)。

副指挥:蔡长敏(区人大常委会副主任)、李殿安(区农林委主任)、张建水(区信访办主任)、王德道(区法制办主任)、齐雨晨(区司法局局长)、于连伟(区公安分局副局长)。

执行副指挥:赤飞(区委社会工作委员会书记)、潘开云(区社会建设办公室主任)。

社区关系协调指挥部成立于2007年8月,指挥部办公室设在区社会建设工作办公室(2008年4月由原区街工办更名)。其工作职责是:以场馆为重点,发动社区居民参与奥运相关工作,提高文明素质,为奥运会城市运行营造和谐的自然环境和人文环境;进行社区基本情况调查,以宣传教育为重点,组织协调有关部门广泛开展文明礼仪宣讲、奥运知识讲座、奥运公益宣传,深入开展社区健身活动和社区文化广场活动;以安全稳定为基础性工作,配合治安巡查、重点人员监控、开展消防安全宣传教育和安全知识讲座等工作;组织协调有关部门进行社区环境治理、卫生防疫等工作,做好社区环境保洁志愿者、社区关怀志愿者、治安巡逻志愿者队伍组建等工作;办好上级主管部门和海淀区奥运服务保障工作总指挥部交办的其他工作任务。全区29个街乡成立了奥运服务保障社区关系协调工作分指挥部。

指挥部制定了《海淀区奥运场馆外围保障社区关系工作方案》、《海淀区奥运场馆外围保障社区关系应急预案》等81套。各街道外围保障团队编制外围保障计划和应急预案,各地区对社区关系协调各项任务进行分解,制定任务倒排期时间表,多次进行桌面模拟演练。建立了联席会议制度、培训制度、值班制度、走访制度、下派联络员等制度。

本年,全体成员单位通力合作,开展详尽的社区基础情况调查;制定社区关系协调工作方案和应急预案,开展处置突发事件的应急演练;组织文明礼仪知识讲座和专题培训,开展文化体育活动;组织社区矛盾排查,消除社区安全隐患;围绕点、线、面,建立以技防、人防为主的社区防控体系;以"清洁城市,美化家园"为目标,进行社区环境综合整治;以奥运服务保障为重点,在社区开展各种志愿服务活动。自7月20日起,全区奥运服务保障工作全面进入赛时保障阶段。指挥部在社区基本情况调查摸底基础上,通过贯穿一条主线(赛事)、利用一个平台(外围保障运行团队)、围绕一个基础(基础数据)、开展系列活动(文明礼仪教育、文化体育活动以及各种培训)、夯实工作基础(社区关系工作是各项工作的基础),形成了包括区、街道、场馆、社区四个层面的"海淀区奥运场馆外围保障社区关系专项工作四级网络体系",构建起社区关系协调工作运行模式。全年编发《海淀奥运服务保障社区关系协调专刊》20期,向《海淀区赛事服务保障信息》投稿112篇,刊用24篇,召开工作例会22次,走访街道8次。对社区志愿者进行了各类培训3000余场、10余万人次参加。截止到10月,全区共有社区巡逻志愿者队伍575支、76555人,社区保洁志愿者队伍529支、13798人,社区人文关怀志愿者队伍551支、10565人,共计10万余人。8月8日至9月17日,累计出动社区"三支志愿者队伍"1637340人次,出动101442人次监控重点人员43255人次;出动6590人次排查矛盾417起,开展各项文体活动508场。残奥会期间,各街乡镇启动康复、就业、教育、卫生、助残五大"爱心工程";开展社区之间、党员与困难群众之间"一助一"帮扶结对活动,为孤寡老人、空巢老人、重残人员和困难户服务。

建立社区防控体系　本年,对上年进行的659个社区(村)拉网式基础情况的调查结果进行了重新核实。对涉奥场所周边风险源进行了摸排和评估,修订完善社会面等级防控方案,实行防控责任人实名制。

对社区志愿者实名制登记造册并定岗排班,做到"定岗、定责、定人、定位"和"三个确保"(即确保人员实名制、确保联系方式畅通、确保人员定位准确),建立起以社区志愿者防范力量为主体的社区巡防网络。对社区所有专职治安人员和志愿者进行培训。各街乡镇开展消防知识和安全生产知识讲座达800余场;举办"家庭消防知识趣味竞赛"120余场。

为加强对地区重点人群的掌控,各街乡镇与本辖区、本系统单位签订了责任书,落实"街乡镇领导包片、机关干部包段、社区(村)干部包楼(院)、楼门组长包户"的责任体系。全区所有的社区(村)都编制了《社区突发公共事件应急预案》。整合社区服务热线、公安"110"、消防"119"和医院"120"及各类急救、家政等社区信息平台,建立并公开社区应急救援所涉机构联系方式。全区开展各类应急演练760多场次,涉及30大类。各街乡镇开展有史以来最大规模的矛盾大排查活动,截至8月20日,排查出矛盾纠纷522件,上报矛盾纠纷243件。

保障公共卫生安全，进行了20余次以食物中毒、肠道传染病防控、生物反恐怖为重点的应急桌面演练；储备药品、疫苗、医疗器械、快速检验检测技术和试剂、卫生防护用品等应急物资和设施。组织“魅力海淀、健康卫士伴您行”的社区科普宣传活动、3次全区范围的病媒控制消杀工作，对500家重点公共场所进行检查督导。

社区环境综合整治 几年来，对63个“城中村”及“边角地”、142个老旧小区、49处空闲土地、3处烂尾楼及城乡结合部地区各行政村实施了综合整治。累计修整硬化道路56.3万平方米，改进排水设施修缮明沟10.4万米，新改建厕所56座，完善照明设施5.47万米，清运垃圾45.48万吨。累计清洗粉饰住宅建筑物外立面2987栋，1818.7万平方米。设置住宅楼体景观照明113栋，71.2万平方米。更换门窗4.2万平方米，拆除护栏340处，内置防盗窗34万平方米。对170栋多层楼房进行了“平改坡”改造。动员居民23万余人次，开展以“清洁城市、美化社区”的社区环境整治工作，社区共拆除违章建筑3万余平方米，修复破损围挡墙5.57万平方米，清运积存垃圾渣土264万吨，清除卫生死角3700余处，清理堆物堆料一万余处，清除小广告40多万张，拆除废弃线杆157根，绿化补植花草植物35.5万平方米。组织了“我喜爱的楼门庭院评选”、“奥运涂鸦墙”、“奥运文化艺术长廊”、“人文奥运进社区”等活动。

文化体育活动 初步形成区、街乡镇、社区(村)三级全民健身设施服务体系，全区人均体育场地面积达到2平方米。社区乒乓球、网球、羽毛球、篮球比赛，十大公园健身气功展示，北部新区运动会等成为系列特色体育品牌赛事。本年，所有的社区(村)都配建了全民健身工程，累计培训社会体育指导员4089名，平均每个社区(村)4名；全区共有晨、晚练辅导站700个，累计开展成年人体质测试25万人次，测试合格率达到80%。

春节期间，组织开展“海淀新春系列文化庙会活动”、“新春大观园”和“迎新春读书”活动，各街乡镇开展慰问演出、军(警)民联欢、社区联欢、新春秧歌和民乐表演等文化活动，参与人数近150万人次。举办“海淀文化节”，组织迎奥运倒计时200天、100天、50天综合文化活动，组织“五月鲜花”群众文化活动，开展“海淀区惠民电影周”活动。残奥会期间，共举办各种文体活动140多次，参加体育锻炼和健身人员超过10万余人次；组织5000余人次残疾人通过电视或到现场观看公路自行车、马拉松赛、游泳、跳水、乒乓球、轮椅排球、轮椅篮球、7人制足球、田径等比赛；组织2000多人次残疾人参观奥林匹克森林公园，组织375名下肢残疾人体验地铁等无障碍设施工程，1000多人次残疾人参加福祉博览会。

以“迎奥运、讲文明、树新风、志愿服务行动”为统领，各社区利用板报、橱窗、宣传栏、闭路电视、市民学校等形式，开展“人文奥运伴我行”社区宣讲等活动，组织29个街乡镇、社区开展海淀区“心相印”杯奥运观赛礼仪知识竞赛，7万多人参加；组织659个社区(村)观看“人文奥运讲坛”系列光盘。各街道组织“迎奥运讲英语”系列活动、“社区奥运文明小使者”、“奥运文明示范家庭”评选活动等多场迎奥运活动。开展“迎奥运讲文明树新风志愿服务行动”心语征集活动；以“我为奥运祝福、我为奥运添彩、我为奥运加油”为主题，开展了网上签名寄语活动；开展了“11排队推动日”、“22让座日”等倡导文明主题活动。社区的宣传教育活动做到了月月有文明礼仪、安全知识、健康知识讲座，定期进行应急演习，一月一个主题，季度有大型活动。

对全区10余万名社区义工和志愿者进行了3000多场次的相关知识的培训。

安全保卫及交通组织工作

安全保卫及交通组织指挥部指挥：贾沫微（区委常委、区委政法委书记）、张伟刚（区委常委、区委政法委副书记、海淀公安分局局长）。

副指挥：刘建朝（区委常委、区武装部政委）、刘长利（区委政法委副书记、区政府副区长）、吴祖安（区武装部部长）、周建欣（区委政法委专职副书记、区维稳办主任）、刘志平（区委政法委副书记、区综治办主任）、张建国（海淀交通支队支队长）。

安全保卫及交通组织指挥部成立于2007年8月，区平安奥运协调领导小组与区安全保卫及交通组织指挥部合署办公，区军事工作协调小组办公室设在区武装部。区安全保卫及交通组织工作指挥部办公室设在区委政法委，工作职责是：根据区委区政府维护稳定工作的总体规划和部署，研究制定海淀区奥运筹备期、赛时期间的维护稳定总体规划；组织有关部门定期分析维护稳定工作形势及社会治安形势，掌握各部门、各街乡镇维护稳定及综治工作进展情况，针对维护稳定工作和社会治安存在的突出问题及时向区总指挥部提出意见和建议；组织开展对影响社会稳定的因素和苗头的排查、调处和化解工作，认真抓好对突出问题和群体性事件的责任制落实，协调督促有关地区和职能部门做好突发事件和群体性事件的处置工作；协调开展社会面防范控制工作，指导落实社会治安综合治理各项措施，及时组织指导有关部门采取有效措施，依法打击各种刑事犯罪活动，保持良好的社会治安环境，加强对重点地区的治安整治和特种行业的监管，指导、督促有关职能部门加大对“黄、赌、毒”等清理整顿力度；加强对“法轮功”人员、国保重点人等的防范和监控工作，严防和打击上述人员伺机制造的各种滋事捣乱破坏活动，把解决“法轮功”等邪教问题纳入到社会治安综合治理工作体系中，全力维护社会政治稳定；加强奥运安保工作力量建设，确保各个外围保障区域内维护社会秩序所需的警力和装备，指导奥运场馆外围保障工作组开展安保、交通等相关工作；完成上级主管部门和区奥总指交办的其他工作任务。指挥部对接市运行指挥部安全保卫组、交通与环境保障组，市平安奥运行动协调指挥领导小组、市交通协调小组。

安全保卫工作 海淀区涉奥部位多，遍布全区。指挥部负责区域内所有场馆、签约饭店、定点医院、1处文化广场、1处游行示威点、其他涉奥场所44处、桥梁涵洞等340处、公交站点643个、比赛路线及水电气等线路165条、323个重要社会面（含79个涉奥周边社区和20个高发案社区）和其他560个社区（村）的安保工作。其中海淀保安分公司承担着7个竞赛场馆、9家签约饭店、训练馆、定点医院、奥运之家、奥运广场，以及残奥会的5个竞赛场馆、韩国残奥之家等的保安工作。

本年，全区政法维稳工作的中心任务是确保平安奥运和区域的安全稳定。全区奥运安保工作的目标是“四个确保”：即确保不发生重大以上的生产安全事故和群死群伤等影响较大的生产安全事故，确保不突破生产安全事故控制考核指标的进度目标，确保涉奥场所周边生产经营单位不发生带有影响的安全问题，确保涉奥场所周边生产经营单位和高危企业执法检查覆盖面达到100%。为此，指挥部主要开展了以下工作：

开展平安创建工作，制定《海淀区平安奥运行动计划》，全区各单位把开展平安创建工作作为“一把手工程”，落实奥运安保领导责任制。区委书记、区长、政法委书记与全区29个街道乡镇和82个委办局、企事业单位党政一把手签订“平安奥运行动”责任书；各街乡镇和各部门层层签订“平安奥运”责任书,确保社会面控制工作的各项措施落实到基层。落实区四套班子主要领导包片(全区划分为4片),副职领导包街乡、包场馆(所),委办局包系统,街乡镇领导干部包社区(村),机关工作人员包楼门院片的责任体系。

按照"属地管理"和"谁主管谁负责"的原则,将平安创建工作纳入社会治安综合工作中。全区形成了区、街乡(镇)、社区(村)三级综治体系。把已完成的全区社会面防控的145本综合台账细分为3级5大项29小项,录入信息12万余条,建成可供查询汇总更新的数据库。完成流动人口采集录入总数157万余人,出租房屋信息12万余间。奥运结束时,全区创建的平安村(社区)占总数的86%,平安街乡占总数的76%,平安校园占总数的90%,平安旅游景区占总数的92%,平安商场、市场占总数的65%。

对全区131275名防控力量(其中职业力量48415人,义务力量82860人)实行实名制登记,由公安部门统一指挥,定岗、定责、定人、定位,实名制落实责任人,实现专业力量、职业力量、义务力量打捆作战。对防控力量进行贴近实战的综合培训和演练,开展各类安保演练70余次。

将全区划为351个网格单元责任区,构成网格化布防。建成覆盖全区的视频监控图象信息采集管理系统,上传图片2600路,基本实现对全区社会面和重要涉奥场所内外的全天候监控。区、街乡两级指挥中心建立"大小循环"事件处理流程,对突发情况实行随时应急响应和遥控指挥。进入奥运战时体制后,各部门各地区每天通过电视视频会议和800兆电台向区领导汇报情况,巡逻车在全区范围内全天候巡逻。采取公安、综治对社区发案和防范基础设施"双挂帐"责任考核制度,推进社区人防、物防、技防建设。全区共安装摄像机近5万台,建成科技创安达标社区278个,构建起"平房挂防撬(锁)、楼房安防盗(门)、单元装门禁,社区布探头"的安防系统。全区形成"网格化布防,区域联防、全区联动"的治安防控机制。

开展"人人东道主、携手保平安"的奥运安保教育。组建5个奥运法律事务保障小组参与疑难纠纷的化解和突发事件的处置工作。建立奥运法律服务律师应急小组。

奥运会开幕前,海淀区的安保工作已形成人防、技防、物防为一体的三维防范格局,构建起出车巡、人防、视频监控组成的立体防控网络,基本形成"保点、控线、防面"三位一体的综合防控体系。建立起奥运安全生产保障五大体系,即奥运安全生产保障决策体系,奥运安全生产责任体系,安全生产监管体系,完善情况通报、隐患治理、联动执法和专项督查等制度为内容的工作体系,安全生产应急体系。全区制定各级应急预案833个,生产经营单位综合预案和专项预案42852个。

本年,全区开展了严打专项整治、文化娱乐场所清理整顿、城市秩序治理整顿、流浪乞讨人员救助、来京非正常访滞留人员集中劝返、安全隐患排查整治、矛盾纠纷排查化解、重点人群排查控制专项行动、流动人口和出租房屋调查工作、涉奥场所及周边清理整治、治安重点社区(村)整治等十一项专项整治行动。

公安分局以涉黑涉恶刑事犯罪、团伙犯罪、严重影响社会安全感的侵财性犯罪和治安重点社区(村)为打击重点。1~8月份,立案10807起,同比下降30.9%;破案9159起,同比下降5.9%;刑事拘留5758人,同比下降1.7%;治安拘留9636人,同比下降7%。海淀安全分局完成情报信息、案件线索侦察方面的安保任务。阻止境外非政府组织及境内外不法分子对我国开展的非法水质调查产生的不利影响,破获2起涉奥案件,对一起挂帐涉奥案件实施了严密侦控措施。做到了刑事发案明显减少,打击破案持续增长,大要案、敏感案件及时侦破。

1～5月,在全区范围内开展了流动人口和出租房屋基础调查工作,对流动人口中的重点人员进行确认与分级,对管控纳入视线一、二、三类重点的1176人随时排查管控。逐户、逐单位签订《租赁房屋治安责任保证书》和《加强流动人口服务　实现平安奥运责任书》。奥运会前,对各类重点地区(其中包括20个重点社区,30处境外人员密集地,38处藏、维人员聚居地,68个涉奥敏感地区)开展清理整治工作,共摸排出重点人员1888人,发现安全隐患出租房屋882间,发现各类矛盾纠纷167件。奥运期间,全区签订治安责任保证书19856份,平安奥运责任书14244份;新增登记流动人口50695人,摸排新增登记出租房屋2658户,注销流动人口信息3440人,劝返和救助232人,打击重点人员1329人;对存在各类隐患的2489间出租房屋,整改103户844间、停租1486间,处罚房主9人,取缔无照门店242间。到残奥会结束,全区共登记流动人口161万人,出租房屋12万户。

从3月开始,开展为期3个月的奥运安全生产保障专项整治活动,对比赛场馆、训练场馆、签约饭店和奥运大厦周边的161家重点监管单位逐个开展专项执法检查,对涉奥场所周边200米范围内的2825家生产经营单位(其中161家为重点单位,2664家为一般监管经营单位)开展"蓖梳式"安全大检查,建立台账。4～7月,开展以电力、轨道交通、通信在内的城市运行和公共安全风险控制等重点保障领域为主的公共安全应急演练,进行应急救援队伍建设和应急救援器材装备的储备。开展百日督查专项行动,100%化解中央和市里挂账的21件涉法涉诉案件,妥善处置"首体奥运停车场用地房屋拆迁案件"等涉奥案件。

对全区国保重点人、涉藏涉维不稳定人员、刑释解教人员、社区闲散青少年等重点人死看死守,确保不发生漏管失控及重大违法犯罪案件。建立海淀区阳光社区矫正服务中心过渡安置基地,为14名矫正帮教对象提供过渡岗位,释解人员帮教率达100%。排查涉外重点人,散居外国人登记率、准确率达到100%。排查出重点人12312名,需要实名管控的重点人2756人,其中一类重点人247人。区610办从7月20日起,对高风险的13名"法轮功"重点人实施集中办班教育转化,实行24小时不离视线的监控;对其他的二、三、四类重点人,做到严防死守,没有发生问题。

根据中央电视电话会议和市联席会议精神,从7月1日起,全区开展"平安奥运、维护稳定"大会战暨全区领导干部排查调处矛盾纠纷大接访活动,落实"七个一批"的工作目标。按照区委区政府统一部署,各督导组联合派驻单位将平安奥运维护稳定大会战、矛盾纠纷排查化解大接访相结合,开展矛盾纠纷"大排查、大接访、大联动、大化解、大防控",建立领导干部"开门接访、重点约访、带案下访、定期回访"的"四访"制度。到9月27日,大接访活动中有效化解案件497件次,实现了"双零"指标。监察督查专项工作组共发出督办单163件,反馈140件,发函二次三次督办的38件,占27%,现场督办20件,占14%。64件重点疑难信访突出问题明确了化解时限。1～9月,全区信访部门排查出矛盾纠纷1209件,上报区排查办矛盾纠纷738件,申请区级以上重点矛盾纠纷217件,列为区级领导包案的重点矛盾纠纷54件,其中申请市级协调18件。

7月20日,奥运安保工作进入战时体制。加强场馆及其周边、涉外场所及社会面防控,确保总体平稳。奥运会和残奥会期间,共投入安保力量9.5万人次,安检各类人员295万人次、车辆4.4万辆次、物品245万件次,查获禁限带物品11.6万件;全区启动社会面一级防控,每天出动警力2000余人,群防群治力量每天上勤约13万人。在重要区域每200米安装一个摄像头，重点场馆的重点部位多角度安装，2000多个摄像头覆盖所有比赛场馆、重点涉奥场所、重点社区、重点医院、饭店、公园等区域，并实行实时联网监控。29辆奥运安保多功能巡逻车与公安巡逻车组成了车巡网。

成立紫竹院公园（示威点）日常秩序维护外围工作领导小组，加强防控。奥运期间，接到申请集会游行示威23起、28人次，接待10个国家、90家境外媒体的100余名记者入园采访，未发生涉外敏感事件。

奥运期间，海淀区实现了"控人、防事、强基、保面"四位一体的综合防控目标。

交通保卫工作 奥运期间，海淀交通支队制定了《海淀支队奥运交通安保方案》、《海淀支队奥运特勤警卫手册》、《海淀支队奥运外置突发事件预案》等方案。坚持"每天一会商、每天一部署"，成立8组事故处突小组和12支处突小分队，根据赛事进程的单天勤务等级梯次上路执勤，及时处置路面突发事件，最大限度降低交通影响。

在特勤警卫工作上实行"实名制"，把任务和责任落实到每一位民警。每项特勤任务由支队领导、执勤队干部、警区警长逐级承包负责，保证各项措施有效落实。按照"赛事优先"的原则，确保特勤警卫和赛事保卫双兼顾。

为保证奥运期间空气污染控制和保障交通，北京市采取严格的交通管理措施：从7月1日~7月19日，实行黄标车全天禁行；7月20日~9月20日，实行机动车单双号行驶（特种车除外）。8月1日拟启动应急措施（北京、天津、河北联动），北京凡机动车号牌尾号与应急措施当日日期尾号相同的，暂停行驶，可再停驶20万辆（此项措施未实施）。

7~9月，共召开交通安全部署会议743次，与社会单位签订责任书14000余份，与驾驶员签订责任书7万余份。全区有机动车46万余辆，执行单双号限行措施后政府部门、企事业单位（3135个）按照再增加停驶20%的要求，又停驶8705辆和200余辆黄标车。车辆限行期间，全区只发现46辆机动车违规上路行驶。

对全区11个危险化学品运输单位、19个奥运交通服务保障单位的415辆奥运服务车辆加强管理，568名奥运志愿驾驶员开展面对面教育检查。与驾驶员签订奥运交通安全责任书980余份，与单位签订560余份，检查登记危险货物运输车辆599辆次。在全区设置交通志愿者执勤岗位2197处，共组织15731人次上路执勤。7~9月，成立的34个交通安全检查组共检查单位1650家、车辆1055辆，发放限改通知书22份，停驶机动车单位4家，检查农用车56辆。

从年初开始，加大对酒后开车、非司机开车等4类严重违法行为的整顿力度，开展对"摩的"、黑车、占路兜售物品等的专项整顿，纠正处罚各类交通违法行为72.4万余起，行政拘留交通违法行为人1080人。在涉奥场所周边临时增设双语指示标志240面，更换主要大街和重点道路的双语指路标志3580面，22条常备路线施划81.4公里交通标线，增设道路停车位3000余个。新装交通标志78面、增设交通护栏6.77公里，提前完成本年3处事故黑点和7处隐患道路的治理任务。

重点加强对勤务路线、住地警卫、会场警卫、警车带道、突发事件处置、重点地区秩序维护等现场督察工作。奥运会期间，督察分队共检查各类执勤岗位3060处次、干部民警3400人次，对发现的各类问题当场纠正。

8月1日至9月20日，交通支队共出动警力31747人次，完成首脑政要往返各奥运场馆、公路自行车赛、马拉松赛等赛事特勤任务977次，实现奥运交通服务"安全、准点、可靠、便利"的目标。7月20日至9月20日，接拥堵报警2118起，较上年同期下降80.3%。全区发生一般交通死亡事故4起、死亡4人，较上年同期减少6起、7人，分别下降60%、63.6%。赛事期间,发生持证涉奥事故65起(残奥事故12起,)未发生一起重大涉奥交通事故。

残奥会安保工作 奥运会结束后,指挥部迅速完成从奥运会安保向残奥会安保的全面转换,残奥会期间全区社会面总体平稳,场馆和涉奥场所均未接报110刑事类警情,确保了残奥会的绝对安全。

残奥会安保工作按照"思想不松、标准不降、力度不减、措施不少"的要求,从9月5日起启动社会面一级防控,每天出动警力2000余人,群防群治力量每天上勤13万余人,对蓬头垢面、神情恍惚、衣衫褴褛、携带可疑物品等可疑人员逐一盘问,确保不发生影响残奥会安全和社会面稳定的事件;严厉打击倒买倒卖残奥会门票的行为,共查获倒卖残奥会门票的违法人员14人,拘留6人,起获门票118张;加大对精神病人的查获力度,在重点景区以及各场馆周边加大盘查力度,共审查可疑人员200多人,对查获的11名精神病人采取稳控措施;加大对中小旅店的盘查力度,每天检查中小旅店200余家,排查旅客1000多人;迅速妥善处理了一批群体性事件,把危害程度降至最低。

区维稳办继续采取"六包一"①的措施对247名一级重点人进行全天候管控,对其他重点人落实管控措施;区610办继续对13名"法轮功"重点人实施集中办班教育转化;区流管办继续加大流动人口和出租房屋的摸排登记,对249名外来残疾人员进行了摸底排查和慰问;信访办加大排查工作力度从奥运会结束到9月11日,全区共接访76批157人次,化解46件次,没有发生一例越级集体访、非正常访和群体访事件。

海淀区在奥运会和残奥会期间,大事没出,小事没有,场馆赛事运转有序,刑事发案大幅减少,平均每天接报的够立案刑事类警情不足5件,全区的社会面秩序良好,实现"平安奥运"的目标。

商务环境保障工作

商务环境保障指挥部指挥:杨志强(区委常委、区政府常务副区长)。

副指挥:孙宝启(区政府副区长)、古红梅(区长助理)、王淑侠(区商务局局长)、潘苏彦(区卫生局局长)、孙继光(区旅游局局长)。

商务环境保障指挥部成立于2007年8月,指挥部办公室设在区商务局、旅游局、卫生局②。工作职责是:负责"好运北京"体育赛事和奥运会餐饮服务属地管理工作;推动各项服务标准规范的落实;开展各类商业服务业内部设施和店容店貌整治;落实各项安全生产规定;加强员工的双语培训;推进刷卡消费及无障碍设施改造相关建设;负责商业服务业各项应急处理;完成上级主管部门和区奥总指交办的其他工作任务;进行食品安全和内部卫生管理;各类坐商的经营秩序整顿(含奥运特许经营产品的经营与知识产权和版权保护工作);各类游商的经营秩序整顿(含奥运特许经营产品的经营与知识产权和版权保护工作);监督检查旅游市场秩序和服务质量,受理国内外旅客的投诉,保护旅游消费者和旅游经营者的合法权益,承办旅游行政执法等相关工作;负责指导和管理旅游安全等工作;会同有关部门加强旅游交通运输、景区秩序等管理执法工作;摸清商业、服务业经营场所底数,建立商业服务业信息网络;消夏夜市整顿。指挥部对接市运行指挥部服务协调组、市餐饮工作协调小组、市医疗卫生协调小组、市住宿工作协调小组。

商业服务业环境保障工作 奥运会和残奥会期间,商业服务业做到了接待服务零投

---

① 即1名民警、1名社区干部、2名群防队员、2名社区志愿者24小时不间断盯防1名重点人员。

② 指挥部下设办公室超过两个(含)以上的,以第一个部门为主牵头部门。

诉，企业安全生产零事故，食品安全零问题，餐饮服务满意率100%。

成立海淀区奥运市场监测和市场供应的市场运行领导小组、海淀区餐饮服务属地管理工作领导小组，各街、镇（乡）成立属地商务保障工作领导小组，形成由区领导负责、商务部门牵头、政府相关职能部门和餐饮服务企业组成的工作体系。制订《海淀区奥运会、残奥会商务环境保障工作方案》及各种应急预案和各属地外围商务保障工作方案。

2006年开始实施《海淀区商业服务业迎奥运三年行动计划》，进行全面的筹备工作。在大中型零售业和餐饮业经营场所开展无障碍设施改造工作，先后完成对2001年底前建成的61家大中型商场、超市的改造工作，翠微大厦被评为北京市首个无障碍商场。推进消费刷卡便利工程，本区的银行刷卡特约商户达到5853家，占全市的19.6%，终端户8097个，占全市的20.5%。区内大中型零售和餐饮企业以及奥运场馆周边、签约酒店、定点医院周边几乎所有商业服务设施均可使用国内银行卡及主要国际卡。开展经营场所空气和温度的保洁工作，率先在大型零售企业中进行停车场系统的整体改造建设，大中型零售企业提供5种以上的便民附加服务。对旅游景区、宾馆饭店的环境、设施、服务进行规范和提升。

加强对6个奥运食品生产基地和加工企业、9个餐饮服务商的监督管理检查。对奥运场馆、签约宾馆、定点医院周边200米范围内的1723家商业、服务业企业建立台账。强化食品快速检测和食品监测工作，对各类游商进行集中治理，对旅游市场秩序、服务质量、旅游安全等进行监督检查。有49个农副产品市场6月底前完成升级改造，10家社区菜市场奥运会前完成升级改造。对大型商场、超市等加强从食品准入到退出各个环节的管理，工商分局对辖区70余家大型商场超市食品安全控制情况进行评定，全面消除奥运场馆和非竞赛场馆周边1公里内、繁华地区、重点街道、A级以上旅游景区内的D级餐饮企业。对23家签约饭店进行奥运前相关工作的联合检查验收。

对全区2000余家商业服务业重点企业和涉奥周边场所企业进行服务、安全生产、食品安全和内部设施、店容店貌规范标准的集中培训。对企业各类管理人员和一线员工开展双语（手语）、岗位技能、行业礼仪、职业道德等培训，参加人数达50万人次，重点地区商业服务业企业一线员工英语培训率达到90%，每个重点商业服务业企业都有3～5名员工能够熟练运用手语交流。当代商城、翠微大厦、双安商场、中关村家乐福、超市发连锁、甘家口大厦、城乡贸易中心等成为英语购物无障碍店。举行海淀区商业服务业职业技能风采大赛。开展企业生产安全、食品安全、经营规范、市场秩序等专项检查和整治。区商务局对全区705家经营面积在500平方米以上的餐饮场所、145家经营面积在1000平方米以上的零售经营场所的安全生产和食品卫生进行拉网式检查，整改各类问题千余个；区卫生局对辖区22个街道、7个乡镇的环境卫生和重点企业的经营卫生进行专项检查；区工商分局对56个一类地区、41个二类地区有照和无照隐患主体进行重点检查，取缔无照经营1283户。城管监察大队开展治理乱堆、乱放、乱贴、乱挂、乱扔、乱倒、乱建的“七乱”治理工作，对无照游商、非法客运、非法小广告等违法行为进行整治。区旅游局对26个景区和各涉奥接待的宾馆饭店进行拉网式检查。

完成所有餐饮服务的工作人员和车辆的注册工作，完成奥组委、商务局和餐饮服务企业三方合同的签订工作。

“好运北京”测试赛海淀区的赛事从2007年11月28日至2008年4月底，期间完成属地商务环境保障工作和7个训练场的餐饮服务保障工作，其中餐饮服务保障提供茶点服务5178份,正餐服务5540份。

海淀区承担着奥运会的26个独立训练场馆的餐饮服务保障工作,占北京市49个独立训练场馆餐饮服务的53%;承担着残奥会的5个独立训练场馆的餐饮服务保障工作,占全市6个的83.3%。从7月20日开始至9月19日结束,供餐时间62天,累计供餐163330份。其中对奥运会的餐饮服务保障时间7月20日至8月27日,提供茶点服务48737份,提供正餐服务84666份,共计133403份;对残奥会的餐饮服务保障时间是8月28日至9月19日,提供茶点服务5916份,提供正餐服务24011份,共计29927份。独立训练场馆的餐饮服务工作满意率达到100%。

在涉奥场所周边和公路自行车赛、马拉松赛海淀段商务保障工作中,商务、卫生、工商、城管、旅游等职能部门,在属地街镇乡的统一组织领导下,每天对涉奥场馆、签约和非签约宾馆酒店、定点医院周边的商业服务业企业进行检查督导。检查境外宾客集中入住的非签约酒店周边环境。完成白家大院宾客项目、坦博艺术中心的奥林匹克文化交流联谊活动、塞浦路斯总统参观新城珠宝活动的专项外围保障工作。完成奥运火炬传递万人聚集入厕难、为五棵松场馆排队购票群众现场销售食品、发放防暑药品等应急保障工作。

加强旅游景区和大型商业服务业企业安保工作,区内各旅游景区和31家大型商场、市场和200余家餐饮企业实行入口安检制度。对涉奥人员进行重点接待和陪护,加强安保巡查和应急处置工作。做好刀具销售管理工作,指定当代商城和超市发玉泉路店为刀具定点销售企业,严格落实刀具实名制销售。奥运会和残奥会期间,当代商城、燕莎金源店、海龙电子城等部分商业企业接待来自200余个国家和地区的涉奥人员5403人次。

奥运期间,每天对大型农副产品批发市场、社区菜市场、综合性超市、社区便民菜店的运输供应、商品价格、安全生产进行抽查。要求各市场增加货运时间和次数。商务局、发改委每天对8家市场的18个蔬菜品种,进行价格、销量统计,每周对40家市场的经营情况进行统计,对生活必需品经营情况进行实时监测。奥运期间,本区市场生活必需品价格基本稳定,供应量充足。全区322个社区废品回收网点坚持正常经营,开展电话、网络预约上门服务,缓解了全市范围内卖废品难的问题。区物资回收公司承担着位于海淀区、丰台区、石景山区的11个奥运场馆生活垃圾可回收物的分拣任务,累计分拣垃圾249.6吨,分拣可回收物107.4吨。

旅游服务保障工作 成立海淀区旅游秩序建设协调领导小组及办公室。建立了与市旅游执法部门的经常联络机制、与区政府各相关职能部门的协调联络机制、与重点公园景区、奥运签约饭店的日常联络机制,与其所在街道的工作联络机制,形成政府联动、企业配合、多位一体、齐抓共管的管理模式。组织全区旅游行业开展奥运培训。成立海淀区"奥运人家"工作领导小组,做好"奥运人家"接待准备工作。制定了各种旅游服务保障方案和旅游行业安全生产应急预案。

完成奥运培训54200人次,组织英语考试1500人次,举办奥运讲堂665场,举办培训成果展示活动573场。自编培训教材136种,发放50416册、残奥培训光盘100余套,发放奥运培训合格证书53800本。

奥运赛前整治旅游秩序,特别是重点地区周边的旅游秩序。建设、完善无障碍坡道,为重点景区设置双语种或多语种标识牌。加大对接待涉奥人员的星级饭店、社会旅馆、重点景区的检查力度,每周至少到重点地区查一次导游,每半月组织一次联合执法,每逢节假日组织专项整治行动。不定期对奥运签约饭店进行安全生产和服务质量检查,不定期召开住宿业行业大会,开展了百日安全竞赛和百日安全大检查活动。开展水上救援、森林防火、游客走失、游客摔伤、预先救援等奥运服务保障应急演练，在景区危险地点设立警示牌及防护网，奥运期间属地内23家营业旅游景区全部配备手持安检仪，所有旅游企业刀具下架停止销售。实现重点地区没有“黑导”、非法“一日游”现象。

组织大型旅游活动。举办了三场庙会以及桃花节、杏花节、樱花节、荷花节、采摘节等大型活动。做好赛事期间的节假日旅游服务，推出精品线路，免费为旅游企事业单位设计、制作并发放旅游信息折页及标识牌，为游客提供方便快捷的旅游咨询服务。

奥运会开幕至9月20日，旅游局牵头对区域内一二类重点地区检查55次；重点景区赛时阶段接待游客2388555人次，其中涉奥人员21508人次；在颐和园等重点景区设立临时旅游咨询服务站和投诉站，累计接待游客咨询38270人次，发放旅游宣传资料72512份。全区旅游行业奥运服务保障实现“大事不出、小事减少、管理严格、秩序良好”和“零”投诉的目标。

卫生保障工作　奥运卫生保障工作以“平安奥运”为中心，围绕两条主线，做好三个“对接”，实现四个“确保”，达到五个“提高”[①]，赛事期间全区未发生重大突发公共卫生事件。

成立区卫生局机关、监督所、疾控中心“三位一体”的海淀区奥运卫生保障工作领导小组，制定和完善《海淀区奥运公共卫生保障工作方案》、《海淀区卫生局奥运外围医疗保障方案》，建立卫生监督、疾病控制、医疗救治为一体的全面保障机制；设立奥运场馆公共卫生保障指挥中心，统筹全区奥运场馆公共卫生保障工作，形成“以场馆（群）为基础，以赛事为中心，统一领导，层层负责”的工作机制。组建专家评估委员会，为开展突发公共危机事件的调查、处置、救治提供技术保障；组织处理突发公共危机事件应急指挥部和紧急处置团队。组建了18支场馆公共卫生保障团队，在全市率先建立起监督监测一体化的团队工作模式；组建28个外围卫生保障团队和17个医疗救治站点。对所有卫生保障人员进行公共卫生、医疗救治、应急知识等业务培训220次、培训8000多人次。

采取“一场馆一团队”的工作模式，每一个场馆固定一个保障团队，建立传染病症状监测网络及工作人员和志愿者健康预警监测工作机制。赛前，奥运场馆各项公共卫生筹备工作全部到位，预防性审批工作全部完成，共发放卫生许可证58个，完成从业人员健康体检1686人、甲乙肝疫苗接种6255人、中央空调清洗18家，开展了4轮病媒生物监测、消杀工作。开展食品卫生、公共场所卫生和饮用水卫生快速监测11813件，总合格率99.77%；完成奥运比赛场馆、签约酒店等公共场所监测12743项，总合格率97.53%。1~8月，海淀疾控中心完成各类检验285857项次，同比增加18.1%；完成两轮场馆赛前卫生监督监测。完成辖区内签约酒店、奥运送餐企业、奥运属地餐饮服务商食品A级标准认定工作；辖区内二次供水、自备水源、游泳场馆和体育场馆卫生监督覆盖率达到100%，供水设施管理单位负责人和主管人员卫生知识培训达到100%，游泳场馆负责人和主管人员卫生知识培训达到100%，与管理单位签订安全责任书达到100%。

建立病媒生物物种与危害监测网络，进行病媒防治。成立区、街（乡）、社区三级病

---

① 奥运场馆和城市运行卫生保障两条主线；场馆公共卫生保障团队与场馆运行团队的对接，场馆公共卫生保障与城市运行卫生保障的对接，监督、疾控、医疗救治3支应急力量的对接；确保场馆内不发生突发公共卫生事件、辖区内不发生突发公共卫生事件、医疗安全和紧急救治及时到位、卫生应急处置及时；卫生专业队伍的素质显著提高、卫生工作中的属地作用显著提高、公共卫生预警能力显著提高、卫生应急处置能力显著提高、创新能力显著提高。

媒生物防控网络系统和131人专业奥运保障队伍,从5月开始,在涉奥单位2公里范围内进行病媒生物集中消杀5轮1779次;发放病媒生物防控药品器械22个品种、2700余箱。建立7600人的禁烟监督员、检查员队伍,发放禁烟标识7万个、禁烟桌卡5万个,涉奥单位达到100%禁烟,47个单位获得“北京市无烟餐饮单位”称号。

在医疗系统开展奥运培训、双语标识、无障碍设施建设及创建平安医院活动。组织卫生知识培训36场次,培训场馆从业人员2383人次,发放健康教育知识宣传品7种、2万余册。加强对重性精神病人的管控。加强生物实验室管理,确保生物安全。

做好监督、疾控、医疗救治三支应急力量的无缝对接。实现报告、指挥、处置三方面的无缝对接。强化应急通讯保障,开通卫生系统800兆应急寻呼网络,覆盖监督所、疾控中心、区医学救援中心和辖区6家医疗救治单位,确保24小时畅通。对应急车辆进行统一调度,加强应急物资储备。组织场馆内外保障团队进行了137次以食物中毒、生物反恐、医疗救治为重点的应急演练。

建立与公安部门联动的报警和突发事件处置工作机制;组建由30603名献血志愿者参加的1459支奥运应急献血队伍;建立食物中毒、生活饮用水污染、传染病疫情、职业中毒、生物反恐等公共卫生应急处理队伍;建立9个医疗应急救治基地和71支医疗应急小分队。开展模拟生物反恐,呼吸道、肠道传染病和水污染事故,食物中毒、水污染事故综合,02、鼠疫应急演练13次。

在原有的突发公共卫生预警机制基础上,开展症状监测,预防传染病。设立72家传染病网络直报单位、22家二级以上医院开通“奥运北京传染病症状监测信息系统”,在42家肠道门诊开展“肠道门诊早期监测预警项目”,在68所中小学开展“传染病早期监测预警信息系统症状监测”,在涉奥场所开展主动健康监测工作,构建了完善的早期症状监测系统。加强疫苗接种,将流动人口卫生防病纳入属地重点管理对象,开展适龄儿童免疫预防接种19万余人次,接种率达99%以上;为外来务工人员免费接种麻疹、A+C群流脑疫苗;全区狂犬病门诊共处理动物暴露14582例,接种狂犬疫苗72852支、抗狂犬病免疫血清3628支、抗狂犬病免疫球蛋白3928支,全区狂犬病发病率为零。

赛事期间,场馆保障团队共巡查6742户次,监督检查送餐盒饭404655份,定型包装食品136706份,茶点87331份;对奥运场馆内工作人员、志愿者开展健康主动监测225980人次;开展食品、生活饮用水、公共场所现场快速检测16672件,总合格率为99.7%。对签约酒店进行现场快速检测8243件,监督属地餐饮服务商11532户次数、快速检测7495件,监督食品原料供货企业260户次、快速检测425件。城市外围卫生监督检查出动5391人次、监督15418户次,监督检查二次供水设施、自备水源、游泳场馆611户次。7月20日至9月17日,本区乙类传染病报告1657例,同比下降42.06%;丙类传染病报告2028例,同比下降34.24%。肠道传染病也有大幅下降,其中菌痢报告950例,同比下降56.26%;其他感染性腹泻报告1600例,同比下降46.33%。

继续加强艾滋病、结核病防治工作,为近80家宾馆免费发放安全套2万个;继续开展流感、禽流感、手足口病等传染病的监测工作;对500家重点公共场所的病媒生物消杀工作进行督导检查,对重点区域施药。奥运期间共主动开展症状监测27.55万人次,通过疫情监测网报告涉奥人员传染病10例,场馆及二级以上医院共报告5种症状的涉奥人员145人,外籍非涉奥人员23人,均排除传染病疫情;接报聚集性关联病例27起139人。处理公共卫生举报投诉586件,其中疑似食物中毒投诉2起,未构成重大突发公共卫生事件。

严格执行高危孕产妇首诊负责制,确保危重孕产妇抢救绿色通道畅通。奥运期间,17 个 120 急救站点累计出车 3428 次,接诊病人 2878 人次,救治转运了多名危重外籍人士。

宣传和媒体接待工作

宣传发动指挥部指挥:于军(区委常委、区委宣传部部长、区政府副区长)。

副指挥:王洪秀(区政协副主席)、魏怀忠(区委宣传部常务副部长)、王伟丽(区政府办副主任)、牛爱忠(区委宣传部副部长、区新闻中心主任、区新闻中心党总支书记)。

宣传发动指挥部成立于 2007 年 8 月,成员单位包括:区委办公室、区政府办公室、区外事办公室、区应急办公室、区委政法委、区综治办、公安海淀分局、安全海淀分局、区信访办、区安监局、区新闻中心、五棵松体育中心媒体运行和新闻宣传部。指挥部办公室设在区委宣传部,工作职责是:区委宣传部:负责统筹全区的奥运服务保障工作的对外宣传,指导各部门做好对外宣传内容的审定把关工作;组织或配合有关部门组织专题新闻发布会、情况介绍会等活动;组织各类宣传活动,配合市、区外事部门和市外宣办公室做好外国记者对海淀区的采访工作。指导区属各单位做好突发事件境外媒体的应对工作。指挥部对接市运行指挥部宣传文化组。

区委办公室、区政府办公室:及时向有关区领导报送各媒体到海淀采访的相关信息,配合区委宣传部做好新闻发布会的组织和记者采访区领导的协调服务工作。

区外事办公室:负责牵头协调、指导来区采访的外国记者管理工作。负责受理安排外国记者对区领导的采访,指导区各部门受理安排外国记者的采访;协调安排外国记者集体采访本区重大活动、重点工作和突发事件,协调、指导区各单位安排外国记者集体采访本单位的重大活动、重点工作和突发事件;协助安排区政府领导及相关委、办、局参加涉外新闻发布会、情况介绍会等活动。协调有关部门处理外国记者在本区采访所发生的问题。

区应急办公室:协助区外事办、区委宣传部处置突发事件时的媒体记者采访事宜。

区委政法委、区综治办、公安海淀分局、安全海淀分局:做好社会安全稳定工作,加强对重点敏感人物的内部监控,制止和打击部分外国记者利用职业之便从事影响稳定大局、危害国家安全的活动;协助外事、宣传等部门处理记者采访所发生的问题。

区信访办:做好社会矛盾的排查调处工作,对于影响社会稳定、有损本区形象,有可能为媒体所关注的问题,要及时梳理上报区委区政府,并通报区委宣传部。

区安监局:协助做好突发生产安全事件时的记者接待工作。

区新闻中心:发挥区属媒体优势,做好本区奥运各项工作的宣传。

五棵松体育中心媒体运行和新闻宣传部:做好场馆建设和体育赛事等相关的媒体接待、服务和宣传工作。

构建媒体接待工作网络和工作机制 建立起区级、区属各单位、社区(村)三级工作网络。区奥运服务保障宣传发动指挥部设立媒体接待服务中心,统一受理境外媒体采访要求;在区属各单位设立媒体服务办公室和新闻发言人。设置了高新技术产业的采访点和采访线路,准备了介绍海淀各项事业发展的宣传片、介绍海淀区情的宣传手册、为筹办奥运所做的各项工作及工作所取得的成绩等各类对外宣传材料。倡导微笑服务、热情服务、真诚服务,要求各单位做到接待采访"零拒绝",对记者的采访申请做到件件有回音,件件有答复。

建立工作会商制度,建立重要问题的口

径审批机制,建立值班带班制度,建立突发事件新闻应急处理机制,建立了信息沟通机制。

制定外宣工作整体预案,对境外媒体采访采用分类处理办法,制定了《海淀区突发公共事件新闻处置工作预案》。对于涉及政治性问题和重点人的采访,制定了专门的工作预案和工作程序。针对媒体采访驻区群众的情况,由社区、村和所属街道乡镇做好教育和准备工作,争取被采访人提供正面信息,同时及时上报情况。

开展了从区领导到社区工作人员五个层面的系列培训,培训工作横到边、竖到底。区级领导就境外媒体工作进行了3次集中学习,对全区各单位党政一把手进行3次集中培训,对新闻发言人和新闻宣传主管领导进行了4次培训,对各单位新闻宣传工作人员进行4次培训,还通过不定期的报告和讲座进行辅导,对980名社区、村干部进行培训。

赛时媒体接待工作 奥运会、残奥会赛时期间,实行新闻发言人制度,共接待境外媒体400多家、记者1300多名,加上各旅游景点、公园接待境外媒体记者1000多名,总计2300余名(各比赛、训练场馆和奥运场所媒体接待统一由场馆媒体运行团队负责接待,不在此统计之列)。宣传发动指挥部接待的境外记者采访内容主要涉及婚姻登记高峰、火炬传递、奥运宝宝、奥运人家、环境建设、文化活动、残疾人事业、奥运服务保障工作等方面,做到了采访"零拒绝"、"零投诉";区属各部门接待的采访主要涉及奥运服务保障的赛时工作及服务、文化活动、居民生活等方面,比赛场馆和涉奥场所周边的媒体采访比较密集,很多境外记者直接进入社区采访居民。也有一些媒体蓄谋已久,试图通过采访法轮功人员或亲属、自由言论者、拆迁上访户等敏感人和一些敏感问题,以达到抹黑中国、抹黑奥运的目的,但这种情况数量较少,没有出现负面的信息。对奥运会3个示威点之一的紫竹院公园,指挥部每天派专人负责媒体采访应对工作。全部采访无突发、异常事件,无对国家、首都和海淀区形象造成大的负面影响的事件发生。

组织动员工作

组织动员指挥部指挥:关成启(区委常委、区委组织部部长、区委统战部部长)。

副指挥:刘建朝(区委常委、区武装部政委)、陈清(区委组织部常务副部长)、曹宇明(团区委书记)、惠远霖(区总工会主席)、杨莉(区人事局局长)、南顺弟(区民政局局长)。

组织动员指挥部成立于2007年8月,指挥部办公室设在区委组织部、区人事局、团区委、区民政局、区工会(以区委组织部为主牵头单位),工作职责是:根据奥运服务保障工作开展的情况,从全区范围内抽调人员,确保赛前和赛时工作人员的落实;协调各部门落实抽调人员的相关人事管理政策,并进行监督检查;综合管理海淀区奥运服务保障工作指挥部专业技术人员,做好人才的稳定、引进、培养、配置、使用工作;协调承办海淀区奥运服务保障工作指挥部有关人员任免的有关事项;负责区域内服务奥运志愿者和义工的培训、组织活动、文明观赛等工作,负责海淀职工文明拉拉队组织工作等;以讲文明、促和谐为主题,以创建全国文明城区为目标,强化"文明铸就和谐、和谐促进文明"的理念,把和谐创建活动与群众精神文明创建活动结合起来,推动活动向纵深发展;完成上级主管部门和区奥总指交办的其他工作任务。指挥部对接市运行指挥部人才资源及志愿者工作组、市志愿者协调小组、市志愿者培训协调小组。

举办了以奥运为主题的培训60余次,共计培训公务员9800多人次,公务员奥运知识培训覆盖率达到100%。赛时组织观众

196375 人次，组织后备观众 20542 名。

选拔配备干部 奥运筹办工作开展以来，指挥部围绕奥运分三个层次选拔干部：对新组建的涉奥单位，集中选调经验丰富、能力较强的领导干部搭建班子；对涉奥职能部门，通过交流补充、提拔补充等方式配齐配强领导班子；从全区各部门选派干部充实到奥运服务保障任务繁重的基层单位。在 2006 至 2008 年两年多的时间里，区委组织部直接向北京市奥组委、五棵松场馆群、区域内比赛场馆和训练场馆以及区奥运服务保障工作机构推荐岗位人选 350 人次，全区抽调专职从事奥运工作的人员 4904 名，其中党员 3554 名。建立了由 126 人组成的区奥运服务保障后备人才库。为“1 + 10 + 22 + 29”指挥体系选调 136 名干部，为五棵松、首都体育馆等场馆运行团队选调 75 名干部，牵头组建由 20 余万名志愿者组成的海淀区奥运志愿者联合总队。向奥组委及市、区奥运工作指挥部门输送后备干部 30 多名，选派 26 名后备干部到街乡（镇）参与接待群众上访工作。

建立健全以职责管理为中心的分工负责、履职监督和责任倒查机制，提高各级领导干部特别是“一把手”的责任意识，确保领导干部第一时间到位，工作任务第一时间落实。选派干部赴悉尼、雅典等城市参观学习，同时鼓励各单位开拓创新。提高应急处置能力，按照机关干部、社区干部、党员群众分类，有针对性地开展培训。

出台《海淀区奥运服务保障机构工作人员选调和管理办法》，对奥运服务保障人员进行季度考核，并纳入年度考核。建立动态管理机制，对区属 132 个处级班子的运行动态实时掌握。建立关爱激励机制，对基层单位遇到困难予以协调解决，看望慰问奥运一线的干部。

推进奥运人才工作 落实《北京奥运人才行动计划》，将奥运人才作为全区人才工作的重点，重点加强奥运科技人才、志愿服务人才、安保骨干人才、体育后备人才的培养、使用和服务。

创新奥运人才培养模式。直接资助志愿者骨干培训、奥运英语人才培训等项目，做好急需紧缺人才的培养。加强对涉奥项目人才的资助培养，与高等体育院校和专业训练机构合作成立优秀体育人才培养共建基地，在参加第 29 届奥运会的中国运动员中有 9 人来自海淀。对近 9 万名城市志愿者、4 万多名安保人员、8000 多名拉拉队队员等奥运服务人员进行培训。奥运期间，共有 5 万多名城市志愿者开展了信息咨询、语言翻译等服务。

协调有关部门资助包括奥运会供应商在内的 23 家企业和各类涉奥科技项目 6 个，对这 23 家企业开展“一对一”的人才服务，为参与奥运项目建设的 13 家企业义务提供人才咨询服务，走访慰问参与服务奥运的优秀人才代表。

加强基层党组织建设 根据市委关于在奥运筹办中发挥党组织党员作用的要求，提出了“创一流党建、建一流海淀、为奥运会成功举办提供一流服务保障”的工作标准，在全区广泛开展“创新聚力”工程，深化基层党建工作创新。将奥运工作纳入全区基层党建工作责任制。

在各类涉奥工作团队中建立临时党支部 16 个、党小组 62 个，基本实现了党建工作的全面覆盖。加强对群团组织的领导和各类社会组织的统筹协调，以“奥运在身边”为主题，在党员群众中广泛开展健康 2008、激情 2008、和谐 2008 等全民迎奥运系列活动。各级党组织通过开展党员承诺、“1 + 1”手拉手献爱心、城乡党组织结对帮扶等活动，努力解决群众最关心的利益问题，以服务凝聚人心。

“迎讲树促建”活动

“迎讲树促建”活动指挥部指挥：于军

(区委常委、区委宣传部部长、区政府副区长)。

副指挥:孙宝启(区政府副区长)、刘恪(区政协副主席、区委统战部常务副部长)、张炜(区文明办主任)、刘明星(区文化委主任)。

"迎讲树促建"活动指挥部成立于2007年8月,指挥部办公室设在区文明办,工作职责是:在首都文明办和区奥指办的指导和领导下,负责全区"迎奥运、讲文明、树新风、促和谐、建首善"活动的开展,努力提升城市文明程度和市民综合素质,营造文明和谐的良好氛围,具体包括总体策划、动员部署、组织协调、检查督促、信息沟通、宣传报道和总结表彰;各成员单位按照"迎讲树促建"活动指挥部的部署,具体组织本系统或本单位"迎讲树促建"活动的开展;围绕社会主义核心价值观体系建设,深入开展社会主义荣辱观教育,倡导文明礼仪,普及礼仪知识,在全区形成"知荣辱、讲正气、促和谐"的良好社会风尚;创建公共文明示范区,着力解决公共场所乱吐乱扔、乱拥乱挤、交通乱行乱停等不文明行为,加强教育引导和行为规范,革除顽症陋习,践行公共道德,建立优良的公共秩序;着力解决窗口服务行业"冷、硬、拖、卡"、商业服务业"假、冒、伪、劣"等行为,加强职业责任、职业道德、职业纪律教育,树立行业新风,提升奥运服务水平;着力解决一些不文明行为和现象,结合奥运项目测试赛,掀起奥林匹克教育热潮,大力培育文明观众,为奥运会营造热情、友好、懂行、文明观赛的氛围;扩大市民参与奥运体育活动的覆盖面,提升市民的体育素养和健康水平,营造浓厚的体育文化氛围,为奥运会创造坚实的群众基础;抓住重要时机,深入开展群众性文化活动,做到月月有活动,季季有重点,全年不断线,营造喜庆热烈的迎奥运文化氛围;以讲文明、促和谐为主题,以创建全国文明城区为目标,强化"文明铸就和谐、和谐促进文明"的理念,把和谐创建活动与群众性精神文明创建活动结合起来,完成上级主管部门和区奥总指交办的其他工作任务。指挥部对接市运行指挥部宣传文化组、市"迎讲树"活动协调小组、市文化活动协调小组。

2008年上半年,全区的精神文明建设以"迎奥运、讲文明、树新风、促和谐、建首善"为统领,开展"九大文明行动",推动群众性精神文明创建活动,加强未成年人思想道德建设,提升城乡文明程度和市民文明素质。推进奥运场馆及周边地区、涉外饭店等直接服务奥运的机构和单位的文明风尚建设,加强主要公共场所的精神文明建设。营造全民参与奥运、奉献奥运、共享奥运的良好人文环境。

舆论宣传　年初,区文明办制定实施《海淀区开展"迎奥运讲文明树新风志愿服务行动"信息宣传工作方案》。

在《北京晨报》、《前线》、《海淀报》等制作"迎讲树促建"活动专版和专题。在《北京日报》、《北京青年报》、《北京晚报》等媒体连续刊发海淀区"迎讲树促建"活动信息。在北京电视台、海淀有线、《今日海淀》、《海淀1时间》等电视媒体加大宣传力度。与央视国际(CCTV奥运网)合作建立海淀"迎讲树促建"专题网站,与人民网合作建立"人文奥运·海淀之旅"专题网站,利用首都文明热线、区政府网站等平台,设置专题。编发《海淀区"迎讲树促建"工作简讯》180期。

在8处户外大型公益广告牌全年滚动进行"迎讲树促建"、"迎奥运讲文明树新风志愿服务行动"公益宣传;在建筑施工围档明显位置张贴、悬挂、喷涂宣传标语、口号。各街乡利用社区文明宣传栏、农村文化墙开展宣传。帮助建成永定路街道金沟河路奥运文化艺术长廊、八里庄街道"孝亲亭"和"八德"文化墙、北下关街道奥运文化墙等一批有影响的文化墙,实现公共场所电子屏宣传全区全覆盖。

奥运知识产权保护工作。完成知识产权保护“进校园、进社区、进企业”活动，把保护知识产权送到乡村。开展“百家企业联动、百名律师护航、千名维权专员在行动”等打盗维权活动。聘请63名市场监督员和16名政协委员、人大代表作为监督员，配合市新闻出版局对文化市场进行监督。在全区奥运场馆周边和签约酒店周边的图书和音像店开展“正版产品销售示范单位”评比。

在迎奥运各个节点印制海报、宣传画，发放倡议书宣传册几十万份，制作环保布袋10万多个，将文化衫、月票夹等宣传品发给社区居民。

开展“迎讲树促建”活动 以提升文明素养、规范文明秩序、打造文明环境等为切入点，开展主题实践活动。如开展每月一个主题的“11排队推动日”、“让座日”、“过路要看红绿灯，行车礼让斑马线”、“文明乘梯，左行右站”等主题实践活动。开展“奥运大讲堂”、“人文奥运伴我行”主题教育活动，组织宣讲团进社区、进村镇、进机关、进学校、进企业、进工地；开展“福娃进校园”、“福娃说奥运”、“情系奥运，文明礼仪伴我行”等校园主题教育活动。开展“创建公共文明示范地区”主题实践活动，创建了上地信息产业基地、中关村西区两个示范地区。开展“青春微笑迎奥运，和谐海淀做先锋”主题实践活动，“星期六擦亮”行动、“五一、十一服务周”活动，倡导人们参与志愿服务；开展“迎奥运讲文明树新风志愿服务行动”主题活动，全面启动志愿服务七大行动。通过“海淀十大公德人物”评选、“青春奥运微笑使者”评选、“奥运文明小使者”评选等主题活动，激励市民争当文明的传播者。

开展丰富多彩的文化体育活动。组织“社区文化节”，20多万社区居民参加活动；4月22日，举行“迎北京奥运　展海淀形象——迎奥运倒计时100天系列活动展示月”启动仪式，在全区开展青年志愿者风采、城市环境建设风貌、窗口行业奥运培训、迎奥运群众性文化活动、迎奥运全民健身活动、迎奥运青少年传承中华文化等6大系列展示活动和“过路要看红绿灯，开车礼让斑马线”、“人文奥运伴我行——奥运知识进社区活动”、“社区奥运项目体验活动”、“文明乘车，礼让右行”、“文明观赛礼仪知识竞赛”5个专项活动，以及各社区村镇各系统的特色展示活动等100多项活动，参与群众达百万人次。开展以“奥运、和谐、青春”为主题的第四届海淀文化节，文化活动200多场，参与人数超过30万；举办“和谐社区杯”乒乓球比赛系列活动，19万人参加；举办“迎奥运和谐杯金秋全民健身篮球赛”，16万人参加；赛事期间举办了中华世纪坛和北京科技大学两大奥运文化广场活动。5月，启动中小学奥运文明礼仪教育。全年共组织奥运观赛礼仪知识竞赛200多场次，数十万人参加。

在全市组织的“和谐社区杯”乒乓球赛中，海淀区取得1个一等奖、2个二等奖；在“迎奥运和谐杯金秋全民健身篮球赛”中，男、女代表队分获城区组冠军；在“奔向奥运的北京文明”摄影赛中，获奖人数占全市四分之一多。在全国“迎奥运讲文明树新风”礼仪知识竞赛北京赛区决赛中，海淀代表队获得冠军和“最佳选手”、“最佳才艺”两个单项奖。

全区的奥运培训分3个部分开展，即窗口行业培训、志愿者培训、市民奥运培训。

窗口行业培训，主要以职业道德、职业技能、服务规范、外语培训和助残技能培训为重点，共编写各类教材114本，20多万窗口服务业员工参加，通过现场比赛、现场观摩、现场展示、现场交流促进培训。

年初开展了“人文奥运伴我行”大型宣讲活动。区级层面组织了5次大的专题讲座，覆盖29个街乡，500多个社区居委会，发放《文明礼仪普及读本》、《文明观赛礼仪手册》等宣传册30余万册、《人文奥运讲坛系列光盘》8000张。本年与中国人民大学人文奥运中心合作,共举办6场大型讲座。开展人文奥运进社区、进村镇、进区域的“三进”宣讲活动,组织全区570多个社区80多个村观看“人文奥运讲坛”系列光盘。6月,组织海淀“心相印”杯奥运观赛礼仪知识竞赛,通过《海淀报》和人民网、CCTV奥运网、首都文明热线等6大网站开设竞赛栏目,3万多人参加比赛。

营造奥运文化氛围 区文化委在工作中突出“七大工作主线”(平安奥运行动、奥运文化广场活动、重大文化演出活动、安全生产工作、“扫黄打非”社会面防控、奥运知识产权保护工作、广播电视防插播工作),抓好“两大工作辅线”(街乡平安奥运行动督查与奥运志愿者一线服务保障工作),落实“四项保障措施”(应急突发保障机制、市场安全运行机制、联合行动执法机制、街乡镇属地管理机制),强化“四项安全责任”(主管领导管理责任、文化市场监管责任、企业安全主体责任、安全事故追究责任),实现“三个有效结合”(宏观决策与科学指导的有效结合、执法模式与运行机制的有效结合、赛时保障与赛后发展的有效结合)。奥运期间,海淀区在重大赛事、重要活动、重点工作等方面没有发生一起安全责任事故。中央电视台、法国电视二台、德国电视台、《人民日报》、新华网、新浪网等50余家国内外新闻媒体、网站分别对海淀奥运文化广场活动进行了现场采访、直播。

营造安全的文化市场环境。开展安全生产宣传教育。在全市率先树立两个文化娱乐场所经营单位安全生产示范单位,开辟安全生产宣传园地;印制5000册《规定》及招贴画,制作38块安全生产知识卡通展板,所有网吧设立奥运宣传栏,对企业经理和员工进行安全生产知识培训。所有文化娱乐场所均张贴和悬挂规范的中英文双语标识。

建立了《文化娱乐场所经营单位安全生产责任制度》及《文化娱乐场所生产安全事故应急救援预案》等5个安全生产制度。先后下发《关于开展文化娱乐场所经营单位安全隐患自查和整改工作的紧急通知》等15个文件,与550余家娱乐场所、网吧、影剧院、营业性演出场所签订平安奥运安全生产责任书,与300余家音像制品经营单位签订平安奥运承诺书。组织全区文化娱乐经营单位开展安全生产应急大演练。在文化娱乐服务场所安全生产的日常监管中,重点检查歌舞娱乐、演艺、影院、网吧等大型公众聚集场所的消防安全与防控措施。5~7月,对各类文化娱乐场所开展的百日安全生产大检查,检查场所1112次,其中歌舞娱乐场所417家次,网吧530家次,音像101家次,电影院40家次,演出场所24家次。共处罚歌舞娱乐场所7家次,罚没款总计人民币44000元。

在18区县中率先将卫星电视综治工作纳入综合治理之中,委托区新闻中心负责区无线广播电视信号防插播监测工作,完成转星调整后续工作,举行了3次有线、无线插播应急演练。对北部地区的主干线路实行24小时巡视和检查;对所有光节点均布置专人24小时死看死守,对重要光节点加强探头监控,确保全区广播电视的安全播出。

组织奥运重大文化演出活动。海淀剧院被列为北京市奥运重大文化演出活动12大演出场所之一。奥运会期间,完成湖南、广西、云南、海南等省市优秀剧目的24场演出、新影联院线的电影放映任务,接待观众2万余名。在残奥会的3场演出中,接待外宾演员和外宾观众300余人。7月13日至9月16日,中华世纪坛、北京科技大学2个奥运文化广场(全市共有26个奥运文化广场)共组织文艺演出57场、巨型木偶情景剧45场、各种展示展览250多场,接待游客、观众61.1万人次。全区放映数字电影751场,为驻区部队慰问放映电影15场。

区文化委行政执法队在文化市场的日常

监管中，处理举报265件；立案处理68家，结案37家，罚没款535205元；没收电脑主机95台；收缴非法音像制品21000余张、非法图书21846册、收缴非法音像制品18170余张、非法图书20740余册、卫星接收设施7套；协调公安、工商等部门取缔关闭无证歌厅21家、无证照网吧10家。在清除黑场所的联合执法行动中，区文化委配合市文化行政执法总队，会同公安、工商等单位，共取缔黑歌厅18家，责令17家洗浴场所、3家酒吧停止其非法演出活动。开展印刷复制企业专项检查，共检查印刷、复制企业70家，行政处罚4家企业，取缔无证印刷企业1家，罚没款59600元。加强对奥运场馆周边、重要交通枢纽、繁华商场周边等重点地区和重点部位进行非法贩卖出版物游商的巡查。

区文化委与市、区级文保单位及部分国家级、普查登记项目的文物管理使用单位等45家单位签订文物安全责任书。对全区文物保护单位69处及普查登记项目古建筑68处采取地毯式安全检查，重点隐患单位反复检查，奥运活动区及沿线的文物不间断检查。

志愿者工作　3月，海淀区成立了以区委书记、区长担任总队长，10位区领导担任副总队长的海淀区奥运志愿者联合总队，总队办公室设在团区委，负责统筹协调城市志愿者、社会志愿者、治安巡逻志愿者、环境建设志愿者、拉拉队志愿者、驾驶员志愿者工作。志愿者联合总队下设6支分队（城市志愿者队、社会志愿者队、驾驶员志愿者队、环境建设志愿者队、治安巡逻志愿者队、“拉拉队”志愿者队），下辖766支志愿者队伍、近258000余名志愿者。承担文明风尚、窗口行业、平安奥运、改善城乡环境、扶残助残等方面的奥运志愿服务保障任务。4月，海淀区公开招募“奥运人家”①，102户入选（入选总数居全市第二）。

海淀区建立了志愿服务“6+2”工作模式，即在志愿者联合总队下设6支志愿者分队以及志愿者工作和培训工作、窗口行业培训工作2个协调小组。团区委建立起“1+3+4”的战时工作体系，即成立城市志愿服务工作总指挥部，设立安全和督察、组织动员、宣传和后勤保障3个指挥部，将全区120站点划分为东南西北4个工作片区（全市有城市志愿服务站点550个，海淀有120个；1631个社会志愿者交通秩序维护岗，海淀有632个）。

团区委按照“分片划区、区域联动、层层拓展、稳步推进”的原则，在北京大学、中国人民大学、北京师范大学、北京语言大学、中国农业大学、中国青年政治学院、北京林业大学、国际关系学院建立8个奥运城市志愿者培训基地，开展多类别、多层次的志愿者培训，累计培训城市志愿者骨干2万余名。同时开展形式多样的奥运培训活动。残奥会期间，确定区残疾人综合服务中心和学院路街道的六道口社区、紫竹院街道的车南里社区残疾人康复温馨家园为残奥会志愿者培训基地，邀请专业教师对志愿者进行残奥会知识、残疾人服务技能等相关内容培训。培训北京大学、清华大学等8所大学的大学生志愿者和城市志愿者近300人。

按照“逐渐预热、普遍行动、掀起高潮、适度休整”的思路，开展“迎奥运讲文明树新风志愿服务七大行动”。海淀区奥运会志愿者工作实现了“数量最多、质量最优、工作最佳、效果最好”的目标。北京奥运会、残奥会城市志愿服务工作从7月1日到10月8日共100天、分为6个工作阶段，其中9月6日~9月25日全区所有的120个站点每天全部上岗服务，其余时间则部分站点上岗服务。海淀区共有89000名城市志愿者、25000名社会志愿者、134441名治安志愿者、8000名

① “奥运人家”是指在2008年奥运会期间，用家庭自有房屋、设备为奥运会观众和旅游客人提供住宿接待与服务，并取得“北京奥运人家标志”的北京地区家庭。

拉拉队志愿者、1240名环境志愿者、352名驾驶员志愿者等25万8千多名志愿者为奥运会、残奥会提供服务。城市志愿者为约45万人次的中外游客、运动员、奥林匹克大家庭成员和各界群众提供信息咨询、应急服务和语言翻译等服务,发放各类宣传材料24万余份。驾驶员志愿者为20多个国家和地区的技术官员、运动员提供车辆服务7800多次,客运量14000人次,安全行驶32万余公里;16名驾驶员又作为残奥会志愿者为6个国家和地区的技术官员提供服务852次,行程两万公里。797名文明乘车监督员完成294个公交站台、17个地铁站台的奥运会、残奥会赛事"观众乘车秩序"、"文明安全监督"等任务,文明乘车服务奥运工作在市乘车办组织的检查验收中被评为一等奖。

海淀区职工文明拉拉队成立于2007年7月,拉拉队的宣传、组建、培训、参赛工作由海淀区总工会负责。拉拉队的职责是为奥运会、残奥会助威,具体负责国家体育场、国家体育馆、五棵松蓝球馆、五棵松体育馆、五棵松棒球馆、奥林匹克公园曲棍球场等场馆的奥运会以及残奥会赛场助威任务。职工拉拉队分为核心观众层、活动参与层和宣传影响层。2008年8月,拉拉队新增加1393人、达到8000人,其中核心层队员4284人。

区总工会确定各基层工会主席为拉拉队的安全工作第一责任人;与各拉拉队签定安全保卫责任书,确保拉拉队的安保工作"大事不出、小事减少、管理严格、秩序良好"。

拉拉队员在赛场内成为热情懂行、良性互动、观赛文明的核心观众,赛场外肩负着文明引导的职责。各基层工会开展岗位文明引导行动、奥运加油口号、助威掌法、奥运歌曲、手语动作等服务培训活动。

2008年上半年,组织约2000名拉拉队员参加了"好运北京"2008年北京男女排球决赛、马拉松比赛、中国田径公开赛、国际柔道公开赛以及沙滩排球、柔道、"金龙鱼"杯拉拉队颁奖展示等赛事;参加了市、区组织奥运知识答题活动、拉拉队联合总队赛前宣誓活动、志愿者出征动员活动、奥运拉拉队小教员培训等活动10余次。在北京职工文明拉拉队晋级评比中,海淀职工文明拉拉队获得一等奖、甲级队。奥运会开幕后,组织拉拉队员近7800人次、紧急调动4400人次,完成天安门至金水桥奥运会火炬起跑仪式助威活动等16个场次的比赛助威任务。8月10日北京市总拉拉队组委会启动后备队伍助威方案,区职工文明拉拉队做好后备队员的筹建工作,基本保障措施到位。奥运会和残奥会期间,组织观赛27场达45000多人次,在马拉松赛场组织上千人的太极拳、木兰扇、秧歌表演。

海淀区职工文明拉拉队受到领导重视和称赞,受到国内外媒体的关注,美国NBC、中新社等多家媒体对职工拉拉队进行了现场报道。

残奥会服务保障工作 "迎讲树促建"指挥部以残奥会火炬传递和奥运文化广场为重点活动,开展残奥会的服务保障工作。

指挥部负责海淀段火炬传递起点、终点的场景布置和文艺演出等任务。在中华世纪坛北广场、知春亭、玉兰堂、对鸥坊、国苑台、排云殿、南湖岛等处,10余支表演团队进行了火炬传递现场文艺表演。

按照首都文明办的统一部署,9月7日~9月16日,分批次组织群众参观奥林匹克中心公园,发放29000张门票。开展奥运文化广场活动。中华世纪坛的"同一个世界、同一个梦想"大型主题展览和奥运文化广场活动,组织专场演出22场,接待观众近16万人次。展览内容与标识由奥运会景观转换为残奥会景观。组织开展了中秋节"我们的节日"主题文化活动。

继续开展文明乘车监督工作,在全区文明乘车监督员中开展"奉献残奥会,真诚献爱心"活动,开展"人人当好东道主,满意服务在北京”主题实践活动，倡导奥运窗口服务行业为残奥会提供优质高效的服务。

应急指挥工作

应急指挥部指挥：杨志强（区委常委、区政府常务副区长）。

副指挥：丁志明（区政府办公室主任）。

应急指挥部成立于2007年8月，指挥部办公室设在区政府办（区应急办），下设区通讯保障和信息安全工作组（办公室设在区信息办），工作职责是：研究制定全区在奥运筹备期、赛时期间对突发事件指导意见，负责组织修订奥运会筹备期、赛时的总体应急预案，指导、审查各涉奥场所的专项应急预案、分应急预案和应急保障预案；协助配合市应急指挥部处置区内特别重大、重大突发公共事件，组织指挥全区各类较大和一般突发公共事件，协调组织开展区域范围内安全生产检查和处理安全生产应急事件，重点加强场馆外围保障区域安全生产管理和检查工作；应对突发公共事件工作中协调与中央、国家机关、市委市政府、市机关各部委、驻区部队、武警及其他有关部门和单位的关系；分析总结“好运北京”赛事、奥运会（残奥会）赛前、赛时应对突发公共事件工作；指导各镇（乡）、街道办事处处置各类突发公共事件的相关应对工作；负责监督检查各类应急预案的演练工作；负责组织应对突发公共事件的宣传教育和培训工作；负责提出区级应急专项准备金和公共财政应急储备资金的使用建议，联系区应急委专家顾问组的工作；完成上级主管部门和区奥总指交办的其他工作任务。指挥部对接市运行指挥部技术及网络保障部。

应急指挥部以确保平安奥运为目标，全面开展各项应急工作，完成了奥运会开闭幕式期间社会面防控、人工除雨、闭幕式焰火燃放等各项突发公共事件应急保障任务。

海淀区应急委组织体系：

区突发公共事件应急委员会下设办公室（区应急指挥中心），相关委办局及镇（乡）政府、街道办事处分指挥部，16个专项应急指挥部，临时应急指挥部和现场指挥部。16个专项指挥部是：区城市公共设施事故应急指挥部、区人防工程事故应急指挥部、区突发公共事件应急指挥部、区反恐和刑事案件应急指挥部、区电力事故应急指挥部、区建筑工程事故应急指挥部、区交通安全应急指挥部、区消防安全应急指挥部、区抗震应急指挥部、区森林防火应急指挥部、区防汛抗旱应急指挥部、区重大动植物疫情应急指挥部、区安全生产事故应急指挥部、区重大群体性事件应急指挥部、区气象灾害应急指挥部、区网络安全事件应急指挥部。

奥运会筹办应急服务保障工作 建立健全工作机制和应急预案体系。海淀区突发公共事件应急委员会和16个专项应急指挥部各负其责、协调联动；制定区领导24小时带班制度，保证应急指挥体系运转顺畅；为区奥总指挥部奥指办、10个专业指挥部、22个奥运场馆外围保障团队、区应急委所属16个专项应急指挥部、29个街道乡镇、19个委办局配置800兆电台，初步建成800兆应急通讯系统平台，确保全区指挥通讯系统24小时畅通；16个专项应急指挥部和11支公共安全应急救援抢险队24小时值班，每日备勤2400人；29个街乡镇及其他相关单位成立应急值守机构，加强信息报送和情况沟通，每日实行“零报告制度”，全区实现了应急值守体系网络化、全覆盖；加强与市应急指挥体系的衔接，每日向市应急指挥部调度中心、市政府总值班室和市2008城市运行监测平台报告工作，特殊情况随有随报。

制定《海淀区奥运会、残奥会突发公共事件应急预案》等区级专项应急预案32个，区级保障应急预案7个，街道乡镇应急预案135个，社区（村）应急预案659个，生产经营单位综合预案和专项预案42852个，做到了

"一区域一预案"、"一场馆一预案"和"一风险一预案",构建起"横向到边、纵向到底"全覆盖的应急预案体系。发动治保积极分子、"红袖标"(首都治安志愿者)、志愿者参与应急工作。开展各类应急演练60余次。

奥运会前全区开展了奥运期间风险源排查及风险评估工作,各专项应急指挥部、各乡镇、街道和相关单位都制定了《奥运期间专项风险评估与对策报告》和相应的风险管理措施。

赛时应急服务保障工作 成立赛时环境保障专项工作领导小组,按照"建机制、控常态、防突发、严保障"的工作思路保障赛时环境,以涉奥场所及周边地区为重点,环境保障工作做到"全覆盖、全天候、无缝隙"。赛时期间,全区城市运行总体平稳,空气质量良好,食品安全、动物疫情防控一切正常,水、电、气、交通等城市各项基础设施运转基本正常,市场监测数据平稳,生活必需品价格基本稳定,供应量充足。

全社会总动员,形成"点线面"相结合的全方位、全覆盖的社会面防控网络。8个比赛场馆累计投入警力6.4万多人次,每日出动辅警力量11万余人次,对紫竹院公园和玉渊潭公园实施定点、巡线防控措施,对重要地点实施全程图像监控。妥善处置了五棵松等场馆奥运门票销售、101中学奥运火炬传递、颐和园残奥会火炬传递、奥运开幕式纪念邮品发行、8月8日婚姻登记现场群众聚集等各类应急突发事件。

从7月3日到9月20日,气象部门24小时值守,每小时发布一次天气预报,及时发布气象信息和预警信息。完成奥运会开闭幕式、残奥会开幕式人工消减雨作业。完成比赛场馆、训练场馆、涉外宾馆饭店的避雷装置的安全检测工作。全区水文雨量站、气象雨量站、泵站雨量站全部实时监测,易积滞水路段全部实现积水监测。完善奥运场馆应对暴雨天气措施,实现"一场馆一预案",排查和疏通奥运场馆、重点路段的排水管线。奥运期间,有效应对强降雨13次,出动抢险及备勤人员7500人次,动用抢险及备勤水泵1404台次,出动车辆1030余台次;处置各类排水事件263件。赛事期间,本市相继出现强降雨,当代商城北侧道路、五棵松场馆北侧路步道、中关村东路、双榆树北路出现塌陷情况,有关部门第一时间组织人员到现场抢修,迅速处理完毕。

对10家奥运定点加油站、涉奥场所周边重点生产经营单位、危险化学品等高危行业进行不间断的安全检查和抽查。对全区建筑施工现场的59个深基坑安全度汛工作进行监督检查,落实施工协管员盯守各深基坑工地。全区未发生生产安全事故。

公共卫生应急防控。在卫生系统安装了28部800兆应急设备,修改突发公共卫生事件报告流程,实行奥运医疗卫生保障与城市运行保障的无缝对接;构建起食品安全监管网络和责任体系、检测体系。赛事期间,共收集、整理并上报相关应急事件56起,其中涉奥事件37起,城市运行层面事件19起。海淀区没有发生重大传染病疫情、重大动物疫情、食物中毒等食品安全事件。

社会安全应急防控。实施证件查验措施,加强重点区域周边交通管制和重点部位巡控值守。启动反恐战时运行机制,严管严控危险物品。奥运会期间共处置各类突发群体性事件122件、3150人次,其中群体访26件、671人次,群体事件96件、2479人次。全区未发生暴力恐怖事件和危害国家安全和社会稳定的重大政治事件。

全面提高城市交通、通信、水电气热的安全运行能力,重点路段交通、重点时段通信、重点区域水电气热、重点部位环境等方面的应急保障良好。

残奥会期间,指挥部对《海淀区奥运会、残奥会突发公共事件应急预案》进行了修订和完善,各单位对残奥会场馆、签约饭店外围保障区风险源共编制、修订应急预案104个。

同时继续做好各项应急工作,圆满完成残奥会突发公共事件应急保障任务。

督察工作

督察指挥部指挥:周京生(区委常委、区纪委书记)。

副指挥:王鲁豫(区人大常委会副主任)、傅首清(区长助理)、白艳(区纪委副书记、区监察局局长)、王长林(区检察院副检察长)。

督察指挥部成立于2007年8月,指挥部办公室设在区纪委监察室,工作职责是:对海淀区奥运服务保障各指挥部及工作人员依法履职和廉洁自律情况实施监督;负责全区奥运服务保障工作开展情况的综合考评和效能指导,督促政府有关部门正确履行执法检查职责;参与区政府及市政府授权有关部门组织的责任事故调查处理工作,督促相关单位责任事故的调查处理;负责对区委区政府重要文件、重要工作部署、重要会议精神贯彻落实情况进行督促检查并及时汇报;负责对区奥运服务保障指挥部议定的事项及领导批示件的督促检查、催办落实和反馈,对上级领导批示、交办事项进行专项查办并报告结果;履行对奥运相关工程等资金使用、招投标等工作合法合规性的监督检查,确保各项工作公正、公开、透明,实现奥运“阳光工程”;办好上级主管部门和区奥总指交办的其他工作任务。

海淀区的奥运监督工作实行“关口前移,重在预防,健全机制,全程监督”的原则,把“阳光工程”、“廉洁奥运”作为行政监察各项工作的重点。

健全完善奥运监察督察工作运行机制 完善奥运服务保障工作督察指挥部内部工作机制;年初区纪委监察局成立奥运重点任务督察督办组、奥运筹办工作监察督察检查组、奥运监察督察宣传信息组;7月20日,建立区纪委监察局奥运会、残奥会期间奥运服务保障监察督察战时运行机制机构,下设6个专项工作组。同时成立3个包片督察巡察组,对10个重点地区场馆外围服务保障工作、6个地区签约酒店保障工作进行包片督察。统筹全区纪检监察力量,形成上下联动的层级监督检查体系和大监察、大督察的工作网络格局。在全区各有关行业监管部门和29个街道、乡镇建立监督领导小组和属地督察机构,各基层单位共对涉奥工作立项效能监察39项。对需要属地街道、乡镇解决的问题,直接交由属地督察机构跟踪督办落实。赛时期间建立每日监督信息上报制度。

区委常委、区纪委书记及指挥部领导带队对各街道、乡镇和相关职能部门的服务保障工作落实情况检查、暗访40余次,涉及50余处涉奥和非涉奥场所。各专项监察督查工作组和包片巡察组对奥运比赛场馆、路线周边和签约酒店周边等重点区域现场检查42次、暗访35次、巡察20次。与牵头单位建立联合检查制度,全年共牵头组织联合检查50余次。

区监察局、区委督查室、区政府督查室建立联动机制,对《海淀区2008年奥运服务保障工作重点任务分解》中58项任务进行专门监察督查,梳理出159项具体问题,协调督促解决105车站、中央电视塔周边“城中村”整治等60余项问题。

专项效能监察与专项行政检查相结合。将奥运食品安全、奥运控制大气污染工作效能监察检查工作,与奥运城市环境建设、奥运城市运行保障和奥运场馆监督运行行政检查工作结合起来,同检查、同考核,做到不留检查死角。

在奥运会、残奥会期间,重点采取暗访方式对比赛场馆、路线周边和签约酒店周边等重点区域进行检查,发现问题及时督促整改。重点检查属地外围保障机构与场馆运行机构建立沟通协调机制、体制建立情况以及属地奥运场馆运行团队工作人员落实情况。对发现的外围服务保障工作和场馆运行工作中的问题,督促整改落实。

实施重点监察 对奥运环境建设、控制大气污染实施监督。对奥运环境建设上帐任务、奥运花卉布置等进行跟踪督办。下发《监察通知书》15件,提出监察建议53条。对担负奥运环境建设、环境整治任务的重点部门的工作进行了半年考核。牵头组织区政府督查室、区环保局等职能部门,对20个部门履职情况进行了重点检查。奥运会、残奥会期间建立了由11个重点单位组成的污染天气应急保障工作小组,实行每日执法综合汇报制度。

7月1日成立区大接访监察督查工作组,督促各责任单位解决群众诉求、及时化解矛盾。截至9月16日,对区领导接访的210件信访件进行了监察督查,涉及210批次657人次,化解82件。对本区安全生产百日督查专项行动进行了重点监察,在奥运会前夕对区质监局、区公安消防支队、区建委等8个单位平安奥运生产保障工作进行了督察,对7处奥运场馆周边的12家密集场所进行了实地检查。

对重点区域、点位、时段,实施赛时工作纪律巡察。加强对当日有奥运比赛任务的场馆、配套设施、比赛沿线周边奥运服务保障工作的现场检查、暗访、巡察力度。对比赛场馆周边、沿线的环境秩序、整治等进行巡察、检查。在比赛入场前、进行中和散场时,对各单位人员到岗到位、履职情况进行巡察。

赛时期间,确定辖区涉外酒店、集体食堂的食品安全保障工作为监督检查的重点,对有外国人特别是有涉奥外国人员入驻的非签约酒店和服务保障工作人员用餐的集体食堂进行检查,共检查了8家非签约酒店、6处集体食堂、22所中小学用餐情况。牵头组织现场检查20次,对16个街道及其场馆周边奥运食品安全社会面控制情况进行了检查。

成立五棵松场馆群赛时运行巡查组,对每天每一场奥运篮球赛、棒球赛运行情况进行全过程监督,对赛时出现的个别志愿者、工作人员和合同商围追运动员签名、照相的现象进行调查处理。对场馆各种会议决定事项、各业务口提出的问题进行督办和协调解决。

残奥会监察督察工作 在对残奥会奥运服务保障工作进行全面监督的基础上,重点突出对当日有残奥会比赛任务的街道周边外围保障工作及其场馆运行情况进行现场检查、暗访、巡察。成立北京残奥会火炬接力现场督察巡察组,火炬接力前检查了沿线的环境保障情况,并对9月5日残奥会火炬接力北京地区传递活动进行全程监察督察。巡察了马拉松赛沿线的环境保障情况,在比赛当天对沿线的各现场指挥部及专项工作组人员到岗到位和履职情况进行巡察、监督。

对涉奥旅店外宾住宿服务保障和安保情况进行实地检查,对圆明园、颐和园等景区的奥运安保及服务保障工作进行了检查,对驻区大学比赛场馆周边进行了暗访,重点了解违法违规贩卖、倒卖残奥会门票等情况。包片巡察组加大巡察力度,对贩卖盗版光盘等问题提出加大执法力度的建议。

联合区食品办、区教委对22所中小学集体食堂的食品安全情况进行了现场检查,督促区环保局、区建委、区环卫中心、区城管大队等单位落实空气治理保障工作措施,加大执法力度和监管力度。

推动了"廉洁办奥运"责任制的落实。

奥运期间城市运行信息化管理工作

作为奥运服务保障工作之一的城市运行工作,是指奥运会与残奥会主办城市,为成功举办奥运会与残奥会,在完善城市基础设施、保障能源等各种资源供给、提供安全应急保障、营造奥运会与残奥会节日氛围等方面开展的工作。海淀区奥运会和残奥会城市运行工作,主要由党政领导体系、奥运服务保障体系(即“1+10+22+29”体系)和城管监督指挥体系支撑。城管监督指挥体系发现的问题,可派遣到10个专业指挥部、29个街乡镇奥运服务保障机构、22个场馆外围保障团队,重大问题可通过区奥指办直接向区奥运服务保障总指挥部报告。

海淀区的城市运行工作主要由区城市管理监督指挥中心具体负责,分为三个阶段:赛前准备阶段(6月1日至7月19日)、赛时运行阶段(7月20日至9月20日)、赛后收尾阶段(9月21日至10月8日)。

城管监督指挥体系 城管监督指挥体系由城管监督指挥中心、群众事务呼叫中心、视频调度指挥中心及相关责任单位组成。

城市管理监督指挥中心采用万米单元网格管理法和城市部件管理法相结合的方式进行城市运行管理。视频调度指挥中心通过遍布全区的视频摄像机对全区实行实时监控,并对发现的问题及时处置。群众事务呼叫中心主要接受市民、游客通过区便民电话、短信、邮件和北京市非紧急救助电话、环境热线电话、城市服务管理广播、首都之窗政风行风等反映涉及到海淀区的问题,并进行快速处理。做好社情民意收集和社会矛盾化解工作,进一步畅通舆情、社情民意汇集渠道,及时将百姓反映强烈的热点、难点问题通过《民情专报》、《民情快报》等载体向有关领导汇报。

自7月20日启动奥运服务保障工作至9月20日残奥会结束,共发现上报各类城市管理问题27716件,其中涉奥案件4171件,突出的问题是无照经营游商、乱堆物堆料、占道广告牌、暴露垃圾、非法张贴小广告等。

赛事服务保障工作 奥运筹备工作。对比赛场馆、训练场馆、非竞赛场馆、开放性比赛路线、签约酒店、定点医院、重点大街、重点道路、重点景区等建立奥运服务保障工作台帐,明确监控重点,并随时补充更新,确保基础信息准确、有效。

印制《信息化城市管理奥运保障工作手册》,指挥中心制定了33类问题的应急处置程序和8类问题的快速处置程序。

开发奥运周边地区案件上报自动识别功能,确保涉奥问题优先派遣、优先处置;将案件查询统计时点精确到“分”;提高查询统计和系统运行的速度。

开展城市管理风险隐患专项排查和治理。针对汛期城市管理风险隐患实施道路排水设施、危险树木等问题专项调查,查出问题1000多件;排查电杆线缆隐患500多处;实施无障碍设施专项调查,查出问题500多处。协助有关单位处理排查出的问题。对市级平台积压的大量公用设施和市政设施的案件分地区进行梳理,将有安全隐患或重点地区的案件,督促相关责任部门办理。

对涉奥地区城市公共设施实行“点对点”精细化管理。按地区、问题紧急程度和影响范围进行分类,明确指挥派遣责任部门和报告、通报范围,快速处理问题。5~7月,实施涉奥地区城市部件数据更新项目,涉及7个街道,面积约47.48平方公里,更新城市部件243787个,地理信息编码14905个。

对座席人员进行了“迎奥运、强素质、展风采”奥运专题培训。

指挥中心制定了《信息化城市管理系统奥运服务保障工作方案》、等工作方案及应急预案,并组织多次应急演练。建立并推行突发及重大问题处置的“绿色通道”。

城市运行的3大系统实行日间和夜间运行的工作模式,连续63天每天保持17小时(7:00至24:00)不间断运行。配置40%以上的监控力量,对奥运场馆、场所、路线、签约饭店、定点医院、政治敏感地区等重点地区实施重点监控。7月20日到9月20日,累计投入监控力量约23600人次,累计上报各类城市管理问题27716件,其中涉奥案件4171件、无照经营游商8747件、乱堆物堆料4015件、占道广告牌2779件、暴露垃圾2477件、非法张贴小广告2374件。

分级处置涉奥重点问题。对于发生在涉奥重点地区的案件实行优先立案、优先派遣、优先处置、优先核查的“四优先”原则,处理案件56件。对于权责不清、按照归口和属地原则贯彻难度大,承办部门有畏难情绪的问题,召集有关部门单位多次召开会商研讨会,解决了积压的200多件疑难案件。

全面提供综合信息,每日早、中、晚分3次报送区奥运服务保障总值班室,按地区、按问题紧急程度和影响范围进行分类。奥运期间编辑《海淀民情快递》53期、《民情快报》26期。

搭建奥运赛事可视指挥平台 赛事期间,协同公安分局设置了视频顶级权限使用原则,保证日常监控及赛事指挥视频的正常运行,对奥运场馆周边、比赛线路等重点区域实行24小时全天候实时监控。承担了公路自行车赛、马拉松比赛、残奥会火炬传递及轮椅马拉松赛现场观众组织、外围环境保障、安全保卫的可视指挥任务。 (钟 冷)

奥运大事记

一月

11日 北京城区西部地区最大的奥运场馆——五棵松奥林匹克篮球馆竣工验收,并交付使用。

18日 召开海淀区2008年奥运环境建设工作动员部署大会,基本策略是“以人为本,城乡结合,有乱治乱,继续见新,精心添彩”,工作重点是突出保环境、保秩序、保运行。

二月

16日 中共中央政治局委员、中共北京市委书记、北京奥组委主席刘淇与国务委员、北京奥组委第一副主席陈至立,中共北京市委副书记、北京市市长、北京奥组委执行主席郭金龙等到奥运村和奥林匹克篮球馆调查研究。

28日 海淀区与希腊奥林匹亚市缔结友好城市关系。

28日 海淀区奥运服务保障工作总指挥部会议通过《2008奥运会与残奥会海淀区城市运行工作方案》。

三月

7日 海淀区召开2008年奥运服务保障工作誓师大会,对全区奥运服务保障工作进行了全面部署和动员。

同日 奥运会海淀区志愿者联合总队成立,下设城市志愿者、社会志愿者、驾驶员志愿者、环境建设志愿者、治安巡逻志愿者、拉拉队志愿者六支专项总队。

23日~30日,区长林抚生率海淀区政府代表团随市委书记刘淇赴希腊参加2008年北京奥运会圣火火种采集仪式,并出席了奥林匹亚市政府在古奥林匹亚遗址举办的海淀区与奥林匹亚市缔结友好关系协议书确认文本签字仪式。8月8日,奥林匹亚市政府赠送海淀区的胜利女神雕像抵京,随后被安放在区政府大楼西侧草坪。

四月

1日 中共中央政治局常委、全国人大常委会委员长吴邦国到五棵松篮球馆和棒球馆视察奥运服务保障工作情况。

月初,北京航空航天大学、北京联合大学

在校生联合成立全市首支涉外奥运大学生普法志愿队,在涉奥场馆、医院开展法制宣传,为各国游客、运动员提供法律服务。

22日　举行“迎北京奥运·展示海淀形象——迎奥运倒计时100天系列活动展示月”启动仪式,活动至5月底结束,包括六大展示活动、五个专项活动及特色展示活动,参与群众达百万人次。

五月

27日　中共中央政治局常委、国家副主席习近平到五棵松篮球馆、北京大学体育馆等考察北京奥运会、残奥会筹办工作情况。

28日　中国国民党主席吴伯雄一行参观五棵松棒球场。

31日　刘淇到首都体育学院、清华大学、北京体育大学等地,调研奥运独立训练场馆的运行情况。

六月

11日　刘淇到中国农业大学、北京科技大学、北京工业大学等高校奥运场馆调研,要求场馆运行团队一定要强化“双进制”体制,确保90%以上的问题解决在场馆。

20日　中共中央政治局常委、全国政协主席贾庆林到海淀区考察奥运会、残奥会竞赛场馆建设、运行及外围服务保障情况。

七月

1日　海淀区奥运会、残奥会城市志愿服活动启动仪式在海淀医院站点举行,到10月8日,本区的城市志愿者在全区120站点开展信息咨询、应急服务、语言翻译等志愿服务。

1日～11月30日　为实现“平安奥运”,全面维护社会和谐稳定,海淀区开展领导干部大接访活动。

3日　第62次区委常委会通过《奥运会与残奥会期间海淀区组织指挥体系及城市运行保障工作具体方案》,本月7日,此方案经第66次区政府常务会议通过。

20日　10条奥运公交专线开通,其中的6路、7路、8路、23路经过海淀区境内。

20日～9月20日　海淀区全面实行奥运会、残奥会赛时运行和城市运行工作机制。

本月　北京奥运安保勤务等级方案全面启动,铁路奥运安保启动五道防线,全市地铁启动安检。

八月

3日　中共中央政治局常委、国务院总理温家宝考察五棵松篮球馆,并慰问场馆内的奥运志愿者和在此训练的中国国家男子篮球队。

6日～17日　北京2008奥林匹克青年营在北京一〇一中学举行,来自205个国家和地区的481名青年参加。本届青年营的主题口号是:青年创造未来。

6日～8日　奥运火炬在北京18个区(县)和亦庄开发区传递,共有841名火炬手参加。8日12时许,奥运火炬到达设在一〇一中学的奥林匹克青年营,8名火炬手在350米路线上传递(北京总传递路程全长38.92公里),完成了全部传递活动。之后火炬转运国家体育场。当晚,第29届奥林匹克运动会开幕。由海淀区选送的19名火炬手参加了奥运火炬传递。

8日　全市启动奥运安保一级加强巡控方案。

8日～24日　第二十九届奥运会在北京举行。

10日　由海淀区输送的运动员张琳以3分42秒44的成绩获得男子400米自由泳银牌,张琳成为我国第一个在奥运会上取得奖牌的中国男子游泳选手。

10 日晚　美国总统布什等外国贵宾在五棵松篮球馆观看中美男子篮球比赛。

11 日　林跃/火亮获男子 10 米双人跳台金牌,由海淀区输送的运动员(林跃)实现奥运金牌零的突破。北京市委市政府向中国体育代表团发出贺电。

同日　在北京航空航天大学体育馆举行的女子 58 公斤级举重比赛中,我国运动员陈艳青卫冕冠军,成为奥运史上第一位卫冕女子举重项目金牌的选手,这是在海淀区产生的本届奥运会首金。

13 日　中共中央政治局常委、全国政协主席贾庆林和中国国民党主席吴伯雄、亲民党主席宋楚瑜在五棵松体育中心观看中华台北队与荷兰队的棒球比赛。

18 日　户籍在海淀区的中国女子体操运动员何可欣获得奥运会女子高低杠金牌。

本月　全市公交启动安检。

九月

5 日~6 日　残奥会火炬在北京地区传递,240 名火炬手参加全长 12 公里的传递活动。5 日上午 8 时 15 分,残奥会火炬北京传递起跑仪式在中华世纪坛举行,后经转场进入颐和园,从北宫门北上,经长廊至石舫上船,在水上作“之”字形传递,与残奥会“天地人”会徽图形相契合。两小时后完成海淀段的传递。

6 日~17 日　第 13 届残疾人奥林匹克运动会在北京举行,来自 148 个国家和地区的残疾人运动员参加。海淀区有 7 名运动员参加残奥会。海淀香山橡胶厂的 4 名盲人职工参加了 6 日晚在“鸟巢”(国家体育场)举行的开幕式演出。

10 日　来自上庄镇的视力残疾运动员朱鹏凯以 63 米 07 夺得残奥会男子标枪 F11/12 级冠军,并打破世界纪录。

16 日　由海淀区选送的杨育青获残奥会视力障碍组男子 4×100 米接力金牌,并打破世界纪录。

十月

10 日　海淀区在中国农业大学体育馆召开奥运工作总结表彰大会,大会对 300 个先进集体、2000 名先进个人、3000 名优秀志愿者进行了表彰。　(钟　冷)

群众团体

海淀区总工会

海淀区总工会是区委领导下的本区职工自愿结合的工人阶级群众组织，是本区各企事业单位和机关工会组织的领导机构。现为第十四届工会委员会(2007 年产生)。本年，基层直属工会有 131 个，工会会员 14 万余人。下属海淀工人文化宫、海淀职工休养服务部、海淀职业介绍所和海淀区总工会技术交流站等 4 个事业单位。

本年，全区共有 15 个单位、51 名个人获市级以上荣誉称号。其中 11 人获首都劳动奖章，1 个集体获首都劳动奖状，1 个集体被命名为北京市工人先锋号。20 人获海淀劳动奖章，2 个集体获海淀劳动奖状。在奥运立功劳动竞赛中，全区有北京市奥运立功奖状集体 5 个、北京市奥运“工人先锋号”5 个，10 人获北京市奥运立功奖章，60 人被评为北京市奥运立功标兵。

工会建设 全区有工会服务站 14 个，工会协管员 54 名，累计投入工会服务站硬件建设资金 15 万元。新建工会 1600 家，发展会员 56528 人，超额完成全年建会任务；完成驻区世界 500 强企业建会任务的 96%，超额完成市总工会向本区提出建会 85% 的指标。全区工会干部培训工作正式纳入全区干部教育工作规划，全年培训工会干部 1120 人次。

各级工会以经济技术创新工程为载体，组织职工开展各种类型的经济技术创新，开展“创文明岗位、做文明职工”活动。建立海淀区劳模艺术创作基地，与共青团中央、青少年基金会共同组织“海淀劳动模范与贫困地区师生共寄奥运、放飞梦想”大型系列活动，受到多家媒体关注和报道。与区商务局、区商联会共同举办“2008 年迎奥运海淀商业服务业风采大赛”，近 100 家商服企业参加，“风采大赛”已初具品牌效应。

组建海淀职工文明拉拉队。在奥运筹办期间，参加市拉拉队组委会组织的活动和“好运北京”测试赛，在拉拉队晋级达标评比中被评为甲级队，获一等奖。在奥运会、残奥会赛事期间，组织拉拉队员 4 万余人次现场助威，并承担应急任务 4000 余人次。拉拉队成员最多时达到 8000 人。区总工会被奥组委授予北京奥运会、残奥会文明观众、拉拉队工作优秀组织单位称号，被北京奥运会培训工作协调小组评为“北京奥运培训工作先进单位”，并获“2008 年全国亿万职工迎奥运健身活动月”优秀组织奖。区职工文明拉拉队办公室被市总工会授予奥运立功首都劳动奖状。

职工素质教育 年初，制定《海淀区 2008 年职工素质教育工程实施意见》。在《海淀报》、《海淀有线台》、《劳动午报》等新闻媒体上宣传职工素质工程。在全区 300 个工地建立农民工夜校，发放 3500 套教材和 100 套教学光盘。创建由全国总工会命名的“职工书屋示范点”2 家。全市首家“全国学习型组织标兵”翠微大厦通过国家九部委联合验收。在全区开展“十七大精神主题教育活动”，收到答卷 2 万份、征文约 300 篇。4 月 12 日，与区文明办共同举办“过路要看红绿灯、开车礼让斑马线”宣传高潮日暨文明引导行动的启动仪式,28个街乡、30多家企业分会场的文明引导行动同步展开,基层工会4000多人参加。组织各级工会开展中国工会十五大、北京市工会工作会议精神的学习、宣传和贯彻活动。开办奥运公益系列讲堂,聘请专家讲授奥运观赛礼仪、运动与健身、摄影、家庭理财等知识。开展职工文体活动,组织参加由全国总工会等单位承办的城市职工“迎奥运、庆‘七一’美术、书法、摄影作品展”征集活动。选送4个单位参加市总工会与北京电视台在“五一”举行的以“情系奥运、劳动光荣”为主题的《劳动颂歌——五一电视晚会》的节目选拔。举办以抗震救灾、保障奥运、记录身边的事为主要内容的“2008年海淀区职工摄影大赛”展览。举办海淀区第20届职工“长春杯”越野赛,共有40支代表队、近4000名职工参赛。

协调劳动关系 召开由多方参加的《劳动合同法》、《劳动争议调解仲裁法》研讨会,召开劳动关系三方(政府方为劳动和社会保障局,工会方为区总工会,企业方为区个体私营经济协会、中关村高新技术企业协会、建筑行业协会和商业联合会)协调会议。开展“劳动合同宣传月”活动,发放相关宣传材料4万余份,接待咨询人员2000多人次。强化“联合执法检查制度”和“信息共享制度”,制定下发《发挥工会组织的监督职能,促进做好企业职工工资支付工作的实施意见》,对职工工资支付情况进行督查,指导企业工会建立“职工工资支付查询”、“工资拖欠纠正”、“工资拖欠报告”和“工资拖欠处罚建议”4项制度。

推广《集体合同示范文本》,组织5家企业参加市总工会组织的签订集体合同示范文本和规范性工资集体协商“双百”试点工作;在街道抓好区域性集体合同的签订,制定《海淀区区域性集体合同备案办法》及《关于签订区域集体合同的说明》。本年签订集体合同3000多份(含区域性集体合同),覆盖建会企业85%、职工近9万人。

帮扶工作 全年帮助95名困难职工办理社会保障金领取证。两节期间,各级工会组织筹措帮扶资金573万元,慰问走访各类群体8369户;与区慈善协会合作,开展公益活动,贴心人服务队开展活动2788次,做好事4435件,为困难离退休劳模发放困难救济金15万元。对2007年企业职工收入情况进行调查,涉及企业245家、职工43861人;对本年生活困难和特殊困难职工情况进行统计审核,在全国职工帮扶系统中建立困难职工情况电子档案。与区劳动和社会保障局共同举办“民营企业招聘周”活动,开幕当天就有135个单位、1000余人参加招聘会,3500多个岗位供求职人员选择。职工互助保险工作继续保持全市区县先进水平,全年新增会员5549名,收取保费184万元,受理赔付1149例,累计赔付金额142万元。10月23日成立海淀区总工会服务(帮扶)中心。

汶川地震发生后,全区工会系统组织近20万人次多渠道参与捐款,共计捐款11165.3万元。各级工会对四川籍职工开展慰问和帮扶活动。本区3支抗震救灾救护队被授予“北京工人先锋号”称号。

【首都劳动奖状获得集体】 (2008年授予)

北京超市发连锁股份有限公司双榆树店食品部

【北京市工人先锋号获得集体】 (2008年授予) 北京翠微大厦股份有限公司翠微可晶摄影器材

北京市海淀区总工会
地　址:海淀区长春桥路17号
邮　编:100089
电　话:82510095
电子信箱:hdghbgs@163.com　(谢建国)

中国共产主义青年团北京市海淀区委员会

【综述】 中国共产主义青年团北京市海淀区委员会的前身是1949年成立的“中国新民主主义青年团北京市十六区工作委员会”；1952年11月，成立中国新民主主义青年团北京市海淀区委员会，在中共海淀区委的领导下和上级团组织的指导下开展工作。现为第十一届委员会（2006年选出）。截至2008年底，全区共有团员148031人，基层团委210个，基层团总支274个，基层团支部3150个。

2008年，海淀团区委坚持“公益、志愿、创业、成才”的工作理念，创新工作思路、工作方式和自身建设，开创共青团工作的新局面。本年，海淀共青团被团中央、奥组委、北京团市委等部门评为北京奥运会、残奥会先进集体，获北京奥运培训优秀组织奖，奥运先锋——北京奥运会、残奥会志愿者工作优秀组织奖。《青春海淀——海淀区城市志愿服务工作快报》编辑部被评为北京市志愿服务公益实践项目优秀项目。海淀园的1名城市志愿者获党中央、国务院颁发的“北京奥运会、残奥会先进个人”称号。在“奥运先锋——2008年度北京市共青团达标创优竞赛活动”中，学院路街道团工委被评为“奥运先锋——2008年度北京市五四红旗团委”，北下关街道机关团支部被评为“奥运先锋——2008年度北京市五四红旗团支部”，2人被评为“奥运先锋——2008年度北京市优秀团干部”，1人被评为“奥运先锋——2008年度北京市优秀共青团员”。

青少年思想政治工作 全区各级团组织开展“我与祖国共奋进，我与海淀同成长”主题教育活动。选派代表参加共青团第十六次全国代表大会。

选树青年榜样，发挥榜样的激励示范作用。举行海淀区纪念五四运动89周年总结表彰大会暨奥运会志愿者出征仪式，表彰第四届“海淀区十大杰出青年”。选派团干部赴地震灾区挂职锻炼，引导团干部为灾区献计、出力。组织团员青年向受胡锦涛接见，在抗震救灾中不畏艰难、无私奉献的北京城市学院学生熊述娟学习。

开展未成年人思想道德建设教育实践活动。开辟10个城市志愿服务站点作为“志愿服务体验岗”；在圆明园遗址公园开展“大手拉小手”志愿服务活动，以“红领巾小导游”形式进行义务双语讲解。开展“福娃进校园”活动。

志愿服务事业 开展奥运培训活动，团区委组织编写《海淀区奥运志愿者培训教材》等教学材料，聘请专家、学者对管理人员和志愿者进行培训。与驻区高校联手，在北京大学、中国人民大学、北京师范大学、北京语言大学、中国农业大学、中国青年政治学院、北京林业大学、国际关系学院分别建立8处奥运城市志愿者培训基地，组织多次大规模的培训，并举办城市志愿服务站站长培训班等活动，累计培训城市志愿者骨干2万余名。对志愿者开展残奥会礼仪等知识的培训。

3月7日，成立奥运会海淀区志愿者联合总队，负责统筹协调志愿者工作，总队办公室设在团区委。本区奥运城市志愿服务活动自2007年开始筹备，经历了“春节服务周”、“五一服务周”、“国庆服务周”、“好运北京”测试赛等演练，在奥运前夕成立城市志愿服务工作总指挥部，设立安全和督察、组织动员宣传和后勤保障3个指挥部，下设东南西北4个工作片区、120个站点，形成“1+3+4”战时工作体系。7月1日正式启动“青春微笑迎奥运 和谐海淀做先锋”奥运会城市志愿服务活动，经历6个阶段100天时间，近9万名城市志愿者在分布于全区场馆周边、商业网点、旅游景点、交通枢纽等重点地区的120个站点中,为近45万人次提供信息咨询、应急服务和语言翻译等服务,发放宣传材料24万余份。各站点开展了“大手拉小手”红领巾志愿导游、“传奥运情、承华夏礼、立中国志、献志愿心”城市志愿者微笑传递之旅等特色活动。

奥运会期间,海淀区共有城市志愿者89000人、社会志愿者25000人、治安志愿者134441人、拉拉队志愿者8000人、环境志愿者1240人、驾驶员志愿者352人。全区奥运会志愿者工作实现了“数量最多、质量最优、工作最佳、效果最好”的目标。3000人被评为“海淀区奥运会、残奥会优秀志愿者”,330余人分获市级“北京奥运会、残奥会优秀志愿者”和“北京奥运会、残奥会志愿者工作先进个人”等荣誉称号。在全市率先启动“后奥运城市志愿服务活动”,在重要的节庆假日、大型活动期间为市民提供服务,城市志愿服务站点也将成为社区服务的基地、高校大学生文化交流的平台、中小学生社会实践教育的课堂。

服务青年成长成才 发挥海淀青年联合会、驻区高校团委书记联谊会、海淀卫生系统青年联谊会、海淀北部新区青年联谊会等区域资源整合组织的纽带作用,实施新世纪青年人才工程。通过团区委、区青年志愿者服务中心等网络平台,为驻区高校大学生提供咨询和服务。联合海淀新闻中心开展“大学生DV作品大赛”,举办中关村青年联谊会,联系青联委员企业和驻区高校建立海淀区大学生就业实习基地。继续开展“亲情陪伴大年夜”、“海淀青年志愿者共建安全北京城”等青年志愿者品牌活动,组织青年志愿者参加“心系奥运手拉手,新春共建新海淀”大型清洁活动,组织志愿者参与残奥会火炬传递、北京国际长走大会、“爱心无限志愿服务在老年医院”主题活动等大型活动及赛事观众组织,全年共组织志愿者超过10万人次。组织撰写《2008海淀区志愿工作白皮书》。

组织青联委员、青联之友联谊会会员捐款50余万元,在四川康定县建立“北京市海淀青联希望小学”和“希望图书室”;组织青年委员每周进行乒乓球、羽毛球、篮球等体育锻炼。召开驻海淀区高校团委书记联谊会2008年年会。

基层团组织建设 围绕共青团组织青年、引导青年、服务青年和维护青少年合法权益等4项基本职能开展调研。通过举办奥运会,基层团组织的组织动员能力和后勤保障效果普遍提高。圆明园管理处和区房屋土地经营管理中心团组织建制调整为团委,新增非公企业团组织16个。成立青年文明号联谊会,启动海淀区青年文明号奥运优质服务月。重点加强与新经济组织和新社会组织的联系,举办中关村青年联谊会、中关村青年创业论坛等活动。

加强农村党的“三级联创”建设工作,引导大学生“村官”参与基层团组织建设。完成区级中学生业余党校400名学员培训工作,选送80名学员参加市级业余党校培训。以军训营的形式举办团干部培训班,作为奥运培训的一部分。

【海淀区青年联合会】 青年联合会成立于1990年12月22日,是以中国共产主义青年团为核心力量的各族各界青年的爱国统一战线组织,由海淀区各民主党派、群众团体以及驻区中央、市属、区属有关单位协商推荐的青年代表组成,工作上接受北京市青联的指导。

海淀青联实行委员制,设有团体会员一组、团体会员二组、科学教育组、体育卫生组、文艺组、经济组、青年管理者组、解放军政法组、综合组、台侨·宗教·民族·民主党派组等10个界别组。海淀区青联之友联谊会和地区青年联谊会是海淀青联的外围组织。青联常设工作机构为设在团区委统战部的青联秘书处。海淀青联每届届期3年,现为第六届。本年召开六届三次全委会暨青联之友联谊会四届三次会员大会,增补50名新委员,现有委员371名。

青联引导委员、会员参与捐资助学、义诊、植树、奥运城市志愿服务等社会公益活动,在羊坊店惠民医院举行“爱心传递健康 共建和谐海淀”义诊活动,慰问在北京老年医院服务地震灾区伤员的志愿者。召开青联界别座谈会为构建和谐海淀建言献策,区政协共青团青联界别委员提案100余件。海淀区青年联合会获得2008年度北京青年健康使者火炬行动组织贡献奖。

【海淀区未成年人保护委员会】 海淀区未成年人保护委员会(简称未委会)成立于1989年3月,是本区从事未成年人权益保护工作的专门机构,未委会办公室设在团区委权益部,现有成员单位34家,街道乡镇未委会29家。本年开展“心灵互动,携手成长”结对服务活动,组织专兼职社会工作者参与预防青少年违法犯罪工作。开展专项调研,通过发放问卷和个案访谈等形式,与社区青少年进行面对面的交谈并开展结对服务。全年共为37名社区青少年提供服务,绝大多数已结案。邀请党的十七大代表、第29届奥运会火炬手宋鱼水,残奥会标枪冠军朱鹏凯回访北京市未成年犯管教所的500余名少年犯,举办“奥运励宏志,自强塑新生”座谈会。完善海淀区青少年法律援助中心和青少年维权热线。

【希望工程北京捐助中心海淀区工作站】 希望工程北京捐助中心海淀区工作站成立于2003年12月。全年共筹资340500余元,资助大中小学生586人次。工作站被评为北京青少年发展基金会、希望工程北京捐助中心优秀工作站。

【第四届“海淀区十大杰出青年”】

马　军　海淀区人民法院民事审判一庭庭长

王　英　北京雅各布国际文化发展有限公司董事长

申宏艳　中关村科技园区海淀园团工委书记

朱延忠　北京富卓电力有限公司总经理

刘　芳　中国农业科学院附属小学校长兼党支部书记

李金海　海淀公安分局清河派出所所长

张运平　海淀区妇幼保健院院长

张国政　北京体育大学教师

林　菁　北京佳讯飞鸿电气股份有限公司董事长

金　铁　海淀区人民检察院公诉一处处长

中国共产主义青年团北京市海淀区委员会
地　址:海淀区长春桥路17号
邮　编:100089
电　话:82510489
网　址:www.hdtw.bjyouth.net　　(何　青)

海淀区妇女联合会

【综述】 海淀区妇联成立于1951年1月,是中共海淀区委领导下的海淀区各族各界妇女的群众团体组织,是党和政府联系妇女群众的桥梁和纽带。现为第十一届执行委员会(2007年8月选出)。下属事业单位有海淀区妇女儿童活动中心(本年3月成立)、三八家政服务公司。到本年底,有机关工委妇委会、民主党派机关妇委会、民建海淀妇委会、公共委妇委会等4个妇委会,家庭教育研究会(法人社团)和女领导干部联谊会、女司法工作者联谊会、女校长联谊会、台港澳侨胞姐妹联谊会、女教授联谊会、女村长女书记联谊会等6个联谊组织。本年,区妇联所属事业单位妇幼教育中心、海南幼儿园注销。

本年,区妇联团结带领广大妇女群众在推动科学发展中开拓新思路,在促进社会和谐中做出新贡献。获得全国妇联颁发的“中华女性学礼仪活动”优秀组织奖、北京市“市民学外语活动”组织奖。区妇联主席吴琢如作为代表参加全国第十次妇女代表大会。海淀区36名妇女代表参加北京市第十二次妇女代表大会。

3月5日,举办海淀区“庆‘三八’、表彰先进暨‘同心建功奥运携手共圆梦想’”主题展示活动,表彰“三八”红旗集体50个、“三八”红旗手150人。

家庭建设 区妇联以“奥运社区行”为主要内容,在全区家庭中开展“讲社区故事、展海淀魅力”家庭征文和“社区故事会”活动,在农村开展“赏民俗、品文化、迎奥运、奔小康”活动。以“记录、感受奥运之年的北京”为内容,举办“和谐杯”海淀家庭数码摄影作品征集活动。以“传播绿色奥运精神·实现文明守礼承诺”为主题,组织开展“家庭绿色传递”活动,总面积81平方米的奥运绿色环保标识被等分为30份,在海淀区的1万户家庭中传递,并由海淀博物馆收藏。举办海淀区家庭英语比赛。

奥运前夕,在社区群众、巾帼志愿者、居家委会干部、公务员和妇女干部等群体中普及媒体礼仪、中外礼仪比较、公务礼仪、生活礼仪和赛事礼仪等知识,举办讲座21场,2000多人受益。

组织全区300户和谐家庭参加“和谐家庭走进新农村”活动。与区科协和区信息办联合举办“2008年海淀区乡镇家庭数字生活技能大赛”,30户家庭100名选手参加比赛。

维护妇女儿童权益 与区司法局联合在10个社区建立“家庭方圆驿站”,开展社区妇女维权试点工作。举办“家庭方圆驿站”工作人员婚姻家庭法律知识培训。开展“三八”妇女维权周法律咨询服务和普法宣传活动。全年接待来访、来电507件,结案率99%。“大接访”期间,化解来访妇女的维权问题90多起。

向清河福利院捐赠由爱心妈妈们手工编织的爱心毛衣100件。与区侨联在苏家坨镇联合举办“携手同行、共享和谐”献爱心助学活动,为10名家庭生活困难学生解决上学难的问题。完成《海淀区域女大学生就业状况调查研究》、《海淀区贫困边缘老年妇女生活状况调查》和《海淀区外来女性务工人员情况调查》等调研课题。

统筹城乡妇女发展 4~6月,在海淀乡、西北旺镇、四季青镇、苏家坨镇先后举办农村妇女手工制作培训班,参与妇女200余人。举办“各界女性牵手新农村发展活动”启动仪式,成立由6名农业技术专家组成的牵手农家女科技人才指导服务队。举行以“巾帼文明岗”代表与农村妇女为主体的“岗村互动”活动。承办迎奥运海淀区商业服务业第二届风采大赛“巾帼建功技能竞赛”专场。承办全国“迎奥运讲文明树新风——新生活、新女性礼仪大讲堂”活动启动仪式。接待香港特别行政区妇女事务委员会访问团到本区考察交流“妇女就业与创业工作”,区巧娘工作室的作品得到访问团的好评。奥运期间,全区19支姐妹指路队和105支巾帼文明举止提示队共1208名巾帼志愿者上岗服务。

为香山第二采摘基地争取节水灌溉项目,解决基地发展中的瓶颈问题。全年向市农财、市妇联争取服务农村妇女项目资金累计120万元。

举办抗震救灾“情牵灾区妇女儿童”活动,全区妇女组织为四川什邡市妇女儿童捐款100余万元,送去妇女卫生用品。为在京生活的四川籍流动女性代表发放慰问金,并提供心理辅导服务,对海淀援川医务工作者家属进行慰问。

本年为400名女人大代表、女政协委员、女司法工作者、女教授、女校长等免费提供妇科体检,为24名驻区全国女劳模、北京市“三八”红旗奖章获得者开通海淀医院就医绿色通道。

【海淀区妇女儿童工作委员会】 海淀区妇女儿童工作委员会是海淀区政府负责妇女儿童工作的协调议事机构，负责组织、协调、指导、督促有关部门落实海淀区妇女儿童发展规划和妇女儿童权益保障工作。海淀区妇女儿童工作委员会办公室设在区妇联，由37个成员单位组成。

本年，区妇儿工委与区流管办合作制定“海淀区16岁以下流动儿童登记项目工作方案”，并组织了相关培训。筹办“保护儿童远离伤害——迎奥运、做主人、我安全、我快乐”六一儿童节主题活动，启动与四川灾区儿童红心传递活动。协助北京电视台拍摄“关爱儿童、远离伤害”专题片，组织学校和幼儿园项目工作成果展示，评选海淀区安全小卫士670人、项目工作先进个人63人和先进集体20个；与区教工委、教委共同组织儿童伤害项目的子项目——安全学校的研讨交流会。以“用信念支撑梦想、用努力追求圆梦”为主题，在全区413名妇女代表中征集发展愿望，以此推动妇女发展规划目标的实现。以“亲历奥运，记录历史”为主题，征集奥运所见所闻、感想文章及摄影作品，有322名少年儿童参与。

【海淀区家庭教育研究会】 海淀区家庭教育研究会成立于1982年，由区妇联发起，是海淀区从事家庭教育理论研究与实践工作的专家、学者及热心家庭教育的人士和团体自愿组成的社会团体。海淀区家庭教育研究会办公室设在区妇联，业务主管部门是海淀区教委。本年，在海淀区十一学校承办全国妇联“和谐北京你我他，圆梦奥运千万家——童心同乐共成长”城市流动儿童运动会。组织“亲子携手与奥运同行”家庭趣味运动会。开展“福娃爱心传递，共享和谐奥运”公益活动，向北部地区的贫困家庭儿童捐赠奥运福娃。暑假期间，在29个街道乡镇少年儿童中开展“圆梦伴我成长”征文活动，征集文章145篇。开展家庭教育工作评选表彰活动，评出家庭教育工作先进集体100个、家庭教育工作先进个人100名。

【全国“巾帼文明岗”名单】 （2008年3月授予，5个）

李　晶　海淀区国税局第三税务所

剧　芳　海淀区地税局翠微税务所

姜玉静　北京翠微大厦股份有限公司牡丹园百货店客户服务中心

赵兰晓　海淀区环境卫生服务中心一队六班

王　艺　北京市海淀区卫生局卫生监督所

海淀区妇女联合会
地　址：海淀区长春桥路17号
邮　编：100089
电　话：82510256
电子信箱：womenhd@ china. com

（赵海彬　王　哲）

海淀区归国华侨联合会

海淀区归国华侨联合会（简称区侨联）是在中共海淀区委领导下的由归侨、侨眷组成的人民团体，成立于1984年，现为第五届委员会（2006年选出）。下属海淀区华侨咨询中心1个事业单位。海淀区现有归侨、侨眷30万人，约占北京市的43%。花园路、海淀、中关村、田村路、紫竹院5个街道建有侨联组织。召开主席办公会7次，全委会2次，委员读书班1次，撰写理研调研论文4篇。上半年，海淀街道侨联完成换届工作。

本年，区侨联、各街道侨联、归侨小组组织各类活动80余次，开展海淀侨界“纪念改革开放三十周年系列活动”及“迎奥运、促和谐，推动首都侨联工作新发展”等活动。走访侨界企业及重点困难人士96人（户），发放慰问金及慰问品59890元。接待回复侨界群众来信来访120余次。联系海外侨胞向海淀山后地区困难学生捐资助学,落实扶困资金8000元。在区政协全会上提出提案4项,2项提案受到区政协表彰。组织侨界政协委员视察紫竹院、中关村街道社区侨务工作。报送信息92条,其中区人大代表、印尼归侨汤蕉媛《"重视选拔西部地区优秀贫困大学生加入奥运志愿者队伍"的建议》受到奥组委的高度重视。接待澳门企业家和外省市侨联来访,联系与区有关部门进行洽谈。开展文明单位创建工作。

本年,区侨联参与了区司法局举办的"人文奥运、法制同行"奥运会倒计时100天活动。开展"迎奥运、献良策建言平安奥运征文活动"和"寄语奥运、我给海外亲友写封信活动",收到关于平安奥运的意见和建议34篇,收到奥运寄语32条、信件40余封。海淀街道侨联对本区烤肉宛餐厅员工进行印尼语培训。各基层侨联组织侨界人士举办了形式多样的奥运宣传活动。据不完全统计,本区侨界人士担当奥运志愿者183人,参与场馆服务20人。

"5·12"地震发生后,区侨联向全区归侨侨眷发出"紧急募捐倡议书",参与"捐赠十元钱、爱心送汶川"捐赠日活动,与多家单位共同举办捐赠日主会场——"爱心家园·爱在行动拍卖会",参与"首都侨界携手书画家抗震救灾大型义卖会"等募捐活动。据不完全统计,本区侨界人士向灾区捐款928250.1元。开展为灾区重建工作捐款的宣传和募集活动,截至12月底,为捐建北川中学筹款近2万元。侨联支部党员缴纳了抗震救灾"特殊党费"。区侨联联系1名灾区学生来本区就读,区内侨资企业北京国际生物制品研究所有限公司招聘3名灾区同胞在企业就业,区侨联副主席、中国农业科学院信息所副所长王文生随农科院前往灾区慰问并提出重建工作的建议。

7月,在全区开展"参加全国侨务法律法规知识竞赛"活动,10个街乡镇获得"活动组织奖"。区侨联获得由中国侨联、司法部、全国普法办公室颁发的"全国侨务法律法规知识竞赛组织奖"。

本年,全区侨界人士中有4人被评为"首都统战系统参与奥运、服务奥运先进个人",2人被评为"北京奥运会、残奥会海淀区先进个人",1人被评为"北京奥运会、残奥会优秀驾驶员志愿者"。区侨联表彰了127名为奥运做出积极贡献的区侨界人士。

海淀区归国华侨联合会
地　址:海淀区长春桥路17号区政府办公大楼317室
邮　编:100089
电　话:82510628　82579108
电子信箱:hdqlbox@sohu.com
网　站:www.hdql.org.cn　(张晓巍)

海淀区科学技术协会

【综述】 海淀区科学技术协会(简称区科协)成立于1979年11月,是海淀地区科技工作者的群众组织,是北京市科学技术协会的地方组织,是区委区政府联系科技工作者的桥梁。现为第五届委员会(2004年选出)。

本年,区科协开展了"科普之春"、"北京科普之夏"、"家庭数字生活技能大赛"等常规性的科普活动,举办以"携手建设创新型国家"、"科技点燃圣火　创新圆梦中国"为主题的海淀区"北京科技周"活动。实施"科普惠农兴村计划"、"社区科普益民计划"等项目。利用中央驻区科研机构、大学院所、大型企业等科普资源,逐步实现海淀科普资源共建共享。完成"科普示范城区"复查工作,配合区委组织部举办《学习实践科学发展观院士报告会》,邀请了多名院士作专题报告。本年,共奖励优秀科普社区10个、优秀科普宣传员24人、优秀基层科普场馆1个、户外科普园地1个、优秀农村科普基地1个和农村专业技术指导员1个，资助金额共计175万元。双榆树公园被北京市选为“户外科普园地”的试点建设项目。

本年，区科协编制《科技与奥运》展板300余块；编印科普图书《科技与奥运》2万余册。针对社会重大突发事件开展应急科普宣传，编制以地震为主题的科普展板174块（58块/套）。制作“神七”专题科普展板100块（50块/套）。

3月，在北京市第28届青少年科技创新大赛上本区青少年获一等奖项目33个，获市长奖2项、市长奖提名奖3项，获科幻画一等奖3项，各类专项奖44项。交大附中祖浩东被评为北京市十佳科技教师。8月，在新疆举行的全国第23届青少年科技创新大赛上，北京代表团所获得10个全国一等奖中海淀区占6.5项，本区青少年获各类专项奖12项，获全国青少年科学幻想画一等奖1项、二等奖1项。

本年，在各类科技竞赛活动中，本区青少年共获国际大赛奖8个、全国大赛奖68个、北京市奖200余个，获奖金16.7万余元。区科协获第二十八届北京市青少年科技创新大赛优秀组织奖。

全年编印《专家建议》104期，围绕奥运专题、市区经济建设、城市发展、环境保护、科技园区建设等问题征集专家建议。组织专家学者到五棵松奥运场馆、中国生态农业第一村留民营等地调研。利用专家建议平台组织各科研院所、大专院校专家开展《关于海淀区上庄镇李家坟村村民民生问题的调查》、《北京市河道风沙治理开发利用建议》、《关于老年人养老的调查研究和建议》等调研，其中钢铁研究总院教授张惠棠的《对奥运志愿者进行培训的建议》被市委书记刘淇批示。

3月10日，召开2008年海淀区科协系统工作会；4月3日，召开2008年《专家建议》工作会；5月20日，召开海淀区科协五届四次全委会，进行了科协副主席的改选表决。

【完成区域内院士状况调查统计工作】 年初，区科协对在本区域内工作和居住的院士情况重新进行调查统计。截至2008年10月底，工作和居住在本区域内的两院院士总数为511名，其中中科院院士307名，工程院院士224名，具有中科院及工程院双重院士身份的20名。本区院士数占全国院士总数的36.74%，占北京市院士总数的76.38%。结合调查结果出刊书籍《海淀院士》。

海淀区科学技术协会
地　址：海淀区长春桥路17号
邮　编：100089
电　话：82570074　82510604（传真）
电子信箱：hdkx@ bjkp. gov. cn
网　站：http://kx. bjhd. gov. cn　（刘　传）

海淀区文学艺术界联合会

海淀区文学艺术界联合会是在中共海淀区委领导下，由本区文学艺术团体和文学艺术工作者、爱好者组成的群众团体，成立于1986年。下属有作家协会、书法家协会、美术家协会、摄影家协会、京华印社、香山诗社、稻香湖诗社、京昆协会、鱼眼摄影协会、晚香诗书画印社、枫林书画协会、楹联协会、少儿书画协会、四季书画协会、油画家协会等15个协会，有注册会员3000人。

本年，《海淀》文学艺术双月刊出版6期，累计出版17期，刊稿量200余万字；《稻香湖》诗刊出版6期，累计出版37期，作者遍及海内外；《中关村》杂志出版12期，累计出版67期；海淀文学艺术网站设计“文联简讯”、“海淀文化”、“海淀文艺家”等20个版块，继续发挥海淀文学艺术展示新平台的作用。

本年,海淀文学艺术家在全国、全市共有60多人次获得文学、美术、书法、摄影等各种奖项。龙开胜、刘俊京、曹海波被评为北京市十佳青年书法家。书协主席张书范被邀请为奥运村书画表演艺术家。出版《田汉一家》、《一滴水——流动的声音》、《新风旧俗话北京》、《母女情深迎奥运》、《行走的荷》、《我们走在大路上》、《凤凰岭的传说》、《曹雪芹的传说》、《三山五园的传说》、《海淀楹联集》、《北京民俗史话》、《活力远东》等20多部文学艺术书籍。

1月15日至20日,在爱家国际收藏举办第5届"中关村之光"油画展,展出100多幅作品。7月底,在奥运村举办"迎奥运,促和谐京华印社书画印展",展出作品100多幅。6月至12月底,在爱家国际收藏举办文联系列展览,包括杨再春书法摄影展、中国新乡村画家郭文松作品展、张书范书法新作展、孟繁禧书法展、杜希贤作品展、周持书法展、海淀书协老年组书法展等。

继续开展非物质文化遗产整理申报工作。2007年,区文联接受了"颐和园的传说"、"圆明园的传说","香山的传说"的发掘、整理、申报工作任务。8月,出版《凤凰岭的传说》。

开展支援汶川地震灾区活动。与爱家收藏共同举办书法、美术作品义卖活动,共收集书法、美术作品200多幅,折合人民币20多万元;组织机关干部捐款5000多元;《海淀文艺》和《中关村》出刊作品专辑,崔墨卿创作诗歌《中国加油、汶川加油》并在北京晚报上发表;6月,区文联协助市文联在海淀国安剧院举办"盛世和谐之声"大型晚会。

全年共举办展览、讲座、笔会、沙龙等活动60多次。9月,举办动漫艺术论坛。11月,举办百望山诗会。

春节前夕开展文化下乡活动系列活动,向群众赠送书画、春联等。5月成立四季青书画学会,8月成立山后地区"四香书画院"。12月9日,组织50多位艺术家到颐和国际艺术城、元艺术中心、中间建筑艺术馆、坦博北京艺术中心和马奈草地等5家新兴文化艺术机构参观。

北京市海淀区文学艺术界联合会
地　址:海淀区颐和园路12号综合办公楼313
邮　编:100080
电　话:62563693　82628342　(王　锐)

海淀区残疾人联合会

海淀区残疾人联合会(简称区残联)的前身是1984年成立的海淀区残疾人协会,1989年6月改为现名,是经区政府批准和国家法律确认的残疾人事业团体,现为第五届残联理事会(2007年选出)。区残联担负着海淀区残疾人的康复、教育、就业、文化体育、维权等任务。下属有区残疾人综合服务中心、劳动就业管理服务所、康复服务中心3个事业单位。全区各街、乡(镇)建有残联机构,直接对辖区内的残疾人进行统一管理和服务。根据第二次全国残疾人抽样调查估算,全区有残疾人近12万人。有持证残疾人19590人,其中视力残疾1924人,听力残疾1119人,言语残疾172人,智力残疾3183人,肢体残疾9228人,精神残疾3289人,多重残疾675人。全区有20名以上残疾人的社区(村)全部成立残疾人专门协会。

本年,区残联和基层残联组织履行"代表、服务、管理"职能,保障残疾人的合法权益,确保残疾人群体稳定。区残联协调区有关部门,制定了惠及本区残疾人生活、康复、教育、就业、医疗、救助、帮扶等方面的12项政策,并下发了海残工委发[2008]4号《关于转发〈海淀区残疾人就业保障金管理使用暂行办法〉的通知》等10个相关文件,对所有符合补助条件的残疾人给予全额补助,从2008年9月1日起执行。

组织建设 推动组织规范化建设。本年新聘残疾人专职委员88人,对全区残疾人工作者5710人进行培训,培训残奥之星奥运知识140人次、外语400人次、手语580人次。加强指导残疾人五大专门协会工作,各协会坚持值班制度,倾听反映残疾人群体呼声,组织本类别残疾人参与时事政治学习和各种活动,到长城、故宫和奥运场馆周边参与无障碍体验和监督,参观奥运图片展等。在残疾人群体中开展“迎奥运、讲文明、树新风”活动,参加奥运火炬接力仪式和广场活动,在残奥会期间开展“牵手残疾人,走进残奥会,快乐残奥”活动。组织“七个一”[①]活动,50833人次参与。5月,开展温馨家园创建工作,为残疾人提供就业培训及就业服务、职业康复、医疗康复、物质帮助、信息(维权)咨询和文体活动等6项服务。本年共创建温馨家园24个,其中有街乡镇级10个、社区级14个,涉及19个乡镇和街道办事处,有近5万人次享受了服务。各温馨家园均已达到100平方米的标准,其中200平方米以上的9个。区委区政府拨给每个温馨家园每年10万元运转经费,并为残奥会拨出专款25万元用于对外接待。在残奥会期间,对2个有接待任务的温馨家园增添了互动活动项目,残奥会期间本区职业康复劳动项目与外国运动员、教练员互动,得到国内外记者及运动员的好评。

宣传文体工作 举办残奥知识竞赛、有奖问答等活动,开展“牵手残疾人,走进残奥会”主题宣传和残疾人运动会、奥运歌曲演唱、文艺汇演、残疾人游园、座谈、宣传咨询等系列迎奥运活动。选送20名学生和老师参加全国盲、聋、培智学校学生文艺汇演,组建由55名肢残人参加的区柔力球队并组织培训,选拔26名特奥运动员参加2008“特奥足球周”比赛,配合北京电视台及相关媒体做好本区残疾人生活及残疾人参与残奥、支持残奥、服务残奥的宣传报道工作。残奥会期间,及时报道本区籍的残疾人运动员取得的优异成绩,境内外媒体反映本区残疾人事业的稿件达300多篇(条)。

参加北京残奥会开幕式的选拔考试及残奥会开幕式热场演出,组织4名残疾人演员和600名残疾人观众参加“奥运节拍”露天音乐会,组织100多名残疾人运动员观看残奥会比赛,组织3名残疾人演员和200名残疾人参与残奥火炬传递仪式,组织500余人次残疾人文艺骨干参与区文化广场活动。9月15日,组织6名肢体残疾人参加在奥林匹克公园祥云剧场举办的残障人士服装表演。本区残疾人运动员在残奥会上获得金牌2枚,铜牌2枚,第四名、第五名、第七名各1人,其中男子标枪F11/12冠军朱鹏凯、男子4×100米冠军杨育青等人分别打破了各自项目的世界纪录。

信访维权工作 区残联将残疾人维稳工作纳入一把手工程,成立大接访工作领导小组,在奥运、残奥会期间实施处级领导干部轮班大接访和全体工作人员24小时值班制度;加强信访工作排查,协调重点信访事项,制定区残联系统突发事件联动应急预案。全年共处理信访件1272件次,接待来访1250人次,解答电话网上咨询134件次,为残疾人提供法律服务146件,印制普法宣传材料8000余册,举办法律座谈、培训班2次。发挥社区医生和全区近1000名社区康复协调员的作用,做好奥运期间精神病人的管理工作,及时掌握有关重点病人的情况。在社区康复站组织精神残疾人开展职业康复劳动3600人次。

残疾人康复 康复工作体系基本形成,已有近2万名残疾人通过康复改善了身体功

---

① “七个一”活动:到长城、故宫等重要景观观光一次;乘坐公交地铁体验无障碍一次;到残奥会竞赛场馆观赛一次;到博物馆、展览馆参观一次;到老北京文化特色地点体验一次;到文化广场开展体育活动一次;到奥林匹克公共区体验一次。

能。本年共完成白内障复明手术2100例,为50名贫困白内障患者免费植入人工晶体;为15名低视力患者配戴助视器,培训家长8人;开展盲人定向行走训练50人。为15名肢体残疾儿童进行康复训练;开展肢体系统功能训练350人;新收聋儿10人;为37名智残儿童进行康复训练;为25名残疾儿童提供减免费康复训练;开展成年智力残疾人系统训练360人。为6960名残疾人免费发放辅助用具,培训各类残疾儿童家长、监护人144名,为110名就业困难的贫困聋人免费配发数字式助听器。125名智力残疾人及贫困精神病人入住精防康复基地,其中奥运期间65人次,保障奥运会、残奥会期间精神病人肇事肇祸"零"事件。完成残疾人用品用具供应2200件,装配矫形器120件,装配假肢20例。对375名残疾儿童进行走访慰问。在全区24个示范温馨家园开展手工编织、贴标签、糊纸盒、糊灯笼、糊纸袋、粘皮革等职业康复劳动项目,全区300余名智力和稳定期精神残疾人参加。

本年,区残联开展星级辅助器具站达标工作,规范辅助器具服务站工作,推动辅助器具进社区工作。为30个辅助器具服务站配备了电视机、计算机、VCD、电话等,对60名社区康复工作人员进行相关培训并做到持证上岗。7月底该项工作以百分的成绩成为北京市先进。

残疾人就业 全区有劳动能力的残疾人9036人,就业率达到85%。开展按比例安排残疾人就业审核工作。2008年新安置残疾人就业570人,其中新按比例安置残疾人就业135人、集中就业23人、个体就业27人,依托社区公益性就业组织新安置385人。扶持建立19家盲人按摩示范店,进行盲人按摩从业人员素质培训160人,为年度任务指标150人的107%;新建盲人保健按摩机构9个,新安置盲人就业20余人;组织盲人计算机培训68人。推进残疾人职业康复劳动机构建设,全区已通过验收的残疾人职业康复劳动站20个,有4家条件基本成熟的职业康复劳动站正在等待市残联及专家组验收。开展2006年度在规定时间内未审未缴残疾人就业保障金单位的催审、催缴以及2007年度征缴工作,全区已审核56524家社会单位,核定在职残疾职工5483人,核定金额约2.12亿元。

教育培训 形成以特殊教育为骨干、以普通学校随班就读为主体、以送教上门和民办特殊教育机构为补充的特殊教育格局,全区残疾少儿入学率100%。对适龄不能到校上学的重度残疾儿童少年继续采取依托志愿者助学的方式开展"送教上门"工作,现有大学生志愿者75人,受益儿童少年26人;有80余名重度残疾儿童少年纳入区培智中心学校学籍,由区培智中心学校聘请6名专业老师开展"送教上门"工作。发放2007年扶残助学款28.35万元,279名残疾学生和低保残疾人子女受益。全年残疾人职业技能培训600余人,参加培训班次25次。

扶贫解困 对符合最低生活保障条件的贫困残疾人做到应保尽保。通过《海淀区长期失业残疾人生活补助暂行办法》,受益的残疾人1300余人,金额63万余元。城镇重残无业残疾人享受大病医疗保险补助1635人,城镇无业轻度残疾人符合享受大病医疗保险补助548人,城镇老年人和学生儿童大病医疗保险符合补助300余人,符合新型农村合作医疗补助398人,新型农村养老保险补助150余人。本年,在"对符合条件的长期失业及重残无业残疾人给予每人每月40及100元补助"的基础上增加到200元,有1940名残疾人纳入最低生活保障范围,其中城镇低保1604名,农村低保336名;补助城镇特困残疾人683人,金额79万余元;补助城镇待业特困残疾人221人,金额10万余元。为480名城镇重度残疾人及48名农村重度残疾人落实重残人生活补助。对遇到特殊困难的残疾人做到及时了解及时救助，全年补助70余户，金额13万余元。为76名农村残疾人养殖户进行养殖技术培训，并对其中12名成绩突出人员进行表彰奖励。改造修缮农村贫困残疾人家庭危房12户；为125户贫困残疾人落实廉租住房政策，受益残疾人135人，本年新增受益30人。对2000余名无固定性收入重残无业人员给予生活补助，补助金额800余万元。全年共走访残疾人家庭5416人次，送去慰问品和慰问金折合人民币146万元。

海淀区残疾人联合会
地　址：海淀区杏石口路28号
邮　编：100091
电　话：88458428
电子信箱：huxm418@sina.com（呼晓毛）

政法·军事

政法工作概述

中共海淀区委政法委员会是领导、管理全区政法工作的机构,区社会治安综合治理委员会办公室是海淀区社会治安综合治理委员会的常设办事机构,与区委政法委合署办公。2006年12月31日,区维护稳定工作领导小组办公室成立(简称维稳办),为本区维护稳定工作领导小组的常设办事机构。2007年5月31日,海淀区流动人口和出租房屋管理委员会办公室成立,为区流动人口和出租房屋管理委员会的常设办事机构,承担区流动人口和出租房屋管理委员会的日常工作,与区综合治理办公室合署办公。

2008年,本区政法系统围绕奥运安保中心工作,按照市委、市政府"大事不出,小事减少,管理严格,秩序良好"的要求,完成奥运安保等政法工作任务。公安分局、检察院、法院、司法局、交通支队等5个单位和张伟刚等6名个人被评为全国先进,全系统64个单位和506名个人被评为市、区级先进。

奥运安保　区安全保卫及交通组织指挥部办公室设在政法委,指挥部与奥运协调领导小组牵头,实施"奥运安保"大整治、大宣传、大创建、大培训、大演练等"五大"行动:开展"严打专项行动"、"交通秩序整顿"、"城市秩序治理"等11大项47小项整治行动,消防安全、黑车揽客、散发张贴小广告、游商、非法经营、机动车私停乱放等问题得到有效治理;组建平安奥运讲师团,在全区开展"平安奥运"等主题宣传14550场次,发放法宣资料155万余册(份)。建立"区—街、镇—社区、村"三级防控体系,建立健全各类防控方案200余个和防控台账3级29大类,动员社会安保力量13万余人,对各奥运比赛场馆、训练场馆、非竞赛场馆和重点涉奥场所进行监控系统联网,对赛事现场和重点场所实时监控。建立三级辅警电台组网、多功能车联动机制,实现人、物、技三防互动。对专群力量和志愿者骨干进行系统培训,全区培训863场。按层次、有重点、分阶段对奥运安保各种方案和措施进行联合测试演练10余次,形成长效安保机制。

在奥运场馆内外和社会面防控工作中,所有安保岗位均实行"实名制",定人、定位、定岗、定责。奥运期间,公安分局安检295万余人次、包裹245万余件,确保了1278场次奥运会、281场次残奥会比赛的安全;严格管控重点人员,3次在全区对所属重点人进行认真排查,排查出五类重点人12312名,对2756名实名管控的一级重点人,指导各单位实施"六包一"看护,做到严防死守。严格防控重点区域与部位,对1354个"点"、211条"线"、883处重要社会"面",组织协调街道和职能部门巡逻看护;组织民兵完成80余座桥梁、涵洞的看护任务。实现了北京"不打响、不炸响"的目标。妥善应对可能出现的集会游行示威活动,奥运会残奥会期间,紫竹园公园接待申请集会游行示威23起28人次。奥运期间,成功处置"五棵松场馆群奥运比赛门票预售"、"101中学奥运火炬传递"、"奥运马拉松比赛"等重大活动引发的拥挤事件。

层层落实责任制，区委书记、区长、政法委书记与全区29个街道乡镇和82个委办局、企事业单位签订“平安奥运行动”责任书。各街乡镇、委办局、企事业单位与本辖区、本系统签订责任书。奥运会残奥会期间，奥运安保及交通组织指挥部6个督查组，坚持每天对基层安保力量到位情况、巡逻情况、重点地区和部位的防控情况等进行检查。区29个督查组和各街乡镇每天坚持督查检查防控情况，发现问题及时解决。

营造良好治安环境 本年，区委政法各部门紧抓化解矛盾纠纷、加强社会服务与管理、处置突发事件、加强对敌斗争“四项”工作，取得实效。开展“暖锋”（自本年1月至奥运会结束，在全区开展对上访重点人、重点矛盾集中排查、化解、稳控、依法打击）、“大接访”等行动，处置各类群体性事件615批次24319人次，接待群众来访224批次298人次，解决各级挂账督办案件181件。其中政法委、维稳办第一阶段解决中央、市挂账督办涉法涉诉案21件，化解率100%，名列全市第一。全区各调委会全年调解矛盾纠纷14486件，调解成功率82%；区流管办建立流动人口和出租房屋服务站638个，达标率61%，登记流动人口161万人、出租房屋12万余户。司法局9次大规模排查释解人员，帮教率达100%，避免了脱管失控和重复犯罪。交通支队全年开展动态、静态交通秩序整顿210余次，纠正处罚各类交通违法行为90.9万余起，占城八区执法总量的15.5%，重大交通事故同比减少21.9%，死亡减少22%。民政局推进村务公开民主管理示范单位创建活动，全区达标率超过60%。建立健全三级救助网络，救助流浪乞讨人员和困难群众1998人。募捐救灾款6814万余元，各类物资60多万件。有效处置少数股民中关村聚集事件、民族大学藏族学生集会事件，部分网民酝酿组织“抵制家乐福”、“抗议法国政府”的示威活动等突发敏感事件。610办与公安分局等单位协同，全年打掉法轮功邪教团伙13个，铲除窝点55个，收缴各种反宣品、设备1.19万余份件，抓获一批法轮功滋事人员。安全分局全年破案数量质量创历史之最，情报信息上报采用数量质量有明显提高。

提升防范打击、法律保障能力 本年，公安机关借鉴奥运安保经验，实施“扁平化勤务指挥”、“图像监控”、“科技信息侦察”等改革措施，防范打击能力明显提高。全区刑事发案在连续三年升幅回落的基础上，本年实现绝对数下降，全年各类刑事案件立案17143起，同比下降28.3%，拘留各类违法犯罪嫌疑人22458人，同比下降6.2%，群众安全感增强。检察机关全年立案查办贪污、贿赂犯罪案件17件21人，提起抗诉案件9件，经查证决定不批准逮捕犯罪嫌疑人161人，不起诉47人，追捕犯罪嫌疑人65人，追诉12人，全年批准逮捕3731人，提起公诉4427人。区法院全年新收案件55594件，同比增长9.8%，审结案件49384件，同比下降1.3%；全年共收执行案件13414件21.559亿元，组织集中执行38次，执结12018件17.3992亿元；强化诉讼救助，为困难群众减、免诉讼费92万余元。

队伍建设 抓好“班子”建设。加强政治学习，强化班子的政治意识、大局意识、责任意识；开展思想交流，增进班子团结；落实廉政建设责任分解，强化班子成员的廉政意识和行为。抓好队伍建设，组织开展“大学习、大讨论”、“迎奥运、强素质、树形象”等活动，强化政法干警的政治意识、大局意识、责任意识、为民意识。在抗震救灾中，政法系统向灾区捐款584.59万元。奥运会、残奥会安保工作中，全体政法干警严格落实有关接待境外记者采访的工作要求，赢得良好声誉。组织政法系统开展“四个一流”（一流班子、一流素质、一流形象、一流业绩）等主题实践活动。公安分局在奥运安保工作中被评为全国先进单位;检察院参加全国“迎讲树”礼仪知识电视竞赛、全市检察机关第三届业务技能比武,均获第一名;法院连续十年获全国法院学术讨论会总成绩第一名;司法局获“全国法律援助先进集体”和“人民调解宣传工作先进单位”称号。

中共海淀区委政法委员会
地　址:海淀区长春桥路17号
邮　编:100089
电　话:82579289　82571154　　(霍国忠)

社会治安综合治理

海淀区社会治安综合治理委员会(简称区综治委)是协助区委区政府领导全区行政区域内(包括驻区中央单位、部队)社会治安综合治理工作的常设议事机构。海淀区社会治安综合治理委员会办公室(简称区综治办)是区综治委的常设办事机构,负责全区社会治安综合治理的组织实施、督促、协调、检查、落实以及区综治委日常工作,与区委政法委、区流动人口和出租房屋管理委员会办公室合署办公。

2008年,海淀区综治工作实施“平安奥运行动”,深化“平安海淀”建设,全区社会面秩序良好,场馆赛事运转有序,刑事发案大幅减少,高质量完成奥运会、残奥会各项安保任务,实现了平安奥运“大事不出、小事减少、管理严格、秩序良好”的目标。本年,本区获“首都社会治安综合治理先进区县”称号,区综治办获“北京奥运会残奥会先进集体”、“北京奥运会残奥会环境建设先进集体”称号。

平安奥运行动　年初,本区成立平安奥运行动指挥协调领导小组(由区综治办负责综合协调和督查考核)。区委书记、区长、政法委书记与全区29个街乡和82个委办局、企事业单位党政一把手签订“维护海淀安全稳定　实现平安奥运目标”责任书。各地区、各部门成立一把手总负责的奥运安保指挥机构,层层签订“平安奥运”责任书、分解工作责任、细化安保任务、落实安保措施,确保社会面控制各项措施落实。

建立区四套班子主要领导包片,副职领导包街乡、场馆(所),委办局包系统,街乡镇领导包社区(村),机关工作人员包楼门院片的责任体系。区领导每周深入基层检查工作进展情况,制定《海淀区平安奥运行动督查工作方案》,区奥运督察指挥部对奥运安保中出现的问题落实责任单位并进行督察,确保及时有效解决。成立29个区委督查组,“一对一”对全区29个街乡镇进行督查。进入战时体制后,区综治办每天分三组对基层进行检查,29个督查组每天深入基层检查,区平安奥运行动指挥协调领导小组办公室每天召开例会,通报督查和工作情况。区领导每天早中晚召开三次电视电话会议,听取各专业指挥部、场馆团队和街乡镇情况汇报,对突发问题协调相关部门迅速解决。

将社会力量登记造册,定岗、定责、定人、定位。聘请3000多名专业保安充实安保一线,组织1300多名党员公务员参与社会面防控,在各街乡组织公务员包社区、村的基础上,选派63名区机关公务员支持社区、村奥运服务保障工作。在全区所有“点、线、面”成立街道和派出所双组长负责制的外围安保团队。整合各种力量,形成防控团队,实施打捆作业,看护社区、登记检查出租房屋、站岗值班保护桥梁涵洞、巡视值守人员密集场所、巡视看护水电气热讯等要害部位。形成覆盖所有区域、横到边纵到底的安保网络。

区综治办指导各街乡镇组建宣讲团,开展平安奥运知识进机关、企业、社区、学校、家庭的“五进”活动,宣传动员市民响应平安奥运,参与奥运安保。发放《奥运期间社会面安保人员工作手册》、《首都治安巡防队员手册》、《首都治安志愿者手册》、《公民防范恐怖手册》等数十万册，组织街乡和部门工作人员、巡防队员、志愿者、保安等参加安保知识培训，各地区各部门也组织开展培训和演练。

群防群治 本年，构建实施“网格布防、分区布控、等级启动、区域联控、全区联动”的社会面防控模式。以社区、村为基本单位，将物业部门和单位纳入社区、村综治委，形成相邻社区单位防范力量互补、相互呼应、联片巡防的治安防范网络。为全区街乡镇各配备一辆奥运安保多功能巡逻车，建立应急电台网和巡防电台网，形成应急反应和指挥监督机制。本年，在全区范围内开展为期六个月的打击刑事犯罪、清理文化娱乐场所、整治城市秩序、调查流动人口和出租房屋、排查调处人民内部矛盾等11项清理整治行动，综治、公安、流管、安监、文化、交通、卫生、08办、工商、城管等部门齐抓共管，各项清理整治和管理防控达到前所未有的参与广度、重视程度和工作力度。通过清理整治，掌握了社会面防控动态底数，消除了一大批可能影响奥运安全的隐患，治理了一大批影响城市形象和秩序的突出问题，遏制了违法犯罪，保持了整个奥运周期刑事发案和治安警情的低位运行。年内，区综治办联合市社科院完成《具有海淀特色的社会治安防控体系建设》、《新形势下海淀区动员社会力量参与治安防控的主要做法与推进思路》两个调研课题，并获首都综治工作重点调研课题评比一、二等奖。

科技创安 本年，对34个奥运场馆和重点涉奥场所联网，全区主要大街、要害部位、繁华场所等图像采集覆盖达100%。加强社区、村科技创安建设，投资近6000万元为60个老旧小区和84个行政村建设监控设施。年底，全区已安装摄像机5.5万个，建成一级指挥平台3个、二级指挥平台55个、科技创安达标社区村422个。奥运期间，各级领导通过视频指挥平台对比赛场馆和路线实施可视化指挥，公安、城管等部门对社会面进行可视化防控。

预防和减少青少年犯罪 本年，全区29个街道、乡镇全部建立未成年人保护组织，73所中学、5所职高、121所小学建立家长学校，42所中学和5所职业学校与区法院、检察院建立“共建”关系，对未成年人进行普法教育。区未委会进行《关于海淀区未成年人违法犯罪原因若干问题的对策研究》和《奥运会残奥会城市志愿服务项目成果转化的初步思考》调研，两次开展社区青少年状况普查。继续开展“心灵互动携手成长结对服务”活动，组织98名社会工作者发挥专业优势，开展一对一、多对一服务，已与37名社区青少年开展结对服务。奥运会残奥会期间，吸收社区青少年参与城市志愿服务。制定社会工作者招募及管理制度、工作制度、考核制度等，进行社工团队交流5次、案例讨论10次，建立团队督导工作方式，明确社工顾问团的基本机构。印发新版《社工手册》和《社工工作制度》。编辑出版《海淀区“心灵互动、携手成长”结对服务理论选编》和《海淀区“心灵互动、携手成长”结对服务案例选编》。

海淀区社会治安综合治理委员会办公室
地　址：海淀区长春桥路17号
邮　编：100089
电　话：82510371　82579172（传真）
电子信箱：haidianzzhb@126.com　（王　慧）

流动人口和出租房屋管理

（2007—2008）

根据市委市政府对流动人口管理工作的要求，2007年4月17日，区委区政府下发《关于成立海淀区流动人口和出租房屋管理委员会的通知》。4月20日，海淀区流动人口和出租房屋管理委员会召开第一次全体会议,发出2007年《海淀区乡镇街道流动人口和出租房屋管理服务工作任务书》、《海淀区流动人口和出租房屋管理委员会成员单位任务书》等9个配套文件。5月30日,区编委发出《关于成立海淀区流动人口和出租房屋管理委员会办公室的批复》,正式成立海淀区流动人口和出租房屋管理委员会办公室,简称"区流管办",为委员会常设办事机构,与区综治办合署办公。其职责是:组织、研究并整合全区流动人口和出租房屋服务与管理的相关政策,指导并协调街道、乡镇和成员单位有关流动人口和出租房屋的服务管理工作,对街道、乡镇和成员单位的服务管理工作实施监督检查。全区各街道、乡镇同时成立流动人口和出租房屋管理委员会和办公室,建立流管工作体制。

全区流动人口管理工作模式转变,即由社会控制为主的治安管理型向城市统筹规划、综合管理转变,由重管理轻服务向管理服务并重、寓管理于服务之中转变,由户籍与暂住人口双轨制管理向社会实有人口管理服务转变,由职能部门管理为主向以完善社区管理服务体系为主的属地管理转变,由政府管理为主向政府依法行政、社区依法自治、基层组织广泛参与的社会化管理转变,落实"以证管人"、"以房管人"、"以业控人"的总体工作思路。

2007年,调整辞退流动人口和出租房屋管理员443人,组建1750人的管理员队伍,组建社区、村流动人口和出租房屋管理服务站638个,完成10个示范服务站建设。2007年底,全区约有流动人口103万人、出租房屋14.9万间。

2007年,全区基层服务站共制作流动人口登记公示牌3268个,开展各类宣传856次,受教育群众达到54万人次。完成110万人次和15.7万户出租房屋的信息采集工作。走访巡视出租房屋29.9万户47.9万间,检查流动人口174万人次,登记流动人口12.8万人、出租房屋1.8万户,代办暂住证8739个。介绍房屋租赁503户,代征税收25647户4265万元。发现并上报各类隐患687件,调解民事纠纷1521件,为群众排忧解难1736件。各街道、乡镇建立流动人口就业服务站,进行农民工就业技能培训。流动儿童常规免疫接种12万人次。查验《婚育证》3.76万个,代办婚育证937个;组织17家医院对流动人口在京生育进行监测,共监测8200余例,计划生育率为82%。挖掘公办学校潜力,制定学生分流安置方案,投入资金2100万元,紧急启动22所学校的临时教室新建工程和原有教室装修改造工程,基本解决了流动人口子女入学问题。受理流动人口投诉举报案件1083件,涉及3478人,为农民工追回工资562万元。加强对流动人口的法律援助,全年承办流动人口法援案件2051件,挽回经济损失190余万元。完成学院路街道东王庄社区的境外人员服务管理、四季青镇锦绣大地批发市场商户公寓管理、曙光街道地下空间出租管理3个创新试点项目。相关部门和街道开展城乡结合部流动人口聚居区调查研究,形成调研报告25份。完成《海淀区流动人口和出租房屋现状及对策建议》的调研报告。

2007年,建立起全区统一规范的流动人口和出租房屋信息基础台账和综合信息管理服务平台并试运行。对辖区流动人口(包括16周岁以下少儿)、散居社会境外人员、各类出租房屋和聚居大院等四项基本数据摸底登记,基本实现了信息更新、维护与资源共享。全区29个街道、乡镇完成四项基本数据调查统计工作。

2008年,实施"平安奥运行动",完成本区流动人口和出租房屋基础调查工作和奥运安保任务。年初,实施流动人口和出租房屋基础调查,即以摸清流动人口和出租房屋基础底数为重点的大普查,以发现流动人口中重点人员为重点的大核查,以发现和排除出租房屋安全隐患为重点的大清查,可能引发流动人口群体性事件的矛盾纠纷大排查。全区共登记流动人口161万人,出租房屋信息12万户,新增登记流动人口50695人,摸排并新增登记出租房屋2658户,注销流动人口信息3440人,注销出租房屋75户;清查出存在隐患的出租房屋943间,其中治安类131间,消防类662间,结构安全类150间;排查发现矛盾纠纷隐患数量189件,化解187件。

2008年,本区增加流动人口与出租房屋管理员编制100名,专职管理员队伍增至1840人。按照市、区要求,管理员统一着装、佩戴统一标识及工作证。

2008年,各街道、乡镇装修流动人口和出租房屋服务站,配置办公设备。全区按每8000名流动人口一台的要求配置电脑106台。

2008年,区流管办印发《北京市房屋租赁管理若干规定》宣传通告12万份、《致全区房屋出租人、承租人的一封信》60万张及《来京人员工作生活服务指南》5.5万册。逐户、逐单位签订《租赁房屋治安责任保证书》和《加强流动人口服务 实现平安奥运责任书》,提高房主、单位依法登记房客信息的履责意识。

开展城乡结合部流动人口聚居区和高校毕业生等调研,完成《海淀区高校毕业生和在读大学生聚居初步调查》、《海淀区城乡结合部流动人口聚居区》等调研报告5份。办复区人大、区政协建议、提案10件。

海淀区流动人口和出租房屋管理委员会办公室
地　址:海淀区西四环北路11号
邮　编:100195
电　话:88487239
电子信箱:hdqlgb@126.com　　(高平山)

公安工作

【综述】 北京市公安局海淀分局是负责海淀区公安工作的职能部门,受海淀区委、区政府和北京市公安局双重领导。本年,分局下属业务处21个(本年新增"情报信息中心"和"勤务指挥处"),派出所47个(本年撤销"总后派出所"),其中户籍派出所36个,治安派出所11个。

本年,分局继续深化市局"整体防控、精确指导、精确打击"工作思路,改革警务机制,以奥运赛时安保指挥中心为牵动,以奥运安保专项为重点,以人、地、事、物、组织控制为基础,以思想政治工作为保障,完成全国"两会"、北京大学110周年校庆、高考、奥运门票销售、奥运火炬传递、第29届奥运会暨第13届残奥会、"十一"黄金周、亚欧峰会、党的十七届三中全会、中央经济工作会议等安保任务。

维护社会稳定 按照"整体联动、情报先行、有效控制、力争化解、依法打击、确保稳定"的原则,突出反恐防暴,整合维稳资源,健全完善"大维稳"工作格局,延伸拓展"大情报"工作机制,确保全区政治稳定。全年妥善处置各类上访31452人次,依法处理上访滋事扰序人员117人次,劝返外地来京上访人员2398人次。迅速、妥善处置五道口地区反法游行抗议活动、民族大学藏族学生聚集等突出群体性事件。实施并强化"信息与情报、指挥与指导、防控与打击"有机结合的扁平化勤务指挥模式,实现了对全局勤务工作的整体把握、规模调度、精确指挥和对重大紧急突发案事件的迅速出警、跟进指挥、规范处置。全年分局三级以上110警情平均出警速度由上年的5.1分钟缩短到4.8分钟,现场抓获违法犯罪嫌疑人2792人,较上年上升7.2%。接报110刑事警情12729件,较上年下降32%;符合立案标准的警情4083件,较上年下降33.5%。全年110刑事类警情良好等级天数达到361天,同比提高28.2个百分点;平稳等级5天,无警示等级。

本年,分局遵循"沙堆效应"原理(沙基小,沙尖就低。用于维护社会治安,就是治安案件少了,刑事案件就少;一般刑事案件少了,大案要案就少),以专项行动整治治安痼疾顽症,以捆绑执法解决综治类问题,以政策研究推进解决疑难复杂问题,开展了"净土"(清理整治出租房屋)、"猎豹"(打击社会各类丑恶现象)、"秋后"(打黑除恶)、"搜库三号"及整治公园及周边治安环境,打击卖淫嫖娼、盗窃自行车、棋牌室赌博等专项打击整治行动。与相关部门联合执法,解决中关村地区"黑导购"问题,规范公主坟地区二手机市场经营秩序,打击双安、城乡仓储、金源时代等大型商市场的"黄牛党"。全年查处治安案件80326起,治安拘留14377人。奥运会、残奥会期间,查获"黑车"81辆,抓获倒卖奥运门票76人,查处"三非"外国人(非法入境、非法居留、非法谋职)149人。为加强奥运期间境外人员管理,分局与五道口地区33家房屋中介公司签定责任书,共同承担对辖区租房居住的外国人的安全服务与管理责任,并要求中介公司在奥运会之前对境外人员"来京一个,发现一个,一个不漏",协助公安机关依法有效管理。强化网吧监管,全年检查网吧700余次,罚款1家,警告15家,消除安全隐患87件,在网吧抓获各类违法犯罪人员161人。强化安全监管,确保大型活动未发生突出治安问题;收缴各类枪械69支、子弹2849发、爆炸物品699件。本年危险物品未发生丢失、被盗、被抢等问题,实现了"不漏管、不失控、不打响、不炸响"的目标。

本年全区火灾形势稳中有降,未发生重特大火灾事故,火灾死亡人数低于北京市下达的3人以内的考核指标。消防支队圆满完成全年消防任务和四川地震抢险救援、奥运会消防保卫等任务。

调查显示,2008年本区群众安全感达到94.8%,比上年提高3.8个百分点,综合排名居城八区第二。

奥运会、残奥会和重大活动安保 分局按照公安部和市局"三个坚决防止"(坚决防止发生暴力恐怖事件,坚决防止发生危害国家和社会稳定的政治事件,坚决防止发生大规模群体性事件)和确保"大事不出,小事也不出"的目标要求,提出海淀区"以赛时安保指挥中心为牵动,以奥运安保专项为重点,以整体防控为基础,以思想政治工作为保障"的赛时安保总体思路。坚持最高标准,举行奥运竞赛场馆实地拉动演练;安检人员295万人次、车辆4.4万辆次、物品245万件次,查获禁限带物品11.6万件;完成1278场次奥运会比赛、281场次残奥会比赛安保任务,确保了到场馆观赛的1336人次国内外政要、139万人次境内观众和33.9万人次境外观众的安全。社会面治安秩序良好,未发生侵害外国人的突出案事件和影响稳定的敏感案事件。奥运会开幕式当天下午,完成海淀邮票公司等22个销售点3000张奥运邮票和邮品发售安保任务。

奥运会、残奥会期间,全区刑事案件发案环比下降45%、同比下降56.8%,发案数量降至2000年以来最低点,重点地区实现"零发案"目标。分局建立情况信息报送机制,汇总安保信息3540件,日均118件,编发《安保工作专刊》77期。加强奥运安保宣传,编发《奥运安保宣传工作专刊》50期。

奥运会后,把警力测算、联勤指挥、动态调整、应急处突等奥运安保筹备、实战成果运用到日常工作中,固化奥运安保模式,完善警卫勤务运行机制和大型活动安保模式。全年执行各类警卫勤务4165场次,投入警力9.7万余人次,确保了党和国家领导人、重要外宾和33项122场次42万余人次大型活动的安全。

打击犯罪 强化各警种专业化建设和对人、地、物、事、组织的动态控制,精确指导,精确打击,提升社会治安掌控能力。全年全区刑事案件发案17143件,同比下降28.3%;刑拘8081人,为全市区县人数最多;治拘14377人,打击处理7065人;破案13636起。八类危害严重案件(杀人、伤害、强奸、抢劫、绑架、放火、爆炸、劫持)同比下降25.1%;杀人和伤害致死两类命案同比下降26.5%,降至1993年以来最低点;多发性侵财案件同比下降30.3%,其中入室盗窃同比下降32.6%,扒窃同比下降49.7%,抢劫同比下降34.2%,抢夺同比下降58.2%。全年巡逻抓获作拘留以上处理违法犯罪嫌疑人7479人,占全部抓获人数的36.3%。

多元打击,确保重大敏感案件快侦快破。先后破获"6·30"中石化科技开发部办公室主任被杀案、"10·16"圆明园碎尸案等一批社会影响大、性质恶劣的重特大刑事案件,命案侦破率达到94.4%,比上年提高2.6个百分点,比全市高出1.3个百分点。坚持用刑侦专业手段打击秩序类违法犯罪,侦破刘新波团伙敲诈勒索案、梅佳斌系列枪击汽车玻璃案、胡卫东强迫卖淫案等一批严重危害社会秩序类犯罪案件。

社区可防性案件发案得到控制,入室盗窃案件比上年下降41.9%,盗窃机动车案件比上年下降39.2%。加强高校治安管理,组织本区28所高校领导座谈高校治安管理工作。

信息化建设与舆论情报工作 按照公安部、市局"进一步推进公安信息化建设"要求,利用公安科技信息化,全面提升打、防、管、控水平。已采集维护基础信息26类14万余条,建成数据库82个,数据总量达9745万条。全年开展核查即录入工作87.3万余次,通过信息化手段抓获各类违法犯罪嫌疑人2372人,占全年抓获人数的10.6%。

本年,分局延伸舆论情报监管触角,实时掌握舆论动态,对于重大灾害事故、涉诉涉访、大案要案等敏感案事件,实时监测舆论动态。全年搜集掌握各类情报信息8051条,较上年上升19%,准确把握全区整体维稳态势。整合宣传资源,统筹宣传工作,加强正面引导,消除负面影响,树立公安机关和人民警察的良好形象。

便民利民服务 落实市局进一步缩短居民身份证制作周期、简化婴幼儿随父和境外地区出生子女申报户口手续、缩短《居民户口簿》补办时间、减少未成年人投靠父母和夫妻投靠户口进京审批环节等便民利民措施。加强流动人口基础管理,已登记办证流动人口达121.8万人,同比上年上升17.7%。开展"警民携手,共保奥运平安"爱民实践活动,以"相约警务室"系列活动为载体,加强警民沟通,开展社区防范宣传,发放宣传材料5万余份,制作展版等500余块,召开现场会326个,检查出租房屋1.5万余户,发放预防煤气中毒材料1万份。按照"分散受理、集中审批、就近取证"模式,方便群众办理出入境手续,全年受理居民出入境证件28万件,日均760件。分局出入境办证大厅被评为"全国文明窗口"。分局出入境管理处与中国国际广播电台、北京语言大学等协作,开通外语执勤执法服务平台,奥运会期间,聘请38个语种76名外语志愿者,提供涉外案(事)件现场语言翻译服务65起。

队伍建设 坚持"执法为民,争创一流"目标,整体提升公安警务保障水平。以奥运安保为中心,实施队伍正规化建设,突出思想发动、班子建设、科学管理等重点工作,促进队伍精神状态、领导能力、警务效能、业务素质的提升。为奥运会海淀赛区安保分指挥部配齐配强领导干部13人、奥运竞赛场馆安保团队副主任8人及由6名经验丰富的专家组成的智囊团。全年共有310余人次民警入选月十佳,24个次巡逻车组入选十佳巡逻车组,12个次探组入选十佳探组,157人次入选年度十佳。本年,分局4人被评为国家级先进个人,2人被评为公安部先进个人,10人被评为北京市级先进个人,5人被授予奥运立功首都劳动奖章,3人被评为奥运立功标兵,205人被评为海淀区先进个人,2人荣立个人一等功,25人荣立个人二等功,404人荣立个人三等功,科技信息通信处受市局表彰。中央电视台专访分局局长张伟刚并播出《细节决定成败》专题片。

南方冰灾和四川地震发生后,分局组织民警向冰灾地区公安民警捐款20余万元,向地震灾区捐款44.38万元,3344名中共党员交纳"特殊党费"384.9696万元。

与北医三院、阜外医院、积水潭医院、304医院和海淀医院签定"协议书",开通奥运场馆安保人员绿色就医通道。奥运期间慰问各场馆安保团队87次,慰问民警5637人次,发放各类慰问品1.2万余箱。

接待俄罗斯莫斯科市内务总局代表团一行10人访问,并就基层警务工作进行了座谈。 (许 立)

【破获"1·04"特大抢劫案】 1月4日4时30分,4名嫌疑人蒙面持刀抢走本区万霖购物中心两个柜台价值约90万元的金银首饰。接报案后,市公安局刑侦总队立即会同海淀分局及相关部门组成专案组开展侦查工作。1月17日,在铁路公安部门协助下破获该案,6名主犯及其他4名涉案人员被刑事拘留,被抢物品悉数追回。

【打掉一抢劫团伙】 1月27日,东升派出所打掉一个连续抢劫出租汽车司机的犯罪团伙,抓获张某(男,1989年出生,山东省人)、奚某某(男,1985年出生,河北省人)等6名犯罪嫌疑人。经审查,犯罪嫌疑人交代了在海淀、昌平等地抢劫出租汽车司机10起的犯罪事实。 (许 立)

【破获利用专利网站诈骗案】 2月19日,分局粉碎一利用专利交流网站实施诈骗的团伙,抓获5名嫌疑人。经审查,嫌疑人蔡某交代,2007年10月他们建了一个专利交流网站,运作中发现,专利拥有者都非常急切地想推销出自己的专利产品。于是他们就以能使专利产品参加评奖、能找到投资方、可以参加国际性交流会等各种幌子,以收取1000到30000元不等的中介费、保证金、翻译费等为名进行诈骗。每次收取费用后,他们就神秘消失。 (胥天寿)

【破获一起系列入室盗窃案件】 3月6日,分局民警在六郎庄抓获一名专偷笔记本电脑的嫌疑人,破获一起系列入室盗窃案件。据犯罪嫌疑人袁某交代,自2007年12月始,其在短短3个月里,就盗窃笔记本电脑30余台,并在网上销售。在袁某住处,民警起获尚未售出的笔记本电脑6台。

【破获特大贩卖毒品案】 3月18日,海淀派出所破获一起特大贩卖毒品案,在九一小学门前将贩卖毒品的嫌疑人艾某某(男,39岁,新疆人)和布某某(女,32岁,新疆人)抓获,收缴海洛因57.6克。

【开展涉奥出租房屋基础信息普查】 4月3日至13日,分局集中开展涉奥出租房屋基础信息普查工作。检查走访居民院落223个、出租房屋3684间、各类场所300个,审查房主677人、法人127人、居住人员14529人;采集涉奥出租房屋384户,登记的租住人员中流动人口1490人,散居社会外国人1105人。其中采集奥运场馆、驻地、路线周边房屋312户,流动人口940人,散居社会外国人502人。

【破获特大系列盗窃案】 4月7日,分局刑侦支队破获特大系列盗窃案,抓获犯罪嫌疑人荆某某(男,40岁,山西省人)等3人,破获刑事案件8起,起获被盗笔记本电脑、数码相机等物,价值人民币60余万元。经审查,犯罪嫌疑人对利用事先租下写字楼大型套间,假借办培训班名义,盗窃电脑公司送货上门的未安装电脑的犯罪事实供认不讳。

【成功解救人质】 5月3日16时30分,一男子在知春路沃尔玛超市劫持了一小女孩。接警后，分局领导迅速赶到现场，组织指挥刑警、巡特警及派出所民警开展解救工作，并轮流对嫌疑人宣讲法律政策，规劝其停止犯罪行为。为确保人质及周边群众安全，分局在现场设置警戒线并对超市门前的道路采取临时管制措施。经过40分钟心理攻势，该男子终止违法行为，小女孩被成功解救。

【抓获倒卖奥运门票嫌疑人】 5月13日下午，分局民警分别在魏公村和世纪城等地抓获高价倒卖奥运门票嫌疑人3名，起获奥运门票15张，并将其治安拘留。

【打掉两个诈骗犯罪团伙】 5月13日，市局、分局接到群众报警，称有人以中国红十字会和四川省红十字会名义发送手机短信，借募集抗震救灾款名义进行诈骗。市局刑侦总队和海淀刑警组成专案组立即开展侦破工作。5月16日，在湖南警方配合下，专案组在张家界市将犯罪嫌疑人赵某、王某、刘某等3名湖南籍犯罪嫌疑人抓获，并起获大量短信群发器、作案手机、银行卡等物。17日凌晨5时，侦查员在福建武夷山市将犯罪嫌疑人何某及其妻子抓获，当场起获一批作案设备。

【破获系列枪击汽车玻璃案】 5月23日晚，分局刑侦支队民警在东升地区阿俊酒家内将犯罪嫌疑人梅某某(男，20岁，北京人)、薄某某(女，22岁，北京人)抓获，当场起获仿真手枪一支、钢珠子弹75颗和用于击发的压缩气罐2个。经审查，二人对其使用仿真手枪在北四环将别人驾驶的汽车玻璃击碎的犯罪事实供认不讳。

【破获胡卫东强迫卖淫案】 5月31日，根据事主报案线索，分局侦查员在世纪城五区某楼下将涉嫌引诱、容留、介绍卖淫的源源影视工作室的两名工作人员孙某(女，25岁，河南人)、张某(女，19岁，北京人)抓获。6月15日将源源影视工作室负责人胡卫东(男，39岁，河南人)、孟某某(男，35岁，辽宁人)抓获。经审查，胡、孟等人自2007年11月以来，以投身影视拉投资为由，多次强迫报案事主等人进行卖淫活动。胡卫东等人被刑事拘留。 (许　立)

【打掉租房诈骗犯罪团伙】 5月末，李先生通过小广告得知西八里庄有一套房屋招租，遂与自称是“房东”的张某取得了联系。后李先生将全年租金2.3万元付给张某，同时签订租房合同。李先生住了不到两月，房东找上门来，二人立即报警。分局民警通过调查，将谢某等3名嫌疑人抓获。谢某等交待，他们先在互联网上找房源，承租后再出租，并以“一次性交全年房租可打折”为诱饵诈骗钱财。其办理租住手续的身份证、房产证及合同等都是假的。该团伙本年来在宣武、西城、海淀等地作案15起，获得赃款20余万元。 (胥天寿)

【打掉一扒窃团伙】 6月21日，分局刑侦支队便衣队侦查员在北京植物园发现2名男子形迹可疑。后经工作，将犯罪嫌疑人张某某(男，26岁，四川省人)、褚某某(男，27岁，辽宁省人)二人抓获。根据2人交待的情况，在玉渊潭公园将其同伙赫某某(男，22岁，河北省人)抓获。经审查，张某某等三人交待了自上年11月以来陆续在本区各大公园扒窃作案10余起的犯罪事实。 (许　立)

【破获7·21入室抢劫案】 7月22日凌晨，在案发16小时后分局成功破获“7·21”入室抢劫案，将犯罪嫌疑人姜某某、李某某、蔡某某抓获。7月21日上午11时许，远大路一写字楼内发生一起抢劫案，3名犯罪嫌疑人持刀抢走某公司现金14万余元及部分财物，并将3名受害人扎伤。案发后，分局与市局刑侦总队组成专案组实施侦破。22日凌晨，专案组在朝阳区、宣武区分别将犯罪嫌疑人抓获，并起获涉案赃款2万余元。犯罪嫌疑人交待了抢劫的犯罪事实。 (胥天寿)

【完成美国总统观赛安保任务】 8月10日晚，美国总统布什等23名国内外贵宾在五棵松篮球馆观看奥运会中美男子篮球比赛。分局在公安部、市局领导现场指导协调下,投入警卫力量160人次,完成安保任务。

【启用出入境新接待大厅】 9月18日,位于中关村科技园区服务中心的分局出入境新接待大厅启用。大厅面积700平方米,承担中国公民出入境证件的受理和发放工作。

【破获团伙敲诈案】 9月以来,上地派出所连续接到报警,称西二旗城铁站有人以暴力、恐吓等手段强行收取保护费。接警后,上地派出所迅速会同分局刑侦支队开展工作。10月22日,将张某某(男,23岁,内蒙古人)等7名犯罪嫌疑人抓获。经审查,该团伙交待9月以来在西二旗城铁站附近敲诈勒索30余起的犯罪事实。 (许 立)

【杀人劫持人质嫌疑人被擒】 10月20日20时许,市公安局接群众报警,在本区西八里庄北里一居民楼地下室出租房内有人持刀行凶并劫持人质。市局接警后立即启动反劫持预案,迅速调集特警总队"蓝剑突击队"、特警六大队、海淀刑侦支队赶赴现场紧急处置。经观察确认,犯罪嫌疑人已杀害一人并正持刀威胁另外四名女青年。侦查员耐心劝阻嫌疑人稳定情绪、停止犯罪。经再三劝阻无效后,"蓝剑突击队"果断制服持刀嫌疑人,安全解救出全部人质。经初步审查,犯罪嫌疑人袁斌贤(男,31岁,四川南充人)对持刀杀害1名女青年并劫持4名人质的犯罪事实供认不讳。 (胥天寿)

海淀分局下属派出所(47个)

北太平庄派出所
电 话:62275110 62250011
地 址:海淀区文慧园路66号

甘家口派出所
电 话:68311022 68317516
地 址:海淀区甘家口21号楼西配楼

海淀派出所
电 话:82669990 82669991 82669992
地 址:海淀区丹棱街10号(新海大厦)

羊坊店派出所
电 话:68515643 68515644
地 址:海淀区会城门4号

万寿寺派出所
电 话:68419305 68410129
地 址:海淀区广源闸15号

中关村派出所
电 话:62554600 62554602
地 址:海淀区中关村南三街甲16号

大钟寺派出所
电 话:62142299 62125881
地 址:海淀区皂君庙16号

东升派出所
电 话:62311235 62317177
地 址:海淀区成府路21号

清河派出所
电 话:62948550 62934169
地 址:海淀区清河镇三街101号

永定路派出所
电 话:68273768 68388076
地 址:海淀区西四环中路43号

万寿路派出所
电 话:68189819 68189850
地 址:海淀区复兴路59号

双榆树派出所
电 话:62631994 62527287
地 址:海淀区双榆树西里29号

青龙桥派出所
电 话:62881620 62881666
地 址:海淀区二龙闸甲5号

花园路派出所
电 话:62014692 62014694
地 址:海淀区花园东路甲9号

香山派出所
电 话:62591214 62591866
地 址:海淀区香山北辛村56号

恩济庄派出所
电 话:88110680 88125030
地 址:海淀区北洼西里15号

西三旗派出所
电　话:82906225　62930305
地　址:海淀区西三旗花园三里75号
田村派出所
电　话:68222685　68228454转8000
地　址:海淀区田村路89号
上地派出所
电　话:62961774　62961775
地　址:海淀区东北旺南路27号
马连洼派出所
电　话:62960065　62960067
地　址:海淀区西北旺后厂村路甲69号
四季青派出所
电　话:62595573　62599875
地　址:海淀区杏石口路78号
西北旺派出所
电　话:62975614　62981116
地　址:海淀区土井村
温泉派出所
电　话:62408097　62456622－6888
地　址:海淀区温泉镇太舟坞环山村12号
上庄派出所
电　话:62479886　62475262
地　址:海淀区上庄路33号
苏家坨派出所
电　话:62454658　62451116
地　址:海淀区苏家坨西小营村
永丰派出所
电　话:62472844　86291003
地　址:海淀区永丰中路123号
曙光派出所
电　话:88872040　88872041
地　址:海淀区蓝靛厂西路1号
育新花园派出所
电　话:82901633　82901632
地　址:海淀区西三旗育新花园15号楼
燕园派出所
电　话:62751331　62558373
地　址:北京大学东门内
红山口派出所
电　话:66764289　66764290
地　址:海淀区红山口甲3号
玉泉派出所
电　话:66829071　66829073
地　址:海淀区复兴路83号院内
太平路派出所
电　话:66828600　66855602
地　址:海淀区太平路46号院
农研派出所
电　话:68975164　68919501
地　址:海淀区中关村南大街12号
农大派出所
电　话:62732363　62892533
地　址:海淀区圆明园西路2号院
石油派出所
电　话:62097511　62097462
地　址:海淀区学院路20号院
遗光寺派出所
电　话:62881672　66777710
地　址:海淀区遗光寺1号院
中关村大街派出所
电　话:62557008　62523043
地　址:海淀区苏州街31号
翠微派出所
电　话:88212588　88229580
地　址:海淀区翠微路甲20号
颐和园派出所
电　话:62882646　62881144－381
地　址:颐和园文昌院
香山公园派出所
电　话:62591240　62591709
地　址:香山公园东门内
卧佛寺派出所
电　话:62591341　62591561－2205
地　址:北京植物园西门内
紫竹院派出所
电　话:68422212　68422216
地　址:海淀区中关村南大街39号

玉渊潭派出所

电　话:88653924　68527749

地　址:玉渊潭公园内

圆明园派出所

电　话:62553476　82883546

地　址:圆明园南门外

大钟寺市场派出所

电　话:62124115　62111851

地　址:海淀区四道口路1号

大运村派出所

电　话:82355110　82357187

地　址:海淀区知春里29号大运村1号楼103室

西郊机场派出所

电　话:66920473　88432599

地　址:海淀区西郊机场院内

北京市公安局海淀分局

地　址:海淀区长春桥路15号

邮　编:100089

电　话:82519110(指挥中心)

82519067(传达室)

网　址:http://www.gaj.bjhd.gov.cn

(许　立)

交通管理

【综述】 北京市公安局公安交通管理局海淀交通支队(简称海淀支队)负责海淀区的交通管理工作,下辖中关村、清河、黄庄、公主坟、温泉5个执勤队。12月30日,按照北京市统一部署,上述5个执勤队晋升为中关村大队、清河大队、黄庄大队、公主坟大队、温泉大队。本年,中关村大队由海淀区西苑挂甲屯14号迁至海淀区西苑一亩园21号。3月31日,海淀区交通指挥中心在西北旺新城开工。到本年底,本区机动车保有量为53.8万辆,驾驶员70.9万人。

2008年,海淀支队围绕“平安奥运交通、微笑北京交警”工作目标,坚持“建一流班子,带一流队伍,干一流业绩,树一流形象”的工作思路,完成各项交通管理任务,保证本区道路交通正常运转。

交通组织管理 年内,海淀支队挖潜道路资源,提高路网整体通行能力,缓解交通拥堵,制定实施交通优化方案321个,更换路口信号灯27处、施划标线109.7公里、新装交通标志485面、增设交通护栏21.5公里,安装固定式便道桩378根。

完善“122”接处警勤务制度,强化路面管控,应变反应能力增强。全年指挥调度室共接警26.68万起,回访4.06万起,群众满意率为99.2%;利用电视监控系统直接发现问题1.55万起,其中事故4380起、车辆故障3285起、拥堵2190起、其他情况7665起。各级领导上路指挥4.3万余人次,发布指挥调度指令50万余次。

严格执行“精确测算、立体指挥、交替放行”的警卫工作模式,实现交通警卫与社会交通的协调运转。圆满完成亚欧论坛、“神七”载人航天等各项重大交通保卫任务4119次,出动警力12.3万余人次,保证了中央领导、重要外宾在海淀区出行的安全畅通。

奥运会残奥会交通保障 8月至9月,北京奥运会残奥会期间,海淀交通支队承担奥运会8座竞赛场馆、26座训练场馆、23家签约酒店和5家签约医院以及总长88.8公里常备勤务路线、65.4公里奥运专用车道的交通保卫任务和残奥会5座竞赛场馆、5处训练场馆、4家签约医院以及总长88.8公里常备勤务路线、60.2公里奥运专用车道的交通保卫任务。支队出动警力31747人次,完成了首脑政要往返各奥运场馆、公路自行车赛、马拉松赛等赛事特勤任务977次,实现了奥运交通服务“安全、准点、可靠、便利”的工作目标。

交通执法 将酒后开车、非司机开车、闯红灯及机动车“涉牌”4类主观恶性强、社会危害大的严重交通违法设定为“高压线”,持续开展交通秩序整顿。全年开展动态、静态交通秩序整顿210余次,处罚各种交通违法行为90.9万余起,其中酒后驾车8301起、非司机驾车1021起,依法暂扣机动车4.3万余辆、非机动车4.15万余辆,行政拘留1415人。

交通安全宣传教育 围绕“讲文明,树新风,迎奥运”,开展大学生主题宣传周、驻军宣传展、社区消夏晚会等形式的交通宣传215场次,广泛宣传奥运及后奥运期间各项交管措施,营造“全民迎奥运,共享平安行”的良好氛围。奥运会及残奥会期间,组织志愿者15731人次上路,设置岗位2197处,协助交警维护交通秩序。

全年发生宣传死亡交通事故28起,同比减少9起;死亡27人(上年36.5人),同比减少9.5人,比2008年控制指标减少25人。管界交通事故死亡85人,同比减少24人,下降22%,比控制指标减少23人。万车死亡率降至1.58,比上年减少0.81。

【“6·13”强雷阵雨天气交通秩序维护工作】 6月13日,全市出现强雷阵雨天气,海淀区北三环北太桥至联想桥一线、北四环学院桥下、知春路轻轨桥下等路段大面积积水,海淀交通支队在市、区指挥部指挥下,协调有关部门实施排水作业,出动警力456名,冒雨奋战5小时,做好交通秩序维护工作。知春路轻轨桥下积水深达2.5米,有两辆机动车淹没在积水中,经各方努力,到23时,被淹没机动车拖出积水,无人员伤亡。

【处置奥运火炬传递现场群众围观】 8月8日,北京奥运会火炬计划11时50分在北京奥运会青年营(北京101中学院内)完成境内外传递最后一站传递活动。9时,大量群众集中在路口等待火炬车队。海淀交通支队根据现场情况,提前采取勤务路线管控措施,在清华西门、一亩园桥和海淀桥下分流社会车辆。10时30分,海淀桥至101中学一线勤务车道腾清。11时50分许,路边群众纷纷涌向勤务车道观望火炬车队,海淀支队民警立即配合治安民警、武警等执勤力量,有序疏散控制现场群众,保持勤务车道安全畅通。12时15分,完成奥运火炬车队抵离的交通保卫工作。

下属执勤大队

中关村大队
地　址:海淀区西苑一亩园21号
电　话:62546296

清河大队
地　址:海淀区清河小营西路
电　话:62913445

黄庄大队
地　址:海淀区蓝靛厂西路1号
电　话:68399631

公主坟大队
地　址:海淀区太平路甲23号
电　话:68399640

温泉大队
地　址:海淀区上庄镇
电　话:82475122

北京市公安交通管理局海淀交通支队
地　址:海淀区中关村东路98号
邮　编:100080
电　话:68399605　　　　(王　磊)

检察工作

【综述】 北京市海淀区人民检察院是海淀区的法律监督机关,依法行使检察权。

2008年,海淀区检察院履行宪法和法律赋予的审查批捕、审查起诉和诉讼监督职能。获“奥运工程建设预防职务犯罪检企共建先进单位”称号,向国家自然科学基金委员会财务局发出的检察建议在全国检察机关预防部门评比中获“优秀检察建议”,检察官刘晓斌获全国检察机关职务犯罪“优秀侦查员”

称号。

严厉打击严重危害社会治安及人民群众利益的重大恶性犯罪。全年共批准逮捕3731人,提起公诉4427人,分别占全市总人数的19.34%和18.54%。依法批准逮捕"涉奥"犯罪嫌疑人20人,提起公诉14人。对涉嫌犯罪但无逮捕必要的,决定不批准逮捕104人;对犯罪情节轻微,依照刑法规定不需要判处刑罚或者免除刑罚的,决定不起诉83人。立案查办贪污、贿赂犯罪案件17件21人,其中贪污贿赂5万元、挪用公款10万元以上的大案10件12人,处级以上领导干部犯罪要案3人(含副局级1人)。发出检察建议53份,帮助发案单位建章立制、堵塞漏洞。撰写的《海淀区十年高校职务犯罪调查报告》被60多家媒体刊载,中共中央政治局常委、中央政法委书记周永康做出批示。

加强诉讼监督。向公安机关发出《要求说明不立案理由通知书》,要求公安机关书面说明不立案理由7件,监督立案侦查1件。对应当逮捕而未提请逮捕、应当起诉而未移送起诉的,决定追加逮捕65人、追加起诉12人,追诉公安机关遗漏起诉犯罪事实900余起;对依法不应当追究刑事责任或证据不足的,决定不批准逮捕161人、不起诉47人;针对侦查机关违反办案程序等违法情形发出纠正违法通知书11份。对认为确有错误的刑事判决、裁定提出抗诉9件,上级法院已改判3件。强化民事审判和行政诉讼监督,共受理民事和行政申诉案件133件,对认为确有错误的民事、行政裁判提请抗诉和建议提请抗诉12件,发出再审检察建议1份,1件已改判;对裁判正确的,做好申诉人的服判息诉工作。改进和完善工作机制,主管检察长亲自办理民行申诉案件,就民行再审案件列席法院审判委员会会议。开展安全防范、刑罚执行等各项检察600余人次,确保监管场所安全,对全区1266名社区服刑人员刑罚执行情况实施动态监督。与瑞典罗尔·瓦伦堡研究所开展新一轮为期3年的合作,启动"减少审前羁押"项目。

围绕平安奥运建设,抓好涉检信访源头治理和矛盾纠纷排查化解工作,及时发现有越级上访苗头和可能出现矛盾激化的涉检信访案件15件,解决涉及5人以上的来信来访16件301人,妥善处理市、区重点涉检信访案件8件,实现了奥运期间辖区内群众非正常涉检上访和群体性事件"双零"目标。1月初,本院协调北京长城节能锅炉厂与海淀万泉农工商公司签订《和解协议》,锅炉厂恢复经营,农工商公司上千名职工的债权得到落实。

开展检学共建活动。成立检察官法制教育巡讲团,在全区48所大中小学、职业技术学校开展检察官进课堂等法制教育宣传活动96次。深入社区村镇,发放普法资料3万余册。举办"家长课堂",邀请专家为未成年犯罪嫌疑人的父母讲解青少年的心理特点和与子女沟通的方法等。与北京市青少年法律与心理咨询中心合作,将心理辅导引入审查起诉工作,对未成年被害人及其亲属、未成年犯罪嫌疑人分别进行心理辅导,对被害人的亲属进行"家庭教育方式综合测评",对犯罪嫌疑人进行"心理健康测评"。推动未成年人司法保护和犯罪预防工作,在一〇一中学启动预防未成年人犯罪典型案例展览,面向全区未成年人巡展。

加强检察队伍建设。党组理论中心组学习科学发展观,提高领导班子把握大局、领导和推动检察工作科学发展的能力。逐步建立教育、制度、监督并重的惩治和预防腐败体系,确保公正廉洁行使检察权。推进队伍专业化建设,聘请北京师范大学卢建平教授担任本院挂职副检察长,得到中央政法委肯定并在全市检察系统推广。开展正规化分类培训,邀请专家学者举办学术讲座,解决司法实践难题。在北京市检察院举办的14项业务技能比武中,获得5项第一名和总成绩第一名。开展全员检察理论研究,完成本院课题11个,承担国家和市级研究课题3个,编辑出版论文集2部,发表检察研究论文70余篇。年内,邀请最高人民法院副院长张军大法官来院作刑事司法讲座,接待澳门特别行政区法律及司法培训中心代表团到本院访问交流。作为本院与丹麦人权研究所刑事诉讼法修改合作项目的活动之一,专题研讨刑事一体化视野中的不起诉制度。召开廉政工作会议,举办信息、法宣、调研培训会,就检察官职业化塑造、规范化建设组织全体人员集中封闭培训。举办"主诉检察官制度改革十年座谈会"。举办市人大代表座谈会,征求人大代表对市、区检察工作的意见和建议,邀请部分人大代表参加本院检察开放日活动。

【制定《审查批捕环节伤情鉴定审查规范》】 3月中旬,为提高对侦查取证活动监督实效的工作要求,本院以伤情鉴定为切入点,总结、梳理案件办理中伤情鉴定出现的问题,制定《审查批捕环节伤情鉴定审查规范》,统一案件证据认定标准。

【与北师大刑科院暨法学院签订交流合作协议】 4月16日,本院与北师大刑科院暨法学院签订合作协议,就开展检察工作热点问题和刑法学、诉讼法学有关课题的合作研究,联合开展人才培养项目,为检察业务改革决策提供论证,定期为本院举办法学讲座,选派教授担任本院挂职副检察长等达成协议。

【张忠俊网上银行盗窃案】 4月16日,海淀区检察院以涉嫌盗窃罪对张忠俊提起公诉。被告人张忠俊利用他人在网上交易中通常公布自己银行卡号的情况,通过QQ聊天等方式假意与对方做生意,借机获取对方身份证号码等信息,采用网上银行电子支付方式购买航空客票,后要求航空公司退票并将票款退至其指定银行账户内。张最终盗窃未遂数额为人民币29170元,既遂数额为人民币8183元。海淀法院以盗窃罪判处张忠俊有期徒刑6年,罚金6000元。

【张葵寻衅滋事、扰乱社会秩序案】 被告人张葵(男、17岁、辽宁省人)伙同他人于2004年9月成立"太子堂"组织,成员以在校学生为主。到2006年10月,"太子堂"人数发展到60余人,张自封为总堂主。自成立"太子堂"以来,张组织成员故意实施殴打他人、摆场子、强拿硬要及毁损财物等破坏公共秩序的活动。2008年5月12日,本院以涉嫌寻衅滋事罪、聚众扰乱社会秩序罪对其提起公诉。11月17日,海淀法院以寻衅滋事罪、聚众扰乱社会秩序罪,判处张葵有期徒刑6年。

【何钻波利用地震募捐短信涉嫌诈骗】 5月13日,何在福建省武夷山市以新浪红十字会、北京红十字协会名义,使用短信群发器,向北京、上海、河北、浙江等地手机用户发送短信2773条,号召为汶川地震灾区捐款,并告知其所开立的银行账户。17日,何在武夷山市被抓获,其银行账户尚未收到汇款。海淀区检察院认为,被告人何钻波以非法占有为目的,在国家发生特大自然灾害、举国上下抗震救灾之际,以为灾区募捐为名骗取钱财,性质恶劣,情节严重,应当受到法律惩罚。遂于8月4日以诈骗罪提起公诉。11月6日,海淀法院以犯诈骗罪判处何钻波有期徒刑3年,罚金3000元。

【做好四川籍在押人员安抚工作】 四川汶川大地震发生后,为稳定海淀看守所内四川籍在押人员的情绪,确保监管安全,6月2日,本院监所处驻所检察室与四川籍重灾区的女性在押人员亲属取得联系,让在押人员与家人通电话。并召集四川籍重灾区在押人员座谈,了解其思想情况,缓解其紧张情绪。

(刘中发　郭毅涛)

【盗窃骨灰盒敲诈公墓案】 6月27日,海淀检察院以涉嫌敲诈勒索罪批准逮捕李某和卢某。本年5月初,李某、卢某来到北京,策划盗窃骨灰盒实施敲诈。在对某公墓进行四五天观察后,5月11日深夜,两人翻墙进入公墓,撬出两个骨灰盒并藏在山上。第二天返回济南后,给该公墓打电话,要求工作人员汇款4万元,他才会告知两个骨灰盒埋藏地点。公墓考虑事关重大,便向李某的农行卡汇入2万元。北京作案后,二人又在济南、宁波用同样办法敲诈。（胥天寿）

【完成山西襄汾“9·8”溃坝事故协查】 9月8日,山西省襄汾发生尾库矿溃坝事故,造成重大伤亡,为建国以来发生的最大责任事故。10月底,应山西省临汾市检察院关于协查此案的请求,本院经向上级请示得到批准后,派出人员完成协查任务。

（刘中发　郭毅涛）

【建议地铁十号线塌方案撤案】 10月8日,海淀区检察院建议公安机关对北京地铁十号线苏州街站塌方造成6人死亡一案撤案。2007年3月28日,地铁十号线苏州街站塌方,抢险中6名作业人员被重物掩埋、砸压,最终死亡。公安机关以涉嫌重大安全事故隐瞒不报罪将中铁十二局4名工作人员刑拘,同年9月3日移送海淀区检察院审查起诉。区检察院审查认为,事故发生后,中铁十二局集团第二工程公司法定代表人邓尤东指示项目经理张爱军先救人不要上报,同时发短信给公司调度室主任黄存才,要求“赶快抢救,确定人员,封锁”。检察机关根据有鉴定权的北京市建设工程质量第二检测所的鉴定,认定此次事故是因地质突变造成的,属于不可预见的偶然事故。4人确有瞒报行为,但没有构成刑法意义上的重大安全事故隐瞒不报罪,建议公安机关撤案。（胥天寿）

【与医学救援中心合作开辟医疗急救绿色通道】 10月31日,本院与海淀区医学救援中心就开辟医疗急救绿色通道签订合作协议,对实施紧急救治的场所、设备、药品、联络沟通、费用、善后及救治中的安全、保密、回避等问题作了规定。此举是为及时、快速抢救因情绪激动等原因而突发疾病的上访人员、犯罪嫌疑人等。（刘中发　郭毅涛）

【5人涉嫌贩卖涉密地图被提起公诉】 11月3日,海淀区检察院以涉嫌泄露国家秘密罪,对犯罪嫌疑人张某、孙某等5人提起公诉。2007年某日,国家规划委工作人员发现,有人在网上出售1:50000国家基本比例尺的电子地形图和光盘,于是向国家安全局举报。国家安全局经调查取证,将犯罪嫌疑人孙某抓获,并查获卖给孙某地图的4个上家张某等人。（胥天寿）

海淀区人民检察院
地　址:海淀区厂洼西路8号
邮　编:100089
电　话:82644866　82644870(夜间)
网　址:www.haijian.gov.cn

审判工作

【综述】 北京市海淀区人民法院(以下简称本院)是海淀区的国家审判机关。本年,本院履行司法职责,做好审判和执行工作,化解社会矛盾,努力确保当事人打公正、明白、便捷、受尊重的官司;妥善审理关系民生案件,推进司法调解,力促案结事了;深化司法为民工作体系建设,提升诉讼服务水平;妥善处理涉奥案件,保障平安奥运,维护稳定大局。本年,本院连续第十年获得“首都精神文明单位标兵”称号,宋鱼水当选全国“十大女性改革新闻人物”和奥运会火炬手,尚秀云被评为全国“百名女性新闻人物”,马军被评为2008年度全国十大政法英杰、全国优秀法官,马秀荣被评为“全国法院知识产权审判工作先进个人”,朱军被评为“全国法院刑事审判工作先进个人”。另有22个集体获得区级以上荣誉,约70人获得区级以上表彰或奖励。

案件审理　本年,本院新收案件55594件,比上年增长9.8%;上年旧存案件1576件,共计57170件,全年审结49384件。其中刑事案件收案4158件,审结4157件;民商事案件收案34173件,审结29547件;知识产权案件收案1548件,审结1392件;行政案件收案370件,审结338件;执行案件收案15087件,审结13692件;其他案件收案258件,审结258件。全院人均年结案155.8件,居全市法院系统之首。

强化判决示范作用,发送司法建议,促进行业规范,对507件硕士博士诉万方数据公司案的审理和集中宣判,被最高法院评选为“2008年度十大典型案例”。推出判后心理辅导机制,邀请心理专家对未成年被告人实施心理辅导。2570余名被告人通过法院指定辩护人获得律师辩护。加大刑事案件附带民事部分的调解力度,调解率达74%,被害人实际获得赔偿款840万余元。适用新法审理劳动者诉央视等一批劳动争议案,促进劳动新秩序的建立。加大对知识产权产业化法律机制的探索。探寻“变侵权为授权”的作品利用方式,帮助当事人建立商业化合作模式。深化行政审判方式改革,继续强化行政纠纷协调解决机制的适用,协调解决行政诉讼案件69件。改进执行工作,加大执行力度,与银行、公安、工商等单位建立协查机制,对暴力抗拒法院执行建立执行快速救援反应机制;向当事人发放执行风险提示书。通过大量说服教育工作,使一些被执行人主动履行裁判义务。对一些暂时执行不能的案件,帮助指导申请人查找被执行人财产线索,对难以查找的被执行人进行夜间或周末集中突击执行,主动向申请人通报执行进展及执行措施采取情况。建立民生执行案件绿色通道,优先保障农民工工资、交通事故损害赔偿等涉及弱势群体案件的执行。11月3日,集中发还执行案款1600万元。探索通过电子邮件送达传票及诉讼材料、通过网络视频在线开庭等审理方式。

健全审判管理体系,提高案件审判质量,努力确保司法公正。出台《审判委员会工作指示制度》,结合个案审理中出现的实体与程序问题提出工作改进意见。规范诉讼各个环节,制定书记员工作制度和案件审理规程,统一工作尺度。针对社会热点问题和新法律法规的出台,加强案件预测,关注案件发展趋势,提前做好应对性研究。注重审判经验积累,推行专业化审判。强化审判监督与激励,将办案质量纳入部门和个人两级评价体系,落实错案责任追究制度。本年,上诉案件改判率、发回重审率分别为6.3%和1.1%,继续低于全市法院平均值。行政审判庭被市高法确定为本市行政审判系统首个一审程序示范庭。复兴路法庭的庭审活动被首师大列为《法庭语言艺术》课程教育环节。1月1日,本院正式实施《司法鉴定工作细则》,法院选定鉴定机构要报纪检部门审批。4月,本院在本市法院系统首推盲文版立案提示材料,制作盲文版起诉书和诉讼风险告知书,以方便盲人立案打官司。5·12汶川地震发生后,本院在法庭开通“亲情线”,主动告知灾区籍被告人地震灾情,帮助被告人及时了解家中受灾情况。本院法官、全国人大代表宋鱼水在全国人大会上提出《关于修改专利法、商标法,简化专利、商标确权纠纷处理程序的建议》,6月得到国务院法制办和国家知识产权局书面答复。

参与社会治安综合治理 促成司法调解与人民调解、行政调解的工作衔接与配合。与区司法局建立联动工作机制,定期召开联席会议,加强对人民调解员的指导和培训。推广上地法庭商事特邀调解员经验,在医疗纠纷案件审理中引入医学专家调解机制,在知识产权案件审理中邀请中国互联网协会参与调解。全年发出司法建议57条。民五庭向新闻出版总署发出的司法建议对全国书号实名制改革起到促进作用。派出法庭与辖区司法所、派出所建立联动工作机制。在重要节日加强法制宣传,世界禁毒日前夕对毒品犯罪案件进行集中宣判,六一儿童节邀请地震灾区学生及智障儿童参加法院开放日活动,奥运会残奥会结束后邀请奥运会火炬手和残奥会冠军访问北京市未成年犯管教所。为行政机关讲授法制课10余次,近千人听课。针对社会热点焦点问题,通过新闻媒体进行法制宣传,对《劳动合同法》颁布后劳动争议案件的预测分析被新华社内参转发。全年在公开媒体刊发法制宣传稿件6000余条次,其中在中央级媒体刊稿1600余篇,在中央和省市级媒体发表头版头条报道12个、整版报道76个,在中央电视台、北京电视台等重点栏目播出节目30个。

队伍建设 在总结院长办公、政治工作、调研宣传、审判管理、后勤保障五大系统运作工作经验的基础上,进一步加强机制建设,强化系统化工作方式,建立内部网络信息交流平台,实行管理系统联席会议制度。

以提高为民意识为导向,以提升司法能力为核心,加强队伍建设。拍摄《海淀法院审判作风、工作作风规范》电视片,从正反两个方面加强司法公正教育。安排预备法官和新入院大学生到监察、信访、立案等直接听取群众意见的部门交流、锻炼。通过座谈会、诗歌朗诵会,组织捐款等活动,弘扬抗震救灾精神。本年收到表扬信71封,锦旗105面,当事人投诉同比减少10.7%。7名法官被中国政法大学聘为研究生合作导师。开展《涉财物监管制度》落实检查工作,逐级签订党风廉政责任书,在纪检干部中开展"做党的忠诚卫士、当群众的贴心人"主题实践活动。组织各类培训42期,参加上级机关及区属机关培训41期,参训人员2600余人次。

全年向区委报送关注课题2篇、向市高院报送《决策参考》15篇,报送案例164篇。在第20届全国法院学术讨论会上,总分第一(20年来,在全国法院学术讨论会的成绩均为全国基层法院第一名),代表全国基层法院在最高法院表彰会上发言。 (曹明明)

【首试物业纠纷判后调解】 1月3日,海淀法院山后法庭在裁决北京东居物业公司和菊花盛苑小区的物业纠纷后,首次尝试判后调解,邀请部分业主代表和物业公司高层面对面就供暖、业主基金、公摊面积等问题进行交流,双方达成初步和解。实施判后调解,让双方在相对温和的气氛中全面阐述各自观点,法官从旁指导,有利于双方和解。 (胥夭寿)

【杨其峙等诉新浪信息公司侵权案判决生效】 2007年12月19日,本院审结原告杨其峙(艺名奇志,长沙市文联主席)、任军(艺名大兵,湖南卫视主持人)诉北京新浪互联信息服务有限公司(简称新浪信息公司)侵犯著作权及表演者权纠纷一案,依法判决新浪信息公司赔偿杨其峙二人经济损失及合理费用5.5万元。该判决2008年1月生效。杨其峙、任军创作并表演了双簧《检查卫生》、《洗脚城》、《结巴子开会》、相声《戏说百家姓》等作品。新浪信息公司在其下载栏目中使用了上述4作品,除将作品名称更改外,声音部分未作变化,画面部分另行绘制。因新浪信息公司在案件审理期间已删除涉案作品,故判令其停止侵权已无必要。案件宣判后,双方当事人未提起上诉。 (曹明明)

【非法经营人寿保险案宣判】 2月2日,本院以非法经营罪判处"保险代理商"李庆华有期徒刑1年6个月,并处罚金1万元。2004年,北京天宇九润咨询有限公司法人代表李庆华与中国人寿保险公司北京分公司签订保险兼业代理合同。2005年至2006年间,李采用私刻中国人寿公司印章并伪造保单的方式,收取北京双鹤药业经营有限责任公司等8家单位保险费273万余元。之后李采用不上交保费、自行理赔的方式,非法经营保险业务。2006年12月29日,公安机关将被告人李庆华传唤到案。海淀法院经审理认为,李庆华未经国家有关主管部门批准,非法经营保险业务,扰乱市场秩序,情节严重,其行为已构成非法经营罪。鉴于李庆华有认罪悔罪表现,法院决定对其从轻处罚,作出上述判决。

【向新闻出版总署发出“出版图书一书一号”司法建议】 3月5日,本院在审理一起侵犯著作权纠纷案时,发现出版市场出现很多图书在一次印刷中实际生产出不同的版本,或利用同一书号印刷多个版本的图书、导致“一号多书”等现象。还有的图书版权页标注不实,使法院在案件审理中难于查清印刷单位、数量、版次等信息,出版社出具的委印单也存在着不规范情况。本院向新闻出版总署发出司法建议,希望能够改善当前在图书出版、印刷管理领域存在的管理不规范问题。新闻出版总署收到该建议后,制定了《书号实名申领管理办法》,规定自2008年7月15日起实行网上书号实名申领,即出版单位按书稿实名申领书号,一书一号。

【北京肿瘤医院特大抢劫案宣判】 3月12日,海淀法院对北京肿瘤医院特大抢劫案进行宣判,以抢劫罪判处被告人庞明想(山东巨野人,男,24岁)、闫峰(北京人,男,25岁)有期徒刑15年,以抢劫罪判处李明伟、吴燕青有期徒刑4年,以掩饰隐瞒犯罪所得罪判处庞明峰有期徒刑2年。判后,被告人提出上诉。5月20日,北京市第一中级法院终审宣判,维持一审判决。2007年3月,庞明想、闫峰预谋抢劫北京肿瘤医院营业款,并事先踩点。闫绘制了该医院地形图。后闫找到李明伟、吴燕青,谎称有人要和肿瘤医院打官司,需从医院抢出一些票据当证据,并许诺给好处费,李、吴同意加入。4月2日15时30分许,经预谋分工,庞驾车接应,吴望风,闫、李闯入医院,将医院保安王某打伤,抢劫了其负责押送的装有门诊收费现金43万余元的拉杆包。4人逃离后,李分得赃款7000元,吴分得9000元,闫分得1.9万元。庞明想事后告知庞明峰抢劫了北京肿瘤医院的营业款,并将赃款藏匿在庞明峰暂住地。公安机关抓获庞明想后,从庞明峰暂住地起获部分赃款,从其余被告人处也起获部分赃款,共追回被抢营业款41.1万余元。 (胥天寿)

【审结商家“假一罚十”单方承诺案】 5月,本院对“假一罚十”单方承诺案作出的判决生效。2007年6月,雷女士从北京长得祥龙科技有限公司(简称长得祥龙公司)购得联想IBM笔记本电脑1台,支付货款2万余元。长得祥龙公司为雷开具了发票,并注明“假壹罚拾”。后雷委托国家电子计算机质量监督检验中心对该电脑进行检测,结论为机器在出厂后被擅自更改了原装配置。雷遂将长得祥龙公司诉至本院,要求其退货、返还货款、履行“假一罚十”承诺赔偿21.5万元并承担检验费1000元。同年12月26日,本院审理认为,长得祥龙公司在销售过程中存在欺诈行为,判令其返还雷女士购物款2万余元;认定长得祥龙公司“假壹罚拾”的单方承诺合法有效,判令其赔偿雷女士21万余元及检验费1000元。判决公告后,长得祥龙公司未提起上诉。

【法官中断庭审为被告人联系灾区家人】 5月21日上午,被告人王某(女,30岁,四川威远人)因涉嫌犯罪被提押到本院接受审判。候审和审理过程中,法警和法官了解到王某家在震区,家中6位老人和1个年幼女儿的情况至今不明,遂决定休庭,并向院领导汇报。院领导指示开通“亲情电话”。通话中,王得知家中房子倒塌、但全家人均已安全转移到政府搭建的帐篷中。挂断电话后,王含泪表示“一定认罪服法,好好改造”。

(曹明明)

【遗弃婴儿案宣判】 6月20日,本院对被告人王某某(男,22岁,大专文化,无业,河北省人)遗弃早产婴儿一案作出判决,以遗弃罪判处王某某有期徒刑1年。本年1月4日9时许,被告人王某某的女友史某某(女,24岁)在四季青医院产下双胞胎女婴。婴儿肺叶发育不完全,需转院治疗。王因无钱救治,于当日15时许将双胞胎女婴遗弃于四季青南平庄南侧一土坡上,致两名女婴死亡。当日,王被抓获。一审宣判后,王未提起上诉。

【作品未经许可上网案宣判】 6月20日,海淀法院判决书生公司赔偿李鸣生等7位作家经济损失共46万余元。此前,因自己的作品未经许可被提供到网上,李鸣生等7位作家将北京书生公司起诉至海淀法院。海淀法院审理认定,虽然书生公司与李鸣生签订过合作协议,但该公司将授权外的11种图书传播到了网上,侵犯了作者的权利。因此,判决书生公司赔偿李鸣生9.2万余元。另据调查,其余6位作家均未与书生公司签订协议,但其作品也上了网。因此,判决6位作家分获1.1万余元至8.2万余元不等的赔偿。

(胥天寿)

【审结507件学位论文作者诉万方公司侵犯著作权案】 本年初,507位硕士、博士以北京万方数据股份有限公司(简称万方公司)未经授权将其学位论文录入"中国学位论文全文数据库",侵犯了论文作者的著作权为由,分别将万方公司诉至海淀区人民法院。6至7月,本院对该批案件进行审理,认定所有案件原告均为涉案论文作者,对论文享有著作权。除73件驳回原告诉讼请求外,本院认定万方公司的行为构成侵权,判决万方公司停止侵权、在网站首页向原告赔礼道歉,并参考同类数据库收录类似作品的通常许可使用费标准及万方公司过错程度等因素,酌定个案赔偿2300元至3300元不等。一审判决后,269件案件的原告以赔偿数额过低等为由提起上诉。经北京市第一中级法院二审后,维持原判。

【审结本市首例"包间费"案】 7月18日,本院审结刘云雷(男,30岁,律师)起诉北京市麻辣诱惑酒楼有限公司大钟寺店(简称大钟寺店)侵权纠纷一案,认定大钟寺店未将交纳包间使用费的信息如实告知消费者,侵犯了消费者的知情权,违反了相关法律规定,判决大钟寺店向刘返还包间使用费80元。本年1月15日,刘云雷与朋友前往大钟寺店就餐,在刘提出到包间就餐的要求后,该店为刘安排了包间。结账时,该店向刘收取了包间费80元。刘认为,在其订餐及就餐过程中,该店均未告知其包间费收取规定,遂将该店诉至本院,要求返还包间费80元。判决同时指出,在我国现行法律、法规对餐饮经营者收取包间费并无禁止性规定的情况下,如不违反平等、自愿、公平原则,餐饮经营者收取包间费、追求利润最大化是同样应受法律保护的正当经营权。宣判后,双方当事人均未提起上诉。(曹明明)

【居室采光未达标获补偿】 8月7日,本院审结刘某某(男,53岁,北京市人)诉北京中海天成房地产开发有限公司(简称天成公司)侵权纠纷一案,认定天成公司应对刘所购房屋采光缺陷承担责任,判令天成公司向刘支付补偿款2万元。2004年3月,刘某某与天成公司签订商品房买卖合同,购买枫涟山庄房屋一套。2005年5月30日,刘验收入住该房屋。刘发现朝南的卧室及客厅冬至前后两月无日照,采光受到较大程度影响,遂将天成公司诉至本院,并请求判令天成公司赔偿其损失、房屋贬值费、无日照采暖煤气额外支出费等20万元。案件宣判后,双方均未提出上诉。

【白吃白喝消费案宣判】 8月13日,海淀法院以诈骗罪判处在某商务会馆白吃白喝、一天消费6497元的邢某(男,44岁、小学文化,曾因犯诈骗罪服刑,刑释后无正当职业)有期徒刑1年,并处罚金2000元。3月26日晚,邢某到某商务会馆大吃大喝后,又做了洗浴、足疗、刮痧、拔罐各1次和保健5次,并加了6次"钟",还要了熊猫、中华等香烟。将会馆所有项目享受一遍后,已到了第二天晚上11时。邢某下楼要逃走时,被工作人员拦住,邢某耍起无赖:"我就是没钱,你们怎么着吧!"会馆报警。海淀法院审理认为,邢某的行为构成诈骗罪。(胥天寿)

【为38名农民工成功追索工资】 9月1日至3日,本院执行庭法官赴广东成功执结38

名农民工催讨工资案，并化解了可能引发的群体性纠纷。2003 年，本院判决北京星艺三星家居装饰有限公司给付饶双林等 38 名农民工工资 18 万元。判决生效后，星艺公司未履行判决义务。饶双林等人虽申请强制执行，但因没有线索，此案始终未能执行完结。2008 年 4 月，饶等电话告知执行法官，在广东番禺发现被执行人，并已自行对其采取强制措施。考虑到申请人情绪激动，很可能在当地引发群体性纠纷，执行庭连夜委派两名法官和协助法警飞赴广州，又连夜赶到番禺处理该案。执行法官赶到时，双方多人聚集对峙，情绪激动，随时可能演变成群体性事件。执行法官立即开展工作，耐心劝导，安抚情绪。在当地法院配合下，经过三天耐心细致工作，双方终于达成和解，并当场交付了案款。

【截获一企图离境的被执行人】 2007 年，张某某（男，59 岁，中国海洋石油燕郊基地公司退休职工）与北京兆宏物业管理有限公司（简称兆宏公司）因委托合同的履行问题产生纠纷。北京市第一中级法院终审判决兆宏公司向张某某支付报酬 215.4 万元。2008 年 1 月末，张向本院申请强制执行。本院在执行过程中发现，兆宏公司已无实际经营地点，亦无银行存款和其他财产，其法定代表人许某某（女，43 岁，中国国籍，居住地加拿大）已移居国外，在北京无固定住所，行踪不定。9 月 5 日，本院执行庭在首都机场边检部门配合下，成功阻止许某某离境，并依法对其司法拘留。

【诉讼材料电子邮件送达】 10 月 28 日，本院在北京市宝鼎律师事务所诉北京谷翔信息技术有限公司及谷歌信息技术（中国）有限公司网络服务合同纠纷一案中，成功通过“电子邮件送达方式”将传票等诉讼材料送达双方电子邮箱中，当事人及时进行了回复，整个过程用时仅 5 分钟。此举为全国首创，对解决目前司法实务中的“送达难”问题具有重要意义。

【首次裁定网站协议管辖条款无效】 在北京京东世纪贸易有限公司（简称京东公司）诉王旭春（男，30 岁，住上海市浦东新区永泰路 630 弄永泰花苑 65 号 502 室）买卖合同纠纷案中，被告以其住所地和合同履行地均在上海为由向本院提出管辖权异议。11 月 25 日，本院首次裁定网站格式合同协议管辖条款无效，将案件移送上海市浦东新区人民法院管辖。“京东商城”提供的用户协议中有“协商不成时，任何一方均可向本站所在地的人民法院提起诉讼”的条款。本院认为该用户协议是一种格式合同，根据合同法对格式条款的解释原则，法院应采用对提供者不利的解释，认定该协议无效。另外，该格式条款存在对消费者管辖利益的剥夺，也应认定为无效。目前网站多采用格式合同的方式与网站潜在的消费者达成管辖协议，这种方式常常在诉讼之前就对消费者构成管辖利益的不当损害。我国法律对此尚无明确规定。

【运用网络视频审理涉外离婚案】 12 月 9 日，本院在审理一起涉外离婚案件时，首次通过网络视频与当事人在线开庭，成功调解双方当事人离婚。该案原告吴某（男，34 岁，现居美国）与被告赵某某（女，32 岁，现居成都）于 2007 年 2 月经人介绍相识，9 月登记结婚。婚后吴赴美留学。后吴以双方感情基础不好、草率结婚又缺乏交流为由诉至本院，要求离婚。法官在征得当事人同意后，通过网络视频在线开庭。

【总结医疗纠纷中病历常见错误】 近年来，在医疗案件审理中，越来越多的当事人对病历中出现的各类错误提出异议。本院经调研，总结出医疗纠纷诉讼中病历错误的 7 种类型：1、关于医疗行为记录的各种错误。2、病例保管和整理的错误。3、诊断结果错误。4、病历涂改错误。5、病历制作人员的资质问题。6、病历上的签名问题。7、医嘱问题。

下属人民法庭(4个)

东升人民法庭
地　址:海淀区成府路45号
电　话:62697948

复兴路人民法庭
地　址:海淀区恩济东街19号
电　话:62697920

山后人民法庭
地　址:海淀区西北旺乙1号
电　话:62697968

上地人民法庭
地　址:海淀区上地信息路28号信息大厦B座11层
电　话:62697722

北京海淀区人民法院
地　址:北京市海淀区丹棱街12号
邮　编:100080
电　话:62697000　　(曹明明)

司法行政工作

【综述】 海淀区司法局组建于1981年,是海淀区政府管理本区司法行政工作的职能部门。下辖司法所29个、公证处3个、法律援助中心1个、法律培训中心1个,管理律师事务所243家、法律服务所19家。

2008年,本区司法行政系统行使法律保障、法制宣传、法律服务职能,完成司法行政工作任务。区司法局被司法部授予"全国法律援助先进集体"和"人民调解宣传工作先进单位"称号,被市委、市政府、北京奥组委授予"北京奥运会残奥会工作先进单位"称号,被市司法局授予"司法行政系统奥运工作集体二等功"。全系统29个单位和57名个人受到国家、市、区表彰。本年命名西北旺镇西北旺村,上庄镇西马坊村、南玉河村,苏家坨镇西小营村、周家巷村、苏三四村为海淀区第四批"民主法治村"。至年底,全区共有1个全国、6个市级、40个区级民主法治村,占全区行政村的56.6%。

奥运安保 成立奥运安保暨突发事件处置工作领导小组,建立4个"专业应急小组"和4个"区域协调小组"。出动司法助理员3千余人次,发动人民调解员、社区矫正协管员、法制宣传志愿者等4万多人,对105名重点人实施"七包一"(7人包1人)小组攻坚转化,避免了重点人脱管失控和重新犯罪;组织30支奥运法制宣传小分队,开展"人人东道主、携手保平安"奥运法制宣传活动;组织80余名精通外语的律师组成奥运应急队伍,确保满足奥运期间各项专业法律服务需求。依法保障困难群众权益,奥运会前,接待上访群众18批56人次,提供法律援助6件。国信公证处作为北京奥组委委托的唯一公证机构,为奥运物资处置提供公证服务。奥运会期间,各级人民调解组织排查调处一般矛盾纠纷1652件,重点矛盾纠纷200余件,防止矛盾纠纷激化267件14538人次,未发生影响社会稳定和奥运安全的大规模群体性事件;社区奥运法制宣传覆盖率、涉奥重点及非重点地区奥运法制宣传覆盖率均达到100%;在管社区服刑人员训诫率、走访率达到100%,预防和制止管控对象制造影响奥运安全稳定事件25起,实现了社区服刑人员零漏管、零脱管、零重新犯罪、零涉奥事件的"四零"目标。

人民调解 建设矛盾纠纷排查调解组织网络,形成"四级纵向调解网络为主导、三室两站(联合接待室、法律服务室、专家调解室、法援工作站、调解志愿者工作站)横向网络为补充、调解信息员为触点"的调解工作格局,全年调解矛盾纠纷14486件,调解成功达82%,其中排查调处重点矛盾纠纷957件,成功调解752件,防止矛盾激化273件14620人次。与区法院、建委联合建立物业管理纠纷协调联动机制,通过人民调解方式化解物业管理纠纷265件。10个治安联合调解室与派出所配合,调解纠纷3209件,减轻了公安机关接警压力。与区妇联协作,在普惠寺等10个社区建立"家庭方圆驿站",以社区人民调解委员会为主体,化解婚姻家庭纠纷,维护妇女合法权益。建立并实施人民调解委员会和人民调解员备案管理制度。对调解组织进行整顿、合并或撤销,吸收辖区退休法官、检察官、律师、法律工作者和有一定法律专业知识、热爱调解工作的干部、教师等多人为人民调解员。

本年,建立(挂牌)社区法律服务室570个,村法律服务室81个。探索建立司法所与属地律师事务所联系沟通机制,取得初步成效。东升乡、海淀街道等司法所与法院建立沟通协调机制和法官接待日制度,进行诉前和诉中调解,受理案件近1500件,调解成功80%。

社区矫正、安置帮教 全区矫正帮教组织实施大排查9次,个别谈话4671人次,对512人次进行集中教育,走访社区矫正、安置帮教两类人员27297人次。落实市司法局与市公安局"无缝衔接"要求,接回刑满释放、解除劳教重点人35人;对拒绝接受矫正、隐瞒居住地、不按时报到的31名社区服刑人员给予扣分处理。帮助"两类人员"办理落户109人,协调解决住房89人,办理低保166人,组织参加招聘会920人次,技能培训188人次,成功推荐就业210人次,临时安置154人;组织"两类人员"参加社区志愿活动2777人次,参加公益活动3062人次。本区社区服刑和帮教安置人员695人次向地震灾区捐款78077元,多人义务献血。

律师工作与法律援助 贯彻《律师法》,规范律师执业行为。根据市司法局要求,开展属地律师党员组织关系接转工作,促进律师党员教育管理规范化。完善律师参与社会公益活动机制,开展"送法到农村、到社区"活动。本年,社会对律师投诉减少25起,满意度提高。组织律师参与地区专业性矛盾纠纷调处,解决涉及物业管理、施工扰民、拆迁安置补偿等纠纷60余件。在区劳动局立案大厅设立法律援助窗口,由专职律师值班解答农民工法律咨询,对符合法律援助条件的及时给予援助,日均咨询量约50人次。拓展基层法律援助工作站服务范围,为农民工、残疾人、老年人等维权提供方便。香山公园"法律援吧"继续为社会提供法律服务,在西北旺敬老院设立"法援工作站",为老年人提供法律服务;针对抗震救灾和平安奥运,建立"法律援助绿色通道",加强对敏感案件的援助力度,做到"应援尽援"。全年承办法援案件3354件,为1.3万余人提供法律咨询。2月28日晚央视《焦点访谈》播出海淀区法援中心为农民工提供法律帮助、维护弱势群体权益的实例。

公证工作 推进区属公证处公证管理制度化、规范化。有重点地开展公证岗位培训,培训公证员200余人次。区属公证处全年办理公证67698件,其中经济类公证5190件,涉台港澳公证522件,涉外公证43945件。

法制宣传 致力于法律知识"进奥运场馆"、"进训练场地"、"进代表团驻地""进社区农村"、"进农贸市场"、"进流动人口聚居区",开展"人文奥运法治同行—奥运倒计时100天"、"奥运普法嘉年华"、"奥运法治歌曲大擂台"等大型宣传活动。发放《北京奥运市民法律知识手册》、"迎奥运十要十不要"宣传画、《福娃说法》动漫光盘等宣传资料29万余份,举办各类法制讲座1300余场,组织法制文艺演出30余场,受教育群众300万人次。开创"说学逗唱"青少年法制宣传新模式,组织3万多中小学生参加奥运法律知识竞赛。在中关村建立法制宣传一条街、在上地街道推出"司法便民日",在中央民族大学博物馆建立民族宗教法制教育工作站,在马甸、树村等少数民族聚居区建立"少数民族法制宣传服务工作站",开展特色化法制宣传。与团区委联合,开展奥运志愿者奥林匹克知识产权保护、体育法、治安管理处罚法、道路交通安全管理、城市管理等法律法规培训,培训志愿者服务站站长及骨干约300人。在奥运场馆周边、代表团驻地、签约饭店等地区发放《欢迎您到北京来》中英文法制宣传材料6000余册。在翠微大厦广场举办"12·4"全国法制宣传日大型宣传咨询活动,发放法制宣传品1万余份,展出展板30余块,解答咨询500余人次,约2万余人受到教育。

队伍建设　坚持理论中心组学习制度,执行民主集中制和领导干部廉洁自律的规定,促进领导班子求真务实和勤政廉洁。对30余名干部进行轮岗交流。组织开展"大学习、大讨论"和"迎讲树促建"等主题教育活动。组织全系统为地震灾区捐款捐物46万余元。在奥运安保工作中,坚决贯彻上级部署,狠抓各项措施落实。在全区建立司法所和律师事务所联系沟通制度,区司法局负责司法所和律师事务所联系沟通的组织、协调、指导和监督管理,街道司法所和律师事务所负责组织律师为街道、社区提供法律服务。

【法院依法确认人民调解协议书效力】　5月,经海淀区人民法院、北京市第一中级人民法院两审,依法确认海淀乡人民调解委员会出具的一份关于遗产纠纷案件的调解协议书有效。该确认肯定了人民调解员的工作,提升了人民调解的社会公信力。

【为地震灾区农民工开通"法援绿色通道"】　5·12汶川地震发生后,区法律援助中心制定《地震灾区受援人登记表》,规定对灾区来京务工人员申请法律援助,只需填写登记表中个人基本情况及案由,不再审查其经济困难证明,即为其快速指派律师所代理案件,并放宽案件类别,最大限度满足其法律需求。通道开通后,提供法律援助6批20人次。

【建立物业管理纠纷协调联动机制】　6月27日,区司法局、区法院、区建委签订备忘录,启动物业纠纷协调联动机制。备忘录确定:区建委负责通告辖区内物业管理公司,一旦发生物业纠纷,应即时通知人民调解委员会,主动接受调解员的先行调解,并协同司法局指导、组织人民调解组织调解重大疑难矛盾纠纷;司法局负责物业管理纠纷调委会的建立,管理、培训和指导;法院对物业纠纷立案时询问是否经调委会调解及调解的结果,审理前应先行联系调解组织了解纠纷发生原因及矛盾焦点,审理中可邀请人民调解员到庭协助调解,审结后应向人民调解组织反馈审理情况。

【148热线劳动纠纷咨询现高峰】　本局"148"热线全年接待、解答各类法律咨询1.4万余件,其中劳动纠纷类咨询占27%,首次超过占21%的婚姻家庭类咨询。其原因一是《劳动合同法》1月1日起实施;二是外来务工人员咨询拖欠劳动报酬问题增多。《劳动合同法》的实施提升了劳动者依法维护自身权益的意识。

海淀区司法局
地　址:西四环北路11号海淀区政府第二办公区
邮　编:100089
电　话:88489002　88489003(传真)
电子信箱:sfj_bgs@126.com　(韩　晋)

防范和处理邪教

中共海淀区委防范和处理邪教问题领导小组办公室,又称海淀区人民政府防范和处理邪教问题办公室,简称610办公室,是区委、区政府组织、协调、指导全区防范和处理"法轮功"等邪教组织以及其它有害功法问题的工作机构。

2008年,区610办公室(以下简称"本室")面对尖锐复杂的反邪教斗争形势,围绕"平安奥运"中心,加强研究和探索,创新机制,完善手段,提升防范和处理邪教工作能力，粉碎了“法轮功”等邪教组织企图在“敏感期”特别是北京奥运会期间进行捣乱破坏的各种图谋，实现了“大事不出，小事减少”的目标。

本年，指导全区各街、乡、镇开展对“法轮功”等邪教组织及其人员的全面排查。对人户分离人员，会同公安机关制定查找方案，下发《查失工作十种办法》，查找率达96%以上。建立人员台账，进行分级分类管理。

“法轮功”等邪教组织利用国家遭遇冰雪、地震等灾害与举办北京奥运会之机掀起事端，境外指挥，网上造势，境内闹事，各种滋事活动大幅反弹。本室加强与公安、安全机关的情报会商和形势研判，发动群众搜集信息，坚持打团伙、掏窝点，配合公安机关实施专项整治行动3次，打掉法轮功团伙窝点，抓获处理了一批法轮功人员，收缴法轮功宣传物品及作案设备，打击了“法轮功”等邪教组织。

本年，本室把防范控制作为工作重点，整合力量，形成管人、控地、看物、防事等为目标的专防、技防、群防的立体防控体系。特别是围绕落实平安奥运，制定了一整套方案和各种防控措施，整合全区社会面防控力量7.3万余人，提高应急处置能力。对重点人、重点地区、敏感部位、区内桥梁进行三级划分，对全区专群防控力量进行实名登记并定岗定班，实现专业力量、职业力量和义务力量“捆绑”作业，确保防控工作责任、分工、措施三落实。会同各街乡镇组织演练30多场次，以提高基层防范实际操作性和应急处置能力。

加强区域联防，与昌平、朝阳、西城、石景山、丰台五区加强联系，多次召开专题防控会议。同时，组织区域间毗连的街道、乡镇互通情况，制定联合防控措施，形成大防控格局和防控工作的无缝衔接。

为确保奥运会期间无“法轮功”人员捣乱破坏，本室对部分符合办班条件的“法轮功”高危人员实行集中办班管控和教育转化，切断“法轮功”地下活动链条，发挥了震慑作用。成功转化几名顽固“法轮功”分子，深挖出反宣品制作窝点和地下学法小组及若干“法轮功”人员，取得“以转促挖、以挖促打、以打促防”的成效。对全区刑释解教“法轮功”人员及时回访，摸清其思想状况，采取帮教、管控措施，并将这部分人员的巩固帮教纳入社区矫治工作体系。

重视反邪教警示教育，努力营造防范邪教的氛围。结合平安奥运宣传，组织指导各街乡镇开展多种形式的宣传教育活动。年初至奥运前期，在15个单位开展反邪教形势通报、政策宣传等教育活动16场次，2500余人次受到教育。3月，会同区文明办、农林委、体育局等部门举办反邪教警示教育宣传月，发放反邪教宣传材料6万余份、宣传画3000余套、用品2万多件。5月，在全区举办“迎奥运、促和谐”第二届健身气功演示比赛，全区34个代表队参赛，评出优秀奖14个。各街乡镇也开展了不同形式的“崇尚科学，反对邪教”警示教育宣传活动。全区开展反邪教警示教育“好创意”活动，本室与清华园街道、紫竹院街道的3项“好创意”活动被市委610办公室评为优秀项目。

开展网上反“法轮功”邪教斗争。针对“法轮功”利用互联网进行反动宣传开展揭批驳斥，全年发表反邪教文章1200多篇。撰写《网情摘报》9期，为区委、区政府领导及时了解和掌握法轮功邪教组织的最新动态和确定斗争决策提供参考依据。

本室分5个层次开展培训工作：对基层610办公室主任进行集中培训4次；以会代训和专题培训相结合，对基层专职干部进行培训9次；5次集中轮训全区社区（村）书记、主任769人，协助区教委培训中小学校长170余人次；对城管执法队员、巡防队员、民兵骨干、奥运青年志愿者等8100人进行培训；每月对转化教员集中培训1次。

本年，曙光街道办事处和区委610办公

室主任米群岛分别被国务院防范和处理邪教问题办公室评为全国先进集体和全国先进个人;区委610办公室等7个基层单位和全区37人分别被评为北京市反邪教斗争先进集体和先进个人。

中共海淀区委防范和处理邪教问题领导小组办公室
地　址:海淀区长春桥路17号
邮　编:100089
电　话:82579133　82510154(传真)

(苏同旺)

人民武装工作

中国人民解放军北京市海淀区人民武装部是中共海淀区委的军事部,同时是海淀区人民政府的兵役机关,接受上级军事机关和区委区政府的双重领导。挂北京市海淀区人民武装委员会、国防动员委员会、征兵办公室、国防教育办公室牌子。

2008年,海淀区武装部着眼防空作战、反恐维稳和奥运安保需要,完成了年度各项任务。召开全区民兵预备役工作会议,组织街道、乡镇党委书记进行党管武装工作述职,表彰人民武装工作先进单位和优秀工作者。民兵应急分队、人防设施和武装部建设受到北京军区好评。

民兵整组工作　按照北京卫戍区关于民兵预备役组织整顿精神,拓宽编组范围,改善编组结构,抓好出入队和巩固提高。全区编组的基干民兵分为作战分队、勤务保障分队、应急分队和其它分队共4种队伍、14个类别、46种分队。专业对口率、兵员在位率、高素质兵员比例和退伍军人比例都有较大提高。继续抓好北航无人机民兵分队、信息网络攻防分队、北科大民兵高炮分队等科技含量较高的民兵专业分队建设。建立民兵组织的高等院校扩大到8所。指导基层武装部和民兵队伍加强正规化和基础设施建设。年初,在全区推广曙光街道武装部正规化建设经验,进一步规范青年民兵之家的活动内容和方式。

军事训练　按照卫戍区下达的训练计划以及本区民兵队伍担负的任务,在组织分业训练的基础上,5月中旬,统一组织全区10多个街道、乡镇的100多名民兵进行了高炮专业训练,培养储备了一批高炮专业骨干。6月下旬,组织各街道、乡镇专职武装干部和部分民兵干部进行了奥运安保工作培训。7月初,指导各单位对担负奥运安保执勤任务的民兵实施普训。奥运会召开期间,组织全区千余名民兵,以奥运安保大项任务为牵引,开展岗位练兵活动。

国防教育和国防动员　利用纪念《国防教育法》颁布7周年、"全民国防教育日"、"八一"、"十一"、征兵宣传等时机,开展全民国防教育。继续推进国防公益广告进社区、进校园、进农村,安装展板1000余块。举办学生军训和国防教育成果汇报表演,2000余名中小学生参加。协调地方各级领导到部队,特别是到执行奥运安保和支援保障的分队走访慰问、解决问题。协调驻区部队参与"统筹区域发展"、"新农村建设"等活动,支援地方抗洪抢险。协调军地开展双拥共建。

本年,区武装部围绕反"台独"应急作战准备、奥运安保等工作,加强国防动员配套机制,开展国防动员和国防教育工作。重新统计核实区域军事设施,协调有关部门对驻军营院周边环境秩序进行整治。参与地方防汛、防震、防疫、防火等公共应急机制,修订完善相关方案。组织协调驻区部队和基层武装部,区分任务,明确职责,做好各项应急准备工作。

贯彻国防部关于新兵征集对象主体调整的精神,七、八月,在全区各级各类中学、职高、技校开展兵役登记工作,摸清兵员底数。针对征集对象主体调整和体检项目增加的新情况,采取多种方式进行征兵工作宣传,严把"上站关"、"体检关"、"政审关"、"定兵关",保质保量完成462名新兵征集任务。新兵文化程度全部在高中以上,其中有89名在校大学生,整体素质比往年提高。

执勤维稳和奥运安保 全国"两会"期间,组织16个街道、乡镇的900名民兵,完成26个重点目标、18条重要线路及代表团住地周边地域等警戒、巡逻任务。调整、完善《民兵参加奥运安保行动方案》。奥运会残奥会举办前后,组织全区22个街道乡镇、130多个企事业单位的民兵1900余人参与奥运安保执勤,设置哨位107个,出动61620人次,每天昼夜24小时对本区三环、四环、五环路86处桥梁、涵洞和地下通道实施守护,圆满完成任务。协调军地部门建立防空导弹临时阵地1个、陆航直升机备降点10个、安装"920"防空设备7处,为部队执行奥运安保任务创造了良好条件。

基础设施建设 继续抓紧民兵训练基地各类设备试运行,购置办公、训练和生活配套设施,安装监控设备,到年底已基本具备使用功能。射击训练场地设施也已初具规模。武装部综合办公楼选址重建4月开工,年底完成地下工程建设。对武装部机关办公环境进行整治,整合部分办公设施,加装保密设备,增强基地仓库防范措施,提高安全系数。

海淀区人民武装部

地　址:海淀区万柳中路10号

邮　编:100089

电　话:82572633 (张华伟)

人民防空工作

海淀区民防局负责海淀区的人民防空工作。2008年,人民防空工作围绕"新北京、新奥运"和应急准备工作,坚持"长期准备、重点建设、平战结合"方针,落实民防机关"准军事化"建设要求,推进防空防灾一体化进程,完成应急准备和平安奥运重点工作。

本年,本局被国家人防办评为"全国人防系统宣传工作先进单位",被北京市民防局评为"北京市民防系统准军事化建设先进达标单位"、"奥运保障工作先进单位"。

奥运保障 依据"依法使用、规范管理、消除隐患、确保安全"的原则,制定奥运、残奥会期间《人防工程事故应急处置预案》、《人防工程灭火抢险救援预案》、《人防工程防汛预案》和《人防工程防恐怖袭击预案》。对全区2000多处人防工程进行治理整顿,对奥运场馆、涉奥饭店、赛事周边及沿线地区人防工程进行拉网式检查,发现并解决违法违规使用工程和安全隐患百余处。完成本区奥运前通信保障演练检测、奥运火炬101中学传递保障、奥运会开幕式、残奥会圣火颐和园传递应急保障任务和奥运会闭幕式玉渊潭公园焰火施放现场监控保障等工作。奥运会期间,人防工程管理安全无事故。

应急准备 启动空情自动化接收处理系统和警报控制分中心建设。完成民防应急指挥中心信道扩容,实现了市、区、街道(乡镇)三级联动指挥。完成24台电动改电声警报器安装调试工作,组织研制了移动警报车。完成5月19日汶川地震全国哀悼日海淀区警报鸣放任务。协助区医疗救护队赴汶川地震灾区抢险救灾,为其与外界联系提供通信保障。在羊坊店等6个街道、乡镇建成地上指挥平台,完成上地、田村两街道人防指挥所建设和上地街道无线移动指挥车建设。

加强人防工程维修维护,并将项目的立项、预算、施工、监理、决算、审核、评价等过程全面纳入市、区两级绩效考核体系。对近300处公用人防工程进行维护维修,完成战时投入使用目标90%,达到战时完好率90%,超额完成市民防局下达的任务指标。在裕泽园、汤泉逸墅两社区利用人防工程,建立应急避难场所、宣传教育中心和物资储备基地。在区委党校建立应急指挥培训基地。7月,区政府召开现场会,介绍民防局为民办实事的做法和经验。以“三室三站三基地”(三室是应急指挥室、娱乐活动室、自救互救室;三站是水站、菜站、食品站;三基地是应急疏散基地、宣传教育基地、物资储备基地)为主要内容的社区综合应急避难场所建设,得到国家人防办、民政部和市民防局、民政局肯定。

机关准军事化建设 本年建立理论学习长效机制,定期组织班子、干部职工学习理论和业务知识。全年发表论文、调研报告、信息25篇。其中《应对多种安全威胁,创新民防体制机制》、《利用民防资源为防灾救灾服务》、《全面知人、科学选人、合适用人》、《民防机关“准军事化”建设的实践和探讨》等文刊登在国家级刊物,并获优秀论文奖。《应对多种安全威胁,创新民防体制机制》的调研报告被推荐到国家人防办,被中央党校《理论动态》编辑部采纳,入编《求是先锋——领导干部在改革开放新时期的理论与实践》一书。建立和坚持每月半天的法制学习日,每季一天的学习交流日,每半年一次的案例分析会和法律顾问专题讲座等法制学习制度,开展公共安全宣传教育进学校、进机关、进社区、进农村、进企业的“五进”活动。

海淀区民防局
地　址:海淀区长春桥路17号
邮　编:100089
电　话:82510060
电子信箱:hdmfzixun@126.com　(李　涛)

消防工作

【综述】 北京市海淀区公安消防支队(以下简称支队)的前身为北京市消防总队第4支队,主要担负海淀地区灭火抢险救援、火灾预防、消防监督、消防宣传、火灾原因调查和责任认定等任务和区防火安全委员会办公室日常工作,其特点为“现役体制、公安管理、政府职能、地方工作”。2005年12月5日,北京市政府宣布实施“防消合一”体制。同年12月13日,海淀区公安消防支队挂牌成立,为全市5个一类公安消防支队之一。海淀公安分局原消防处并入消防支队。支队为正团级编制,受北京市消防总队、海淀区委区政府和海淀公安分局领导。支队下设4个业务部门,下辖清河、颐和园、采石路、双榆树、香山、航天城、五棵松(本年2月成立)、西二旗(本年9月成立)8个消防中队。其中采石路中队为北京市4个特勤消防中队之一,是本区唯一的特勤消防中队,负责处置化危等灾害事故、反恐处突、特殊火灾扑救等任务。双榆树中队连续13年被团中央、公安部授予“全国青年文明号”称号。本年6月17日,支队临时指挥中心从翠微路17号院迁入上地办公中心。

2008年,支队被市委、市政府评为“北京奥运会、残奥会安保先进单位”,被公安部授予“抗震救灾先进集体”称号,并荣立集体三等功1次。个人一等功5人、二等功17人、三等功174人,受上级嘉奖574人。本区被评为“北京市2008年度消防安全工作先进区县”。

本年全年接火灾报警1342起,较上年接警减少89起,下降6.2%;实际火灾829起,比上年减少151起,下降15.4%;死1人,比上年减少1人,下降50%;伤18人,与上年持平;直接财产损失48.5万元,比上年减少9.3万元,下降16.1%。全年未发生重特大火灾事故,火灾死亡人数低于市防火安全委员会下达的考核指标(3人以内)。支队全年实施灭火2248次(含草坪、垃圾桶等不立案的小火灾),出动4816车次、33712人次,抢救疏散群众2538人,保护建筑面积330余万平方米。

年初,对区防火安全委员会进行充实调

整,调整后的区防火委有成员69名。全年区防火委召开联席会议4次,紧急会议2次,动员、部署、表彰会议5次,现场经验推广会2次。下发文件、通知48份,工作简报12份、火灾简报12份,《每周消防工作要情》51期。

本年,支队共监督抽查单位16087个(其中重点3321个,一般12766个),发现并解决火灾隐患15834件,责令立即改正15115起,下发《责令限期改正通知书》105份,实施消防行政处罚642起,罚款金额553万元。防火委先后组织相关部门,开展文化娱乐场所、商场市场、宾馆饭店、校园及其周边、地下空间、"三合一"或"多合一"建筑、高层建筑、文物古建、消防产品、施工现场、消防通道等11项消防安全专项治理行动,共检查单位、场所3200余家,实施行政处罚578起,处罚金额503万余元,对540余家单位处以警告,拘留12人。对9件市级挂账、23件区级挂账和270件街乡镇挂账火灾隐患进行督办。其中对万寿寺艺术博物馆东路重大火灾隐患进行集中整治,使该隐患由市级挂账重大火灾隐患降为区级挂账一般火灾隐患。22件区级挂账火灾隐患整改完毕,1件遗留。区防火委建立《火灾隐患登记处置台账》,街乡镇挂账火灾隐患件件有登记。

本年,支队受理消防行政审批项目4287项,其中建筑设计防火审核1559项,建筑工程消防验收审批1586项,施工现场审批566项,大型群众活动消防安全检查审批53项,公众场所消防安全检查审批523项。

抢险救援 实施防汛抢险救援43次,出动车辆44台次、人员308人次,排除积水数万吨。特别是6月13日知春路城铁桥和7月4日晚西三旗桥东新都路地段的抢险排水,得到市、区领导肯定;实施其他抢险救援1014次,出动1170车次、8190人次,抢救遇险群众335人。

抗震救灾 "5·12"四川大地震发生后,海淀消防支队作为海淀区唯一一支专业救援部队,迅速调集80名官兵组成抗震救灾突击队,随北京市消防总队352名官兵一道,于5月14日赶赴广元市青川县关庄镇红光乡,冒着余震危险,实施抗震救灾,从废墟中救出重伤人员5名,挖出遇难者遗体7具,疏散被困群众310人。5月22日,根据公安部消防局指挥部指示,突击队部分队员调往北川县实施救援,挖出遇难者遗体12具,疏散安抚群众数千人,转移炸药100公斤;救援中,在某银行发现现金50余万元,防爆枪12支,在某档案馆发现民国珍贵档案100余册,均完整移交当地政府。

奥运会、残奥会消防保卫 支队坚持"天天都是关键时刻、事事都得最高标准、人人都要最佳状态、处处都须严深细实"标准,精心研判部署,超常运作落实,确保了奥运消防安全万无一失。奥运会前,消防支队对涉奥施工现场加大监管力度,实行周检查、月汇报制度,4次召开奥运工程质量安全工作联席会议,督促建设、总包、分包和监理单位落实施工现场消防安全责任。加强施工现场灭火器材配备,督促五棵松场馆群配备消防车1辆和专职消防员5名,得到中央政治局委员、北京市委书记刘淇肯定,并在全市推广。奥运会期间,支队实行一级战备,在7处8个比赛场馆和3个非竞赛场馆组建消防运行团队10支,在每个训练场馆配备消防警力2名,在每个签约饭店、定点医院、奥运之家、城市文化广场各配备消防警力1名,246名注册奥运官兵形成了强有力的一线实战层消防力量。建立起"公安消防队为主体、专职消防队为补充、义务消防组织为基础"的火灾扑救网络。29个街乡镇均建立政府专职消防队,配备奥运消防巡逻车,队员不少于6人,履行巡查、宣传、初期火灾扑救和设施维护等职责,奥运结束后形成长效机制,并定期对消防队员和器材进行训练和保养。6月27日在颐和园进行全区拉动演练。航二院建立专职消防队,颐和园、环京物流、北分厂、盛宏达、西郊汽配城等建立志愿消防队。实现了“以平安海淀保平安奥运”的目标。

消防宣传 全年刊播消防稿件900余篇条,其中中央级媒体177篇条,市级媒体378篇条,区级媒体340余篇条,在《海淀报》开设消防专栏;在元旦、春节、清明、五一、国庆、圣诞等节庆假日和不同季节开展针对性消防宣传,在党和国家重要会议和庆祝活动开展阶段性宣传,在“安全生产月”、“综治宣传月”开展专项宣传,组织“奥运消防志愿者启动仪式”、“奥运倒计时119天”、“奥运倒计时100天”等较大规模的奥运消防宣传活动等。举办“119”宣传周。在全区开展消防宣传进社区、企业、学校、农村、家庭的“五进”系列活动,区政府将消防宣传“五进”纳入政府年度考评和社会治安综治考评,102个社区、23个家庭、742个企业、42个学校、16个村庄“五进”达标或优秀。“消防宣传进大学(军训)”、“把消防安全带回家”两项“消防宣传进学校”活动已成长效品牌。开展“家庭消防常识趣味竞赛”和“平安走进奥运人家”活动。全年开展消防咨询、培训、演习等活动130余场次,发放消防宣传材料及《奥运消防安全责任告知书》、《驻区部队及所属单位奥运消防安全责任告知书》等100余万份,发放奥运消防光盘146张。

对消防重点单位法人代表及管理人员培训10期,3000余人受训。奥运期间举办消防培训36期,培训奥运工作人员、服务人员、志愿者和消防安全管理人员、消防控制室人员1.8万人次。

设施建设 区消防指挥中心3月开工建设,五棵松、西二旗两个消防站投入执勤备防,马神庙消防站完成建设施工,上庄、清华园两个消防站完成立项手续,中关村消防站完成征地手续,西北旺消防中队建设开工。

【扑救北新建材城火灾】 1月20日16时,西三旗北新建材城石膏板车间的热交换器由于管道泄漏而发生火灾。接警后,清河中队16时19分到达现场,119指挥中心先后又调集航天城中队、回龙观中队、天通苑中队、亚运村中队、石景山中队、奥运村中队6个消防中队前往火场增援。大火于22时22分被彻底扑灭,直接经济损失4.5万元,未造成人员伤亡。

【扑救海军大院家属楼火灾】 2月7日夜(除夕夜)0时15分,海军大院一家属楼顶层发生火灾,119指挥中心先后调集采石路、五棵松、双榆树、香山中队前往扑救,历时4小时,成功阻止了火势蔓延,有效保护了该楼一至四层建筑,保住了西侧甲101号、甲100号家属楼,避免了更大灾害事故的发生。此次火灾过火面积约400平方米,没有造成人员伤亡。(马运喜　郭世剑)

【“平民英雄”刘学军受聘为消防队荣誉指导员】 3月25日,海淀消防支队双榆树消防中队正式聘请“平民英雄”刘学军为该队荣誉指导员。复员军人刘学军曾任北京第七汽车厂招待所所长,1981年在一场大火中为抢救国家财产致残,31岁退休,曾有过8次舍己救人的经历,并被选为全国十大关爱英雄之一。本年2月7日(大年初一)罗庄西里10号楼发生火灾,刘学军勇敢救出被困屋内的3名大学生。(胥天寿)

【扑救北洼路高层民居火灾】 10月16日14时40分,北洼路28号院2号楼16层一住户发生火灾。采石路、双榆树中队于14时55分赶到现场扑救,119指挥中心先后调集右安门、亚运村、古城3个消防中队增援。大火于17时03分扑灭。火灾中,消防官兵成功疏散居民80名,未造成人员伤亡。

【扑救菊园小区火灾】 12月24日6时52分,马连洼菊园小区29号楼2单元发生燃气泄漏爆炸。清河中队于7时09分赶到现场,119指挥中心又调集西二旗、双榆树中队前往增援。爆炸导致二层、三层楼板坍塌并引发明火,两名人员被困。9时5分大火被扑灭。爆炸造成一13岁女孩死亡,其母重伤。

【**扑救中国农业大学(东区)火灾**】 11月16日21时25分,中国农业大学(东区)食品学院楼5层搭建的一个简易房发生火灾,接警后,清河中队迅速赶赴现场。消防指挥中心又先后调集双榆树、奥运村两个消防中队前往增援,大火于23时53分被彻底扑灭。火灾是学生实验时用火不慎所致,未造成人员伤亡。

北京市海淀区公安消防支队

地 址:海淀区东北旺南路27号上地办公中心A座2楼

邮 编:100193

电 话:82785005

82785005转333(传真)

电子信箱:hdxfzd@163.com

(马运喜 郭世剑)

中关村科技园区海淀园

园区发展概述

中关村科技园区海淀园的前身是1988年国务院批准设立的全国第一个国家级高新技术产业开发区——北京市新技术产业开发试验区(1997年称海淀试验区)。1999年6月5日,国务院正式批复成立中关村科技园区,海淀试验区成为中关村科技园区"一区五园"(后逐渐发展成一区十园,包括海淀园、丰台园、昌平园、电子城、亦庄园、德胜园、石景山园、雍和园、大兴生物医药产业基地、通州园)的核心组成部分。2006年1月17日,中关村科技园区被国务院批准为第五批国家级开发区之一(共20家),并确定了"一区八园"(包括海淀园、丰台园、昌平园、电子城科技园、亦庄科技园、德胜园、石景山园、大兴生物医药基地)的空间布局,规划范围232.5229平方公里,作为核心组成部分的海淀园占地133.06平方公里(1988年时的规划面积为100平方公里),由城市建成区112.24平方公里、山后保留的专业园区16.72平方公里、山后小城镇产业用地4.1平方公里三部分组成。

海淀园规划建设12个专业园区和产业基地。截止到2008年底,清华科技园已全部建成,上地信息产业基地已基本建成(除百度大厦外),初步形成规模的有中关村西区、中关村软件园、永丰高新技术产业基地,正在进行土地一级开发的有环保科技示范园、文化教育基地(南部地区)、国际教育园、中关村科学城、中关村创新园,在办理前期手续的有中关村创意园(原农林科技园)、北大科技园。5月,北京市委、市政府确定中关村西区为科技金融功能区。

2001年,市政府将海淀园管理委员会并入中关村科技园区管理委员会。同年12月29日,成立中关村科技园区海淀园"数字园区"管理服务中心。2003年11月14日,市政府决定重新设立中关村科技园区海淀园专门管理机构,由海淀区政府领导。2004年4月30日,中关村科技园区海淀园管委会成立,作为区委区政府统一领导和协调海淀园区建设和管理工作的议事协调机构。

本年是改革开放30周年,也是中关村科技园区成立20周年,海淀园管委会以修订《中关村科技园区条例》、颁布《中关村科技园区发展战略纲要(2008－2020)》为契机,推进园区管理机构改革。把保持经济平稳较快增长作为首要任务,发展文化创意、金融服务和信息服务等高端产业,优化产业结构、转变增长方式,推进中关村自主创新体系建设。

全年实现总收入4844亿元,同比增长18.8%;园区企业实现利润总额325亿元,同比下降2.6%;上缴税费233亿元,同比增长19.9%,低于上年同期增幅19.2个百分点;出口总额48亿美元,同比增长44.4%。园区企业总数13511家,比上年有所减少。2008年,园区总收入完成年度任务目标。

年内,京沪高铁股份公司落户海淀。阿尔贝革(台资)、中广核项目落户永丰,国核电力设计院项目基本确定落户环保园,国际著名工业园服务企业——新加坡腾飞集团增资5～10亿人民币投入中关村软件园。促进国内视频类网站市场份额第一的合一网系列公司入驻。2007年列入区级财政贡献100强的企业与近年直接引入或主要经税源建设服务工作留在本区稳定发展的企业共27家。闪联(信息设备资源共享协同服务,英文简称IGRS)成为国际标准。数字音视频(AVS)产业化工作取得新进展。AVS－S视频编码标准成为全球范围内首个针对视频监控需求制定的视频编码标准。清华大学研制、北京维信诺科技有限公司制造的有机发光显示器(OLED)应用于神舟七号航天员太空行走航天服。

科技企业为奥运提供技术支持。海淀有8家企业成为奥运会全球合作伙伴、赞助商、独家供应商、供应商,占国内外全部64家奥运赞助企业的12%,占北京地区的67%。它们是:联想集团(3万件计算设备)、北京亚都室内环保科技股份有限公司(空气加湿净化器)、水晶石数字科技有限公司(图像服务设计服务)、歌华特玛捷公司(门票)、首都信息公司(多语言服务)、爱国者理想飞扬公司(多语言培训)、北京新奥特集团(电子中文翻译服务)、搜狐公司(互联网服务)。中关村另外还有78家企业为奥运提供了产品和技术服务,承担了"奥运科技(2008)行动计划"中的78个项目,据权威人士称,在北京奥运会中运用的高新技术有40%来自中关村。如:联想集团提供580名工程师的团队,设计"祥云火炬";航天科技集团设计火炬"中国芯",实现奥运火炬传递史上第一次登上珠穆朗玛峰;水晶石公司参与制作了由观众引导开始,长达60分钟贯穿开幕式始终10余场次的数字影像内容,包括开幕式145.5米地幕、492米鸟巢顶部碗边环幕的全部数字影像内容,以及现场转播屏幕上的部分数字影像内容;新奥特硅谷视频技术有限公司研发"奥运比赛现场和电视转播中文显示图文系统",实现多语种显示,为奥运会32个项目和残奥会上11个项目提供计算、翻译、制作比赛现场公共记分牌提供服务;时代集团为"鸟巢"工程钢结构特制焊机;清华大学承担100余项为奥运服务的课题;北京理工大学设计纯电动客车,实现零排放;元培世纪翻译有限公司提供50多个语种的笔译、同声传译和交替传译以及各种陪同翻译服务;北京首创纳米科技有限公司的纳米石材防护液——用于国家体育馆工程建设中,防护效果可达数年,纳米防护涂层为鸟巢ETFE膜提供防火保护,不怕焰火烧灼,用于上百万平方米的奥运锦旗和国旗,提高了疏水性能,不易沾湿,雨天也能在空中飘扬,用于部分体育馆中的玻璃墙、玻璃窗表面等,实现了利用自然降雨自主清洁玻璃的效果,节省大量维护费用;北京碧水源科技有限公司——实施三个奥运项目(奥林匹克公园中心区龙形水系自然水景系统工程、奥林匹克公园龙形水系的高效过滤和强化除磷系统、奥运配套工程顺义新城温榆河水资源利用工程),利用高科技手段维持以再生水为水源的景观水水质,将劣V类水体大规模一步到位的处理成地表III类水质;北京利亚德电子科技有限公司制作奥运会开幕式大型地面画卷和梦幻五环;北京四方继保自动化股份有限公司——承担奥运会电网保障工作,资助研发了电力系统微机继电保护和自动装置、变电站综合自动化系统、配电自动化系统、故障管理信息系统等;北京仁创科技集团有限公司把沙漠中的风积沙加工成"生态砂",用于10个奥运工程,铺设面积6余万平方米,这种生态砂基透水砖能瞬间吸收水份,地面下雨天不会有积水。

举办纪念中关村科技园区成立20周年系列活动。6月6日,"追溯创新之源"海淀区纪念中关村科技园区成立二十周年系列活动启动,《中关村改革风云纪事》一书首发。6月20日,全国政协教科文卫体委员会到中关村科技园区海淀园调研“技术创新政策落实情况”。召开纪念中关村科技园区海淀园创新发展20周年座谈会。举办中关村科技园(海淀园)创新发展二十年高层对话、“创新之路——中关村科技园区20周年成就展”、“海淀告诉世界——海淀区纪念改革开放30周年、中关村科技园区成立20周年汇报展演”、“2008中关村论坛”、第十一届中关村电脑节等活动。

【中关村广场(西区)】 2000年6月20日启动建设,位于中关村科技园区核心区,占地面积51.44公顷,规划总建筑面积150万平方米,已初具高科技商务中心形象。已累计实现开复工面积172万平方米,累计竣工面积158万平方米。本年,微软中国研发集团落户中关村西区。

【上地信息产业基地】 位于上地街道,是经国家科委和北京市人民政府批准建设的我国第一个以电子信息产业为主导,集科研、开发、生产、经营、培训、服务为一体的综合性高科技工业园区。基地占地232公顷,分为南区(181公顷)和北区(51公顷)。南区总建筑面积230万平方米,于1991年10月开始建设,2000年底基本建成。北区占地0.51平方公里,于2000年6月开始建设,总规划建筑面积53万平方米,分为7个地块;2005年12月土地全部完成转让。本年,除7#地块百度大厦在建外,上地信息产业基地已全部建成。本年,中国信息安全测评中心入驻。

【中关村软件园】 紧邻上地信息产业基地,东至上地西路,南至西北旺南路,西接东北旺苗圃,北临东北旺北路。软件园成立于2000年,占地139.06公顷,规划建筑面积61.61万平方米。软件园是由国家发改委、信产部、商务部共同认定的国家软件产业基地、国家软件出口基地;2006年被市委市政府确定为“北京市文化创意产业集聚区”。现已基本形成集软件研发、企业孵化、软件成果展示、发布、人才培训和综合管理服务于一体的全国智力最密集的专业园区之一。园区的服务外包产业快速成长,园区企业和由软件园牵头成立的中关村软件出口企业联盟外包企业的软件产品出口及服务外包总额约占北京总量的1/2,形成了国内最大的服务接包群落。本年,甲骨文公司办公楼开建。园区继续进行拆迁工作。举办“知识产权保护促进服务外包产业研讨会”。启明星辰公司CEO严望佳获第12届中国青年五四奖章。博彦科技入选“2008中国软件外包研发竞争力十强企业”。

【中关村永丰高新技术产业基地】 位于西北旺镇,东起辛店村,西至崔家窑排水渠,南至六里屯村,北到大牛房村,处于中关村科技园区海淀园综合拓展轴和产业专业化发展轴的节点部位,是中关村发展区中面积最大的专业园区,是海淀新区重要的经济增长极。2001年3月31日开工建设,规划面积4.5平方公里,总建设用地面积272公顷,规划总建筑面积386万平方米。目前基地一期开发已结束,所有地块均已具备招商条件。自开工建设以来,永丰产业基地累计完成一级开发投资约27.6亿元,占投资计划的70%。

截至2008年底,永丰产业基地工业科研用地累计出让203公顷(含科技企业加速器用地24公顷),剩余可招商资源约4公顷,基本出让完毕;配套公建用地已出让3.27公顷(用于自建科技企业加速器项目),剩余23.22公顷;配套住宅用地全部转让至北京德成兴业公司,用于开发百旺杏林湾项目。

永丰产业基地重点发展新材料和电子信息产业,注重吸引产品附加值高、绿色环保的高科技企业入驻,已有140余家企业入驻,累计开复竣工面积82万平方米,占入驻企业总建筑面积的46.9%。加快永丰科技企业加速器开发进程和招商力度,新建加速器产业示范基地。形成以安泰科技、钢研总院、北科院、航材院等为代表的新材料类企业,以用友软件、大唐微电子、精电蓬远等90余家为代表的电子信息类企业,以中国航天时代电子、中国资源卫星应用中心、神舟软件、百慕航材、钢研高钠等为核心的航空航天类企业。航空航天类功能材料产业集群和用友软件为核心、集用友商务、用友政务、用友软件工程、用友天创咨询等为一体的两大产业集群初步形成品牌效应。有年产值过亿元的大中型企业11家,对区域经济和产业带动作用明显。本年,基地入驻企业实现总收入52亿元,上缴税费3.5亿元,企业职工总数达1万余人。

【清华科技园】 地处中关村科技园区的核心地带,东起清华南路,西至清华、北大兰旗营教师住宅小区,南至成府路,北与清华大学校园围墙接壤。1994年开工建设,占地面积14.87公顷,其中建设用地12.87公顷,总建筑面积69万平方米,2006年基本建成。2000年1月,清华科技园被科技部、教育部选定为15个国家大学科技园试点之一;2001年5月,被科技部、教育部确认为国家大学科技园;2003年10月,被科技部、教育部确认为唯一的A类国家大学科技园。清华科技园制定了未来发展的三大战略—“国际化战略”、“支撑平台战略”和“辐射战略”。截止2008年底,清华科技园已全部建成。本年,清华科技园成立文化创意产业集聚区。参加第25届世界科技园年会,承办2008年世界科技园协会(IASP)-亚洲科技园协会(ASPA)联合年会。12月1日,世界科技园协会北京办公室落户清华科技园。

【中关村环保科技示范园】 位于中关村科技园区发展区内,东至春阳路、西至温阳路,南至京密引水渠、北至北清路。2002年10月开工建设,东西长约2.14公里、南北宽约2.09公里。规划面积359.4公顷,建设面积175万平方米。是集科研、中试、生产、商贸、技术交易、科普为一体的示范性专业园区。园区由北京实创环保发展有限公司负责开发建设。2006年12月,环保园产业定位由能源环保产业调整为能源环保、网络通信、创意产业和金融后台服务。本年园区实现产值突破60亿元,上缴税收近4亿元。截至年底,华为、雀巢、中国人寿、光大环保、中科海迅、佳讯飞鸿、中联煤层气、民生银行、国核电力、叶隆思根科贸有限公司等多家企业入驻园区。本年有华为公司、光大环保科技发展(北京)公司、北京雀巢研发中心3家企业开业,园区由单一建设期过渡到建设和投产运营并行阶段。 (沙 莎)

【中关村国际教育园】 位于海淀苏家坨镇稻香湖地区,北起京密引水渠以西三排并行22万伏高压线及规划稻香湖北路,南至稻香湖,西起温阳路,东至苏家坨镇东界。2003年开工建设,规划用地面积115.72公顷,可建设用地57.09公顷,总建筑面积29.37公顷。国际教育园作为中关村文教基地的国际部,面向中关村各类专业人员接受继续教育服务,也为在华外籍人员、留学归国人员以及北京市高收入人群的子女接受高水平的普及教育服务。本年,园区继续进行招商工作。

【中关村文化教育基地(南部地区)】 位于北安河地区,中关村科技园区发展区内。北起草场村排水沟,南至南安河村南,西起市区铁路西北环线,东至规划的新北安河路。规划用地面积653.09公顷,建设用地501.15公顷,总建筑面积为194.20万平方米。文化教育基地分为文教用地、旅游度假用地和果林农田,规划有十大服务板块。本年没有新进展。

【北大科技园上地园区】 位于中关村科技园区发展区,东起上地西路,南临北大生物城,北与中关村软件园相望,西侧是永久性城市绿化带。占地面积40公顷,其中建设用地25.03公顷,地上总建筑面积27.7万平方米。2004年园区取得项目土地一级开发立项批复和规划意见书的批复。本年没有新进展。

【中关村科学城】 位于中关村科技园区核心区,北至成府路,南至知春路,西起中关村北大街,东至中关村东路,被四环路分成南、北两区。规划用地331.6公顷,其中中科院所属用地188.8公顷;规划建筑面积320万平方米,其中中科院所属用地250万平方米。中关村科学城有中国科学院所属25个国家研究所,包括50余个国家重点实验室或院开放实验室。有科技人员约16000多人,100多位科学院院士和工程院院士在此工作或居住。2002年4月,中科院将拟开发的中关村科学城高技术产业创新孵化区命名为“中国科学院科技园”,属于中关村科学城的一部分,并开始建设。中关村科学城定位于知识创新基地、高新技术产业化孵化培育基地和高新技术信息交流中心,2006年开始拆迁和改造建设。本年没有新进展。

【中关村创新园】　位于苏家坨镇,东至东埠头排水沟、周家巷沟,西至周家巷沟、稻香湖居住区,北至翠湖南路,南至北清路,规划占地355.9公顷,规划建筑面积192.96万平方米。创新园是以园区形态构筑包括企业孵化、技术产品转化和产业发展完整链条的自主创新体系、产业促进体系和市场服务体系为主要目标,以信息产业为主导,兼顾其他产业发展的高科技产业园区和满足高科技企业发展需求的高端商务服务区及城市公共中心区。2006年开始拆迁。2007年8月,被北京市政府列为重点规划建设的金融后台服务区——海淀稻香湖金融服务区的核心区,主要为中央金融监管部门及国内大型金融机构后台服务。

【联想集团进军全球消费PC市场】　1月3日,联想集团宣布首次在全球推出IdeaPad笔记本和IdeaCentre台式电脑系列产品,进军全球消费PC市场。这两种产品是专为个人用户设计的。产品在美国、法国、俄罗斯、南非、印度等多个国家和地区同步首发。

【中关村数字电视增值业务产业联盟成立】

1月22日,由海淀园管委会与中关村高新技术企业协会联合发起的“中关村数字电视增值业务产业联盟”成立。联盟主旨是融合海淀园众多内容创意企业的资源,在数字电视双向互动平台上进行增值内容移植,加强增值内容的交流与合作,从而提升海淀园创新能力和文化创意产业的市场影响力,是一个非盈利的合作交流平台。

【“五笔字型”获国家技术发明奖】　1月,全国劳动模范、王码集团董事长王永民发明的五笔字型获得2007年度国家技术发明奖,在我国30年来发明的近千种汉字编码技术中,成为唯一获得国家技术发明奖的一项。

【清华科技园获批市文化创意产业集聚区】

4月15日,第二批北京市文化创意产业集聚区授牌仪式举行,清华科技园成为此次海淀区唯一获得批准的文化创意产业集聚区。此次北京市共有11个园区通过文化创意产业集聚区评审,全市文化创意产业集聚区增加到21个。

【启动“千人百家软件工程国际标准测试”活动】　4月18日,海淀园管委会举办“海淀园与IEEE－CS携手推广国际标准　培养高级人才”新闻发布会与“千人百家软件工程国际标准测试”活动启动仪式。活动是海淀园管委会与国际顶级工业与学术界组织IEEE－CS(电子电器工程师学会、计算机学会)合作成果——CSDP项目①的展示。

【中关村西区被定位为新型科技金融功能区】　5月6日,北京市委、市政府发布《关于促进首都金融业发展的意见》(以下简称《意见》),《意见》提出未来北京金融业空间布局规划,即呈现“一主一副三新四后台”金融业空间布局规划。“一主”是指金融街为金融主中心区,聚集国家级金融机构总部;“一副”是指CBD为金融副中心区;“三新”为中

① CSDP是英文全称Certified Software Development Professional的缩写,代表国际软件工程师职业资格证书,是IEEE计算机学会向全世界颁发的软件开发方面的认证考试项目。目前国内只有一家CSDP培训机构(即中关村创新研修学院)。

关村西区科技金融功能区、东二环产业金融功能区、丽泽新兴功能区；四后台分别是：海淀稻香湖、朝阳金盏、通州新城和西城德胜金融后台服务区。

【微软中国研发集团落户中关村西区】 5月6日，微软中国研发集团在海淀中关村广场举行集团总部大楼奠基仪式。微软将在总部园区内建设两栋大楼，总建筑面积约为15万平方米，建设投资超过2.8亿美元，预计2010年竣工。建成后，这里将成为微软公司在海外规模最大的研发园区。

【中关村虚拟现实产业联盟成立】 5月16日，在第五届中国虚拟现实国际峰会上，中关村虚拟现实产业联盟挂牌成立，发布了《中关村虚拟现实产业联盟倡议书》，这是我国第一家虚拟现实产业联盟。

【东华合创数字医疗软件助力震区远程医疗诊断】 5月17日，四川大学华西医院偕同北京东华合创、西门子公司、CARESTREAM公司、中国电信成都分公司在绵竹市救灾医疗点建立了由北京东华合创公司研发的远程放射影像诊断系统。系统于5月18日开始实时远程诊断服务。

【中关村企业家投资联盟成立】 6月10日，中关村企业家天使投资联盟成立。该组织由43位中关村企业家以自然人身份发起成立，创始资本金约430万元，重点关注软件、能源、环保等高科技行业。联盟将成立专业委员会、决策委员会和顾问委员会。

【国家动画产业基地落户海淀】 6月27日，国家动画产业基地落户海淀，中关村多媒体创意产业园参加授牌仪式。这是继获得国家网络游戏产业发展基地、国家数字媒体技术产业基地、国家信息技术紧缺人才培养工程游戏人才培训基地、国家文化产业创新与发展研究基地后，海淀区又建立的一个国家基地。

【新增3家企业博士后工作站】 6月，海淀园企业博士后科研工作站新增新奥特硅谷视频技术有限责任公司、同方威视技术股份有限公司、北京广联达软件技术有限公司3家分站。至此，海淀园企业博士后科研工作站下设分站数增至31家。

【“闪联”[①]成为全球首个国际3C标准】 7月6日，闪联（信息设备资源共享协同服务，英文简称IGRS）通过国际最终标准草案（FDIS）投票，正式成为全球首个国际3C标准。闪联已拥有14家核心会员企业、34家推广会员企业，联盟成员已达107家。

【联想首度入围2008年全球500强】 7月10日，美国《财富》杂志公布一年一度的全球500强企业排行榜，此次有29家中国企业上榜，联想排名第499位，年度总营业收入达到167.88亿美元。这是联想首度进入全球500强企业排行榜。

【海淀园42家企业入围中关村科技园区第二批百家创新型试点企业】 7月，2008年中关村科技园区百家创新型企业试点工作大会公布了第二批百家创新型试点企业名单，北京北斗星通导航技术股份有限公司等42家海淀园高新技术企业入围，占入围名单的53.2%。

【中关村海淀专业园联盟成立】 10月28日，“中关村海淀专业园联盟”成立，有14家发起单位，为非营利性组织。

【全市首个区级文化创意产业协会成立】 10月28日，海淀区创意产业协会成立。这是北京市首个区级文化创意产业协会，由海淀区从事创意产业的单位和个人参加，是以推动海淀区创意产业发展为目标的非盈利性社会团体。

【启动建立动漫游戏孵化器】 10月，海淀科技园区启动建立中关村动漫游戏孵化器。中

---

① “闪联”是由原信息产业部牵头，联想、TCL、康佳、海信、长城5家厂商联合发起成立的一种3C产品的关联应用技术标准，学名为IGRS((Intelligent Grouping and Resource Sharing，信息设备资源共享协同服务)，核心任务是制定中国3C产品“互联互通”标准，实现电脑与家电融合。

关村动漫游戏孵化器定位于国内技术最先进、体系最完善的动漫游戏产业孵化基地。建成后,将成为国内首家基于互联网的虚拟创意园区,依靠平台服务,为入孵企业提供先进制作设备、技术支持、开发、测试和运行环境等条件。

【“爱国者”获版权创意金奖】 10月,国家版权局和世界知识产权组织在京举办“2008国际版权论坛”,世界知识产权组织“版权创意金奖”首度在中国颁奖,北京华旗资讯数码科技发展有限公司(华旗爱国者)获奖。

【海淀园“免费电子测试开放实验室”开通运营】 11月,中关村科技园区海淀园“免费电子测试开放实验室”在永丰信息产业基地投入运营。该实验室主要针对企业发生的短期的临时测试需求,提供免费使用测试仪器设备服务。

【2008年度十大“中国芯”评选结果揭晓】 12月19日,第三届“中国芯”颁奖典礼在北京举行。评选出最佳市场表现奖和最具潜质奖各5名。北京中星微电子有限公司的手机嵌入式数码相机芯片(型号VC0578BRDB)获得最佳市场表现奖,北京天碁科技有限公司的TD-SCDMA基带芯片(型号TD6018)和北京中天联科微电子有限公司的卫星通道解调芯片(型号AVL1108)获最具潜质奖。

【张辉入选2008年度“北京十大杰出青年”】 12月30日2008年度“北京十大杰出青年”揭晓。海淀园企业北京创毅视讯科技有限公司董事长兼CEO张辉入选。

【第二届“海淀科技园区优秀青年企业家”名单(20人)】 (12月18日评选)(按姓氏笔划排序)

刁志中 广联达软件股份有限公司董事长
王 璞 北京北大纵横管理咨询有限责任公司首席合伙人
王维航 北京华胜天成科技股份有限公司总裁
刘太华 北京德威特电力系统自动化有限公司总裁
吕 波 北京东华合创数码科技股份有限公司总经理
孙永吉 北京海辉高科软件有限公司首席执行官
何愿平 北京碧水源科技股份有限公司董事、常务副总经理
吴 勇 北京嘉禾木科技有限公司董事总经理
张 涛 四方电气集团有限公司执行副总裁
李 军 北京利亚德电子科技有限公司董事长
李星文 浦华控股有限公司总裁
杨海峰 华迪计算机集团有限公司副总经理
邵根伙 北京大北农科技集团股份有限公司董事长
陈明洋 北京亿维德机电设备有限公司董事长兼总裁
郑福双 新奥特硅谷视频技术有限责任公司董事长
姜晓丹 北京慧点科技开发有限公司董事长兼总裁
费振勇 北京京北方科技股份有限公司董事长、总裁
赵福君 北京久其软件股份有限公司董事长
雷 毅 北京数码大方科技有限公司总裁
廖 峰 北京伟嘉人生物技术有限公司董事长兼总经理

园区服务与行政管理

【综述】 2008年,中关村科技园区海淀园管理机构提升产业发展软硬环境,优化产业结构,加速产业聚集,提升引资质量,实现重点产业突破。加大资源整合力度,推进创新创业支撑服务体系建设。坚持探索实施国际化战略,搭建新型国际合作与品牌建设平台,推进园区企业国际化进程。企业党建工作稳步

推进,重点工作成效卓著。本年,中关村科技园区海淀园创业服务中心被评为国家科技计划(火炬计划)实施20周年“国家科技企业孵化器(创业服务中心)类”先进服务机构;海淀园管委会综合办公室副主任、国际合作与品牌建设处处长张秀英,海淀园管委会综合办公室副主任、服务体系与公共平台建设处处长赵新鸣,获国家科技计划(火炬计划)实施20周年先进个人称号。

机构改革 11月,根据北京市编制委员会办公室《关于调整中关村科技园区海淀园管理委员会相关机构的函》,将产业发展处更名为产业规划发展处,创业促进处更名为服务体系与公共平台建设处,国际合作处更名为国际合作与品牌建设处。中关村科技园区海淀园发展战略研究中心不再加挂中关村创新研修学院牌子,加挂海淀高技术产业促进中心牌子,增加“协助实施有关园区重点产业发展的优惠政策并提供相关服务,承担促进区域高技术产业发展的具体服务性和事务性工作”的职责。海淀园投资促进办公室加挂海淀区投资促进局的牌子。

12月,对中关村科技园区海淀园管理委员会综合办公室主要职责、内部设置进行调整。中关村科技园区海淀园管理委员会综合办公室下设四个处,职能设置上形成了“一横、一纵、一平台、一后台”的管理模式。“一横”即产业规划发展处(原企业发展处),突出了园区产业发展的规划和服务功能;“一纵”即服务体系与公共平台建设处(原创业促进处),突出了联合治理、园区服务平台的建设和提升功能;“一平台”即国际合作与品牌建设处(原国际合作处),着重于国际合作和园区品牌的建设;“一后台”即秘书处,着重于服务的保障功能。

优化发展环境 继续推进“绿色行动”计划,扶持企业实施标准化战略、开展专利实施、参加展会、购置生产经营用房等,为158家企业提供支持资金1810万元。启动海淀园创新资金项目预选库,将56个项目纳入海淀园创新资金支持对象,并提供资金2210万元,推荐42个项目申请科技部创新基金。在全市火炬计划和重点新产品计划项目中,列入计划的海淀园的项目数分别占51.9%和65.2%。海淀园42家企业入围中关村科技园区第二批百家创新型试点企业名单。

开展《中关村科技园区海淀园创新历程研究》和《做优做强海淀园方案》两个课题研究。出台《海淀区促进大学科技园发展暂行办法》,共评A类大学科技园2个(清华科技园、北航科技园),B类大学科技园5个(人大文化科技园、交大科技园、北科大科技园、邮电科技园、理工科技园),在产学研合作示范基地、大学科技园平台项目、引入优质企业奖励、国际合作项目、经济贡献奖、大学科技园联盟等6个方面投入支持资金1463.22万元。

继续研究扶持信息服务业的政策。起草《海淀区信息服务业实施方案》和《海淀区科技服务业实施方案》。继续实施海淀园文化创意产业专项,推荐2008年北京市文化创意产业项目132项,其中21家企业获得专项资金支持3880万元。海淀园的外包产业产值已占北京的80%,占全国的三分之一左右。海淀园被北京市商务局认定为“北京市服务外包示范区”。

开展“融资服务万家行”活动,走访调研100余家企业,帮助北京日讯在线科技有限公司获得风险投资1000万美元,并帮助其从银行获得贷款1000万元。海淀资本中心服务功能初步显现,24家金融机构入驻,深圳证券交易所路演中心在资本中心正式营业。

初步筛选了近千家已达到或者有希望三年内达到境内外上市标准(含拟议中的国内创业板、中关村科技园区非上市股份有限公司股份报价转让代办系统)的企业,搜集近200家准备上市或进入代办系统的企业有关情况。截至年底,海淀园共有上市企业68

家,其中在境内上市30家,在香港地区上市13家,在美国上市22家,在英国上市1家,在日本上市1家,在新加坡上市1家。

提高服务质量 开展“企业培训大讲堂”,实施创业企业辅导示范工程、学习型企业创建工程。企业博士后工作站分站增加到31家。创业中心共吸引31名留学人员入园,新办企业29家,为园内企业落实应届生落户指标156个。组织园区企业和相关人才申报国家、市、区人才资助项目,完成北京市优秀人才资助项目申报、新世纪百千万人才工程市级人选候选人申报、北京市享受政府特殊津贴人员选拔申报、软件人才高层次人才遴选等工作。

本年,海淀区共有创业孵化服务机构29家,总孵化面积45万平方米,在园企业1837家,在孵企业1489家,累计孵化企业3379家,累计毕业企业1347家。拥有自主知识产权2177项,累计吸引3000余名留学人员在孵化器内创业。为了支持园区孵化机构拓展服务功能,制定了《中关村科技园区海淀园管理委员会科技企业孵化器股权投资资助资金管理办法》,给予5家科技企业孵化器总额为156.75万元的资金支持。

主办首届“中关村科技园区海淀园产业发展论坛·2008——宏观经济形势与园区高技术产业发展”。论坛发布了海淀园管委会《2008年海淀园第一季度经济发展报告》,《做优做强海淀园方案》以及《创新突破计划-2008》。支持清华大学承办的LASP-ASPA(世界科技园区协会和亚洲科技园区协会)2008联合年会。与世界科技园协会签署战略性框架合作协议,其唯一的海外办事机构落户清华科技园。IEEE(美国电子电器工程师学会)中国办事处落户海淀。依托iBridge(科技型企业走出去一站式试点工作平台)建设,继续扩大同国际研究机构的联系。与葡萄牙SPI合作列入欧盟项目取得新进展。围绕“联合国教科文组织产学合作教席——中关村示范中心”工作,建立园区政产学研国际化合作新模式。“海淀园国际技术转移交互式工作系统”项目被科技部评为国家火炬计划重点项目。“海淀园深化‘走出去’一站式服务平台”被列为火炬中心的科技兴贸计划支持项目。完成《创业讲堂》的制作、播出,推进海淀园与凤凰卫视的《直通中国》栏目。

党建和精神文明建设 海淀园企业党工委成立于1988年,负责指导园区非公有制企业开展党的工作、发挥党建作用、促进企业发展。本年,园区工委所属基层党组织共有351家,其中党委10家、党总支14家、独立党支部327家,支部总数653个,本年新建党组织54家,管理党员17309名。园区绝大多数符合建立党组织条件的规模以上非公有制企业都已建立了党组织。建立工会组织70家,其中建立独立工会59家,工会联合会11家,职工7371名,新发展会员5205人。成立海淀园高新技术企业工会联合会。新增会员占职工总数的80%,完成全年建会任务的140%;新建团组织8家,覆盖团员1360人、青年1997人,在清华科技园、中关村软件园、联想公司设立青年工作联络员。培训230余名入党积极分子,新发展预备党员105人。

召开海淀园统战工作大会,下发《关于进一步加强园区新社会阶层统战工作的意见》,完成《海淀园新社会阶层统战工作调研》报告。

完成《发挥非公有制企业党组织作用,增强非公有制企业党组织创造力凝聚力战斗力问题研究》作为市党建研究会的调研课题的立项工作,并被市党建研究会作为推荐材料参加中组部组织的改革开放30年创新征文活动。

5月~6月,开展抗震救灾活动。联合党委六总支组成“红色中关村党员志愿者服务队”赴灾区开展心理救助,获得“全国抗震救灾优秀志愿服务集体”称号,邵起明获得“全国抗震救灾优秀志愿者”称号。组织“捐赠十元钱,爱心送汶川”活动,园区企业共捐赠2.93亿元,其中园区企业党组织所在企业捐款近1亿元;企业党员交纳特殊党费94.8万元。建立远程放射影像诊断系统进行实时远程诊断服务。为共青团四川省委安装“志愿者赈灾信息交互平台系统”。

举办学习十七大精神、迎奥运知识竞赛。组织海淀园职工文明拉拉队,组织职工9200人次参与奥运会、残奥会文明观赛、天安门大型文体展示、火炬传递等活动。组织海淀园奥运城市志愿者在中关村科贸和当代商城站点提供服务。编辑《闪光的足迹:海淀园党建工作巡礼》。

设立法律服务热线,编发《海淀园企业加强廉洁风险防范 完善内控机制建设》宣传册。处理劳动争议案25件,接待咨询89件;组织对留学生创业园职工的劳动法律法规的宣讲和女职工劳动合同法答题活动。

组织企业工会开展劳动竞赛,11905名职工参与,提出建议2085条,实施1104条,创造经济效益1630万元。提出技术革新项目647条,职工发明创造项目204项,职工获得国家专利项目196项,推广先进操作法项目255项。

组织“微笑·中关村在行动”主题活动启动仪式暨中关村科技园区海淀园第三届青年歌手大赛(决赛);举办海淀园第二届优秀青年企业评选及表彰活动、第三届海淀科技园区青年白领鹊桥会、“AMD”杯第四届中关村科技园区海淀园企业羽毛球比赛、留学生2008综合体育比赛;在上地建立全国职工书屋示范点。拍摄《风雨历程30年,从农家村落到中国“硅谷”》园区创业宣传专题片。

本年,编发《园区党建动态》32期,编发《纪检信息》60期,编发《工会简报》17期;编发《统战工作信息》25期,累计在中央、市、区各级媒体刊登报道10篇,专栏文章24篇,新闻报道65篇。

【全国首家科技租赁公共技术服务平台投入运营】 1月22日,全国首家科技租赁公共技术服务平台在海淀园成立并投入建设和运营。平台面向海淀园区高新技术企业,通过“电子开放实验室”以及“科技租赁”等模式搭建科研基础条件共享平台,为区内企业提供高科技设备中短期综合使用服务。平台在政府指导下实行市场化管理。

【“红色中关村5·12志愿者服务队”参与四川地震救灾】 5月,海淀园联合党委第六党总支组建“红色中关村5·12志愿服务队”,分两批到四川灾区参与灾后心理干预服务。5月19日,服务先遣队4名党员先期到达赈灾前线,开展心理救助工作,这是共青团四川省委接纳的第一支党员志愿者队伍。5月20日,首批服务队员到达灾区。5月21日,由海淀园北京迈为信通科技发展有限公司开发研制的“志愿者赈灾信息交互平台”系统在共青团四川省委投入使用。红色中关村党员志愿者服务队获“全国抗震救灾优秀志愿服务集体”称号,队员邵起明获“全国抗震救灾优秀志愿者”称号。

【《中关村改革风云纪事》出版发行】 6月6日,《中关村改革风云纪事》在京首发。该书通过北京市新技术产业开发试验区成立前后15件大事中的21位主人公的讲述,展示了中关村创业和发展的历程。

【海淀园高新技术企业工会联合会成立】 7月4日,海淀园高新技术企业工会联合会成立,入会企业53家,发展会员590人。这是海淀园工会工委继成立上地信息产业基地、中关村外商投资企业、留学生创业园、永丰产业基地工联会之后,依托中关村高新技术企业协会成立的第5个工联会。5家工联会入会企业361家,涵盖职工12192人。

【中关村电脑节承办权转移】 9月26日,中关村电脑节承办权由海淀区政府转交给中关村高新技术企业协会、中关村外商投资企业协会和中关村电子产品商会。今后电脑节在政府的支持下,按照市场规律进行市场化运作。

园区基础设施建设

【综述】 本年,海淀园各专业园区完成基本建设投资29.4亿元,同比增长6%,其中一级开发投资10亿元,同比增长63%。实现开复工面积119万平方米,其中,新开工面积27万平方米,同比减少48%,竣工面积44万平方米,同比减少51%。

推进软件园拆迁工作。以用友软件园为试点,启动循环经济试点园区建设。整合建成区空间资源,拓展高新技术产业发展空间。完成《海淀园建成区存量空间资源调研分析报告》。与北部四镇共同研究划入园区范围的乡镇科技产业用地开发建设,形成《北部新区乡镇产业用地土地资源情况报告》。启动海淀园规划建设管理信息系统建设。

【中关村广场(西区)】 本年实现开复工面积37万平方米,其中,新开工面积6万平方米,竣工面积23万平方米。微软中国研发集团总部大楼奠基,朔黄发展大厦开工建设,立方庭、金和国际、23#地B座办公楼及C座商业楼竣工。

【中关村软件园】 完成362户居民拆迁,建筑面积3.58万平方米。实现开复工面积9万平方米,其中新开工面积2万平方米,竣工面积3万平方米。甲骨文中国办公楼奠基,中核能源开工建设,中半辉煌竣工入住,华力创通、中欧工商学院、广联达等项目建设进展顺利。

【中关村永丰高新技术产业基地】 完成15户居民拆迁,建筑面积0.25万平方米。实现开复工面积45万平方米,其中新开工面积19万平方米,竣工面积10万平方米。大唐电信二期、联强国际、航天时代1#、5#科研楼等五个项目开工建设,铁科院、新技术成果转移中心(Ⅰ-18、Ⅱ-10地块)等3个项目竣工。

【中关村环保科技示范园】 人工湿地湖水循环处理工程完工,园区控规调整方案取得市规委批复。实现开复工面积18万平方米,竣工面积7万平方米。J07原动力空间竣工入住,J03超动力空间结构封顶。华为公司M06地块标准厂房完成结构封顶,项目占地68亩,规划面积5.4万平方米。解决自建项目手续遗留问题,原动力空间二期标准厂房各项建筑手续齐备并完成主体结构封顶工作。环保园35KV和10KV线路入地工程开展,其中35KV线路于1月正式完工,10KV线路由原变电站移至110KV变电站,大部分线路入地工作完成。提前完成园区13、14、15路市政设计工作。投资1000余万元对细部景观进行塑造,新建成功能性湿地5000平方米,新增绿化面积5万平方米;完成园区二期湖区改造和三期集中绿化带工程;修建园区玉带桥、水车、雕塑等主体景观。

(沙　莎)

【中关村创新园】 规划用地的70%取得建设用地规划许可证。一期产业用地进入土地验收、供应阶段。居住用地、二期产业用地取得市国土局一级开发授权并申报一级开发立项。完场土地一级开发成本预算及审计工作。园区内主要道路均取得管线规划意见书和道路专业规划意见书。园区交通评价已通过专家会评审。完成创新园城市景观设计、总体景观设计和10个重点地块的建筑概念设计和景观设计、完成中心景观的标志、建筑方案招投标工作,创新园河道立项前期工作基本完成。完成中环路与春阳路交口工程。经六路、经七路、纬四路共约1.5公里市政道路及管线建设完成并进行初步验收。完成8个单位及1户居民拆迁,建筑面积1.29万平方米,纬四路、经六路、经七路基本完工,城市次干路稻香园东路、经一路、经二路、纬一路、纬五路开工建设。

【北京海淀科技园建设股份有限公司】 北京海淀科技园建设股份有限公司成立于2000年6月18日，是专业从事中关村科技园区建设的国有控股企业，主要经营一级土地整理、房地产开发、工程建设管理和城市基础设施建设等。公司控股公司有北京中关村永丰产业基地发展有限公司、北京德成置地房地产开发有限公司、北京德成兴业房地产开发有限公司。本年完成投资9.56亿元，开复工面积40.31万平方米，完成竣工面积15.17万平方米，完成房屋销售面积8.29万平方米。

本年，百旺新城三期南土地一级整理完成投资1.3亿元，拆迁面积2.7万平方米，北京首钢融创置地有限公司中标该地块。完成软件园拆迁246户，面积2.57万平米，投资2.47亿元，软件园内已签约企业用地范围内的居民房屋全部拆除。海淀看守所开复工面积8万平方米，完成投资5.45亿元，除中水处理站、小市政道路和园林绿化工程尚未完工外，其余工程已基本完工并具备使用条件。卫生大厦开复工面积2.3万平方米，完成投资9851万元，取得竣工验收备案并实现交付。“三中心”项目新开工面积3万平方米，完成投资3570万元，年底完成基础结构施工。百旺茉莉园项目开复工面积4.9万平方米，竣工面积4.9万平方米。百旺杏林湾开复工13.8万平方米。

地　址：海淀区丹棱街16号海兴大厦C座
邮　编：100080
电　话：82623771　62616742（传真）
网　址：www.hkj.com.cn　（程建华）

【北京实创高科技发展总公司】 北京实创高科技发展总公司是1992年3月经北京市政府批准成立的以科技园区开发、建设、服务和管理为主业的大型国有企业，是上地信息产业基地的总发展商，是中关村环保科技示范园最大控股单位。下设实创科技园开发建设股份公司、实创科技园经营服务公司、实创科技产业发展公司和实创房地产开发公司。1999年被国务院批准为国家“520家重点企业”，是唯一以科技园区开发建设为主业的集团化公司。

2008年，实创总公司实现总收入132697万元，利税27641万元，其中上缴税金21419万元，净利润6222万元。

地　址：海淀区上地信息路22号
邮　编：100085
电　话：62981841
网　址：www.strong.com.cn　（田　硕）

【北大科技园创新中心暨北大博雅国际会议中心开业】 4月27日，北大科技园创新中心暨北大博雅国际会议中心开业。北大科技园创新中心地处北京大学东北角，东临中关村北大街，与清华大学西门隔街相望。项目占地面积2.3公顷，建筑面积6.6万平方米，是集高端写字楼、五星级商务酒店、高品质公寓及特色餐饮中心于一体的5A级高品质商务综合体。（赵晓京）

综合经济管理

经济社会发展与运行调控

【综述】　海淀区发展和改革委员会(以下简称区发改委)组建于2004年7月,是负责拟订本区经济和社会发展的战略规划,实施综合平衡和结构调整,行使价格行政管理和监督检查职能的区政府工作部门。下设海淀区发展与改革研究中心、海淀区价格认证中心2家事业单位。2008年6月,海淀区金融服务办公室成立(以下简称区金融办),12月18日正式挂牌。区金融办为本区负责金融服务工作的正处级行政机构,挂靠海淀区发展和改革委员会。原区发改委财金科撤销,部分职能划入区金融办。区金融办主要职责:贯彻执行国家和本市有关金融工作的方针、政策和法律、法规;研究拟定促进本区金融业发展的规划、政策和措施并组织实施;负责研究分析金融市场发展规律,及时掌握有关信息,协调推进本区金融功能区和金融后台服务园区的建设和发展;负责协调有关部门为驻区金融机构提供服务,营造良好的金融发展和环境;承办区政府交办的其他事项。

本年,区发改委承担完成225项区委、区政府工作任务,作为51个领导小组成员单位,承担着上级部署的临时性、应急性工作。年内办理督查件379件,受理人大建议、政协及党派团体提案40件,其中主办23件、协助办理17件。

国民经济和社会发展指标计划和完成情况　本年,全区国民经济和社会发展的总体要求是:把握住城市功能拓展区的定位,更加关注改善民生,更加关注提升海淀核心竞争力,更加关注经济社会和谐发展,全力服务和保障奥运,抓住新机遇,树立新形象,全面建设富裕民主文明和谐的新海淀。

本年,全区国民经济和社会发展的预期目标是:生产总值增长12%左右,财政收入增长15%左右,万元生产总值能耗降低4%以上,城镇居民人均可支配收入、农村居民人均纯收入均增长8%左右,城镇登记失业率控制在1.5%以内。

国民经济和社会发展的主要任务和措施:一是完善自主创新体系,增强高新技术产业发展活力;二是加强政策引导,推动现代服务业创新发展;三是转变经济发展方式,推进生态文明建设;四是全力服务和保障奥运,提升城市形象;五是统筹城乡发展,实现、维护和发展好农民利益;六是稳妥推进改革,增强体制机制活力;七是统筹社会事业发展,保障民生改善民生;八是加强政府投资管理,服务社会投资项目;九是深入调查研究,完善区“十一五”规划。

2008年,全区实现地区生产总值首次突破2000亿元,达2070亿元,同比增长13.2%。社会消费品零售额885亿元,同比增长18.5%。全社会固定资产投资463.4亿元,与上年基本持平。区级财政收入136.2亿元,同比增长17.8%。城镇居民人均可支配收入28417.7元,同比增长12.3%;农村居民人均纯收入14319.3元,同比增长14.1%。万元生产总值能耗下降

4%，化学需氧量排放下降33%。城镇登记失业率1.1%，低于1.5%的调控目标。海淀园总收入3912.7亿元(截至11月，以统计年鉴为准)，同比增长20.7%；上缴税费总额221亿元，同比增长34.9%。

承担北京市重点改革任务"以海淀区为试点，探索政府购买公共卫生服务的有效形式和机制"的组织和协调工作，发挥社区卫生服务机构的公共卫生服务职能，完善公共卫生体系建设，改革工作取得阶段性成果。牵头进行海淀区"十一五"规划的中期评估活动。

固定资产投资管理 全年实际安排政府投资建设项目199项，其中续建项目118项、新建项目81项，项目总投资239.77亿元，其中区政府财政投资198.92亿元。当年政府安排投资63.77亿元。

办理社会固定资产投资事项447项，其中立项核准批复50项，备案55项，上报市发改委及区政府请示203项，发送规划、国土、环保及其他部门函139项。全年新受理商品房项目7项，总建筑面积453771平方米，总投资302984万元；新受理土地一级开发项目4项，总占地面积122491平方米，总投资110817万元。

加大对政府投资建设项目的监管力度，政府资金分批按顺序下达，提高资金利用效率，启动中介机构招标事项，提高对政府投资项目的程序指导，完善后评价工作，使政府投资项目从前期调研、中期建设到后期使用形成循环体系。

价格监督管理 本年以奥运价格保障为主线，完成电力、化肥、教育收费、电信邮政资费、药品和医疗服务价格、明码标价等专项检查；针对7个法定节假日、桃花节、红叶节、奶制品、年初价格总水平过快上涨、南方雨水灾害及汶川地震等内容开展市场价格监管和应急市场价格监管；以民生为中心推进惠农价格和收费政策、企业治乱减负政策、物业小区服务收费政策的落实工作。

全年累计价格监督检查6807户，同比增长29%。其中，经营单位1910户，服务收费行业2988户，国家行政机关693户，其他行业715户，其他501户。查处各类价格违法案件25件，同比增长66.7%。经济制裁总额17.25万元，同比增长42.3%。其中，没收金额0.32万元，退还金额16.20万元，罚款金额0.73万元。全年受理价格咨询和举报2476件，其中上级交办113件、来电2357件、受理来信4件、受理来访2件，办结率100%。

年内完成全区行政事业性收费年审工作，共审核846户，其中独立法人单位248户，非法人单位598户；年审率为100%。受理许可证项目变更23件；教育收费公示核准4件。完成自制标价签、收费公示牌核准，共计核准33户，涉及167个品种。其中，商业26户，涉及133个品种；公园景点2户，涉及10个品种；医疗收费公示5户，涉及24个品种。

开展"春节"、"十一"等各类节假日的市场价格监督检查7次。对130户次的超市、机动车停车场、旅游景点等企业进行了检查，并保持投诉电话24小时畅通。年内完成教育收费检查，对312户进行了检查。共处罚2户，经济制裁8.72万元。年内对194户各类医疗单位收费进行检查，共处罚3户，经济制裁2.07万元。完成抗震救灾相关物品的价格监管。4月至9月，制定并实施了《海淀区发改委奥运期间价格监测工作方案》，监测点4个：颐和园公园旅游纪念品商店、听鹂馆，海碗居和星巴克餐厅，监测品种407种(套)。奥运期间，对512户次的超市、旅游景点、药店、电子市场、机动车停车场、定点医疗机构、餐饮等企业进行了价格监管，对47户次明码标价不规范问题，责令立即纠正。奥运期间实施价格行政处罚案件共计5件。

9月22日~12月31日,因三聚氰胺奶粉事件①开展了市场奶制品价格监管巡查。

继续整顿和规范中关村地区11个电子市场明码标价以及教育收费、医疗价格、涉农收费等各类收费公示。通过检查、规范,全区各学校收费公示均以规范到位,公示率为100%。共对10000商户次的商品明码标价进行了巡检,商品明码标价率已达80%以上。同时,年内通过中关村电子贸易商会推出并试行《中关村电子产品价格指数》、《IT卖场行业规范》等行业管理办法。整顿和规范旅游参观点门票,制定海淀区关于贯彻落实《关于整顿和规范旅游参观点门票价格的通知》工作方案(草案),开展对海淀区属公园和博物馆门票及园内观光车、游船等交通运输服务价格清理整顿工作。11月21日,召开2008年价格听证代表年会。

全年审核批准各类收费机动车停车场103家,截至年底区内具有经营资质并办理收费标准手续的机动车停车场共计931个。

编印发放《海淀区迎奥运价格服务手册》。参加全区"3·15"国际消者权益日。为纪念《价格法》颁布实施十周年,4月29日举行海淀区纪念《价格法》颁布实施十周年暨奥运价格秩序保障宣传等活动。

做好临时价格干预工作,1月29日~2月29日,区发改委对粮、油、肉、蛋、奶、液化气等6大类商品及其它重要商品及服务实行临时价格干预措施。共出动53个检查组,共检查146户次,其中超市37户次、农贸批发市场21户次、加油站2家、烟花爆竹销售网点51个、液化气站10个、停车场5个、电子市场及餐饮20家。对有轻微不规范价格行为的14户经营者责令其立即改正,对存在价格违法行为的1户经营者给予行政处罚。制定《海淀区企业临时调价备案工作程序》,通过区发改委内、外网公布了海淀区实行临时价格干预措施调价备案公告和备案程序。年内受理并完成企业调价备案申请26件,其中超市发17件、欧尚9件;调价备案的商品有粮、油、肉、奶4类共计14种,其中:结束促销恢复原价销售19种,进价调整7种。

全年完成刑事案件价格鉴定6520件,同比增加1665件,增长34%;全年完成刑事案件鉴定金额8370多万元,同比增加4432多万元,增长113%,其中机动车和假冒产品的价格鉴定金额占50%。本年海淀区价格鉴定工作实现了网上运行。

海淀区价格认证中心被国家发展和改革委员会评为"2006-2008年度价格认证机构规范化建设示范单位",是北京市唯一获奖的单位。

经济运行调控 金融业成为海淀区纳税额增长最快的行业,对区域经济发展和区域财政收入增长均做出了较大的贡献。本年金融业实现国地税总税收255.04亿元,同比增长112.4%;区级收入10.97亿元,同比增长54.9%。年末,海淀区银行存款余额为8701.7亿元,同比增长26.3%;贷款余额2725.6亿元,同比增长10.7%。

5月,北京市确定海淀中关村西区为新兴科技金融功能区,确定本区"一新一圈一后台"②的金融业发展格局。加强中关村地区金融机构聚集区域的布局和建设,吸引产业投资机构、创业投资机构等股权投资机构聚集发展。加快推进海淀稻香湖金融后台服务园区的征地拆迁和土地开发工作。中国人民银行清算总中心、国家开发银行总行金融

① 是指2008年中国奶制品污染事件。事件起因是很多食用了河北三鹿集团生产的奶粉的婴儿被发现患有肾结石,随后在其奶粉中检测出化工原料三聚氰氨。事件引起各方高度关注,国家质检总局随即对国内的乳制品厂家生产的婴幼儿奶粉进行检验,在包括伊利、蒙牛、光明、圣元在内的22个厂家的69批次产品中都检出三聚氰氨。9月24日,中国国家质检总局表示,牛奶事件已得到控制,9月14日后生产的酸乳、巴氏杀菌乳、灭菌乳等主要品种的液态奶样本的三聚氰氨抽样检测中均未检出三聚氰氨。

② 一新:中关村西区为首都新兴科技金融功能区,一圈:西直门外商圈,一后台:稻香湖后台服务区。

后台、农业银行后台基地、建设银行总行后台基地等金融企业的后台服务机构入驻，中国华电集团资本控股有限公司、中冶集团财务有限公司入驻，央行征信中心已明确入驻意向，全区金融机构总数1000多家。开展小额贷款公司试点。

12月18日海淀区金融服务办公室挂牌成立，建立区政府有关部门与金融机构的联席会议制度。构建促进金融业发展的政策支持体系，发布了《海淀区人民政府关于加强为金融机构服务工作的若干意见》、《海淀区促进创业投资企业发展暂行办法》、《关于加强为稻香湖金融服务区入驻金融后台机构服务工作的意见》。落实金融产业政策，为21家金融机构提供扶持资金2091.96万元。8月19日，成立北京市海淀区创业投资与私募股权投资协会，规范和促进行业发展。

召开海淀区促进中小企业融资政策发布暨投融资洽谈会。开展2008欧洲投资北京生产性服务业洽谈会、京港洽谈会和全球PE北京论坛筹备工作。开展海淀区金融业定位和金融工作课题研究，编写并发布《海淀区金融产业发展报告(2008)》、《海淀区金融业政策汇编》。开展《中关村西区资源调查及金融产业发展现状和建议》课题研究。

发展循环经济，创建北京市两个循环经济试点区之一。发布《海淀区加快发展循环经济建设资源节约型环境友好型城区2008年行动计划》。在全区开展产业结构调整等十大工程建设，作为实现本年推动循环经济发展、促进节能减排工作的重要推手，并列入区政府督查项目督查落实。组织进行2008年海淀区促进环保产业推动循环经济发展专项资金项目申报工作，对区内22家企业项目给予总计1240万元的资金支持。开展循环经济技术支撑体系建设研究，以用友软件园为基础，加快循环经济试点园区建设，六里屯循环经济示范产业园被确定为北京市第一批循环经济试点单位之一。再生资源回收体系建设继续推进，韩家川回收分拣中心新建电子垃圾、废塑料和废钢铁分拣加工处理功能区。开展全区能源基础数据调查摸底，编制《2008年海淀区能源发展报告》。

完成北京理工大学、北京国土资源航空物探遥感中心、公安海淀分局办公楼和海龙大厦等4家单位的能源审计试点工作。

本年，中小企业发展专项资金共征集中小企业非奖励项目160项，名牌产品、驰名商标等奖励类项目43项。79家企业的非奖励类项目及32家企业的奖励类项目获得区2008年中小企业发展专项资金支持，共计支持金额3882万元。推进区中小企业上市服务工作，建立海淀区上市服务企业信息库。“海淀中小企业网”开发完成并开通，为区域中小企业与政府搭建了交流沟通的平台。制定《2008年海淀区非公经济及中小企业发展专项资金申报指南》，草拟《海淀区促进企业发行上市工作暂行办法》，编纂《支持企业政策汇编》、《海淀区中小企业发展调查报告》。

电力管理 组织开展2008年安全生产月和电力安全百日督查活动。完成8处涉奥电力安全隐患整治任务，推进海淀区41处账外电力安全隐患整治工作。印发《海淀区防范电力安全隐患工作实施方案》。组织有关部门和电力企业加强电力、煤炭安全检查。协调解决电力建设和欠费停电等相关纠纷矛盾近10起，办理信访31件。组织相关单位进行电力安全培训，确保电力设施、煤炭企业生产安全。

推进“0811”强网工程①中11项基建项目，增设11020个电力安全警示标志，组织相关街道、镇(乡)发动群众700余人加强奥运筹备期及赛时电力设施保护；完善应急预案，参加5月26日“北京2008年电力突发公共

① 北京电力公司于2006年8月11日正式启动、在2008年1月1日前完成电网建设改造、奥运配套工程和安全隐患整治等方面的工程任务。

事件应急联合演习”,完成北京奥运会及残奥会保电工作。

调研工作　完成《海淀区城乡结合部发展研究》、《海淀区文化创意产业发展研究》、《海淀区奥运后时期经济社会发展研究》、《海淀区经济形势分析与展望》、《价格上涨对海淀区低收入层居民生活的影响分析》、《深化对外开放促进海淀国际化》、《海淀区发展循环经济建设节约型社会机制创新研究》、《中关村西区有关情况调研》等课题。发布年度《海淀区金融产业发展报告》。

编写完成《海淀区改革开放30年回顾与展望》、《海淀区改革开放30年寄语》、《海淀区发展和改革委员会改革开放三十年发展脉络大纲》、《区发改委改革开放三十年回顾与总结》、《成立区公共服务委的模式与经验》等改革开放30年有关材料。全年发行《海淀发展与改革研究》(季刊)4期。

(孟庆杰　王　芳)

【海淀区“十一五”规划中期评估工作】　《海淀区国民经济和社会发展第十一个五年规划纲要(2006－2010)》(简称《纲要》)实施情况中期评估由区发改委牵头,各相关部门配合。评估工作的重点是:全面评价“十一五”规划2006～2007年的实施进展情况,对《纲要》、专规主要指标的完成情况进行评估和判断;对规划的主要任务和进度情况评估;对规划实施中存在的问题和偏差进行评估,并提出针对性的政策和措施。3月份区发改委分三批先后组织51家规划评估工作成员单位开展评估培训。各专项规划的牵头编制单位把本部门负责落实《纲要》相关内容的进展情况作为评估重点,同时对专项规划的实施情况进行评估。针对评估工作难点,5月7日～5月9日区发改委组织邀请相关领域专家和相关单位召开人口资源、城乡建设管理、产业空间布局方面的专题会。针对《纲要》中两大类31个主要指标和6大部分77个主要任务,形成了《纲要》中期实施情况评估报告。9月23日,区十四届人大常委会第十三次会议审议通过区政府提交的《海淀区“十一五”规划纲要中期实施情况评估报告》。

(于　力)

【申报国家发改委信息安全专项企业数居全市之首】　2008年初,国家发展改革委信息安全专项资金开始申报,区发改委对申报企业材料筛选后向市发改委推荐申报企业23家,申报数居全市之首。23家企业项目总投84556.15万元,其中投资总额在5000万元以上的企业6家。

(田　颖)

下属事业单位:

发展与改革研究中心
地　址:海淀区招商大厦西八层
电　话:88496715
邮　编:100195

价格认证中心
地　址:海淀区招商大厦东八层
电　话:88497258
邮　编:100195

海淀区金融服务办公室
地　址:海淀区招商大厦西四层
邮　编:100195
电　话:88494588

海淀区发展和改革委员会
地　址:海淀区招商大厦八、九层
邮　编:100195
电　话:88497066　88494156(传真)
网　址:www.hddrc.gov.cn

安全生产监督管理

【综述】　海淀区安全生产监督管理局成立于2004年4月,为区政府主管安全生产的工作部门,加挂北京市海淀区安全生产委员会办公室牌子,负责全区的安全生产监督管理工作。

本年,本局围绕“平安奥运”核心,以压

减事故为目标，以隐患排查为主线，以专项整治为重点，以强化执法为手段，制定《海淀区奥运安全生产保障工作方案》和17个专项工作方案，在全市率先建立涉奥场所周边生产经营单位分级分类监管台账，完善奥运安全生产组织决策、责任分工、监督管理、运行保障、应急救援、宣传教育和技术支持“七大体系”，开展9大专项整治和安全生产百日督查专项行动，建立烟花爆竹销售安全监管标准化管理，推进加油站安全监管标准化建设，推进和谐社区服务体系建设。完成平安奥运安全生产保障任务和年度各项工作。全年未发生较大以上安全生产事故，事故起数和死亡人数实现较大幅度的“双下降”。本年，本局先后被北京市委、市政府评为北京市奥运会、残奥会先进集体，被北京市安全生产监督管理局评为北京市“平安奥运”保障工作先进集体。

年内，本区共发生各类死亡事故100起、死亡104人，同比减少22起，死亡人数减少33人；死亡人数为市下达安全生产考核控制指标的76%。其中交通肇事死亡事故82起，同比减少20起，下降20%，死亡85人，同比减少24人，下降22%，死亡人数为交通肇事考核控制指标的79%；火灾死亡事故1起，同比减少1起，下降50%，死亡1人，同比减少1人，下降50%，死亡人数为火灾考核控制指标的33%；生产安全死亡事故17起，同比减少1起，下降6%，死亡18人，同比减少8人，下降31%，死亡人数为生产安全考核控制指标的69%。

执法检查 深入开展危险化学品、烟花爆竹、高毒物品作业场所、建筑施工、市政工程、地下空间、人员密集场所、安全隐患排查治理和打击安全生产非法违法行为等9大专项整治和安全生产百日督查专项行动，全年共排查各类安全隐患111709项，其中市级挂账的重大生产安全隐患16项；一般隐患整改完成107857项，隐患整改率为96%，市级挂账重大安全隐患整改完成12项，隐患整改率为75%。5月至6月，在全区开展安全生产百日督查专项行动，区政府制定实施方案，建立“检查三落实”、“督查三结合”和“整治四到位”①的工作机制。区政府专项督查组对全区8个委办局和29个街乡镇进行综合督查。全区相关委办局成立8个联合督查组和10个专项督查组对21个行业（系统、领域）的5745家企业进行全面检查。在全市率先建立涉奥场馆周边200米2825家生产经营单位分级分类监管台账，开展全覆盖、高频率安全大检查和隐患大排查。奥运期间，全区共检查生产经营单位39033家，发现隐患24704项，下达执法文书3556份，经济处罚630家，罚款704.6万元。完成重大活动、重点时期和节假日期间的安全生产保障任务13次，组织安全生产联合检查43次，抽检生产经营单位532家，查处各种安全隐患1582项。完善举报隐患的办理工作程序，全年共查处举报隐患69件，全部查处结案，办结率为100%。全年本局共执法检查生产经营单位3404家次，下达执法文书1026份，行政处罚269.73万元。处理各类生产安全事故44起，其中生产安全死亡事故17起，对事故责任单位及相关责任人罚款173万元，移送公安机关追究刑事责任23人。全年行政罚款总额共计442.73万元，同比增长4.3%。

春节期间，强化烟花爆竹销售许可和监管工作。共批准烟花爆竹经营许可企业236家（五环内157家，五环外79家），其中超市发、物美等大型连锁超市11家，街乡镇大型销售网点27家，供销社、熊猫等直销网点93

① “检查三落实”是：查街道、乡镇安全生产工作组织领导的落实、查政府部门安全生产监管责任的落实、查企业安全生产主体责任的落实。“督查三结合”是：综合督查、联合督查和专项督查相结合。“整治四到位”是：对严重危及安全生产的重大问题和隐患要确保停产整顿到位、对能立即整改的问题必须抓紧整改到位、对不能在短期内整改完毕的隐患确保跟踪监管到位、对督查中发现的重大问题要及时向区政府通报情况确保沟通督促到位。

家。在监管工作中,建立“三统一”、“三上墙”和“三规范”①的标准化管理模式,连续4年实现本区烟花爆竹安全监管零死亡、零事故的目标。

安全生产宣传教育　以“治理隐患,防范事故——携手共筑奥运平安”为主题,开展第七个安全生产月、安全生产事故隐患排查治理知识竞赛、安全警示教育大巡展、奥运安全应急大演练和奥运安全伴我行大讲堂等系列宣传教育活动。为全区185个无主管社区和乡镇村委会配备社区安全应急柜,完成海淀安全馆38个展项的升级改造工作。开展“安全生产管理示范企业创建活动”,在全区建筑、服务、旅游、体育、文化、民防等系统推出46家创建优秀单位进行示范推广。配合奥运倒计时100天、50天开展安全生产主题宣传日活动,发送万封《致海淀涉奥场所周边生产经营单位的一封信》,在高危行业和涉奥社区开展奥运安全一堂课教育。全区共有万余家单位、31万人次参与安全教育活动,印发安全宣传品70余万份。

职业卫生监察　本年是本局开展职业卫生执法监察工作的第一年。加强职业卫生法规的宣传力度。开展《职业病防治法》颁布实施六周年宣传周活动,发放宣传材料3000余份,组织全区100余家涉及职业病危害企业的200余名员工参加《职业病防治法》有奖知识竞赛。组织职业病危害知识、职业卫生管理大型公开课和职业卫生知识进企业巡展活动。加大职业安全技术投入,购置复合气体检测报警仪、激光粉尘议、电子声级计、数字温湿度计、激光测距仪和便携式红外光谱气体分析仪等先进监察设备。

【打击安全生产非法违法行为专项行动】本年,本局在全区开展打击安全生产非法违法行为专项行动。对全区723家存在安全生产非法违法行为的单位,建立台账,明确责任部门,实施挂账治理。区安全生产委员会采取部门实施纵向监管“打非”,属地实施横向监督检查的工作方针。全区共检查各类生产经营单位5593家,查出安全生产非法违法问题3667项,消除安全生产非法违法问题2949项,责令停产停业生产经营单位101家,取缔80家,对164家问题企业给予了行政处罚。

【有毒气体致二人死亡】　6月15日9时30分左右,在海淀区宝山中街锦绣大地物流港南门外进行雨污水管道疏通作业时,发生有毒气体中毒生产安全事故,造成二名作业人员死亡,造成直接经济损失约60万元。

【地铁十号线发生电梯伤害事故】　6月6日8时10分左右,在北京地铁10号线知春路站,电梯维修人员在未通知电梯试运行人员,未在作业现场设置安全防护栏、安全警示标志,也未切断电梯电源的情况下,钻入梯级内桁架进行检修,发生电梯伤害事故,一人在事故中死亡,造成直接经济损失约46万元。

海淀区安全生产监督管理局
地　址:海淀区颐和园路12号政府综合办公楼
邮　编:100080
电　话:82611220　82614464(传真)
安全生产举报电话:82611220
网　址:www. hdsafety. gov. cn　(李　婧)

财政工作

海淀区财政局成立于1958年11月,在海淀区政府和北京市财政局的领导下,负责全区财政性资金和区属行政事业单位非经营性资产的管理工作。本年1月23日,本局成立产权管理科、调配处置科,11月24日,本

① “三统一”:在行政许可中实施统一申报材料、统一安全要求、统一培训考试;“三规范”:在执法检查过程中实施规范检查内容、规范检查步骤、规范执法文书;“三上墙”:在对烟花爆竹销售网点的要求中实施证照上墙、责任制上墙、管理制度上墙。

局成立行政事业单位资产管理中心（主要负责本区行政事业单位国有资产管理工作）和绩效考评中心（主要负责本区财政支出绩效考评方面的相关工作）。

本年，按照“以人为本、优质服务”的方针，进一步健全公共财政体系，优化财政支出结构，促进全区经济社会稳定协调发展，财政收支预算执行情况基本正常。

全年区级财政收入累计完成1362180万元，为年度调整预算1395200万元的97.6%，同比增加205388万元，增长17.8%。财政支出累计完成1742661万元（含预算周转金3000万元），为年度调整预算的102.8%，同比增加194933万元，增长12.6%。

支持区域经济社会发展 实施创新发展战略，加强重点企业服务，促进区域经济发展。按照《促进区域经济发展专项资金管理办法》，落实本区各项扶持企业和产业发展政策。

投入新农村建设资金40000万元，支持农业产业结构调整，落实各项支农惠农政策。投入资金20000万元用于北坞村环境整治，改善农民居住环境。探索建立“全区统筹、标准统一、乡镇补充”的农村合作医疗新模式，制定新型农村社会养老保险的区级补助政策，提高农民参保积极性。出台农村劳动力定岗培训和高技能人才培养的财政支持政策，引导农民就业。完善转移支付制度，扩大区对街道和乡镇财政的补助范围，全年区级财政对街乡的体制补助达133406万元。

保证教育、卫生、文化等事业法定增长的需求。全年教育支出累计完成271478万元。制定《海淀区教育经费咨议规则》和《海淀区教育经费预算管理实施细则》，建立教育经费项目申报评审制度。全年社会保障和就业支出累计完成285494万元，保证征地超转接收工作顺利开展，支持城乡就业岗位开发，推进残疾人事业发展，初步建立城乡无保障老年人养老补贴机制。全年医疗卫生支出累计完成100137万元，出台收支两条线试点管理试行办法，办理药品零差率拨款，推进社区卫生为重点的卫生体制改革。落实“一老一小”政策，初步实现医疗保障体系的全覆盖。全年文化体育与传媒支出累计完成19250万元。

支持奥运筹办工作 保障奥运筹备和赛时重点工作的开展，为实现召开一届有特色、高水平的奥运会的目标提供资金保障。支持治安、交通、市政、环卫、旅游、食品安全、志愿者服务等各项服务保障工作。安排环境整治及景观建设资金67700万元，推进奥运场馆及周边地区、重点大街、“城中村”、城乡结合部等区域的环境整治工作。加强大额资金监管，确保涉奥资金安全、有效。

支援抗震救灾 汶川地震发生后，多渠道筹集资金支持四川地震灾区抗震救灾工作，支持消防救灾抢险队伍、医疗救治队伍赶赴灾区开展救援。做好抗震救灾对口支援资金保障工作，压缩2008年行政事业单位公用经费开支，按照本区2007年一般预算收入1%的标准，将11393万元上缴“北京市财政局抗震救灾资金财政专户”，用于对口支援地震灾区灾后恢复重建项目。

财政管理与监督 本年预算支出绩效考评扩大到教育、卫生、奥运、环保、新农村建设、自然灾害预防、社区服务、社会工作等领域，包括19个部门25个项目，涉及资金总额10885万元。正式启动公务卡制度改革，改革试点运行正常。拟定《海淀区非税收入管理改革方案》，开发完成非税收入收缴管理系统。政府采购规模进一步扩大，全年实际完成采购金额9.1亿元，其中财政直接支付3.7亿元。引入公证机制，进一步规范政府采购制度。逐步推行行政事业单位国有资产统一处置管理模式，制定《海淀区行政事业单位国有资产处置管理暂行办法》，实施车辆进场交易制度。出台《海淀区实物库管理办法》。制定《财政支持促进行政事业单位节能降耗工作实施方案》,在行政事业单位试行“合同能源管理”。

通过政府债务预警机制、监管银行监管信息报告、委托专业中介机构评估等方式加强对贷款项目的动态监管,确保开发性金融合作项目下贷款资金的安全,债务负担率、偿债率和债务依存度等核心指标值均在安全区域内。

推进财政监督工作,完成对部分区属单位会计信息质量、预算基础数据、往来款账户使用管理、待分资金使用管理、奥运拆违资金、区教委房管所资产管理等专项检查。加强局内监督,全面梳理本局22项业务流程,明确工作职责和工作标准。通过ISO9001质量管理体系第二次再认证审核。落实行政执法责任制,制定《北京市海淀区财政局行政执法职权及事项分解》,明确233项具体行政执法职权,涉及12个职能科室。

会计管理和机关内部管理 组织7个乡镇61个财务独立核算的事业单位进行财会管理培训,完善会计评优工作,在坚持高质量、严标准的同时,兼顾对进步明显单位和人员的激励促进作用。组织完成2008年度会计从业资格考试工作和2009年度会计从业资格考试报名工作。做好会计从业资格日常管理和对外服务工作,依法完成代理记账行政许可和年度登记管理工作。

开展以转变职能、改进作风、提升服务、增进效率为目标的学习型组织创建活动,被区委授予“海淀区创建学习型组织示范单位”称号,作为区唯一代表被推荐申报全国先进学习型机关。开展政府信息公开工作,对本局各类公文、规范性文件进行全面清理、逐条审查,编制政府信息公开工作指南,完善政府信息公开渠道和场所建设。办理人大代表建议和政协委员提案,本年主办件全部办结。修订机关内部管理制度,健全干部管理的考核约束机制。新提拔4名科级领导干部。

开展“1+1手拉手”、“党员献爱心”、困难家庭走访慰问、儿童福利院做义工等活动。“5·12”特大地震灾害发生后,开展“财政干部齐动员,爱心捐赠助重建”募捐活动及交纳特殊党费等活动,全局干部职工、离退休老干部以及部分职工家属共募集善款106918元。开展“为奥运奉献、为党旗增辉”活动,落实文明啦啦队、志愿驾驶、社会防控、大接访等各项奥运服务保障工作。

本年被首都精神文明建设委员会授予首都文明单位标兵称号,被北京市08环境办评为北京奥运会、残奥会环境建设先进集体。

海淀区财政局
地　址:海淀区西四环北路9号
邮　编:100195
电　话:88488422　88488580
网　址:www.bjhdcz.gov.cn　　(顾辰菩)

国有资产监管工作

【综述】 北京市海淀区人民政府国有资产监督管理委员会(简称海淀区国资委)是海淀区政府的特设机构,成立于2004年7月,代表海淀区政府履行国有资产出资人职责。按照管资产和管人、管事相结合的原则,对区属国有经营性资产进行监管,对区属城镇集体企业进行指导监管。

本年,面对复杂多变的经济形势,狠抓国资委机关建设和企业管理,全区国企实现平稳较快发展。截至年底,全区国有及国有控股企业资产总额为430.68亿元,比上年413.42亿元增长4.17%;区属国有权益109.07亿元,比上年106.73亿元增长2.19%。国有资产保值增值率(扣除客观因素)105.76%。全年累计实现营业收入118.32亿元,比上年109.69亿元增长7.87%;实现利润总额8.86亿元,比上年

7.17 亿元增长 23.57%。

推动区域经济发展 区属国企更加突出主业发展，发挥自身在品牌建设、人才储备、营销管理、资金积累等方面的竞争优势，拓展新的发展空间。翠微大厦筹备建立翠微广场，打造高端国际名品店。当代商城筹备入驻石景山鼎城商业中心，向规模化经营迈出重要一步。甘家口大厦对北京易事达购物休闲广场输出管理。超市发国资公司投资经营经济型酒店，拓展新领域。海开集团投资开发成都双流房地产项目，实现跨省区扩展经营。海国投公司对担保业务、小额贷款业务进行调研论证，将海淀担保中心注册资金增至 1 亿元，并申请组建小额贷款公司，向金融服务业发展迈出新步伐。

发挥国有资本特殊功能作用。实施政府战略意图，推进园区、北部新区建设以及城市基础设施建设。海淀国投公司发挥融资平台的作用，筹措资金，确保区重点工程建设项目资金及时到位。实创总公司推进创新园开发建设，园区控制性规划调整取得批复，招商工作进展良好。海融达公司解决拆迁难点问题，确保奥运道路完工。中海投公司运作"海淀资本中心"，形成金融聚集的产业优势。绿海能公司推进六里屯循环经济产业园前期工作，入选北京市循环经济试点。威凯公司承担北部新区一级土地开发任务，相关人员及资产划转已全部到位。区属国有企业在抗震救灾中迅速行动，为地震灾区捐款捐物。做好平安奥运保障服务工作，落实安全生产，加大矛盾纠纷排查调处，组织驾驶员志愿者、职工拉拉队等。

国有企业改革调整 国资委组织开展区属国有企业调研工作，对全区国有企业的现状及优劣势进行分析，明确全区国有企业发展的目标与定位，通过战略进退，打造商业服务业、房地产开发业、园区建设业、金融服务业、高新技术产业和综合服务业六大重点板块，从管资产、管人、管布局等方面加强国资监管。

推进一级监管企业建立现代企业制度，制订将威凯公司改制为国有独资公司的方案，正在按程序审批中。为理顺昊海公司管理体制，对企业资产进行全面清理，提出解决方案。将超市发国资公司所属的甘家口大厦 19527 平米房产全部划转到甘家口大厦。推进翠微股份公司上市筹备工作，成立上市筹备工作领导小组。共完成国有产权转让项目 7 项，涉及金额 2.8 亿元。改革调整中涉及国有产权转让的，均严格按照规定到北京产权交易所进行公开交易；按规定需要职工代表大会审议的，都召开职工代表大会，形成书面决议，维护职工合法权益。

国有资产监管 加强企业产权登记基础数据管理，规范产权变更、占有、注销工作程序，开展企业国有产权年度核查。对企业连续担保、抵押贷款计划实行集中审批，总量较 2007 年压缩 10%。研发产权登记管理软件系统，为加强产权综合管理工作提供技术保障。

统计评价工作进一步强化。做好对企业财务监督、财务数据汇总和分析利用工作，按期编制监管企业资产状况、经营运行情况报表及分析报告，为领导决策提供依据。对财务报表数据管理系统进行全面升级。

国有资本预算管理工作进一步加强。2008 年完成国有资产收益入库 10328 万元。编制《2008 年国有资本经营预算支出安排》，全年共安排支出 10300 万元，用于解决企业历史遗留问题、支付企业改革改制成本以及推动企业可持续发展等。实行国有产权转让收入专款专户核算，加强资金使用计划的管理，规范国有产权转让收入的使用。

修改完善企业经营业绩考核办法，区分一般竞争类企业和完成政府任务类企业考核，并将国资委布置的各项工作、报表、及文字材料等纳入考核。与监管企业签定《企业经营业绩考核责任书》，落实企业国有资产经营责任与目标,规范核发企业负责人年薪。

继续开展监事会监督检查。依据监事会工作职责,对海融达公司、海开集团、实创总公司、当代商城进行监督检查。贯彻国务院国资委《关于规范国有企业职工持股、投资的意见》,对全区国有企业职工投资关联企业情况开展调查。

海淀区人民政府国有资产监督管理委员会
地　址:海淀区四季青路6号海淀招商大厦
邮　编:100195
电　话:88496732
电子信箱:hdgzwbgs@ mail. bjhd. gov. cn

(汪　英)

【北京市海淀区国有资产投资经营公司】
北京市海淀区国有资产投资经营公司于1992年12月成立,是经政府授权对国有资产行使出资权力的国有独资企业,注册资本7.8亿元,拥有全资、控股、参股及托管企业31家。经营范围:优化国有资产配置,安排国有资金投入,委派国有资产产权代表,国有资产经营开发,组织收缴国有资产应取得的收益,收缴国有企业产权转让、撤消、破产企业资产收入,资产评估、咨询,闲置国有资产调剂,金融投资,建立国有资产发展基金,房地产信息咨询。公司受海淀区国资委监管。

下属企业有:

全资公司5家:北京皇苑大酒店、北京市海淀区海阔咨询公司、北京市海国机电技术公司、北京市海淀区科技企业风险担保中心、北京市海安房地产开发中心。

控股公司10家:北京海淀科技发展有限公司、北京海淀科技园建设股份有限公司、北京稻香湖投资发展有限公司、北京贝伦钢结构有限责任公司、贝伦钢结构建设工程有限公司、北京海国投物业管理有限公司、北京信茂房地产开发有限公司、北京龙海苑开发建设有限责任公司、北京海淀水务有限责任公司、北京常兴海广培训中心。

参股公司14家(本年,北京锦绣大地农副产品批发市场有限公司股份转让):北京银行股份有限公司、北京国翔资产管理有限公司(北京证券有限责任公司已清算,公司持有该公司股权重组至国翔公司)、北京科技风险投资股份有限公司、北京锦绣大地农业股份有限公司、中科软科技股份有限公司、北京市绿化隔离地区基础设施开发建设有限公司、北京八大处房地产开发有限公司、北京天润典当有限责任公司、北京海迪创新技术资产投资中心有限公司、北京华鑫正泰软件技术有限公司、北京地铁四号线投资有限责任公司、北京地铁十号线投资有限责任公司、北京海开房地产股份有限公司、北京绿海能环保有限责任公司。

托管企业:北京市海淀区钢管厂。

本年,公司面对上半年从紧的货币政策,蔓延全球的金融危机及资本市场剧烈震荡等诸多困难,实现年收入总额32343.35万元,完成年度计划的93%。实现利润7221.20万元,完成年计划131%;上缴税费4814万元,完成年计划240%。

本年,以公司为贷款主体的政府贷款余额为41.81亿元。自1999年起至今,公司累计为区基础设施建设融资141.8016亿元。其中,区政府委托筹集“海淀区综合建设项目”资金的任务,本年放款19.1亿元,归还贷款29.8亿元,保证区内各项目用款单位的资金需求。本年,公司代表政府入资地铁四号线、十号线投资到位8.3992亿元。

公司出资收购“西环长安国际大厦”(原名称:中国生物技术中心)的招商、装修等工作已全面启动。公司承办的瑞海公司债权追缴工作取得突破,瑞海公司历史遗留的四项债务中,两项债权清理完毕,两项达成处理意见,已收回欠款240万元。公司承接的区属国有企业非政策性借款的债权处理工作,已核销2.02亿元。公司作为出资主体与中关村高科技产业促进中心共同组建的中关村科技金融服务集团有限公司。

公司系统企业发挥各自优势，拓宽经营思路。稻香湖投资公司以“生态的生产方式、生态的消费方式”的经营理念，努力打造环保节能的绿色生态花园式酒店。皇苑大酒店面临严峻的旅游形势，调整销售策略，确保收入。北京海淀科技发展有限公司酝酿通过引进新的战略投资者对上市公司——中农资源进行重组；子公司三聚环保研发力量雄厚，拥有炼油化工催化剂、脱硫剂等几大系列80多种高科技环保产品。部分产品获得省部级科研成果验收、鉴定和科技进步奖，部分产品的技术性能达到国际先进水平，拥有30项国内发明专利、2项国际发明专利；子公司海科融通本年研发的7款“支付通”终端产品率先获银行业准入资质，研发的“金融智能信息终端安全应用系统V2.0”被列入北京市高薪技术成果转化项目。本年，该公司取得高新技术企业认定资格。八大处公司面对北京房地产市场逐渐走冷、市场成交量严重萎缩的窘状，承建的33万平方米的“雍景四季”房地产建设项目，本年实现销售面积8.021万平米，销售套数1073套，销售回款8.5099亿，项目累计回款11.33亿元。并获“北京最具人气楼盘”等多项称号。贝伦公司在安全硬件简陋、现场项目管理难度大等不利条件下，加强制度建设，实现安全生产无事故1000天。

本年，公司股权运作及资产清理工作在2007年取得突破性进展的基础上再有推进。注销深圳海国利公司，无资产清算损失。北京贝伦公司、贝伦钢结构公司股权已达成股权转让协议。大地批发市场、广丰公司股权转让工作办结。华鑫正泰股权转让进入清产核资阶段。稻香湖投资公司在完成增资扩股的基础上进一步整合资产。

公司加强企业经营管理，出台《公司全资控股企业负责人经营业绩考核办法》，完善修订《公司预算管理办法》。修订完善各职能部门的“绩效考核管理制度”。刊发“内部资讯”。

奥运之年，公司系统逐级落实安全生产责任制，编发《安全生产安全保卫制度汇编》，全年走访检查企业安全生产情况40次，排查安全隐患。公司获市公安局2008年度“奥运安保”集体三等功。公司所属企业水务公司组织力量做好平安奥运青龙桥、海泉、宏伟3个水厂水源地防护工作，贝伦公司因完成奥运北区赛时临时设施建设工作获“奥运村北区建设先进单位称号”。

本年公司经营中面临的主要问题和困难是：公司面临的最大难题是国内外经济形势严峻，加上未来诸多的不确定因素，使得公司融资工作举步维艰。经济下滑导致公司房地产项目销售遇阻，资金回笼缓慢；旅游业严重萎缩，使得各酒店的出租率和房价收入锐减。如何规避资金工作风险和加大监管力度，如何在复杂多变的外部环境中，准确把握公司发展方向，及时调整公司战略发展和产业结构，确保公司稳健发展，是公司尤为高度关注的课题。

地　址：海淀区西四环北路9号鑫泰大厦
邮　编：100195
电　话：88488300
网　址：www.hgt.com.cn
（李蕴元）

审计工作

海淀区审计局成立于1983年11月。在海淀区政府和北京市审计局的领导下，负责海淀行政区域内的审计工作。本年，本局继续坚持“依法审计、服务大局、围绕中心、突出重点、求真务实”的审计工作方针，依法履行审计监督职责，完成了各项审计任务。本年工作重点：在安排开展预算执行审计、经济责任审计、政府投资审计、专项审计调查等项目的同时，将“奥运”和“民生”作为全年工作的重要内容，关注社会保障、赈灾扶贫、教育医疗等民生资金,关注奥运场馆建设资金和质量以及涉及奥运资金的管理使用情况。

本年,共完成各类审计和审计调查任务35项,审计和延伸审计单位216个,完成市、区领导和有关部门临时交办的审计事项4项。查出违规及管理不规范资金资产88784万元,要求被审计单位纠正金额12122万元,提出审计建议96条。提交审计信息、审计专报等101篇,被各级信息部门采用117篇次,其中《关于八一中学"综合实验楼"相关情况的审计专报》等9篇审计信息、专报得到区领导重视,批转到相关部门落实处理。

预算执行审计　继续加大同级财政审计的力度,以预算执行为主线,以财政支出为重点,对区财政局组织全区预算执行和其他财政收支情况、公共服务和社会事业等领域投入的重点财政专项资金的管理使用情况进行审计和审计调查。涉及11个一级预算单位、6项重点资金,并向区人大提交了审计工作报告。预算执行审计工作主要特点:一是在审计内容的安排上注重民本和民生,确定残疾人就业保障金和最低生活保障资金等6项重点资金。二是在审计重点的确定上注重五个加强:即加强对事关经济发展、经济管理决策事项的监督,加强对权力部门的监督,加强对关系老百姓切身利益资金的监督,加强对政府投资重点建设项目的监督,加强对领导干部履职的监督。三是拓展审计的深度,将被审计预算执行单位由一级单位向二、三级单位拓展。此次审计揭示出部分专项资金使用效益不高、政府投资项目管理有待规范等问题,并提出多项审计建议。

专项资金审计　本年,重点审查党和政府各项惠民政策的落实情况。一是组织开展抗震救灾捐赠款物的审计监督,按照救灾资金和物资接受捐助、资金管理和款物发放的进度实施跟踪审计。审计人员到主管接收和管理救灾款物的区捐赠中心、红十字会、慈善协会了解接收捐赠款物情况,延伸审计6个街乡、5个捐款单位、15个社区居委会,核对捐款人437人,审计资金量达1亿元。6次上报阶段性统计报表,4次上报审计情况报告,上报审计信息及审计专报7篇。对相关接收捐赠的机构自身内部管理和外部政策不完善两类问题提出建议。

二是对残疾人就业保障金、新农合资金、区农田路网建设支农项目资金等8个专项资金进行审计和审计调查。审计资金总额48138万元,涉及民政局、劳动局等6个政府部门、22个街道和7个乡镇,入户走访困难群众60户,发放调查问卷1600余份。本局根据连续两年开展对新型农村合作医疗资金的审计调查情况,向区政府上报新农合资金应实现区级统筹管理的建议。经区政府批准成立专门机构对全区新农合工作进行管理,将各乡镇大病住院医疗全部纳入区统筹,并于本年出台《海淀区新型农村合作医疗管理办法》和《海淀区新型农村合作医疗管理办法实施细则》。

经济责任审计　本局受区委组织部委托,本年完成对17名党政领导干部和5名国有企业领导人员的经济责任审计工作。本局采取的主要措施:一是在审计力量的安排上,体现监督针对性,把掌握资金量大的、有资金审批分配权的、群众反映问题较多的单位和部门作为审计重点对象,把审查国有资产保值增值情况、内部控制制度建立健全情况、重大投资项目决策程序及效益情况作为审计重点内容。二是注重提高经济责任审计质量。将经济责任审计与效益审计相结合,关注领导干部履职的合法性、合规性和效益性。三是注重审计结果的运用。将领导干部经济责任审计结果报告抄报区纪委、组织部、财政局、人事局等部门,为选拔任用干部提供依据。

政府投资审计　配合北京市审计局和本区监察局等部门对五棵松体育中心的质量、安全、工期和资金进行全面监督,对区奥运服务保障资金的申请、审批、使用等多环节进行审计监管;对本区承担的海体中心奥运独立训练场馆维修改造工程进行竣工决算审计。对区发改委、区建委等4家预算执行单位开展管理审计调查。建立对中介机构工作质量的考评体系,促进中介机构提高审计工作水平。本年,各中标中介机构共审结政府投资建设项目37项,送审金额17.66亿元,核减工程支出9938万元,核减率5.99%。

审计信息化建设 为适应新形势对审计工作的要求,本局在一期审计信息化系统应用的基础上,进入信息化系统二期开发设计阶段,其核心是建立以预算执行数据中心为核心的联网审计体系,构建预算执行联网审计数据分析与挖掘模型、实现全部政府投资计划项目的跟踪管理审计、建立经济责任审计管理与评价体系等功能,实现对全区政府性资金的跟踪与监督。本年,对具备条件的项目全部使用审计现场实施系统(AO)进行现场审计,将计算机辅助审计落实到具体审计项目,指派计算机专业工作人员对重点项目跟组下户,参与数据采集、分析等工作。指导审计人员编写计算机辅助审计案例。2007年本局报送的2篇计算机辅助审计专家经验案例均被市局评为三等奖,其中1篇还入选审计署计算机专家经验库。根据审计情况,本年本局形成的AO应用实例3篇(其中1篇获审计署应用奖,2篇鼓励奖)、计算机专家经验案例4篇。

海淀区审计局
地　址:海淀区西四环北路11号
邮　编:100195
电　话:88487213　88488981(传真)
网　址:www.hdab.gov.cn
(乔　捷)

统计工作

北京市海淀区统计局、国家统计局海淀调查队、北京市海淀区经济社会调查队(以下简称海淀区统计局队)是负责全区国民经济统计和国民经济核算,完成国家、北京市下达的各项统计调查任务的政府工作部门。本年,海淀区统计局队完善体制运行机制,推进统计基础建设,开展各项统计工作,提高统计服务水平,完成第二次全国经济普查准备阶段的各项任务,农业普查的档案、图片后期整理工作。本年,海淀区统计局队在2007年全市十八个县综合统计年报评比中获得一等奖,统计执法检查工作获全市第一,统计信息化工作获全区"信息化建设先进单位"称号,在全市统计建模比赛中获团体一等奖。

统计体制改革 整合农村统计资源,在各镇(乡)农村经济合作经营管理站加挂"农村统计信息中心"牌子,增加其负责农村经济社会发展等相关统计工作职责,使全区农村统计工作实现统一管理,促进政府统计与涉农部门统计资源的整合。

在全市一级平台、三级管理的基础上,进行了以"小表种上收、大表种下放"为主要内容的平台管理权限调整,实行扁平化管理;对系统内统计调查项目进行清理,开展金源时代购物中心、中关村广场购物中心等一系列商业重点区域调查,与相关部门合作开展环境质量及卫生监测调查、区域人力资源调查,参与协调解决政府相关部门就"三农"指标统计调查范围交叉、统计内容重复、统计标准、计算方法不一致等问题。开展农村住户抽样调查扩大样本工作,调查样本在原先130户基础上扩大5倍。

统计服务工作 加强经济危机影响下海淀区经济监测分析工作。投入专门力量开展"部分居民生活必需品价格"日监测,撰写价格专报及分析154期;对重点耗能行业、企业跟踪监测,完成《2007年海淀区能源消费报告》;对受金融危机影响较大的通信设备、计算机等行业开展重点监测,撰写《金融危机对海淀区企业用工的影响》、《如何看待当前海淀区宏观经济形势》、《固定资产投资的主要问题和着力点》等统计分析报告。

加大政府信息公开力度。通过海淀统计信息网公开统计信息2300多条;4月,在《海淀报》经济版显著位置开辟"数据海淀"专栏,每周一期;11月,在《海淀报》头版开辟《数据海淀30年》专栏,以统计的视角诠释海淀社会经济发展状况。

统计服务产品推陈出新。改进《海淀区情手册》、《海淀统计》、中英文《年鉴》等传统服务产品,新推出《海淀民生手册》、《数据解读2007》、《数说海淀1978－2008》、《海淀统计三十年》等产品;制作《专业服务手册》,为企业提供报表种类、时间、注意事项等服务;撰写《闯出历史,创就辉煌——中关村科技园区海淀园二十年崛起之路》一书。

完成第五次全国投入产出调查。围绕社会热点问题开展居民生活必需品价格日监测、房地产开发企业住宅成本构成调查、对非公有制企业(单位)人才资源状况调查,与加拿大合作对参与国际合作的国内478家服务业企业进行经济统计调查。围绕企业自主创新能力和政策环境,开展了大中型工作企业创新调查。针对新《劳动合同法》颁布实施、两税合一、出口退税调整等宏观政策和民生决策问题,抽选部分大型企业进行调查,分析政策变化对企业用工的影响。开展奥运旅游住宿监测、交通限行市民出行动态调查和窗口行业民意测评调查以及妇女儿童监测调查、群众满意度调查、党风廉政建设调查等多项调查。

统计基础建设 在人、财、物等资源分配上加大向基层倾斜力度,改善统计所办公条件。通过轮岗、业务骨干下基层等措施充实基层力量,优化基层人员结构。截至年底,统计所人员达到122人,形成一支比较专业的基层数据采集队伍。同时,统计所的制度建设和专业化建设日趋规范有序。

本年,"统计综合信息系统"的各项分系统陆续研发完成并投入使用,办公自动化系统全面实现无纸化办公,基本单位名录管理系统投入第二次经济普查应用,数据挖掘与图形化分析系统投入应用。构建部门间的网上"海淀区情手册与统计年鉴系统",实现区域电子协同办公。以第二次经济普查为契机,将统计内网接入各街道乡镇。

推行依法行政。制定行政执法责任制,制定统计调查证核发管理办法,审批完成1300人的统计从业资格。对1050家基层单位进行统计执法检查,其中立案380家;执法案卷被海淀区法制办评为2008年优秀案卷,案卷抽查评比成绩位居十八区县之首。组织全区三万多家企业进行普法学习、培训、考试和注册,在海淀统计信息网设立《以案说法》和《法制动态》专栏,每月进行更新,编印《海淀统计——法治专刊》。

第二次全国经济普查 4月至年底,完成全区第二次全国经济普查的准备工作。成立区、街道乡镇两级普查机构,逐级落实责任制。建立海淀区第二次经济普查网站,与相关委办局网站建立链接,开辟"经普在线"。在交通繁华路段、企业聚集区张贴经普公告,悬挂横幅、路旗和广告牌,在大型商厦的外墙电子显示屏上播出经普公益广告,在相关委办局办事窗口设立宣传站,编写《致被调查单位的一封信》,制发《海淀区第二次全国经济普查宣传手册》,在《海淀报》开辟"经普之窗"专栏,并在海淀有线电视台节目中打出经济普查宣传大幅字幕和经普公益广告片。

不断完善普查实施方案,加强企业基础工作整顿,建立楼宇名录底册,为地毯式清查提供基础依据;建立联络员派驻制度,增强街乡镇普查机构的业务力量;建立部门联动合作机制,与工商、税务、编办等部门密切合作;在全区选调普查工作人员6619名,完成全区十几万家企业和个体户的前期清查工作;组织后期报表培训工作,编制严格的审核程序,确保普查数据质量。

统计队伍建设 本年，海淀区统计局队按照“以人为本、着力创新、高端引领、促进发展”的人才兴统战略，选拔了一批学历高、素质好的公务员，其中博士1人，研究生6人；通过轮岗和竞争上岗促进干部的合理流动和科学配置，26名中层干部和54名普通干部进行轮岗，7名业务骨干通过竞争上岗。开展职业资格培训与考试，全区2512人参加统计从业资格考试。

“5·12”四川地震发生后，组织为灾区捐款36.7万元，人均超过1500元。奥运期间26人投入奥运服务保障一线。

开展以“忠诚统计、求真务实、追求卓越、乐见其成”为主题的大讨论，举办“爱好书、读好书、共享一本好书”、“八一”建军节庆祝系列活动。组织参与全市“统计法与经普条例”知识竞赛、“奥运知识竞赛”、“摄影比赛”，参加市统计系统第三届文化艺术节演讲比赛。

下设派出机构（10个）：

第一统计所
辖　区：八里庄街道、香山街道、田村路街道、曙光街道、四季青镇
地　址：海淀区四季青路6号海淀招商大厦
邮　编：100195
电　话：88497023

第二统计所（执法所）
地　址：海淀区西四环北路11号（海淀区政府第二办公区）
邮　编：100195

第三统计所
辖　区：万寿路街道、羊坊店街道、永定路街道、甘家口街道
地　址：海淀区阜成路42号中裕商务花园21号B
邮　编：100036
电　话：51717912

第四统计所
辖　区：北下关街道、紫竹院街道
地　址：海淀区万寿寺广源闸5号广源大厦7层
邮　编：100081
电　话：51319842

第五统计所
辖　区：海淀街道、燕园街道、清华园街道、海淀乡（万柳地区）
地　址：海淀区颐和园路12号（海淀体育馆院内）区政府综合楼2层
邮　编：100080
电　话：62620471

第六统计所
辖　区：北太平庄街道、花园路街道
地　址：海淀区蓟门里甲一号
邮　编：100083
电　话：62381086

第七统计所
辖　区：学院路街道、中关村街道、东升乡（东升地区）
地　址：海淀区东升大厦5层501B
邮　编：100083
电　话：51779609

第八统计所
辖　区：青龙桥街道、马连洼街道、上地街道、清河街道、西三旗街道
地　址：海淀区东北旺路32号（区政府上地办公中心A栋六层）
邮　编：100094
电　话：82785137

第九统计所
辖　区：温泉镇、西北旺镇、上庄镇、苏家坨镇
地　址：海淀区东北旺路32号（区政府上地办公中心）
邮　编：100094
电　话：82785021

第十统计所（执法所）
地　址：海淀区西四环北路11号（海淀区政府第二办公区）
邮　编：100195

海淀区统计局队
地　址:海淀区西四环北路11号(海淀区政府第二办公区)
邮　编:100195
电　话:88487161
网　址:www.hdtjj.gov.cn
(张　凯)

税　务

国家税务

【综述】 海淀区国家税务局组建于1994年8月30日,是由北京市国家税务局垂直管理的,在海淀区行政区域内实施国家税收征收管理的行政管理机关。负责中央税收、中央与地方共享税收和部分地方税收征管和稽查工作,主要包括增值税、消费税、企业所得税、中央金融企业营业税、外商投资企业和外国企业所得税、出口产品退税和储蓄存款利息所得个人所得税、车辆购置税及个体工商税收等税种。下设直属机构1个,事业单位3个(信息中心、机关服务中心、票证中心),派出机构13个。

截至年底,本局管户为155712户,同比增加24009家,增幅18.23%。其中内资企业130598户,外商投资企业3496户,港、澳、台商投资企业1233户,个体经营20117户,非企业单位268户;开业状态的纳税人120135户,被认定非正常的纳税人35577户,停业和登记状态的纳税人204户。

国税局全年共组织各项收入5655818万元,比上年同期增收1640383万元,增长40.9%。税收收入完成5624265万元,同比增收1636612万元,增长41%,完成年度计划的124.2%。组织区级税收收入376251万元,同比增收85398万元,增长29.4%。

增值税完成1054088万元,同比增收124870万元,增长13.4%;消费税完成4609万元,同比增收1111万元,增长31.8%;营业税完成997244万元,同比增收125126万元,增长14.3%;企业所得税完成3318837万元,同比增收1363535万元,增长69.7%(实行新税法税种发生变化);个人所得税完成56248万元,同比减收11417万元,下降16.9%;城市维护建设税完成51482万元,同比增收7272万元,增长16.4%;车辆购置税完成141757万元,同比增收26115万元,增长22.6%。

税收管理 抓好增值税税负分析,按照“分类剥离,纵向钻取”的原则,从宏观层面、行业类型、典型企业的“三维”视角,对增值税税负进行分析,提出加强管理的具体措施,使整体税负的提升合乎经济规律和征管工作。2008年增值税一般纳税人平均税负1.37%,同比下降0.32%。做好增值税发票审批,注意核实增量大、版面大的发票,对用量大的企业进行发票监控。加强对失控发票的压缩和控制,继续加强一般纳税人的认定管理,完善海关票管理措施。

做好所得税新法平稳过渡,建立新法实施反馈机制,注重对实施状况跟踪调研。对规模较小,收入较低或亏损,账目不规范的小规模企业强化重点环节管理,严格控制企业亏损面,规范减免税管理。落实高新技术企业等各项税收优惠政策,做好新税法优惠政策过渡清理。2007年度汇算申报率97.79%,同比提高0.83%;有税率58.59%,同比提高5.5%;盈利面66.86%,同比提高3.85%;亏损率为27.51%,同比下降4.49%。2008年受理所得税年审2082户,合格1274户,不合格808户,补税7794万元;

加强出口退税管理。推进征、退税衔接工作,实现出口退税管理多部门共同监管。利用出口退税综合平台及时调取不退税企业出口数据,定期向征税部门传递相关信息,征退双方联手监控。定期筛选敏感口岸、敏感商品、异常增长企业，实施预警机制，严防出口骗税发生。2008年认定出口退税2654户，退免税31.33亿元，其中：退税额26.82亿元，免抵税额4.51亿元；

加强国际税收管理。对实行减免税的企业进行后续管理和跟踪监控，对生产性减免税企业进行实地核查，做好关联企业申报的宣传、管理，对关联交易企业进行反避税监控，做好售付汇证明的开具和情报交换。落实奥运税收政策与服务措施，设立售付汇快速办理通道，制定赛时售付汇应急预案。2008年非居民企业所得税征收5.16亿元，办理退税184户，退税金额2亿元，增幅11.7%；共开具售付汇税务凭证1814份，付汇金额111.3亿元。通过售付汇征收所得税3.8亿元，其中：为奥组委办理售付汇40笔，付汇金额2.8亿元，扣缴非居民企业所得税1602万元。

加强车辆购置税管理，做好预测统计分析，通过掌握汽车销售单位的资料，了解汽车销售情况、规模、位置、布局。2008年，受理新车纳税申报95609辆，同比增加2517辆，增幅2.71%；办理车辆变动业务17288个，核定最低征税780辆，实地验车48辆；车辆购置税的征收提前37天超额完成全年任务。

加强个体集贸税收管理。围绕"户数清、底数明、情况准"的工作目标，清理集贸市场中的漏征漏管户，摸清市场税源底数；将发票验旧与定额调整相结合，强化以票管税功能，提高个体工商户定额核定水平，2008年共组织税收收入9351万元，完成年度计划的118%；推行集贸市场代开发票税控系统，解决集贸市场开票不规范、商户排长队开票等问题。

规范税收执法 开展2008年税收执法检查和执法监察，规范各项执法行为；完成税收执法管理信息系统2.0版本试运行和通报，落实税收执法责任制；加强对税务行政审批事项的管理监督；做好重大税务案件审理以及规范性文件清理。以发票打假为突破，强化税务稽查力度，年底前将新的稽查机构、稽查人员落实到位。开展各项案件的专项检查，组成专案组，在银行、保险、烟草、电视购物、房地产行业等专项工作中探索新形势下的稽查思路和手段。全年共检查386户，有问题247户，问题率为64%。查补总额17435万元，入库总额17385万元。重点开展打击发票违法犯罪专项整治行动，与地税局、公安局成立联合专案组，捣毁3个较大的制售贩卖假发票窝点，抓获13名犯罪嫌疑人，起获各类发票3万份。

组织落实税收宣传月和发票宣传月方案，开展"送政策到企业，送温暖到个人"、"绿色奥运，你我共享；和谐税收，人人有责"、"税收宣传进企业、贴心服务纳税人"、"购物索要发票，维护合法权益"、"国税五十强"表彰暨"税企共建之星"颁奖等系列宣传活动，举办搜狐网上发票知识漫画展，制作《和谐国税　铸就辉煌》宣传片和《海淀国税：携手奥运同行》画册，协助市局举办奥运税收座谈会、FLASH动漫创意大赛、"我与北京奥运"征文等活动，发放宣传彩页和宣传品。

基础管理工作 继续实行单位行政一把手收入计划指标责任制，加强同地税等部门的横、纵向交流和沟通。加强对重点税源企业的分类化监控管理，建立重点税源企业局长走访制度和重点税源企业所长联系制度，进行税收收入的分析、预测和监控，在对税收增减总量进行分析的同时，对政策执行情况、征管措施等进行跟踪分析，进行定期通报。解决数据质量问题，从源头上防止和杜绝数据错误。加强各项数据的分析应用。

完善征管基础工作，逐月下发征期工作安排，指导全局各项征管具体工作。细化税收征管质量情况通报，做到通报有文字、有数据、有表格、有图形。在税源管理上推出新举措,启用上地、玲珑路办税服务厅,形成了南西中北四个集征收与管理为主要功能的办税服务机构,实行税收管理员属地管理,推行大组式管理模式。

继续加强欠税管理,加强催缴力度,严防小额欠税户增加,"清陈欠,防新欠"。全年共清理欠税 4190.87 万元,其中:清理新欠 611 户次、入库税款 2548.02 万元,清理陈欠 89 户次、入库税款 630.03 万元,清理呆帐 1 户次、税款 245.95 万元,滞纳金 766.87 万元。按照分税种、分行业、有重点、少而精、注重实效的原则开展纳税评估。

强化征管质量"五率"①考核,2008 年增值税平均申报率 99.14%,同比增长 0.34%,增值税平均入库率 99.75%,同比增长 0.24%。开展发票管理,2008 年发票发售 22 万户次,共发售增值税专用发票 539.7 万份,增值税普通发票 441 万份,普通发票 29.8 万本。

规范办税服务厅的各项工作,启用统一的办税服务厅标识,完善服务措施,对各项受理业务的所需资料、审批流程、监管制度进行规范和优化;优化审批环节、强调办税时效,下放审批权限。制定办税服务厅应急处理预案并进行演练,确保奥运期间办税服务厅安全有序运行。搭建短信平台,寻求为纳税人服务新途径。

队伍建设 建立反腐倡廉预警机制,推进党风廉政建设工作。开展警示教育活动,落实党风廉政建设责任制,编制《反腐倡廉建设工作责任制手册》,探索建立反腐倡廉预警机制和平台;组织中层以上干部学习《新时期领导干部反腐倡廉教程》,建立"文明服务之星"评选制度,开辟网上"廉政之窗"。建立信访通报制度,全年信访件大幅下降,本年共收到信访举报 16 件,同比减少 43%,全局 7 个月实现零投诉,21 个单位实现全年零投诉。落实"三访"制度,强化两权监督,实行一岗两责;开展税收执法监察,实行一案双查。

加强思想政治工作,推进基层党建工作。强调社会主义核心价值体系建设,推进税务文化建设。开展"迎奥运、讲文明、树新风、促和谐、建首善"活动,组织干部参加奥运志愿驾驶员、社区服务、安保值班、拉拉队、火炬接力等各类志愿服务,多名志愿者获"优秀志愿者"称号。开展机关文化建设,构建创新型和谐税务机关;关心在职干部职工、离退休老同志的日常生活和身体健康,组织全体干部职工体检;组织春节联欢会、扑克牌比赛、"与奥运同行健康快步走",开展"喜迎奥运盛会、展示国税风采、共绘美好蓝图"迎奥运倒计时一百天大型庆典活动,组织太极拳、国画培训班等群众性文体活动,本局创作选送的文艺节目在市国税系统 2008 年廉政文化业余展示活动评选中获创作一等奖、表演二等奖、声乐三等奖、最佳组合奖。落实"爱岗敬业,公正执法,诚信服务,廉洁奉公"的税务职业道德规范,开展精神文明创建活动,获国家税务总局颁发的"全国文明建设先进单位"称号、获"首都文明单位标兵"称号。全局干部职工为南方灾区捐款 3.85 万元、为四川汶川 5.12 大地震灾区捐款 12.34 万元,缴纳"特殊党费"16.07 万元,为四川灾区捐献价值 8 万余元的御寒物资。

坚持"抓好班子建设重和谐、抓好队伍建设重教育、抓好人才培养重培训"的工作思路,注重创造自我激励、自我约束和促进优秀人才脱颖而出的机制。开展"六员"培训,加大培养复合型人才力度。贯彻《党政领导干部选拔任用工作条例》,采用民主推荐方式公开选拔任用 8 名科级领导干部,完成 9 个科级领导班子的考核。

【实行按地域管理】 12 月 15 日,海淀国税局新建设的上地办税服务厅、玲珑路办税服

---

① 五率:申报率、入库率、非正常率、有税率、欠税增减率。

务厅正式启用。第五税务所(新设立)和第九税务所入驻上地办税服务厅办公,第二税务所和第六税务所迁入玲珑路办税服务厅办公,就此形成南部(玲珑路)、西部(四季青招商大厦)、中部(万柳中路)和北部(上地)4个集征收与管理为主要功能的办税服务机构。实行按地域管理,将税收管理员制度落实到位,形成由100余名干部组成的管理员队伍,推行大组式管理模式,构建征管新格局。　(刚砺青)

【推广使用税控收款机】　本年,北京市国税局遵照国家有关法律规定在适用的行业中推广使用税控收款机,海淀国税局作为北京市5个试点局之一,从8月开始在全区范围内推广使用税控收款机,确定了“分所通知、集中发行、分期培训”的推行工作思路。

(田　颖)

稽查局(直属)

地　址:海淀区万泉庄22号
邮　编:100089
电　话:62570335

下设派出机构(13个):

第一税务所(征收所)
地　址:海淀区万柳中路8号
邮　编:100089
电　话:82573419

第二税务所(征收所)
地　址:海淀区阜外亮甲店1号恩济西园10号楼
邮　编:100036
电　话:88151019

第三税务所(征收所)
地　址:海淀区四季青路6号招商大厦一层、二层
邮　编:100089
电　话:88497055

第四税务所:(个体集贸征收所)
地　址:海淀区万泉庄22号
邮　编:100089
电　话:62520809

第五税务所(征收所)
地　址:海淀区上地电子信息产业基地10号楼(硅谷亮城)
电　话:82349009
邮　编:100085

第六税务所(管理所)
地　址:海淀区阜外亮甲店1号恩济西园10号楼
电　话:88151029
邮　编:100036

第七税务所(管理所)
地　址:海淀区万柳中路8号
邮　编:100089
电　话:82573426

第八税务所(管理所)
地　址:海淀区四季青路6号招商大厦一层、二层
邮　编:100195
电　话:88497110

第九税务所(管理所)
地　址:海淀区上地电子信息产业基地10号楼(硅谷亮城)
邮　编:100085
电　话:82349019

第十税务所(12月调整后空编)
第十一税务所(12月调整后空编)
第十二税务所(12月调整后空编)

第十三税务所(车辆购置税征收所)
地　址:海淀区万泉庄路28号万柳新贵大厦七层
邮　编:100089
电　话:63473348

海淀区国家税务局
地　址:海淀区万柳中路8号
邮　编:100089
电　话:82573400　82573473(传真)
网　址:http://haidian.bjsat.gov.cn

(刚砺青)

地方税务

海淀区地方税务局组建于1994年8月31日,隶属于北京市地方税务局,负责海淀区地方税收征管工作,对22个税费种类进行征收管理,主要包括营业税、企业所得税、个人所得税、城市维护建设税、房产税、车船使用税、土地增值税、印花税、固定资产投资方向调节税、城镇土地使用税、教育费附加、城市房地产税、车船使用牌照税、文化事业建设费、城市集体服务事业费、三资企业场地使用费、耕地占用税、契税等。下设1个稽查局、14个职能科室、16个税务所。

本年办理开业税务登记28693户,截至年底累计管户达到138817户,比上年增加16050户。其中正常纳税户123381户,非正常纳税户4373户,登记状态纳税户11063户。

区地税局全年累计实现各项收入298.90亿元(不含残保金),同比增加45.27亿元,增长17.9%。全年实现地方级税收收入221.13亿元(不含残保金),比上年的190.48亿元增加30.64亿元,增长16.09%。其中累计完成区级收入95.10亿元,同比增加12.84亿元,增长15.60%。

在三大主体税种中,营业税入库125.22亿元,同比增长16.44亿元,增幅15.11%;个人所得税入库89.44亿元,同比增长17.57亿元,增幅24.44%;企业所得税入库25.47亿元,同比增长2.48亿元,增幅10.81%。本年,房地产行业缴纳税款29.04亿元,同比降低8.54%。

税收管理 继续做好个人所得12万申报工作,本年共受理纳税人自行申报8.37万人,其中,网上申报83268人、邮寄申报150份、上门申报260人。82人通过上门申报补缴税款648万元。申报质量与数量位列全市首位。

本年对379户重点企业和涉奥企业开展税收增减收因素调查,分析区域经济的发展现状和前景。其中对联想集团、搜狐公司、爱国者理想飞扬公司等24家参与"科技奥运"的企业进行深入的调查与分析。

实践税源分类管理模式,对重点税源单位数据信息及时跟踪、定期汇总,制定重大税源变化应急预案;对于问题行业及疑点企业,开展专项评估,不轻易实施稽查检查,给予纳税人自行改过补税的机会,本年累计实现评估补税7200万元;对长期零申报企业的真实性进行核实,对非正常企业做到当年认定当年清理,本年清理非正常户4094户;对欠税企业加大清理力度,逐一下户走访,给企业制定切实可行的还款计划,本年清理欠税1202万元。

利用区政务办公平台开展数据共享,与区税源建设领导小组成员单位定期召开联席会议,利用地方税税源监控管理平台核实地方税税源登记信息。通过与科委联网,全年实现高新技术企业网上登记备案9500份,备案金额6亿元。将"海税通"、手机短信、12366咨询电话自动回拨等多种数据信息发布方式整合在同一平台上,本年共计为纳税人提供告知服务51576户次。

成立奥运服务小组,并开辟"奥运服务办税特区"和"绿色通道"。对奥组委、北京奥运会开闭幕式运营中心、好运北京体育赛事组委会、7个奥运场馆和19个涉奥企业提供"一对一"的税收服务。进行北京奥运会和残奥会门票发票代开工作,对外设立并公布了11个代开点,共开具奥运发票50054张,金额共计450万元。

税务稽查执法 本年立案稽查结案290件,其中有问题户257户,有问题率88.62%,共查补税款6128.81万元,同比增长162%,查补滞纳金387.85万元,查补罚款 384.48 万元,共计查补 6901.13 万元。本年查补税款入库 7751.06 万元,同比增长 14.23%,入库率 96%。其中查补 50 万元以上重大案件 19 件,同比增长 58.33%。本年税收违法案件移送公安机关 14 件。

开展打击制售假发票、非法代开发票的专项整治行动,会同公安部门查办案件数十起,打击发票倒卖团伙 8 个,其中捣毁犯罪窝点 3 个,收缴作案机器 4 台,查获私刻公章 250 个、赃车 1 部、作案身份证 18 张、发票 16744 份,抓捕犯罪嫌疑人 17 人。

基础管理工作 加强党风廉政建设工作,强化"一把手"和班子成员的责任。开展风险点查找工作。本年共计梳理工作流程 67 类,查找风险点 163 项。由基层税务所轮流承办廉政教育期刊《园地》,编发廉政教育丛书,分为《法规篇》、《楷模篇》、《预防篇》和《警示篇》。

与海淀区人民检察院密切协作,开展职务犯罪查办和预防工作,建立预防犯罪工作长效机制。

首次委托第三方机构开展副科级领导职务竞争上岗工作。

开展诚信大讨论活动,起草"营造诚信税收环境、实现百年奥运梦想"倡议书下发纳税人,分别在外网、内网设置诚信专栏,制作专题片在 BTV-9《地税之窗》中播出,多次邀请重点纳税人、涉奥企业座谈,搜集纳税人对地税工作的意见和建议。

对纳税信誉 A 级企业、涉奥企业实行上门服务、预约服务;在奥运期间各个办税大厅设立双语服务窗口。利用电视、广播、报纸等主流媒体向广大市民宣传税收政策,本年在海淀有线电视台制作播出 22 期《地税之窗》栏目。

开展"平安奥运行动",建立奥运期间各项应急机制,逐级签订责任书,改造安防设备,并组织奥运安保综合演练。奥运期间,先后有 200 余名干部参与奥运志愿服务,50 余人担任奥运安保志愿者。本局学院路税务所于 2007 年 8 月在奥运大厦前建立了当时全市唯一的"青年文明号"志愿者服务站,共计上岗 200 余天,并被授予"五星级站点"称号。

下设派出机构:

第一税务所
地　址:海淀区阜石路 67 号
电　话:68465830
电子信箱:haidian_dys@nsr.tax861.gov.cn

第二税务所
地　址:海淀区知春里 27 号楼
电　话:62550265

科技园上地税务所
地　址:海淀区上地环岛嘉华大厦 E 座三层
电　话:82778141
电子信箱:haidian_sd@nsr.tax861.gov.cn

永定路税务所
地　址:海淀区东冉村 449 号
电　话:88466968
电子信箱:haidian_ydl@nsr.tax861.gov.cn

知春里税务所
地　址:海淀区知春里 27 号楼
电　话:62627101
电子信箱:haidian_zcl@nsr.tax861.gov.cn

翠微路税务所
地　址:海淀区普惠南里 14 号
电　话:68162849
电子信箱:haidian_cw@nsr.tax861.gov.cn

青龙桥税务所
地　址:海淀区上地环岛嘉华大厦 E 座三层
电　话:62868835
电子信箱:haidian_qlq@nsr.tax861.gov.cn

清河税务所
地　址:海淀区北四环中路 283 号
电　话:62396694
电子信箱:haidian_qh@nsr.tax861.gov.cn

学院路税务所

地　址:海淀区消夏东里 3 号楼
电　话:82014609
电子信箱:haidian_xyl@ nsr. tax861. gov. cn
科技园税务所
地　址:海淀区四季青路 6 号海淀招商大厦
电　话:88494317
电子信箱:haidian_kjy@ nsr. tax861. gov. cn
四季青税务所
地　址:海淀区西四环云会里金雅园 4 号楼
电　话:88471607
电子信箱:haidian_sjq@ nsr. tax861. gov. cn
温泉税务所
地　址:海淀区温泉镇杨家庄东口
电　话:62466027
电子信箱:haidian_wq@ nsr. tax861. gov. cn
羊坊店税务所
地　址:海淀区西三环中路 10 号望海楼
电　话:88028926
电子信箱:haidian_yfd@ nsr. tax861. gov. cn
中关村税务所
地　址:海淀区知春里 27 号楼
电　话:62630471
电子信箱:haidian_zgc@ nsr. tax861. gov. cn
涉外税务所
地　址:海淀区西四环云会里金雅园 4 号楼
电　话:51633524
电子信箱:haidian_sw@ nsr. tax861. gov. cn
北下关税务所
地　址:海淀区西直门外大柳树路 2 号
电　话:51893183
电子信箱:haidian_gtjm@ nsr. tax861. gov. cn
稽查局
地　址:海淀区苏州街 49 - 1 号
(税务违法案件举报中心,地址:海淀区西苑操场乙 3 号)
电　话:62873413
电子信箱:jcj@ nsr. tax861. gov. cn
海淀区地方税务局
地　址:北京市海淀区西苑操场乙 3 号
邮　编:100089
电　话:62886269
网　址:http://haidian. tax861. gov. cn/

(房　洁)

质量技术监督

【综述】　海淀区质量技术监督局隶属于北京市质量技术监督局,是海淀区域内标准化、计量、质量、特种设备的行政主管部门,依法行使综合管理和行政执法职能。下属 3 个事业单位。

本年,本局被授予“首都精神文明单位”称号,被市局和区委区政府评为“奥运服务保障先进集体”,国家食品质量安全监督检验中心被北京市委市政府授予“奥运会、残奥会先进集体”称号,1 人被中共中央、国务院授予“北京奥运会、残奥会先进个人”称号,1 人被评为“北京市奥运保障先进个人”。

质量综合管理　落实名牌培育和发展计划,对获得中国名牌和中国标准创新贡献一等奖、北京名牌、北京市质量管理先进奖获奖企业的奖励额度分别提高到 100 万元和 50 万元。本年,10 家企业获得中国名牌称号。

推进高新技术产业标准化示范区建设。全区 30 家企业入围中关村国家高新技术产业标准化示范区首批重点企业,占全市的 55%。走访调研试点企业,建立双向沟通机制。帮助 33 家企业参与第二批申报,申报数量居全市首位。全区有 3 家企业获第三届中国标准创新贡献奖一等奖(占全国获奖数的 37.5%),7 家企业获二等奖,15 家企业获三等奖,其中全区有3家试点企业分获第三届中国标准创新贡献奖一、二、三等奖;23家单位的46个项目获北京市技术标准制修订补助共计368万元,获奖项目和补助资金数量均居全市首位。上庄京西稻农业标准化示范区入围第六批国家级农业标准化示范重点项目。成功申报5个区级农业标准化基地。全年果蔬监督抽查合格率为98.1%。发布《冬枣无公害生产综合技术》和《樱桃有机化生产综合技术》。

执法监督 本年共完成执法活动3000起,查处案件210起,结案率为100%。网上受理群众咨询投诉85件,办结率100%。全年无行政复议和诉讼案件。全年共为40800家单位办理组织机构代码证书。年内,本区未发现重大区域性、规模性造假活动。

坚持每季度对全区质量状况进行分析。通过三级监管网络排查食品生产企业213家,对4家无证生产企业进行立案查处。全年完成市级监督抽查235个批次,合格率为94.6%;完成区级监督抽查108个批次,合格率为96.3%。应对三鹿奶粉事件。对全区39家商场、超市进行执法检查和暗访,对285个批次未加贴专用标识或违规加贴专用标识的乳制品进行下架处理。对三元食品股份有限公司华冠分公司和三元梅园乳品公司严格实施24小时驻厂监管。

加强特种设备监管。本年现场检查特种设备使用单位582家、设备9022台套,完成整改58家。完善特种设备地理信息系统,推进动态信息化网络和街乡基层监察组织网络建设,动态监管体系基本形成。完成十七届三中全会、亚欧首脑会议等重要会议的特种设备安全保障任务,完善重大活动、重要会议时期特种设备安全保障、重点监察、应急反应等管理的长效机制。

完成北京奥运会、残奥会服务保障任务。成立"平安奥运行动"领导小组,全员动员、全员参与,建立奥运"双岗"值班和24小时应急制度,建立联动监管机制,开辟绿色通道,与74家重点单位分别签订了《保障特种设备安全,实现平安奥运目标责任书》。共检验奥运食品2827批次,实现对动物源性食品中29种兴奋剂的检测。

开展民生计量,完成13家社区菜市场计价秤的统配统管。开展能源计量,对18家定点监测单位进行监督检查和现场检测。加大对能源产品和强制认证产品的执法检查力度,全年共抽查煤炭41.27万吨,吨位合格率为85.31%。利用PDA对全区100家强制认证产品企业进行GPS定位。检测奥运服务用车2189辆,合格率达100%。

开展十类重点产品①质量专项整治。实现4个100%②的工作目标,并将十类重点产品监管纳入全区产品质量监管体系。对全区年产值500万元以上规模的重点产品生产企业进行摸底分类和数据分析,建立名优企业联系制度。

内部管理 坚持依法行政,落实执法责任制。全局干部职工层层签订党风廉政建设责任书,发挥特约监察员的作用。开展"讲党性、重品行、做表率"教育实践活动。坚持机关内部规章制度,每月从严从细考核。支援冰雪、地震灾区,全局干部职工捐款共计56790元。104名党员共交纳"特殊党费"27440元。

---

① 十类重点产品是指:服装、家具、絮用纤维制品、汽车配件、玩具、仿真饰品、油漆涂料、装饰材料、人造板、洗涤用品。

② 四个100%指:100%摸清家具、玩具、服装、油漆涂料、仿真饰品、人造板、洗涤用品、汽车配件、絮用纤维制品、装饰材料生产企业底数、建立质量档案;对备案的十类产品企业标准文本100%进行监督检查;属于生产许可证和强制性产品认证(CCC认证)管理的产品生产企业100%持证生产;对获证产品生产企业100%监督抽查一次。

【海淀区境内获第三届“中国标准创新贡献奖”一等奖项目名录】 (2008年)

序号	标准项目名称	主要完成单位
1	GB 5749—2006 生活饮用水卫生标准	中国水利水电科学研究院
2	GB/T 1.1—2000 标准化工作导则 第1部分:标准的结构和编写规则、GB/T 1.2—2002 标准化工作导则 第2部分:标准中规范性技术要素内容的确定方法	中国标准化研究院、机械科学研究院
3	GB/T 20542—2006 信息技术 藏文编码字符集 扩充集A	北京北大方正电子有限公司(试点企业)

【国家食品质量安全监督检验中心】 本年,国家食品质量安全监督检验中心作为一级奥运食品安全检测机构,为奥运食品安全护航。制定地方标准,适应奥运食品安全多样性,对当时尚无相关卫生标准的15类食品制定北京市地方标准,如《代用茶安全卫生要求》、《豆芽卫生要求》等,填补国内及北京市标准空白。在5月20日至9月17日的4个月时间内,对奥运食品进行批批检验、批批留样,共检验奥运食品2827批次,并对动物源性食品中29种兴奋剂进行检测,共检测1000余批次,完成奥运食品安全的保障工作。

中心开展食品安全风险预警检验与研究。建立月度食品安全预警信息报告和分析制度,密切关注世界卫生组织、世界粮农组织、欧盟委员会等权威组织发布的食品安全动态,每月发布《北京市食品安全预警报告》,做到“早发现、早分析、早计划、早预防”,为上级政府决策提供技术支持。

下属单位:

海淀区产品质量监督检验所(国家食品质量安全监督检验中心、中关村产品质量检验测试中心)

地　址:海淀区永丰产业基地丰德东路17号

邮　编:100094

电　话:82479300\11\22\33

传　真:62348045

电子信箱:cfqs@ cfqs. org

海淀区计量检测所

地　址:海淀区双清路68号

邮　编:100083

电　话:62324427

传　真:62324097

电子信箱:jls@ hdj. bjtsb. gov. cn

海淀区特种设备检测所

地　址:海淀区双清路68号

邮　编:100083

电　话:62324731

传　真:62324730

电子信箱:tjs@ hdj. bjtsb. gov. cn

海淀区质量技术监督局

地　址:海淀区北四环西路甲27号

邮　编:100083

电　话:82371098　82386611(总机)

62347296(传真)

电子信箱:hdj@ bjtsb. gov. cn

网　址:www. bjhdqin. gov. cn　(何昊东)

出入境检验检疫

中华人民共和国海淀出入境检验检疫局(以下简称本局)成立于2007年5月16日,隶属于中华人民共和国北京出入境检验检疫局。负责北京市海淀区、昌平区和延庆县范围内进出口商品检验、出入境动植物及其产品检验检疫、出入境食品检验检疫和监督管理工作。根据北京出入境检验检疫局京检法[2008]153号文件《关于调整部分业务工作职责和进一步明确全局指定性业务工作的通知》规定,自2008年11月起海淀局承担北京地区出入境医疗仪器设备、进口涉及医疗器械的压力容器以及壁挂锅炉的检验检疫工作。本局已完成业务交接工作。

截至年底,全年共出具换证凭单160份,换证凭条2942份,通关单1598份,出口证书558份,进口证单164份,入境货物口岸稽查分单495批次,进口口岸转单1417批。实施行政处罚两起,处罚金额1.8万人民币。共检验检疫出入境商品5905批,货值2.77亿美元,其中出境4751批、货值1.72亿美元,入境商品1154批、货值1.05亿美元,共检出出入境不合格货物6批、货值25.5756万美元。检验出境工业品3755批、货值约1.25亿美元,入境工业品1087批、货值约1.02亿美元,检出不合格3批、货值22.74万美元,其中入境不合格2批、货值22万美元,出境不合格1批、货值0.74万美元。检验出境动植物及食品996批、货值4700万美元,入境动植物及食品67批、货值324万美元;检出不合格3批、货值2.85万美元,其中出境食品包装容器(塑料餐盒)1批、货值1.4万美元,入境食品包装容器(不锈钢锅)1批、货值0.15万美元,出境食品(黑豆)1批、货值1.3万美元。

海淀出入境检验检疫局
地　址:海淀区德政路10号
邮　编:100094
电　话:58648700
电子信箱:zhaojsh@bjciq.gov.cn
网　址:http://www.bjciq.gov.cn
（赵金生）

药品监督

【综述】 北京市药品监督管理局海淀分局负责对海淀辖区药品、医疗器械、保健食品、化妆品(以下简称"三品一械")的生产、流通、使用进行执法监督、行政监督和技术监督。下属2个事业单位:海淀区药品稽查办公室和海淀区药品检验所。

截至年底,海淀区监管相对人共计8236家,其中药品生产企业25家,药品经营企业537家,医疗器械生产企业314家,医疗器械经营企业2428家,保健食品生产企业81家,保健食品经营企业1064家,化妆品生产企业7家,重点监管的化妆品经营企业2800家(因化妆品经营企业数量激增,年内只确定了一批重点监管的化妆品经营企业),医疗机构980家。

执法监督 本年执法以奥运"三品一械"安全保障为中心,年内共受理群众举报和市局批转的各类案件436件,办结率100%,其中受理群众举报102件、接市局批转161件、受理其他机关移送141件,监督抽验32件。全年立案调查涉及"三品一械"的违法行为86件,做出行政处罚76件(撤案10件),结案率100%,没收销毁物品价值人民币14.46万元。

坚守"兴奋剂零容忍"的原则,确保奥运期间药品生产、流通、使用环节质量安全。开展兴奋剂药品专项整治工作,在春节和"五·一"期间对全区药店开展兴奋剂药品管理拉网式检查,在奥运赛前和赛时现场检查药店3055家次、药品生产企业47家次、药品批发企业81家次、奥运重点地区医疗机构232家次;加强对含兴奋剂成分药品经营企业的巡查力度,对疫苗、血液制品、注射剂和含兴奋剂成分药品生产企业派驻监督员,开展针对医疗机构的"雷霆行动"。

行政管理 本局贯彻落实"五办理、一加强"①的工作措施,承担25项行政许可事项。全年受理行政许可事项2390件,全部实行网上办理。其中即时办理325件。办理《医疗器械经营企业许可证》核发及变更720

① 即:及时办理、并联办理、豁免办理、快速办理、上门办理,加强日常监督管理。

件,《医疗器械生产企业许可证》核发及变更89件,换发《医疗器械生产企业许可证》31件,一类医疗器械生产登记31件,《保健食品经营卫生许可证》核发及变更421件,办理《药品经营许可证》(零售)核发及变更230件,办理《药品经营许可证》注销18件,办理药品经营企业同意筹建通知书176件,初审药品经营企业GSP①认证349家。

加强"三品一械"市场日常监管,实现对生产、流通、使用各环节的全覆盖。开展医疗器械召回预演工作,加大委托灭菌医疗器械专项检查力度。加大备战奥运和奥运赛事期间重点保障区域范围内的"三品一械"生产经营企业的监管力度,加强对3家奥运定点医院的药械使用的监管,加强对24家奥运签约酒店免费提供的客用化妆品的监管。全年对"三品一械"企业实施日常监督检查共4600家次,开展专项整治活动7次。

技术监督　年内,完成药品抽验650件,21件不合格,合格率为96.77%;医疗器械抽验49件,5件不合格,合格率为89.80%;保健食品抽验92件,4件不合格,合格率为95.65%;化妆品抽验137件,7件不合格,合格率94.89%。

【向疫苗、血液制品、注射剂和含兴奋剂成分药品生产企业派驻监督员】　继续对北京天坛生物制品股份有限公司、北京科兴生物制品有限公司2家疫苗、血液制品生产企业派驻监督员。2007年底至2008年年初,陆续向北京双鹭药业股份有限公司、爱德药业(北京)有限公司、北京托毕西药业有限公司和北京正邦制药有限公司4家注射液生产企业派驻监督员。为加强奥运期间的药品安全,配合兴奋剂生产经营专项治理工作,2008年5月,向1家生产一般含兴奋剂成分药品生产企业北京京海药业有限责任公司派驻监督员。进一步加强对高风险药品生产的动态监管,防范高风险产品重大药害事故的发生。

北京市药品监督管理局海淀分局
地　址:海淀区蓝靛厂西路1号
邮　编:100097
电　话:88863121　(张晓楠)

烟草专卖与管理

北京市海淀区烟草专卖局成立于1994年,受北京市烟草专卖局和海淀区人民政府双重领导。主要负责海淀区卷烟市场的监管以及烟草专卖许可证的发放和审核工作。北京市海淀烟草有限公司成立于1998年,2003年4月更名为北京市海淀烟草公司,是独立核算、自负盈亏的法人企业,是海淀区域内唯一合法的烟草专卖、批发机构。北京市海淀烟草公司与北京市海淀区烟草专卖局合署办公,是两块牌子一套机构,下设市场稽查支队和8个市场检查队。截至年底,北京市海淀烟草公司资产总额为56688万元,同比增长37.8%,净资产53917万元,同比增长75%。固定资产9625万元。

烟草专卖经营　落实国家局和市局(公司)关于宏观调控的各项措施,经济运行质量和效益稳步提高。全年共销售卷烟528006.24万支,同比增长8.8%,高于全市平均水平3.77个百分点。销售地产卷烟91782.74万支,同比减少2029.82万支,下降2.16%;销售低档卷烟96072.74万支,同比减少18077.86万支,下降15.84%;销售名优卷烟427752.08万支,同比增加49227.72万支,增长13.01%。完成奥运期间的货源保障任务。品牌集中度进一步提高,全国性重点骨干品牌占总销量的83.6%,同比提高5.8个百分点,销量排前20位的品牌集中度达到88.3%,同比提高11.9个百分点。单

① GSP:是英文"Good Supply Practice"的缩写,指药品经营质量管理规范。

箱销售额达到19145元，同比增加3110元，增长19.4%，高于全市平均水平6.28个百分点；全年实现利税38148万元，同比增长42.9%，高于全市平均水平16.17个百分点；其中实现利润31157万元，同比增长41.5%，高于全市平均水平14.77个百分点。成本费用得到控制，全年费用率为1.49%，同比下降0.13个百分点，低于全市平均水平4.9个百分点。

按照“整体推进、全面提升、注重实效、创新发展”的要求，深化按客户订单组织货源工作，按照“市场供应基本满足，零售客户有所选择”的要求，取消预订单，确保营销模式的平稳转变。建立以客户类别细分服务对象的全新营销模式。推进工商协同营销体系建设，按照“准确定位、有机对接、突出品牌、全面提升”的要求以及“平等互利、互动互信、资源共享、效率责任”的基本原则，构建新型工商合作关系。继续开展明码标价维护工作，加强日常监管和督促考核，确保零售客户经营利润稳步提高。

烟草市场监管　以“端窝点、打源头”为重点，始终保持卷烟打假高压态势，实现卷烟市场的有效监管。与兄弟单位配合，破获“4·16”制售假烟网络案。全年共查获各类涉烟案件944起，其中查获5万元以上大要案23起，查获违法卷烟窝点8个，查获各类违法卷烟761.62万支，实现罚没收入74.98万元。在市局和海淀区政府组织的案卷评查工作中，参评案卷的优秀率连续五年达到100%；全年刑事拘留涉案当事人13人，判处刑事处罚17人。推进依法行政工作，5月16日，对奥运场馆、宾馆周边的零售客户进行法律培训，签订《守法经营承诺书》，强调守法经营。全年共办理行政许可2160起，许可证有效率达到100%。其中新办571起、延续1114起、变更43起、注销421起、补办11起。截至12月底，全区有效持证户共计4084户，其中正常经营户4059户。

全年共开展法律法规和业务技能培训18次，10人通过执法人员资格考试，9人通过经营管理人员法律知识考试。运用内部监管信息系统，预警信息及时处理率、超量审批备案率、重点大户监管率均达到100%。

基础管理工作　以“完善制度、规范程序、严格监管”为工作重点，实现内部建设和内部管理的稳步提高。开展“三项检查”工作，按照“制度是否完善、决策是否符合程序、运作是否规范、监督是否到位”的要求，对2008年度实施的物资采购、广告促销、工程投资项目进行全面自查，并相应制定整改方案和防范措施。完善督查管理制度，按照“有岗必有责，有责必考核，考核必适合”的原则，对员工考核办法进行重新修订，实现制度、机构、岗位、人员、责任的有机结合。全面开展质量管理体系贯标工作，落实市局（公司）布置的节能减排工作任务，全年实现招待费、差旅费、会议费、办公费、车辆费用等可控费用总额比预算减少5.61%，超额完成增收节支5%的工作目标。

深化“‘两个至上’在岗位”主题实践活动，推广明示承诺制度，改进员工思想作风、工作状态和服务水平。在政策允许、能力所及的前提下提高一线人员的工资和福利，激发基层员工的主动性和积极性，增强企业归属感和忠诚度。全员、全方位参与北京奥运，完成奥运安保和志愿服务任务。为灾区群众和困难群体“送温暖，献爱心”，南方雪灾和四川汶川地震后，海淀局（公司）全体干部职工自发举行捐款活动，共筹集捐款35800元。

奥运会期间，海淀烟草局搜集奥运英语、烟草行业英语、常用英语对话资料，进行奥运英语口语培训。将常用对话教给奥运场馆周边的零售户，方便零售户和外国人的沟通。

北京市海淀区烟草专卖局
北京市海淀烟草公司
地　址：海淀区四季青路8号E2综合楼西配楼

通信地址:海淀区四季青路8-1号
邮　编:100095
电　话:88495672
举报电话:88497070　　(朱跃彬)

工商行政管理

【综述】 北京市工商行政管理局海淀分局是北京市工商行政管理局的派出机构,负责对海淀区商品生产者和经营者及其市场交易活动进行监管和行政执法,负责流通领域商品的质量监督与管理。下属14个工商所及执法队、工商学会、消费者协会、私个劳动者协会。

本年,以确保奥运会保障工作,提升履职能力,提升服务水平为中心,开展"规范年"活动,实现奥运保障工作和各项日常工作"双跃进"。本年,区工商分局获国家工商总局全国先进工商分局称号,海淀区政府授予"推进依法行政先进单位"称号。

截至年底,辖区内资企业存量112728户,外资企业存量5090户,个体工商户存量66742户,市场主体存量共184560户。继续推进企业信用信息建设工程,数据共计1459860条,其中,工商数据1026383条,占数据总数70.3%,其他委办局数据占数据总数的29.7%。

综合执法与经济检查 结合辖区实际特点,重点推行涉奥行政指导和助成性行政指导。除落实提示、告诫、约见、建议、披露五种行政指导方式外,还采取上门服务、集体行政提示措施。全年共实施行政指导7987件。其中:行政提示5376件、行政告诫2200件、行政约见121件、行政建议260件、案件披露30件。

突出执法重点,加强执法监督。严查大案要案。对危害人体健康、存在安全隐患、威胁公共安全、破坏环境资源,特别是对平安奥运易产生影响的违法行为,加大查处力度。本年,共核审通过一般程序案件4450件,罚没款4380万元。共查办案值在10万元及以上案件40件,罚没款达1882.7万元。在查办的案件中,无照经营、擅自变更经营地址、不正当竞争、商标、资本、食品等6类型案件数量较上年同期有所增长。其中无照经营案件同比增长6.2%,不正当竞争案件同比增长13.5%,商标案件同比增长31.5%,食品案件同比增长35.5%。

2008年,经检科共结案55件,其中不正当竞争案件42件、传销案件1件、其他案件12件,大要疑难案件20件,罚没款共计625万余元;查扣各类假冒伪劣商品971件,向海淀国税局移送偷漏税案件1件、向海淀公安局移送传销案件1件。

把打击传销作为维持社会稳定、保障奥运会召开的重点工作。2008年,共受理涉嫌传销的投诉、举报20余件,查处传销案件10余件,取缔涉嫌传销窝点11个,清查教育遣散涉嫌传销人员600余人次,移送追刑案件1件。年初,查处北京民生迦渭世纪科贸有限公司以团队计酬的方式组织策划传销行为,该公司发展会员7700余人,涉及全国19个省、市,涉案金额高达2000余万元,已移送海淀公安分局调查处理。市局称本案是近几年来北京市工商系统单独查处的一起涉案人员众多、案值较高且获取证据最全面的传销案件。8月,查办信联天下(北京)网络科技有限公司传销案。该公司采取"拉人头"和"收取高额入门费"的经营模式发展代理,已与500余个单位和个人签订了代理合同,共收取代理费800万余元。"十一"前夕,查获美国硅谷动力公司涉嫌利用互联网进行传销行为和北京元和廷贸易有限公司涉嫌传销行为。协助区整规办向区委、区政府建议,推动了禁传工作的开展。

依法规范直销行为,组织开展对直销市场的专项执法检查。根据《北京市工商局关于组织开展直销市场检查的通知》对辖区200余个直销店铺、服务网点进行摸排，逐一进行实地核实、法规宣教和执法检查等工作。尚未接到一起对辖区内涉嫌从事违法直销活动的投诉举报。

全面摸排辖区重点经济隐患，提高对市场秩序的控制能力。将八里庄街道等5个地区和北京民生迦渭世纪科贸有限公司等10个单位(个人)列为重点隐患。加强对新型业态、新型营销手段和投资方式的风险分析和预警，建立重点经济隐患台账。

拓宽监管领域，在全市工商系统中率先依据《零售商供应商公平交易管理办法》，对双安商场违规要求供应商提供服务的行为进行调查处理，为全市工商系统查处商业企业经营过程中长期存在的违法行为提供经验。

开展反垄断工作。对中国石油化工股份有限公司北京分公司涉嫌利用垄断地位滥收费用的行为进行立案调查，促使中石化北京分公司认识到其违法行为，于6月14日在各大媒体公开公布整改措施，维护了首都200余万消费者十余万元的财产权益。此案被国家总局列为《反垄断法》实施前的典型案例。

严厉打击侵犯奥标行为。办理先锋音讯(北京)科技有限公司未经许可在公司网站上使用五环等奥运标志且进行虚假宣传的案件。

开展治理商业贿赂专项工作。专项治理出版、医药、电子、评估等多个行业和领域。本年，经检科对涉嫌商业贿赂行为立案35件，结案11件，罚没款225.1万余元。

分局执法队以奥运保障为主线，细化工作预案，提高应对突发事件的处置能力。多次协同相关兄弟单位完成驰援集结及应急演练，依据《北京市工商局执法队系统奥运保障行动方案》绘制《奥运应急驰援地方位图》。建立健全执法队奥运保障领导组织和责任网络。按照《海淀工商分局奥运保障工作方案》内容，开展专项整治和联合执法工作。划出一类重点控制地区涉及主体共有22874户，二类重点管理地区涉及主体22678户，涉及重点大街28条、主要商业繁华场所13个、重点旅游景点10个、重要交通场站1个。开展清明节、五一节、十一节、桃花节、樱花节、旅游市场、地下空间等30余项专项整治，执法队共出动执法人员1000余人次，取缔无照经营68个，行政指导11户。查处涉奥案件4件，收缴商标侵权商品假冒的诺基亚蓝牙耳机及手机耳机213个(价值2万余元)。配合区文委、城管、公安进行“扫黄打非”专项检查，取缔无照游商55户，收缴盗版图书2000余册，盗版光盘900余张；协助区旅游局开展对小旅馆“一日游”专项整治，取缔非法“一日游”3户；配合区旅游局、城管、交管、公安、安监部门开展旅游景区黑车、黑导、无照游商专项整治行动；会同有关许可部门开展联合执法，重点打击取缔无证照经营食品(含餐饮)、网吧、歌舞厅、洗浴、发廊、销售涉黄及非法政治性刊物、卫星接收和无线电通讯设备、危化品、地下空间及废品回收等违法经营场所，巩固严整阶段工作成果；会同质监、卫生部门，组织开展对全部28大类食品无证查处工作。面对新情况、新特点，狠抓专项整治，查办大、要案及特色案件。开展风险预测，加强对辖区市场环境的动态监控和研究，发现并解决影响市场秩序的不利因素和关键环节，对市场秩序实现有效控制。

执法队向有关部门上报各类信35篇、调研7篇。

2008年，执法队对各类经济违法行为立案38件，结案21件，罚没款677万余元。

企业、个体登记注册 全年共办理内资企业名称登记36252户，设立登记16711户，变更登记34509户次，注销登记3134户。个体工商户名称登记13741户，设立登记15161户，变更登记21161户次，注销登记12311户。

以绩效考核和社会评价系统为支撑，实

施工作人员绩效考核的标准化管理。开展每年一次的“登记窗口服务标兵”评选活动。核准人最高核准记录为平均每月核准开业企业900余份,核准变更企业1000余份。受理人员最高受理记录为:平均每月受理开业企业500余份,受理变更企业600余份。社会评价结果显示:今年共接受办事人员满意度评价77996次,满意度达到99.99%。

全面推行“网上登记+电话预约排队”服务,实现高效服务与秩序井然的“双赢”。分局设置了上网服务指导区,指派专人对申请人进行网上登记指导,印制网上登记和电话预约排队宣传单,加强网上登记审查人员的力量,实行24小时回复和每天“清库”完结制度。

截至年底,本区在市局网登平台上共处理登记信息57453条,占全市网登平台申报总量的34.39%。其中名称设立占全市网登平台总处理量的28.83%,名称变更占总处理量的43.12%,企业设立占总处理量的35.84%,企业变更占全市网登平台总处理量的50.15%。采取“两步走”的方式,实现了从分局网上登记平台向市局网登平台的平稳过渡。编制《网上登记审查标准化手册》,推进受理核准规范化建设。

制定科学合理的电话预约排队制度。电话预约登记占总接待量的100%。登记申请真正实行“零等候”。电话回访结果显示,企业对全面预约的满意率为99.7%。

加强对第三级服务平台即工商所级软硬件建设,强化业务指导和业务考核,促进三级平台登记人员业务水平和服务水平的整体提升。全面推进个体网上登记,对三级平台提出网上审批处理必须在24小时内完成的硬性要求。扩大网上登记的使用范围,组织大型电子市场和农贸市场为市场内个体摊商进行网上集中申报。得到工商所和海龙、鼎好、锦绣大地等一些大中型市场主办单位的响应。已有1938户个体摊商通过网上集中申报完成注册登记,占摊商登记总量的10.34%。

作为首批试点单位之一,组织三级登记平台开展“红盾兴农”工作,推出“就近预审、咨询指导、网上申报、快速服务”4项服务措施,在全市率先在三级平台设立“农民合作社服务窗口”,三级平台与登记科联动审批,为农民专业合作社登记提供全程指导服务。

升级改造统计分析系统,定期发布统计分析报告。包括月报、半年报和全年报三大类,除上报区政府外,还同时向区发改委、海淀园管委会、招商中心、国地税等综合经济部门报送。年初,分局运用统计分析系统制作《2007年海淀区市场主体分析报告》,并向海淀区政府上报《关于海淀区市场主体统计分析系统开发应用情况的报告》及统计分析报告。利用现有的各种媒介多途径发布统计分析报告,分别在海淀区政府网站、市局和工商分局网站、《海淀报》、海淀电视台、区工商学会创办的《海淀工商论坛》(每期发行量700册)、私个协创办的会员杂志《海淀私企通讯》(每月发行量5000册)上发布。同时在分局登记大厅的LED大屏幕上滚动播放发布。

加强登管联动,与企业监督部门加强合作,打击虚假登记行为。先后对集中在银谷大厦、北京衬衫厂等虚假地址登记的近70户企业进行查处,向区国、地税等部门通报情况,查实10余户提交虚假住所证明文件的企业,作出驳回处理。制定《海淀工商分局登记与监管业务衔接程序性规定》。

协调区政府及相关部门,为引导无证照经营户办理证照提供政策支持,率先在全市出台引导无照经营办理证照的正式文件。截止年底,全区共引导无照经营户注册登记1983户,用房办照登记965户,临时经营场所出证登记1018户。设置重点企业服务室,为区属重点企业提供快速登记服务。对区重点纳税大户企业、持著名或驰名商标企业、高校龙头企业、区直属企业以及改制企业实行专人专管快速通道服务。全年累计接待4000多户次。

编制《照后指南手册》,7000多户新办企业免费领取。手册以“申报指导、照后提示、到期提醒、退出指引”为主线,内容包括企业在办理公安、技监、税务等部门的审批流程和步骤,并将工商部门自身管理的户外广告报批、商标申报、企业年检和食品安全等管理事项也作相应提示。

商标监管 以“平安奥运”为中心,以保护奥运知识产权为工作切入点,将保护奥运知识产权的主要任务与商标监督管理的日常工作有机地结合起来。

在“红盾护航”行动中对辖区五棵松篮球馆、首都体育馆等涉奥场馆、友谊宾馆等签约酒店一类场所周边200米范围内的7996个经营主体,按照“不存在商标侵权现象,不发生奥标侵权行为”的标准,进行逐户和反复的检查;对二类、三类地区的17574个经营主体进行重点整治,对宾馆、饭店、写字楼的158个商品部,67个主要风景名胜旅游区纪念品经营主体以及128个印刷单位,持续开展保护奥运知识产权的宣传和检查,维护北京奥运会和残奥会举办期间的良好市场秩序。

共查结商标、奥标假冒侵权案件585起,罚没款523.13万元。其中奥标案件144起,罚没款206.49万元;移送涉嫌商标、奥标犯罪案件7起,移送犯罪嫌疑人20人。查处假冒国际知名商标“CISCO”网络模块百万元大案。

推进《商标授权经营制度》和“无假冒商标示范商场(店)”的建设。在涉奥一类、二类地区市场和宾馆、饭店、写字楼的商品部等191个市场或经营主体推行《商标授权经营制度》,为8368个商户建立健全经营商标商品档案。对一类地区市场312户商标备案不完整的商户及发生侵权行为被查处过的19户商户进行重点促改。对翠微大厦、当代商城、双安商场等8个“北京市无假冒商标示范商场(店)”进行巡回培训和集中检查。

对修改《海淀区促进非公有制经济及中小企业发展专项资金管理办法》和提升海淀区经济影响力的问题提出专业性意见,主动向区政府反映浙江横店再造“圆明新园”的情况并提出维权建议,协同区委、区政府举办“2008年中关村知识产权论坛”、“海淀区2008年诚信兴商宣传月图片巡展活动”和“中国企业在欧洲的知识产权保护问题专题讲座”。为企业创新发展出谋划策、排忧解难,培育20个企业申报中国驰名商标和北京市著名商标,为企业编发电子网络月刊《商标战略信息交流》。建立科所联动机制。编发《2008年商标监管工作指导手册》和《2008年工商所商标监管工作考核表》,每季度召开工作会或经验交流会。

商标科全年上报工作信息108期,编写工作调研44篇,在各类报刊刊登稿件98份,上各级电视台及网络135次。在保障北京奥运会和残奥会期间,举办“保护奥标专有权‘红盾护航’行动千人培训大会”,张贴9826份北京奥组委的宣传画和3821份分局拟制的《致海淀区居民一封信》,分发7000本《保护奥林匹克知识产权宣传手册》和5000张教育光盘,在辖区80个市场悬挂3000块“保护知识产权宣传警示牌”。

广告监管 加强对重点商品和服务广告的监管力度,查处虚假广告,强化广告发布环节的监管,继续推进广告监管长效机制建设,加强奥林匹克知识产权保护工作。制定和完善海淀区广告媒介监管模式,实行广告监管工作的分级分类管理。对工商所广告监管媒介刊样的收集时间、媒介广告的录入时间以及对涉嫌违法广告的监测录入等均进行详细规定,统一标准。对工商所媒介广告的监测进行重点检查和管理以及各工商所互查,促进各所媒介广告监测人员业务水平的提高。

全年各所媒介监管工作互查完成3次,编写2008广告监管工作指导意见12期。召开完善社会团体广告经营主体资格大会,规范社会团体广告经营许可证主体资格。

加强奥林匹克知识产权的宣传保护。开展奥运知识产权保护的培训。对涉奥违法广告,依据规定严格处罚,仅奥运期间全局共检查重点大街23条,规范违法违规户外广告60块,责令改正50块,立案10件,结案4件,罚没款10万元。检查店堂广告3253户,责令改正37块,立案17件,结案9件,罚没款7.6万元。

规范网络广告的发布工作,加强对网络广告的监测。召开31家网络经营单位参加的海淀区网络经营单位会议,宣讲网络广告发布的有关规定。广告科对3万余条网络广告进行检查监测,对涉嫌违法广告67条进行查改,查处违法网络广告21件,罚款976282元。全年全局查处广告案件143件、罚没款300余万元,实际入财政212万元。

开展各类专项整治工作,维护市场秩序。整治非法性药品和性治理广告,对30余家药店进行检查,检查印刷品广告400余份,检查户外广告60余块,节日促销广告150余条。开展涉奥场所周边的户外广告专项整治工作;保证奥运期间涉奥场所周边无违规户外广告。

广告科本年查处违法广告案件共立案53件,结案53件,罚没款218.78万元。其中虚假广告案件6件,违法涉奥广告案件14件,医疗、食品重点行业广告案件19件,其他14件。

合同监管 围绕完善奥运环境,规范市场交易秩序,确保合同风险点得到有效控制和及时处理。

全年办理合同案件125件,罚没款253.27万元;合同案件类型达18种。本年度打击重点是合同欺诈、特许加盟的获利宣传的合同违法行为,共办理28件,罚没款达到81.29万元。办理合同争议行政调解93件,为当事人挽回经济损失79.73万元;办理企业动产抵押登记45件,主债权79673.82万元,注销登记11件;经纪人备案率90%,拍卖活动备案426场;发放合同示范文本228717份。

建立《合同奥运应急预案》。加强对合同工作风险点的排查和控制。确定合同工作风险点主要是合同加盟的投诉和房地产经纪人的规范经营。对2007年被处罚合同加盟企业进行行政指导,要求企业搞好售后服务,认真解决投诉,不激化矛盾,投诉解决率达到100%。加大保护奥运标志的力度,奥运保障期间查处3起奥标侵权的违法行为,罚款共计5万元。组织辖区全国"守重企业"开展与奥运同行活动。

贯彻落实"海淀合同监管和经纪人发展意见"。发挥区合同监管联席会机制。1月,海淀区政府召开以继续加强对房地产整治为主题的合同监管联席会议,区工商局、区建委等10个区属部门参加。区工商分局提出加大对房地产企业在广告宣传中涉及奥标的查处,注意房地产整治中房地产中介倒闭带来的群访群诉问题。

继续打击合同欺诈行为,维护市场交易安全。将日常监管企业与查办案件统一起来。指导查办新型的商业特许案件。拓展合同案件覆盖面,对拍卖企业、经纪人企业、抵押担保企业等为主体的违法行为进行监管。继续完善合同违法行为的预警机制。

起草《物业服务合同》。先后走访区人大、区法院、区建委等部门,召开物业服务企业、业主委员会座谈会,听取各方意见,多次修改,最终使该合同文本在全市推行。

为保障奥运消费环境的食品卫生安全,杜绝退市食品二次回流市场,市局下达了调研拟订《北京市食品退市处理合同》示范文本的任务。合同科对辖区内的主要大型超市进行了走访调研,召集各超市负责人、超市食品供应商几次召开研讨会，拟订《北京市食品退市处理合同》并得到市局合同处、市局食品处的认可。

加大合同文本推行力度，3 月 14 日，海淀工商分局召开《北京市市场场地租赁合同附件（一）》合同示范文本推介会。海淀工商分局与中国社会工作协会婚庆行业委员会、海淀区消费者协会、海淀区私营个体经济协会共同举办规范签约诚信经营，倡导使用《北京市婚礼服务合同》主题活动，规范婚庆服务行业签约行为。撰写海淀区旅游合同示范文本使用情况调研报告。中秋节和国庆节来临之前，9 月 10 日召开集美家具城、居然之家、爱家家居、大钟寺蓝景丽家等家具市场参加的规范家具买卖合同签约暨征求 2008 版《北京市家具买卖合同》示范文本修订征求意见座谈会。

开展经纪人整顿，加强经纪人监管，会同区建委继续开展房地产经纪行业专项整治活动。本年，分局查处房地产经纪人违法案件 24 件，其中 7 件为未在经营场所明示执业人员情况的，14 件为擅设分支的，罚没款数为 11.7 万元。。

加强拍卖行为监管，规范抵押物登记工作。严格登记程序，审查登记材料，支持企业盘活资产，融通资金。春节前开展对典当行业的专项检查，规范典当经营行为。

本年，海淀区工商分局、海淀区商务局与海淀区个体私营经济协会共同举办促进辖区企业融资推介活动。北京宝瑞通典当行有限责任公司和北京中关村科技担保有限公司介绍典当、动产抵押、房产抵押、机动车抵押等融资方式和具体办理的方式、操作程序。

企业与个体监管 落实经济户口基础监管和市场秩序控制，将风险点筛查和监管控制贯穿本年企监工作始终。开展“迎奥运促保障海淀区市场秩序评价”工作。确定 24 条涉奥重点大街、13 个商业繁华场所等其他非比赛涉奥场所和约占海淀区开业主体户数 12.69% 的一类地区主体。共筛查出 2861 户涉奥重点控制主体。由企监科、各工商所和网格责任人建立三级网格市场秩序问题台账。在确定一类二类地区场所的基础上，将涉奥场所 200 米范围内 5961 户经济户口主体按照“重点控制”、“日常监管”两种标准实施分类监管。核定分局级监管风险点 143 处。

按照市局 3 个类别涉奥保障地区无照经营控制要求，海淀区政府出台《海淀区迎奥运查处取缔无证无照经营专项整治工作方案》、《北京市海淀区人民政府关于引导无证照经营户办理证照的实施意见》两个文件，指导各街乡镇制定无照经营整治方案，形成政府牵头、多部门执法的无照经营综合治理机制。至奥运严整阶段结束，共清除一类地区无照经营 331 户，完成一类地区无照清零的目标。在严防严控阶段，将整治重点放到防反弹和二类地区以及三类地区无照风险点，确保无照经营治理工作在奥运保障期间万无一失。

后奥运时期继续践行风险管理措施。结合三鹿毒奶粉事件，对餐饮和文化娱乐场所进行风险点确认和评估，共核实监管风险点 25 处，已彻底消除风险隐患 13 处，督促停业 3 户。

落实网格监管机制。发挥一级网格督导和承上启下作用，在亮照经营和牌匾规范等方面达到市局要求。突出清库时限，确保户口虚数及时清理；发挥网格监管系统科技效能，推进网格分类监管。

在日常管理和执法中，各所也从多方面服务、促进私个经济发展。年检期间各工商所私个协会每天坚持派人在服务平台向各申报人提供申报服务，协助网格责任人以电话通知的方式联系辖区广大个体工商户和私营企业，提示申报验照。

根据市局“简、快、先”的原则，分局从强化服务和行政指导两方面入手方便申报人，公示验照、年检流程,提供网上申报服务电脑和打印机,开通排队叫号和社会评价系统,确保标注有原因处理有结果;设立外资分支机构年检专场,继续推行节假日年检、夜间年检、电子市场年检专场、上门年检、集中年检等多项措施,在确保监管到位前提下,更多信誉企业无障阻通过年检。

2008年,海淀区应检内资企业106491户,已检95848户。年检率90.01%,网检率99.22%。年检率同比增长5%,创历年新高。应检外资企业4227户,已检3992户,年检率94.44%,同比增长2.51%,网检率100%。应验照个体户62703户,已验56245户,验照率89.7%,网验率90.8%。验照率同比增长14.24%。

2008年,全局共引导无照经营户注册登记1983户,取缔无照经营户1283户,存续5035户,办结无照经营案件2205件,罚没款715.4万元。做好经济户口主体虚数清理工作,共注销个体超期执照4433户,成批未检企业吊销8733户。

强化外资企业监管。2008年外资企业下放至工商所监管,共查处涉外违法行为45起,同比增长136.3%,罚没款242.5万元,同比增长306.6%。运用科技手段推行外资主体网上巡查机制,发现10余家外资企业在网站上擅自使用"奥运"标识,进行了查处。

电子商务和有形市场监管 以市场奥运保障为工作重点,以"市场设施改造升级、管理规范达标、食品商品质量合格"为工作主线,建立健全奥运保障方案及各项突发事件应急预案。完成多次应急演练。

利用年检完善台账、清理主体、促进规范达标,掌握市场法定代表人、管理人员、经营人员、摊位数量等基本信息。清理空壳市场,做到"底数清、情况明"。规范主体亮照经营及商户牌匾字号,开展市场知识产权保护、市场环境卫生整治。

本年,推进市场升级改造与规范达标。对已通过市局规范达标验收的58个市场开展复查。对尚未接受市局规范达标验收的51个市场开展规范检查。指导市场主办单位结合市场自查情况开展整改,并对市场硬件设施和各项规章制度、经营者索证索票等落实情况进行现场指导。年内全区109个有形市场全部通过各级规范达标验收,现有的52个农副产品市场全部完成升级改造,总投资4.77亿元,改造面积达67230平方米,改造摊位数6947个。

对有形市场食品安全抽检中,共完成检测数为3117个,其中,保奥运食品抽检108个、区食品办抽检324个、快速检测2685个,不合格52个,合格率98.33%。对不合格产品均向厂家送达告知函并在全区市场内予以下架处理。本年抽检总数较上年同期增加63.6%,合格率提升近3个百分点。海淀区食品安全办公室为海淀区所有52个农副产品市场免费配发食品安全快速检测箱,工商分局市场科组织市场检测人员进行使用培训。

对4个市级风险点市场,6个区级风险点市场,16个涉奥一类市场开展错峰巡查、不间断巡查,保障涉奥一类地区市场、风险点市场的安全。督促、指导市场主办单位落实市政府关于鲜活农产品入场费用减免、停车费减免措施。对辖区农副产品市场鲜活农产品价格进行监控。

排查涉网奥运风险隐患,对毗邻场馆、训练馆、饭店的重点地区企业商务网站和食品网上商城等涉奥行业商务网站实行"每周一巡"制度,保证奥运一类地区内企业不出现涉网违法问题。2008年,分局共办结涉网案件204起,罚没款额273.9万元。

食品安全监管 以元旦、春节、两会、五一、十一、中秋等重要时期的食品安全为重点,加强对商场、超市及重点市场、节日庙会市场、旅游景区及周边的监督检查和规范,加大巡查力度,落实进货检查验收、索证索票、

“场厂挂钩”、“场地挂钩”、冷藏运输、及水产品、蔬菜市场准入等食品安全各项制度，加大对节日重点食品的抽样检测力度和食品违法行为的查处力度。联合知名酒厂组织开展多次酒类打假行动，全局共查获假冒白酒1621瓶，查获红酒643瓶，查扣洋酒3瓶，立案111件，涉案价值31.42万余元，罚没款66.72万余元。制售假酒的违法行为受到遏制。

海淀工商分局奥运协调领导小组组成食品安全专业小组，负责食品安全保障工作总体组织协调和任务下派汇总等。建立场馆、驻地周边及一二类地区重点大街、重要商业繁华区、重要旅游景区等的食品安全监管台账，作到底数清，情况明。

加大食品安全隐患排查力度。把涉奥一类、二类地区的食品监控主体情况逐户摸查上帐，在对主体和隐患情况筛选排查后，逐户核查治理；加大对无照经营疏导和整治工作，一类地区完全清除涉及食品安全的座商无照经营。对涉奥重点区域经营食品的商场、超市、食杂店等按照奥运保障的不同阶段实施不同的巡查周期。赛时期间实行24小时全天候监控。确保一、二类地区进货台账、索证索票率达到100%。对奥运场馆周边、驻地周边及交通沿线地区、主要大街、城乡结合部、外来人口聚集地区、交通枢纽、旅游景点等地区个体商贩、小商店、小食杂店、小摊点、小餐馆分层次分重点开展食品安全专项检查，严厉打击销售假冒伪劣食品的违法行为。加强对大中型商场超市的监控，完善《超市食品安全关键点控制规范》，强化企业自律经营。

完善奥运食品质量监测体系，加强奥运食品动态监管。利用食品快速检测设备，对比赛场馆、签约饭店周边及交通沿线等涉奥重点地区销售的食品加强质量检测，全年共抽检食品样品8162个，其中快检6663个，不合格372个，合格率94.4%；区食品办监测887个，全部合格；奥运食品抽检523个，市局安排抽检89个，全市下架共512个批次，其中海淀局下架101个。对流通领域涉及供奥食品的11家单位，逐一进行实地核查，重点监管。制定《海淀分局流通领域突发奥运食品安全事件应急预案》，应急小分队保证24小时人员在岗值班，通讯畅通，先后参加和组织开展多次食品安全应急实战演练。包括对问题食品的追溯、食品检测和食品下架整个过程，6月24日，食品科完成一起由市局通知的关于肉类质量不合格的突发食品安全事件的应急处理任务。

对基层工商所集中进行食品安全培训5次，在为各工商所配备11项食品快速检测设备的基础上，7月份又配发新的食品安全快速检测箱，使快速检测项目增加到32个。组织开展食品安全应急演练，提高突发事件处理能力。

贯彻《国务院关于加强食品等产品安全监督管理的特别规定》以及本年新出台的《北京市食品安全条例》，从重从严查处食品案件。全局全年查处食品案件1486件，罚没款375万余元。食品科参加市局、分局、市、区人大、区纪委、区监察、区食品办、区民宗侨办等部门组织的奥运专项督查达40余次。

开展奶粉市场专项执法检查。根据国家工商总局《关于进一步加强奶粉市场监管的紧急通知》及《关于认真开展含三聚氰胺婴幼儿配方奶粉市场清查工作的紧急通知》，开展奶粉市场专项执法检查行动。组织执法人员对各大商场超市、集贸市场、食杂店、婴幼儿专卖店、农村地区商店等流通环节的食品经营场所展开对不合格奶制品的拉网式监督检查，发现问题立即责令经营者停止销售，就地封存。9月12日至11月3日，全局共出动执法人员4517人次，检查经营主体12082户，监督经营者下架奶粉、液态奶3457.5公斤，受理有关奶粉液态奶的消费者申诉25起、咨询86件。根据市局关于迅速落实不合格乳制品信息公示工作的通知要求,通过电话、传真、电子邮件等方式逐个通知区内各大型商场超市和主要农副产品市场对不合格乳制品进行信息公示,统一印制4000份不合格奶粉和液态奶名单下发到奶制品经营户。

10月14日,根据市局转发六部门关于立即全面清理检查市场乳制品的紧急通知,共清理下架5631.424公斤。

以食品退市合同形式进一步规范食品退市处理环节。先后召集食品经销商、供应商进行了8次座谈会,对食品退市进行研究讨论,走访10多家商业企业,就退市方面的实际操作情况实地调研,共同研究和起草《食品退市合同》,以民事合同形式进一步约束经营者和供应商在食品退市方面可能造成危害的行为。

下设派出机构(15个):

执法队

地　址:海淀区万泉河路甲56号(北京八一中学西门外)

邮　编:100080

电　话:62526067

北太平庄工商所

地　址:海淀区西土城路甲11号(蓟门小区学院路中学旁)

邮　编:100088

电　话:82020230　62013537

海淀工商所

地　址:海淀区芙蓉里小区西区甲1号(小区院内)

邮　编:100080

电　话:62634240　62636188

万寿路工商所

地　址:海淀区翠微东里

邮　编:100036

电　话:68264815　68264818

中关村工商所

地　址:海淀区中关村北二街甲2号

邮　编:100084

电　话:62531946

四季青工商所

地　址:海淀区四季青东冉村449号(乡政府西侧)

邮　编:100089

电　话:88430872　88439901

北清路工商所

地　址:海淀区西北旺镇皇后店村南(平房)

邮　编:100094

电　话:62471770

清河工商所

地　址:海淀区清河小营西路清河大厦二层

邮　编:100085

电　话:62955793　62948744

甘家口工商所

地　址:海淀区甘家口小区25号楼

邮　编:100037

电　话:68366123

温泉工商所

地　址:海淀区温泉镇杨庄

邮　编:100095

电　话:62456882(值)62450176　62404933

紫竹院工商所

地　址:海淀区厂洼街23号(北京外语大学西院西边)

邮　编:100089

电　话:68483356　88510536

学院路工商所

地　址:海淀区塔院小区西门

邮　编:100083

电　话:62016306

北下关工商所

地　址:海淀区大钟寺13号(大钟寺博物馆对面路南胡同)

邮　编:100086

电　话:62169858

八里庄工商所

地　址:海淀区五棵松路81号永金里小区

邮　编:100039
电　话:88229551　88229129
青龙桥工商所
地　址:海淀区农大南路96号(万霖商场南侧)
邮　编:100084
电　话:82791799
北京市工商行政管理局海淀分局
地　址:海淀区倒座庙9号
邮　编:100080
电　话:82692010
企业注册登记网上平台:www. hddjbaic. gov. cn(使用office 2000以上版本软件)
电子信箱:zixun@ hdgsdj. sina. net

【食品安全综合协调工作】 海淀区政府食品安全领导小组成立于2004年7月,负责统一领导并组织协调本行政区域内的食品安全管理工作。领导小组下设海淀区食品安全综合协调办公室(简称区食品安全办),设在海淀工商分局。

本年制定奥运各项保障方案,建立领导体系,明确工作目标、部门和地区的职责和责任,完成奥运食品安全各项保障任务。通过区政府办公室、区应急委印发实施《海淀区奥运食品安全保障实施方案》、《海淀区突发食品安全事件应急预案》、《海淀区2008年奥运食品安全专项抽检方案》、《海淀区"平安奥运"食品安全隐患排查整治工作方案》、《海淀区奥运期间突发食品安全事件应急预案》等共24个文件。5月29日,在全区范围内组织一次跨部门、跨行业、多环节的突发食品安全事件现场应急演练,检验实战能力和部门之间的协作水平。

成立奥运食品安全保障团队指挥中心,组织抽调相关部门共486名业务骨干,组建奥运会驻点食品安全保障团队,印发4期《奥运食品安全保障工作指导》,每日汇总52个保障点上报的工作信息,分三个时段分别向市食品安全办、区奥指办上报驻点单位的食品安全状况、工作开展情况。

开展食品安全统一抽检监测和奥运专项抽检工作。全年全区食品安全监测点220多个,复盖面达80%以上。全年共抽检食品样本2238个,合格2158个,总体合格率为96.43%;蔬菜、猪肉、大米、小麦粉、食用油、豆制品等六类食品共抽检1080个,合格1051个,合格率97.31%,达到6大类食品合格率稳定在96%以上的要求。奥运赛时期间,委托北京锦绣大地技术分析检测中心对全区涉奥宾馆饭店和餐饮服务商共31家单位的食品原材料进行统一抽检,共抽检食品样本566个,检测结果全部合格。每日与检测机构联系,汇总收集当日检测结果,并录入奥运食品安全监控系统。

组织全区各部门加强对区内的奥运竞赛场馆、独立训练场馆、奥运食品供应商、备选供应企业、餐饮服务商、定点宾馆酒店以及奥运外围一、二、三类地区的食品安全整治和监控工作,对涉奥场所周边的食品安全隐患进行排查,逐个整治、逐个规范、逐个验收。区食品安全办印发《关于做好海淀区涉奥场所及周边食品安全风险控制与隐患排查工作的通知》,确定涉奥场所及周边食品安全风险控制区范围,共确定风险(隐患)共29处,建立隐患排查台帐,实行动态管理。

加强奥运食品安全督查工作,联合区政府督查室、监察局等单位,分阶段对奥运食品安全保障工作进行效能监察,联合监察部门于4月17日、18日对卫生局、东升乡等8个部门,5月16日对教委、建委及乡镇街道落实奥运食品安全工作情况进行督查;6月4日,对年初排查出来的3项区级挂账食品安全隐患整改情况进行督查。赛时阶段,对全区16个街道办事处的奥运保障工作进行督查。

牵头组织有关部门接受区人大对食品安全执法检查和评议工作。5月14日迎接区人大执法检查组对食品安全进行实地检查。

完成《海淀区食品安全工作报告》。

完成区人大代表议案答复,年内共接到4份人大代表议案。

9月4日,会同农林委、质监、卫生、工商等部门在区政府召开2008年海淀区政协第八届委员会第二次会议中第3号提案“海淀区食品安全供应链中的问题及建议”、“食品安全与海淀新发展”2个提案的答复工作会。说明区委区政府建立健全食品安全长效机制建设、开展各类专项整治行动、实施统一监测抽检、加强从“农田到餐桌”各环节的监管及加强宣传教育培训和落实奥运食品安全保障任务的情况。

及时做好食品安全突发事件的报送、处理及后续调查工作。截至年底,共上报疑似食物中毒事件5起,涉及人数113人,突发事件(红山榨菜、三鹿奶粉)2起。制作《食品安全快报》、初步报告、进程报告共16期,调查终结报告3期。最终确定食物中毒3起,涉及人数53人。针对三鹿奶粉事件,按照区领导的指示精神,每日汇总农林委、质监局、卫生局、工商局、教委、建委、商务局、发改委等13个部门的检查情况上报区委区政府,共上报《海淀乳制品检查处理情况》95期,并且坚持24小时人员在岗,以便处理突发事件。

加大关于食品安全的培训和宣传力度,以奥运食品安全保障工作和贯彻《北京市食品安全条例》为主要内容,结合“3·15”国际消费者权益保护日活动,与区消协、工商分局、有关单位以及街道等一同开展食品安全宣传活动。编印《海淀区奥运食品保障团队工作手册》;在海淀区有线台的《食品安全视线》栏目,共播出52期;编印5期共计6万余册《民以食为安》(双月刊)宣传资料,向社区居民发放。结合奥运食品安全相关工作,共计发放宣传材料20余万份。编印《食品安全动态》116期,并通过首都食品安全监控系统海淀区子系统的政府专网和互联网开展食品安全宣传。

【信息档案中心】 做好奥运保障工作,7月20日开始,24小时不间断网络、网站监控,期间给市局信息中心报送分局网络及应用系统运行状况日报情况表92份。

加大信息化硬件建设力度,实现了内、外网统一管理,保障了网络的安全,确保金网信息、扫描数据和纸质档案达到三一致,提高了档案管理水平。

全年,内网网站发布信息1090条,外网网站发布信息267条,食品下架信息发布40份。全年信息分析报告20篇,协助海淀区统计局完成2007年度统计年鉴的数据收集工作。检测个人独资及合伙企业数据,检测8万余户。

登记提供金网数据表格476份,整理上传企业信用信息数据20份等。配合登记部门及工商所核实、调整金网数据共计2958条,上报市局调整金网数据1872条,调整、修改金网数据986条。检测、修改金网数据:内资38086条、私营3350条、个体34676条。合计76112条。配合北京市公安局、北京市药品监督局等委办局完成专项整治任务,查询海淀区各行业企业情况3000余条。企业登记档案方面,完成入库新增企业登记注册档案开业材料13348户、变更材料28455卷、注销材料2494卷、行政处罚决定书1002份、迁入企业1210户、迁出企业1306户、其他970卷。

复印资料打捆留存,共计4064份,接待司法鉴定机构笔迹鉴定32人次。

【工商行政管理学会】 围绕奥运保障工作,围绕海淀工商分局的中心工作,以理论研究为中心,开展征文和调研活动。

举办四个征文活动。开展“与奥运同行”和“从奥运会看工商行政管理的应急处理机制的建立和完善”的征文。组织“纪念工商行政管理恢复建制三十周年”征文。“如何加强流通环节商品质量管理,提高管理效能”征文。收到征文60多篇。

召开4次研讨会座谈会。

在国家工商总局《中国工商管理研究》热点研究栏目上开设海淀分局专栏，宣传海淀分局创新形象。

围绕奥运保障、市场秩序控制和队伍建设等工作，组织调研文章400多篇，其中学会自身撰写调研11篇，在市级以上媒体公开发表6篇。

办好《海淀工商论坛》。全年刊登调研类稿件206篇，照片367张。开辟《工商行政管理恢复建制30周年》、《与奥运同行》、《如何加强流通领域商品质量管理，提高监管效能》和《从奥运会看工商行政管理的应急处理机制的建立和完善》等栏目。

把高校工商顾问工作引向深入，召开海淀工商·北京大学产业发展战略座谈会，协调登记注册部门为11家校企办理VIP卡，使得他们在大户室享受贵宾待遇。

完成编写《海淀年鉴2007卷·工商行政管理篇》、参与《海淀改革开放三十周年·工商行政管理篇》和《海淀商业六十年·工商行政管理篇》。做好纪念改革开放三十周年有关文字工作。

召开三届四次常务理事（扩大）会，为工商行政管理建言献策。

【海淀区私营个体劳动者协会】 2008年，海淀区共有内资企业设立登记16711户，其中私营企业14258户①，注册资金965040万元；个体工商户设立登记15161户，注册资金1500多万元。

年初，协会组织开展"我为奥运讲诚信·我为奥运献爱心"活动，号召会员保证产品货真、质优、价实，诚信待客。协会向辖区13万会员发出了开展"迎奥运、讲诚信、促和谐"倡议书，3月26日，组织近千家企业参加"2008年保护奥标权培训大会"。4月10日，协会和协会党总支向各分会、各支部下发了《关于全力迎奥运，认真办实事的通知》，组织100多家会员企业召开"首都非公经济迎奥运服务奥运誓师大会"。5月8日，协会组织近200户私营企业代表召开主题为"投身平安奥运保障，创建精神文明单位"的表彰培训会。对获2007年度海淀区及市协会系统"精神文明单位"、"文明示范区"、"微笑服务示范岗"以及"微笑服务大使"等7方面，共计173个单位和个人给予表彰和奖励。

海淀私个协作为海淀区窗口行业奥运培训工作协调小组成员单位，开展职业道德、职业技能、服务规范、奥运知识、外语知识5个方面的培训任务。培训57300人，其中从事商业人员5200人，餐饮业3200人，旅游业800人，宾馆业500人，其他行业培训47600人；共举办奥运大讲堂及先进典型报告173次；发放自编宣传材料52000册。全年组织参与各种志愿服务活动252次，参与人数累计达到93220人次。

发挥企业与政府间的桥梁纽带作用。1月初，发挥联席会议办公室职能作用，组织32个成员单位对2007年全年工作进行总结上报，并围绕《建立海淀区私营个体经济工作联席会议解决问题快速通道可行性实施方案》、《关于设立海淀区私营个体经济工作联席会议接待日的建议》、《海淀区私营个体经济工作联席会议开展关于"推名优产品　创诚信企业"活动方案》等三个方案制订全年工作计划。1月31日，组织400名企业代表参加政府扶持资金宣讲会。

《劳动法》出台后开展调研工作，会同区劳动和社会保障局举办10余次培训讲座，参加劳动仲裁9次。

4月份，根据生产型会员企业关于物流运输车辆在配送货品时，经常被扣、被罚的反映，撰写了调研报告呈报市政府有关部门。

协助工商分局合同科组织14家"婚庆服

---

① 因内资企业注册中多数为多种股东成份，有纯个人参股的有限公司，也有个人与集体及全民股共同办的，统计上和税务局都不同，2008年8月将纯个人股的定为私营企业。

务公司”召开“签约、诚信经营,倡导使用《北京市婚礼合同》大会”。

9月,落实《海淀区私营个体经济工作联席会议开展关于“推名优产品　创诚信企业”活动方案》,会同民政局、社团办等委办局等单位开展“海淀区阳光名优产品进社区”品牌战略活动。

11月26日,海淀区私营个体经济工作联席会议在区政府召开提升私企个体户应对危机信心能力的专题工作会。12月,举行中小企业和20家金融机构的对接会,政府将拿出3000万贴息给予高新技术、节能减排、新农村建设项目的支持。

发挥协会职能作用。联手会员企业打造融资担保平台。协会继续携手渣打银行(中国)推出的无抵押贷款项目——“易贷金”,为辖区近30家中小企业的融资提供支持。

4月11日,会同分局合同科、海淀区商务局联手“宝瑞通典当行”和“北京中关村科技担保有限公司”共同举办企业融资推介活动。

11月份,联合工商银行信贷部推出贷款新项目。

开展多种活动。新年前夕,联手海淀区邮电局特别制订3000份新年贺卡,寄到会员单位。2月29日在集美家具城举办青年联谊会。3月6日,协会组织企业老板、高管及部分政府部门领导60余名女性参加庆“三八”妇女节活动。在“3·5”雷锋日、“3·15”消费者权益保护日,区协会以及所属各分会、配合工商所、深入街道社区、学校、部队、养老院、商场等地开展近百次公益宣传活动。4月,连续第8年组织会员体检,共2000余名会员参加。11月,组织200多会员参加了百望山登山比赛。11月,组织会员代表参加由北京市工商联、北京市私营个体经济协会联合主办的“首都非公经济人士纪念改革开放三十周年”文艺汇演。

组织50名私企业管理人员参加在国家行政学院由中国民营科技促进会和北京华商管理科学研究院共同举办为期5天的“2008年中国经济形势分析及预测高层论坛暨第七届全国民营经济理论与实务培训班”。

组织会员参加西交会、广交会等区域经贸交流,组织中韩、中泰贸易洽谈会以及上海国际跨国采购会,为企业的发展进一步搭建平台。

9月份,制作“科技奥运行,文明铸辉煌”专题片,参加首都文明办的评比。8家企业内刊获得“优秀内刊称号”。推荐北京绿伞化学有限公司参加“全国文明单位、全国精神文明建设工作先进单位”评选;推荐“北京鸿合盛视数字媒体技术有限公司”为全国个私系统抗震救灾先进单位;10－11月份,推荐市协会系统“精神文明单位”48家,推荐甘家口增光顺通市场和金源居然之家建材市场为市协会系统“文明示范区”;推荐“英冠精工家具有限公司”、“定慧桥集美家具城市场”为“首都文明单位”;推荐“北京华旗资讯数码科技发展有限公司”、“北京正元伟业办公用品有限公司”和“青龙桥私个协会义务指路队”为“志愿奥运好团队”;“北京安期生技术有限公司”获得“海淀区青年文明号”称号;协会团总支推荐的“北京华旗资讯数码科技有限公司”总裁冯军获得第二十二届北京市五四奖章;推荐“北京南士迅达科贸有限公司”经理宋志江、四季青分会个体经营者杨萍为“奥运服务先锋”;对157家申报“2008年度海淀区文明单位”的企业材料进行初审,推荐103家报海淀区精神文明委审批。

5月14日,向各党支部、各分会、各会员单位发出《关于开展为地震灾区捐款活动的倡议》15000份,捐款185余万元,交纳“特殊党费”39400元,捐助物资数百万元,在全市协会系统中位列首位。5月下旬,协会再次发起“百家企业用爱心托起一所学校”倡议,用爱心和实际的行动为在四川什邡地区因灾

而失学的孩子们重建一所中学，已经筹资49.5万元。（齐国元）

【北京某宾馆有限公司“奥标专用权”侵权案】 当事人于2008年1月8日将5个带有奥林匹克运动会吉祥物“福娃”形象的标志设置在宾馆大堂前台。“福娃”形象属于《奥林匹克标志保护条例》规定的奥林匹克标志。当事人使用未取得奥组委授权。上述行为违反了相关规定，已构成侵犯奥林匹克标志专用权的违法行为。3月，北京市工商局海淀工商分局责令当事人立即停止侵权行为，并给予20000元罚款。

【北京某国际技术培训中心虚假宣传案】 当事人在其“北京导游考试网”网站中使用了“中意导游学校”字样进行宣传。在“报关员考试辅导网”网站的“学校简章”及名称为“北京中意报关学校，报关考生通关必备手册”印刷品宣传材料的“北京中意报关学校简介”中称“北京中意报关学校……与对外经济贸易大学、海关总署秦皇岛海关学校、上海海关高等专科学校以及海关总署报关员资格考试中心等建立了亲密的合作关系以确保信息渠道的畅通”等内容，上述宣传中的“中意导游学校”和“北京中意报关学校”是当事人虚构的，并未与上述单位有合作关系，当事人的宣传内容与事实不符。上述行为，根据相关规定，已构成虚假宣传的违法行为。4月，北京市工商局海淀分局责令当事人立即停止违法行为，消除影响，并决定处以10000元罚款。

【北京某技术公司涂改营业执照案】 该公司将其营业执照上的注册资金50万涂改为500万并将经营范围涂改为制造加工锅炉设备，其后参加工程招标获取利润。该公司于2005年3月4日利用涂改的营业执照与内蒙古北方重工业集团有限公司分别签订2#台车炉合同总金额38万元，利润为7151.14元，又鉴定步近式热正火炉的合同金额为23.3万，利润为25271.14元。2006年9月21日，该公司又利用涂改的营业执照与内蒙古北方重工业集团有限公司分别签订台车式预热退火炉的合同，金额123万元，利润为2617.07元。2006年7月27日，再利用涂改的营业执照与武汉重工铸锻有限公司分别签订台车式燃气热处理炉的合同，合同总金额为217万元，利润为32473.28元。

此行为已构成了伪造、涂改、出租、出借、转让、出卖营业执照的违法行为，依据相关规定，2008年5月，北京市工商局海淀分局责令当事人停止违法行为，并没收违法所得67515.63元，罚款30000元。

【北京某建筑板业有限责任公司侵权案】 至2008年5月本案立案时，当事人仍在其网站（http://www.tianjitech.cn）和对外宣传使用的产品说明书中，描述其生产、销售的天基钢骨架轻型屋面板的产品构造时，使用“BAS无机轻质芯材（德国引进技术）”的字样。当事人承认其生产、销售的上述产品中并未使用到任何德国技术，而是其自有技术。上述行为违反了相关规定，已构成虚假宣传行为，5月，北京市工商局海淀分局责令当事人停止违法行为，消除影响，并予以30000元罚款。

【陈某销售侵犯注册商标专用权商品案】 4月，陈某从私人手中购进一批五粮液和茅台酒加价出售，截至5月8日立案时止，上述酒均未售出（未建帐、无进销货票据），货值总金额为25940元。上述酒类经鉴定为侵犯注册商标专用权的商品。根据相关规定，已构成销售侵犯注册商标专用权的商品的违法行为。7月，北京工商局海淀分局责令立即停止侵权行为，并没收侵权的五粮液酒9瓶，茅台酒26瓶；处以51880元的罚款。

（齐国元）

【14个工商所为农民专设服务窗口】 7月，海淀工商分局率先在所属14个基层工商所设立“农民专业合作社服务窗口”，并提供就近预审、咨询指导、网上申报、快速服务等4

项服务措施,全程指导区域内农民专业合作社办理登记注册手续。这是海淀工商局在工商所三级平台设置“农民合作社服务窗口”后,申请人可就近到所在地工商所咨询有关办理农民合作社的程序和要求。工商所登记人员在提供咨询服务的同时,还将在网上登记指导服务区内,帮助和指导申请人进行名称预先登记、设立登记等网上申报,协助申请人制作全套登记注册文件。（田　颖）

【北京某科技有限公司商业贿赂案】 2008年1月7日,当事人与北京某科贸有限公司签订购销合同,将其开发的办公自动化集成系统销售给该公司,合同价款计120000元。该公司向当事人给付首付款114000元后,当事人以服务费名义给予某科贸公司现金11000元,未将该笔支出记入法定财务帐。当事人签订和和履行上述购销合同成本含增值税合计90480元,违法所得共计29520元。上述行为,违反了相关规定,已构成商业贿赂行为,北京市工商局海淀分局责令某科技公司立即改正违法行为,并处以30000元罚款;没收违法所得29520元。北京某科贸公司收受北京某科技有限公司给予的11000元服务费后给其开具了一张收据,未将该笔收入记入法定财务帐。北京某科贸公司的上述行为,违反了相关规定,属于收受商业贿赂的行为。10月,海淀工商分局责令某科贸公司改正违法行为,并处以30000元罚款,没收违法所得11000元。（齐国元）

消费者权益保护

海淀区工商分局是负责保护消费者权益的行政执法部门。海淀区消费者协会是消费者维护自身权益的社会团体。

2月中旬,分局成立奥运消费者权益保障组,各工商所根据辖区实际情况成立相应机构,确定懂法律、会外语、善调解的干部参与保障组工作。确保比赛期间各种消费活动正常进行,确保流通领域商品质量得到有效监控。确保不发生由侵犯消费者权益违法行为导致的群体性事件及其他有重大影响的事件。确保出现的消费纠纷及时得到处理,提前做好消费争议解决预案。

奥运会加强对经营者、消费者宣传教育,加大商品质量监管力度,加大对奥运场馆周边、旅游景点、商业聚集区、交通枢纽、知名消费场所的商品经营者的规范力度。与奥运场馆及驻地周边、旅游景点、商业聚集区、知名消费场所、大型商场、超市的经营者签订自律承诺书15000份,发放公开信15000份,在经营场所张贴双语消费维权提示牌15000个。

针对奥运会期间特殊要求开设消保投诉绿色通道,12315中心设立全天候消保保障团队,对两个奥运会期间来京购物、消费的运动员、教练员、记者及外籍游客,提供全方位维权事务保障支持。与大型商场、超市和大型消费场所内部的受理消费者投诉机构以及三类地区的经营者建立解决消费争议的快速通道。尽量做到解决消费争议不出班组、不出店、不出市场商场。如在7月中旬,一尼泊尔消费者在“鼎好”购物时发生消费纠纷,向市局12315投诉。按要求,执法人员应在30分钟内赶到事发现场,但由于交通堵塞,无法在规定时限内到达。通过“快速通道”,问题得到解决。开展“零投诉”活动,在30余家大型商场、超市、市场建立了先行赔付制度,确保消费者的权益。20余家企业自行聘用双语(外语、手语)志愿者。当代商城每年维护消费者权益的投入达到200万元以上,得到国家工商总局以及市局领导的充分肯定,并于7月中旬在商城召开“迎奥运、促和谐　完善经营者维护消费者权益机制”现场会。对奥运会期间接到的涉外、涉奥投诉,做到“四心一快捷”,即耐心、细心、诚心、热心。7月21日至9月12日间,海淀分局共受理申诉589件,调解成功率99.4%,其中:涉外、涉奥纠纷6件,全部成功解决,为消费者挽回经济损失1.7万元。

强化流通领域商品质量监管。加强对重点商品和重点流通环节的监控。按照奥运分类监管要求,建立台帐,其中一类地区94户,二类地区93户,三类地区315户。加大监测力度,掌握重点商品质量状况。对建材、家用电器、通讯器材、电动自行车等20种商品进行重点抽检。组织执法力量加大巡查力量,严防不合格商品流入市场。工商所及时、高效的办理市局、分局转办的不合格商品案件。监测了辖区内的326种商品。

5月底,完成对工商干部的培训,主要培训的内容为《中华人民共和国消费者权益保护法》、《中华人民共和国产品质量法》、《中华人民共和国反不正当竞争法》等相关法律法规。6月后,根据《分局突发事件应急预案》组织实施3次大规模的应急演练,涉及8个工商所。

深入开展3·15宣传活动,努力创造良好的奥运消费服务环境。消保科联合区消协编发消费维权手册20000余本,下发以宣传“绿色消费、净化环境”为主题的环保手提袋近40000余个,接待各类咨询投诉2000余人次,加大对节日期间促销行为的监管力度。

提升12315工作水平。细化工作责任,制定确保平台信息准确工作制度。

强化科室与基层工商所的配合和督导意识,一级监督一级,一级考核一级。重点建设25个网上工商工作站,并利用MSN开通了网上视频社区工作站。

海淀区消协围绕中消协“消费与责任”年主题,以服务奥运为宗旨,全面建设维权体系各项机制。

进一步提高消协在政府和消费者之间的桥梁作用,巩固和提升消协的社会公信力。以机制创新和完善为工作中心的海淀区消协三大维权体系,成为海淀区消协服务奥运、服务政府、服务消费者的有力工具。

完善刑事保护机制。一对冒充消费者的人员,到消协无理取闹,采取威逼欺骗等手段,要求开具商品检测函,对商家进行高额索赔。消协进行了坚决抵制。强化法律援助机制。让大学生志愿者在区消协的监督和指导下开展工作,08年到区消协参加实习的大学生总计600余人次,接待咨询200余个。

海淀区消协聘请了5位人大代表和12位电子市场的义务监督员,反映消费者的呼声和市场的现状。完善协调机制。与区各委办局、媒体及其他相关单位建立了紧密的联系。也将消协的“七进”工作与工商工作站进行了紧密结合。全年多次联合开展活动。

完善消费预警体系。与北京人民广播电台AM603消费热线栏目的紧密合作,通过案例、警示向消费者传播消费知识,帮助消费者规避风险,共制作节目172个,听众达40万人。

区消协制定《海淀区消费者协会奥运保障应急预案》和《消费者权益保障工作方案》。在奥运场馆及驻地周边、旅游景点、商业聚集区、知名消费场所、大型商场超市新建立99家消费者权益投诉联络站,加上原有的26家联络站,共有125家消费者权益投诉联络站,并在此基础上建立125条快速化解投诉绿色通道。与绿色通道签订“迎奥运保平安消费投诉绿色通道责任书”。组织其开展法律法规的培训。全年受理并解决投诉7077件,为消费者挽回经济损失551万多元,接待咨询19735人次,支持消费者起诉69件。收到表扬信40封,锦旗6面。

开展消费教育。3·15期间共开展活动131次,期间现场接待咨询20740人次,编辑印刷《消费维权手册之法律法规》、《消费维权手册之案例知识》、《消费维权手册之警示提示》、《消费维权手册之奥运礼仪》四份宣传品共6万册,共发放宣传材料83320万份,消费课堂聘请专家22人次,参与3·15活动的志愿者640人次。

发布电子版刊物“海淀消协分会园地”5期,“海淀消协动态”1期,上报信息42篇,调研4篇。电视电台报道116次。报纸刊登消协文章53篇。

对投诉最集中的中关村电子市场进行专项整治。区消协在海龙、鼎好、太平洋等10家电子市场建立了保护消费者权益联络站和快速化解投诉绿色通道,还在10家电子市场内开展“评选2008电子市场消费诚信十佳标兵”的活动。区消协首批与5个电子产品先行赔付经销商举行了签约仪式,区消协收取了先行赔付保证金。首批签约的商户包括了经营投诉比较集中的笔记本电脑、数码相机、电脑配件等产品。

海淀区消费者协会

地　址:海淀区倒座庙9号

邮　编:100080

电　话:62648904

(齐国元)

工 业

【综述】 本年,海淀区工业企业资助创新能力日趋活跃,集群效应强劲显现,形成一条以海淀园为依托、以高技术产业为主题、以技术创新为先导的“高端、低耗、轻型、优质”的工业发展道路。

本区现有规模以上工业企业1094家,全年实现(现价)工业总产值1043.4亿元,同比下降2.8%,其中海淀园企业实现工业总产值899.9亿元,同比下降2.5%;固定资产投资16.8亿元,同比增长3.7倍;工业销售产值(现价)1068.0亿元,同比增长0.6%,其中海淀园企业实现工业销售产值920.4亿元,同比增长0.3%;工业出口交货额107.8亿元,同比增长2.0%;资产合计1466.4亿元,同比增长9.2%;主营业务收入1179.5亿元,同比增长5.8%;实现利润总额52.4亿元,同比增长9.7%。

本年海淀园109个项目列入国家火炬计划,60个项目列入国家重点新产品计划,分别占全市的51.9%和65.2%。

全区工业产值排名前几名的行业分别是:集成电路制造业实现总产值37.4亿元,同比增长16.8%;工业自动控制系统装置制造业实现总产值39.3亿元,同比下降4.0%;电子计算机整机制造实现总产值242.6亿元,同比下降12.4%;光电子器件及其他电子器件制造业实现总产值20.9亿元,同比下降3.9%。 (温建平)

【海淀区工业公司】 北京市海淀区工业公司成立于1981年,其前身是成立于1957年的海淀区工业局,为国有企业法人单位,兼有政府管理和企业管理的双重职能。

截至2008年底,工业公司所属企业19家,在职职工1245人,离退休职工3828人。主要生产锅炉、风机、换热器、砂轮、消防报警器、电器开关、铸钢件、桶装矿泉水等。

本年,公司工业总产值完成23757.8万元,为上年同期的117.9%,为年计划的114.1%;工业增加值完成10151.6万元,为上年同期的120.3%,为年计划的199.8%;销售收入40421.7万元,为上年同期的117.9%,为年计划的131.5%,实现利润517.7万元,为上年同期的81.9%,为年计划的117.9%。在雪灾、地震灾害和奥运期间交通限行等不利因素影响下,各企业积极应对,赢得了时间和运营周期,确保生产经营平稳运行。北京第一机床电器厂有限公司、北京西门子西伯乐斯电子有限公司的销售和利润占全公司的70%以上。公司全年劳动合同签订率为100%,职工工资增长10%,缴纳社会保险1666万元。

本年,公司所属各企业挖掘潜力、加强质量管理、开发市场。部分以出租房屋为主要经济来源的企业努力改善环境,强化管理服务。总公司对金辉旅行社的股权进行调整,北京西门子西伯乐斯电子有限公司投资近1000万元购置设备、招聘技术人才30余名,北京砂轮厂改制工作进入程序,北京长城节能锅炉厂参与新农村建设工作,北京第一机床电器厂有限公司开发新产品、拓展产品覆盖领域,北京市华都换热设备厂通过了国际质量体系的年度监督审查,北京风机二厂新开发的系列产品样机获北京第四届国际流体机械展览会金奖,北京国友实业总公司被北京市授予销售旧自行车示范店的称号。公司继续保持了3个首都文明单位和5个区级文明单位称号。

本年,公司制定《关于加强党风廉政建设责任制工作意见》、《公司党委参与重大问题决策制度》、《工业公司领导班子成员基层联系点》和《关于建立健全工业公司党员经常性教育制度的意见》等19项有关党建、廉洁自律及管理工作制度,各单位利用厂报厂刊、宣传栏、广播、厂务公开栏等进行宣传。年内公司有22人参加入党积极分子培训班,23名新党员参加了在圆明园遗址举办的宣誓大会,发展、转正党员9人。开展"立党为公、执政为民"和"建'五型'班子、筑和谐企业"主题实践活动。组织"关爱党员、服务群众"活动,为党员、老干部、劳模和困难职工献爱心开展帮扶工作。

开展"抗震救灾献爱心捐款"和"特殊党费"等活动,全公司共有2630人次参加,累计捐款23.648万元。

公司工会和职代会协助劳资部门落实职工劳动合同、集体合同续签及保险缴纳工作,开展劳动竞赛、"安康杯"经济技术创新和提合理化建议等活动,做好"两节"送温暖和日常扶贫济困工作。各企业的工会组织开展了多种文体活动。公司团委参加了团区委举办的争创"奥运先锋青年文明号"活动、"好运北京"城市志愿者培训工作及残奥会观赛活动。

开展主题为"加强信访调处促进和谐"的效能监察工作。全公司共立项11项,170多人次参与了效能监察项目的实施。

公司存在的主要问题:经济工作发展不平衡,国有企业困难多、发展慢,生产企业的效益仍不高,各项管理工作有待提高;创新意识和开拓精神有待增强,企业改革及调整工作还应强化。2008年下半年,由于世界性金融危机的影响,公司每一个企业都受到了冲击。

地　址:北京市海淀区东王庄小区33号楼
邮　编:100083
电　话:62319239　62319233(传真)
电子信箱:gygszgb@ sohu. com

(徐　虹　王殿文　赵国恩)

农业·水务·气象

农 业

农村经济概述

中共海淀区委农村工作委员会和海淀区农林委员会是海淀区负责农业、林业和农村工作的职能部门，两机构合署办公。本年完成本区畜牧兽医管理体制改革，区农林委加挂海淀区动物卫生监督管理局牌子，作为本区兽医行政管理部门，负责本区动物防疫、检疫、兽医医改和药政、动物产品安全等行政管理工作。本年6月26日办公地点由长春桥路17号迁至海淀区东北旺南路27号上地办公中心，海淀区动物卫生监督管理局同时挂牌。2008年，海淀区农村工作完成奥运服务保障、改革发展和农民增收等各项任务。农村经济总收入171.7亿元，比上年增加12亿元，增长7.5%；纯收入35.7亿元，比上年增加3.1亿元，增长9.8%；农村居民人均纯收入14319.3元，比上年增加1771元，增长14.1%。

新农村建设投入力度持续加大，本年涉及农村经济、村庄规划、基础设施、环境建设、文化建设、公共服务、社会管理、财政保障、社会参与和党的建设10个方面、67个新农村建设折子工程项目均已完成。安排区级新农村建设资金4亿元，按照统筹兼顾、保障重点、合理使用的原则，落实新农村建设项目248个。本年签订大农业及基础设施建设支农项目合同65项，联合区财政局完成对其中57个项目的验收工作，另有8个延期建设项目。为加强新农村建设项目资金管理，印发了《海淀区新农村建设项目管理意见》，对《海淀区新农村建设资金管理办法》进行了修订。

第一产业加快转型，构建资源节约、技术密集、功能多样、质量安全的都市型现代农业体系，推广有机栽培技术和标准化生产技术，新建农业标准化基地9个，提升有机化示范基地（示范园）4个，实施土壤改良工程近1万亩，其中对5000亩农作物土壤增施有机肥。推广测土配方施肥面积3万余亩。产业带、产业基地建设进展顺利，本年起规划建设“一河十园”精品农业观光产业带，“一河”指旱河，“十园”指沿旱河的十个农业观光园，包括四季青镇9个和海淀乡的西洼俱乐部。年内“一河十园”产业带整体形象已初步显现，“大西山”、“稻香湖”、“京包路”等产业带、产业区建设加快。推进农产品商品化的产业发展，基本完成樱桃分级、储藏项目。推进农业专业合作组织建设，成立农产品产销协会，在桃、杏等水果销售困难时期发挥了重要作用。本年已落实农田保护面积83235.5亩（5549.03公顷），农田流转面积52387.5亩（3492.5公顷），落实补贴金额3961万元。

全区乡镇企业实现总收入108.8亿元，比上年同期增长0.4%；实现增加值27.7亿元，增长11.7%。重点企业的就业带动作用明显增强。具有一定规模、布局相对集中的企业集群成为吸纳农村劳动力的重要载体和区域经济发展的重要支柱。乡镇产业基地建设继续推进,东升小营和西北旺永丰两个产业基地标准厂房和配套设施建设取得明显进展,初步具备企业入驻条件,正在开展招商工作。乡村旅游业继续保持较好发展势头,现有民俗旅游村3个,其中市级民俗旅游接待村1个,市级民俗旅游接待户52户。民俗旅游和农业观光采摘收入5724.2万元,已经成为农村经济的一个新支点。

以打击假冒农资为重点,开展农业投入品专项整治行动。加强生产过程的监管和农产品质量检测检验,严格执行市场准入制度,保证本区畜牧业健康发展和市民食品安全。严格执行动植物检疫等管理制度和操作程序,确保重大动植物疫情零发生。

加强动物卫生监督及医药监管。全年出动执法人员2344人次,组织参加执法活动654次,其中联合执法78次、夜查行动9次。检查各类被监管单位1211个次,发出行政许可16起。建立各类档案卡656个,梳理保存一二类动物病原微生物238株、131233支;巡查奥运场馆周边41个居民区流浪动物,走访养犬户350家,收缴无主犬397只,收容流浪动物377只,认领(养)21只。开展农资和畜产品安全监测24次,共抽检送检各类样本986份,检测结果除一份动物产品磺胺检测超标外,其余全部合格。监督批发换证动物产品40246吨。行政立案处罚35起,结案35起,其中一般程序处罚34起,简易程序处罚1起,上缴罚没款98014.11元。查扣动物产品10.65吨,实施无害化处理的动物产品4.75吨,取缔非法活禽屠宰交易摊点7个,查扣活禽351只,销毁不合格药品6477盒/瓶/袋。本年,全区禽类高致病性禽流感免疫184.7万只,鸡新城疫免疫179.8万只,偶蹄动物口蹄疫免疫14.2万头(只)次,猪高致病性蓝耳病免疫7.3万头次,猪瘟免疫8.5万头次。犬狂犬病免疫56381条,其中注册犬44523条、非注册犬11858条。6月19日,组织“海淀区突发高致病性禽流感疫情和兽医实验室安全应急处理演练”。

3月15日,开展动物防疫“平安奥运”宣传活动和农资打假、放心农资下乡进村活动。

【突发高致病性禽流感疫情和兽医实验室安全应急处理演练】 6月19日,区重大办组织了“海淀区突发高致病性禽流感疫情和兽医实验室安全应急处理演练”,通过桌面推演方式对突发高致病性禽流感疫情的疫情报告、封锁、隔离、扑杀、销毁、消毒、无害化处理、紧急免疫接种等强制性措施的具体程序进行了详尽讲解;演练了兽医实验室突发病原微生物泄露事件的报告、应急人员集结、对污染的实验室或者可能造成病原微生物扩散场所的封锁、污染物的消毒和无害化处理等程序。区应急办、区禽流感应急处理预备队成员、9个兽医实验室设立单位和29个兽医实验室负责人、各乡镇主管乡镇长、动物防疫站站长及区、乡镇、村级动物防疫人员120余人参加演练。

下属事业单位:

海淀区农业信息中心
地　址:海淀区长春桥路17号
邮　编:100089
电　话:82510560

海淀区农业科学研究所(海淀区植物保护站)
地　址:海淀区海淀镇草桥七号
邮　编:100080
电　话:62544097

海淀区种子管理站
地　址:海淀区板井村市蔬菜中心院内(北京2443信箱)
邮　编:100089
电　话:51503118

海淀区植物组织培养技术实验室
地　址:海淀区颐和园新建宫门东甲3号
邮　编:100091
电　话:62883936

海淀区动物疫病预防控制中心

地　址:海淀区东北旺东馨园小区南东北旺蔬菜站内
邮　编:100094
电　话:62967240
海淀区动物卫生监督所
地　址:海淀区东北旺南路27号上地办公中心
邮　编:100193
电　话:62785155
海淀区农业机械研究所(北京市农业机械试验鉴定推广站园艺机械分站,即"海淀区园艺机械化技术专业推广分站")
地　址:海淀区颐和园新建宫门路4号
邮　编:100091
电　话:62860630
海淀区水产技术推广站
地　址:海淀区温泉镇白家疃村
邮　编:100095
电　话:62454207
凤凰岭森林公安派出所
地　址:海淀区凤凰岭森林公园内
邮　编:100095
电　话:62489791
海淀区林业工作总站
地　址:海淀区凤凰岭森林公园内
邮　编:100095
电　话:62409705
中共海淀区委农村工作委员会
海淀区农林委员会(海淀区绿化委员会办公室)
海淀区动物卫生监督管理局
地　址:海淀区东北旺南路27号上地办公中心
邮　编:100193
电　话:82785212 (于鸿珊)

【西山农场】 北京市西山农场位于海淀区西北部,是由海淀区国资委监管的全民所有制企业。占地面积18525亩(1235公顷),其中平原8918.1亩、山地9606.9亩,拥有北京凤凰岭自然风景公园等8家直属企业和2家合资企业。

西山农场产业结构以旅游业为龙头,涵盖一、二、三产业。2008年,农场实现主营业务收入4274.14万元,利润总额260.69万元,实现国有资本保值增值率114.30%。本年度,农场筹措资金加强基础设施建设,改善企业所在地区的生态环境,提升企业的硬件设施水平,增强了企业的竞争力。加大职工教育培训力度,完善监督量化考核和奖惩机制,提高企业的经营管理水平,企业经济保持稳定较快增长,职工收入水平继续稳步提高。

2008年,西山农场继续实施旅游拉动发展战略,集中力量发展凤凰岭旅游产业,提升旅游基础设施水平。启动凤凰岭南线景区防火道路工程,启动凤凰岭售票处停车场2号工程,完成龙泉寺塘坝下游河道疏浚工程和景区北线一号坝下游排洪河道疏浚工程等。努力打造凤凰岭杏花节、樱桃节、养生文化节等旅游活动品牌,利用龙泉寺佛教文化场所和桃源观道教文化场所扩大凤凰岭"文化旅游"的影响力。本年,农场委托北京大学大地风景景观规划设计院编制完成凤凰岭景区总体规划、凤凰岭地区整合规划和七彩凤凰区域详细规划,为晋升国家4A级旅游区做准备。继2007年完成原凤凰岭地区垃圾场改造工程后,本年又投资对垃圾场进行绿化美化,硬化周边道路,完成绿化面积60多亩,彻底完成困扰凤凰岭地区多年的环境死角的整治;继续在凤凰岭路和凤凰岭北路两侧实施绿化工程,种植面积约20亩;在凤凰岭北线景区中部种植彩叶林750亩。

在推进凤凰岭旅游景区发展的同时,农场引导果农引进生物科技前沿技术发展有机生态农业,年内场域内两家果园分别引进由北京嘉博文生物科技有限公司自主研发的BGB微生物菌肥与有机肥混施技术和国际有机农业知名品牌德米特技术。农场继续加强果园田间路网建设,完成11119平方米水泥路面的铺设,农场果园的主干道建设基本完成。以农场特色果品红富士苹果观光采摘基地为中心,修建铁艺防护栏、大门及标识牌。

本年是奥运之年,农场实施平安奥运行动计划,加强安全教育,打造安全型企业。加强奥运期间重点设施和危险岗位的防范措施,对辖域内20多处重要部位安排70余名人员全天24小时看护;选派3名职工参加奥运会驾驶员志愿者服务工作。还选派农场党委副书记在内的3人参加海淀区大接访街乡督导组工作。

本年,全场职工工资增长12%。以迎奥运为契机,开展迎、讲、树、促、建活动,举行登山、跳绳比赛等文体娱乐活动。组织职工开展合同管理、财务管理、文明礼仪、安全消防知识、奥运知识、急救知识等方面的培训。

地　址:海淀区聂各庄路34号
邮　编:100194
电　话:62459661　62452800(传真)
电子信箱:fhlzs@163.com　(程　霈)

【北京中海拓科技发展总公司】　公司前身是海淀区农业机械局,成立于1961年2月23日。1995年1月20日海淀区调整区属党政机关,撤销海淀区农机局,由国家机关转为经济实体——海淀区农机总公司,为区属国有企业。2001年5月23日,海淀区农机总公司更名为北京中海拓科技发展总公司。2006年3月15日海淀区畜牧水产总公司并入本公司。公司在职人员41人,离退休人员55人。下属单位有:北京市海淀区农业机械化服务公司(国有)、北京市海淀区汽车驾驶学校(联营)、上地垂钓中心、水产良种场。

2008年本公司较好地完成了区政府下达的各项经济指标和任务。全年总收入739万元,比上年增加59万元,完成年计划指标的101%,同比增长8.67%;净利润361万元,比上年增加129万元,增长55.6%;国有资产保值增值110%,比区国资委下达的指标超额7个百分点;成本费用率93.3%,比区国资委下达的指标增加48.3个百分点;上缴所得税58余万元,上缴国有资产占用费35万元。年内制订了对下属企业负责人和总公司员工年度绩效考核办法。

2006年8月,本公司经区国资委批准,与另一方共同成立了合作企业"北京海拓毫纳科技发展有限责任公司"。经过一年多的经营,该公司出现严重亏损,资金困难。经本公司与合作方协商,决定于2008年1月30日解散"北京海拓毫纳科技发展有限责任公司"。

5月12日四川汶川发生大地震后,公司干部员工为灾区捐款11880元,交特殊党费15531.22元。奥运会期间,公司加强组织领导、制定应急预案,排查安全隐患、化解内部矛盾、加强出租房屋管理,并签订党员承诺书,组织文明观赛。有一名志愿者参加了奥运服务保障工作。

本年,公司继续将安全生产工作列为对下属企业和经济实体主要负责人的重要考核指标,对总公司的出租房屋实行统一管理,进行全面检查6次、抽查两次。本年改造农机化服务公司平房电路,雨季之前改造老办公楼屋顶和上地垂钓中心危房等,共投资30余万元。

地　址:海淀区北四环西路65号
邮　编:100080
电　话:62552257　(黄兆华)

农村经济管理

海淀区农村合作经济经营管理站(简称区农经站)成立于1983年11月。2005年5月,设立海淀区农村经济与集体资产管理办公室(简称区农资办)。区农经站与区农资办实行一套机构、两块牌子,合署办公。主要职能概括为"一个中心、五项管理、三大创新、两个服务。""一个中心"就是农经工作必须围绕依法保护农民合法权益、构建和谐农村这个中心;“五项管理”就是依法规范全区农村土地承包和承包合同管理、农村集体资产管理和财务管理、农民负担监督管理、农民专业合作经济组织管理及农村信息化管理等工作;“三大创新”就是推进农村集体经济组织制度创新、农村集体土地制度创新和农村经营管理方法创新;“两个服务”就是为基层农村服务、为政府决策服务。本年5月,区农经站办公地点迁入海淀区东北旺南路27号上地办公中心。

2008年,全区农经工作贯彻中共中央第十个“一号”文件和市区农村工作会议精神,以农民增收为中心,坚持创新、务实、发展的原则,深化农村改革,完善农村基本经营制度,创新经营管理模式,发育新型农村经济组织,拓宽农村管理信息化平台,促进农民增收和农村经济发展。

农村集体经济合同清理和规范 本年,区农经站根据市农工委《关于开展清理和规范农村集体经济合同工作的通知》要求,针对全区土地专项治理工作中发现的土地承包合同签订、鉴证、管理不够规范,土地承包经营权流转合同签订、登记、备案制度不够健全等问题,集中进行整改。区、乡镇和村建立了清理和规范集体经济合同的机构,组建工作队,进行相关法律、法规和政策培训,培训人员500多人次。至本年底,全区共清理8个乡镇(含玉渊潭农工商总公司)及所属各级公司、村级集体经济组织以经济合作社、股份经济合作社、农工商公司或村民委员会名义,与自然人和法人及其他组织订立的履约未到期的所有集体经济合同12388份,清理合同总金额170.6亿元,其中问题合同1106份、问题金额8.7亿元。已规范问题合同802份,其中:完善问题合同252份,终止合同44份,清理拖欠合同253份,口头合同经过清理后订立书面合同253份。

本年,区农经站开通土地流转信息平台,为本区广大土地承包户和有意向使用土地者提供无偿的信息供求服务,提升了农村土地流转规模和质量。

农村集体财务管理 本年,区农经站在全区开展创建北京市农村集体财务管理规范化示范单位活动。经农业部和北京市考评小组考核,西北旺镇屯佃村获第二批全国农村集体财务管理规范化示范单位称号,温泉镇白家疃村,东升乡清河村和四季青镇门头村获北京市农村集体财务管理规范化示范单位称号。

区农经站继续监督各乡镇按照相关文件管理好、使用好村集体征地补偿款,切实保障资金安全。到本年底,全区村级组织土地征地款累计收入81.8亿元,累计支出33.3亿元,本年发生征地补偿款10亿元,支付8.1亿元。

本年,区农经站共审计单位98家,包括农工商总公司7家、经济合作总社1家、行政村87家、股份合作制公司2家、私营企业1家,审计金额79.33亿元;指导各乡镇审计单位160家,审计金额86.49亿元。同时,区农经站对上年审计的永丰屯、苏家坨水务站、稻香湖水厂等3家单位进行回访,检查其整改情况;受区纪委的委托,对苏家坨镇北安河村的白条、专项资金的管理与使用、土地征占款使用等问题进行了审计,促使一些问题有了明显改善。由于农村工作的特殊性,白条入账、大额现金支出、政企不分、赞助相关职能部门等现象在部分单位仍然存在,

促进农民专业合作组织发展 本年,本区进一步宣传落实《农民专业合作社法》,加大政府对农民专业合作组织扶持力度,推动全区农民专业合作组织发展。4月16日,在上庄镇区组培室花卉基地举行“海淀区首批农民专业合作社揭牌暨2007年财政扶持实物资金发放仪式”,为本区首批农民专业合作社正式颁发了营业执照,为11家农民专业合作组织发放农用运输车、农机具、电脑等物

资及70万元专项扶持资金。

至本年底，本区有农民专业合作组织22家（在区农经站备案，未备案的不计），其中专业合作社6家（在工商局注册、取得营业执照的）、农民专业协会16家。带动农户1800户。按所在区域分：温泉镇7家、西北旺镇2家、上庄镇5家、苏家坨镇3家、四季青镇1家、东升乡1家，区行业协会3家。

农民负担监督管理　本年，区农经站在落实中央关于减轻农民负担政策、建立健全农民负担监督管理各项规章制度的基础上，继续开展春秋两季农民负担执法检查，对村级组织各项补贴资金管理使用、区新农村建设试点村负债、市、区（县）政府事权范围之内道路修建中无偿占用村集体土地、村级组织负担城市居民管理费用、农村教育收费、农户养犬管理收费和村级公款订阅报刊等情况进行了执法检查，发放《农民负担监督卡》45339份。对部分行政村村级专项补助资金发放与使用进行抽查审计，审计金额888.3万元。

农村集体经济产权制度改革　本年，海淀区农村集体经济产权制度改革继续向"资产变股权，农民当股东"的方向推进，建立新型农村集体经济组织，实现集体经济产权制度由"共同共有"向"按份共有"转变。至年底，本区农村集体经济产权制度改革已在玉渊潭、东升、海淀、西北旺、苏家坨5个乡镇的39家单位展开，按工作进度可分为四个层面。第一层面是产权制度改革工作已经基本完成的单位，包括东升乡的大钟寺、太平庄、塔院、八家、马坊、清河、小营7个村级单位，其中太平庄、清河、马坊已完成股份经济合作社的登记工作，另外4个单位正在登记过程中。第二层面是已经完成集体资产处置、正在筹备成立股份合作社的单位，包括玉渊潭经济合作社、西北旺镇马连洼三队。第三层面是资产处置工作正在进行中的单位，包括东升乡的直属企业和海淀乡西苑、肖家河、树村、青龙桥、万柳和西北旺镇西二旗、小辛店、安宁庄、唐家岭、土井、西北旺、韩家川、六里屯、屯佃、亮甲店、永丰屯、东玉河、西玉河、皇后店、大牛坊、小牛坊、东北旺一至四队。其中海淀乡的各改制单位在全面完成老股金和劳龄登记工作的基础上，研究制定了老股金退偿实施方案和清产核资实施细则，并于年底前全面退偿老股金，清产核资也进入实际操作阶段。第四层面是准备启动资产处置工作的单位，包括苏家坨镇三星庄、西北旺镇冷泉、马连洼五、六队。截止年底，本区启动产权制度改革的乡镇、村退偿老股金4163万元，涉及资产总额165.85亿元，申请流转变现总额26.23亿元，涉及资产量化对象106815人（次）。改制工作面临的主要问题：一是改制单位注册登记的问题，二是改制完成后各改制单位的管理体制问题，三是改制引发的群众上访问题。

农经统计工作　本年，区农经站编制了《2007年度海淀区农村经济数据汇编》，录入本区农业人口基本情况、劳动力情况、经济运行、农村资产、农林畜果生产、新农村建设等内容共13部分56张报表，涉及各类数据8000余条，较全面地反映了全区农村经济发展各个方面的情况。

10月23日，全区7个乡镇农村合作经济经营管理站加挂乡镇农村统计信息中心牌子，增加"负责辖区范围内农村经济社会发展等相关统计工作"职能。业务上接受区农经站和区统计局的共同指导。这是本区农村统计改革的一项阶段性成果，创建了本区特有的农村统计工作模式。

农村管理信息化建设　本年，区农经站指导各乡镇（总公司）信息化管理人员完成新一轮农村人口信息、劳动力、经济组织、经济收入等数据的采集、录入、核实及汇总。同时，对8个乡镇（含玉渊潭）级数据处理站及92个村级信息终端数据进行了备份。为温泉镇5个行政村安装了村务公开触摸屏。

存在问题　一是乡村集体经济产权制度改革在各乡镇之间发展还不够平衡。二是各乡镇设立的托管办公室是农村会计服务机构,未经注册登记,单位性质不明确。托管会计人员隶属、办公经费等问题难以得到根本解决,造成会计人员队伍不稳定。全面推广和进一步完善村账托管工作难度较大。三是农村因土地征占、土地流转、集体资产、合作组织等方面问题引发的矛盾比较突出。

海淀区农村合作经济经营管理站
地　址:海淀区东北旺南路27号上地办公中心
邮　编:100193
电　话:62562423　82785300(传真)
网　址:www. hdnj. gov. cn　(陈子权)

种植　养殖业

【综述】　到2008年底,全区大农业总种植面积6.3万亩(4200公顷),其中:果树4.07万亩(2713.3公顷);粮食1.61万亩(1073.3公顷),蔬菜0.62万亩(413.3公顷)。2008年粮食直补总面积13566.52亩(904.43公顷),其中小麦5159.7亩、玉米6624亩、水稻1782.82亩,补贴资金124.84万元,其中市级补贴资金106.99万元,区级补贴资金17.83万元。共涉及3个乡镇1012户农户。

至本年底,全区共有家禽养殖场9个、散养户535个,总存栏19.94万只;规模猪场6个、散养户80个,总存栏1.97万头;规模牛场4个、散养户48户,总存栏4091头;养羊散养户110个,总存栏2239只;水产养殖场、户60个,养殖面积1050亩(70公顷)。

至本年底,全区共有57个农业标准化生产示范基地,其中国家级标准化基地3个,市级标准化基地14个;果树基地40个、种植面积7125亩(475公顷),水稻基地4个、种植面积1463亩(97.53公顷),蔬菜基地7个、种植面积572.5亩(38.17公顷),畜牧基地1个,水产基地2个,其他基地3个。有农业观光园17个,种植面积8816亩(587.73公顷);农业采摘园22个,种植面积5036亩(335.7公顷)。2008年加大果树有机生产技术的推广,对5000亩农作物土壤增施有机肥。重点对4个果园进行有机生产示范园建设,示范推广有机生产技术。

5月24日,在海淀公园举办海淀区第八届樱桃节开幕式。9月28日,在上庄翠湖旅游观光园举办海淀区第七届冬枣节开幕式。

【“海淀区增殖渔业资源　养护水域环境”活动启动仪式】　10月22日,在圆明园遗址公园举行“海淀区增殖渔业资源　养护水域环境”活动启动仪式,将38万尾鲢鳙鱼、草鱼、兴国红鲤鱼种投放到了1.2万亩的圆明园水面和上庄水库,以净化水质和美化景观。

林　业

【综述】　海淀区土地面积43080公顷,林地面积18989公顷,森林覆盖率37.1%,林木绿化率47.5%。2008年完成人工造林200.8公顷,种植苗木38.65万余株。其中:城市绿化隔离地区完成10公顷,植树1万株;第二道绿化隔离地区完成142.4公顷,种植各类苗木24万株;彩色树种造林工程完成46.7公顷,种植黄栌等苗木3.2万株;新农村绿化等其它工程完成1.7公顷。平原治沙工程完成残次林改造80公顷,种植柳树、桧柏等各类苗木2.45万株。播草盖沙工程完成100公顷,种植板兰根等种子3000余公斤。废弃矿山植被恢复工程完成2007年绿化任务13.8公顷,种植各类苗木8万余株。推进公园环建设工程,四季青镇玉东郊野公园和丹青圃公园建成,于5月1日正式对外开放;启动玉泉和八家郊野公园建设。5月30日,海淀区召开创建全国绿化模范城市动员会,启动创建全国绿化模范城市工作。

森林资源保护工作坚持标本兼治,巩固

资源安全保障体系,加强森林火灾综合防控能力,实现了全年无火警无火灾的“双无”目标。完善地方及部队专业扑火队12支,充实队员1200人,新建镇级专业扑火队1支。新修防火路6.4公里,新建和改造瞭望塔4座,新建森林防火监测站1座;完成森林防火视频监测系统与城管指挥中心监测系统的互通互联;增添了风力灭火机、森林防火运输车等设施设备。全区森林防火通讯覆盖率达到85%,瞭望监测率达到80%,视频监测率达到75%。举办《海淀区森林火灾扑救应急预案》演习。开展以美国白蛾为防治重点的林木有害生物防治工作,本区共设立林业有害生物预测预报监测点1101个,其中美国白蛾监测点1071个;设立实蝇监测点17个。在奥运会期间,加强口岸植物疫情监测,在五棵松体育场馆、体育大学等绿地设置了6个口岸植物疫情监测点。组织3次美国白蛾等危险性林木有害生物普查,累计普查面积9.6万公顷,普查树木1亿株。通过普查,在4个乡镇、11个街道、1个林场发现美国白蛾疫点36个,红脂大小蠹、松墨天牛、实蝇未发现,其它常规病虫害杨扇舟蛾、春尺蠖等有少量发生。开展了5次药物普通防治,累计防控面积3.2万公顷;进行2次飞机防治,飞行126架次,累计防控面积0.5万公顷;加大生物防治力度,释放美国白蛾天敌周氏啮小蜂1.5亿头,喷施美国白蛾病毒1吨。全区没有出现林业有害生物灾情,实现了“绿色奥运”的承诺。7月9日,举办“海淀区防控危险性林木有害生物专家论坛”。

加大林业行政执法力度,对乱砍滥伐、乱捕滥猎、侵犯林木绿地等违法行为进行严厉打击。加强林政资源管理,进一步规范林地征占用审核审批程序,完善林木采伐管理制度,推进林地保护利用规划的编制。对全区1623株古树名木重新换树牌,其中一级古树207株、二级古树1416株。

林业产业体系建设坚持兴绿富民,提升发展水平。重点发展果品、花卉种苗、林下经济、森林旅游等四大产业。果品产业实施新品种引进、有机果品栽培等工程,促进了产业提质增效和农民增收致富。2008年果品产量达到7436吨,产值5075万元;通过举办樱桃节、冬枣节、草莓节等活动,宣传本区的特色果品,促进观光采摘业的发展,全年采摘量达到1854吨,收入达2408万元。以海淀组培室为龙头,发展花卉种苗产业,全区花卉生产面积已达29.3万平方米,产值达734.5万元;苗圃育苗面积835公顷,当年苗木产量1623万株,重点工程苗木良种使用率达到90%以上。规范种苗生产许可证、经营许可证的办理。林下经济初步确定了林菌、林药、林花、林草等四种建设模式。自2003年起本区即开始种植板蓝根,本年种植板兰根、二月兰等156.3公顷,全区板兰根种植面积累计达到420公顷;完成林菌建设模式示范点5.2公顷,产量112.5吨,实现销售额58万元。森林旅游业初步形成了山区森林公园(风景名胜区)、城市绿化隔离地区郊野公园、村镇公园三级公园体系。全区3个森林公园和风景名胜区(北京林业大学实验林场、凤凰岭景区、阳台山景区)共接待游客70.11万余人,旅游收入560.8万元。

11月,首届中国绿色发展高层论坛在本区举办。在此次论坛上,海淀区获首届中国十佳绿色城市奖。本年,海淀区获“全国美国白蛾防治工作先进集体”、“北京市森林防火先进区”称号。创建首都绿化美化花园式单位22个,首都绿色村庄3个。

【玉东、丹青圃郊野公园正式开放】　4月30日,举行玉东郊野公园开园仪式。玉东郊野公园位于海淀区玉泉山以东、颐和园以西。占地面积64.53公顷,栽植苗木12.7万株,铺设地被25.9万平方米,营造了玉泉因借、翠林小筑等园林景点。还修建了足球场、篮球场、网球场等体育设施和儿童游乐区,公园集休闲、娱乐、锻炼于一体,为周边百姓开辟了优美的活动场所。丹青圃郊野公园也于同期开放。丹青圃公园位于玉泉山西南方，规划面积69.8公顷，一期44.33公顷。种植乔木1.8万株，灌木13万株。铺设地被17.5万平方米。形成一个清新和谐自然野趣的绿色空间。

【首届中国绿色发展高层论坛】 11月15日，首届中国绿色发展高层论坛在海淀区举行。论坛发布了“2008首届中国绿色发展高层国际论坛（海淀）宣言”，明确了以“绿色、和谐、发展”为宗旨，以“绿色责任与低碳经济”为主题，以“绿色就是生命”为口号。在本次论坛上，海淀区获首届中国十佳绿色城市奖。

【北京市西山试验林场】 北京市西山试验林场（简称西山林场），地跨海淀、石景山和门头沟3个区，直属北京市园林绿化局、首都绿化委员会办公室领导，为生态公益型国有林场，下属8个林业单位。

2008年，西山林场落实“大园林、大绿化、大产业、新水平”发展理念和“事业做大、产业做精、实力做强、争创一流”的要求，发挥林场区位优势，推进西山林业体系建设。

本年，林场实施营林项目工程建设，完成爆破整地造林工程200亩（13.33公顷），第二道绿化隔离地区绿化建设1200亩（80公顷），彩叶工程500亩（33.33公顷），废弃矿山植被恢复工程652.6亩（43.5公顷），京津风沙源治理封山育林工程面积30000亩（2000公顷），中幼林抚育面积3090亩（206公顷）。继续进行森林健康示范区建设项目，对示范区内低质低效林进行全面乡土化健康改造，取得显著效果，“西山林场森林健康示范区”项目主体工程已竣工。编制完成《北京市西山试验林场森林经营方案（2008—2020年）》。主持开展市园林绿化局科技计划项目《西山林场生物防火隔离带营建技术研究和应用》、《山杏、侧柏幼苗菌根试验》、固定样地动态监测项目等，取得初步成效。遵照“预防为主、科学防控、明确责任、积极防治”的方针，完成常规与危险性有害生物监测9万亩次。加强以防控美国白蛾为重点的林木有害生物防治，共释放管式肿腿蜂80万头，防治侧柏双条杉天牛800亩，防治黄栌黄萎病2486.5亩、黄栌跳甲420亩。本年林场未发生重大林木病虫害疫情，森林资源总体状况安全良好。

森林旅游是本场产业建设的重点，按照“举生态旗，走公园路，努力实现场园一体的发展格局”的总体思路，推进西山国家森林公园基础建设。结合奥运花卉繁育示范基地项目，开辟玉兰园、紫薇园两个园区，占地70余亩，铺设灌溉管线2000余米，修建游览主路360米，支路1500米；栽植玉兰150株、紫薇500余株，播种万寿菊、甘野菊等乡土花卉面积5万余平方米。公园门区（位置在闵庄路与香山南路交汇处以西300米）的建设有了实质性突破，建设主道路长300余米、宽10米，道路两侧各设3米人行步道和特色行道树，是外界与公园连接的最便捷、最适宜的景观廊道。门区交通、集散等功能区划和水系山石等标志景观设计基本成形。

本年，百望山公园接待游人80余万人次，比上年增长14.9%，门票收入201.9万元，比上年增长14%。成功举办百望山山花节、百望山红叶节等活动。

本年，林场承接园林绿化工程总造价达3520.5万元。其中丹青公司发挥综合优势，全年对外签订工程合同总额3149万元，参与行业招投标22项。生防中心适应本市有害生物防治的需要，加紧生防天敌产品的研发和繁育。全年生产美国白蛾病毒24吨，繁育周氏啮小蜂18.65亿头、管氏肿腿蜂630万头、瓢虫16万头、赤眼蜂1亿头、平复小蜂37万头。

本年度森林防火期共投入389.42万元。年内林场发生火情3起，均做到及时发现、及时报告、及时扑救，实现了“确保不发生重大森林火灾,确保不发生人员伤亡”的目标。继续加强防火基础设施建设,完成打鹰洼防火瞭望塔改建工程,瞭望塔主体为四层框架结构,建筑总面积达833.92平方米,总投资280万元,现已正式投入使用。开展森林防火视频监测系统建设,初步形成了由打鹰洼、小白塔、望儿山、黑龙潭513塔、场部为监测基站的防火视频监测系统。由市发改委全额投资的西山林场森林防火公路一期工程勘察、设计、监理招标、环境影响评估、林木采伐手续及初步设计审批等前期工作已经办理完毕。委托国道通公路设计研究院编制完成《北京市西山试验林场北岭大梁森林防火阻隔系统工程项目》和《北京市西山试验林场香峪大梁森林防火阻隔系统工程项目》的可研方案。

2月起,林场开展廉政风险防范管理试点工作,将风险管理理论和质量管理方法应用于林场党风廉政建设中,逐步形成以“三类风险、三道防线、四个环节”为主要内容的预防腐败长效机制。10月23日起,林场开展“学习实践科学发展观”活动。

组织25名职工参加市总工会“职工文明拉拉队”,参加奥运会、残奥会等有关赛事活动,共计135人次。

本年西山林场获全国精神文明建设工作先进单位、首都文明单位先进标兵称号,西山林场生防中心获北京市工人先锋号、百望山公园票务队获北京市“三八”红旗集体称号,周荣伍获首都绿化美化积极分子称号、梁莉获北京“三八”红旗手称号。

地　址:海淀区香山旱河路6号

邮　编:100093

电　话:62598489

网　址:www.bjxs.com.cn　　（蒋　薇）

水　务

【综述】　海淀区水务局是本区水务事业的主管机关,同时承担区政府水资源办公室和防汛抗旱指挥部办公室职能。下属7个事业单位:区节约用水事务管理中心、区水利工程质量监督站、区水政监察大队、区河道管理一所、区河道管理二所、区西北旺水利物资供应站、区再生水厂管理中心。原区凿井队撤销。海淀区再生水厂管理中心成立于本年3月,负责北部新区区属再生水厂的运行和管理,为乡镇小型污水处理厂(站)提供技术支持,同时负责再生水的宣传推广、运营管理等工作。

全区有区管河道9条,即南沙河、北沙河、万泉河、南旱河、北旱河、北长河、双紫支渠、田村明沟、金河。

2008年,区水务局围绕“平安奥运”开展工作,治理生态水环境,保障城市供水运行安全。加大供水安全、水资源保护、河道生态治理、水环境建设、治污和再生水回用、雨洪利用等方面工程建设力度。本年本区共确定水务工程新建、续建正式项目105项:包括水务基础设施建设正式项目30项,其中续建项目22项、新建项目8项;新农村水务建设项目64项;北京市郊区水务建设项目11项。全年区投资金4.34亿元,市补资金1.996亿元。

奥运保障工作　在奥运赛事保障中,建立责任制、预案、应急抢险“三大体系”,健全“六项机制”(“一纵一横”的部门联动机制、三级检查机制、优劣通报制度、跟踪解决机制、专群结合机制、重点保障机制),落实“五到位”(指挥到位、人员到位、设备到位、措施到位、资金到位)。开展“平安奥运”督察工作,确保属地安全。在奥运会、残奥会期间实现“五无”,即无安全生产事故、无安全饮水事故、无环境污染事件、无积滞水问题、无负面报道。以“零事故”完成2008年“平安奥运”安全迎汛任务，实现“确保赛事安全，确保人民生命安全，确保城市运行安全”目标。

防汛抗旱工作　2008年，海淀区全年降水量779.8毫米，为近十年最多值，比常年(580.6毫米)偏多34.3%，比上年(610.5毫米)多27.7%。据本局统计，奥运期间(7月20日～9月20日)区域内共发生强降雨6次。

本年全区成立防汛抗旱指挥部57个，建立三级安全迎汛责任制。建立81处涉奥场所迎汛保障台账，成立由区领导任组长、辖区一把手任副组长的各奥运场馆安全迎汛保障工作组，编制奥运保障预案80份。区防汛办和海淀消防支队建立了联动机制。

全区共落实抢险队伍165支、抢险队员5800人，建立专业抢险队伍2支150人(区消防支队和区抢险总队)。各防汛指挥部在治理隐患的基础上，开展迎汛安全演练61次、联合演练5次、雨中实战演练4次。对全区9个人工雨量点、13个自动雨量点和泥石流易发区的3处人工雨情预警点进行了维护、检修。

汛期接警722次，出动抢险及备勤人员11800余人次，动用抢险及备勤水泵1220台次，出动车辆750余台次，处置路面、小区积水，房屋进水等险情716处。

水事执法监督　出台《海淀区水务局工作规则》。全年依法处理水事违法案件160余起，其中行政处罚案件7起，上缴财政罚没款13万元。无一起行政投诉，无一例要求行政复议和行政诉讼案件。

组织执法人员法律培训，继续开展领导干部学法讲法活动，组织执法人员开展“12·4”全国法制宣传日活动。

贯彻部、市有关水利工程质量管理的规定，履行政府对水利工程实行质量监督的职能，本年完成主监工程34项，配合监督工程4项。受监工程总投资近6亿元。加强河道管理，按时监测水质(市水务局折子工程)，每月对区域内16个河湖的地表水进行取样，并送水质监测中心检测。本年全区污水处理率为93.7%。

水资源管理　根据市节水办下达的本年用水指标，分解后分别下达给各用水户；对月超计划户进行预警，重点提醒月用水计划红色预警的单位。4月《取水许可管理办法》颁布实施，对建设项目水资源论证、开凿机井和取水许可证核发等3个涉及机井取水的行政许可事项审批程序进行更新，严格执行水源热泵井的审批程序。完善地下水观测站网，新增11处承压水观测点，对区内3眼自动观测井进行升级改造。

加强水资源费征收力度，共征收地下水资源费1331万元；从4月1日起，向本区范围内的非农用自备井征收污水处理费，共征收278万元；对完成安全饮水改造的59个村6.47万农民实行安全饮水补贴。

本年组织24个单位和15个小区开展节水型单位(小区)创建工作，并全部达到创建标准。为低保户换装节水器具，为1720个家庭换装节水水箱和配件1742个、节水龙头5150个。

组织完成国家水利部2007年节水型社会建设试点的工作总结和建设试点雨水利用专题的大纲编制工作，工作成绩入选《全国节水通鉴》。在11月西安召开的全国节水型社会建设总结会上获得好评。

基础工作　加快信息化建设。进行分级式水务管理信息系统建设，完成网站安全整改与加固，配合市水利水电中心完成2006年项目下属4个单位管理系统建设。完成800M防汛电台的统计、维护、培训工作。

为纪念第十六届“世界水日”、第二十一届“中国水周”，3月22日组织开展以“平安水务　和谐奥运”为主题的大型宣传活动，并在温泉、苏家坨、上庄等地设立宣传站点，向农民宣传水法知识,各街道开展送法进社区活动。

2008年,本局办理人大代表、政协委员建议、提案15件,全部在规定时限内办结,代表、委员满意率100%。全年共接到水务监督热线案卷67件、群众事务呼叫中心案卷335件、城市管理部件1742件、群众来信来电380件,做到件件有答复。

【2008年重点水利工程】

农村安全饮水工程 2008年海淀区农村安全饮水工程是北京市农村安全饮水补助资金项目,由市、区两级财政投资。该工程共涉及温泉、西北旺、四季青三个镇9个行政村的南河滩、东埠头等14个自然村,工程包括建设更新水源井、铺设输水管道、安装一户一表等。年内该项目主体工程已基本完工。

海淀区新农村基础设施建设村污水治理工程 本项目涉及西北旺镇屯佃村、温泉镇高里掌村和苏家坨镇七王坟村,共计住户1632户、总人口10139人。主要建设污水收集管网、污水处理站工程等。其中屯佃村及高里掌村的污水直接纳入温泉再生水厂,七王坟村就地建设小型污水处理站。该项目主体基本完工。

再生水厂建设 2008年建设完成温泉再生水厂(一期)、永丰再生水厂(一期)、太舟坞再生水厂污泥综合利用工程。拟建翠湖再生水厂正在申办手续,上庄再生水厂和稻香湖再生水厂规划方案已编制完成并报市规委审批。

雨洪利用工程 2008年海淀区农村雨洪利用工程由前章村排水河道治理工程和岸边生态绿化美化工程组成。工程设计水面面积11.17万平方米、蓄水能力20.33万立方米。该工程已建设完成。

2008年海淀区雨水利用市折子工程11项,包括圆明园地区雨洪利用(101中学)、科烨隆生态园、北京制呢厂、皂君庙14号院、河道二所南沙河管理站、上庄水务站、北京城市学院、环保科技示范园、海淀区水务有限责任公司、上庄家园小区、北分瑞利小区(二期)。已全部竣工,修建雨水收集池945立方米,铺设透水路面32160平方米,修建人工湖14646立方米,每年可收集利用雨水82253立方米。

海淀区水务局
地　址:海淀区小南庄怡秀园1号
邮　编:100089
电　话:82635936
电子信箱:hdslj@163.com　　(张　丽)

气　象

【综述】 海淀区气象局是海淀区气象事业的负责单位,受北京市气象局和海淀区人民政府双重领导,承担海淀区行政区域的气象服务工作和气象管理职能。海淀区气象站前身是北京农业气象试验站,1974年4月1日建站,地址在海淀区西苑操场。1991年5月,局站合一,更名为海淀区气象局。2004年1月1日,本局地址定名为海淀区新建宫门路2号。

2008年,区气象局以“安全稳定,规范有序”的工作方针,完成奥运服务、汛期服务、气象灾害应急响应等工作任务。全年完成施放气球行政审批364卷,审批施放气球2740个;进行气象执法安全检查20次,检查单位39个。全年无气象行政违法案件、气象行政违规投诉、气象行政复议诉讼,无气象行政败诉发生。

本年,本局确保地面观测仪器设备、人员全部合格到位,全年每天24小时监视天气情况,通讯、网络状态良好。上半年,区气象局受区政府委托,承担《奥运期间海淀区气象风险源评估》课题。《评估》显示,6~10月份海淀区可能发生的气象灾害有高温、暴雨、雷暴、冰雹、大风、大雾等。本局针对这些可能影响到奥运会的灾害源，制定了气象保障方案和演练方案。本局全员参与“奥运练兵”，并通过“好运北京”测试赛的气象保障工作进行了总练兵。

6月1日进入主汛期，7月进入奥运气象服务正式运行阶段，本局增加奥运加密观测，值班强度加大，一线气象服务人员坚持24小时昼夜值守。从7月3日到9月20日，每小时加密观测发一份天气状况报告，并及时向市气象局和区政府及各有关部门发布气象信息和预警信息。奥运会和残奥会期间，本局每月至少3次对全区7个自动气象站进行维护，保障气象数据准确传输。8月14日至24日，本局为奥运会五棵松场馆篮球和棒球比赛制作天气专报，提供每小时天气实况和未来一小时天气预报，每日7时至24时每小时发送一次，为该场馆群安排赛事提供了详实的气象依据。本局还为海淀区接待奥运会宾客工作提供活动涉及区域的天气预报及出行条件的气象服务。

区气象局承担人工影响天气工作，从春季起就开始进行人工消减雨方案的演练，对作业人员进行培训，对武器弹药、设施进行测试、检查。上半年增雪作业11个作业日、作业66站次，燃烧炉作业144炉次、耗烟条761根，均安全有效。奥运前后，人影办加大高强度的演练，共参与17次演练保障作业，演练过程全部安全有效。在奥运会开、闭幕式人工消减雨作业中，区气象局参加人数286人次，使用了14个站点、6门高炮和7个火箭发射架，发射火箭弹840枚，成功拦截了降雨云系，确保了奥运会开、闭幕式的顺利进行。

本局负责海淀区域内香山、北安河、凤凰岭三个人工影响天气试验基地的运行。制订《关于加强奥运期间人影弹药安全保卫工作的通知》，并进行战前动员。8月份组织炮点安全检查12次，安全保障活动2次。

本年，本区防雷装置安全检测站13名专业技术人员在保证正常检测工作的同时，加班加点完成了海淀区所有奥运场馆的避雷装置安全检测工作，确保各场馆建筑物避雷设施安全有效。奥运期间，密切关注每次雷雨天气，加强防雷安全宣传，配备专业防雷安全应急队伍，做好雷击事件应急准备。

开展气象科普活动。配合本年世界气象日“观测我们的星球，共创更美好的未来”的主题，订制气象专刊、宣传册，赠送区政府机关，并向社会发放，共1000余册。在区公共安全馆开辟专题宣传。

年内组织抗冰雪、抗震灾捐献活动。继续与四季青镇香山村开展文明共建。继续与内蒙古克什克腾旗气象局开展“对口交流，文明共建”活动，与延庆县气象局和门头沟区气象局开展对口交流共建活动。8月15日，慰问克什克腾旗气象局。11月份，向门头沟区气象局赠送总值4万余元的自动化办公设备，签署文明对口交流办公自动化合作协议。选派两名技术骨干参与奥运志愿者司机服务。

本年，获首都文明委颁发的“城乡携手迎奥运，共建文明京郊行”活动先进单位称号。保持了首都文明单位标兵称号。

【2008年海淀区重大气候事件】 6月4日北安河13:55～13:56降冰雹；6月23日14:45～14:52本站降冰雹，魏公村14:50～14:53降冰雹，普兰店、四季青、车道沟降冰雹；8月14日12:56～13:05本站降冰雹；13:00～16:00上庄、西北旺出现暴雨大风天气，造成玉米倒伏近1000亩，造成一定的经济损失。全年出现大风天气5次、较大暴雨13次、雷暴天气32次，全年连续无雨日有两次超过60天，最长连续无降水日数为69天，其次为62天。

【2008年海淀区气候概况】 本年本区主要气候特点是：全年气温偏高，降水偏多，降水分布不均，多为短时强降水，日照偏少。四季气温均比常年有所偏高，突发性天气也多于常年。春季(3～5月)气温偏高，降水偏多，

本区平均气温为15.1℃,比常年(13.1℃)偏高2.0℃,降水量128.6毫米,比常年(67.2毫米)多9成多;夏季(6~8月)气温偏高,降水偏多,本区平均气温25.5℃,比常年(25.0℃)偏高0.5℃,降水量为556.4毫米,比常年(428.0毫米)多3成;秋季(9~11月)气温偏高,降水偏多,本区平均气温13.4℃,比常年(12.2℃)偏高1.2℃,降水量为93.1毫米,比常年(70.0毫米)多3成,冬季(1、2月和当年12月)气温明显偏高,降水明显偏少,平均气温为-1.5℃比常年(-5.5℃)偏高4.0℃,降水仅1.7毫米。

本年平均气温为13.1℃,比历年平均气温(12.3℃)偏高0.8℃。极端最高气温38.1℃,出现在7月3日,极端最低气温为-14.2℃,出现在12月22日。全年总降水量779.8毫米,为近十年最多值,比常年(580.6毫米)偏多3成,一日最大降水量为71.0毫米,出现在7月31日。

北京市海淀区气象局
地　址:海淀区新建宫门路2号
邮　编:100080
电　话:62553507　62822481(传真)
网　址:www.hd121.com
(李春玲)

商业服务业·对外经济贸易

商业服务业

【综述】 海淀区商务局于2004年7月组建，是区政府主管本区国内外贸易和对外经济合作的工作部门。下属2个事业单位：海淀区商业网点管理处（海淀区流通信息中心）、中国国际贸易促进委员会海淀支会和中国国际商会海淀分会（两块牌子、一个机构）。

2008年，完成奥运商务环境保障工作，保持区域市场安全、稳定、繁荣，利用外资稳步提高，外资结构不断优化，社区商业服务体系进一步完善。

区商务局继续完善《海淀区商业网点布局规划指导意见》，起草《"十一五"期间服务外包产业发展纲要》，完成本区"文化大发展、大繁荣一区域特色文化消费市场"子课题的调研，组织《海淀区商业服务业企业安全文化建设思考》专题调研，完成《改革开放30年》商业服务业部分的编写和《海淀商业60年》的编纂提纲，制定《海淀区促进商业服务业发展暂行办法》和《海淀区突发公共事件生活必需品保障应急预案》。全年完成8件人大代表建议和8件政协委员提案的办理工作，完成本年度区委、区政府的重点工作和办实事项目11项、区领导交办事项33件，办理文件1755份，报送工作信息552条，全年的工作目标和市、区下达的折子工程及办实事项目全部完成。

2008年海淀区社会消费品零售额突破800亿元，共实现885.0亿元，同比增长18.5%。其中居民消费品零售额553.8亿元，同比增长16.3%，增速比上年下降了4.3个百分点；实现社会集团零售额331.2亿元，同比增长22.3%，增速比上年提高12.9个百分点。其中吃类商品完成零售额200.2亿元，同比增长23.7%，占总零售额的22.6%；穿类商品完成59.5亿元，同比增长5.9%，占总零售额的6.7%；用类商品完成607.1亿元，同比增长18.5%，占总零售额的68.6%；烧类商品完成18.2亿元，同比增长9.6%，占总零售额的2.1%。本年社会消费品零售额呈现出两个特点：一是对地区生产总值的贡献率提升，约占全区地区生产总值的55.9%；二是汽车消费已经成为消费品市场发展的重要拉动力量，2008年，全区汽车零售额为155.5亿元，同比增长22.4%，对社会消费品零售额增长的贡献率达20.1%。

海淀区已逐步形成区域商圈、地区商业中心、社区商业、特色商业四大板块层次分明的现代商业格局。公主坟、中关村、四季青和上地四大商圈是海淀区优质商业的集中体现。海淀区已建成的万米以上大型商业设施共44家，其中23家位于四大商圈范围内，从企业知名度到经营效益均位于全区前列。甘家口、万柳、五道口、西外等多个地区商业中心分布合理，覆盖多种业态。社区商业体系逐步完善。特色商业街区和特色商业市场不断发展。在2008年度"北京市十大商业品牌"评选中，海淀占有4席（翠微大厦、当代商城、超市发和海龙电子城）。在全国商业服务业巾帼建功表彰会上，本区3名管理者荣获“首届中国商界杰出女性”称号。2008年在全市开展的消费者满意度调查中,海淀名列城八区之首,是唯一一个满意度达到优秀的区县。

推动特色商业和重点商业项目的发展。初步完成重点商业项目收集整理、前期调研、可行性研究、初步方案的制定以及预算编制等工作。本年起,海淀区将每年投入5000万元,主要倾向于海淀区内公共产品行业和特色商业,引进名品名店和老字号的创新发展。确定海淀区商业网点近期7个重点发展项目和5个重点关注项目,推荐19家商业服务业企业为海淀区重点企业,支持当代商城引进国际知名品牌,打造高档精品百货名店。五道口商业中心和上地硅谷亮城开业,大钟寺国际广场已具备商户入场条件,华熙长安MALL引进太平洋百货等主力品牌商户。香山买卖街和煤厂街的改造被列入《香山地区规划实施工作方案》。全年共争取商务部、北京市和区政府的各类扶持资金近2000万元,受益企业近40家。为43家服务外包企业和培训机构申报人才培训支持资金3200万元。年内,15家餐厅被北京市评为中国风味特色餐厅、7家被评为清真特色餐厅、3家被评为外国风味特色餐厅。组织区内9家大型超市参加超市分等定级。

社区商业服务体系进一步完善。全年完成11家社区菜市场的升级改造工作,新建成16家便民菜店;协调解决世纪坛早市、北京航空航天大学社区菜市场和紫竹院社区菜市场建设中的问题。对西北旺镇、上庄镇、苏家坨镇、温泉镇等北部农村商品配送体系建设进行调研,提出实施方案。完善再生资源回收体系建设,对山后4个镇的社区再生资源收购站点进行规划,组织3期、330名收购员的培训;统一更换社区回收站点围挡400套;推进韩家川回收分拣加工中心二期建设,新建电子垃圾、废塑料和废钢铁分拣加工处理功能区;试点投放饮料瓶罐有偿回收机,分别在翠微大厦、家乐福中关村店、当代商城、中关村三小等公共场所安放使用。

加强商业服务业安全生产监管和行业规范。全年检查商业服务业生产经营单位3000多家,完成对规模以上商业零售和餐饮经营单位的执法检查,并加大对洗浴、美容美发等行业以及小商品市场的安全监管力度。逐步建立商务综合执法体系,对流通食品安全、粮食市场监管、洗浴和美容美发、成品油管理、规范生猪屠宰等进行全面梳理,与相关职能部门建立沟通协调机制。开展行业安全隐患排查工作,督促企业落实“两个规定”①。加强促销监管工作,全年开展促销安全专项检查150余次。加强对大型商业服务业企业安保工作的指导和小商品市场的安全监管。

针对北京市本年生活必需品市场物价上涨情况,加强市场监测,完善应急保障方案。组织开展生活必需品应急桌面演练,建立9家连锁商业企业日常生活必需品的供应渠道和47个应急投放网点的投放渠道。针对三鹿奶粉事件,加强市场调查和监控,采取多项应急处置措施保障奶制品不脱销、不断档。

完成海淀区涉奥场所外围保障、独立训练场馆餐饮服务、奥运宾客服务接待、市场供应、平安奥运等任务。期间,组织区内各独立训练场馆为运动员、志愿者供餐共计163330份,指导重点商业服务业企业为来自200余个国家和地区、5403人次的涉奥人员提供优质服务。完成涉奥场所周边200米商务环境保障工作。先后完成61家大中型商场、超市的无障碍设施的改造建设,推进消费刷卡便利工程,开展经营场所空气和温度的监测,完成8家大型综合百货和电子市场的停车场体系改造建设。组织双语(手语)、岗位技能、行业礼仪、职业道德等培训,共培训一线员工

① 是指2007年4月1日起正式实施的《北京市商业零售经营单位安全生产规定》和《北京市餐饮经营单位安全生产规定》。

50万人次，英语培训率达90%。当代商城、翠微大厦、双安商场、中关村家乐福、超市发连锁、甘家口大厦、城乡贸易中心等成为英语购物无障碍店。全区完善的便民商业体系确保了市场供应平稳、居民生活稳定。完成接待奥运宾客，解决奥运火炬传递万人聚集入厕难，为五棵松场馆排队购票群众现场销售食品、发放防暑药品等应急保障工作。实现商务保障各项服务投诉、企业安全生产事故、食品安全问题均为零的工作目标。在北京市商务局"2008好运北京·商业满意服务"主题测试活动中，海淀区参加测试的企业顾客整体满意度达90.34%，总分和各项指标均列全市第一。

春节期间，协调行业协会组织35家企业，为全区5414户低保户捐赠总价值37万元的"爱心年货"。汶川大地震发生后，全区商业服务业系统捐款达2100余万元。举办"第六届中关村国际美食节"、"幸福海淀·2008'中国移动'海淀商业品牌消费节"、"海淀迎奥运商业服务业职业技能风采大赛"。

本年，商务局局长王淑侠被评为全国巾帼建功标兵、首届中国商界杰出女性，甘家口大厦总经理周平、新燕莎铜锣湾商业有限公司总经理傅跃红被评为首届中国商界杰出女性。2个单位被评为北京市奥运会残奥会先进集体，5个单位被评为北京市三八红旗集体，3个单位被评为北京市商务系统先进集体。4人被授予北京市三八红旗奖章，1人被评为北京市奥运会残奥会先进个人，2人被评为奥运安保先进个人，6人获奥运巾帼奉献奖。

海淀区商务局
地　址：四季青路6号招商大厦4层东
邮　编：100195
电　话：88496768　88496790（传真）
网　址：www. hdboc. gov. com

【海淀区商业联合会】　成立于1999年7月。2005年，区商业联合会、中国国际贸易促进委员会海淀支会和中国国际商会海淀分会进行整合，实行"三块牌子、一套机构"。商业联合会以"服务企业、服务政府、服务社会"为宗旨。本年新发展会员25家，共有会员143家。

年内，区商联会共举办各类培训24期；组织以"我参与、我提高、我快乐"为主题的"海淀迎奥运商业服务业职业技能风采大赛"；编辑出版中英文单行本《海淀奥运服务手册》，为奥运宾客提供资讯服务；组织"幸福海淀·2008'中国移动'海淀商业品牌消费节"；完成《海淀商业服务业改革开放发展》的撰写工作。

地　址：海淀区知春路甲82号
邮　编：100086
电　话：82118491　　（崔常楠）

【海淀区饮食服务行业协会】　成立于2000年5月。2005年换届。下设餐饮、洗浴、美容美发、旅店、清真、彩扩摄影、洗衣7个专业委员会。

4月24日，协会举办第六届中关村国际美食节。以"绿色餐饮·美食奥运"为主题，进行社区百姓的厨艺大比拼、餐饮业的创意菜品大赛。开幕式当天就吸引数万观众，几十家专业媒体到现场采访，CCTV新闻联播当天进行了报道。

在奥运火炬传递过程中，组织"绿色餐饮行动宣言"巡回签名活动。数十米长的签名长卷在部分餐饮企业进行了接力传递，签字人数多达两万余人。

四川汶川强烈地震后，协会组织来自餐饮、旅店、美容美发行业的30多家企业及其员工累计捐款60余万元。

本年，协会继续承担海淀区餐饮服务行业的奥运培训任务，重点对奥运场馆周边的餐饮服务企业开展培训。自2006年以来，直接为餐饮、旅店、美容美发、洗染和摄影行业培训企业管理者及小教员4565人次。在协会指导下，有近400家企业培训一线员工

37000余人次。

年内,协会组织区内所有2004年以前评定的国家特级酒家参加复评工作,有46家餐饮企业完成2008年度国家特级酒家的复评。

11月26日至29日,应韩国全州韩定食发展协会的邀请,协会组织区内部分餐饮企业赴韩国参加中韩两国的饮食文化交流活动。签署《韩国全罗北道全州韩定食发展协议会与中国北京市海淀区饮食服务行业协会缔结饮食文化与交流合作协议书》。

协会投资数万元对原有协会网站进行改版升级并于年底正式上线运行。

地　址:海淀区西四环北路11号

邮　编:100195

电　话:88472791　88472792

电子信箱:hdyfxh@sina.com

网　址:www.hdyfxh.com　(姜　哲)

【北京京海联实业开发总公司】 公司前身为1979年成立的海淀区城市生产服务合作联社、海淀区城市生产服务总公司(一套人马两块牌子)。1996年转为经济实体,成立京海联实业开发总公司。2000年经区经委审定为独资城镇集体企业。

至本年底,公司有下属企业两家:新海学金属制品中心、海地兴物资供应站(诚信佳印刷中心、海联通水电设备安装中心改制脱离总公司),控股股份制企业一家(万泉源物业管理公司)。公司近年来以房屋场地出租为主要收入来源,其中最重要的承租人是新东方学校。

本年,总公司及下属企业、控股企业共有在职职工(含下岗职工)55人,离退休职工226人。资产总额1064.2万元,同比增加0.7%,净资产556.6万元,同比减少16%。本年总收入671.8万元、同比增加10.1%,利润8.5万元,同比增加13.8万元。

在奥运保障工作中,对本公司房屋围墙等进行了翻建、修缮、清洗、粉饰。

地　址:海淀区苏州街12号西屋国际公寓E座603、604室。

邮　编:100080

电　话:82872675(传真)　(郑　珊)

【海淀区物资总公司】 是区国资委授权经营的国有企业,1993年1月由海淀区物资局改制成立。公司经营业务主要是写字楼出租,全年营业收入1078万元,同比增长6.02%;上交税金118万元;实现净利润128万元,同比增长7.6%,净资产收益率5.46%;所有者权益2411万元;资产总额6035万元,比上年减少311万元,国有资产保值增值率达到105.50%。

本年,总公司在写字楼设施基本完善、价格基本到位、客源基本稳定的情况下,利用奥运商机进一步提升写字楼的出租率和收益率。在下半年金融危机显现后,继续依靠优质服务确保客户稳定。

总公司强化中心组理论学习制度,领导干部超额完成在线学习任务。继续创建五型班子,完善《惩治预防腐败规章制度体系》文件,开展了内部专项效能监察工作。

年内,总公司贯彻落实新颁布的《劳动合同法》,与职工重新签订了劳动合同,实施《绩效考核与奖金发放办法》。成立"暖风"行动领导小组,共走访、慰问职工518人次,发放慰问金(品)17万余元,将职工住房公积金提取标准从上年的10%提高到12%,为83名内退待岗职工提高了待遇。总公司全年实现治安、消防和交通安全零事故,信访纠纷零案件。

北京奥运会期间,总公司抽调1名领导参加区维稳大接访督导组,选派2名职工担任志愿者。汶川大地震发生后,总公司共捐款11460元,缴纳特殊党费4000元,并将计划表彰奖励党员的费用全部捐献灾区。

地　址:海淀区西苑操场甲2号

邮　编:100091

电　话:62863335(传真)　(吕福贵)

【海淀区物资回收公司】 成立于1958年2月。本年,公司实现收入8247.7万元,实现利润81万元,企业净利润77万元,上缴税金185.6万元,企业保值增值率103.63%。

海淀区再生资源回收体系产业链条建设被列入了《2008年海淀区在直接关系群众生活方面拟办的重要实事》及《2008年海淀区区委区政府重点工作任务》,本公司是海淀区再生资源回收体系产业化的主体企业。

为实现“绿色奥运、洁净城市”的目标,韩家川再生资源回收分拣加工中心被北京市市政管委、市商务局指定为奥运场馆生活垃圾可回收物分拣回收指定单位,承担奥运期间海淀区、石景山区、丰台区共11个奥运场馆生活垃圾中可回收物集中分拣加工任务。奥运会、残奥会期间,分拣比赛场馆生活垃圾可回收物272个车次,分拣出可利用再生资源107.4吨。奥运期间,由于对货运机动车进行限制,部分游商被清理,短时出现社区居民交售废品难的情况,公司在废品旧货网公布社区回收网点收购地址,设立预约收废服务电话,扩大社区废品回收网点物流运输的范围,增加物流车次,实行延时、错时运输,为居民交售废品提供主渠道服务。奥运期间接收预约收购电话、网站收购表单175个,组织社区回收员上门收购49次,收购废品16130公斤。7~8月,运输废旧物资650吨,超过上半年的总量,实现奥运期间海淀区居民交售废品零投诉。

继续对回收网点进行规范管理。本年共组织3期培训班,对330名收购员进行培训;统一更换收购围挡400套,规范380个网点。公司开展物流配送工作的试点工作,对20个街道、100余个社区收购点再生物资进行物流配送,全年共运输废旧物资1500吨。

本年投入620万元启动韩家川分拣加工中心二期工程和三期工程,增加建筑面积21000平方米。分拣中心总计面积达到30000多平方米,集废纸、电子垃圾、废塑料(废饮料瓶)和废钢铁分拣加工处理功能为一体。通过两年的规划建设,韩家川分拣加工中心已具备了对废纸、废塑料、废电子废弃物、废金属等主要废物的分拣打包能力,基本能替代摊群式的集散市场,初步形成再生资源回收体系中专业分拣环节的集约化、专业化。通过专业分拣加工向首都钢铁公司、河北诺斯克龙腾纸业公司、北京盈创再生资源公司等具有先进生产水平的废旧物资利用厂家提供废报纸加工产品3万吨、废钢铁6680余吨、废饮料瓶200余吨。

本年公司被区财政局指定为国有资产报废回收的主体企业,海淀区各行政事业单位报废的国有资产全部由公司进行回收处理,采用市场化运作的形式进行结算,防止了国有资产的流失。年内共收到行政事业单位报废的电脑、打印机、传真机、复印机、空调等1300余台(套),办公家具2300余张,废金属10余吨,总价值13万元。

全年组织安全生产综合性检查8次,下发安全生产通知等文件11份,夜查13次。公司总部与基层单位签订“平安奥运”安全责任书、防火防煤气中毒安全责任书,被北京市公安局评为治安先进单位。本年建成15700平方米双清路综合楼。

四川汶川强烈地震后,公司个人及单位捐款共计14余万元。

奥运会、残奥会期间,公司奥运文明拉拉队担负多个比赛项目的助威活动,被区工会评为海淀区奥运会拉拉队训练二等奖和观赛组织三等奖。

地 址:海淀区西苑一亩园21号
邮 编:100091
电 话:62883134 (肖 洁)

【北京翠微大厦股份有限公司】 北京翠微大厦股份有限公司是于2003年1月23日由北京翠微大厦改制成立的,是以百货零售为主的大型现代化集团式企业,旗下拥有翠微店、牡丹园店、龙德店三家面积均为2万平方米以上的现代百货商场。本部翠微店位于西长安街公主坟翠微商业中心,占地2.3公顷,建筑面积11.7万平方米,本年卖场调整后商场营业面积3.8万平方米。2008年公司的工作指导思想是:持续提升翠微百货的经营品质,加速构建具有翠微特色的连锁经营格局。公司全年实现销售收入31.24亿元,同比增长25%;上缴国家税金1.72亿元,同比增长17%。

翠微百货第十一届购物节4天销售2.13亿元,单日最高销售突破6000万元,再次创造全国大商场日销售新纪录。全年开展节日营销创新活动26次。引进了奥玛仕、吉芬、24小时、嘉宝等179个国际、国内知名品牌,淘汰供应商65家,新引进55家。

7月,签约翠微广场。可晶照相器材部在水立方开设照相器材专卖及摄影点。

本年实施“无障碍设施建设”和“智能化停车场改造”工程。完成大厦南门广场、牡丹园店环境改造等工程14项;实施节能改造项目20余个,2008年比2007年能耗降低30%,节约资金700万元。

北京奥运会、残奥会期间,公司累计接待外国政府官员、运动员、媒体记者1200余人,涉及66个国家和地区,外宾对翠微服务的满意率达到百分之百,留下感言68篇;奥运期间捡拾顾客财物折合人民币36万余元,投诉率为零。公司董事长、总经理张丽君作为北京奥运会第24棒火炬手,参加了奥运圣火传递。组织17场次1328人次参加奥运会、残奥会文明观赛助威活动,组织200名职工8月8日在天安门广场参加排舞表演交流展示活动,组织百名职工参加残奥会圣火在北京世纪坛的传递活动。在奥运会、残奥会服务工作中,公司获“北京奥运会、残奥会先进集体”等5项市级先进集体称号,15人获“北京奥运立功标兵”等市级称号。37名员工被评为首都窗口行业2008年北京奥运“微笑大使”,翠微店一层商场收银部、翠微店客户服务中心、牡丹园店总服务台被评为“微笑服务示范岗”。

汶川地震发生后,公司在全市大商场中第一家开展义卖,将当日利润全部捐献给灾区。企业及员工向灾区捐款68万元,并筹集了120万元的救灾物资运往灾区。

本年,公司获得中国商业联合会、中国商报社、纪念中国商业服务业改革开放三十周年活动组委会颁发的“中国商业服务业改革开放三十年功勋企业”、北京十大商业品牌评选委员会颁发的“全国商业服务业十佳企业”和“全国企业文化优秀成果奖”、“全国商业节能减排示范单位”、“首都平安示范商场”等一系列荣誉;被北京市委、市政府、奥组委授予北京百货商业系统惟一的“北京奥运会残奥会先进集体”称号。被中央精神文明领导小组授予“全国文明单位”称号。

公司董事长、总经理张丽君被评为“全国商务系统劳动模范”、“北京市安康企业家”。

地　址:海淀区复兴路33号
邮　编:100036
电　话:68210092　68167760(传真)
网　址:www.cwjt.com　(史旭光)

【北京翠微集团】 北京翠微集团是以现代百货连锁经营为主业,涉及商业管理技术咨询、餐饮、宾馆、物业管理等领域的大型企业集团。1996年12月30日,由原隶属于华奥集团的翠微路百货商场、超市发集团的翠微路副食商场、饮食服务公司的惠丰堂饭店和照相馆、修理公司的翠微工贸公司、北京市蔬菜公司等单位组建而成,由其主体——北京翠微集团翠微大厦主要经营百货零售。2003年1月,由翠微大厦改制成为北京翠微大厦股份有限公司。2000年4月6日,成立翠微国有资产经营公司,下属北京翠微大厦股份有限公司、甘家口商场、当代商城。2006年2月,区政府决定撤销北京翠微国有资产经营公司,组建新的北京翠微集团,受区国资委领导,行使原北京翠微国有资产经营公司的全部职能,北京翠微国有资产经营公司所投资企业(包括北京翠微大厦股份有限公司、北京市甘家口大厦、北京市当代购物中心建设经营服务公司)全部划归北京翠微集团管理。2007年3月,北京市当代购物中心建设经营服务公司从集团划出,2008年初,北京市甘家口大厦划归区国资委直接管理。

本年,翠微集团按照投资控股与经营管理权分离的原则,促进企业实现规模经营。截至年末,集团总资产196435万元,负债96057万元,净资产79726万元,少数股东权益20651万元;实现利润22942万元,同比增长57.99%。完成国有资产保值增值率111%。

地　址:海淀区复兴路33号
邮　编:100036
电　话:68210092　68167760(传真)
网　址:www.cwjt.com　　(史旭光)

【北京超市发国有资产经营公司】 北京超市发国有资产经营公司是海淀区政府授权经营的国有独资企业,组建于2000年4月。截至本年底,公司资产总额23.08亿元,所有者权益14.17亿元,资产保值增值率102.02%,负债8.9亿元,利润2818万元。

本年,公司按照"精细、数字、清结、提升、安全、和谐"的经营管理方针,强化经营目标责任制管理与绩效考核评价奖惩相结合的管理方式,确定全年14项重点工作,层层签订《经营管理目标责任书》。推行全面预算管理,加强各单位预算执行和目标责任落实的跟踪监控,确保各项经济指标和工作目标的完成。

以效益为中心,开展资产经营。坚持租金收缴责任制,全面落实租金催收措施,公司本部全年实现租金收入10472.56万元。依法清收债权,将债权清收指标分解到相关部门,全年共清理收回债权4656万元。针对改制企业合同陆续到期问题,制定《"租壳卖瓤"改制企业租赁到期实施方案》,规范改制企业续租管理办法,在确保改制企业稳定的基础上,提高国有资产收益。为完善对租赁企业的管理,公司建立租赁企业信用评价体系,按照ABCD四级标准对租赁企业进行评价,依据评价结果分别采取优惠政策和从紧政策。公司配合区商务局、区商联会在图书城举办第一届中关村图书文化节暨2008年海淀消费节图书城分会场活动,宣传打造图书城文化特色。

本年解决翠微大厦、甘家口大厦、永定路、魏公村开发遗留产权问题,共办理房产证11份、土地证5份,分割房产证5份。与市国土局签订五道口大厦土地出让合同,办理出让手续,已取得建设用地规划许可证和土地证。完成四道口饭馆等7处网点拆迁,安置23名改制职工。对租赁到期房屋进行实地测量,全年共完成51处房屋面积测量绘图,做到实际面积与房产证相符,临建面积与图纸相符。完成翻扩建和装修改造项目8项,零星维护修缮项目43项,总计投入资金1331.6万元。加强审计监督,完成内部审计和委托中介审计61项,审计核减资金668.88万元,公司被评为北京市及海淀区内部审计工作先进单位。

加强投资企业监管,采取财务监管、成本监控、加强股权监管等措施确保资产保值增值。完成海图国际青年旅舍二期工程装修改造并投入运营,全年实现营业收入350万元。

做好奥运会服务保障工作,成立迎奥运安全稳定工作委员会,加大矛盾排查力度,制定《公司安全维稳管理办法》、《安全生产工作实施意见》、《落实维护稳定工作实施意见》,建立安全应急预案,逐级签订《平安奥运责任书》、《安全生产责任书》。强化奥运场馆周边重点区域、重点行业、重点部位的安全检查和隐患治理,进行消防知识培训,组织参观"安全与我同行,共筑奥运平安"主题展览,组织突发事件应急演练。开展安全生产月活动、重大事故隐患排查整治专项治理活动,发放整改通知4662份,责令督促承租单位整改安全隐患4914项,获市公安局2008年度暨"奥运安保"集体嘉奖。奥运期间,公司召开专项问题分析会19次,接待上访91次325人次,接待调处信访20件,办理回复人大代表建议和政协委员提案10件,获区大接访工作先进集体、区信访排查调处先进单位称号,公司承办的市专项督查件第446号被评为海淀区政府系统优秀督查件。公司组建50人的拉拉队,奥运期间先后接受17次任务,3人获市级奥运志愿者先进个人称号、7人获区级优秀志愿者称号。

推进和谐企业建设,开展送温暖活动。全年走访慰问困难职工831人次,发放慰问金29.5万元,调整待岗内退职工生活费标准,共增加支出74.34万元;春节、"十一"发放退休和待岗内退职工过节费72.75万元;向市区工会、市职工帮扶中心和区慈善协会筹集救助资金13.9万元,受益职工140人。

四川汶川大地震发生后,公司开展"心系地震灾区献爱心"活动,捐款13.46万元,342名党员交纳特殊党费10.22万元。本年获区国资委党委系统思想政治工作先进单位和信息宣传工作先进单位称号。

地　址:海淀区成府路150号商厦四层
邮　编:100084
电　话:62551178
网　址:www.c-s-f.com.cn　　　　(高炳波)

【北京超市发连锁股份有限公司】　公司是以商业零售为主的大型连锁企业,1999年10月完成股份制改造。2008年实现含税销售23亿元,同比增长21%。

2008年推出了农达(4月29日开业)、蓝天(6月30日开业)、天通苑东(11月18日开业)3家以生鲜果菜经营为主的菜市场;新开连锁店8家,调改店13家,使总体营业面积达到11万平方米。实施"微笑迎奥运　服务我先行"两期服务工程,开展以"向奥运标准看齐　向服务冠军冲刺"为主题的员工服务技能大赛。公司作为全市商业系统节能改造项目试点单位之一,对新开店、调改店照明系统进行了节能设备改造,对学院路店实施空调和电梯的节能改造,节约电费20%－30%。公司通过区工商分局质量管理创A复审,全年未出现重大食品安全问题。

奥运期间,公司改造13家连锁店,公司所属各连锁店接待了来自美国、英国、德国、法国、日本、俄罗斯等30个国家和地区的运动员、官员及宾客共计580余人。残运会期间接待外宾近百名。

举办第五届"超市发果蔬节"、"为您家乡行捎去首都情"主题营销、公司改制9周年庆典及第二届超市发员工艺术节等活动。公司组织个人、企业为雪灾、地震灾区捐款近百万元,并在连锁店设立牛角梳"爱心专柜",以及开展爱心柠檬、桔子的销售活动。完善福利体系,多渠道提高员工综合收入,同比增长18.3%。

本年,公司获中共北京市委员会、北京市人民政府授予"首都民族团结进步先进集体",被北京市粮食局、北京市人事局授予"北京市粮食行业先进集体",被北京市总工会授予"北京市劳动和谐关系单位",中国行业发展研究中心授予"全国商业零售行业诚信经营示范企业",被中商联、中商报授予"中国商业服务业改革开放三十周年卓越企业"。中国商业联合会授予"全国商业质量效益型先进企业"、"商业顾客满意企业"、"3·15荣誉企业"、"全国商业质量管理小组活动优秀企业",被北京市妇女联合会授予"北京市三八红旗集体",被北京物流协会授予"北京奥运会、残奥会物流服务工作先进集体",被北京商报授予"影响2008—2009北京商业十大创新企业",被北京市商业联合会授予"2008年度北京十大商业品牌"等称号。

本年,总裁李燕川当选为引领中国商业

改革发展功勋企业家、中国商业服务业改革开放三十周年卓越人物、2008 中国连锁年度人物。陈秀英当选全国"金牌店长"、获首届全国十佳店长称号。安连清当选全国"金牌店长"。

地　址:海淀区双榆树东里 15 号
邮　编:100086
电　话:82125291
网　址:www.bjcsf.com　(宋冬梅)

【北京海龙资产经营集团有限公司】 前身是 1992 年成立的北京市海龙商贸总公司,2002 年更名为现名,2005 年其资产所有者由海淀区供销社变更为北京市供销合作总社。公司的核心业务是经营海龙大厦电子城和物业管理公司。

本年,公司提出建立精品化、专业化的商业模式,对原有的商业模式进行调整。在品牌方面调整的思路是激励大品牌,发挥大品牌的核心优势,树立大品牌在海龙的优势地位;维护中品牌,利用海龙的优势资源,扶持中品牌在海龙的发展;调整小品牌,小品牌在市场内保证相应的份额;发掘新品牌,提高市场的品牌丰富度。全年实现净利润 3173 万元,资本保值增值率 15.58%,同比增长 46.57%;实现综合经济效益 4612 万元,其中税前利润 4352 万元,同比增长 53.22%。全年实现销售额 51.4 亿元,比上年的 49.4 亿元增长 4.0%,贸易额 99.7 亿元,比上年的 95.2 亿元增长 4.7%。年初,为了配合奥运会,海龙集团对海龙大厦进行了无障碍设施的改造和停车场的改造。

11 月 29 日,承办了主题为"挑战创新发展"的第十一届中关村电脑节中国 IT 卖场高峰论坛,中国电子商会、中关村电子产品贸易商会首次发布了"中关村发展报告"和"中关村产品报价系统和指数系统",并出台《IT 卖场管理规范》。

5・12 汶川大地震后,海龙集团组织员工、大厦内的经销商向灾区捐助了 96.3 万元,并组织经销商现场义卖。

海龙集团董事长鲁瑞清被选拔为 29 届奥运火炬手,参加了北京地区大兴段的火炬传递活动,传递结束后,海龙在前广场举行了迎接火炬手活动,并在海龙电子城设立了火炬展示台。本年,集团董事长鲁瑞清被中国商业企业管理协会授予"引领商业改革发展功勋企业家"称号。在第三届中华电子品牌价值排行榜活动中,"北京海龙资产经营集团有限公司"品牌价值为 15.15 亿元,并获"中华电子品牌管理进步特等奖"、"中华电子企业最有价值品牌奖"、"中华电子十大杰出卖场品牌奖"。

本年,海龙电子城获互联网协会授予的"2008 年全国 IT 卖场 20 佳"称号、北京商业联合会颁发的 2008 年度"北京十大商业品牌"称号。被海淀区科技委员会与北京中关村电子产品贸易商会共同授予"2007 年度中关村地区电脑销量第一"和"2007 年度中关村地区数码相机销量第一"称号。获海淀商业服务业奥运服务优秀企业奖。

地　址:海淀区中关村大街 1 号
邮　编:100080
电　话:82663877　82663999(传真)
网　址:www.hilon.cn　(薄　菁)

【北京华奥商厦有限责任公司】 北京华奥商厦有限责任公司成立于 1996 年 10 月,是以经营日用百货零售批发为主、多种经营的国有控股公司。2005 年 9 月 15 日,中关村文化发展股份公司收购本公司 78.1% 的国有股和社会股,完成了公司的二次改制。

2005 年 11 月 1 日公司停业装修,至今尚未完工。停业期间,成立了留守处,主要负责公司延续运转工作及处理营业期间对内、对外相关遗留问题,债权债务关系和公司员工的管理工作。

2008 年,留守处办理正式退休 25 人,看望慰问患病和困难员工 38 人,发放慰问金 15000 元;为保证奥运会的安全,加强公司外围租赁商业网点的管理,协调各商户间关系,建立安全规章制度,进行消防、安全检查25次,消除各类隐患。

地　址:万泉河路58号

邮　编:100080

电　话:62574947　(何小华)

【北京甘家口大厦】 2000年1月9日开业,是一座以购物为主,集餐饮、娱乐、休闲、金融、服务、写字楼为一体的现代化购物中心,建筑面积10.3万平方米,商业经营面积2.2万平方米。2008年年初脱离翠微集团,成为区属一级企业。

2008年实现销售额5.88亿元,同比增长12.2%;实现利润1265万元,同比增长12.54%;上缴税金3125万元,同比增长38.58%。

年内,大厦输出管理的北京易事达休闲购物广场经济效益比上年同期翻2番。

在备战奥运期间,大厦完善三级服务管理体系,推出奥运服务接待流程、特殊顾客全程陪同及两个无障碍保证等措施。大厦总服务台完善特殊的低位服务、手语服务,采用双语指示标牌、英语服务标志统一佩戴上岗,展现甘家口大厦"亲朋式"服务的风采。

围绕奥运主题,开展"展党员风采,做奥运先锋"、"做党的忠诚卫士,当群众贴心人"、"讲党性、重品行、做表率"主题实践活动。大厦团委开展"城市志愿者"服务活动。集体与个人为灾区累计捐款23万余元。

本年,甘家口大厦被中国商业联合会评为"中国商业服务业改革开放30周年卓越企业","中国商业文化建设贡献奖";被公众推选为"影响2008年-2009年北京市十大创新企业",并被评为"北京市三八红旗集体"、"重点行业内部社会志愿者奥运安保工作先进集体"和"海淀区奥运服务突出贡献单位",立"北京市奥运安保集体三等功"。在全市首家通过SB/T10382服务管理体系认证,成为北京市唯一一家"服务标准化示范单位"。

地　址:三里河路17号

邮　编:100037

电　话:88392480　88392481(传真)

网　址:www.gjkds.com.cn　(王　帆)

【北京当代商城有限责任公司】 1995年9月23日开业,原名北京当代商城实业公司。2007年12月18日由"全民所有制与全民所有制联营"企业改制为海淀区全资国有企业,并更名为"北京当代商城有限责任公司"。商城建筑面积61800平方米,其中商业经营面积28000平方米,是一座以商品经营为主,集餐饮、休闲娱乐、商务公馆于一体的大型高档百货店。

本年,商城实现销售额118645万元,同比增长12.53%;全年实现含税销售毛利24584万元,同比增长10.26%;上缴国家税收5504万元,同比增长31.62%;向海淀区国资委上缴资产使用费900万元,上缴净利润100万元。国有资产保值增值率为105.14%。全额缴纳国有土地出让金及各项税费9139万元,取得土地使用权证及房屋所有权证,实现国有资产产权明晰。商城进一步完善现代企业制度,组建战略发展委员会及审计委员会,制定并完善《财务预算管理制度》。

商城依托环境、接待、服务、无障碍、安全五大奥运服务保障体系,在奥运会残奥会期间接待奥运宾客1583人,涉及204个国家和地区,消费金额达57万元。作为北京奥组委选定的唯一一家大型百货商场接待60余家境内外媒体的"百姓发布"采访活动及奥林匹克青年营两次专场购物活动。奥运期间商城志愿者参加活动260人次,拉拉队观赛13场、参与628人次。

进一步调整品牌结构,引进HERMES、VERTU、HOGOBOSS、鼎泰丰等知名品牌;继续拓展并维系忠诚顾客,商城会员总数增至18.16万人。9月23日,开通当代网上商城,推出国际代购业务,实现了“虚拟”、“实体”百货的资源共享与优势互补。公司以回馈会员、拉动社团消费需求、名品特卖、全员外延销售等措施,有效遏制2008年第三季度以后经济危机的不良影响。

制定《当代商城节能环保规划方案》,提出未来五年每万元销售额能耗下降20%的总体目标,举办“节能环保宣传周”,组织“爬楼日”等活动,率先实施“限塑令”,实施节能改造项目8项,新推出节能环保措施5项,全年万元能耗标准节约电费193.33万元、水费5.23万元。向四川地震灾区捐款近16万元,向灾区儿童捐赠玩具700余个。

8月28日,签约石景山鼎城商业中心项目,进入新店开业筹备阶段,这是当代商城第一家分店。

本年,商城获中国商业联合会、中国商报授予的“中国商业服务业改革开放30周年卓越企业”,中国商业联合会授予的“全国商业质量奖”,中国商业企业管理协会授予的“第三届全国构建和谐商业杰出贡献企业”,北京市商联会、北京日报报业集团授予的“北京十大商业品牌”,北京市商务局授予的“北京商务系统奥运会残奥会服务运行保障先进集体”、北京2008奥林匹克青年营场馆团队授予的“奥林匹克青年营杰出贡献单位”,北京奥运会培训工作协调小组授予的“北京奥运培训工作先进单位”,北京市总工会、市安全生产监督管理局授予的“北京市安康企业”,首都精神文明建设委员会授予的“首都文明单位”,千龙商业网授予的“影响2008-2009北京商业十大功勋企业”等多项称号。

地　址:北京市海淀区中关村大街40号
邮　编:100086
电　话:62696666　62562607(传真)
网　址:www.modern-plaza.com　(李　蕾)

【中关村电子市场全面实施明码标价】 1月22日,北京市场协会电子卖场分会和中关村电子产品贸易商会举办“明码标价立诚信,共建和谐奥运年”——2008年中关村电子卖场明码标价新闻发布会,发榜公布“明码标价示范店”。经过海龙电子城、鼎好电子城、科贸电子城等3家电子市场近2年的试点,中关村11家电子市场明码标价全面实施,基本达到了明码标价的规范要求。(田　颖)

【举办迎奥运商业服务业第二届技能风采大赛】 2月26日~5月15日,以“知识竞赛”为龙头,以“我参与,我提高,我快乐”为口号的海淀区迎奥运商业服务业第二届技能风采大赛举行。全区505家商业服务业企业的8万名员工参与,涵盖收银、服装、家电、照相器材、珠宝、食品、农副、典当、餐厅服务等17个业种,近200支代表队参加比赛。大赛共决出一等奖39名,二等奖72名,三等奖123名,13名选手获得最佳答题手,3名选手获得最机敏选手,26家企业获得最佳组织奖。

(崔常楠)

【当代商城接待奥林匹克青年营专场购物】 8月12日、17日,当代商城作为北京奥组委选定的北京市唯一一家大型百货商场两次接待奥林匹克青年营营员专场购物。来自204个国家和地区的454名小营员在当代商城享受了包括兑换外币、刷卡消费、语言服务的全程无障碍接待,消费金额31.04万元。

(李　蕾)

【幸福海淀·2008“中国移动”海淀商业品牌消费节】 9月24日~10月15日,作为北京购物季活动之一的“幸福海淀·2008‘中国移动’海淀商业品牌消费节”活动举行。此次活动以“幸福海淀”为主题,倡导“后奥运”时代“享受生活、享受消费”的理念,包括11项系列主题活动。在海淀图书城和北京摄影器材城两个分会场分别举办“中关村图书文化节”和“中国婚纱·摄影行业金秋博览会”。消费节期间,翠微大厦、当代商城、城乡贸易中心、金源燕莎购物中心、甘家口大厦、超市发连锁等6家企业共实现销售7.49

亿元,比上年同期上升 15.59%。（崔常楠）

对外经济贸易

【综述】 年内,区商务局加强对外资企业的服务力度,促进外经贸工作稳步发展。2008年新批外商投资企业 229 家(不含海淀园);合同外资额 7.61 亿美元,同比增长 2.84%(数据调整后的比率),实际利用外资 3.23 亿美元,同比增长 15.38%。辖区内企业完成外贸进出口总额 298.26 亿美元,同比增长 13.82%,其中出口 121.83 亿美元,同比增长 34.55%(数据调整后的比率),进口 176.43 亿美元,同比增长 2.87%,2008 年海淀区服务外包出口额为 4.67 亿美元,同比增长 26.9%。本年辖区内企业在境外投资设立企业和办事处 18 家,其中境外企业 17 家,境外办事处 1 家。全年境外投资额 4458.6 万美元。

区商务局审核加工贸易合同 219 个,合同进出口总值 2.89 亿美元,同比减少 1.75%(数据调整后的比率),其中进口料件总值 1.1 亿美元,同比减少 9.36%(数据调整后的比率),出口成品总值 1.79 亿美元,同比增长 3.59%(数据调整后的比率)。为加工贸易企业办理变更事项 143 个,验厂办理生产能力证明 39 个。820 家企业新取得外贸经营权,本区有外贸易经营权的企业累计达 4591 家。（崔常楠）

【北京市海淀区对外贸易公司】 成立于 1979 年,公司主要经营工艺品、土特产品、纺织品、五金制品、电器设备、机械产品和防火材料等商品的进出口业务以及相关产品的国内贸易。下属 3 家二级企业:知春路机票代理处(本年 12 月停业)、北京追龙消防制品厂、北京赛格工贸公司。公司与 30 多个国家建立了贸易关系。

本年,受全球金融危机的影响,加上人民币不断升值,出口退税减少,国内原材料价格上涨,出口开征关税等因素,对企业的出口利润带来很大的负面影响,公司在 2008 年度仅完成国有资产保值增值率 94.39%。进出口销售收入总额为 12651 万元,同比增长 35.28%。其中自营进口销售收入 4472 万元,同比增长 111.34%;自营出口销售收入 8121 万元,同比增长 12.23%;上缴各项税金及附加 187 万元,同比增加出口关税 109 万元。

公司委派 4 人参与奥运服务保障工作。四川汶川地震后公司全体员工通过捐款、交纳特殊党费支援灾区。

对二级企业加大管理力度。调整北京追龙消防制品厂领导班子,划归北京赛格工贸公司统一领导和管理,对该厂人员重新进行调配和培训。

地　址:海淀区知春路 113 号银网中心 B 座三层
邮　编:100086
电　话:82516051　82516000(传真)
网　址:www.bjhdft.com.cn　（吴立竹）

旅 游 业

【综述】 海淀区旅游局是海淀区政府主管区域旅游业的行政职能部门,下设旅游咨询服务中心、旅游培训中心两个事业单位。海淀区旅游区建设管理领导小组是领导本区旅游区建设的专门机构,由30家单位组成(2008年2月15日由原38家调整为30家),办公室设在区旅游局。领导小组下设皇家园林旅游区建设推进工作组、稻香湖旅游区建设推进工作组、大西山旅游区建设推进工作组3个工作组,办公室分别设在区建委、区北部办、区旅游局。4月25日,区旅游局与邯郸市旅游局达成“旅游进社区”协议。

本年,海淀区实现旅游综合(包括食住行游购娱)收入158.8亿元,旅游接待人次3370.2万人次,其中民俗旅游收入5770.2万元(上年为5413.7万元),民俗旅游接待人次86.3万人次(上年为57.6万人次)。全区旅游从业人员5.46万人。全区主要旅游区(点)共接待游客2561.3万人次,营业收入5.5亿元。

年内,区域内共有旅游企业1224家,新增58家。其中住宿业977家(星级饭店115家),旅行社95家,旅游区(点)26家(其中A级景区13家),星级餐馆35家,采摘园40家,市级民俗旅游接待村1个,民俗旅游接待户52个。全年星级饭店升星3家,新评定星级饭店1家,绿色饭店5家,完成A级景区复核12家。区旅游局在区域星级饭店打造绿色旅游饭店。截至年底,有60家星级饭店已通过相关标准验收评定并取得绿色饭店相应资格证书,占区域115家星级饭店的52.1%,占北京市284家绿色饭店总数的21.1%。

修订海淀区旅游秩序建设工作方案,制定《海淀区旅游投诉应急处置方案》,完善海淀区旅游秩序建设联合执法机制。形成政府联动、企业配合、多位一体、齐抓共管的管理模式。

6月12日,大西山旅游防火路建设项目正式开工,标志着大西山旅游示范带轴心主干道工程全面启动。年内完成大觉寺至七王坟路段的路面铺设工作。阳台山古香道环境综合整治工程全面竣工,包括阳台山景区入口改造、响墙茶棚改造、停车场建设、古香道整修等项目。温泉红楼梦源乡村旅游带项目的7个节点已开工建设,年内完成主体结构。由市旅游局支持的大西山旅游带大型旅游标识牌已完工。全年共安排旅游发展专项资金440万元,扶持凤凰岭景区以及民俗旅游村、民俗接待户和观光采摘园基础设施建设。车耳营、管家岭、徐各庄、唐家岭等民俗村引导性标识牌完成制作安装,管家岭民俗村无线网络建设项目完工并正式启用。加强民俗户经营管理和服务接待培训,举办民俗户培训班1期。

区旅游局把环境整治与创建平安景区、文明景区相结合。为重点景区投资1300余万元,建设完善无障碍坡道137处,设置双语种或多语种标识牌2737块,使游客行走无障碍、语言沟通无障碍。本年,颐和园被评为北京市唯一的全国文明景区,颐和园、北京植物园、香山公园被评为“首都平安示范旅游景区”,14家旅游景区被评为2007年度“首都文明景区”,13家旅游景区被评为“海淀区平安旅游景区”。

区旅游局对23家奥运签约饭店的服务人员开展培训,完成奥运培训人数54200人次,组织英语考试1500人次,举办奥运讲堂665场,举办培训成果展示活动573场,各企业自编内部教材136种,投入培训经费536.8万元,下发奥运培训教材50400册,发放残奥培训光盘100余套,发放奥运培训合格证书53800本。

区旅游局完成奥运游客接待和旅游咨询等服务保障工作。奥运赛时阶段,全区重点景区共接待游客238.86万人次,其中接待涉奥人员2.15万人次。在颐和园等重点景区设立了临时旅游咨询服务站和投诉站,累计接待游客咨询3.83万人次,发放旅游宣传资料7.25万份。奥运期间旅游行业实现“零”投诉。

年初,策划推出了科技庙会、文化庙会、传统宫市、喜福会、香山草莓节等7项新春活动,举办北京植物园桃花节、玉渊潭樱花节、凤凰岭杏花节、大觉寺玉兰节、鹫峰梅花节等5项春季踏青活动。举办第22届中国(圆明园)荷花展、紫竹院第十五届竹荷文化展、第二十届香山山红叶文化节、西山银杏节等活动。十一前夕,由市旅游局和区政府联合主办区旅游局承办“奥运随我行——海淀奥运旅游启动仪式”,推出“奥运冠军之路游”、“奥运都市休闲游”、“金秋西山乡村游”等3条奥运旅游线路。12月17日~21日,区旅游局参加第三届北京国际文化创意产业博览会。全年共投入旅游宣传资金300余万元用于制作各种旅游宣传资料,在城铁、公交移动电视滚动播放海淀旅游主题宣传片900片次,制作《京郊旅游手册》4293册,编纂出版中、英、法3种文字的《海淀旅游宝典》5万册,出版奥运旅游地图8万张。大力宣传乡村旅游线路和产品,组织策划乡村旅游进社区暨海淀——平谷手拉手活动,召开乡村旅游商品开发研讨会,甄选曹氏风筝和车耳营剪纸画等旅游商品参加乡村旅游商品展览。

海淀区旅游局
地　址:四季青路6号海淀招商大厦五层西侧
邮　编:100195
电　话:88494709　88494729(传真)
网　址:www.hdtour.gov.cn

海淀区旅游行业协会
地　址:四季青路6号海淀招商大厦五层西侧
邮　编:100195
电　话:88497049　88494159
网　址:www.hdtour.gov.cn

北京市海淀区旅游咨询服务中心
地　址:中关村大街40号当代商城客服中心大堂
邮　编:100036
电　话:82622895　62630606(声讯)
传　真:62696118
网　址:www.hdtour.gov.cn

北部新区访客中心
地　址:北清路永丰基地商业服务中心A座一层
邮　编:100095
电　话:58711888　58711900　58711901(传真)
网　址:www.hdtour.gov.cn

(苏　洪)

【2008年海淀星级饭店、旅游区(点)统计表】

旅游星级饭店	数量	旅游区(点)	数量
五　星	10	5A	1
四　星	22	4A	3
三　星	43	3A	5
二　星	37	2A	3
一　星	3	1A	1
		未评A	13
合　计	115		26

【2008年海淀区旅游景区(点)名录】　(27个)

1. 颐和园(5A)
2. 北京植物园(4A)(内有曹雪芹纪念馆、卧佛寺)
3. 中央电视塔(4A)
4. 香山公园(4A)(含碧云寺)
5. 太平洋海底世界(3A)
6. 玉渊潭公园(3A)
7. 北京锦绣大地农业观光园(3A)
8. 紫竹院公园(3A)
9. 凤凰岭自然风景公园(3A)
10. 鹫峰国家森林公园(2A)
11. 百望山森林公园(2A)
12. 西山大觉寺(2A)
13. 中国蜜蜂博物馆(1A)
14. 圆明园遗址公园
15. 中华世纪坛
16. 中国人民革命军事博物馆
17. 海淀公园
18. 北京艺术博物馆(万寿寺)
19. 大钟寺古钟博物馆
20. 团城演武厅
21. 北京石刻艺术博物馆(五塔寺)
22. 北京电影旅游城
23. 阳台山自然风景区
24. 中科院北京植物园
25. 北京汇通诺尔狂飚运动乐园(审批中)
26. 元土城遗址公园
27. 药用植物园

红色旅游景点:李大钊烈士陵园

市级民俗旅游接待村:苏家坨镇车耳营民俗旅游村

【颐和园】　颐和园位于北京西北郊,主要由万寿山和昆明湖组成。公元1750年,建成清漪园。公元1860年,清漪园被英法联军焚毁。公元1886年重建,并于1888年改园名为颐和园。1900年,颐和园又遭到英、美、德、法、俄、日、意、奥八国联军的野蛮抢掠和破坏,1903年重新修复。

颐和园按其园林布局可分为前山前湖建筑与后山后湖建筑两大部分。全园总面积300.59公顷,其中水面占四分之三。1998年12月2日,颐和园以“世界几大文明之一的有力象征”的评价列入《世界遗产名录》。

颐和园是全国第一批重点文物保护单位,是全国文明风景旅游区和国家AAAAA级旅游景区。

2008年,共接待中外游客1018.6万人,接待各国涉奥人员近万人次,外事任务88次,其中一级任务12次,二级任务5次,三级任务31次。本年,通过了全国文明风景旅游区复查考核。针对奥运残奥接待工作,建立“人员、导游机、导游书籍”联动一体化的多语种服务模式和全园覆盖式服务网络。全员导游讲解服务达8个语种,门户网站达9个语言版本,画册导游书籍达8个语种,并编制《奥运外语服务手册》。增配无线团队讲解系统,在文昌院配备4语种文物库管电子导览讲解系统,使全园电子导游机由原来的9语种增至18语种。完成清外务部公所、霁清轩院落等古建修缮及设施完善工程。完成文昌阁和五圣祠码头充电室改造。完成颐和园夜景照明阶段工程,实现长廊、排云殿、佛香阁主景区的环境照明和佛香阁、云辉殿等主要建筑照明,夜景照明覆盖面积约为2.3万余平方米。在八方亭、耕织图景区安装LED全彩电子显示屏。增加特色商业服务。

本年,颐和园被中共北京市委、北京市人民政府、北京奥组委联合授予“北京奥运会残奥会先进集体”称号;获北京市总工会奥运立功“首都劳动奖状”;被北京市文物局授予“守望精神家园”——北京市文物保护先进集体称号;被首都精神文明建设委员会首都“迎奥运、讲文明、树新风”活动领导小组评为首都“迎奥运、讲文明、树新风”活动先进单位;被首都精神文明建设委员会授予首都窗口行业“首都志愿奥运好团队”称号。

地 址:海淀区新建宫门路19号

邮 编:100091

电 话:62881610 62881077(传真)

网 址:www. SummerPalace - China. com

(杨 华 苏 洪)

【北京香山公园】 香山公园位于北京西郊,占地180余公顷,是一座具有山林特色的皇家园林。

香山早在公元1186年就出现了人文景观。香山寺曾为京西寺庙之冠。清代建成静宜园,香山、静宜园成为京西著名的“三山五园”中的一山一园。公元1860、1900年,香山、静宜园先后遭到英法联军、八国联军的破坏。

1957年,香山作为人民公园对外开放,2001年被评为国家AAAA级旅游景区,2002年被评为第一批北京市精品公园。

香山公园文物古迹众多,亭台楼阁遍布山林之间,有燕京八景之一的“西山晴雪”;有国家重点文物保护单位“碧云寺”;有毛泽东主席工作生活过的“双清别墅”、“孙中山纪念堂”。

香山有各种树木多达20余万株,其中古树5800余株,占北京城区古树总量的四分之一。黄栌十万余株,形成了驰名中外的香山红叶,为新北京十六景之一。

本年,香山公园被第二十九届奥林匹克运动会组织委员会、北京奥运会志愿者工作协调小组授予北京奥运会、残奥会志愿者工作突出贡献单位称号。

地 址:海淀区香山买卖街40号

邮 编:100093

电 话:6259126462599886(传真)

网 址:www. xiangshanpark. com. cn

(苏 洪)

【圆明园遗址公园】 1976年11月,圆明园管理处成立,为海淀区区属差额拨款事业单位,是圆明园遗址公园的管理单位。1988年6月29日,公园正式对外开放。本年,共接待游客178万人次,比上年增长8.5%;实现综合经济收入2838万元,比上年2437万元增长16%。

本年,九州景区对社会试开放,长春园宫门区主体工程基本完成,正觉寺围墙全部复建,收回9件流散石刻文物,完成含经堂、澹怀堂考古发掘出土文物接收工作,开始对大水法、远瀛观等核心景区采取设置围栏等保护措施。启动专项规划修编工作。更换园内路椅200条、果皮箱360个、垃圾桶72个,改造牌示6类79处284块、无障碍设施35处,更新临时售票亭6座,改进添置语音导览器650台。11月,通过4A级景区验收。利用“食藻虫控藻引导圆明园水体生态修复”技术在凤麟洲、玉玲珑馆、鉴碧亭、方河等水域进行水环境治理,效果显著。举办第22届中国荷花展、圆明园流散文物展、圆明园第二届睡莲展、遗址公园对外开放20周年系列活动、邀请四川地震灾区小朋友在福海放荷灯祈福等旅游文化活动。开发制作十二生肖系列产品、邮册、手绘荷花T恤衫等旅游纪念品35大类、近百个品种。与中国圆明园学会合作举办圆明园系列公益讲座28次。

完成奥运服务保障任务。完成开放区监控系统建设、101中学奥运青年营环境整治任务和奥运志愿驾驶员、北京职工文明拉拉队出勤任务;做好城市志愿者站点服务工作,并被评为五星级服务站点。奥运期间,圆明园接待游客142453人次,包括台湾亲民党主席宋楚瑜、海协会会长陈云林等政要和非洲外交使节代表团等涉奥人员4800人次。残奥会期间,共接待游客53063人次,涉奥人员1057人次。承接“圆明园与清代政治文化”课题,《圆明园研究》复刊,整理清代五朝皇帝圆明园御制诗文。

地 址:海淀区清华西路28号

邮 编:100084

电 话:62543673(传真) 62657910

电子信箱:ymy@ yuanmingyuanpark. com
网　址:www. yuanmingyuanpark. com

（鲁紫鹃）

【北京植物园】 北京植物园位于西山卧佛寺附近,隶属于北京市公园管理中心。1956年经国务院批准建立,面积400公顷,是以收集、展示和保存植物资源为主,集科学研究、科学普及、游览休憩、植物种质资源保护和新优植物开发功能为一体的综合植物园。2000年1月,北京植物园被评为首批国家AAAA级旅游景区,是北京首批精品公园之一,首批国家重点公园之一。

北京植物园由植物展览区、科研区、名胜古迹区和自然保护区组成,园内收集展示各类植物10000余种(含品种)150余万株。

植物展览区分为观赏植物区、树木园和温室区三部分。热带植物展览温室被评为北京20世纪90年代十大建筑之一。盆景园主要展示国内各流派盆景的技艺与作品。

名胜古迹有卧佛寺、樱桃沟、曹雪芹纪念馆、梁启超墓、隆教寺遗址等。

北京植物园热带植物展览温室坐落在植物园中心地带,于1998年3月28日动工兴建,2000年1月1日对游客开放。温室建筑面积9800平方米,是亚洲地区面积最大、国内设备最先进的展览温室,划分为热带雨林、沙漠植物、兰花凤梨及食虫植物和四季花园四个主要展区,共栽植、展示来自世界各地的热带、亚热带植物3100余种。

黄叶村,源自曹雪芹好友敦诚"残杯冷炙有德色,不如著书黄叶村"和敦敏"遥山千叠白云径,清磬一声黄叶村"的诗句。1984年4月22日村内修建了我国首座曹雪芹纪念馆。

卧佛寺,正名十方普觉寺,始建于唐代,已有1300多年的历史,是北京现存最古老的寺庙之一。卧佛寺院落占地2.8公顷,分中、东、西三路院落。卧佛寺前后五重殿宇,卧佛殿内供奉着元代铜铸的释迦牟尼卧像,长5.3米,高1.6米,重约54吨。2001年6月25日,卧佛寺被定为国家级文物保护单位。

樱桃沟位于寿安山西麓,又称退谷和周家花园。历代建有隆教寺、圆通寺、普济寺、五华观、广慧庵等寺观,现存有隆教寺、五华观、广慧庵等寺观遗址,还有鹿岩精舍、如笠亭、白鹿岩、石上松、元宝石、水源头和"一二·九"运动纪念亭等景点。

地　址:海淀区香山卧佛寺路北京植物园
邮　编:100093
电　话:62591283
网　址:www. beijingbg. com　（苏　洪）

【北京凤凰岭自然风景公园】 位于海淀区苏家坨镇境内,总面积15.33平方公里,享有"京西小黄山"之美誉,"奇峰"、"怪石"、"林海"、"神泉"为其天然景观。佛教、道教、儒教等宗教文化以及古老的东方养生文化遗址、遗物、遗迹众多。景区分南、中、北三条风景线,可观景点40余处。中线以古刹龙泉寺为中心,沿山而行可观古东方养生文化修炼场、荫晾亭及北京最大的摩崖刻字"凤凰岭";南线以金章宗时期的京西"八大水院"之一的黄普院(圣水院)为中心,有石上塔金刚石塔和佛教造像"北魏石佛"、吕祖洞和古香道(妙峰山进香"老北道")遗址;北线有"天梯"、古猿洞、"神泉"和"垂帘飞瀑"等景。

本年,举办了杏花节、樱桃节、养生文化节等旅游活动,利用龙泉寺佛教文化场所和桃源观道教文化场所来扩大凤凰岭文化旅游的影响力。全年接待游客33.35万人次。

地　址:海淀区凤凰岭路19号
邮　编:100095
电　话:62459492　62455933
网　址:www. bjfhl. com　（程　霈）

【北京市团城演武厅】 团城演武厅始建于清乾隆十四年(1749年),是北京地区集城池、殿宇、亭台、校场为一体的武备建筑群,原为清代皇帝操练和检阅健锐云梯营的场所。

其主要建筑有团城、演武厅、东西朝房、西城楼门、碑亭、放马黄城(已毁)等。

辛亥革命后,军阀混战,团城演武厅荒废一隅。抗战期间,日军占领北平,在西山一带圈地兴建华北农事试验场,演武校场改作农田。新中国成立后,团城演武厅由市农场局管辖。1979年团城演武厅收归北京市文物事业管理局,同年被公布为市级重点文物保护单位。1988年,成立北京市团城演武厅管理处。1989年正式对外开放。2002年下半年闭馆进行整修。2004年重新对外开放。2006年被公布为全国重点文物保护单位,定名为“健锐营演武厅”。同年7月,被公布为免票试点博物馆。2008年3月28日,团城演武厅被北京市公布为33家免票开放博物馆之一,全年共接待观众15478人次。

3月,与首都博物馆合作举办“我看博物馆”系列公益摄影活动,包括讲座、实地摄影与教学互动。4月,电视连续剧《战北平》剧组来团城演武厅拍摄。中央台科教频道探索发现栏目来团城演武厅拍摄“中华武功”专辑节目。团城演武厅到首钢工学院、中国人民大学开展两次题为“继承文化遗产,弘扬尚武精神,武术文化与善扑营纪式太极拳”的讲座。5月,团城演武厅作为校外教育协会成员参展“北京国际教育博览会”。举行香山小学在团城演武厅的“传统文化教育基地”挂牌仪式。推出《东西方英雄人物展》,以扑克牌的形式展出52位在军事方面具有特殊才能的中外英雄事迹。推出自主研发制作的展览配套扑克牌纪念品。5·18国际博物馆日期间,团城演武厅开展了观众有奖调查问卷活动。11月,团城演武厅组织首钢工学院及北京师范大学历史学院学生进行两次“兵器工坊”科普活动。馆内员工向参加活动的学生进行了弓箭知识的普及,并组织弓箭试射活动。12月,中央电视台来团城演武厅拍摄改革开放三十年宣传片。

奥运筹备期间,团城演武厅开展环境整治工作,包括清扫古建筑、改造部分区域、添置服务设施、完善双语标识等。对员工进行英语、手语、礼仪、奥运知识等各个方面的培训。奥运会期间做到无安全事故。

地　址:北京市海淀区香山南路红旗村1号
邮　编:100093
电　话:62591609　62594750(传真)
电子信箱:tcywt@yahoo.com.cn　(张　巍)

【海淀公园】 海淀公园位于西北四环万泉河立交桥的西北角,东起万泉河路,西至六郎庄路,南到北四环路,北至新建宫门路,地跨畅春园、西花园及泉宗庙等皇家园林遗址,西邻颐和园等名胜古迹,东邻中关村科技园区,毗邻清华大学、北京大学。公园于2003年4月开工建设,9月建成开园。2007年1月1日,正式划归海淀区市政园林服务中心管理。同年4月成立海淀公园管理处。

海淀公园管理处在奥运期间承接了空军导弹末端防御系统和雷达临时阵地的建设、维护与保障工作。历时18天完成了驻园官兵营房的建设。在临时阵地设立期间,海淀公园管理处为官兵提供了优质的服务和保障,受到部队官兵和上级单位的好评。

奥运期间,海淀展览馆承接了意大利之家项目,向公众开放,展示意大利体育和文化,赛时对奥运大家庭成员开放。期间,共接待意大利运动员、官员、嘉宾、参观群众6万余人次。

4月5日,公园组织举办“迎绿色奥运,建和谐公园”宣传活动。4月18日,由北京市教工委主办的柔力球表演赛在公园文化广场举办。4月19日,与北京市青年宫联合承办的“微笑北京　志愿奥运　共创和谐”保护雨燕放风筝活动在公园大草坪开幕。5月1~2日,举办迷笛音乐节。5月25日,公园举办插秧节活动。10月25日,举办收割节。公园还举办其它社会公益健身活动,如区老教育者协会、中国银行知春里分行等单位各自组织的“迎奥运健步走”活动,明天幼稚集团、北师大幼儿园等组织的亲子活动等。

（聂世剑　贾　鹏）

【翠湖湿地公园】　翠湖湿地公园位于上庄镇。2003 年 7 月，依据国家和北京市关于湿地保护工作和海淀区“碧水海淀”工程规划，北京锦绣大地农业股份有限公司立项建设翠湖湿地公园，土地以租赁方式处理。2006 年 5 月，北京海融达投资建设有限公司作为工程实施主体，全面负责翠湖湿地公园建设。2007 年 10 月 12 日，区政府专题会议决定，翠湖湿地的建设与管理原则是：生态优先、公益事业。公园建成后的管理运营由园林中心负责，公园整体建成后所有权落户到园林中心。对北京锦绣大地农业股份有限公司所做的湿地公园一期项目进行评估后政府给予补偿并由园林中心接管。2008 年 3 月 1 日，海淀区市政园林服务中心正式接管国家翠湖湿地公园。同年 5 月 31 日，成立翠湖湿地公园管理处。翠湖湿地公园管理处的主要职责为：负责公园的动植物养护、设施设备维护、园容卫生等管理工作；负责公园的科学研究及科普宣传工作；负责公园游览秩序、游人接待服务的组织管理以及投诉受理工作；负责公园的安全生产及内部保卫工作等。同年 10 月 27 日，翠湖湿地公园建设主体变更为区市政园林服务中心。

本年，公园继续申报建设前期手续，完善总体规划方案。加强职工队伍的培训与管理，初步建立完善《北京市海淀区翠湖湿地公园管理制度》等一系列规章制度。做好日常的动、植物养护、病虫害的防治，并对公园内的部分景区进行了小型的改造及美化。通过人工干预成功繁殖成活黑天鹅 16 只、鸿雁 20 余只。根据全年工作监测数据总结出湿地鸟类的组成比例、园内植物的种群种类分布及构成、园内各个湖区的水质、水位变化情况和公园的天气变化等数据资料。

全年接待参观人员 200 余批、1800 余人次。

（聂世剑）

【北京市皇苑大酒店】　由海淀区政府投资兴建，上级单位为海淀区国有资产投资经营管理公司，1990 年 8 月开业，为三星级涉外宾馆，2006 年改造为四星级豪华商务型酒店。聘请北京六合兴饭店管理公司管理，总面积为 33004.89 平方米。酒店内部设施完善，拥有各类房间 244 套，有容纳 20 人 – 280 人的会议室 5 个，另有美容美发、台球厅等娱乐设施。酒店以“宾客至上、服务第一”为经营宗旨，以“新皇苑、新规矩、新岗位、新标准”的“四新”要求作为企业努力奋斗的目标。2008 年根据旅游市场动态不断调整经营思路和客源结构，全年共接待大中小型会议及团队 92 个，宾客 52471 人次。酒店成立奥运接待领导小组，建立健全奥运接待工作方案，全方位做好组织、接待、服务工作，开展“向奥运标准看齐，向服务冠军冲刺”的优质服务竞赛，8、9 月份开展以“全力优质服务奥运，争当最佳服务标兵”为主题的优质服务月活动，酒店的整体服务水平进一步提高。

本年，酒店围绕安全生产“隐患治理年”的部署，在全国“两会”、“安全生产月”、“平安奥运百日安全竞赛”及“119”消防月等活动中，做到严防死守，堵塞漏洞，杜绝事故。通过《新皇苑》店报、《皇苑奥运快讯》对内、对外进行宣传。圆满完成中央政治局委员、政协副主席、联合国副秘书长及传递奥运圣火的奥林匹亚市长代表团、海淀区奥运会残奥会火炬手等各项接待任务。接待市委组织部 2008 年北京市优秀人才培养资助专家评审会、首届中国绿色发展高层论坛等会议。

酒店领导班子参与海淀区在企事业单位开展的厂务公开民主管理检查和区国资委开展的“五型班子”考核等工作。

本年，酒店分别获第十二届首都旅游“紫禁杯”先进集体、北京市三八红旗集体、首都窗口行业奥运微笑服务示范岗、海淀区精神文明单位称号。

地　址:海淀区西三环北路厂洼19号
邮　编:100089
电　话:68413388　(赵　利)

【北京稻香湖投资发展有限责任公司】 于2004年1月注册登记,注册资金为4.4亿元人民币,2007年9月增资扩股至5.15亿元人民币。公司主要任务是在政府指导下,发挥企业的优势,采用市场化运作方式,依托现有自然资源,形成新的北京西部地区旅游度假中心。公司宗旨为“开发海淀文化旅游资源,提高海淀旅游服务质量”。主要业务为住宿、中餐,零售饮料、国产卷烟。

公司下属两个酒店及配套酒店服务管理业务项目:稻香湖景酒店(按五星级标准建设)拥有客房及套间291间。稻香湖畔酒店(现稻香湖景北区)(按四星级标准改造),有客房及套间159间。稻香湖0、1、2号别墅(按五星级酒店的标准配套服务),稻香湖湖心小岛别墅(按五星级酒店标准配套服务型别墅),稻香湖网球馆(按五星级酒店标准依托优美自然环境建设),稻香湖垂钓园(养殖的各种鱼类均为绿色生态鱼)。

本年公司实现收入7759万元。实现经营毛利1343万元。公司上缴税金823万元,同比增长3%。

年初公司提出继续以服务、节能减排为中心,全力打造“‘心胃’工程、效益工程”,全面展开节能降耗活动和“改造节能型酒店”专题服务创新项目。实施10项效益工程,全年节约近百万元。聘请专业公司对能源管理制度和企业能耗标准进行梳理,形成一套为本企业量身订制的动态管理细则。年节约近百万元电费。稻香湖水系生态治理初见成效,湖水水质明显提升。湖水内所养殖的5种淡水鱼达到国家绿色食品标准。使用太阳能热水系统用于洗衣房、员工浴室,年节约电费20万。建成有189盏太阳能路灯的景观大道。建造了餐厨垃圾处理项目。酒店清洗剂改为无磷产品。完成废弃旧鱼塘改造工程,增加酒店的经营项目。完成改造观光塔工程,增加了3个会议室、1个商务酒吧。完成0、1、2#楼改造工程,增加了25间客房,提高了酒店的接待能力。酒店率先建设使用数字化客房。酒店的温泉馆主体土建工程封顶。

围绕经营开展党团工作。学习落实“五型”班子建设,建设学习型、效益型、创新型、民主型、廉洁型的干部队伍。组织全体员工捐款,公司共出资5万元和2000件衣被捐给灾区,派出4名厨师到海淀区老年医院为地震伤员及家属做饭。参与奥运志愿服务工作,设置奥运志愿者站点,参加奥运志愿者培训。

组织全公司员工捐出一日工资,为苏一二村低保户开展扶贫帮困活动。出资20万元开通永丰到酒店的公交车,解决沿途村民及单位职工出行难的困难。捐资8万元,参与“治多伦一亩沙地,还北京一片蓝天”大型环保公益活动。安排13名残疾人就业。

全年共获得各种集体、个人奖项共计28项,包括苏家坨镇颁发的苏家坨镇利税第一大户和2008年就业安置先进单位等。

建立员工之家,配备棋牌室、阅览架、电脑房。组织文体活动,成立文艺体育队。企业出资资助30名业务骨干上各类院校进行再教育学习,一线员工共有160人参加了普通话和英语的培训,奥运前进行奥运知识培训、语言培训、服务技能培训和安全保卫培训。

12月15日,由本公司和亿翔远公司共同出资成立稻香湖酒店管理公司。并进行了资产整合,争取通过集约经营实现规模效益和资产利润最大化。

地　址:北京市海淀区苏家坨镇稻香湖路28号
邮　编:100194
电　话:58718310
网　址:www.nirvana-resort.com　(李　响)

【首届香山草莓文化旅游节开幕】 1月7日，由区农林委、区旅游局和四季青镇人民政府主办的首届香山草莓文化旅游节暨草莓示范基地挂牌仪式在香山脚下旱河路东侧的御香观光采摘园开幕。 （张丽娜）

【《颐和园》特种邮票北京首发】 5月10日，《颐和园》特种邮票首发式在颐和园听鹂馆举行。这套邮票是继长城、故宫、天坛后发行的又一套重要的北京名胜题材邮票。新发行的《颐和园》特种邮票1套6枚，小型张1枚。邮票图名分别为十七孔桥、长廊、石舫、谐趣园、玉带桥、后湖。小型张图名为佛香阁。

【颐和园无障碍设施完成升级改造】 5月，颐和园完成对原有的无障碍设施的升级改造。该项工程于2007年10月开工，对两条环形无障碍游览线路进行完善，在殿堂区安装20处无障碍坡道，配置扶手和栏杆，铺设防滑、防水塑胶坡面。通道行进方向还安装42块无障碍导向指示牌。在谐趣园、养云轩、半壁桥、西堤南口和南湖岛等处设立7处残疾人独立卫生间，并增设3处残疾人专用电话亭。 （田 颖）

【圆明园举办第22届中国荷花展】 6月24日~8月24日，第22届中国（圆明园）荷花展在圆明园遗址公园举办。引进特色精品荷花近400种，参展单位84家（包括俄罗斯、日本、澳大利亚、泰国等4家外国单位），设计制作24处人文景观。荷展期间，举办系列荷文化活动，将荷花与艺术、民俗、饮食等文化结合起来。同时，开展与奥运相关的文化活动。

【圆明园九州景区对社会试开放】 7月29日，圆明园遗址公园九州景区对社会试开放。按照“专家全程指导、监理全程监督、审计全程跟踪、纪委全程介入”的原则，2008年对九州景区近40万平方米区域进行整修保护，内容包括桥涵复建、叠石塑山、环境整治、西长河河道整治、曲院风荷及相关服务设施建设等。经过整修，景区内的山形水系已基本恢复，复建桥涵3座，各景点建筑遗址得到清理和保护。 （鲁紫鹃）

【紫竹院公园举办第十五届竹荷文化展】 8月1日~28日，紫竹院举办“五洲欢歌‘竹’福奥运”第十五届竹荷文化展。本届文化展紧扣奥运主题，突出奥运特色，全方位展现公园深厚的竹、荷文化内涵，发挥了市属免票公园示范作用，共接待游人约52万人次。

【颐和园安装多语种电子售票系统】 10月，在北宫门售票处安装多语种双屏幕同步触摸屏购票帮助系统并投入使用。该系统可支持英、法、德、俄、意、日、韩、阿拉伯8个国家语种（操作界面支持中文简、繁体）。游客在购票时按语种选择所购票种类（门票、半价票、联票）及人数后，两个屏幕同步显示中外两种语言的操作界面，售票员和游客可实现交互操作，为游客购票提供了便捷。

【“十一”黄金周海淀区旅游景区创五年来多个之最】 “十一”黄金周期间海淀区各主要旅游景区接待游客162万人次，门票收入2654万元，接待人数和门票收入为五年来之最；颐和园接待游客62.61万人，门票收入1671.89万元，为五年来单园之最；10月2日，颐和园接待游客14.46万人次，门票收入373.73万元，为五年来单日之最。（苏 洪）

【第二十届香山红叶文化节】 10月15日~11月9日，香山公园举办第二十届香山红叶文化节。由于受北京奥运会和残奥会对北京金秋旅游市场的推动，特别是残奥会闭幕式上展现的香山红叶漫天飘落的炫美景象，本届香山红叶文化节备受游客青睐，共接待游客110.22万人，同比增长24%，门票总收入1074万元，同比增长24%，日均接待量达到4万余人，双休日最高接待量高达8.4万余人，接待游客总数、日接待游客数和门票总收入均创历史新高。 （黄廷虎）

【圆明园通过4A级旅游景区验收】 11月20日，圆明园4A级景区创建工作通过国家旅游局旅游景区质量等级评定组的最终评定验收。 （鲁紫鹃）

城乡建设

海淀区建设委员会是海淀区城市建设和房屋管理的行政主管部门。本年12月30日,房屋管理行政职能划归新成立的区房管局。区建委下设海淀区建筑行业管理处、海淀区建设工程质量监督站、海淀区建设工程承包发包交易中心、海淀区房屋安全鉴定站、海淀区建委第一至六所等10个事业单位。

本年区建委被中共北京市委、北京市人民政府、北京奥组委授予北京奥运会残奥会先进集体;被北京市08环境建设指挥部授予北京奥运会残奥会环境建设先进集体;被市建委、市人事局授予京津城际轨道交通(北京段)等轨道交通工程征地拆迁工作先进单位。

北部地区开发办公室负责统筹北部新区的开发建设。农村各乡镇政府负责本区域内的新农村建设。

北京市海淀区建设委员会
地　址:海淀南路甲21号
邮　编:100080
电　话:62553025　62525753(传真)
网　址:www.hdjw.gov.cn
区建委办事大厅
地　址:海淀区双榆树北里甲22号
邮　编:100086
电　话:82618228　　　(陈　艳)

规划工作

【综述】 北京市规划委员会海淀分局(以下简称本局)是北京市规划委的派出机构,其前身是成立于1987年4月的海淀区规划管理局,2002年1月1日更名为海淀区规划局,2003年3月1日划归北京市规划委员会垂直领导,更名为北京市规划委员会海淀分局。主要职能是:负责办理一般项目、绿化隔离地区项目的《建设工程规划许可证》和《建设用地规划许可证》;负责办理一般城市基础设施项目和市政工程项目的《建设工程规划许可证》和《建设用地规划许可证》;负责办理危改项目、科技园区内产业项目的"两证"和《规划意见书》。下属单位:海淀区建筑设计所、分局机关服务中心。2008年3月24日,本局新建规划服务大厅投入使用。

规划编制与规划实施工作 开展新农村规划编制工作。完成屯佃、西马坊、西玉河、七王坟、西小营等5个试点村庄规划成果的初审工作。组织完成了周家巷、前章、后章、李家坟、温泉、梅所屯、西闸、八家、东小营、太舟坞、西玉河村、西马坊村、七王坟村、西小营村等14个新农村试点村庄规划编制及预审工作。进一步完善新农村规划部门联动机制,组织有关部门对七王坟村基础设施建设问题进行研究和落实。

推进规划实施。组织专家对《海淀新区整合规划》进行评审。推进香山核心地区规划建设,组织完成《香山地区规划实施工作方案》。支持金融后台服务区建设,协调环保园、创新园规划调整工作。办理完成中国人寿保险公司、国家开发银行总行等后台服务项目入驻园区规划手续。参与相关政策研究,组织编制《金融后台服务园区规划及实施意见专题研究报告》,并完成阶段性成果。

推进重点项目建设。配合市规划委进行中星微电子公司入驻选址工作；配合市规划委对香山来青轩爱国主义教育基地建设问题进行现场调研，将情况报市委宣传部；完成海淀区文化大发展三大设施选址工作，撰写《海淀区文化发展空间布局研究》报区委宣传部；完成2008年海淀区保障性住房选址方案（提供7处选址，总用地141公顷，建筑规模约114万平方米）；对蛋白质国家重大科技基础设施项目进行选址，配合有关部门多次研究实施问题；完成中心城控规北下关地区公示工作，对创新园、环保园控规调整及辛店控规进行网上公示。

推进市政基础设施建设，配合有关部门开展地铁规划设计及建设工作。对涉及本区的轨道选线及车站、车辆段的选址及交通接驳工作进行研究，协调轨道建设临时占地、交通导改的相关工作。进行地下空间开发研究。如龙背村车站用地调整、双榆树站交通接驳、黄庄站地下空间利用等，做好地铁车站周边市政管线改移的审查工作。

加速推进农村客运网络建设。对辖区内农村公交客运网络规划布局、公交线路、公交场站、换乘枢纽、公交站位置等初步规划方案进行研究，组织编制《海淀区农村公共交通客运网络规划》。

规划调研工作 协调解决海淀山前山后交通瓶颈问题。开展上庄路南延（西山隧道）工程的规划方案、预可研项目建议书和环境影响评价分析。在初步选线方案基础上，进行方案深化和基础资料采集，并与相关单位签订委托合同。年底已完成地形测绘和地质、水文勘察工作。

组织开展《北京市海淀区西山隧道可行性和必要性研究》、《浅谈如何建立高效的执法合作机制》、《香山中心地区规划实施探讨》、《地铁四号线北延停车换乘与公交系统研究》、《海淀区文化发展空间布局研究》、《稻香湖金融后台服务区规划及实施意见》等7项调研课题，并将调研成果报相关部门。

规划审批工作 本年，办理各类建设工程项目440件。其中，办理《规划意见书》55件，总面积35.6万平方米；办理《规划意见函复》7件；办理《规划意见复函》63件；办理《建设用地规划许可证》30件，总面积179.8万平方米；办理《建设工程规划许可证》265件，总面积454.6万平方米；办理建筑工程规划许可证（施工暂设）20件，总面积2.5万平方米。办理市政工程项目198件。其中核发《建设用地许可证》6件，《建设工程许可证》188件，修改通知书与退件4件。审批市政道路32条，用地面积13.9万平方米，长度共计17.4公里；审批各类市政管线共计80.3公里；审批跨河桥3座、跨街天桥1座。

审批居住区地名18个、道路名称37条、建筑物名称20个。

继续坚持绿色审批通道制度，将市、区政府关注和群众关心的重点项目、科技园区项目等审批周期由20个工作日缩短至3–10个工作日，并开展规划协调服务。全年通过快速审批通道办理建设项目119件。其中《规划意见书》16件，10.1万平方米；《建设用地规划许可证》11件，62.1万平方米；《建设工程规划许可证》92件，157.6万平方米。

加强对驻区中央单位及部队、大专院校的规划服务，办理完成中央党校中水回用工程及南大门改造、中国气象局南区配套服务楼、中国人民解放军海军北京钓鱼台离职干部休养所住宅等项目的规划审批工作。支持园区建设，协调完成科技园区瑞萨半导体项目、深圳华为投资控股有限公司、用友软件、甲骨文软件公司入驻园区等重点项目的规划审批手续。支持民生工程建设，办理完成苏家坨经济适用房、上庄经济适用房、吴家场经济适用房、龙湖中关村住宅项目廉租房、中铁置业六道口住宅项目廉租房等各项保障性住房项目规划手续。支持区域环境整治，办理玲珑路、国防大学东门、蓝靛厂南路、北京外国语大学南墙和植物园南门等“边角地、城中村”项目4.6万平方米。

11月3日，规划服务社区机制创新试点工作在学院路街道办事处启动。此项工作是市规划委学习实践科学发展观活动的重要内容。海淀区作为第一批试点单位之一，以学院路街道为试点。通过聘请社区责任规划师、建立社区规划工作室、设立规划知识及法规宣传栏、公布向社区居民征集意见的电子邮箱和电话、开通实时交流的网络视频等方式，畅通社区诉求渠道，推进规划－社区互动机制的建立，使规划管理工作更加贴近社会、贴近群众。

规划监督检查　本年，对58件、190项、83.5万平方米批后建设工程进行验线；对106件、439项、171.8万平方米建设项目进行竣工验收；拆除施工暂设4.2万平方米。

与相关部门密切配合，开展地区环境整治。完成违法建设认定167处，1.76万平方米。完成市政府卫星查处违法建设核查47处。配合市规划委对辖区内小（乡）产权房进行调查摸底。配合市政府做好海淀区供水管线安全隐患排查工作，对涉及海淀区的严重影响供水管线安全的23处建筑物的规划审批情况进行调查并上报。

【北下关街道控规公示】　4月10日至4月28日，本局组织对《北京中心城控制性详细规划（北下关街道）》进行公示。公示地址设在北下关街道服务大厅，公示内容包括该辖区范围的功能定位、地块规划用地性质及各地块规划控制条件等。公示期间收集了公众对规划成果的大量意见和建议。此次公示是继2007年对海淀区08号片区的08号街区控制性详细规划进行公示以来，在海淀区进行的第二轮规划公示。

【控规调整首度网上公示】　5月20日至6月20日，本局对海淀区《中关村创新园控制性详细规划》、《中关村环保科技示范园控制性详细规划》、《西北旺镇辛店居住组团控制性详细规划》等3项规划局部调整情况在网站（http://www.hdghfj.gov.cn）进行公示。公示期间采用电话及电子邮件两种方式接受反馈意见，共收集公众反馈意见13条，均为同意意见。控规调整网上公示在本区是首次尝试。

【翠湖再生水厂工程获规划批复】　9月16日，本局完成翠湖再生水厂工程规划审查。翠湖再生水厂项目是海淀区“十一五”期间再生水厂规划建设任务之一，设计处理规模1万吨/日。规划厂址位于翠湖北路以北，总占地面积1.744公顷。污水收集范围西起京密饮水渠，东至高庄排水沟，北起区界，南至稻香湖，总流域面积约5.8平方公里。翠湖再生水厂的中水将供给建设区使用，剩余中水经高庄排水沟汇入南沙河，作为河道补水。

【2008年审批地名、核准建筑物名称、居住区名称情况】

道路命名（37个）：瀚河园路、巨山路（延长）、御风路、星规路、竹园西街、竹园中街、竹园东街、云水路、彩和坊西小街、彩和坊东小街、五棵松北路、港沟街、丰户营路、遗光寺路、红门村西路、玉峰路、普惠西街、西埠头路、金沟河东路、景天路、地锦路、夏雪路、文松路、海桐路、凌霄路、铃兰路、忍冬路、丹若路、木荷路、文竹路、紫雀路、秋枫路、丹樱路、银桦路、龙柏路、茜云路、锦带路。

建筑物名称核准（16个）：景藏健康大厦、中半辉煌研发中心、超动力中心、蓝天和盛大厦、永丰新成果中心、和智大厦、华源世纪商务楼、西海大厦、中元国际工程大厦、五棵松大厦、中海外大厦、熙典华庭、佳景园、海育大厦、成君科技中心、丹棱大厦。

建筑物更名核准（4个）：尚品家园、西环长安国际大厦、华一控股大厦、金山软件大厦。

居住区命名(18 个):白家疃观麓园、白家疃望麓园、白家疃欣麓园、畅茜园雪芳里、颐泉家苑怀远居、海香园、又一村云顶水天嘉园、裕禧隆园、裕祺隆园、紫瑞嘉园、海澜中园、冷泉林语山庄、莱圳家园(扩大)、静淑南里翰澜庭、上庄三嘉信苑、安宁华庭、华鸿家园、安宁庄和韵佳园。

下属事业单位:

海淀区建筑设计所
地　址:北京市海淀区中关村东路 100 号
邮　编:100190
电　话:82175805

北京市规划委员会海淀分局机关服务中心
地　址:北京市海淀区中关村东路 100 号
邮　编:100190
电　话:82175730

北京市规划委员会海淀分局
地　址:北京市海淀区中关村东路 100 号
邮　编:100190
电　话:82175700
网　址:www. hdghfj. gov. cn

(代　韧　马腾飞)

土地管理

【综述】 北京市国土资源局海淀分局(简称市国土局海淀分局)成立于 2005 年 5 月 31 日,为北京市国土资源局的派出机构,在北京市国土资源局领导下,按照管理权限,负责组织实施本行政区域内土地、矿产资源行政管理工作。下属 7 个事业单位:海淀区土地权属登记事务中心、海淀区土地利用事务中心、海淀区国土资源执法监察队、北京市土地整理储备中心海淀分中心、北京市国土资源局海淀区分局第一国土资源管理所、北京市国土资源局海淀区分局第二国土资源管理所、北京市国土资源局海淀区分局第三国土资源管理所。

土地资源概况 根据海淀区 2008 年度土地变更调查数据,全区土地面积为 430. 73 平方公里,各地类规模和本年度各地类变化情况见下表:

2008 年度海淀区各类土地面积变化对比表 (单位:亩)

地类		年初面积	年末面积	年内减少	年内增加	净变化量
农用地	合计	296844. 9	292327. 8	4736. 3	219. 2	-4517. 1
	耕地	41817. 9	40347. 2	1582. 2	111. 5	-1470. 7
	园地	48494. 4	47493. 2	1001. 2	0	-1001. 2
	林地	159160. 2	157919. 8	1240. 4	0	-1240. 4
	牧草地	0	0	0	0	0
	其他农用地	47372. 4	46567. 6	912. 5	107. 7	-804. 8

<table>
<tr><th colspan="2">地　类</th><th>年初面积</th><th>年末面积</th><th>年内减少</th><th>年内增加</th><th>净变化量</th></tr>
<tr><td rowspan="4">建设用地</td><td>合计</td><td>339174.7</td><td>343862.7</td><td>21.2</td><td>4709.2</td><td>4688</td></tr>
<tr><td>居民点及独立工矿用地</td><td>303079.7</td><td>307476.4</td><td>21.2</td><td>4417.9</td><td>4396.7</td></tr>
<tr><td>交通运输用地</td><td>35017.9</td><td>35300.7</td><td>0</td><td>282.8</td><td>282.8</td></tr>
<tr><td>水利设施用地</td><td>1077.1</td><td>1085.6</td><td>0</td><td>8.5</td><td>8.5</td></tr>
<tr><td rowspan="3">未利用地</td><td>合计</td><td>10072.3</td><td>9901.4</td><td>170.9</td><td>0</td><td>-170.9</td></tr>
<tr><td>未利用土地</td><td>6062.3</td><td>5999.7</td><td>62.6</td><td>0</td><td>-62.6</td></tr>
<tr><td>其他土地</td><td>4010</td><td>3901.7</td><td>108.3</td><td>0</td><td>-108.3</td></tr>
</table>

2008 年海淀区地类结构示意图

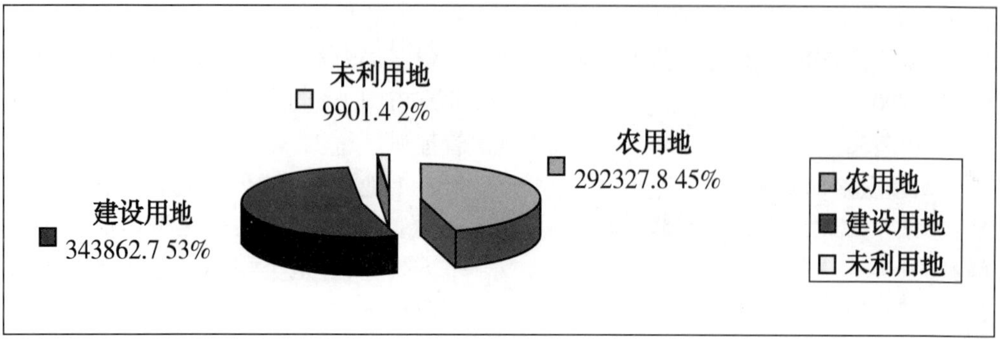

根据2008年末土地利用调查汇总数据，本年度农用地净减少4517.1亩(301.29公顷)，建设用地净增加4688.0亩(312.69公顷)，未利用地净减少170.9亩(11.40公顷)。农用地中，耕地、园地、林地和其他农用地面积都有不同程度的减少。

土地行政管理　按照供应计划优先保障重点项目奥运道路用地的原则，2008年海淀区供地计划共6项43个项目，总用地面积223.92公顷。海淀区土地利用计划农用地转用和土地征收项目共计67件，用地总面积834.23公顷，其中农用地约437.13公顷。海淀区土地储备开发计划新增项目17个，土地开发面积179.98公顷；在施开发项目36个，土地开发面积1240公顷；可供应一级开发项目7个，土地面积116.65公顷，建设用地面积55.57公顷。

全年审批通过建设项目用地预审项目85件(上年74件)，用地总量约394公顷(上年约390公顷)，其中占用农用地约180公顷(上年约110公顷)、耕地约37公顷(上年约8公顷)。用地总面积与上年大体持平，其中占用农用地面积比上年增长64%。建设项目用地预审项目的用地类型为：一级开发项目11件，用地面积约130公顷；基础设施项目30件，用地面积约149公顷；一般工业项目4件，用地面积约1公顷；科教文卫办公项目22件，用地面积约19公顷；住宅项目5件，用地面积约46公顷；商服及其他项目13件，用地面积约48公顷。

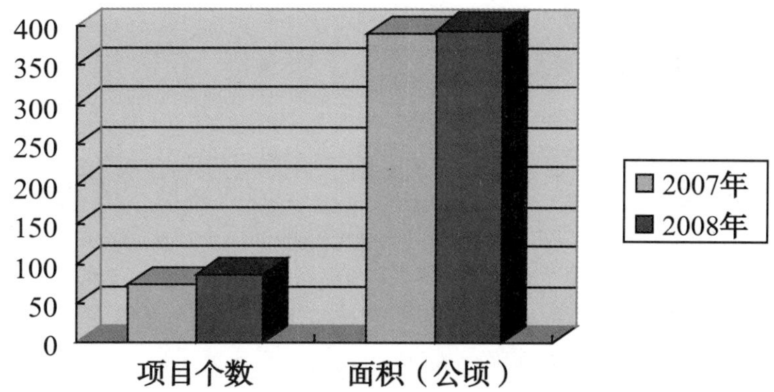

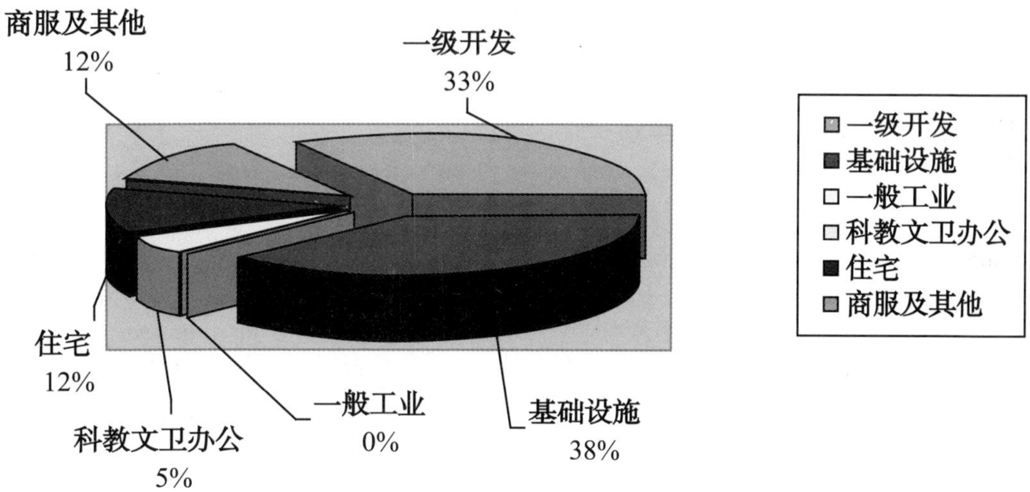

共办理完成征地项目14件，用地总面积112.5326公顷，其中农用地52.0703公顷。办理乡企用地2件，总用地面积7.7179公顷。完成征地公示、公告19件，征地结案11件。办理出让合同变更，完成补充协议5件、地价核实手续14件。完成划拨用地审批手续6件，占地40.1317公顷；完成土地出让1件，占地14.4777公顷。

年内本区共有温泉镇工业用地（北地块）等4宗土地通过挂牌方式完成入市交易，其中温泉镇工业用地（北地块）是海淀区也是北京市城八区第一宗公开入市交易的工业用地，5月以5.25亿元成交。共成交土地面积共计22.81公顷，规划建筑面积24.68万平方米，总成交价13.32亿元。西北旺新村三期（南）居住项目正在交易中，涉及土地面积47.77公顷，建设用地19.69公顷，规划建筑面积28.72万平方米。组织完成亮甲店村村东项目招标工作，土地面积39.86公顷，规划建筑面积33.02万平方米，规划用途为商业、住宅、企业用地、教育科研及配套，初步实现实物储备、规划储备和信息储备等三级阶梯形土地储备的运作模式。制定完成《海淀区国有工业用地土地使用权出让管理办法（试行）》（第十九稿），经第73次区政府常务会议审议通过，并以区政府名义印发全区。

年内海淀区土地一级开发项目36个，涉及土地面积1502.72公顷。其中授权企业项目16个，土地面积940.58公顷；招标项目2个，土地面积81.77公顷；“458”①项目5个，

① 是指北京市国土资源局于2004年下发的文号为京国土出［2004］458号的《关于不符合继续协议出让条件的经营性项目用地进行招标拍卖挂牌出让等有关问题的通知》。

土地面积42.39公顷;储备机构项目12个(其中温泉小城镇项目分为8个地块),土地面积435.24公顷;其它类项目1个,土地面积2.75公顷。加强对列入2005、2006年经市政府批准城中村环境整治的34个项目进行定期的动态巡查,奥运前完成如意门周边环境整治工作。

会同北部办和人民大学对规划修编工作中面临的主要问题开展调研,提出"4+1"的基本农田和耕地保护空间布局,研究都市农业发展用地政策和基本农田保护面积与建设指标挂钩的激励措施,并针对规划的"钢性"和"弹性"进行专题探讨。根据区政府推荐,市国土局批准,本区苏家坨镇被选定为全市乡(镇)规划修编试点镇之一。年内完成规划修编准备工作以及综合分析研究工作。

开展基本农田和建设用地增长边界的核定工作。为确保市级规划指标要求得到落实(海淀区基本农田指标2.5万亩),同时为下一步区级土地利用总体规划打下基础,市国土局海淀分局于10月底初步划定基本农田2.9万亩(0.19万公顷)。并根据北部新区整合规划核定了建设用地增长边界。

完成登记业务463件,其中土地使用权登记227件,包括土地设定登记55件,变更登记159件,注销登记13件,颁发土地证书175本;抵押登记236件,其中抵押设定登记137件,变更登记11件,注销登记88件;颁发他项权利证明书193本。办理划拨出让前地籍调查96宗,处理土地查封、解封业务59件,接待内、外档案查询788次,实现综合服务满意率达99%以上。

本年3月起,开展海淀区第二次全国土地调查工作。

土地执法监察 完成国土部第八次卫片的调查和违法用地的查处工作。国土部第八次卫片监测时段为2006年9月至2007年8月。海淀区共涉及土地60宗,实际总占地面积为4250.7亩(283.5公顷),其中耕地1267亩合84.5公顷(含基本农田42.7亩,合2.85公顷)。经核实,违法用地25宗,涉及土地面积1810.3亩(120.7公顷),其中耕地515.2亩合34.4公顷(含基本农田32.9亩,合2.2公顷),违法用地的宗数、占地面积及占耕地面积分别占全区新增建设用地的50%、47%、44%。年内25宗违法用地中,已立案19宗,非立案6宗。在立案的19宗中,有14宗已下达行政处罚决定书,有2宗已下发补办用地手续督办函,2宗已结案。在非立案的6宗中,已全部下发责令期限改正通知书,其中有4宗已整改到位。共处罚金额32万元。

年内累计开展土地执法动态巡查155天,出动巡查人员511人次,共发现土地违法违规情况10件,全部采取现场制止措施并下达《责令停止国土资源违法行为通知书》,对未能立即自行纠正的6件土地违法违规情况进行立案调查。

国务院《违反土地管理规定行为处分办法》(以下简称15号令)于2008年6月1日起施行。市国土局海淀分局组织全局干部职工多次学习文件精神。探索落实15号令的具体办法。

开展辖区内的"未批先建"工业用地项目调查清理工作。辖区内共有"未批先建"工业用地项目8个,其中未征地项目5个,涉及用地面积6.53公顷,建筑规模4.89万平方米;已征地未供地项目3个,涉及用地面积8.27公顷,建筑规模9.384万平方米。已有7个项目投入使用,1个项目暂未使用。为落实市政府关于轨道交通和保障性住房规划建设的指示精神,对海淀区8条轨道交通车站周边半径500-1000米的范围的有土地储备潜力的地块进行调查研究,共涉及项目32个,其中可储备项目4个,规划微调后可储备项目1个,带条件储备项目27个。

根据《中华人民共和国土地管理法》、《中华人民共和国土地管理法实施条例》和国土资源部有关规定，经过与乡（镇）村和有关委办局多次讨论修订，分别以区政府和区政府办公室的名义下发《海淀区土地权属争议调查处理办法》和《海淀区土地权属争议调查处理程序》。

矿产资源管理和地质灾害防治 本区固体矿山企业已经全部关闭，辖区内现共有饮用天然矿泉水开发企业6家，分布在西北部四季青镇、温泉镇及苏家坨镇。本年组织开展矿产开发企业年检工作，征收矿产资源补偿费20.364万元。对解放军总医院第二附属医院结核病大楼工程等3个建设项目进行地质灾害危险性评估备案。全区共有地热开发利用单位5家，均通过年检。

编制完成《北京市国土资源局海淀分局汛期突发性地质灾害应急工作预案（2008年度）》，召开地质灾害防治工作会和平安奥运迎汛准备工作会，并邀请专家对地质灾害防治知识进行科普讲座。组织相关部门和技术单位对各隐患点的汛前准备工作进行巡查，建立隐患台账，指导乡镇、相关单位完成应急预案11份。更新完成全区群测群防体系，发放明白卡70余份，设立标示警示牌2处。年内共投入汛期地质灾害防治车辆40余台次，出动近百人次巡查，安排汛期值班人员200余人次。未发生地质灾害灾情和险情。

组织编制《海淀区重要地质灾害隐患点初步治理方案》，并于第51次区政府常务会讨论通过，开展对海淀区苏家坨镇7处地质灾害隐患点工程治理工作，年内完成地质灾害隐患点勘查报告及工程设计方案等。

法制宣传 1月，组织本区乡（镇）、村级干部共240多人进行国土资源法律法规培训，在第十八个全国“6·25”土地日宣传活动中，以知识竞赛的形式对乡（镇）、村级干部进行国土资源法规知识的检验。同时对全区568名乡镇、村级干部进行国土资源知识培训和测试，并发放结业证。

【开展海淀区第二次全国土地调查】 3月起，市国土局海淀分局开展海淀区第二次全国土地调查工作，主要对农村和城镇土地的使用情况和权属状况进行调查。先后拟定完成《海淀区第二次全国土地调查调查组织实施方案》、《奥运期间海淀区第二次全国土地调查工作安全与保密工作应急预案》等具体工作方案。组织编写《北京市海淀区第二次全国土地调查培训手册》，组织各乡镇（街道）业务骨干、测绘、监理、数据入库单位召开培训会，共129人接受培训。年内海淀区第二次全国土地调查农村部分已通过市局预检，土地利用现状更新调查共调查图斑933个、面积2525.95公顷。

下属事业单位：

1、土地权属登记事务中心：88360816
2、土地利用事务中心：88360819
3、土地整理储备分中心：88360832
4、执法队：88360795
5、国土一所：88360813
6、国土二所：88360815
7、国土三所：88360817

北京市国土资源局海淀分局
地　址：甘家口12号楼
邮　编：100037
网　址：http://hd.bjgtj.gov.cn　（郝建颖）

房地产开发及市政基础设施建设

【综述】 海淀区建委是海淀区城市建设的行政主管部门。

本年，在海淀区注册的房地产开发企业共299家，其中一级资质企业18家，二级资质企业26家，三级资质企业25家，四级资质企业108家，暂定资质企业122家。年内，本区的建筑业企业达到734家，其中特级企业2家，一级资质企业78家，二级资质企业151家，三级资质企业467家，不分等级劳务企业

36家。

全年共对280项工程进行施工许可审批,总建筑面积1267万平方米,总投资27.61亿元。全年共办理各类招投标手续425项,投资额约40.83亿元。现场巡查150余次,共立案调查8项,其中3项已经处理完毕,共计罚款27.6万元。

奥运会设在本区的8个比赛场馆、26个训练场馆和12条奥运道路在奥运会前全部完工。在场馆和道路建设过程中,实施“阳光工程”,分别成立安全和质量奥运保障小组,强化安全和质量管理。在安全方面,制定应急预案和安全保障工作方案,实施两级三层式网格化安全管理,确保奥运工程零突发事件;在质量方面,协调处理奥运会训练、比赛期间场馆建筑、设备、电力方面发生的质量问题和事故,每两周对奥运工程巡检一次。确保场馆和道路建设实现质量、工期、安全、功能和成本的“五统一”。施工工地扬尘治理有序进行。在外立面粉饰工程中,针对整治工程量大、工期紧的情况,在合法范围内简化施工许可办理办法,将现场踏勘工作前移,避免工程带隐患施工。

年内新开工25项重大工程,占新建项目69%。受奥运因素影响,全年竣工20个项目,年度完成投资40亿元。交通项目中,民大西路、香山风景区下山路(杰王府路)、海龙科贸过街天桥如期完工。民生项目中,西北旺小学、海淀看守所、卫生大厦项目基本完工。环境项目中,温泉再生水厂一期、永丰再生水厂一期竣工并投入使用,北部地区污水处理能力大幅提高;翠湖再生水厂、上庄再生水厂和稻香湖再生水厂项目正在推进。园区项目中,永丰基地园区市政道路全部建成,环保园市政建设完成78%,创新园正在实施土地一级开发,软件园一期园区拆迁完成94%。能源项目中,苏家坨变电站土建工程已结构封顶,2008年农村安全饮水工程已基本完工。加大保障性住房项目建设。苏家坨A地块经济适用房一期完工,二、三期均进入装修阶段。上庄B09地块、吴家场和苏家坨C02、C03地块经济适用房11月分别开工。全年经济适用房开复工面积57.8万平方米,其中竣工17万平方米。廉租住房启动约10万平方米。年内,东升乡融金时代大厦、首享科技大厦、华源世纪商务楼、电焊机厂新建商业楼投入运营;大石桥科技综合楼装修竣工并完成招商;同源大厦装修基本完成并开始招商;东升科技园区、宝盛里公建、马坊新村公建、鲲鹏商业大厦等项目封顶,开始进行内外装修和招商;永泰服务楼项目在办理过户手续;京海产业用房、大运村体育文化公园、东升社区医院等一批项目已开始筹备。

区园林中心全年共完成屯佃村社会主义新农村道路改造等工程47项,铺装道路总里程达38公里。

代建项目监管有序进行。监管的代建项目包括区委党校项目和海淀区作战指挥中心、消防指挥中心、交通指挥中心(简称“三中心”)项目。区委党校A、B、C、D座已竣工并投入使用,旧校改造工程加紧实施。

全年危旧房屋改造开复工面积129万平方米,其中新开工31万平方米,竣工36万平方米。实行房改带危改的娘娘庙危改小区因奥运期间施工受限,协调相关部门先取得施工许可证,加快居民回迁。

2008年市政府将既有建筑节能改造工作列入“38项为民办实事折子工程”。根据市建委分解下达的任务指标,本区承担30栋大型公建能源审计及用电分项计量、5万平方米的普通公建节能改造、0.4万平方米的普通住宅节能改造、12户农民住宅节能改造等四个方面的任务。到11月底,上述任务全面完成。其中,完成普通公建节能改造16.2万平方米,完成任务324%;完成普通住宅节能改造20.05万平方米,完成任务5012.5%;完成农民住宅节能改造12户;完成大型公建能源审计及用电分项计量36栋,超额20%。

年内全区共有施工现场643个,总建筑面积为2193万平方米。其中市政工程68个、地铁工程29个标段。共检查施工现场33926个/次,同比增长178.5%;发现隐患50983条,同比增长39.7%;共下发停工整改通知书69份、限期整改通知书361份。

继续加强对住宅工程的质量监督,房建工程累计完成工程竣工验收310项,建筑面积410万平方米,新注册工程813项,建筑面积2431万平方米(含环境整治项目)。共竣工备案建设工程219项,单体642个,总建筑面积465.23万平方米。（陈 艳 聂世剑）

【北京昊海建设有限公司】 2002年3月15日由原海淀区建筑工程公司、海淀区第二建筑工程公司、海淀科力建筑工程公司、北京市盛安建筑工程有限公司、海淀区信远建筑工程公司、海淀区振海建筑工程公司、海淀区清田建筑工程公司7家企业改制组建。

本年,公司企业总资产为3.04亿元,同比增加12%,其中昊海一处(属国有)资产为1.92亿元,同比增加15%;总负债为2.37亿元,同比增加17%,其中国有负债为1.52亿元;净资产(所有者权益)为6688万元,其中国有资产为4000万元;国有资产保值增殖率101%。

本年,公司在资金紧张的情况下偿还银行贷款500万元,上缴国有资产占用费30万元;总利润50万元。本年计划上缴各种税费600万元,实际上缴1033万元,完成计划的173%。

本年公司计划完成开复工面积20万平方米,实际完成21.68万平方米,完成计划的108.4%;建安总产值计划完成2.1亿元,实际完成2.3亿元,完成计划的109.5%;实现工程收入计划2亿元,实际完成2.35亿元,完成计划的118%。

本年新开工程主要有:稻香湖二期工程、百旺新城行政办公区3#办公楼工程、曙光里21#、22#工程、新源西里东街3#工程、朝阳区香河园街道重点大街整治工程、嘉峪关市东湖不夜城商业用房CD座工程、永丰嘉园幼儿园工程、妇幼保健医院装修工程、中关村医院门诊综合楼装修改造工程等。本年,竣工工程主要有:万柳办事处大楼、大兴采育工业区综合服务楼、中关村科技园区丰台园总部文化广场、裕龙花园三七6#楼、仰源大厦装修改造工程、五孔桥永金里小区7#楼、西北旺配套学校教学大楼、安华西里一区4#楼装修工程等。北海琼华岛修缮工程被评为北京市优质工程。

公司年初制定了以"提高经济效益和企业综合实力,巩固一级资质为目标"的经营思想和"坚持改革创新,加强产权制度改革,保和谐稳定,促企业发展"的经营方针。逐步建立经营目标和管理指标的综合考评体系。先后制定《成本分析办法》《成本核算办法》等制度。注重提高员工队伍综合素质。

初步试点外埠工程项目。承接嘉峪关不夜城工程,组建一个公司直属项目经理部。从与业主洽谈开始,就注意抓住成本管理这条线,与业主签定额度9056.7万元的合同。

制定公司生产安全事故应急救援预案及防汛、地震应急预案。完成奥运会、残奥会期间的安全管理工作。7月20日至9月20日,公司共停产14个单位,民工529人离开施工现场,外用电梯、塔吊及中小型设备数十台停止使用。车辆除单双日限行外,停驶20%。现场安排24小时值班,保证施工现场的安全。定期召开安全例会,针对施工现场存在的问题共组织培训10次。监督各工地做好全体劳务人员进场教育和安全交底。针对施工程机械的使用管理及有较大危险作业的分项工程,要求必须制定专项施工方案。

挖掘潜力,盘活资产。完成北安河土地由区政府收购的程序,签定收购协议;将盛唐饭店回购并签定与海淀妇幼保健院的合作协议。对二建公司进行经济审计,聘请中介机构对二建公司、昊海一处、盛唐饭店进行资产清查和评估。盛唐饭店调整经营方式后,做好饭店73名职工的分流安置工作。

继续开展"建五型班子、筑和谐企业"主题实践活动,加强公司各级领导班子建设,组织中层以上管理人员赴武汉中铁大桥局考察学习。落实国资委《关于高层次人才遴选工作方案的通知》精神,推荐3名高层次人才和1名后备人才。

推进企业文化建设,继续保持三个文明单位的荣誉称号。

支援汶川抗震救灾,开展募捐献爱心活动。公司和员工先后共捐款8万余元。其它分公司也通过不同渠道相继捐款。

本年为王公坟、厂洼小区职工宿舍维修供暖管道、屋面防水共投入44.6万元。

地　址:海淀区清河街道朱房
邮　编:100085
电　话:62925523
电子信箱:bj_hao_hai@263.net　(唐志安)

【北京海开房地产集团公司】　本公司是区属国有房地产开发企业。1982年5月14日,撤消区统建办公室成立区城市建设开发公司,1984年11月28日改为区房地产经营开发公司,1993年3月20日更名为区房地产经营开发总公司,1994年获建设部资质、资信一级企业,2000年变更为北京海开房地产集团公司。2002年1月18日,由海开房地产集团公司控股的海开房地产股份有限公司正式挂牌。

本年,公司主营业务(房屋销售、房租)实现收入7390万元,投资收益3511万元,利润总额2807万元,扣除所得税508万元及少数股东权益340万元,净利润1959万元。主营业务利润率超过区国资委5.2%的考核标准,达到26.51%。缴纳国有资产占用费550万元。公司财务帐面期初净资产总额51085万元,期末净资产总额53159万元,按财务帐面计算国有资产保值增值率104.06%。超额完成区政府下达的年度国有资产保值增值102%的指标。

在投资与资产管理工作中,完成在八小集团及北京科技园建设股份公司、知春物业公司和北京科技园拍卖招标公司所持股权的转让。收回投资款24898万元,取得投资转让收益3496万元。将黄金海岸培训中心土地由国有划拨转为协议出让,11月取得土地证,实现土地增值约2000余万元;解决老小区遗留房产确权问题,办理房屋产权证面积1000平方米,新增资产固化价值约1000万元。对存量资产实现销售回款8645万元,达到资产租赁收益1475万元。对海开置业公司进行清算。

高中示范校代建工程全年完成投资5711万元,累计完成60823万元;全年完成施工和竣工面积35592平方米,累计完成新建和装修改造工程面积214527平方米。8月6日,北京第二十中学建设工程完成竣工。11所高中示范校代建项目中已有北京市立新学校、北京市一〇一中学、农大附中、北京市第十九中学、北京市八一中学、北京市中关村中学、理工附中、钢院附中、石油附中、北京市第二十中学等10所学校的代建项目竣工并交付使用,交大附中尚在建设中。经过投竞标,获取苏家坨经济适用房项目开发权和清河公务员周转房项目代建管理任务。12月,签署苏家坨C02、C03地块经济适用房项目的规划设计委托协议和征地补偿协议,完成规划设计方案和交通评估的审批,通过土地预审等工作,为全面开工做好前期准备。

在遗留问题处理中,一是加强对华祥公司贷款及借款的监管力度,重点落实追缴欠款、减少贷款担保额度;年内减少对华祥公司贷款305万元,降低率12.2%,对该公司的资金状况进行全面审计。二是依区政府第49次常务会议决定,北京京门房地产开发公司(简称京门公司)依法申请破产保护,海开集团对京门公司留守小组及人、财、物实施代管。2月28日,区国资委与海开房地产集团公司签订了《代管协议书》。

年内,公司领导班子在廉政建设中落实重大事项、个人收入申报制度。贯彻《劳动合同法》,编制公司《规章制度汇编》。

地　址:海淀区海淀南路21号
邮　编:100080
电　话:82611160
电子信箱:wwxiaoyu@163.com　　（杨文丽）

【**北京市威凯房地产开发经营公司**】　本公司是区属国有房地产开发企业,成立于1994年,现有注册资金1亿元。公司原名北京市海淀区危改小区开发经营公司,1997年11月更名为北京市威凯房地产开发经营公司,隶属于海淀区国土资源和房屋管理局,2004年3月公司与海淀区国土资源和房屋管理局分离,隶属于海淀区房屋土地经营管理中心。2005年1月,晋升为房地产开发企业一级资质。同年6月,公司与海淀区房屋土地经营管理中心分离,列为海淀区政府直属企业。公司现有全资子公司北京市羲和物业管理中心、北京市威凯体育文化发展有限公司和拥有98%股权的北京富利房地产开发有限责任公司,拥有80%股权的北京市科迪实验中学。

本年,公司总资产为24.9亿元,负债为21.9亿元,所有者权益为3.0亿元。实现销售收入3.5亿元,利润3247万元,净利润2546万元,净资产收益率8%,国有资产保值增值率为108%,主营业务利润率12%,按期交纳国有资产占用费400万元,上交各项税金2951万元。

本年完成开复工面积30万平方米,竣工面积3.88万平方米。2008年苏家坨经济适用房项目完成投资20014万元,累计完成投资47063万元;公司自6月份接受北部土地一级开发工作,到年末完成投资7394万元;全年销售房屋211套,收回房屋价款8600万元。完成国资委下达的各项指标。

苏家坨A地块经济适用房项目建设已取得项目核准、规划意见书、用地证、拆迁许可证,一至四期(约25万平方米)已取得规划许可证、开工证,完成施工招标等工作;已取得五至六期(约4.8万平方米)托幼、垃圾楼、公建1-3的规划许可证。项目在施建筑面积25.2万平方米(含住宅部分23.85万平方米,地下汽车库1.35万平方米),2778户。其中新开工建筑面积8.1万平方米,续建17.1万平方米,完成投资约13000万元。

外部市政工程方面,7月28日完成镇中心区11万伏变电站地上物补偿及拆除工作,并移交海淀区供电局,投入资金800万元;完成A4地块1-10号楼入住供电工作;7月7日接手镇中心区燃气调压站,7月31日完成该调压站用地范围内的地上物补偿及拆除工作;年底完成A4地块1-10号楼燃气通气及市政供水工作;经济适用房的价格核价工作基本完成。

吴家场土地一级开发和经济适用房项目原为一级开发项目,2007年10月经海淀区政府授权,在一级开发进行中启动二级经济适用房建设。本年完成吴家场项目二级规划意见书、二级立项批复、环评报告、建设用地规划许可证等前期工作,并于10月18日实现开工。

本年经区政府第55次常务会议决定,由威凯公司承担北部新区的土地一级开发工作,5月31日为交接时点,与北部办进行人、财、物的移交工作。公司在温泉设立北部四镇土地一级开发工作办公室,各项工作相继展开。完成先行启动的温泉镇中心区C及F区部分地块、西北旺镇辛店村东、苏家坨镇中心区A、D部分地块以及上庄镇中心区B、C地块住宅及配套等项目土地一级开发成本测算和分析,编制了土地一级开发流程,拟定了项目进度计划及资金使用计划,完成了上庄镇中心区的道路规划、市政规划等前期工作。推进上庄镇中心区部分地块按照“三定三限三结合”原则[①]进行安置房建设。与聂各庄村委会签订了地上物补偿协议和租地协议，与前沙涧村委会签订了地上物补偿协议。与海融达公司签订了苏家坨镇中路地上物补偿协议，支付补偿款1600余万元，完成镇中路南段建设用地范围内的征地拆迁补偿和地上物拆除，配合有关部门保证镇中路按时开工。杨家庄路、安阳南路、名人居路施工的路段年底前具备竣工验收条件。完成白家疃排洪沟一期工程的移交准备工作。

自7月份开始，公司与北部办以及相关单位协调温泉镇稻香湖路、温阳路、六环路温泉路段拆迁居(农)民的安置工作，于11月10日进行了预售登记，22日进行了现场摇号，12月29日~31日办理了入住工作。

本年公司获首都精神文明单位称号，被北京市地方税务局评为“纳税信用A级企业”。

地　址：海淀区甘家口甲12号

邮　编：100037

电　话：68347177　68341202(传真)

网　址：www. mail. weikai. com　(盖凌雁)

【北京龙海苑开发建设有限责任公司】 2002年由海淀区国有资产投资经营公司等发起成立。公司的宗旨是以市场化的经营方式促进香山、圆明园、颐和园周边地区的土地资源配置及其开发建设，提升“皇家园林旅游区”的整体形象。自2003年正式运作以来，龙海苑公司先后启动了二龙闸、西苑、同庆街、如意门、北宫门、香山停车场等项目。打通新建宫门至万泉河路的二龙闸规划道路，修建二龙闸绿化停车场和香山中心停车场，恢复颐和园东墙外荷花池，完成西苑项目土地一级开发工作，建设青龙桥派出所办公楼，建设完成宫门外绿化景观。共整治、开发土地面积48.7公顷，清运颐和园东墙外生活垃圾20万立方米，拆除房屋面积19.1万平方米，完成道路、绿化、停车场建设16.7万平方米，建设公共设施7700平方米，累计投资14.19亿元。另外，编制完成皇家园林文化旅游区控制性详细规划和西苑、如意门、大有庄、香山中心区等项目的规划设计方案。目前，颐和园周边地区交通状况和环境面貌得到改善，香山地区停车困难得到缓解，皇家园林文化旅游区的整体形象正逐渐形成。

地　址：北京市海淀区二龙闸甲5号

邮　编：100091

电　话：62868977　(穆　游)

【北京市京门房地产开发公司】 本公司系经北京市、海淀区两级政府批准成立的从事房地产开发与经营的专业机构，属北京市海淀区人民政府直属的全民所有制企业。注册资金4425万元，同时担负海淀区西客站开发建设办公室的政府职能，负责对西客站北广场60万平方米商业区的规划和开发建设进行协调。公司成立于1993年，1998年晋升为二级房地产开发企业。京门公司成立以来，先后完成了京门大厦、京门公寓、吴家场小区、羊坊店路改扩建工程等开发建设项目，合作开发了海天大厦建设项目，累计竣工面积30万平方米。

本年，公司承担的海淀区委党校教学培训楼及教学综合楼工程项目的代建工作已全部竣工。该项目位于海淀区东北旺路32号，共分A、B、C、D四座。该项目预计总投资2.5亿元，全额政府投资。此外，公司本年还承担了海淀区委党校旧楼改造工程的代建工作，该项目总面积6580平方米，总投资约2000万元。

2月，按照区政府要求，公司向海淀区法院提出破产申请，同时对公司员工进行分流安排。11月10日，经海淀区法院裁定立案受理，批准公司提出的破产申请，指定中伦律

---

① 三定：定性、定向、定量，三限：限户型、限价、限交易，三结合：建设方式应与相对应的征地拆迁方式相结合，销售价格应与相对应的征地、拆迁补偿标准及农村产权制度改革的相关政策相结合，建设应与北京市现行的农村地区拆迁安置用房政策相结合。

师事务所为破产管理人。

地　址：海淀区西北旺付家窑丁2号院禾谷园配送中心院内
邮　编：100094
电　话：88850696
电子信箱：jmfdchgs@sohu.net　（陈燕华）

【北京海融达投资建设有限公司】 北京海融达投资建设有限公司（以下简称海融达公司）成立于2005年6月28日，注册资金3200万元人民币，是海淀区政府直接投资组建的国有独资企业。主要职责是承担市、区两级政府确定的基础设施建设任务以及道路相关资源的开发，是具体实施的项目法人单位。

本年，共承担市、区政府的市政基础设施建设59项工程。

其中已完工27项，包括本年完工的项目15项：万寿路拆迁、阜石路拆迁、三条路（六环路、温阳路、稻香湖路）周转费、同庆街一期改造、西北旺南路、玉渊潭南路西延、中关村大街人行天桥（一期）、苏家坨镇中路、善家坟南路、地铁四号线拆迁、西直门交通枢纽拆迁、民大西路打通工程、采石路北延、北太平路、西苑桥隔音屏；往年完工本年工程结算的项目12项：颐阳路、安宁庄东路、昆明湖东路（含南延）、彩和坊高架立交、长河路、巨山路南段拆迁、西翠路道路大修及雨污水管线、巨山路、老山北路（西段）尾款、金沟河路东延尾款、上地村南路等道路尾款、稻香湖路（春阳路）拆迁款。

正在实施的项目32项，其中配合市属工程拆迁的项目7项，区属项目25项。在建区属工程中开工建设的项目16项：老山北路东延、翠湖北路、香山南路、田村路、中关村西区3号路、温泉路东段、动物园北路、西三旗东路、前屯南路、学院西路（一期）、北坞村路、双榆树北路东延、沙阳路污水管线、沙阳路上水管线、清河北路、"军盾一号"配套工程。

全年完成项目建设投资20亿元，其中征地拆迁投资16.9亿元，工程投资3.1亿元。年内共拆迁居民1193户，拆迁单位257个，总拆迁面积316379平方米，完成划拨及征用土地共4273亩（285公顷）。完成道路里程20.5公里。

年内，海融达公司获得区委、区政府、区奥运服务保障工作指挥部授予的"2008年北京市奥运会残奥会海淀区奥运服务保障工作先进集体"和区国资委党委授予的"2008年度先进基层党组织"荣誉称号。

地　址：海淀区海淀南路甲21号
邮　编：100080
电　话：62641198　62555864（传真）
电子信箱：hairongda@163.com　（罗　琳）

【民大西路打通工程建成】 工程位于海淀区西三环内紫竹桥北，是一条南北向道路。该路北起民族大学西门，南至民族大学附中东门，本次道路工程为打通整治工程，按照现状两端条件与其接顺，道路全长为187.16米，规划红线宽为25米，道路规划等级为城市支路。该项目由海融达公司建设，北京市市政专业设计院有限责任公司设计，北京新海航市政工程有限公司施工。工程于2007年12月开工，本年3月27日完工。

【西北旺南路打通工程建成】 该项目为打通工程，为区委党校南门通往上地西路、东北旺中路的通道，规划起点东起上地西路西至圆清路，道路红线宽40米，为城市次干路设计，全长171.62米，施工全长115.13米。该项目由海融达公司建设，北京市市政专业设计院有限责任公司设计，北京市时代市政工程有限公司施工。工程于3月开工，4月20日完工。

【同庆街环境整治工程（一期）完成】 工程位于颐和园东宫门外，北临中央党史出版社石砌虎皮墙，南临颐和园开发项目北墙，东至地铁四号线颐和园站以及一亩园公交枢纽，西至颐和园东宫门广场。共分为二个区域：东宫门广场及同庆街步行街。同庆街步行街规划红线宽50米,总长度471米;东宫门广场长174米,宽120米,一期完成面积约14450平方米。同庆街环境整治工程一期工程完工后,明显改善了颐和园周边旅游环境,形成有序交通,减少了人车干扰,提高了交通安全性,使区内道路负荷均衡,局部路段交通负荷降低。该项目由海融达公司建设,北京风景园林设计院设计,北京金都园林绿化有限责任公司施工,北京华林源工程咨询有限公司监理。工程于2月开工,6月15日完工。

【西苑桥隔音屏建成】 该项目位于北京市海淀区北四环和北五环之间,南北走向,隔音屏总长度约2000米,防撞护栏以上的隔音屏净高为2.5米,总高度为3.185米;隔音屏基础为植筋基础,采用化学锚拴进入现况桥梁防撞墙结构范围内。隔音屏板材使用透光不透明的材料,是防腐、抗紫外、耐老化的PC板。本工程建成后景观效果理想,与环境相和谐,将提高万泉河高架桥两侧居民的生活质量,改善奥运公路自行车赛沿线道路环境。该项目由海融达公司建设,北京市市政设计研究总院设计,北京绿创环保集团有限公司施工,北京市高速公路监理有限公司监理。工程于5月开工,6月15日完工。

【采石路北延建成】 该项目南起金沟河路,北至阜石路,设计为城市次干路,全长730米,规划红线宽40米。同步实施雨污水工程、交通工程、绿化及照明等配套工程。该项目由海融达公司建设,北京市市政设计研究总院设计,北京市市政工程管理处施工,北京致远工程建设监理有限公司监理。工程于2007年3月开工,本年6月20日完工。

【玉渊潭南路西延建成】 该项目为奥运工程,西起西四环辅路,东至西翠路,设计为城市次干路,全长0.8公里,规划红线宽30米。同步实施雨污水工程、交通工程、绿化及照明等配套工程。该项目由海融达公司建设,北京市市政设计研究总院设计,北京泰德市政工程有限公司施工,北京四方建设监理有限责任公司监理。工程于2006年10月开工,本年7月15日完工。

【北太平路建成】 工程西起永定路,东至西四环路,全长0.86公里,为城市次干路。规划红线宽30米,道路断面为一幅路形式,机动车道为双向四车道,机非混行,最外侧人形道各宽3~4.5米(含树池)。同步实施雨、污水工程,交通、照明、绿化、市政公用管线等配套设施。该项目由海融达公司建设,北京市市政设计研究总院设计,北京市市政工程管理处施工,北京中外建天利工程监理咨询有限公司监理。工程于2005年10月开工,本年7月15日完工。

【中关村大街人行天桥(一期)建成】 该项目位于海龙大厦东南侧,中关村科贸电子城西南侧,东西向横跨现况中关村大街,南北向横跨现况海淀大街。天桥主桥呈"L"型,为曲线异型桥,全长156米,桥宽8~10.5米,建筑面积2366平方米,桥下净空大于4.5米。天桥梯道坡度为1:2,宽度均为3.6米。天桥坡道坡度为1:10,宽度均为2.5米。此工程位于中关村核心地区,该处车流量较大,非机动车及行人过街需求大,路段饱和度高,此地段成为北京市交通拥堵重点地段之一。天桥工程全部建成后使该区域的人流、车流管理更加规范化、科学化,达到解决区域交通拥堵的最终目标。该项目由海融达公司建设,北京市市政设计研究总院设计,北京市市政六建设工程有限公司施工,北京四方建设监理有限责任公司监理。工程于5月开工,7月20日完工。

【苏家坨镇中路建成】 该项目为新农村工程,南起翠湖北路,北至苏家坨镇北街,设计为城市次干路,全长1600米,规划红线宽30米,跨越前沙涧新建桥梁1座。随路建设的管线有中水、上水、电力、污水、电信、天然气、雨水,其中电信管道由北信基础公司负责投资建设,其余管线均由海融达公司负责投资建设。并同步实施路灯、交通和绿化工程。该项目由海融达公司建设，北京市戈泰设计咨询公司设计，北京筑基恒业市政工程有限责任公司施工，北京致远工程建设监理有限公司监理。工程于9月开工，12月30日完工。（陈 艳）

【区园林中心市政工程】

定慧寺东路（紫竹院—彰化路）道路大修工程 该工程由北京市时代市政工程有限公司承建，位于海淀区曙光花园小区西侧，道路为南北方向。道路全长487.5米，铺设沥青砼路面7254平方米；步道896米，面积2190平方米；盲道896米，面积448平方米。工程施工时间为5月19日至6月30日。

上庄路北段（沙阳路——海淀区界）道路大修工程 该工程由北京市市时代市政工程有限公司承建。该路全长5284米，修补面积31111平方米，工程于5月19日开工，7月12日竣工。

六里屯北路大修及排水工程 该工程由北京市时代市政工程有限公司承建，于10月1日开工，12月12日竣工。工程位于六里屯村以北，道路为东西走向，全长0.85公里。此次大修工程对路面、排水设施进行了全面改造，共铺设沥青砼路面6824平方米，步道5186平方米，盲道340平方米，铺设管线1486.8延米。

海淀区新农村基础设施建设道路硬化施工（第三标段）——屯佃村 工程位于海淀区西北旺镇的屯佃村内。此次改造由北京市时代市政工程有限公司承建，涉及道路172条，总长度约为19.33公里，工程开始于10月6日，12月14日竣工。（聂世剑）

【五棵松奥林匹克场馆群竣工】 1月10日，五棵松奥林匹克篮球馆完成竣工验收，标志着海淀区内的8个奥运比赛场馆全部完成竣工验收。1月11日，召开五棵松奥林匹克篮球馆竣工交付工作会。五棵松场馆群项目包括五棵松体育馆（奥运篮球比赛场馆），五棵松临时棒球场（奥运棒球比赛场馆），大型文化、体育、休闲、绿色广场，以及综合商业配套设施。该项目地处西四环与长安街沿线交汇处，项目总建筑面积约52公顷，规划建筑面积约35万平方米。2008年奥运会的男篮、女篮、棒球3块金牌在此产生，赛后将成为西部居民重要的文化、体育、商业中心。五棵松篮球馆是设计先进、功能齐全的综合体育馆，包括正式比赛场馆、热身训练馆、室外景观文化广场，建筑面积63000平方米，占地面积19.1087公顷，总座席数17820座，其中永久座席14119座，临时座席3701座。五棵松篮球馆工程在施工过程中应用了建设部10项新技术中的9大项，共26个子项，其中3项获得北京市施工工法，1项获得国家级工法，5项技术已获实用新型专利授权，工程质量获北京市结构长城杯金奖、中国建筑钢结构金奖，并已申报北京市建筑工程竣工长城杯金奖和国家鲁班奖。

【北京体育大学游泳馆竣工】 3月28日，北京体育大学游泳馆通过竣工验收。这是本区奥运场馆建设任务中最后一个完成的项目。它的建成标志着本区8个奥运比赛场馆、26个训练场馆全部竣工。北京体育大学游泳馆是本区的奥运训练场馆之一，场馆占地面积2951平方米，建设规模4507平方米，建设内容包括对游泳馆原结构进行加固、室内装修改造等。该场馆于2007年6月开工建设。在建设过程中，因结构加固等原因，经市“08”工程办等有关部门研究后延期至2008年3月底竣工，最终于3月28日完成。

【海淀区“三中心”项目开工建设】 3月31日，区作战指挥中心、消防指挥中心、交通指挥中心举行奠基仪式。“三中心”项目总建筑面积30056平方米，是本区2008年的重点建设项目。“三中心”是一组功能齐全、设施一流、职能完善的综合性建筑，在推进本区国防、消防和交通事业方面将发挥重要作用。工程到年底前进行地上1层结构施工。

【区委党校教学培训楼及教学综合楼工程竣工验收并投入使用】 4月,区委党校教学培训楼及教学综合楼工程竣工验收并投入使用。该工程建筑面积43503平方米,占地面积20008平方米,分A、B、C、D四栋楼,其中A、B楼为上地办公区,C楼为教学培训楼,D楼为餐厅。因历史原因,区委党校教学培训楼及教学综合楼工程,原由一开发企业与区党校合作开发建设,因资金不到位等因素,该企业在工程完成地面一层结构(局部二层)的情况下撤离施工现场,工程停工搁置近3年。2006年,该项目由区政府接管,委托区建委实施代建管理并继续施工。区建委在接手后依法通过公开招标确定京门房地产开发公司作为代建主体并实施工程的后续建设。2007年年底,该项目建安工程基本完成。2008年3月,完成该项目的四方验收工作并进行工程竣工验收,4月30日,完成竣工备案工作。 (陈 艳)

海淀新区建设

海淀新区(即海淀北部地区)包括西北旺镇、温泉镇、苏家坨镇和上庄镇及上地、马连洼街道部分地区,区域面积226平方公里,占全区总面积的53%。根据《北京城市总体规划(2004-2020年)》,海淀新区是中心城整体发展的重要组成部分,是北京高新技术研发与创新的重要基地和城市西北部重要的旅游区。海淀区在第九次党代会上正式提出建设"生态型、田园式、现代化的海淀新区"的战略构想,并于2004年3月26日组建北部地区开发办,负责全面统筹协调新区的开发建设工作。本年6月23日,北部委召开第六次全委会,对北部办职能进行调整,取消组织招投标准备与实施、组织征地拆迁、协调劳动力就业和社会保障、重大产业项目的组织实施和北部地区开发建设的土地整理储备四项职能,新增指导、监督开发企业开展土地一级开发职能。主要职能转向统筹规划、政策研究、组织协调、监督推进等工作。随后,北部办与威凯公司完成新区土地一级开发项目及相应的人、财、物移交工作,并根据区编委会审核修订的新"三定方案",完成了内部机构设置、人员调整、岗位定责、薪酬调整及建立党组后的制度建设、组织建设等。本年北部办的办公地址由北清路99号(永丰基地)迁至海淀区温泉路1号。

本年,新区开发建设项目80个,计划总投资79.19亿元,实际完成投资53.2亿元,完成计划投资的67%。

5月26日,温泉镇工业用地(北地块)用地使用权被北京福泉投资有限公司以52417.044万元竞得,该地块土地面积144776平方米,规划建筑面积173732平方米,用地性质为工业用地。12月9日,西北旺新村三期(南)居住项目土地使用权被北京首钢融创置地有限公司以201000万元竞得,该项目土地面积1968816平方米,规划建筑面积287160平方米,用地性质为居住用地。

本年,新区城镇开发建设项目完成投资12.08亿元。温泉镇中心区D1地块商品房项目A区正在办理施工许可证,其余3个区处于结构施工中;温泉镇中心区D2地块商品房项目处于前期手续办理阶段;温泉工业用地项目北地块企业拆迁工作进入后期。西北旺镇三期南项目土地挂牌上市,辛店土地一级开发项目取得控规批复,亮甲店项目正在办理立项手续。绿谷汽车园项目沃尔沃4S店建成营业,福特4S店结构完工。

本年,苏家坨镇中心区A地块经济适用房项目一至三期结构封顶,其中3万平方米竣工入住;温泉镇F11地块农民定向安置房项目全面结构施工中,部分楼座结构封顶;西北旺B4地块安置房项目进入内装修阶段;永丰嘉园九组团定向安置房项目工程进入后期;上庄镇B地块农民安置房项目正在办理前期手续,其中B09地块经济适用房项目已取得土地农转用批复和建设用地规划许可证。

本年,社会事业及重点协调推进项目共完成投资6.17亿元,其中新农村建设工程完成投资2.6亿元。新看守所项目及配套市政工程已基本竣工,海淀卫生大厦和百旺新城小学正在竣工验收中,海淀区作战、交通和消防指挥中心项目正在结构施工中,2008年新农村基础设施建设工程已完成。

道路及市政配套设施项目共完成投资6.18亿元,年度计划中的大部分项目建设完成。翠湖北路西段(温阳路至京密引水渠段)和苏家坨镇中路基本完工,西北旺南路完工,沙阳路拆迁工作和六环路拆迁工作进入后期。温泉再生水厂和永丰再生水厂的一期工程完工,安全饮水工程、团结渠治理工程、雨洪利用与节水工程完工。航天城110KV变电站竣工,苏家坨110KV变电站基础施工,创新园110KV变电站在办理前期手续。垃圾焚烧发电厂项目在行政复议中,垃圾填埋场除臭系统、渗滤液改造工程等附属工程完工,三星庄粪便消纳站土建工程完工。本年建设6座密闭式清洁站和9座二类公厕。

专业园区开发建设项目共有29项,完成投资19.6亿元。软件园(一期)、永丰产业基地、环保园一级开发工作进入后期,入园企业的建设正在进行中。

风景旅游区项目完成投资3.1亿元。西埠头旅游配套设施项目正在办理征地批复,协议拆迁工作已进入后期;凤凰岭旅游配套项目处于前期手续阶段;翠湖湿地项目C地块取得征地批复,正在进行设计方案调整;阳台山古香道二期工程和曹雪芹小道一期工程完工。

本年,很多项目审批环节增多、周期拉长,前期手续办理进展缓慢的问题比较突出,同时征地难、拆迁难已成为影响开发建设进程的重要因素。奥运期间,施工阶段项目由于奥运会原因全部停工,工程进度和投资额受到较大影响。

围绕新区城市化、征地拆迁、农民就业安置与社会保障等问题,开展政策研究。出台"关于进一步完善海淀新区开发建设体制的报告"、"城乡一体化模式下海淀新区开发建设思路"等报告建议,调整并重新拟定《北部新区宅基地房屋拆迁指导意见》,对"新区开发建设和新区土地开发两个专项资金管理办法"进行可行性研究。完成"关于新区社会事业及城市公共管理项目的建设思路及建议"、"新区开发建设推进中维护农民利益的若干政策建议"等6篇调研报告。

组织全体员工学习十七届三中全会文件精神,向雪灾地区人民捐赠衣被、抗震救灾献爱心捐款、交纳"特殊党费",捐款慰问新区困难群众、参观抗震救灾主题展览,参加奥运火炬接力等活动。奥运期间派相关人员协助上地街道开展社会面防控工作,同时派出两名司机志愿者投入交通服务保障工作。

海淀区北部地区开发建设委员会办公室
地　址:海淀区温泉路1号
邮　编:100095
电　话:59732160　59732158(传真)
电子信箱:bbkfb@126.com　(邵　鑫)

防震减灾工作

【综述】 海淀区地震局(简称本局)负责全区防震减灾工作。1976年唐山地震后,海淀区地震办公室成立。2001年调整为区政府所属的相当正处级全额拨款事业单位,归口区建设委员会管理。2007年3月28日海淀区地震办公室更名为海淀区地震局,5月22日举行了揭牌仪式暨抗震应急指挥部第一次会议。本年,围绕"监测预报、震害防御、应急救援”三大工作体系,以服务海淀、备战奥运为目标,以加强队伍建设、完善监测手段、组织应急演练、加强防震减灾宣传教育等为工作重点,落实《海淀区2008年北京奥运会地震安全保障工作实施方案》和《北京市海淀区地震应急预案》,圆满完成奥运安保各项工作任务。本年度获北京市区县防震减灾工作综合评比二等奖,2008年北京奥运会残奥会海淀区奥运保障工作先进集体,2008年北京奥运会残奥会地震安全保障工作先进单位。

监测预报工作 本局下属9个前兆监测台(站)和6个宏观观测站。前兆监测台(站)分别是:47中监测台、永丰水电站监测站、19中学监测站、明光小学监测站、上庄二中监测站、东北旺中心小学监测站、首师大二附中监测站,五十七中学监测站和八一中学监测站。宏观观测站分别是:海北绿园观测站、四季青观测站、苏家坨观测站、海淀乡观测站、永定路观测站和马连洼观测站。年内本局落实《海淀区2008年北京奥运会地震安全保障工作实施方案》。完成了北京市第47中学、第五十七中学、八一中学三个地形变监测站的建设。对所属的7个前兆观测台(站)安装简介牌,简介牌介绍了该监测台(站)的历史沿革、定位、职责及监测仪器的基本原理。对47中井水位完成了数字化改造,完成了47中监测台、东北旺监测站、永丰监测站、明光小学监测站、十九中学监测站和上庄二中监测站等6个监测台(站)的防雷工程。建立农村地震宏观观测队伍并进行培训。

震害防御与应急救援工作 4月29日22时15分,在本区新建宫门附近发生2.7级地震,本局按照《北京市海淀区地震应急预案》和《海淀区应对突发地震工作流程》完成应急处置及震情跟踪工作。1月7日,召开海淀区2008年防震减灾工作会暨区地震应急指挥部第二次会议。6月2日举行了海淀区地震应急指挥部2008年地震应急桌面演练,全区65个地震应急指挥部成员单位参加了推演。年内,本局完成了《北京市海淀区地震应急预案》(共计三册)的修订汇编任务。这次全面修订的《北京市海淀区地震应急预案》包括区级,区地震应急指挥部65个成员单位,村、社区在内的基层单位和家庭等四个层级。北京奥运会前,起草并下发了《海淀区奥运会残奥会地震应急预案》和《海淀区奥运地震安全保障工作流程手册》。

年内,为全区27个应急避难场地设置了190套场所指示牌、场内指示指向牌和道路指向牌,为北京奥运会提供了应急疏散场地保障。

防震减灾宣传 年内,本局研究制定《海淀区奥运宣传保障方案》,下发《2008年地震宣传教育工作要求》。向区四套班子领导和副处级以上领导干部发放《中华人民共和国防震减灾法》单行本500余册。2月29日,在东北旺中心小学开展了学生防震减灾书画比赛。3月1日,开展《中华人民共和国防震减灾法》颁布实施纪念日系列宣传活动,以香山街道北京植物园为主活动会场,以四季青镇和西北旺镇为分会场,以其他街、乡镇、社区、学校和单位为辐射点同步展开宣传活动。活动累计发放宣传材料5000份,参与活动1000余人。

5·12汶川大地震发生后,积极组织应急宣传,解答基层咨询。采取措施遏制了地震谣言,稳定居民情绪,保持社会稳定。

6月27日,本局和区教委在东北旺中心小学联合举办“迎平安奥运,建和谐校园——国家防震减灾科普教育基地成果汇报会”。协调指导曙光防灾教育公园防震减灾宣传教育项目建设,项目包括:政府抗震救灾、地震史话雕塑墙、抗震救灾雕塑小品、地震科普知识长廊、地震倾斜小屋体验等内容。

本局联合市地震局编印《北京城市公共安全指南》地图和《公众地震应急避险要诀》

手册，发送到海淀区7处奥运竞赛场馆、101中学奥林匹克青年营地和24个奥运会指定宾馆、饭店等处近20000份。

【2008年海淀区震情】 2008年全区范围内共发生小震15次。分别是:4月29日22时15分,震级2.7级;5月3日13时24分,震级1.0级;5月7日08时49分,震级1.8级;5月11日03时39分,震级1.4级;5月17日15时08分,震级1.7级;5月17日19时22分,震级2.1级;6月13日01时08分,震级1.2级;8月24日06时32分,震级1.1级;9月13日06时47分,震级0.7级;9月21日05时38分,震级0.7级;10月05日17时17分,震级0.8级;10月09日08时45分,震级1.5级;10月10日05时00分,震级0.8级;10月22日09时41分,震级1.0级;10月23日11时31分,震级0.9级。

海淀区地震局
地　址:海淀区长春桥路17号
邮　编:100089
电　话:82510011
电子信箱:hddzj@yahoo.com.cn　（黄　健）

市政管理

海淀区市政管理委员会成立于1983年12月,是本区负责城市市政基础设施、园林绿化、市容环境卫生、城市环境综合整治、公用事业和城市管理的政府职能部门,下辖市政设施监察所、个体出租汽车行业管理处和渣土管理所(本年1月10日,区环卫中心所属的区渣土所划归市政管委管理)3个事业单位。海淀区市政园林服务中心负责辖区内所属城市给排水、道路、桥梁等市政基础设施养护和园林绿化等事务性、服务性工作。

海淀区市政管理委员会
地　址:西四环北路11号
邮　编:100195
电　话:88487200　88487211(传真)
网　址:www.hdmac.gov.cn

(张春新　聂世剑)

公用事业和市政设施管理

【综述】 区市政管委负责本区的公用事业和市政设施管理工作,协调区域内邮电、交通、电力、路政等市政设施建设与管理。

监管与维护道桥设施　本年,区市政管委利用政府投资7500万元对上庄路北段、白水洼东路、明光东路等28条道路实施大中修工程,里程27公里,面积28万平方米。投资2200万元对屯佃、高里掌、七王坟等3个村庄道路进行硬化,面积10万平方米。协调市政园林服务中心等单位完成修补道路坑槽500余次,面积近5万平方米,核准掘路事项33件次,面积6371平方米。

加强市政道路及其设施巡查监管。全年解决市市政管委井盖热线反馈问题161件,区城市管理平台有关井盖问题356件、道路问题837件,群众来电反映井盖问题68件、道路问题88件,接到群众事务呼叫中心反映井盖问题20件、道路问题194件,处置西土城路、上地南路、北师大南门等道路塌陷事故13起。

经过前期试点安装、调试,山后四镇井盖电子标签识别系统共安装26740套,系统通过后期调试,于7月前完成。此项目标志着作为城市管理部件之一的井盖在全区第一个实现了信息化管理。

本年通过招投标委托北京竞业达网络信息有限公司进行海淀区城市道路普查工作,于12月份完成。普查结果显示全区区属道路共计1594条,总里程1290公里,面积1294万平方米。

区市政园林服务中心全年共完成道路养护面积51676平方米,小修工程10次,面积42817平方米,共计完成面积94493平方米。上汛前完成清淘管线33870米,检查井1413座,雨水口1331座,并更换检查井盖、雨水箅子66套。

渣土管理　区市政管委负责本区范围内渣土管理工作,受理本地区范围内施工工程产生渣土的消纳(回填)申请,核发渣土消纳许可证。加强施工工地源头治理,对每个工地建立档案,与项目甲方及建设单位逐一签订渣土管理工作责任书,加强办证后的跟踪检查和违章违规登记制度。本年,无证施工现象明显减少，办证率比上年同期大幅提高。至年底，共办理渣土消纳证357张，渣土消纳总量113.45万吨，其中工程槽土112.57万吨，拆迁渣土0.66万吨，装修渣土0.22万吨。

7月20日前本区405个施工工地全部停止施工并完成覆盖和绿化工作。牵头建委、交通委、环保局、城管监察大队等单位成立联合执法检查工作组，在严格工地源头管理的同时，重点对渣土砂石运输车辆非法清运、道路扬尘遗撒、雨季车轮带泥等违章行为进行联合执法检查，共开展联合执法检查20次，检查渣土运输车辆300余部，查扣立案80余部。

“数字市政”业务综合信息系统　本年，北京理正人信息技术有限公司承担的市政业务信息平台（一期）于1月30日完成验收。通过该系统动态掌握城市道路、公用设施、市容卫生、户外广告、绿化美化等综合基础数据，进一步提高城市运行效率和强化政府监督管理水平。项目二期建设于2008年11月启动。

行业管理　停车场行业管理。本年区市政管委受理新增停车场备案88个，新增泊车位6045个。至年底，本区停车场备案数达到927个，总车位214549个，其中路外481个，车位94090个；居住区413个，车位118763个；占道33个，车位1696个。奥运会前，在香山、颐和园等旅游景区和当代、翠微等重点地区停车场新增82个残疾人车位。采取经营企业自主和行业管理部门集中的方式，对停车行业开展9期共7000多从业人员的奥运培训。

报刊亭管理。指导北京市报刊零售公司海淀区分公司及时更换长安街沿线、中关村大街沿线、学院路沿线及五棵松体育中心等地区的破旧报刊亭48座，并对其余的412座进行改造。

户外广告管理。依据《北京市牌匾标识设置管理规范》和户外广告、牌匾标识设置规划方案，加强对辖区内的牌匾标识设置指导工作，指导社会企业设置牌匾标识1421块。发挥街乡镇户外广告指导员、城管监察大队和户外广告行业协会的监督、巡查和执法职能，拆除户外违规广告410块，面积30000平方米。拆除电话亭违规广告135处，覆盖报刊亭违规广告461处。继续利用8块公益宣传设施以弘扬爱国主义精神、构建和谐社会、宣传社会主义精神文明以及政府的法规规定等方面内容进行公益宣传，共发布公益宣传42次，更换画面221次，面积24361平方米。

个体出租车行业管理。管理个体出租车90辆，司机130名。奥运前夕，组织全体司机参加奥运服务技能考试和反恐防爆培训。为全体司机订制服装。组织换发本年出租车营运证，开展“首都的士之星”评选。组织全体司机为汶川捐款6748元。处理乘客投诉10起，为乘客联系查找丢失手机、金戒指和婴儿车等贵重物品100余次，归还乘客遗忘现金20000元。为9名司机办理报废更新车辆手续，办理增加小帮手5人、撤销小帮手1人。

燃气管理。对辖区内民营、集体和个体管理的储罐站、换瓶站进行日常监管，协调市燃气集团在本区的管理工作。召开3次涉奥隐患和管线占压解决推进会，配合有关部门处理燃气安全事故及消除各类安全隐患4起。配合零点公司完成未通气楼房的入户调查工作，调查结果显示：城区25个街道地区（镇）共有261栋17547户未通天然气，山后4镇318栋15669户未通气。

夜景照明工程　实施长安街延长线和昆玉河住宅楼夜景照明建设等两项奥运景观建设工程，共涉及89栋建筑、6个街道、39个物业和产权单位。在街道办事处的配合下，经过公开招标，工程于5月13日正式开工，6月底前全部完成。

供暖工作 负责辖区内城镇居民住宅锅炉供暖管理、协调指导辖区各住宅锅炉供暖单位的供暖工作。本年度协调解决各类政策咨询、供暖投诉等热线电话共计3489件。

供暖纠纷分类图

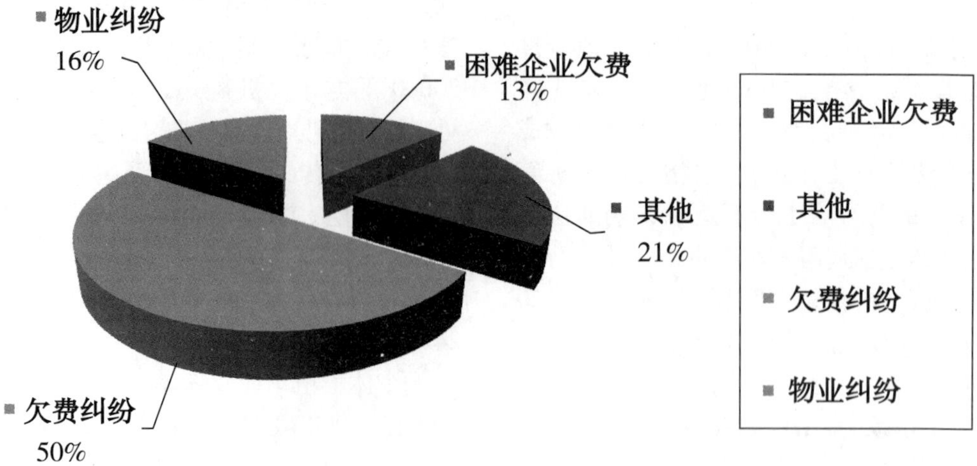

(张春新 聂世剑)

【上地东里小区甬路修复工程】 该工程为海淀区2008年老旧小区环境整治项目,由海淀区养路队承建,改造范围为上地东里小区内行车道及人行步道。改造范围东西长380米,南北长670米,共铺设沥青砼甬路39786平方米,铺砌人行步道39070平方米。工程于3月20日开工,5月20日竣工。

(聂世剑)

【海淀区最北端村庄通上公交车】 7月2日,海淀区最北端的梅所屯通上了公交车,村民乘512路公交车可以直接到达西苑。梅所屯有常住人口1800余人,流动人口七八百人。由于地理位置偏僻,公路设施不全,这里常年不通公交车。村民只能骑车半小时后到村外乘坐小公共汽车,然后再转乘公交车,出行十分不便。随着进城打工的村民越来越多,对交通需求越来越大。512路公交车延长运营线路后,直达梅所屯为村民提供交通服务。

(田 颖)

房屋管理

【综述】 本年,北京市海淀区房屋管理局(简称区房管局,副处级单位)成立,于12月22日正式对外办公。承担原属海淀区建设委员会的房屋行政管理和住房制度改革的职责;并增设住房保障科、住保中心,增加负责本区保障性住房和限价商品住房等政策类住房的资格审核和分配管理职能。本局设9个职能科室,下属11个事业单位。

区房管局于本年年底正式成立对外办公,全年在区建委的领导下完成住保、拆迁、物业、安全、产权登记等房屋行政管理的各项工作任务。

全年共受理商品房、经济适用房合同预售备案7037套,备案面积112.12万平方米;存量房和已购公房上市办理8209件,同比下降33.2%;房屋抵押登记完成14447件,同比下降6.8%;全年受理遗失补证371件。截至年底各类房屋权属档案达713360卷,其中本年接收、整理各类档案入库50406卷;全年共接待档案查询9604人次,同比增长12.27%;协助司法机关查封房屋939件,同比增长约10%。共为中央161个单位、市属122个单位办理房改售房备案,为34个区属单位的房改售房及支取售房款办理批复手续,共为235户购房人办理安居住房的确权、审核、备案工作,为区属57个机关事业单位、共195名新增无房新职工住房补贴申请进行审核,对25个单位新增退休无房职工251名进行住房补贴计发的审核工作;还办理无房新职工个人账户备案8个单位。

受理各类房屋权属登记76513件,其中新建商品房登记22478件,同比上升42.6%;2008年全区共发放房屋所有权证37600个,共有权证2035个,他项权利证14645个,房改房发证11030个,年度完成全区房屋权属交易登记总计65712件。

年内,新办经纪机构备案46家,经纪机构分支机构备案106家,经纪机构续期变更登记备案214家,经纪机构分支机构续期变更登记备案280家。完成对经纪机构的巡查81处,对14家公司提出了整改通知。

年内完成2007至2008年度的房屋安全普查工作,共查房屋总面积5994.93万平方米。其中自管房3119.64万平方米,物业2827.8万平方米,私房47.49万平方米。2008年5月提前上汛,并安全度汛,未出现一例塌房倒房以及人员伤亡。加强对全区范围内的普通地下室的管理,全年日常检查1500余处,发现隐患500余处,发出整改通知500余份,整改了435处普通地下空间。

年内,对全区的直管房屋、单位自管房屋、城镇私房进行了安全检查及危房筛查,经海淀区房屋安全鉴定站鉴定,海淀区2008年的城镇危房总数为823间、面积13477平方米。其中按照落实"无城镇危房户"工作目标分类,城镇住宅危房458间、7597平方米,非住宅365间、5880平方米。截止到本年10月28日,鉴定出的823间城镇危房通过修缮加固、翻建、挑顶、腾空等方式,全部完成了房屋的解危工作。

在办理房屋产权登记过程中严格控制交易风险,专门设立二手房网签免费咨询、签约窗口,推行二手房交易网上签约,使得房屋交易的市场信息、交易数据更为准确,辖区内的二手房交易管理更加透明和规范。

本年,启动辖区内住房保障工作。在本区科研院所、高等院校以及中央、军队机关众多,可利用的土地资源少的情况下,加强住房保障工作力度。5月16日,海淀区限价商品住房资格审核工作启动。8月29日,举行第一批限价商品住房配售摇号仪式,共摇出2062户正选家庭及其选房顺序号;9月16日至9月22日,组织开展第一批限价商品住房摇中号码的家庭进行选房。11月20日,举行第二批限价商品房摇号仪式,共摇出2180户正选家庭、300户备选家庭及其选房顺序号;11月27日至12月2日,组织开展第二批限价商品房摇中号码的家庭进行选房。年内,共有3000余户家庭配售限价商品住房,解决部分中低收入家庭的住房困难问题。按照"三级审核、两级公示"的工作要求,严格资格审核,加强后期管理。

做好出租房屋管理工作,在奥运前夕对300多家经纪机构的从业人员、业务状况、几类重点人员情况进行了解,并与海淀区240家房地产经纪机构均签订《平安奥运行动——流动人口和出租房屋管理工作责任书》,登记出租房屋240套。

本年完成廉租房备案435户,发放租金补助325户,共计27万余元。

协调解决拆迁遗留问题,推进拆迁滞留项目清理工作。加强对拆迁现场的监管,做好拆迁矛盾化解工作。年内累计完成拆迁量2112户。全年新审批项目6个,共计户数335户。本年度共拆完项目13个,清理遗留户202户。

严格执行物业服务企业资质审批和管理制度。加大对物业服务企业的日常检查和监督力度。截至年底,全区共累计注册物业服务企业605家,其中一级资质企业18家、二级资质企业38家、三级资质企业494家、三级暂定资质企业55家。加强物业服务招投标工作和物业管理评优、复验工作。年内共办理建设单位前期招投标备案25个,办理业主委员会招投标2个。首次将优秀项目的考评工作交由区物业协会负责。

由于奥运期间不得产生各种污染,所以本年的平改坡工程暂缓进行。只对自筹资金的部分单位进行平改坡工作,共9栋。

【成立海淀区物业协会】 7月18日,海淀区物业企业协会成立。11月,区物业协会发挥协会组织部分行业专家对16个新评、44个复验优秀项目进行现场检查。截至年底,已经有121家物业服务企业加入协会。

下属事业单位(11个):

证件交易所
地　址:双榆树北里甲22号
邮　编:100086
电　话:82618150

档案管理中心
地　址:双榆树北里甲22号
邮　编:100086
电　话:82618185

住房保障服务中心
地　址:双榆树北里甲22号
邮　编:100086
电　话:62558072

房屋安全鉴定站
地　址:海淀南路甲21号
邮　编:100080
电　话:62525745

第一房屋管理所
地　址:甘家口21号商务楼
邮　编:100037
电　话:68365354

第二房屋管理所
地　址:翠微南里7号办公楼
邮　编:100036
电　话:68156135

第三房屋管理所
地　址:索家坟小区8号楼西侧
邮　编:100082
电　话:62216049

第四房屋管理所
地　址:北坞村路甲25号静芯园F座208室
邮　编:100095
电　话:88857216

第五房屋管理所
地　址:志新村小区14号楼
邮　编:100083
电　话:82371809

第六房屋管理所
地　址:东北旺南路27号上地办公中心
邮　编:100193
电　话:82785461

第七房屋管理所
地　址:东北旺南路27号上地办公中心
邮　编:100193
电　话:82785464

北京市海淀区房屋管理局
地　址:海淀南路甲21号
邮　编:100080
电　话:62525739　62523300(传真)
电子信箱:haidianfgj@163.com
网　址:www.hdjw.gov.cn　(唐　卓)

【北京市海淀区房屋土地经营管理中心】 北京市海淀区房屋土地经营管理中心于2004年3月19日正式成立,为区属自收自支事业单位。主要负责本区授权直管公房的保值、租赁、租金收缴、冬季供暖、雨季防汛抢险以及房屋修缮;直管公房设备设施的修缮、维护;开展房地产交易、测绘等多种经营。下属北太平庄分中心、甘家口分中心、海淀分中心、双榆树分中心、志新分中心、海淀区供暖和楼房设备管理中心(本年3月由海淀区供暖经营中心与海淀区楼房设备管理中心组建)、北京惠恒基物业管理中心、海淀区测绘队、海淀区房地产交易所、北京海房物业管理中心。本中心是唯一负责海淀区直管公房物业小区管理的单位,所属7个物业管理企业,采用自主经营、自负盈亏的经营管理模式。

本年,本中心直管公房面积169.37万平方米,比上年减少0.53万平方米;实有租金面积43万平方米,比上年减少3万平方米。收缴租金数738万元,同比减少5.68万元。共投资790.4万元完成18幢楼房的屋面防水大修、12幢楼房的综合维修、141幢楼房的屋面维修、148间平房的翻修及挑修工程,并对管辖的所有下水管线进行清掏和疏通。本年房改售房工作于7月结束,共发放个人所有权证457本。

汛前,在防汛重点部位加大物资储备数量并合理配置资源。全中心共调配防汛运输车11部、小型发电机5台,准备麻袋编织袋1470条、水泵38台、桩木11立方米、铅丝0.12吨及苫布3300平方米、砂石料42立方米等价值226万元的防汛物资。4月30日,在香山普安店3号院举行2008年防汛演习。同时开展桌面推演、夜间抢险和私房抢修防汛演练,组织防汛突发事件和无线电知识培训。汛期加强夜间及节假日值班、落实领导带班,保证800兆电台24小时畅通,各抢险队随时待命,并考虑奥运期间交通管制等因素的影响,保证防汛用车的正常调度。经受了“6·13”、“7·4”两次强降雨的考验。

本中心直管供暖面积252.41万平方米,共管理28处锅炉房。完成2007-2008年度的冬季供暖工作。对车道沟3台燃煤锅炉进行“煤改气”工程,合理调整施工方案,克服奥运会期间材料设备运输、环境噪声治理等困难,保质保量地完成改造任务。

本中心共管理高层住宅电梯95部,其中直管84部、代管11部;管理泵房25处,二次供水水泵97台和42幢高层住宅楼房的消防设备。年内更新、改造电梯3部,年内安检电梯84部。检测建筑物避雷装置154个、烟囱5个,检查率达100%。

为实现北京市委十届三次全会上提出的“无城镇危房户”工作目标,在区建委具体领导下对中心直管楼、平房中的危房进行鉴定排查,完成34处房屋、共计3795.6平方米的解危工程。完成54栋临主要大街、奥运场馆周边及重点地区的直管住宅楼房外立面粉饰工程,地下设施检查井破损井盖更换工作及城市管理部件的全面普查。已完成9幢直管楼房的节能改造工程。

2007年11月中旬,应急接管西三旗永泰园新地标小区的物业服务工作,已初步解决小区居民采暖、环境、出行等方面存在的严重问题,使小区正常运转,于2008年3月份完成该小区的应急任务。截至本年底,按照区建委要求,中心仍在承担永泰园新地标小区的物业服务工作。落实应急接管的华北汽贸、健翔园、圆明园花园别墅3处锅炉房的供暖和一处碧水家园的供暖收费任务。

全年共办理人大建议6件;受理信访件25件,处理群众事务呼叫中心来件76件。

全年采编报送信息302篇,分别被《海淀报》等新闻媒体采纳刊登35篇(次)。

南方雪灾和汶川特大地震后,中心全体职工共捐款225759元,党员共交纳抗震救灾“特殊党费”36754元。

目前存在的问题:区房地中心属自收自支事业单位,又担负一部分政府服务职能,以仅存的自有资金贴补80年代所建老旧小区的设备设施改造,且多数楼房设备及管线已到更新年限,所需维修及更新资金严重不足。直管公房老旧小区管理难度大,物业收费难、修缮改造难、环境整治难、出行停车难等问题十分突出。其中,中心管理的老旧小区中有70幢楼房的顶层使用加气混凝土楼板,且多数存在裂缝,有极大的安全隐患。如果仅对加气板进行加固,投入大,难度高,居民不支持,且不能彻底解决问题。希望通过政府支持,多部门协调,探索出新的解决途径。中心离退休人数共计1061人,随着收入水平的不断提高,离退休人员福利待遇也相应增加,中心每年需为他们负担1000余万元的社保“补差”费用,严重制约了经营发展。

下属单位

北太平庄分中心
地　址:海淀区新外大街文慧园1号
邮　编:100088
电　话:62273753

甘家口分中心
地　址:海淀区甘家口20号
邮　编:100037
电　话:68325258

海淀分中心
地　址:海淀区苏州街77号院锅炉房
邮　编:100080
电　话:62571750

双榆树分中心
地　址:海淀区双榆树东里甲20号楼
邮　编:100086
电　话:62101580

志新分中心
地　址:海淀区牡丹园西里1号楼3门101
邮　编:100083
电　话:82082451

海淀区供暖和楼房设备管理中心(本年3月由海淀区供暖经营中心与海淀区楼房设备管理中心合并成立)
地　址:海淀区志新西路14号
邮　编:100083
电　话:62323502

北京惠恒基物业管理中心
地　址:海淀区吴家村路10号院10号楼一层
邮　编:100073
电　话:63421379

海淀区测绘队
地　址:海淀区双榆树东里15号
邮　编:100086
电　话:82115634

海淀区房地产交易所
地　址:海淀区双榆树北里甲22号楼306
邮　编:100086
电　话:62639722

北京海房物业管理中心
地　址:海淀区甘家口12号楼
邮　编:100037
电　话:88361595

北京市海淀区房屋土地经营管理中心
地　址:海淀区甘家口12号楼
电　话:88366613
邮　编:100037

(徐　意)

环境综合整治

2008年,市政管委负责本区城市环境整治工作取得新进展。

重点大街环境整治　完成建筑物外立面清洗粉饰面积124.25万平方米,临街商铺整治17.16万平方米,简易绿化32.66万平方米,景观绿化6.75万平方米,围挡墙修复13.25万平方米,清运垃圾渣土3.07万立方米,拆除废弃烟囱1根,拆除废弃电线杆9根。

老旧小区环境整治　完成93个老旧小区的整治,其中完成绿化补植30.15万平方米,甬路修复39.19万平方米,楼内外立面粉饰面积434.71万平方米,小区公共照明1232套。

奥运会、残奥会环境保障　在马拉松赛、公路自行车赛沿线,完成临街商铺整治3.77万平方米,围挡墙修复1.44万平方米,简易绿化4.84万平方米,垃圾清运4317立方米。在奥运火炬传递路线完成临街商铺整治

1593 平方米,简易绿化 7000 平方米,围挡墙修复 1700 平方米,清运垃圾渣土 180 立方米。在奥运场馆周边完成临街商铺整治 6.82 万平方米,简易绿化 13 万平方米,景观绿化 13.53 万平方米,围挡墙修复 8.61 万平方米,垃圾清运 5.57 万立方米,拆除废弃线杆 32 根。为奥运会签约饭店完成临街商铺整治 3.32 万平方米,简易绿化 3.48 万平方米,景观绿化 3732 平方米,围挡墙修复 3.18 万平方米,垃圾渣土清运 1.15 万立方米。为 101 中学奥运之家完成临街商铺整治 2.4 万平方米,简易绿化 6.04 万平方米,清运垃圾渣土 3 万立方米。

在铁路沿线完成拆除违法建设 978 平方米,拆除违法广告 4861 平方米,简易绿化 21 万平方米,楼体外立面粉饰 5.2 万平方米,清运渣土 2.6 万立方米。

政务督查 全年办理人大代表建议 73 件,政协委员提案 20 件,政务督查 9 类 44 件,完成率 100%。受理行政审批事项 1628 件,审批 825 件,行政许可正确率 100%,群众满意率 100%。 (张春新)

邮政·电信

邮 政

【综述】 北京市海淀区邮电局是北京市邮政公司(以下简称市公司)直属的二级邮政通信企业,担负着东至东小口,南至又一村,西至北安河,北至沙阳公路的 404 平方公里面积内的邮政通信服务工作,覆盖海淀区的大部分辖区。区局下属市场部、大客户服务部、邮政业务档案中心 3 个经营机构,下属 17 个邮电局、80 个邮电所(其中 1 个所营业点不在本区行政区域内)及报刊发行零售分局、邮票公司、商函局、物流分局等 4 个专业经营部门。

2008 年海淀邮局深化"升位晋级"发展目标,完成奥运邮政服务任务,开创企业发展的新局面。

企业经营 本年海淀邮政继续坚持和深化"不惟指标惟市场"的现代企业经营理念和"升位晋级"、"重奖增量"的现代企业经营机制。开始进行储蓄银行体制改革,成立中国邮政储蓄银行海淀区支行,由原来单一的个人储蓄业务逐步向全功能的商业银行业务转型。全局全年共实现业务收入 43165 万元(不包括邮政储蓄业务),完成预算的 102.16%,同比增长 20.7%;实现收支差额 18669 万元,完成预算的 100.01%。支出成本 23892 万元。在北京市邮政公司综合评定中,获得"发展杯"第一名。

函件、集邮、储蓄、速递四大重点业务不断做强,分别占整体收入的 31%、22%、16%、11%,共同支撑了全局 80% 的业务收入。

函件业务将函件增长点放在新产品开发上,紧抓奥运商机,不断拓展函件市场。全年共实现业务收入 12445 万元(不包括 EMS 现业和代理业务),同比增长 4.48%。

速递业务抓住时限和安全两大竞争点,规范业务流程,加强国际特快业务市场开发,努力扩大物品类、礼仪类业务市场规模,提升市场竞争力。全年共实现业务收入 5000 万元(不包括 EMS 现业和代理业务),同比增长 20.44%,获得北京市邮政公司"速递杯"第二名及开拓奖。

储蓄业务坚持"抓储蓄余额不动摇,抓中间业务不放松,抓网点建设不停步",以发展储蓄余额为基础,加强公司业务、基金、理财等高收益业务的营销力度,带动中间业务的发展。全年储蓄余额增长 10 亿元,共实现业务收入 7553 万元(本年储蓄银行体制改革,一类行独立),获得北京市邮政公司"储蓄杯"评比第二名。

集邮业务借助奥运集邮市场的强劲需求,通过深化“百年圆梦——奥运连着我和你”、“收藏奥运,留住梦想——火炬手在我身边”等主题活动带动邮品销售,开展“奥运会金牌运动员”、“神舟”七号等热点开发类邮品的市场营销,做好企业形象年册的开发和新邮预订工作,全年共实现业务收入9084万元,同比增长195.56%,获得北京市邮政公司“集邮杯”市场开拓奖。

报刊专业实现日常收订流转额7785万元,提前完成全年收订指标,获得北京市邮政公司“发展杯”第一名。包裹业务深入开发校园市场、部队市场及奥运服务市场,共实现业务收入3280万元。保险业务以“迎奥运,快乐理财在邮政”专项营销竞赛活动为平台,发展代理保险业务,共实现业务收入352万元(剔除储蓄银行体制改革因素),同比增长309.14%。汇兑业务以开发“商务汇款”为重点,开发入账汇款等新的业务领域,缓解汇兑业务收入逐年下滑的趋势,实现业务收入923万元。大力发展同城配送及礼仪业务,共实现物流业务收入827万元。电子商务业务以“业务牵头、技术支撑、各负其责、共同推进”为发展思路,共实现业务收入289万元。

完成多项特色经营。本年对所属10个支局26所大学共收寄毕业生包裹33749件,实现收入1045782.28元(不包含物流和出售品),较上年收寄量增长30%,收入增长217797.03元;物流收寄1054票,实现收入95689.90元;出售品收入148863元,总收入达1290335.18元,比上年增长16.78%。统一制定高招录取通知书的收寄、操作流程,规范收寄全过程,共收寄28所高招院校录取通知书邮件98750件,创收943976.27元(不含明圆大学),业务收入增长19.61%。两会服务期间共收寄各类邮件66888件,制作个性化邮票1030版,流动服务394人次,流动服务车55次,销售集邮品和手机邮件共创收130余万元;收到表扬信8封,感谢信2封。本年底老兵退伍时期组织11个支局对36个部队进行上门服务,收寄包裹5236件,实现收入16.3万元,同比增长33%。

进一步建立健全营销机构,筹建直复营销中心、大客户服务中心。制定区局、专业公司、支局三级管理构建方案。扩充、优化营销队伍,专职营销人员248人,占全局从业人员的14.73%。完善营销岗位薪酬、营销岗位晋升机制和营销人员考核。加强营销培训工作,全年共举办各项营销培训25期,培训人员1228人次。

基础设施建设 本年3月开始运行的大宗邮件处理中心,日均处理邮件50万件,有效提高函件处理能力。按时完成奥运会5个场馆、12个签约饭店设施建设。完成马坊新村邮电所、怡欣苑邮电所的接收工作。完成对西北旺邮电局、温泉邮电局、冷泉邮电所的装修改造,共改造1815平方米局房、25组台席。

全年新增更新空调28台,终端机及台式机157台,打印机98台,电子秤31台,打包机18台,其他设备285台。对476台逾龄资产类设备进行报废清理。对全局所有生产类邮用衡器进行检定,确保其完全符合国家计量标准。为满足奥运服务需求,配置邮政综合台席9套、个性化明信片制作系统两套及POS机42台、电动日戳机25台、税控发票打印系统10套,完成奥运青年训练营的专线申请及安装工作。

提高设备管理的力度,开发出《学院路支局信息管理系统》、《IP地址管理》、《电子档案管理系统》等项目,完成大平面邮件处理中心的建设工作,确保2008年奥运服务(101中学青年营服务环境的搭建、各场馆及网点特殊用机的配备等)、2008年市公司技术改造项目、电子商务业务开办邮政台席IP地址核查、北京邮政电子商务平台上线等工作的顺利完成。完成储蓄职业技能鉴定环境的搭建工作。配合北京市邮政公司落实北京邮政网运信息系统升级改造工程。完成中关村大厦、融科大厦等新开所及原有邮电所的专线新增升级改造。完成2008年北京市邮政公司技改项目、个性化名信片项目、海淀局新开邮电所及自购设备的台帐管理工作(包括部分资产类设备的管理)。

企业管理 制定了《海淀区邮电局2008年奥运服务工作实施方案》和《海淀区邮电局2008年"优质服务标"劳动竞赛考核办法》。全年服务质量检查邮电局763次、邮电所1805次;邮件安全专项检查支局79次、邮电所155次。管理岗位检查92次,监控岗检查93次。杜绝服务投诉现象,接到11185客服中心表扬信147件。

提高安全管理。完成33处邮储余额5000万元以下网点的物防改造。针对消防安全、金融安全、安全生产隐患开展3次专项检查治理,对40余处安全隐患进行整改。完成奥运服务人员的政审工作,完成重点人员、不稳定因素、114名外来务工人员及100余处出租房屋基础调查和建档工作。开展安全月活动,结合"11·9"消防宣传月组织消防疏散和灭火演练。加强一线职工安全生产法律法规和安全知识宣传教育,落实车辆一日三检制度,连续第六年获"北京市交通安全先进单位"称号。

加强人力资源管理。组织85名支局(所)长,参加全国邮政支局(所)长知识竞赛,组织222名专职营销员参加中国邮政集团公司的远程营销培训,强化职工岗位技能训练,举办各类培训班28期,培训1928人次。落实速递体制及邮政储蓄改革,划转人员213人。结合各生产经营单位的业务收入规模和增长速度,制定规模系数和难度系数,体现效率优先和多劳多得的原则,发挥薪酬的激励作用。

出台车辆使用和维修管理办法,全年共节约车辆维修资金57万元;采用修旧与利废相结合的方式控制设备维修费用支出,最大限度地安装更换节能设备机具;开展节能宣传月和征集合理化建议活动。全年共节约资金近百万元。

执行国家法律和企业政策的规定,办理职工退休21人,职工内部退养15人,办理非责任工伤认定5人。将6名劳务用工纳入到劳务公司签订劳务合同。2008年共新增同力达劳务人员102人,京劳劳务人员18人,分配大学生8人,聘用工9人,完成同力达转聘用工1人,现已全部按需分配到生产一线。

继续做好局务公开民主管理工作,完善职代会制度,第十四届三次职工代表大会顺利召开。

企业法制管理水平稳步提高。全年共签订合同近300份,全年招投标16项,共节约资金15万元。深化"五五"普法工作。

奥运服务工作和专项营销工作 按照"政治第一,服务一流,万无一失,不留遗憾"的总体要求,开展奥运服务工作。

2月,召开奥运服务誓师大会,成为北京市邮政公司范围内最早部署动员奥运服务的单位。成立奥运服务指挥部和赛时前线指挥部,启动三级奥运通信指挥系统,制订奥运安全、服务等一系列工作方案和应急预案;组织党员开展"践诺传递行动",在全体职工中组织开展奥运立功竞赛活动。

本局奥运大厦网点成为奥运期间唯一带有"中国邮政"标识的服务网点。

围绕奥运热点组织开发新产品、开展四大主题营销活动,共实现奥运收入9005.58万元。

采取组织大客户专场推介会、走出柜台摆摊设点等形式开展"从奥运会开幕式现场寄出的美好祝福"系列明信片专项营销活动,拉动函件库存明信片的销售,实现明信片收入1500万元。

在奥运会开幕式前夕取得奥运开闭幕式光盘中国邮政系统独家经销权,开展"奥运会开闭幕式系列光盘”专项营销活动。并在全国进行发售,共有15个省市征订,实现收入300余万元。

10月22日在香山公园举行“从北京残奥会闭幕式飘落的红叶”贺卡首发仪式,推出红叶贺卡,《人民日报》、《美国加州日报》等海内外媒体给予广泛报道。实现贺卡业务收入1700余万元。

与中国集邮总公司合作把奥运冠军全家福小版张与红叶贺卡相结合,共同开发《奥运冠军大拜年》邮折,共计实现收入300余万元。

奥运期间,职工加班加点,无私奉献,中央电视台、北京电视台,中国邮政报等10余家媒体对本局奥运服务工作进行30余次报道。共有7人被评为市公司奥运服务优秀个人,11人被评为市公司先进个人。

精神文明建设 探讨创建和谐邮政,维护职工群众根本利益。各级领导带头深入基层,解决企业和基层职工群众的热点问题,坚持为职工办实事。组织开展“迎奥运,健康伴我行”主题活动。工会和共青团组织开展职工技术练兵和业务竞赛等活动。

加大反腐倡廉教育力度,开展“讲党性、重品行、作表率”主题教育和党风廉政宣传教育月活动。开展“做党的忠诚卫士,做人民群众的贴心人”主题实践活动。开展“廉洁我先行、和谐促发展”的廉洁文化建设实践活动,共收到书法、摄影作品66件、警言警句59条。建立健全党风廉政建设组织协调机制。落实廉政谈话制度,公布监督电话和电子信箱,利用手机短信平台发送“过节不忘廉政”内容的手机短信。开展清理小金库工作,各单位经过自查均作出了“无小金库”的承诺。

【2008年海淀区邮电局下辖支局、所(海淀区行政区域内共17个邮电支局、79个邮电所)】

数量	局所名称	电话	营业时间	休息日	地址
1	中关村邮局	62522392	8:30-18:00		中关村大街9号
2	西大街邮电所	62572426	8:30-17:00		西大街37号海淀图书城内
3	北京大学邮电所	62753745	9:00-17:30		北大28楼后综合服务楼
4	科学院邮电所	62554507	9:00-17:00		科学院17楼宿舍院内
5	青年公寓邮电所	82682471	9:00-17:00	六、日	青年公寓服务楼二层
6	中钢国际广场邮电所	62686185	9:00-17:00	六、日	海淀区中钢国际广场A座
7	魏公村邮局	88578668	8.30-18:00		中关村南大街17号
8	四道口邮电所	62242478	9:30-16:30		大柳树2号
9	理工大学邮电所	68914100	8:30-17:00		白石桥7号理工大学学生宿舍15楼
10	中央民族大学邮电所	68932006	8:30-17:00		中央民族大学校内
11	皂君庙邮电所	62132447	9:00-17:00		海淀区皂君庙14号院9号楼
12	文慧园邮局	62231022	8:30-18:00		海淀区文慧园15—16号楼底商楼

数量	局所名称	电话	营业时间	休息日	地址
13	明光村邮电所	62251186	9:00－16:30	六	西直门北大街甲11号
14	文慧园邮电所	62239280	9:30－17:00		文慧园西路32号
15	小西天邮电所	62216143	9:30－17:00	六	学院南路2号
16	学院路邮局	62345007	8:00－18:00		成府路17号
17	北航邮电所	82328056	9:00－17:00		学院路37号
18	北医邮电所	82321646	10:00－17:00	日	学院路38号
19	花园东路邮电所	82032415	9:00－16:00	日	花园东路8号
20	塔院邮电所	62040651	9:30－16:30	日	迎春园1号
21	林业大学邮电所	62319316	10:00－17:00		清华东路35号
22	语言学院邮电所	62345650	10:00－17:00	日	学院路15号
23	二里庄邮电所	62311255	9:00－17:00		二里庄53号
24	龙翔路邮电所	82028335	9:00－17:00	日	龙翔路甲7号
25	海泰大厦邮电所	62884341	9:00－17:30	六、日	北四环中路229号
26	北京科技大学邮电所	62346773	9:00－17:00	日	学院路30号
27	世宁大厦邮电所	82318354	9:00－17:00	六、日	学院路35号
28	量子银座邮电所	82356223	9:00－17:00	六、日	知春路27号量子银座大厦
29	柏彦大厦邮电所	82335901	9:00－17:30	六、日	北四环中路238号
30	同方广场邮电所	82390150	9:00－17:30	六、日	王庄路1号同方科技广场
31	大运村邮电所	82355676	9:00－17:00		知春路29号7号楼一层
32	学清路邮电所	82388960	9:00－17:00		清华东路2号农大东校区科贸楼D105号
33	北京奥运大厦邮电所	66699950	9:00－18:00	六、日	北京奥运大厦内
34	清华大学邮局	62770268	8:30－17:30		清华大学院内
35	体育学院邮电所	62987049	9:00－11:30 13:00－16:30	日	体育大学校内
36	紫荆公寓邮电所	62796884	9:00－16:30		清华大学紫荆公寓服务楼内
37	清河邮局	62929689	9:30－16:00		清河三街90号
38	双泉堡邮电所	64878099	9:30－16:00		双泉堡甲2号

数量	局所名称	电话	营业时间	休息日	地址
39	空研邮电所	66918028	9:00－17:00		西三旗空军科研大院
40	安宁里邮电所	62927476	9:00－12:00 13:30－17:00		安宁里路100号
41	联想大厦邮电所	58866618	9:30－16:00	一	上地创业路6号
42	永泰邮电所	62998624	9:00－17:00		永泰小区2号楼
43	清上园邮电所	82728663	9:00－17:00		清河三街126号
44	宝盛里邮电所	62902924	8:30－18:00		东升乡南马坊村宝盛里4号楼
45	双榆树邮局	82137285	9:00－17:00		双榆树东里37号
46	人民大学邮电所	62510603	9:00－17:30		人民大学服务楼
47	科学院南路邮电所	62555733	9:00－17:00		科学院南路926楼南
48	友谊宾馆邮电所	68499010	8:30－20:30		中关村大街1号
49	北太平庄邮局	62011575	8:30－18:00		北三环中路35号
50	蓟门里邮电所	62019309	9:00－16:30	六	北三环西路甲5号
51	师大邮电所	58806172	9:00－17:00	日	新外大街19号师范大学综合服务楼
52	健安西路邮电所	62354073	8:30－16:30		健安西路32号
53	金五星邮电所	62263142	9:00－17:00		金五星市场
54	城建大厦邮电所	82255056	9:00－17:00		北三环中路47号城建大厦
55	牡丹东里邮电所	82074351	8:30－17:00		花园东路28号
56	罗庄邮电所	82356340	9:30－17:00		罗庄西里13号
57	邮电大学邮电所	62283606	8:30－17:00		西土城路10号邮电大学院内鸿通楼
58	苏州街邮局	68420832	9:30－16:30		厂洼街2号楼
59	车道沟邮电所	68728485	8:30－17:30		车道沟10号宿舍楼
60	颐和园邮局	62882662	9:00－16:30		圆明园西路51号
61	西苑邮电所	62881330	9:00－17:00		中直机关院外西苑100号
62	中央党校邮电所	62806409	8:30－17:00		中央党校院内
63	厢红旗邮电所	62881387	9:00－16:30		厢红旗1号楼总参三部外

数量	局所名称	电话	营业时间	休息日	地址
64	国防大学邮电所	62881901	9:00－16:30		国防大学院内
65	玉泉山邮电所	62874106	9:00－16:30		玉泉山干休所娘娘庙
66	邮电疗养院邮电所	62529451	9:00－17:00		挂甲屯5号
67	天秀邮电所	62820017	8:30－17:00		肖家河天秀花园22号
68	颐阳路邮电所	62875841	9:00－17:00		海淀区黑山扈甲17号
69	上地邮局	62960166	9:00－17:00		上地商服中心综合楼
70	香山邮局	62598391	9:30－16:00		北辛村55号
71	四王府邮电所	82592745	9:30－16:00		香山四王府村
72	红旗村邮电所	82592746	9:00－17:00		红旗村5号
73	西北旺邮局	62895018	9:30－16:30		西北旺付家窑36号
74	农业大学邮电所	62732947	10:00－15:00		圆明园西路2号
75	上庄邮电所	62471461	9:30－12:00 12:30－15:30	日、一	上庄村
76	韩家川邮电所	66328865	9:30－16:00	日、一	韩家川大院内
77	颐和山庄邮电所	62455288	9:30－16:00		亮甲店永丰中路99号颐和山庄小区
78	航天城邮电所	62876825	9:00－17:00		永丰乡辛店1号
79	温泉邮局	62456658	9:30－12:00 12:30－15:30		颐温路96号
80	北安河邮电所	62464861	9:30－12:00 12:30－16:00		北安河3街4号
81	冷泉邮电所	62463342	9:00－18:00		环山村46号
82	育新花园邮局	82908577	9:30－16:00		育新花园16号楼
83	新都邮电所	82917685	9:30－16:00	一	建材城东路11号
84	龙乡邮电所	62713194	9:30－17:00	一	西三旗东路龙乡小区院区
85	育新南区邮电所	82957078	9:00－17:00		育新花园小区61号楼一层
86	建材城西路邮电所	82924331	9:00－18:00		西三旗建材城西路12号
87	世纪城邮局	88874749	9:30－17:00		世纪城小区烟树园1号楼

数量	局所名称	电话	营业时间	休息日	地址
88	世纪金源邮电所	88866100	9:30－17:00		海淀区远大路1号
89	闵航路邮电所	51611831	9:30－16:30		海淀区闵航路2号
90	金雅园邮电所	51506003	9:30－16:00		海淀区云会里金雅园6号楼104室
91	空军指挥学院	66924911	8:30－18:00	一	空军学院院内
92	太阳园邮局	82127699	9:00－17:00		大钟寺居民区168号
93	中关村东路邮电所	82133459			中关村东路118号
94	学院国际大厦邮电所				知春路1号(仍在筹建中)
95	左岸工社邮电所	82676033	8:30－16:30	六、日	北四环西路68号B2层(本年10月新成立)
96	中关村大厦邮电所	82856221	8:30－16:30	六、日	中关村大街27号四层418室(本年10月新成立)
97	融科资讯中心邮电所	62509323	9:00－17:00	六、日	科学院南路2号B1层(本年10月新成立)
98	大钟寺邮市邮电所	82131651	9:00－17:00		大钟寺邮币卡市场(2007年4月1日撤销)
99	双清路邮电所	62938067	9:00－17:00		清河八家大队(本年6月23日撤销)
100	会展中心邮电所	62548182	9:00－12:00 12:30－17:00		会展中心1－3层FC2(本年5月19日撤销)
101	都市网景邮电所	60136236			都市网景小区B座(本年11月12日撤销)

北京市海淀区邮电局
地　址:北京市海淀区圆明园西路49号院
电　话:62872282　　(郝建秀)

电　信

海淀区境内固定电话网络主要由中国联合网络通信有限公司北京市分公司(以下简称北京联通)和中国铁通北京分公司(简称北京铁通)经营。

【北京联通】 中国联合网络通信有限公司北京市分公司(以下简称北京联通)隶属于中国联合网络通信有限公司,是依据2008年5月24日工业和信息化部、国家发展和改革委员会、财政部联合发布的《关于深化电信体制改革的通告》,在融合原北京网通和原北京联通基础上组建的北京地区全业务电信运营商，在全市范围内为公众客户、商企客户和政府机构等客户提供包括固定电话、移动电话、数据传输、互联网、宽带接入等基础电信业务和增值电信业务，以及与上述业务相关的系统集成、技术开发、技术服务、信息咨询、工程设计施工等相关服务。固定电话客户、移动电话客户、宽带客户超过一千万。作为北京2008年奥运会固定通信服务合作伙伴，其网络能力、服务水平、产品性能经受了北京奥运会的考验。

本年，北京联通社区经理团队，到各个社区为居民提供固定电话、宽带上网业务的咨询、受理、安装、维修等服务。奥运会期间，北京联通保障了奥运会各通信系统和网络的运行平稳，保障了重要网站的互联网通信服务，保证奥运官方网站数倍于平日的访问流量正常传送。做到业务受理及时率、网络可用率、障碍处理及时率、计费准确率四个100%；实现设备故障、信息安全、重大投诉、生产事故、维稳事件、媒体负面报道6个零记录；创造“奥运通信史上的十个第一次”①。获奥组委“做出了不可替代的历史性贡献”的评价。

北京联通下设6个市区分公司和10个郊区分公司，其中二区、三区、八区分公司为海淀区提供服务。

二区分公司位于北京城西北部，总服务面积400平方公里，服务区域为海淀区的大部分地区和西城区与朝阳区的部分地区。办公地点设在亚洲最大的通信枢纽——皂君庙通信大楼。下辖10个分局，拥有多种先进的电信网络。本年，二区分公司加快宽带业务发展，重点挖掘大客户、商务客户、各高校对互联网接入、IDC、宽带商务、专线组网等数据业务的需求，拓展呼叫中心、4006等创新型业务。配合市政高速高效完成三电改造任务。配合完成国家电子政务网、城铁、地铁等多个建设项目。关注区域内的建设发展规划，为重点区域内客户提供个性化通信解决方案。实施“提升业务开通能力　提升服务保障能力”的维护措施，完成“两节”、“两会”、“神七发射”等通信保障任务，在汶川抗震救灾的关键时刻，确保通信畅通。完成4个竞赛场馆和奥运大厦、北京国际新闻中心2个重要的非竞赛场馆，以及奥林匹克青年营、意大利之家等多项奥运会和残奥会通信保障任务。获北京市国资委先进基层党组织、北京市功勋集体、北京网通特别荣誉集体和最佳集体称号。1人获网通集团劳动模范称号，10人获北京网通一等功臣称号，110人获二等功臣称号，1人获得北京市功勋个人称号。

八区分公司位于海淀区茂林居甲14号，下设7个分局，其中五棵松局、紫竹院局、茂林居局、四季青局等4个分局在海淀区境内，服务面积87.5平方公里。八区分公司海淀辖区内党政军机关、国家部委、高等院校众多，其中包括中组部、钓鱼台、中央电视台、北京电视台等重要客户。本年，为全国“两会”、外国首脑访华、重大赛事和活动等提供重要的通信保障。组建奥运保障团队，为海淀区区域内的奥运场馆、梅地亚新闻中心提供优质的通信服务。奥运场馆包括：五棵松篮球馆、五棵松棒球场、北京理工大学体育馆，另有奥运非竞赛场馆BOB办公大楼。

三区分公司在海淀区的服务范围较小，在南部地区的东南角。

① 第一次采用基于ASON技术的智能光传送网络；第一次采用浅压缩高清视频传送技术；第一次使用基于IPV6技术的视频监控系统；第一次应用宽带上网卡；第一次提供基于VLAN的多媒体实时传送服务；第一次推出奥运城市通服务；第一次提供多语言呼叫中心服务；第一次在视频会议系统中采用网真技术；第一次在指挥调度系统中采用IMS技术；第一次推出了《奥运服务标准》，完美兑现奥运合作伙伴承诺。

【北京联通海淀辖区内营业厅名单】

序号	名称	营业地址
1	远大路营业厅	北京市海淀区远大路1号北京金源时代购物中心一层1077号
2	清河营业厅	北京市海淀区清河镇毛纺路清河电话局内
3	北太平庄营业厅	北京市海淀区北三环中路33号
4	皂君庙营业厅	北京市海淀区皂君庙9号
5	中关村营业厅	北京市海淀区海淀路54号
6	二里庄营业厅	北京市海淀区志新路11号
7	四季青营业厅	北京市海淀区昆明湖南路12号
8	五棵松营业厅	北京市海淀区复兴路65号
9	中关村东路营业厅	北京市海淀区清华大学东口紫光大厦一层
10	厢红旗营业厅	海淀区香山路108号
11	温泉营业厅	北京市海淀区温泉镇太舟坞村温泉电话局内
12	西客站营业厅	北京市海淀区羊坊店路9-1号
13	茂林居营业厅	北京市海淀区茂林小区甲14号
14	紫竹院营业厅	北京市海淀区西三环北路昌运宫1号
15	西三旗营业厅	北京市海淀区西三旗建材城东路28号
16	莲花桥营业厅	海淀区什坊院6号
17	田村营业厅	北京市海淀区永定路乙1号院8号楼6单元101
18	上地营业厅	海淀区上地电话局
19	花园桥营业厅	北京市海淀区西三环北路89号国际财经中心1层104
20	苏州街营业厅	北京市海淀区苏州街55号名商大厦一层

二区电话局分公司
地　址:海淀区皂君庙9号
邮　编:100081
电　话:62160010
八区电话局分公司
地　址:海淀区茂林居小区甲14号
邮　编:100083
电　话:68363503　　(吴　潇)

【北京铁通】　中国铁通集团有限公司的前身是铁道通信信息有限责任公司。2004年1月20日,经国务院批准,由铁道部移交国资委管理,更名为“中国铁通集团有限公司”(以下简称中国铁通),作为国有独资基础电信运营企业独立运作。2004年6月,被国资委列为董事会试点企业,是全国第一家可向用户提供市话详单的电信运营企业。2008年5月23日,中国铁通集团有限公司并入中国移动通信集团公司,成为其全资子企业,目前仍保持相对独立运营。

中国铁通北京分公司成立于2001年2月，是中国铁通集团有限公司下属省级分公司，是北京地区第二大固网运营商。网络接入能力基本覆盖全市。北京分公司分为东、西、南、北、朝阳等11个分公司。北区分公司作为北京铁通的下属公司，负责海淀区阜成路以北、昌平区、门头沟区的市场发展，业务规模和收入位列北京铁通第一。北区分公司下属10个支局，其中在海淀区境内6个。

5月，为北京交通大学开通"5·12"抗灾捐助热线，便利交大师生支援灾区。9月，奥运会指挥部对北京铁通为奥运会、残奥会提供技术及网络保障做出的贡献表示感谢并颁发奖牌。奥运会期间，北京分公司共配合公安局网监处查询各类信息600余次。

北区分公司在稳定既有市场的同时，通过对既有资源进行潜力挖掘，提高资源利用率和市场占有率。继续对大客户市场进行细分，利用个性化业务产品组合，满足不同行业、不同层次客户的个性化需求。建立定期回访制度，大客户绿色通道，资费套餐、利用自动语音通知系统等方式，提高客户对铁通服务的认知度。推出校园百事通新业务。

北京北区分公司继续为大型企业提供优质的数据、语音业务；为多所高等院校提供校园201电话业务；为世纪城、紫竹院等小区提供语音、宽带业务，为香格里拉、中苑宾馆等酒店提供高速的专线接入业务。

中国铁通北京北区分公司在海淀区境内下属的支局（现有6个，清河支局、紫竹院支局、香山支局、西三旗支局已撤并）。

西直门支局

地　址：海淀区北滨河路2号

中关村支局

地　址：海淀区科展公寓B座20号

清华支局

地　址：海淀区五道口城铁西北角200米

四季青支局

地　址：海淀区世纪城远大园3区7#4单元B1B

百望山支局

地　址：海淀区永丰中路54号

五路支局

地　址：海淀区田村路64号

中国铁通集团有限公司北京北区分公司

地　址：北京市海淀区交大东路31号

邮　编：100044

电　话：51866526　51866666（传真）

免费客户服务电话：8007060053　（韩宝珠）

电力供应

【综述】　北京市电力公司海淀供电公司（以下简称公司）成立于1987年，是北京市电力公司的直属供电企业，负责海淀地区431平方公里范围内的电力供应、销售和变电、配电设施的建设、运行及维护。负责110千伏及以下电网规划和电网建设工作，负责110千伏变电站运行维护工作，负责10千伏及以下架空线路、电缆线路和开闭站、配电室、箱变的调度、运行、检修及事故处理，负责全区所有电力客户的用电检查和客户高、低压报装、接电及61.0695万客户的抄核收工作，其中磁卡表56.4706万户。

企业经营　本年，公司全社会售电量达到902566.58万千瓦时，同比增长6.09%，售电均价635.07元/兆瓦时，实现销售收入50.13元亿元。按行业分类分析，增长较快的是交通运输、仓储和邮政业（44.79%），公共事业及管理组织（9.27%），金融、房地产、商务及居民服务业（9.10%）。从占比重排名分析，占公司电量比重最大的行业依次是公共事业及管理组织（34.59%），城乡居民生活用电合计（22.47%），金融、房地产、商务及居民服务业（16.27%）。

本年，公司再次实现安全生产全年无事

故和跨年度871天安全生产目标,完成全国“两会”、“神七”、“亚欧论坛”等政治供电任务161项,其中重大任务19项、大型任务12项、重要任务130项,累计保电天数达到343天。

电网建设　本年,公司新建学院路、航天城2座110千伏变电站,扩建中关村、五棵松2座110千伏变电站,新增主变容量426兆伏安。截至年底,公司所属35千伏及以上主变容量达到4193兆伏安。完成北太平庄110千伏变电站和公主坟110千伏变电站第三电源工程。

截至年底,公司管辖35千伏及以上运行变电站共29座,其中110千伏变电站28座、主变81台,主变容量4153000千伏安;35千伏变电站1座,主变2台,主变容量40000千伏安。有开闭站70座、小区配电室501个;有10千伏架空线路183条、10千伏架空线路总长967公里,低压线路总长1246公里,10千伏电缆6164条、总长度2711.9公里,低压电缆5331条、总长度803.6公里。

完成新农村电气化建设任务。对海淀、上庄、四季青、温泉、苏家坨、西北旺6个乡镇的19个电气化村进行“新农村电气化建设改造”。

优质服务　本年,在上年创建活动的基础上,以奥运服务为契机,先后完成双榆树、上地、成府、航天桥、海淀、四季青等6个供电所的规范化创建工作。至此,海淀地区60%的供电营业窗口已达到规范化或示范化服务窗口标准。

建立健全服务监督评价机制。建立客户满意度调查、客户回访、神秘顾客暗访,客户即时评价、行风监督、投诉举报等外部监督体系。公司在接受北京市电力公司明察暗访工作的同时,建立海淀公司暗访制度,聘请第三方对营业窗口进行暗访巡查。本年,公司窗口单位优质服务实现零投诉。

奥运供电保障　在奥运电力保障任务中,公司共负责区内各涉奥场所配套设施电力设备的运行、维护、抢修等工作,同时担负着430平方公里城市电网安全运行保障工作。面对有史以来时间最长、规模最大、标准最高、责任最重的奥运保电任务,公司按照“组织有力、准备充分、精益求精、万无一失”的要求,确保区域内电网的安全稳定运行。在两年半的时间里先后经历基础建设筹备和供电保障筹备两个阶段的工作,在近3个月的赛时保障阶段与国家电网公司外来支援人员一起全力以赴、严防死守。奥运期间,海淀地区电网经受202.6万千瓦历史最大负荷的冲击,经受高温、高湿、大雨汛情的考验。公司全体员工发挥奉献精神,兑现奥运供电万无一失的承诺,创造奥运历史上“零失误、零事故”的最好成绩,被评为北京市奥运会残奥会先进集体。奥运期间,为确保辖区居民安全可靠用电,公司打破产权界限,主动服务,分装21台变压器,解决清河四街、唐家岭、田村碧森里等小区的用电问题。

(于丽娜)

【区供电公司为奥运大厦接通第二路电源】

4月8日,区供电公司为北京奥运会总指挥部——奥运大厦接通了第二路电源。奥运大厦原有的两路电源都引自中关村110千伏变电站,但由于中关村地区的快速发展,该站面临着过负荷问题。为确保奥运大厦这个特级用户的安全可靠供电,海淀区供电公司经研究,决定停掉中关村变电站一路电源,从学院路110千伏变电站为奥运大厦提供第二路电源。第二路电源接通后,奥运大厦的供电更加稳定可靠。该电源也是从新建的“0811”电力强网重点工程、奥运输变电项目工程——学院路110千伏变电站接出的第一路负荷。

(田　颖)

北京市电力海淀供电公司

地　址:海淀区双榆树南里二区八号

邮　编:100086

电　话:62150384(总值班室)

传　真:63129907

电力服务热线:95598

园林绿化

【综述】 区市政管委负责归口管理区市政园林服务中心并综合协调各街道、乡镇开展本区的城市园林绿化工作。海淀区市政园林服务中心(以下简称“区市政园林中心”)负责辖区内所属园林的绿化、养护等事务性、服务性工作。成立于2001年11月,前身为海淀区园林市政管理局,为海淀区人民政府所属正处级事业单位。下属有绿化队、绿化三队(绿化二队于2007年2月被分流,名称保留)、养路队、园林工程设计所、海淀区市政园林职工技能培训中心、海淀公园管理处、翠湖湿地公园管理处(5月31日新成立)8个事业单位和北京海淀鑫泰世纪文化发展有限公司(2007年1月1日划归园林中心,原为海淀公园的管理单位,2007年4月23日海淀公园管理处成立后将该管理权移交公园管理处)。

本年,全区完成城区园林绿化面积228.21公顷,是全年绿化任务的228.21%,其中包括改造面积85.59公顷,新工面积142.62公顷;新植树木61.3万株,铺草坪86.71公顷。本年共完成公园、街头绿地建设51.84公顷,其中新建32.01公顷。

完成昆玉河水景观走廊二期5万平方米、曙光防灾教育公园2万平方米、南长河绿化景观工程1.3万平方米,中关村街道投资建设的中发广场、青龙桥街道建设的红山桥绿地、花园路街道建设盖板河路二期的等公园绿地建设工程也都收到效果。

结合城市道路建设、拓宽改造和地区危改,重点结合奥运道路联络线进行部分路段的绿化整治提升工作,先后完成了蓝靛厂南路、昆明湖东路、老山北路、知春路、魏公村路、民院南路、上地西路、永定路、玉南路东段、万丰路、增光路、香颐路东延及京包铁路沿线等70余条城市道路绿化建设和整治提高工作,共完成城市道路绿化建设91.89公顷,其中新建69.45公顷,改造22.45公顷。

结合奥运环境整治工作,对西王庄小区、东王庄小区、志新小区、双榆树南里、普南社区、东馨园小区、蓟门里小区、北毛社区等共计40余个老旧小区进行绿化整治工作,改造面积达20余公顷。

本年计划完成屋顶绿化面积1.5万平方米,实际共完成1.798万平方米。其中中科院计算所、京仪科技大厦、贵州电力大厦、五道口商业中心、北京轨道交通管理有限公司万柳车辆段等单位的绿化效果显著,中国化工大厦、融科咨讯大厦的屋顶绿化工程被北京市屋顶绿化协会评为优质工程,总参军训和兵种部第一管理处和中国化工集团公司被北京市园林绿化局评为屋顶绿化先进单位。

建设完成凤凰岭公园、北清停车场等4.4万平方米的绿化任务。

以创建首都绿化美化花园式单位为契机,调动辖区单位的积极性,开展单位庭院整治工作。共完成单位庭院绿化改造面积53.05公顷,城区又有20家单位获得首都绿化美化花园式单位的荣誉称号。

按照《2008北京奥运会赛时花卉布置纲要》、《2008海淀区奥运会赛时花卉布置工作方案》的标准和要求,指导22个街道办事处完成奥运会赛时花卉景观布置工作。城区花卉布置工作于6月底全面展开,7月20日前完成。共栽、摆花卉840余万株(盆),其中重点地区花卉布置400万株(盆),街道办事处自摆花量约260余万株(盆),辖区单位摆花约180万余株(盆)。

年内区市政园林中心完成五棵松场馆、农大场馆周边等40项重点绿化工程,共实施绿化面积96公顷;其中包括中央电视发射塔等7处万米以上大绿地,玉渊潭南路西延等20条城市道路的绿化建设改造工程。清华东路道路绿化工程、五棵松文化体育中心外侧代征地景观一期被评为市级精品工程。区园林中心2008年共种植乔木26722株、灌木214588株、花卉4122510株、草坪496106平方米,月季31102株,攀援类植物14436株、竹子5850株、绿篱8947株、色带222730株。

区市政园林中心还完成了规划设计114项,规划绿地面积100公顷,完成了奥运花卉布置方案。其中五棵松场馆周边绿化设计获优秀设计二等奖,清华东路绿化设计获优秀设计三等奖。

本年,区市政园林中心完成辖区内800余公顷城市公共绿地养护管理工作,为确保园林景观在奥运会召开之际呈现出最佳的景观效果,中心对80余条道路,共300多公顷的绿地进行重点养护,重点环境保障面积达到管辖面积的40%。年内新增16块共40公顷绿地被评为特级或一级绿地。

区市政园林服务中心2008年全年完成树木伐移行政许可114项。

全年共收缴代征绿地4处,面积186735平方米;同社会单位签署认建认养协议3项,新增认建、认养绿地面积75845平米。配合市、区重点建设项目完成园林审批工作,确保奥运和重点项目的开工建设。

3月1日,中心正式接管翠湖湿地公园。5月31日经区编委批准,成立翠湖湿地公园管理处。

海淀公园管理处在奥运期间承接了空军导弹末端防御系统和雷达临时阵地的建设、维护与保障工作。

中心加强古树名木的保护工作,建立了古树名木管理责任制,制作了《海淀区古树名木档案》,并对其生长环境、生长情况、保护现状等进行动态监测和跟踪管理。

在本年防治美国白蛾工作中,区市政管委按照突发林木有害生物事件应急预案和防控美国白蛾工作方案,指导、检查城区美国白蛾防控物资储备情况,配合防控指挥部组织召开防控美国白蛾动员工作大会,与各街道逐级签订2008年度林木有害生物防治检疫责任书;购置并下发割灌机25台、12寸油锯25台、20寸油锯25台、防控工具(手锯和剪枝剪)100套,提高各街道的防控水平和应急组织能力;开展三次美国白蛾成虫专项普查和二次美国白蛾幼虫网幕专项普查,做到早发现、早处置、早预防;分别在6月25日、7月3日、7月14日三次组织在城区放飞周氏啮小蜂共计1800万头;发放宣传材料5万份到各单位和社区;开展对各街道绿化工作人员和绿化指导员的培训工作,为基层提供专业咨询服务;发放美国白蛾防控药品高效氯氰菊酯6吨计750箱,灭幼脲1号3.5吨计350箱,灭幼脲3号5吨计625箱。全年组织各街道及相关单位开展化学防治,防治面积达1000余公顷。本年在区域范围内共发现美国白蛾成虫17头,网幕192处共计32个疫点,经过努力,已发现疫点被全部消灭。

(张春新　聂世剑)

【新建、改造绿化工程】

五棵松文化体育中心外侧代征地景观工程　该工程一期位于五棵松文化体育中心西南侧,南侧紧临复兴路,西侧为四环路。绿地面积约101186平方米,于2007年3月1日开工,2008年5月竣工,共栽植乔木2515株,灌木3304株,色带53693株,宿根花卉1130株,草坪48662平方米。工程内容包括土方工程、绿化种植、土建附属、喷灌亮丽及园林小品,绿地建成后明显提升了五棵松地区的城市园林景观。

慧科大厦代征地绿化工程　该工程位于玲珑路西端路北侧,慧科大厦楼前绿地。绿地面积为7600平方米。工程于2007年10月24日开工,于2008年3月30日竣工。工程内容主要有绿化种植、土建附属及节水浇灌。种植常乔53株;落乔174株;花灌木6823株;常灌574株;月季2294株;色带4526株;冷型草6386平米。

小月河西路工程　该工程南至清华东

路，北至辛店村路，东临小月河，西邻农业大学东校区，绿地总面积为8229平方米。工程于2007年12月10日开工，于2008年4月20日竣工。主要内容为绿化和浇灌两部分。共种植常绿乔木146株、落叶乔木167株、落叶灌木8150株、色带2875株、攀援植物1224株、花卉540.5平米、冷型草3407平方米、丹麦草1991平方米。

清华东路道路绿化工程 该工程是海淀区2008绿化重点工程，西起双清路，东至京昌八达岭高速，绿化带全长2.6公里，总面积约58000平方米，绿地周边有奥运比赛场馆农大体育馆、北京林业大学及东王庄小区。工程于2月25日开工，4月30日竣工。工程主要内容为绿化、土建、喷灌及亮丽。共种植常绿乔木590株、落叶乔木1310株、常绿灌木14403株、落叶灌木6927株、竹子2800株、色带32244株、绿篱1181株、花卉232277株、铺设草坪49340平方米。清华东路分为东西两段，东侧以绿化为主，西侧土建居多，包括学院广场、休息广场、棋牌广场、健身广场、儿童广场、空竹广场和奥运广场。

西翠路绿化工程 该工程位于五棵松文化体育中心东侧，北至朱各庄路，南到复兴路。于2月26日开工，3月30日竣工。工程内容主要为西翠路隔离带绿化补植，总绿化面积约4795.4平方米。栽植西安刺柏62株，西府海棠56株，紫叶李26株，丛生紫薇80株，冷型草4239平方米。

辛店村路绿化工程 该工程位于辛店村路小月河至八达岭高速之间，绿化总面积为11942平方米。主要工作内容为出渣土、进好土、场地平整、苗木种植及浇灌工程。工程于2月27日开工，5月30日竣工。工程主要内容分为绿化和喷灌两大部分。共种植常乔244株；落乔918株；落灌3174株；色带9689株；草坪24000平米。

知春路绿化工程 该工程西起万泉河稻香园桥东至八达岭高速路。道路全长约6公里，改造绿化面积约24500平方米。工程于3月开工，6月30日竣工，总工期历时82天。工程内容主要有绿化种植、土建附属、节水浇灌。共种植常绿乔木478株、落叶乔木1022株、常绿灌木9446株、落叶灌木8560株、色带7959株、花卉392株、草坪25790平方米。

上庄东路绿化工程 该工程是一条连接阜石路与老山自行车奥运场馆的重要道路工程。工程绿化面积约4000平方米，道路长度为970米，其中主要绿化项目为主附路分车带绿化，便道行道树栽植。栽植的苗木中落叶乔木303株，落叶灌木22985株，常绿灌木3032株。苗木品种包括品种国槐、紫叶李、金叶女贞、叉子圆柏、地锦、野牛草。于3月4日开工，3月16日竣工。

汤泉逸墅绿化工程 该工程位于西四环汤泉逸墅小区的代征地，绿化面积为11000平方米。工程于3月7日开工，4月30日竣工。平整场地11000平方米，栽植馒头柳259株、毛白杨231株、红碧桃34株、红叶李195株、连翘696株、桧柏50株、油松55株、白皮松19株、沙地柏2269株，栽植丹麦草9000平方米，铺冷型草1560平方米。

圆明园西路绿化改造工程 该工程位于圆明园西路辅路西侧，绿化面积为4600平方米。主要工作内容为出渣土、进好土、场地平整、苗木补植、丹麦草栽植、绿地沿线增设浇灌系统。工程于3月15日开工，4月6日竣工。

巨山路绿化工程 本工程为道路绿化工程，主要为行道树栽植、道路两侧绿化带、中央隔离带种植。绿化面积为6260平米，施工范围道路长度为1500米，工程于2008年3月16日开工，于2008年4月20日竣工，为期35天。本工程种植行道树307株、常绿乔木98株、落叶灌木1616株、常绿灌木3496株、花卉4688株。

奥运花卉布置 为了迎接奥运会的召开，中心自2008年4月至2008年10月在奥运场馆周边、联络线及重点大街布置花卉入地栽植。奥运期间共有57处约12.7万平方米地段,共490万盆花卉入地栽植。

八达岭西侧绿地绿化改造工程 该工程位于八达岭高速公路西侧辛店村路口至清华东路路口之间,绿化总面积为9680平方米。工程于4月23开工,6月20日竣工。工程主要内容为绿化种植和栏杆安装。绿化部分共种植常乔61株;落乔238株;常绿灌木232株;花灌木1834株;丰花月季306株;花卉460株;丹麦草9000平米;冷型草1400平米。安装矮栏杆1821米,安装高栏杆452米。

电视塔绿地绿化工程 该工程是北京市海淀区2007年“2468”重点大街、重点地区环境整治项目三环路绿化景观的一部分。工程位于中央电视发射塔东北角,工程于2008年4月23日开工,于6月30日竣工,历时69天。设计绿地面积46505平方米,包括绿化工程,土建附属工程,节水工程。但由于现场拆迁不到位问题,有4300平方米的面积未能进行施工。在完成的工程项目中主要包括苗木种植,草坪地被种植,栏杆安装,园路修建。其中落叶乔木2006株,常绿乔木444株,灌木1449株,丹麦草34769平方米,冷型草7162平方米,园路473米,栏杆616米。

昆明湖东路南延绿化工程 该工程位于火器营桥北、昆玉河东西两岸,绿化面积为12000平方米。主要工作内容为种植苗木、种植草坪、节水浇灌。工程于4月28日开工,6月1日竣工。

上地南口绿化工程 该工程位于北五环厢白旗桥北侧,为城中村环境整治工程。于2008年5月开工,7月竣工。工程主要内容为土方及绿化种植及土建附属工程(包括栏杆、恢复道牙)。该绿化工程总面积37500平米,种植立柳308株,丁香608株,油松249平方米,冷型草6000平方米,麦子31000平方米,栏杆1650米。

永定河引水渠朱各庄城中村绿化改造工程 该工程位于海淀区西翠路朱各庄的永定河引水渠滨河岸边,以西翠路为界分成东西两块绿地。总绿化面积为6910平方米。工程于2008年5月2日开工,6月30日竣工。工程内容主要有绿化种植、土建附属。种植常绿乔木62株、月季1242株、冷型草150平方米、丹麦草6760平方米。

海淀区市政园林服务中心
地　址:北京市海淀区万柳东路18号
邮　编:100089
电　话:62555018　　(聂世剑)

环境保护

【综述】 海淀区环境保护局是区政府负责环境保护的行政主管部门,其前身是1978年成立的海淀区环境保护办公室,1984年10月更名为海淀区环境保护局,下设海淀区环境保护监测站、机动车排放管理站(本年7月30日增设)2个事业单位。10月22日增设辐射环境监督科。本年通过归口管理和强化职能,提升监管能力。8月7日,区环保局举行迎奥运着装执法宣誓仪式,海淀环境执法监察统一着装。

本年,区环保局完成以奥运空气质量保障为核心的各项环境保护工作,“绿色奥运”目标成功实现。根据全国统一部署,组织开展第一次全国环境污染源普查工作。

启动实施由国家环保部(原国家环保总局)批准的“全国生态环境监察试点区”工作,完成北京奥运会、残奥会期间空气质量保障任务,空气质量天天达标并创十年最好水平。全区空气质量明显改善,水环境质量保持稳定,声环境质量继续保持平稳。环境基础设施建设加快,全区生活污水和生活垃圾处理率继续高于全市平均水平,固体废物无害化、资源化、减量化的销纳处理能力持续增加。全区环保投资总额达 586851.86 万元，占上年地区生产总值的 3.21%，环保投入比重进一步提高。

本年，区环保局以实现“绿色奥运”为目标，开展“环境优美乡镇”、“文明生态村”、“绿色社区”、“绿色学校”等一系列绿色创建活动。本年，苏家坨镇台头村、上庄镇河北村、八家村 3 个行政村被命名为市级文明生态村。截至年底，全区已有 4 个乡镇、14 个行政村和 38 个小区被评为市级“环境优美乡镇”、“文明生态村”和“安静小区”；另有 70 所学校和 151 个社区被评为“绿色学校”和“绿色社区”，其中八里庄街道北京印象社区、101 中学分别获得国家级“绿色社区”和“绿色学校”称号。

大气污染防治 本年度实施《海淀区第十四阶段控制大气污染措施》，突出加强重点污染工业企业和夏季燃煤锅炉污染减排和监管治理工作。截至年底，本区共削减燃煤约 2460 吨，二氧化硫排放总量降至 7400 吨以内，提前完成“十一五”期间二氧化硫控制在 8200 吨的总量削减任务。奥运期间，区环保局实施一系列奥运环保措施和临时减排措施。对全区冶金建材、燃煤锅炉、施工工地、餐饮业油烟、有机化工、加油站油气、汽车修理、家具制造、印刷企业、服装干洗等十大类共 8000 个污染源实施严密监控和污染治理。对辖区内 11 家夏季燃煤锅炉、13 家水泥搅拌站和各类施工工地实施临时限停措施，对 8 家重点企业采取限停部分生产线或限产 40% 生产量等措施。统计结果显示，7、8 月间，本区二氧化氮、一氧化碳和可吸入颗粒物等各类主要污染物平均下降约 40%。开展餐饮业油烟和有机废气净化治理工作，全年累计治理餐饮业油烟 4188 家，规范治理有机化工、服装干洗、印刷、汽修等排放有机废气的企业 2000 余家；开展机动车尾气专项整治行动，通过路查夜查、遥感监测、入户检查和举报核查等方式共检查机动车 10 万余辆。本年，加强控制扬尘污染联合执法检查力度，全年联合执法 120 余次，累计检查规范各类施工工地 900 余个次。奥运期间突出加强奥运场馆周边区域的污染整治和监管巡查力度，共清查治理奥运场馆周边各类污染源 1500 多个，整治裸露地面 122 块，总面积达 86 万平方米。开展加油站油气回收治理工作，全区 84 家加油站 6 月底前全部完成治理，每年可回收油气 1200 余吨。本年全区大气环境中可吸入颗粒物浓度 0.128 毫克/立方米，同比下降 10.49%；二氧化硫 0.035 毫克/立方米，同比下降 20.45%；二氧化氮 0.044 毫克/立方米，下降 20%；降尘 6.3 吨/平方公里·月，下降 24.1%。除首要污染物可吸入颗粒外，其他各项污染物的浓度均低于国家规定的大气环境质量 2 级标准限值及国家推荐的参考标准。本区全年空气质量二级和好于二级的天数达 268 天，占监测天数的 73.4%，好天数比上年同期多 21 天。特别是在北京奥运会、残奥会的 29 天中，本区空气质量天天达标。

地表水质监管 本年，本区境内受测大小河流 10 条，总长度 119.8 公里；有湖泊 10 余个，水域面积 4 平方公里，占北京市近郊水域面积的 41.28%。全年北部地区共削减水体化学需氧量 700 余吨，与上年同比削减率达 26.71%。其中京引、昆玉河、长河、土城沟等水系（海淀段）均达到相应水质目标要求，清河、万泉河、小月河、南沙河、永定河引水渠（海淀段）水质未达到相应水质目标要求，团城湖、昆明湖、圆明园福海等湖泊常规监测项目指标达标、富营养化监测指标超标。造成河流、湖泊水体不达标的污染物主要是化学需氧量、高锰酸盐指数、生化需要量、氨氮、总磷和总氮等，原因是水体长期得不到补充更新，导致水质逐渐恶化。

区环保局强化辖区水环境监测监管力度，河湖水质的监测点位从上年的 14 个增加到 23 个，监测项目由 24 项增加到 35 项，监测频次也从往年的每2月1次增加到每月2次。奥运期间,突出加强以水源三厂防护区(33平方公里)为核心的饮用水源地巡查保护,对全区15条河湖水质和78家污水处理设施运行情况进行不间断巡查监控,共出动水质监测人员300多人次;坚持每天对京引、团城湖等5个重点监控段面的水质实施6毒检测和全时段监控,检测上报水质数据2100余个次。

环境噪声监测 本年对区内136个噪声区域、60条交通干线和1000余社会单位进行了噪声监测。其中,区域环境噪声平均值为52.9分贝,比上年上升0.3分贝;道路交通噪声平均值为68.0分贝,同比下降1.2分贝,均达到国家标准。环境噪声声源分析,主要为人群活动、商业经营等生活性噪声引起,交通噪声次之,工业生产、建筑施工引发的噪声比例很小。数据显示,全区有92.1%的人口生活在55.0分贝的国家标准之下,比上年增加12.6%;全区道路交通干线监测路段60条,累计长度达150.17公里,平均车流量6753辆/小时。仍有20%的路段测试值超过70分贝限值,超标路段比上年减少15%。

固体废物与辐射监管工作 年初海淀区有涉源单位91家,放射源1029枚。经过废旧闲置放射源送贮、涉源单位注销等专项工作,全区射源单位数与放射源数发生了较大的变化,截至年底,全区有涉源单位68家,放射源1016枚,其中Ⅰ类123枚,Ⅱ类142枚,Ⅲ类5枚,Ⅳ类27枚,Ⅴ类520枚,其他199枚。射线装置单位300家,数量1002台。本年全区工业固废产生量为101722.49吨,固体废物综合利用率为100%。

区环保局先后获国家环保部门授予的《全国环保系统奥运服务保障先进集体称号》、北京市环保局授予的《全市环保系统奥运会、残奥会服务保障先进集体》称号,20人在各级总结表彰中获得先进个人称号(其中全国1人、市级5人、区级14人)。

【开展第一次全国环境污染源普查】 2007年12月31日,区环保局在区污染源普查领导小组的领导下开展第一次全国环境污染源普查,于2008年底完成。对工业源、农业源、生活源和集中式治理设施开展普查工作,前期共清查了11433个单位,汇入北京市污染源清查数据库9620个单位,最终普查录入单位6797个,其中工业源855个,农业源338个,生活源5596个,集中式污染治理设施8个。2008年5月20日和8月20日分别完成向国家污普办和市污普办的两次数据上报工作。年内先后通过北京市污染源普查办公室(以下简称市污普办)对清查、入户填报和数据审核工作的三次阶段性验收。2008年12月代表北京市接受了国家污普办对普查数据填报质量的阶段验收,录入指标正确率接近100%。

地　址:海淀区光大家园2号楼
邮　编:100089
电　话:82571513
电子信箱:hdepb@sina.com　　　(韩　冰)

环境卫生管理

【综述】 海淀区市政管委会负责归口管理海淀环卫服务中心并综合协调各街道、乡镇开展全区环境卫生工作。海淀环卫服务中心是负责本区环境卫生技术性、服务性、事务性工作的区政府所属相当正处级全额拨款事业单位。所属基层单位17个,除油站为自收自支单位外,其它均为全额拨款事业单位。

奥运会期间,区市政管委依据《2008北京奥运会及残奥会环境卫生保障工作实施方案》,建立以场馆为基础、以竞赛为中心、以属地为保障的环境卫生机制,要求环卫作业部门每日10时前必须完成各竞赛场馆、涉奥场所的垃圾清运、粪便清掏和周边道路保洁作业。在13个竞赛场馆外围设立临时公厕

86座,并紧急购置临时公厕7组35座,解决7月24日晚五棵松场馆因购票人流剧增而造成厕位不足问题。在全区47条主要大街设置131块公共厕所导向标牌。完成主要大街15000只废物箱的设置工作。

为推进六里屯垃圾焚烧厂工程建设,区市政管委多次与发改委等相关部门就垃圾处理工作交换意见,协助环卫中心继续开展六里屯垃圾填埋场的环境修复工作。拟定《五路居垃圾转运站改造治理方案》,三星庄粪便消纳站工程已经进入设备安装阶段,融雪剂搅拌站进入施工招标阶段。

实现节能减排、垃圾减量是本年垃圾分类工作的核心,也是区人大、政协提案建议的关注焦点。3月5日,按照北京市创建垃圾分类示范单位和地区的工作部署,区市政管委召开全区推广生活垃圾分类工作动员部署会。指导37个小区、183个党政机关和窗口行业开展此项工作,全区共有460个居住小区、大厦实现垃圾分类收集和处理,实现垃圾分类人口108万人,覆盖率近60%。结合4月22日“世界地球日”和6月5日“世界环境日”开展节约资源、推动垃圾分类和垃圾减量化的宣传工作。

对区内新增城市道路实施保洁工作市场化,面向全社会公开招标确定4家企业作为清扫保洁责任单位。2008年实现道路清扫保洁市场化服务近200万平方米。

区市政管委建立台账,对上庄镇等5个乡镇、上地街道等2个街道的77个非正规垃圾场整治工作进行督促检查,其中市里登记上账的63处(约59万平方米)已全部覆土并完成简易绿化。在对每个非正规垃圾填埋场进行勘查的基础上,按照危害程度和环境影响等因素,形成《海淀区非正规垃圾场治理规划》。

本年全区环卫作业从业人员共7418人,其中环卫中心3590人。指导环卫中心和各相关单位共清运、处理垃圾90.49万吨。清运粪便39.37万吨,处理率100%。区政府投入1100万元、市530万元采购大扫车8台、中扫车8台、洗地车4台、洒水车6台、压缩车3台,各种作业车辆共1050辆。机扫道路面积达到1019.11万平米,人工清扫保洁1966.36万平米。

本年,环卫中心年道路作业面积为1877.48万平方米,绿地保洁面积为739余万平方米,机扫面积为993.96万平方米,机扫率为95.14%,喷雾降尘面积为555.3万平方米,道路冲刷面积为584.78万平方米,机械化保洁面积为751.61万平方米。有产权公厕729座,其中二类以上公共卫生间292座、达标公厕341座、三类公厕96座;粪便作业量39.37万吨,粪便集中处理率达到100%;清运垃圾90.49万吨,垃圾无害化处理率达到100%。处理信息化案件7000余件,全部按期结案。成立迎保“两会”工作领导小组,做好“两会”期间的环境卫生工作。做好冬季扫雪铲冰工作和秋季落叶清扫工作。

全年新、翻、改建二类以上公共卫生间20座,新建密闭式清洁站10座。大力发展节能、节水型生态公厕,至本年底环卫中心所属的生态公厕占所有公厕比重的85%左右,在阜石路、水磨西街2座公厕应用太阳能光电技术。4月29日,环卫中心油站改建工程正式开工,6月25日工程主体完工。7月15日开始进行试用,目前运转正常。

4月,完成马拉松测试赛途经道路清扫保洁任务。7月15日奥运会前,完成车辆、集装箱维修,完成对奥运场馆、定点饭店、医院周边19座密闭式清洁站、38座公共卫生间改造工作,完成对奥运场馆、路线、定点饭店周边道路13308个果皮箱的接收工作,并纳入日常管理,购置17部压缩清运车;按照市里统一要求,对221座一类公厕男、女厕标牌、残疾人专用间标牌及334座达标公厕的男、女厕标牌全部更换完毕;将奥运比赛场馆、训练场馆、重点商业街、文化广场、指定宾馆、比赛路线等周边200米内的公厕化粪池井盖全部更换为非金属防盗井盖,共更换230套。建成海淀首座利用太阳能发电公厕,全部二类以上公共卫生间设置无障碍设施;为重点道路沿线公厕安装导向牌;为五路居转运站及部分密闭式清洁站安装防尘除臭系统;推进六里屯填埋场除臭、渗滤液治理、沼气收集等环境提升工程。完成对广大职工的文明礼仪、英语、手语、平安奥运等方面基础性培训工作。

奥运期间,本中心成立奥运外围环境保障工作指挥部,实现与海淀区奥指办各项工作的对接。向主要街道办事处和环卫中心基层主要作业队派驻联络员。为方便群众出行时能够就近找到公共卫生间,海淀环卫中心在奥运场馆活动公厕保障点及重点地区一类公共卫生间内向市民及游客免费发放《北京市城区公共厕所导引图》。

奥运期间,海淀环卫中心负责奥运保障区周边环境卫生保障工作。奥运保障区分为一级保障区和二级保障区,一级保障区包括7处竞赛场馆、10处训练场馆、4个非竞赛场馆、2条开放式路线、23个签约饭店、8个重点旅游景点、7处商业街和文化广场、4所医院、3处宗教场所;二级保障区是除一级保障区以外的城市运行区域。环卫中心负责保障区的道路清扫、密闭式清洁站管理、公共卫生间管理和场馆周边75座活动公厕保洁、清掏与管理,场馆内部垃圾清运和粪便清掏及垃圾的无害化处理等。海淀环卫中心制定《海环中心2008年奥运会环境卫生保障工作方案和应急方案》,编制完成《海环中心2008年奥运会环境卫生保障工作图册》,明确奥运期间延长作业时间、增加作业频次、全面覆盖、重点突出的业务保障工作,并在奥运期间切实履行。实行奥运期间领导24小时带班制度,坚持每日全面工作“日检查”和重点地区“夜巡查”相结合制度。配备电动车,成立快速保洁队伍。连续开展桌面演练和五次实战综合演练。

从7月20日开始,海淀环卫中心正式清运奥运比赛场馆和训练场馆的垃圾,对每个场馆分别安排清运可回收垃圾车辆和清运不可回收垃圾的车辆,履行北京对外界关于垃圾分类回收的承诺。从7月20日~9月17日,环卫中心对165条道路、1840万平方米的道路面积进行环境保障,还临时接收面积为167万平方米的13条奥运保障道路进行为期两个月的专业化道路清扫保洁;清运场馆垃圾1035车次,清运量2192.8吨,其中可回收垃圾242.5吨,不可回收垃圾1950.3吨;清运场馆粪便342.1吨;处理道路遗撒突发事件28起,清理遗撒垃圾渣土116.46吨,清理油料遗洒面积1720平方米。7月27日~9月9日,共清理小广告35.7万余张。应区政府、08办、部分街道办事处、城管大队等部门要求,清理无主垃圾渣土82次,出动355车次、712人次。

本年,三星庄融雪剂搅拌站完成项目初步设计方案并通过方案评审,进行施工图设计,完成规划许可证的报批工作,组织施工监理招标。年初,三星庄粪便消纳站经过公开招标确定建设单位和监理单位,3月份项目正式开工建设,截至年底完成土建主体结构验收,设备安装完成50%。该项目建设规模为粪便日处理能力400吨,建成后将缓解海淀区粪便无害化处理的压力。11月份,巴沟粪便消纳站购置了硫化氢、氨气两部检测仪,并对地秤进行了检测,对沼气测量仪进行了标定,经过试运行,设备运行状况良好。

六里屯垃圾卫生填埋场治理工作,在巩固前几年治理成果的基础上,本年继续完善后续提升工程治理。严格按照工艺要求对污水处理系统进行调试;确保填埋气处理设施正常运行,使其处理能力达到1000立方米/小时左右;定点喷雾除臭降尘系统实现联动运行,开始白班、夜班全天分时段运转;加强雨污分流覆膜除臭工作，奥运期间二期填埋区实际膜覆盖面积近17万平方米；做好作业现场喷洒除臭工作，加强作业后及时覆盖垃圾作业面工作。

六里屯循环经济产业园示范工程是海淀区《海淀区加快发展循环经济建设资源节约型环境友好型城区2008年行动计划》项目之一。包括：在六里屯卫生填埋场开展一期、二期垃圾快速稳定化和垃圾填埋气回收利用工程，开展沼气高端利用，开展建筑垃圾再生利用试点工作；加快完成六里屯卫生填埋场渗滤液处理(350吨/天)改造工程，实现渗滤液达标排放，并争取接入市政管线纳入污水处理厂再处理。

制定《2009－2015北京市海淀区环卫基础设施建设规划》，于2008年底基本完成。《圆明园遗址公园环卫设施规划》项目是受圆明园委托，于4月开始实施，2008年底已完成，正在等待专家评审。五路居环境全面提升方案设计项目于本年初开始实施，2月完成基本设计方案。该方案确定对五路居转运站的车间设计、厂区道路布置、除臭系统、物流分配、洗车冲车设备、车间扩建翻建等6大方面进行技术改造。

4月23日，《海淀区北部新区生活垃圾管理模式与处理技术研究》项目列入北京市海淀区2008年科技项目，签订任务书。2008年有“臭气粉尘原位治理装置”、“冬季使用的固定式除臭、降尘系统的保温装置”、“公共卫生间空气除臭、灭菌装置”、“除臭降尘装置”和“高压喷雾墙除臭降尘装置”5个项目获得专利。

年内，完成2027名编外职工《劳动合同书》签订工作。制发《关于环卫中心在编职工享受年休假的暂行规定》和《关于环卫中心编外职工享受年休假的暂行规定》。

本年，海淀环卫中心被北京市环境卫生协会评为北京奥运会、残奥会环卫车辆服务保障活动优秀单位。环卫一队一班被北京市总工会评为奥运立功“工人先锋号”集体。环卫二队永定路班被北京市总工会评为北京市模范职工小家，同时被全国总工会评为全国“模范职工小家”。环卫二队魏公村班被北京市妇联授予北京市三八红旗集体称号。

北京市海淀区环境卫生服务中心
地　址：北京市海淀区郑王坟37号
邮　编：100097
电　话：62551555　62633150(传真)
电子信箱：hdhwzx@ yahoo. com. cn

(张春新　姜艳玲)

【北京绿海能环保有限责任公司】 北京绿海能环保有限责任公司成立于2006年7月10日，注册资本金2000万元。主要负责六里屯垃圾焚烧发电厂、六里屯餐厨垃圾处理厂和垃圾综合处理厂以及六里屯循环经济产业园的规划、建设、运营。

六里屯垃圾焚烧发电厂是海淀区“十一五”期间的重大基础设施建设项目，被列入《北京市生活垃圾治理白皮书》，是六里屯循环经济产业示范园的重要组成部分。该项目规划选址位于六里屯垃圾卫生填埋场南侧，项目用地8.9公顷。建、构筑物占地面积27678平方米，总建筑面积38504平方米，道路及广场面积20720平方米，绿化率达43%，一期投资约7.5亿元(其中含1489万美元)。计划安装两条处理能力为600吨/日的机械往复炉排炉焚烧线，年处理能力40万吨。配备两台18兆瓦汽轮发电机组，设备满负荷年运行8000小时，年发电量(设计点)约1.7亿度，年供电量(设计点)约1.4亿度。同时预留一套600吨/日焚烧线，最终达到日处理生活垃圾1800吨，年处理量约60万吨。建成后每年节约11.4万吨标准煤，年平均减排温室气体15万余吨(CO2)。

本年，配合北京电力公司办理西北旺变电站前期手续，11月24日，取得市发改委《关于西北旺220千伏输变电工程项目核准的批复》、12月12日，取得市规委《规划意见书》。11月3日取得钉桩成果，确定用地四至并完成钉桩。确定西北旺变电站道路交通方案和各项市政接入方式。

2007年6月12日国家环保总局公布《六里屯垃圾焚烧发电项目行政复议的决定》。本年为配合落实国家环保总局行政复议决定的后续工作，公司抽出专人配合市政管委开展行政复议工作，配合清华大学环境科学与工程系论证报告编制小组完成六里屯垃圾焚烧发电项目论证报告。参与区市政管委拟订六里屯垃圾焚烧发电项目专家论证会方案及征求公众意见方案。3月17日，按照市环保局、市市政管委、海淀区政府三方会议要求，配合区市政管委起草《关于开展专家论证和征求公众意见工作的请示》并提交给市政府。奥运会闭幕后，又配合区市政管委召开专家论证预备会并为专家论证会以及征求公众意见拟定宣传材料。

为尽早解决海淀区餐厨垃圾处理问题，缓解六里屯垃圾卫生填埋场的压力，减少有机物填埋对周边环境造成的污染，市区政府相关部门积极推进六里屯餐厨垃圾处理厂和垃圾综合处理厂的建设，并且明确北京绿海能环保有限责任公司为项目建设单位。为此公司成立餐厨垃圾项目推进领导小组，初步编制六里屯餐厨垃圾处理厂和垃圾综合处理厂项目建议书，对技术工艺、设备、供货商、合作方式等进行调研，编制项目进度和投资计划，准备项目的可研和立项等工作。

六里屯焚烧发电厂南侧规划有综合处理场等项目建设用地，占地面积约9.8公顷，原计划对该地块进行绿化美化，经前期市场调研绿化工程需政府投资300万元左右。2月，经请示区政府同意，公司采取与苗圃种植企业合作的方式，由对方投资实现对该地块的绿化美化，并保证项目启动时无条件撤出。5月完成项目现场绿化面积45275平方米，共种植乔木12种，8600棵，灌木13种，6300株。

海淀区循环经济产业园总体规划面积65.2公顷。其中焚烧发电厂8.9公顷、综合处理厂9.8公顷、六里屯垃圾卫生填埋场46公顷，对周边可利用土地及有相关性的企业进行资源整合。

本年公司在对垃圾终端处理技术、垃圾衍生产品，资源化的利用等方面做了大量的调研工作，初步拟定海淀区循环经济产业园的规划，规划对园区定位、运营模式、实施方案、园区展望等进行规划设计，并提出围绕垃圾终端处理建设海淀区循环经济产业园，实现垃圾资源再利用产业化的发展的构想。公司被北京市发改委评为“北京市第一批循环经济试点单位”。

地　址：海淀区西北旺镇后厂村路69号
邮　编：100094
电　话：82401833　82401610（传真）
电子信箱：lvhaineng@sina.com　（吴　宪）

【400名环境文明引导员上岗】 12月8日，启动“传承奥运精神、文明重在行动——我参与、我奉献、我快乐”环境卫生文明引导教育实践活动，主要是在海淀重点地区城市道路、公共卫生间，以道路保洁人员、公厕保洁人员为主体组织环境文明引导员，开展以清洁城市环境为主的环境文明行动。首批环境文明引导员——400余名环卫职工在中关村西区、复兴大街等重点地区上岗工作。

（姜艳玲）

科技·文化·卫生·体育

科 技

海淀区科学技术委员会(简称区科委)挂海淀区知识产权局(简称区知识产权局)牌子。区科委(区知识产权局)是负责本区科学技术与知识产权工作的政府职能部门。下属2个事业单位:海淀区知识产权中心和海淀科技中心。

本年,科委坚持创新驱动,整合和激活区域科技资源,构建中关村特色自主创新体系,推进国家科技进步示范区、全国科普示范城区和中关村知识产权保护示范区建设,不断强化区域发展竞争力。完成办公系统的升级与网站改版。2008年海淀区在"全国科技进步示范区"中期评估中获优秀,被国家知识产权局确定为第一批全国知识产权质押融资试点单位。

海淀区域内共有52个项目获2008年度国家科学技术奖,占全国获奖项目总数的20.55%。获奖项目包括:国家自然科学奖13项,占全国获奖总数的38.24%;国家技术发明奖12项,占全国获奖总数的34.28%;国家科技进步奖27项,占全国获奖总数的14.84%。

科技项目管理 通过实施科技计划项目,重点支持企业技术创新和成果转化,推进企业成为技术创新的主体。支持信息技术、电子通讯、生物技术、新材料、循环经济和科技奥运等重点发展领域的科技项目199项。加大科技专项支持力度。在原有5个科技专项的基础上,新设立留学生研发科技专项计划、技术与金融互动研发专项计划。

加强节能减排和循环经济建设中的科技支持力度。构建循环经济专家与企业项目库,实行向循环经济适度倾斜的项目管理政策。与相关部门合作,进行"百家节能减排科技创新示范企业"评选。支持"社区节能减排科普展品系列"的研发。

发挥高新技术企业及其科技成果在抗击冰雪和地震灾害、食品安全等民生领域的作用。在抗击冰雪灾害和5·12地震灾害中,支持二十一世纪公司在第一时间利用北京一号小卫星提供灾区多光谱和高分辨率全色卫星影像数据,中央电视台5月13日对此给予报道。支持北京四维远见信息技术有限公司开展"基于三维可视化技术的市区地面沉降数据分析及风险控制系统"的研发,为甘肃、陕西等地震灾区的经济建设、发展规划、减灾救灾等方面提供决策依据,该公司获北京市规划委颁发的"抗震救灾测绘保障事迹突出单位"称号。东方正通、清华紫光牵头组成"支援四川灾区信息化重建行动小组",援建"成都市应急指挥平台"。支持北京望尔生物技术有限公司针对食品安全开展"食品安全药物多残留快速检测试剂盒的研究与应用",已在10个省市推广。支持北京时空超越科技有限公司研发"药品安全预警应急反馈系统",已实现对1000家左右医药流通企业的监管。支持北京海兰信数据科技股份有限公司研发"船舶远程监控系统",该系统已被国家救助打捞局等单位安装采用。

本年,海淀区财政共投入科技经费

40211.9万元,其中,技术研究与开发22566万元,科委支配的科三费资金9800万元(含星火贴息100万元)。科三费项目分为基本计划和专项计划两大类,共分三批立项。第一批为基本项目,立项66项,支持资金3151万元。第二、三批为专项项目,合计立项133项,支持资金6549万元(含配套资金60万元)。专项共分七个,其中公共技术服务平台专项计划12个,支持资金800万元;中小企业虚拟研发中心专项计划57个,支持资金2960万元;企业博士后科研专项计划5个,支持资金100万元;新农村建设专项计划3个,支持资金125万元;初创科技型小企业研发专项计划28个,支持资金980万元;技术与金融互动专项13个,支持资金890万元;留学生研发专项14个,支持资金634万元。

本年共有37家企业申报国家重点新产品计划,经评审,已有"HLD－AP100船舶自动操舵仪"、"YJ－504复合型防腐阻锈剂"等25家企业的项目产品获得2008—2009年度国家重点新产品证书,同比增加1.5倍。

本年,海淀区星火计划立项4项,滚动执行9项,贷款贴息100万元。实现产值15675万元,利税1668万元。研发新产品19项,培训人员1202人次,1734学时。

科普工作　本年,在全区继续推进创新型科普社区建设工作,引导和支持社区优化配置及利用各类资源,以提升科普社区的内涵,推进全国科普示范城区建设。

全年组织实施2008年科普项目31项,重点支持科普能力建设、科普教育、群众性科普活动和科普管理与服务体系建设等方面。

创建一批科普示范点。搭建科技教育平台,支持中关村二小"小学智能机器人教学平台"、八一中学"技术与设计创新实验室"、理工大学附中和首师大附中等中学"校园地面气象自动观测站"等一批中小学科普专项实验室示范点建设,推进青少年科技创新实践活动。完善数字科普馆建设,研发奥运科普等模块。筹建农村科技信息服务站,在西山农场、苏家坨镇车耳营村、西北旺镇皇后店村、温泉镇东埠头村及上庄镇前章村建设5个农业科技信息服务站,并将农村数字科普室、数字图书馆等内容整合到信息服务站中。上庄镇西马坊村、西北旺镇东玉河村及苏家坨镇周家巷村3个原有的数字科普室增加农村科技信息服务站网络平台的浏览功能。持续开展"北京市创新型科普社区"创建工作,支持紫竹院、青龙桥、中关村、北下关、马连洼及上庄镇6个街乡培育、创建创新型科普示范社区,最终紫竹院街道车南里社区、青龙桥街道中国林科院社区、上庄镇李家坟村3个社区入选,区内北京市创新型科普社区的数量达到5个(原有2个为北太平庄街道太月园社区、东升乡马坊村宝盛里),截至2008年共获市财政总计92万元的经费支持,区级匹配经费42万元。组织申报北京市科普基地,在全市首批命名的99家科普基地中,海淀区有20家。组织检查农村数字科普室及农村科普大院建设工作。

本年,以科普项目的方式,支持一批单位直接为奥运服务:与301医院合作,支持其医务人员进驻奥运村,为各国官员、教练员和运动员开展医疗服务,并制作展板,在奥运村开展健康科普宣传活动;出版发放奥运会志愿者工作读本—《志愿者服务心理指南》科学普及读物;支持天元网络公司参与奥运大客户通信业务保障系统并完成北京市800兆无线政务网的保障工作;支持数码视讯公司为奥运火炬传递在全国60多个城市的电视信息传输提供核心设备;支持华旗资讯为奥运志愿者提供语言培训服务并研发妙笔中英文有声阅读系列产品(如《将紫禁城带回家》、《奥运地图》等);支持实益拓展公司气体灭火泄压口、仁创科技集团生态沙基透水砖等产品的自主研发并在奥运场馆及配套工程中应用;支持区组培室、东升种业、北方兴业园林公司等单位开展奥运植被的选育研究,奥运期间260多个品种、500多万盆的奥运花卉和400余株中华红栌应用于奥运场馆、奥林匹克公园、长安街等百余处城市绿地;支持嘉博文公司微生物资源循环技术的研发与推广,该公司成为北京奥组委指定的惟一的奥运村餐厨垃圾处理服务商,处理餐厨垃圾1000余吨,无害化处理率达到100%,资源化率达95%以上,中央电视台新闻联播对此两度进行报道。

开展抗震宣传和科普教育,向各乡镇、街道和部分学校、企事业单位发放《公众地震应急避险要诀》2.3万册。继续支持青少年科技创新大赛、中小学科技节等青少年科普活动。与相关单位合作,以北京科技周、全国科普日为契机,组织4次科普大课堂,开展迎奥运市民健康行为、基础卫生知识及技能培训等内容丰富的科普之春、科普之夏活动。组织制作科普法、科技奥运、科技前沿、健康教育等内容的科普展板,在中国农业大学体育馆等8个奥运场馆、北京交通大学、学院路街道等地展览。四川汶川县发生8级地震后组织开展一系列防灾减灾科普活动。海淀公共安全馆以防灾减灾为主题举办防震减灾安全展。区地震局和东升乡人民政府在东升大厦西广场举办防灾减灾法律、法规知识宣传活动。5月23日,上地街道在海淀公共安全馆开展"奥运与我同行,安全在我心中"公共安全教育活动。10月8日,纪念"国际减灾日"社区科普咨询活动在紫竹院街道车道沟南里社区广场举行。

2008年度科普工作基本情况统计表

<table>
<tr><td colspan="4">科普活动经费
(不包括市科普活动专项经费及市科协资助经费)</td><td colspan="5">2008年本区县科普活动专项经费:1123.96万元
附:2008年度本辖区常住人口203万人
2008年实际支出总额:1123.96万元</td></tr>
<tr><td colspan="9">2008年度辖区内科普工作开展情况</td></tr>
<tr><td rowspan="3">科普讲座报告</td><td>举办场数</td><td>1065场</td><td rowspan="3">科教影视</td><td>电影场数</td><td>1297</td><td rowspan="3">科技竞赛</td><td>举办场数</td><td>95场</td></tr>
<tr><td>听讲人次</td><td>93676次</td><td>录像场数</td><td>236</td><td>参加人次</td><td>17068人</td></tr>
<tr><td>演讲人数</td><td>424人</td><td>观看人次</td><td>206156</td><td>指导人员</td><td>216人</td></tr>
<tr><td rowspan="4">科普画廊</td><td></td><td>画廊个数(个)</td><td>画廊含标准板块数(块)</td><td>画廊长度(米)</td><td>出刊次数(次)</td><td colspan="3">自制画廊用展板套数(套)及块数(块)</td></tr>
<tr><td>区、县级</td><td>11</td><td>112</td><td>120</td><td>47</td><td colspan="3">62</td></tr>
<tr><td>街、乡级</td><td>314</td><td>2561</td><td>4590.4</td><td>897</td><td colspan="3">1973</td></tr>
<tr><td>其　它</td><td>81</td><td>380</td><td>256</td><td>93</td><td colspan="3">150</td></tr>
<tr><td colspan="4">社区科普活动室(包括青少年科学工作室)</td><td>建立总数</td><td>314个</td><td>使用面积</td><td colspan="2">21065平方米</td></tr>
<tr><td colspan="3">辖区内科普志愿者总数</td><td>6972人</td><td colspan="3">科普志愿者年参加活动平均天数</td><td colspan="2">332天</td></tr>
<tr><td colspan="3" rowspan="4">街头科技宣传、咨询活动
如利用夏日文化广场开展科技宣传、参与科技类宣传日</td><td colspan="3">开展次数</td><td colspan="3">222次</td></tr>
<tr><td colspan="3">参与宣传的科技人员人次</td><td colspan="3">2038人</td></tr>
<tr><td colspan="3">活动展出展板块数</td><td colspan="3">3024块</td></tr>
<tr><td colspan="3">发放科技宣传材料份数</td><td colspan="3">635280份</td></tr>
</table>

知识产权工作　组织撰写《2007年海淀区技术交易统计分析报告》,组织课题研讨会并邀请有关专家提出意见。

本年海淀区专利申请20899件,占北京市(43508件)的48%,其中发明专利申请15388件。共获得专利授权7525件,占北京市(17747件)的42%,其中发明专利授权3747件。

继续做好专利费用减缓证明申请审批工作。专利费用减缓证明网上审批系统于2008年1月正式上线试运行,通过网上审批系统已办理专利费用减缓申请审批事项9100余件,平均每月800多件。

通过区科委申报北京市发明专利奖的共有22个项目,据北京市初步公示的评选结果,这批项目中一个获得二等奖,二个获得三等奖,居北京市18个区县之首。

本年,海淀区登记的技术合同为35149份,同比增长2.4%,占北京市的66.6%;技术成交总额678.15亿元,同比增长18.5%,占全市的66%。

针对海淀区中小型高新技术企业融资难问题,在北京市知识产权局的指导帮助下,8月1日,公布《海淀区知识产权质押贷款贴息管理办法》。由海淀区政府设立年度专项资金(2008年为1000万元),对以知识产权质押方式获得的银行贷款利息进行补贴,贴息比例50%,每个企业每年最高贴息额不超过40万元。海淀区有近30家高新技术企业提出知识产权质押贷款担保申请,总涉及金额21400万元;其中已获得贷款担保的企业3家,涉及金额3500万元,占总申请金额的16.36%。本年,海淀区被国家知识产权局批准为6个国家知识产权质押融资试点地区之一。

开展"企业知识产权保护体系建设"专项计划项目试点工作。本年,通过网上公开征集,33家企业正式申报海淀区企业知识产权保护体系建设专项计划项目。

开展"4·26保护知识产权宣传周"活动,以"奥运经济,知本经营"为主题,举办"2008中关村知识产权论坛"。10月23日,组织召开中国企业在欧洲的专利战略与实务研讨会。

科技交流与培训　与北京中关村电子产品贸易商会联合IDC国际数据公司共同调研并发布《2008年度中关村电子产品贸易行业白皮书》。这是连续发布的第五本白皮书。

为贯彻落实《2006－2020年国家信息化发展战略》、《北京市提高全民信息能力行动纲要》、《海淀区提高全民信息能力行动纲要》的有关精神,开展海淀区企业科技人员信息能力培训项目。项目于2007年开始策划,本年3月到12月进行实施。科委负责培训组织工作,海淀区企业培训中心负责培训的具体实施。采用"整合社会资源,政府引导、社会支持和企业自主相结合"的创新机制,借助网络平台设立IT技能、系统架构、项目管理、企业信息管理、政策法规5大模块,累计开设35门课程(共计238学时),制作相关网络学习课件15门(共计63学时),培训企业科技人员2392人次,涉及企业800多家,累计1538家次。参训企业基本涵盖了海淀区重点支持的IT相关、电子设备及元器件、新材料及应用技术、先进制作技术、生物工程和新医药、新能源及高效节能技术、通讯行业、环境保护技术、现代农业及其他相关产业。

"北京市海淀区人民政府与安徽省合肥市人民政府科技合作协议"在5月18日的"徽商大会"上签署。区政府组团参加10月份的"2008中国(合肥)自主创新要素对接会"。推进"合肥市科技人员培训平台"与"合肥市中小企业信息化建设"等方面的合作。6月,签署"青海省海西州科学技术局　北京市海淀区科学技术委员会合作框架协议"。与区域内高等院校、科研院所联系,为格尔木市有色金属开发搭建桥梁。

本年3－12月,科委办公系统进行全面的系统升级与网站改版的设计制作,汇集多项管理程序建立集项目申报、专家评审与评价、项目信息统计与管理为一体的智能化系统,为科技工作者搭建一个智能化工作与交流的信息平台。

专家顾问团工作 调研北京市其他区县专家顾问团的设置情况及工作模式,探索推进专家顾问团管理机制创新。支持区政府专家顾问开展调查研究,编发专家顾问团调研报告和论文集。

农村科技 完成2007年度农业推广项目的验收,完成星火计划2007年度贷款贴息工作。深入各乡镇和涉农企业,与科技部中国科学技术发展战略研究院合作开展《海淀区新农村建设与科技支撑》调研。

开展农村科技协调员队伍建设及科技培训。2007年2月,开始建立区农村科技协调员工作站,本年新建2个农村科技协调员工作站,工作站总数达到8个,农村科技协调员发展到200名。开展农村科技培训,参培5202人次。编印《海淀区农村科技协调员队伍建设工作汇编》,向农村科技协调员工作站赠送笔记本电脑、照相机等工作设备。6月3日的《科技日报》对本区农村科技协调员工作进行报道。6月10日召开"辣(甜)椒新优品种展示会暨农村科技协调员交流会"。探索农村科技协调员工作站、爱农驿站、远程教育站三站合一的工作模式。组织开展10个农业科技信息服务站及数字科普室相关人员的技术培训。

8个农村科技协调员工作站为:海淀区组培室农村科技协调员工作站、海淀区农科所农村科技协调员工作站、海淀区西山农场农村科技协调员工作站、海淀区科技协调员工作站农机所站、海淀区上庄镇农村科技协调员工作站、海淀区西北旺镇农村科技协调员工作站、海淀区苏家坨镇农村科技协调员工作站、海淀区四季青镇农村科技协调员工作站。

海淀区科学技术委员会(海淀区知识产权局)

地　址:北京市海淀区北四环中路281号

邮　编:100083

电　话:62325613

网　址:www. hdkw. gov. cn (程晓荷)

文　化

【综述】 海淀区文化委员会(以下简称区文委)前身是成立于1984年的海淀区文化文物局,2001年机构改革时更名为海淀区文化委员会,是负责海淀区文化事业管理、文化产业发展及文物和非物质文化遗产保护的政府职能部门。下属3个事业单位:海淀评剧团、海淀剧院、电影管理处。

本年,区文委开展"平安奥运行动"文化娱乐场所专项整治、"迎奥运、讲文明、树新风、促和谐、建首善"活动,实现平安奥运、零事故、零投诉目标,推进海淀区文化事业和文化产业发展。本年,区文委获全国"扫黄打非"工作先进集体,全国迎奥运保稳定"扫黄打非"先进集体,全国文化市场行政执法先进集体,全国版权工作先进集体,北京市奥运安保工作先进集体,首都"迎奥运、讲文明、树新风"活动先进集体。

文化活动 海淀区第十八届农民文化节2007年12月开幕,本年春节达到高潮。春节期间,组织开展以中华世纪坛春节文化庙会、第二届中关村科技庙会和"百花闹新春"山后四镇民间花会踩街为主要内容的"2008年海淀新春系列文化活动",参与人数近50万人次。组织迎奥运文化活动。将奥运文化活动纳入第五届海淀文化节之中。为迎接奥运倒计时100天,4月29日,在北京大钟寺古钟博物馆举行"鸣响永乐大钟·祈福百年奥运”暨迎奥运倒计时100天庆祝仪式,活动穿插进行中华特色编钟表演和非物质文化遗产展览展示。为迎接奥运倒计时50天,6月14日,在上庄镇政府文化广场举行风筝放飞活动,还进行“曹氏风筝”展示及综合文艺演出。7月13日,中华世纪坛奥运文化广场举行开幕式,北京科技大学奥运文化广场也进行首场演出。奥运期间,中华世纪坛和北京科技大学两个奥运文化广场共组织文艺演出57场、巨型木偶情景剧45场、各种展示展览250多场,接待游客、观众71.1万人次。组织残奥会海淀段火炬接力现场的文艺演出活动。本次活动中,区内十余支不同特色的表演团队,共计652人,分别在中华世纪坛奥运文化广场、颐和园八方亭等进行火炬接力传递现场文艺表演。组织基层文艺活动951场次。

配合“奥运倒计时100天”活动,4月25日在曙光地区武警十六支队礼堂举行2008年“五月的鲜花活动”开幕式,本年“五月的鲜花”文艺汇演共演出27场。

开展送文化活动。4月8日,举办首届“海淀区惠民电影周”,在海淀剧院、全区19个数字电影放映厅,为广大社区居民、农民,特别是老年人、来京务工人员、残疾人等群体放映电影130余场,参与群众达5万人次,5月份,组织全区27个街乡镇“青少年公益电影节活动电影放映”活动,受益群众达30万人次。全年放映数字电影7120场,观众超100万人次。其中,放映奥运宣传片、科教短片、知识产权保护等内容的影片3600场,观众达50万人次;进社区、进工地、进学校、进农村放映电影450场,观众近10万人次;为驻区部队慰问放映电影34场。组织图书馆流动图书车下基层达268多次,流通图书536000多册次,受惠群众达52000人次。

加快基层特色品牌文艺团队建设。本年本区有18支二类团队通过市文化活动中心的审查,已获得相应演出资质,同时完成200个基层特色品牌团队和27个文化广场扶持资金的上报工作。

文化设施建设 本年,市文化局为各街乡配发街道、乡镇基础舞台、灯光、音响设备29套。截至年底,全区基层共有文化站27个、文化室371个、文化广场101个、业余文艺团队648个、社区、农村图书馆(室)368个、农民自办文化项目63家。

文化市场监管 建立健全行政许可统一办理制度、一次性告知制度、听证制度和过错责任追究等6项制度,公示有关行政许可的事项、依据、条件、程序、期限以及需要提交的材料的目录,制定申请书示范文本供申请人免费索取。全年共办理各项行政许可193项。其中,音像72项,歌厅11项,网吧31项,文艺表演团体7项,演出60项,广播电视共用天线设计安装9项,字画3项。

行政执法队把保“两会”、“扫黄打非”工作、文化市场日常监管、文物市场监管文物保护和“平安奥运行动”文化娱乐服务场所专项清理整治行动工作紧密结合。本年,共出动执法人员4300余人次,检查歌舞娱乐场所1100余家次、网吧1000余家次、重点地区755个、音像店198家次、图书140家次、卫星电视32家次、印刷139家次、各类市场74家次、其他39家次。处理举报271件,立案处理68家,罚没款53万余元,没收电脑主机95台,收缴非法音像制品21400余张、非法图书22000余册、卫星天线7个。取缔关闭无证歌厅21家、无证照网吧10家。

2008 年海淀区文化市场经营单位基本情况

<table>
<tr><th>行业</th><th colspan="2">类别</th><th colspan="2">数量(家)</th><th>合计</th><th>总计</th></tr>
<tr><td rowspan="4">出版发行</td><td colspan="2">印刷企业</td><td colspan="2">142</td><td rowspan="4">2310</td><td rowspan="9">2991</td></tr>
<tr><td rowspan="2">出版物零售单位</td><td>书店</td><td>1688</td><td rowspan="2">2168</td></tr>
<tr><td>邮政报刊亭</td><td>480</td></tr>
<tr><td colspan="2">音像制品零售单位</td><td colspan="2">590</td></tr>
<tr><td rowspan="4">文化娱乐</td><td colspan="2">歌厅</td><td colspan="2">252</td><td rowspan="4">568</td></tr>
<tr><td colspan="2">电影放映场所</td><td colspan="2">17</td></tr>
<tr><td colspan="2">网吧</td><td colspan="2">288</td></tr>
<tr><td colspan="2">电子游艺厅</td><td colspan="2">11</td></tr>
<tr><td>广播电视</td><td colspan="2">有线电视设计安装单位</td><td colspan="2">113</td><td>113</td></tr>
</table>

文物和非物质文化遗产保护工作　本年,为做好奥运会、残奥会期间文物安全工作,对全区 69 处文物保护单位及 68 处普查登记项目古建筑的消防井、消防栓和灭火器等进行全面检查,清除易燃易爆物品 9 处,配备灭火器 10000 余个及相应的消防设施。完成文保单位和文物普查登记项目的古建筑状况调查 3 万平方米。制定出 2008 年文物修缮方案,为本区开展全国第三次文物普查工作创造条件。

春节期间,在山后四镇举办首届"百花闹新春"民间花会踩街活动,6 月 14 日,在北京大钟寺博物馆,举行"展民族文化风采·圆百年奥运梦想"大型宣传活动,并组织近 30 家民间艺术家庭与观众进行现场交流;6 月 14 日—20 日,在海淀博物馆举行非遗手工技艺展览,展出各种剪纸、刺绣等奥运主题作品。

海淀区文化委员会
地　址:中关村大街 28 - 1 号
邮　编:100086
电　话:51601028　　(侯祯凤)

【海淀区电影管理处】　电影管理处全年放映电影 7277 场,人数达 146 万人次。其中街道 4264 场、乡镇 3013 场,超额完成 14 场。

(侯祯凤)

【海淀区图书馆】　是区级综合性公共图书馆,为读者提供报刊阅览、期刊外借、图书外借、资料查询、课题服务、上网、自习、培训、讲座、展览、读者活动等服务。阅览部、流通部全年无休。

年初,北京市公共图书馆承诺为读者免费办证,2008 年本馆全年完成办证 4726 个。全年流通 57452 人次,借阅 142270 人次、借阅 389639 册次,自习人数 4 万人次,阅览人数 2.2 万人次;解答读者咨询 25343 人次,活动次数 265 次,共 92875 人次参加,讲座 45 场,参与人数 14105 人。共采购图书 10470 种、36442 册,完成购书经费 1053032.6 元,分编图书 15196 种、37818 册;各基层图书馆增加购书经费 48.3453 万元,增加图书 4.1409 万册,总藏书达 88.8292 万册;图书流动车出车 159 天,268 次,行程 4154 公里,在 17 个流动图书服务点办理新证 193 个,流通 2124 人次,5774 册次,解答读者咨询 168 人次。

年初,在本区"公共服务进万家"启动仪式上本馆向全区居民发出倡议,倡议"每人每年捐一本好书”,接收读者手中闲置图书,并将这些图书补充到村/居委会图书室。全区各大机关和4个社区有1326人参加捐书,共收到捐书15000余册。

成立“海淀西山文化网站”协会,聘请网站学术顾问3人,发展会员11名。年底网站点击率已达4.7万人次。以该协会会员为核心进行关于海淀镇历史——《海淀镇记忆》的组稿、编写等工作。

完成北京市财政局对本馆60万元购书经费的绩效考核,达到优秀。完成海淀图书馆集体外借书库近10万册的图书建设。年底完成了医学数字图书馆的试运行。

海淀区图书馆正在建立海淀区政府公开信息查询中心,提供政府政策信息网上电子讯息与纸质专刊两种查询服务。同时协助文化委完成35个分馆信息查询中心的建设。参与“送文化、送科技、送卫生”下乡活动,向村民赠送农业、保健,法律等方面的书籍300余册,并为村民撰写春联500余副。为上庄乡敬老院孤寡老人捐赠图书80余册,杂志180余本,价值5000多元。

地方文献室先后组织张宝章的“海淀园林”讲座2场,易海云的“道德经与养生”讲座4场。

合作协调部获2008年度北京市图书馆“全民阅读”活动优秀组织奖、2008年北京市红领巾读书活动优秀组织奖、北京市“唱响2008”朗诵比赛活动优秀组织奖。

海淀区图书馆基层分馆名录

编号 分馆名称

1、八里庄街道核二院社区图书馆
2、八里庄街道美丽园社区图书馆
3、八里庄街道世纪新景园社区图书馆
4、北太平庄街道社区图书馆
5、北太平庄街道太月园社区图书馆
6、甘家口街道阜北社区图书馆
7、海淀街道社区图书馆
8、海淀农业图书馆
9、海淀乡树村万树园社区图书馆
10、海淀乡图书馆
11、花园路街道社区图书馆
12、马连洼街道社区图书馆
13、青龙桥街道61046部队图书馆
14、青龙桥街道61195部队图书馆
15、清河街道社区图书馆
16、上地街道社区图书馆
17、上庄镇图书馆
18、曙光街道诚品建筑社区图书馆
19、曙光街道社区图书馆
20、四季青镇门头村图书馆
21、四季青镇曙光村图书馆
22、四季青镇西冉村图书馆
23、四季青镇香山村图书馆
24、苏家坨镇北安河村图书馆
25、苏家坨镇聂各庄村图书馆
26、苏家坨镇苏一二村图书馆
27、田村路街道社区图书馆
28、万寿路街道社区图书馆
29、温泉镇航材院社区图书馆
30、温泉镇图书馆
31、西北旺镇唐家岭村图书馆
32、西北旺镇图书馆
33、西三旗街道社区图书馆
34、香山街道社区图书馆
35、学院路街道柏儒苑社区图书馆
36、羊坊店街道社区图书馆
37、紫竹院街道社区图书馆
38、海淀乡裕隆新村图书馆(本年新成立)

地 址:海淀区丹棱街16号海兴大厦C座1-4层
邮 编:100080
电 话:82605290
流通部续借电话:82605257
期刊外借续借电话:82605258
网 址:www.hdlib.net
海淀西山文化网址:www.hdxswh.com

(向 华)

【军博免费开放】 3月1日起，中国人民革命军事博物馆免费向社会开放，这是北京首家免费开放的国家级博物馆。免费开放首日共接待观众1.2万人次，是上年同期日接待量的6倍。 （田 颖）

【第五届海淀文化节】 4月29日，第五届文化节开幕式晚会“穿越时空的圣火——百年奥运回顾大屏幕视听音乐会”在国图音乐厅举行。文化节期间，组织“我的奥运”动漫画原创周暨北京电影学院第七届动漫节系列活动，组织海淀区文学创作论坛，在海淀剧院举办“同一首歌·走进海淀”文艺演出，举办“真诚温暖人心·大爱感动天地”汶川抗震救灾大型纪实图片展览、韩国现代美术名家作品展暨汶川地震赈灾捐赠仪式。举办“京港心连心·患难见真情”大型振灾义演音乐会，中韩美术家们现场捐赠自己的书画作品，到场的观众为灾区人民捐款。文化节活动突破原有在一个时间段内集中举办的固有模式，将整个奥运期间的文化活动纳入到文化节之中。在近4个月的时间里，以迎奥运倒计时100天、50天为契机，先后开展“惠民电影周”、“五月的鲜花”、第四届北京国际体育电影周、社区、农村数字电影展映、非物质文化遗产展示展演、奥运文化广场活动等。

【行知希望学校销售非法出版物案】 7月30日，区文委执法人员会同海淀区西北旺派出所干警，对群众举报的海淀区唐家岭兔厂宿舍内的行知希望学校依法进行执法调查。在该学校发现一间库房存放大量中小学《新课堂同步训练》、《思想品德》等教材，经鉴定，确认其为非法出版物，执法人员立即依法对该教材发行销售单位进行取缔，没收非法出版物14940册，并由海淀区西北旺派出所将涉嫌存储销售盗版教科书的刘林友及该校负责人李明等4人带回。经审查，嫌疑人刘林友对存储并销售盗版教科书的违法事实供认不讳，被海淀分局刑事拘留。 （侯祯凤）

【国图新馆开馆】 9月9日，国家图书馆建馆99周年纪念日之际，国家图书馆二期暨国家数字图书馆正式开馆接待读者。二期新馆建筑面积80538平方米，设有读者座位2900个，日均接待读者能力约8000人次。国家数字图书馆的开通，将为全国乃至全球提供数字资源服务和多项电子服务。

【中关村图书大厦成立5周年】 11月6日，中关村图书大厦为庆祝开业5周年举行了以“携手春秋五载，共叙翰墨书香”为主题的出版社、作者、读者座谈会。北京中关村图书大厦开业5年来，营业额连续4年以平均每年递增60%的速度增长，每年接待中外读者近1000万人次，举办各类公益文化读书活动1500余场。 （田 颖）

【2008年海淀区境内文物保护单位】

全国重点文物保护单位

编号 名称	公布时间
1、颐和园	1961-3-4
2、圆明园	1988-1-13
3、觉生寺	1996-11-20
4、真觉寺	1961-3-4
5、景泰陵	2001-6-25
6、碧云寺	2001-6-25
7、清华大学早期建筑	2001-6-25
8、原燕京大学未名湖区	2001-6-25
9、十方普觉寺（卧佛寺）	2001-6-25
10、大慧寺	2001-6-25
11、元大都城墙遗址	2006-5-25
12、大觉寺	2006-5-25
13、静明园	2006-5-25
14、健锐营演武厅	2006-5-25
15、万寿寺	2006-5-25
16、辛亥滦州起义纪念塔	2006-5-25

北京市文物保护单位

编号 名称	公布时间
1、双清别墅	1979-8-21
2、静宜园	1984-5-24
3、慈寿寺塔	1957-10-28
4、摩诃庵	1995-10-20

5、“三·一八”烈士纪念碑 1984－5－24
6、黑龙潭及龙王庙 1984－5－24
7、李大钊烈士陵园 1984－5－24
8、旭华之阁及松堂 1984－5－24
9、钓鱼台养源斋 1984－5－24
10、乐家花园 1984－5－24
11、达园 1984－5－24
12、醇亲王墓 1984－5－24
13、孚郡王墓 1984－5－24
14、魏太和造像 1957－10－28
15、定慧寺 1990－2－23
16、广济桥 1984－5－24
17、梁启超墓园 2001－7－12
18、碧霞元君庙 2001－7－12
19、清河古城遗址 2001－7－12
20、上庄东岳庙 2003－12－15
21、孙岳墓 2003－12－15

区级文物保护单位

编号 名称	公布时间
1、西禅寺	2001－11－01
2、孙传芳墓	2001－11－01
3、齐白石墓	2001－11－01
4、怡贤亲王祠	2001－11－01
5、周云端塔	2001－11－01
6、贝家花园	2001－11－01
7、龙王圣母庙	2001－11－01
8、法华寺	2001－11－01
9、立马关帝庙	2001－11－01
10、紫竹院行宫	2001－11－01
11、妙云寺	2001－11－01
12、承泽园	1999－1－27
13、彩和坊24号四合院	1999－1－27
14、北坞金山寺及戏楼	1999－1－27
15、香山八旗高等小学	1999－1－27
16、广源闸及龙王庙	1999－1－27
17、马甸清真寺	1999－1－27
18、金仙庵	1999－1－27
19、鹫峰山庄遗址(含响塘庙、秀峰寺、地震台)	1999－1－27
20、升平署	1999－1－27
21、龙泉寺	1999－1－27
22、瑞云庵明照洞	1999－1－27
23、上方寺遗址	1999－1－27
24、香岩寺	1999－1－27
25、熊希龄陵园	1999－1－27
26、蓟门烟树	1981－2－13
27、普照寺	1981－2－13
28、高梁桥	1981－2－13
29、白塔庵塔	1981－2－13
30、清代碉楼	1981－2－13
31、恩佑寺	1981－2－13
32、恩慕寺	1981－2－13

(侯祯凤)

卫 生·红十字会工作

卫生工作

【综述】 海淀区卫生局是对本区卫生工作管宏观、定政策、做规划、抓监管的政府部门,下属4个事业单位:卫生监督所、疾病预防控制中心、社区卫生服务管理中心和新型农村合作医疗经办管理中心。其中社区卫生服务管理中心①和新型农村合作医疗经办管理中心②成立于2008年5月。

---

① 社区卫生服务管理中心的主要职责为:负责组织指导辖区内社区卫生服务机构开展社区卫生服务工作;研究拟定社区卫生服务工作质量标准和科学的考核评价体系,并对辖区内社区卫生服务机构运行状况、服务功能、服务质量和效果进行考核;负责组织辖区内社区卫生服务机构从业人员岗位培训工作;负责社区卫生服务机构收支两条线管理和政府购买社区卫生服务的具体管理工作;负责社区卫生服务机构常用药品和医用耗材零差率销售管理工作;负责建立社区卫生服务信息管理系统,汇总并进行统计分析。

② 新型农村合作医疗经办管理中心的主要职能:负责新型农村合作医疗住院统筹资金的日常管理;负责参保人员住院医疗费用和特殊病种门诊费用的审核、报销和拨付工作;负责新型农村合作医疗资金费用支出的统计工作;负责对乡镇经办人员的业务指导。

2008年,全区共有医疗卫生单位861个,包括社民办医疗机构(主办为个人、社会团体、企业)425家,其中营利性医疗机构382家,非营利性医疗机构479家。全区卫生技术人员总数19567人,其中执业医师7344人(其中西医6448人,中医896人),注册护士7445人,药剂人员1145人,检验技师825人。425家社民办医疗机构中,医院31家、门诊部119家、诊所208家。从业人员3909人,其中卫技人员2940人。其中有个体医疗机构(主办者为个人)304家,从业人员2623人,其中卫生技术人员1989人。平均每千人口卫技人员数(按常住人口计算)6.68人,执业医师2.51人,护理人员2.54人。全区实有床位9486张。每千人口平均拥有床位3.24张。.

本年全区出生15482人,出生率7.43‰;死亡8367人,死亡率4.01‰,自然增长率3.42‰。因病死亡8134人,占总死亡人数97.22%。死因顺序依次为:恶性肿瘤、心脏病、脑血管病、呼吸系病、损伤和中毒、内分泌营养代谢病、消化系病、神经系病、先天异常、传染病。本区人口期望寿命81.71岁,男性79.89岁,女性83.56岁。

全年区级医疗卫生经费上级拨款4.237亿元,支出3.88亿元;业务收入13.12亿元,支出15.25亿元。

年内区卫生局被评为首都志愿奥运好团队、北京奥运会、残运会先进集体、北京奥运会、残奥会环境工作先进集体、首都“迎奥运、讲文明、树新风”活动先进集体、2008年北京市卫生局奥运会、残奥会的医疗卫生系统“实现梦想、创造辉煌”、“健康奥运　健康北京－全民健康活动”优秀项目奖。卫生监督所学校卫生科获全国“巾帼文明岗”称号。

医疗卫生事业行政管理　覆盖城乡的新型社区卫生服务体系基本建立。成立海淀区社区卫生管理中心,加强对全区社区卫生服务工作的指导和管理。现有社区卫生服务中心49所,社区卫生服务站175所。政府与社会力量举办的社区卫生服务机构各分别占60%和40%。全面进行社区卫生服务机构标准化建设,完成率达到94.8%。全区标准化建设项目包括43所中心和178所站(含已建站和规划站),批准的总投资金额为36461万元,其中社区卫生服务中心总投资30263万元,社区卫生服务站总投资6198万元。按照市、区两级政府1:1资金配套原则,安排市政府固定资产投资16546万元(中心13576万元,站2970万元),区政府固定资产投资16715万元(中心13562万元,站3153万元),项目单位自筹3200万元(16所大学中心自筹3125万元,3所大学站自筹75万元)。区卫生局、区公共委作为责任主体按照分工具体落实建设任务。区政府列为政府折子工程和为民办实事项目,并与全民建立健康档案工作一起列为区政府督察项目。全区共规划设置社区卫生服务中心50所、社区卫生服务站178所,落实完成率分别达到98%和97.2%。

开展对口支援社区工作,建立社区卫生服务团队责任制管理模式。区社区卫生领导小组专门成立海淀区专家指导委员会,负责全区社区卫生工作的指导和培训。社区卫生服务工作领导小组成立4个由相关部门和社区卫生专家组成的直接考核组和1个由各街乡卫生总监牵头的间接考核组,对社区卫生服务机构进行绩效考核。共计出动85名专家和考核人员。制定《海淀区社区卫生工作考核管理办法(试行)》等配套文件。本区社区卫生绩效考核采用“三位一体”的方式运行。“三位一体”即,一是政府部门以主要监管指标为核心进行管理考核,卫生、财政、药监、公共委、劳社局等领导小组成员单位根据各自职能具体参与到考核指标体系的建立,并全程参与日常监管和绩效考核;二是法定业务指导和评价机构以主要业务指标为核心进行业务考核,区CDC、监督所、妇幼保健、精防、结防等机构的业务考核均统一在指标体系中,实现社区卫生与公共卫生工作的对接,促进社区卫生“六位一体”功能的完善;三是社会监督机构和居民以群众满意度为核心进行社会评价,由街道卫生总监具体组织,充分发挥社会监督机构和社区居民的社会监督作用。

成立海淀区新农合经办管理中心,初步建立全区统筹的新农合管理及运行体系,建立政府主导的农村居民基本医疗保障新制度,通过区统筹,实现农民基本医疗保障均等化。本年人均筹资标准和区财政补助标准均居全市首位,残疾、低保个人出资部分全部由政府报销。建立海淀区乡村医生养老保险制度和基本待遇制度,为389名乡村医生建立乡村医生养老保险,为82名乡村医生建立基本待遇制度。

开展医疗卫生专项检查。出动监督人员1080余人次,共检查2679个单位,发现违法行为310个单位,均予以责令改正,对128家进行处罚。取缔非法行医点70个,罚款204200元,没收违法所得6929元。加强对医疗废弃物处置的监管。对驻区、区属、大学的1044家医疗机构监督检查2679户次,监督覆盖率为93.49%。其中检查三级医院8家40户次,二级医院12家51户次,一级医院72家309户次,无级别医疗机构276家892户次。对128家违反《医疗废物管理条例》的医疗机构单位进行处罚,共罚款204200元。

全年共承担17项常规大型活动保障任务,其中驻会保障8次,由北京市卫生监督所下发的16项,海淀区政府下发的有1项,受到表彰17次。共保障人数8730人次。出动监督员1162人次,监督1487户次,培训从业人员1650人,责令改正64户次,处罚50户次,其中警告10户次,罚款37700元,取缔10户次;监测采样680件,合格672件,合格率98.82%,快速检测6970件,合格6930件,合格率99.40%。

年内,接到卫生投诉举报3141起,受理3038起,结案率100%。其中简易程序罚款141000元,一般程序罚款310362元,合计451362元。本年度共执行结案卫生行政处罚1814户次,其中警告660起,收违法所得2起,累计金额545.8元,罚款1133起,累计金额1292105.8元。

以量化分级管理为手段,加大市场监督管理力度。打造20条“餐饮消费卫生安全街”,全区食品卫生量化分级B级以上单位占总数的48.22%,消灭量化分级D级单位。发挥街乡属地管理作用和社区管理职能,开展重大、突发传染病的防控。

为备战奥运,成立了“海淀区奥运药械保障工作督导组”,先后4次召开辖区内各级各类医疗机构相关负责人会议,针对麻醉药品、精神药品、放射性药品,以及含兴奋剂药品、医疗用毒性药品(包含肉毒毒素)的管理,及对医疗机构的医用氧舱、含源性设备安全管理,组织对相关文件的学习和业务培训,就建立药品、医疗器械应急机制和突发事件时药品、医疗器械的使用等,对各医疗单位提出了明确要求。对持有《麻醉药品和一类精神药品购用印鉴卡》的51家医疗机构和奥运场馆周边58家医院、门诊部、民营医疗机构、医疗美容诊所等的含兴奋剂药品、特殊药品、医疗毒性药品(包含肉毒毒素)的管理情况和封存、使用数量等进行重点检查和督导。在奥运期间对14家医疗机构的医疗毒性药品(包含肉毒毒素)就地封存,医疗机构在医疗诊治中必须使用的医疗毒性原料药品均做到及时上报及备案。对检查中问题较多较严重的医疗机构,要求限期整改。并与其法人签订安全隐患责任书,落实问责制度和责任追究。

全年对全区近1千家医疗机构进行校验,暂缓校验180余家。受理医疗机构的各种行政许可申请1300余件,批准医疗机构设置49家,执业登记55家,受理医疗机构的变更申请300件,注销27家,对近200家新设置及变更执业地址的医疗机构进行现场勘验。

完成2008年度医师首次注册1288人次,护士首次注册2058人,办理护士变更1421人次,组织完成护士资格考试报名、考务工作3230人次,医师考试950人次。完成“护士换证”约6000余人次,护士再注册970人次,医师变更1011人次。加强医疗机构档案管理,整理医疗机构设置、登记、变更、校验、停业、注销等归档材料800份。

举办护士执业证书换发和《护士执业注册联网管理信息系统》软件培训。在市总工会、市卫生局组织的“双千日”系列活动中,海淀医院被评为优秀组织单位,海淀医院急诊科、海淀妇幼保健院计划生育指导中心,被评为先进集体(科室、班组),中关村医院李莉等7名护士被评为奥运护理之星。开展了庆祝“5·12”国际护士节护理技术操作比赛,促进了全区护理技术练兵的开展,提升护理工作水平。

社区卫生 “六位一体”的社区卫生服务功能进一步加强,通过免费为全体居民建立健康档案、为60岁以上老年人、儿童免费/半价注射流感疫苗,对慢性病患者实施综合管理、培养慢性病家庭保健员等形式对居民实施健康指导和管理;开展手足口病疾病防控防治监测、服用三聚氰胺问题奶粉患儿初筛工作。发挥中医药简便验廉的优势,全区所有社区卫生服务机构均能提供中医药服务。2008年本区荣获“全国中医药特色社区卫生服务示范区”称号。

年内,区财政投入达到1.27亿元,安排政府购买公共卫生服务经费2300万元,达到每人25元的标准。全区91%的社区卫生服务机构已纳入保险定点。规划中的65个空白点均得以落实,除小区配套、社会资源转建外,政府投入房屋租金708.37万元实行政府租赁。

制定《海淀区社区卫生药品零差率补助办法(试行)》等配套文件,在全市范围内率先建立社区药品零差率销售补助的长效机制。社区卫生机构日均门(急)诊人次平均上升30%,次均门急诊费用下降20%左右;次均门(急)诊药品费用下降29.9%,零差率药品收入占药品总收入的72.0%,2所惠民医院同时实施药品零差率销售。联合财政、药监和审计对药品零差率销售工作进行专项检查。全年共计采购零差率药品2.67亿元。区财政补助全额为6730万元,采购和财政补贴金额均高居全市第一位。

制定《海淀区社区卫生服务中心(站)收支两条线管理试行办法》。年内,社区卫生收支两条线管理经费4602.23万元,收支两条线年底绩效考核经费748.8万元。

完成居民健康档案建立工作。建立居民健康档案是市政府折子项目,海淀区建档难度大,协调任务重。截至年底,全区已全部完成建档任务。

年内对社区卫生服务13个岗位,共计147名全科医生、159名社区护士、28名防保人员、27名药剂人员、26名放射人员、23名心电图、15名超声、26名口腔和25名检验人员进行了岗位培训,并派出215名医护人员参加北京市4种慢病综合防治培训。31人参加海淀区社区康复培训班,102人参加全科医生技能培训班。334名乡村医生进行了理论和技能操作培训。接收应届毕业生100名到区属社区卫生中心工作,其中硕士15人、本科52人、大专25人、中专8人(均由乡镇卫生院接收),外地生源63名。组织实施二、三级医院支援社区卫生服务工作。参加对口支援工作的二、三级医院医生共计868人,专家门诊10699人次,会诊合计537人次、双向转诊1739人次,带教培训253人次,返聘106名退休专家到社区卫生服务中心及社区卫生服务站工作。

组建家庭医生服务团队263个,实施四种慢性病规范化管理,慢病管理总计40219人次,其中高血压、糖尿病、脑卒中和冠心病管理分别为17786、8857、4145和6293人次;共配发"知己"能量监测仪2270台,72所机构开展了工作,共管理慢病患者924人;培训家庭保健员2500名;举办健康教育讲座、健康促进活动和健康咨询共计3951次,参加人次数为243902人次,宣传栏15097期,发放宣传材料95.8万份,发放健康教育处方125.6万份。

年内,社区卫生门急诊量为5099762人次,其中急诊171476人次,中医门诊396904人次,出诊46839人次;新建家庭病床193张;双向转诊100633人次,其中转出69425人次,转回31208人次;期内健康体检282030人次;三聚氰胺问题奶粉患儿入户访视3.6万人次,筛查6266人次。

全区共有村级医疗机构82家,覆盖率100%。乡村医生427人。2008年,共有88004人参加新型农村合作医疗,参合率93.72%,同比增加3个百分点。参合农民年人均筹资和报销封顶线分别为460元和6万,参合率达到93.72%。全年住院资金筹集3608.17万元,补偿6140人次,支出2910.65万元,报付率达到45%;门诊资金筹集2147.2122万元,补偿5271人次,支出503.2377万元,报付率达到49%。

2008年开展新农合报销审核和医保政策的业务培训培训8次,累计培训50余学时240余人次。

疾病防控 全区有地段预防保健科28个,防保人员327人(含防病、妇幼、精神卫生保健人员)。

(一)计划免疫 2008年,全区有0-6岁户籍儿童92440人,流动儿童34771人。计划免疫调查建卡率100%,五苗(百白破混合制剂、麻疹疫苗、脊髓灰质炎疫苗、卡介苗、乙肝疫苗)接种率100%。流脑多糖菌苗接种率99.29%,乙脑疫苗接种率100%。户籍8月龄—15岁麻疹发病16例,发病率8.80/10万。流脑发病5例,乙脑发病0例,脊髓灰质炎发病0例,百日咳发病0例,新生儿破伤风发病0例,白喉发病0例。儿童预防接种强化免疫建卡率和漏种率分别达到北京市要求的95%以上和小于3%的指标。

为60岁以上老人免费接种流感疫苗和对在校中小学生减免20元接种流感疫苗。共有123039名60岁以上老人和122840名在校中小学生免费接种流感疫苗。接种率分别为38.94%、64.65%。

处理计免相关疫情3624起,同比增加11.20%。其中突发事件2起,爆发疫情17起,接报AFP[①]病例29例。

(二)传染病防治 全年法定报告甲乙类传染病7538例,发病率为295.81/10万。其中病毒性肝炎发病1327例,占法定甲乙类传染病17.60%;发病率52.08/10万,访视率100%,病死人数14人,病死率1.06%;细菌性痢疾发病3492例,发病率137.04/10万,占法定甲乙类传染病的46.33%,其中学生、托幼儿童、餐饮服务员等重点人群942人,访视率100%。肠道门诊初急诊13866人次。

全年共实施传染病各项监督检查1688户次,合格1657户次,合格率98.16%。其中实施传染病消毒与医疗废物监督780户次;实施预防接种管理监督122户次;实施实验室生物安全监督65户次;实施托幼及学校卫生防病监督228户次;实施消毒产品生产及经营单位监督148户次;实施建筑工地防病监督173户次;对CDC监督3户次,对奥运场馆的传染病防控监督169户次。全年行政处罚30户次,行政罚款22000元。

(三)禽流感防治 每日对全区28家地段医院管辖范围内的重点单位中的9类人群

---

① 指急性弛缓性麻痹。

(包括候鸟监测人员、动植物保护人员、公园禽鸟类养殖人员、禽类的经营人员、交易人员、运输人员、储藏人员、屠宰人员、饲养人员)共613人进行禽流感疫情的实时监测工作,执行日报告制度,无疫情发生。

(四)结核病防治 医疗机构网报居住海淀区的可疑结核病例2556例,老年医院结核门诊确诊肺结核病例485例,其中外地242例。追踪核实确诊的肺结核病例1252例、疑似352例,删除重卡880例。海淀区常住人口肺结核发病率为56.55/10万。

本区户籍人口菌阳90例,监化90例,监化率100%。流动人口菌阳93例,监化86例,监化率92.5%。新生儿卡介苗接种26396例,接种率96.45%。

(五)性病防治 2008年共报告艾滋病、梅毒、淋病、尖锐湿疣等8种性病1407例,总发病率为55.21/10万。全年发生淋病219例、梅毒510例、艾滋病8例、HIV(+)149例。

26家医疗机构开展初筛732685份血液标本,检测出HIV/AIDS 102例(HIV感染者83例,AIDS 19例),阳性率0.014%。性病门诊就诊者哨点监测678人,其中HIV抗体阳性4人,阳性率0.58%,梅毒ELISA抗体阳性20人,阳性率2.94%。结核门诊就诊者哨点监测497人,其中HIV抗体阳性2人,阳性率0.40%,梅毒ELISA抗体阳性3人,阳性率0.60%。自愿咨询检测708人,其中652人进行了抗体检测,8人HIV抗体阳性,阳性率1.23%。干预男男性接触者2412人,共检测1451人,HIV抗体阳性66人,阳性率4.54%;梅毒ELISA抗体阳性437人,阳性率30.11%。

全区805台自动售套机,发售安全套10万个。药物维持治疗门诊共收治155人,在治人数81人,维持率52.3%。检测无HIV抗体阳性者。清洁针具交换发放针具20100支,回收针具19510支,回收率97.06%,覆盖吸毒者83人。

(六)牙防工作 共有7460名适龄儿童接受了免费口腔检查,免费封闭12873颗六龄齿。

(七)地方病防治 在9个街道中开展碘盐检测,采样288件,合格碘盐使用率为98.61%。对20—40岁的育龄妇女、孕产妇进行尿碘监测600人,均达标。

(八)慢性病防治 进行慢病防治业务指导220次、442人次。比上年(213个次,430人次)分别增加3%、2.8%。

共有健康档案515259份,比2007年(140712份)增加2.66倍、比2006年(123339份)增加3.17倍。新建立健康档案367282份,比2007年的24063份增加14.26倍、比2006年的6735份增加53.53倍。

对海淀区成人慢病及危险因素进行监测,抽取本区的8个街道24个居委会,共调查了2906人。

制作宣传品如药膳食疗手册、高血压及糖尿病等8种慢性病的防治知识、常见传染病防治、烟草危害知识、流感疫苗接种工作宣传等32类,121种,1200000份。

(九)精神卫生 全区精神卫生管理覆盖人口约225万,重性精神病人数由2007年底的4334人增加到4852人,患病率为2.02‰。其中处于疾病期的515人,波动期的77人,缓解期的1509人,慢性期的2751人。目前接受治疗的4025人,2009年新发现病人428人,新发病51人,迁入本区病人159人,迁出77人,死亡64人。另外,全区精神发育迟滞人数由2052人增加到2194人。开展重点精神病人风险评估,共评估985人,确定其中必须住院的103人,建议住院的186人,在家监护的290人,一般关注的406人。

公共卫生管理

(一)公共场所卫生 有各类公共场所5084个,其中2008年新审批开业2563户。

经常性监督检查7951户次，监督覆盖率92.31%。共有宾馆饭店1170户，经常性监督覆盖率为95.56%。

(二)饮用水卫生 全区有自备井206户，全部安装井房及消毒设备，消毒器使用率100%。2008年对生活饮用水新办证监测55户，监测件数55件，合格件数55件，合格率100%。复验办证监测64户，监测件数64件，合格件数64件，合格率100%。经常性监测685户次，监测件数685件，合格件数684件，合格率99.85%。高层建筑生活饮用水新办证监测253户，监测件数253件，合格件数253件，合格率100%。复验办证监测371户，监测件数371件，合格件数371件，合格率100%。经常性监测2002户次，监测件数2002件，合格件数1997件，合格率99.75%。全年发生生活饮用水污染事故6起。

(三)食品卫生 全区共有食品生产经营单位33244户，其中集体食堂1544户、生产加工业172户、批发零售业16639户、饮食服务业5823户、食品摊贩8982户、集体用餐配送单位32户、临时许可2户、其他50户。实行经常性卫生监督检查41870户次，合格37457户次，监督累计覆盖率47.48%。全年审批《卫生许可证》8168个。食物中毒发生4起，中毒人数57人。食物中毒发病率1.9人/10万。

全区范围餐饮单位量化分级管理达标，其中A级单位388个、B级单位2537个、C级单位2792个。其中A、B级总数达到了市政府要求的占餐饮单位总数40%以上的标准。

(四)职业卫生 全区接触毒害作业工厂270个，接触有毒有害职工5163人；各种职业毒害监测点303个，合格167个，合格率55.1%；监测采样2344件，合格率91.7%。全区应检接触有毒有害作业人员5163人，实体检1751人，体检率33.9%，职业病发病40例。

全区共有射线装置418台，监测406台，监测率97%，合格率98%。从业人员卫生知识培训4次646人。

对生产加工业、销售服务业、饮食服务业、宾馆饭店等6个行业监测食品16495件，合格15671件，合格率95.00%，

(五)学校卫生 对全区8所监测点校的中、小学生进行了预防保健体检，应检人数6900人，体质评价实检人数6105人，营养不良1012人，占16.6%，肥胖1314人，占21.5%；视力不良受检人数6130人，阳性4164人，占67.9%；龋齿受检5557人，阳性1932人，占34.8%；沙眼受检6900人，阳性29人，占0.4%；贫血实查人数5347人，阳性人数59人占1.1%；蛔虫实查人数0人，阳性人数0人。

妇幼保健 本年，制定《海淀区加强奥运期间母婴安全保障工作的意见》，召开17家助产机构医务处及产科主任“母婴安全工作会”。

区属6家助产机构承担海淀区户籍孕产妇及海淀区婚嫁媳妇进行免费艾滋病抗体筛查工作；海淀区妇幼保健院承担婚前保健人群艾滋病病毒抗体免费监测工作。2008年本区享受免费艾滋病抗体筛查人数为6689人，区财政免费艾滋病检测经费近35万元。

全区17家接产医院全面开展出生缺陷监测和减少出生缺陷发生的综合干预工作。区卫生局对全区17家出生缺陷监测机构进行质控。提高筛查人员的技术水平，促进助产机构依法进行产前筛查服务。组织辖区16家助产技术服务机构的50名产科和B超医生参加北京市的超声操作和异常超声图片识别的考核，48人合格。

孕产妇保健系统管理率95.39%，共抢救危重孕产妇230例，抢救成功率97.39%。孕产妇死亡率15.29/10万。开展“世界母乳喂养周”活动，辖区15所爱婴医院按照《爱

婴医院管理监督指南》进行自查，对北医三院、309医院、海淀医院、中西医结合医院、武警总医院等5所爱婴医院进行了抽查。海淀区妇幼保健院代表海淀区接受市卫生局的爱婴医院检查。

全区有计生许可证单位84个，药物流产单位30个，合格手术室84个，上岗496人。计划生育手术人数55779人，无手术并发症。全区婚检单位1所，婚检6069例，婚检率为10.79%，较2007年提高六个百分点。区财政免费婚检经费近70万元。加大免费婚前保健的宣传力度，印制宣传册4万份。

妇女病普查率81.84%，妇女病检出率49.26%。为花园路、紫竹院街道、苏家坨镇10079名35－69岁育龄妇女进行乳腺癌免费筛查，共发现良性肿瘤53例、可疑恶性肿瘤10例、确诊腺癌15例、其他病变2例。

向辖区幼儿园发放"致家长的一封信"和"奶粉事件"相关资料。组织托幼园所进行家长讲座，制作宣传板报等健康教育工作，并20余所幼儿园进行了督查。共发放"致家长的一封信"41677份，累计发放园所230所，累计2043名家长参加讲座，累计板报249份。

2008年，新生儿死亡率2.22‰，婴儿死亡率3.21‰，5岁以下儿童死亡率3.36‰。0~6岁儿童保健系统管理率90.76%，儿童保健覆盖率97.57%。新生儿疾病筛查开展率100%，筛查率98.79%，新生儿访视率88.57%。0~2岁佝偻病患病率0.14%，0~6岁儿童贫血患病率2.45%。0－6个月内母乳喂养率87.43%。

医疗工作　全年门诊15225453人次。急诊1030814人次。观察室留观466448人次。急诊抢救总计10605人次。住院危重症抢救4565人次。入院190913人次。出院190714人次，治愈率63.94%。好转率32.13%。病死率1.56%。入出院诊断符合率99.76%，全年住院手术79144例。住院危重病人抢救4565人次。病床使用率79.92%。本年全区万元以上设备台数19848台，总价值258203万元。个体医疗机构全年门诊1089558人次，住院4967人次。社民办医疗机构全年门诊1925511次，住院6266人次。

共接待处理医疗纠纷投诉360余起，受理医疗事故鉴定4起；完成高招体检工作16000人次，征兵体检1800余人次；办理抗日战争时期参加革命的离休干部的优诊医疗70人次；做好非因公非典后遗症确诊患者的医疗工作，组织参加北京市统一的体检。

与对口支援单位—密云县卫生局共同制定对口支援方案。组织双方的医疗机构领导签定支援协议，并联合对对口支援工作进行督导检查。辖区二、三级医院除提供技术支援外，还向受援单位捐款、捐药、捐设备总价值折合人民币52万余元。接受对口支援医院进修医务人员43名，选派600余名专家到对口支援医院进行义诊活动，接待义诊患者15000余名；发放各种材料1000余份。

血液管理　共组建1459支30603名献血志愿者参加的奥运应急献血队伍，超额69%完成任务，占全市报名总任务的1/5；组建由962名献血志愿者参加的194支快速反应小分队，超额78%完成任务。组建由14名有采血资质人员组成的采血后备队伍，能在第一时间充实到采血第一线。为5·12四川汶川特大地震献血7310单位，居全市第一。

全年无偿献血总数为58258单位，其中街头无偿献血50835单位，团体无偿献血7423单位；全年团体捐献成份血4164单位，占全市总量的71%。全年全区医疗机构用血121639单位，成分输血率达到99.9%以上。

组织专家对医疗用血机构进行3次全面的血液安全专项监督检查，确保医疗临床用血合理安全。

设立3个街头采血点:新开设城乡贸易中心、海龙大厦、翠微大厦。

健康教育、医学教育及科研　海淀区现有继续医学教育基地16个,继续护理学教育基地11个。全年全区开展区级继续教育学分认可项目403项;开展其他类型继续教育培训40次;培训总人次0.7万余人次;对全区8032名卫生技术人员进行了学分审核,达标率为98%。举办了全科医生、全科护士培训班,培训305人次。开展了市级继续教育项目50讲,近4500名卫生技术人员参加了听课。共组织基层妇幼保健人员参加市、区级培训43项培训,内容涉及到所有专业,共有4531人次收益。全年,海淀区卫生监督人员接受内部培训28次,参加人员3780人次,内容涉及突发公共卫生应急、综合卫生监督执法等方面。41人分22批参加各相关专业的部级、市级领导组织的专业培训和交流会。海淀卫校招生中专生340人,电教大专103人,毕业117人。全年全区参与各类全科知识和继续教育活动达57000人次。组织社区卫生服务机构开展了"三基三严"岗位练兵和岗位练兵大比武活动。

新创建健康促进学校40所、医院6家、行业单位1家、健康促进村6个。共有健康教育网络成员单位167家,其中医院社区卫生服务中心43家,健康促进学校82所,行业单位13家,29个街道、乡镇。健康教育科普讲师团50人。对125家健康促进单位进行工作督导572人次。

开展"共建文明京郊行,城乡携手迎奥运"的宣传活动,为村民讲解各类健康宣教知识,免费为村民测量血压,发放宣教材料上千份;开展"践行科学发展观,牵手农村走进农村主题教育"活动,为台头村建立海淀卫生局"图书角";在7个乡镇安排28场健康知识讲座,继续开展创建健康促进示范村活动。

全系统2008年组织申报科研项目36项,在国际、国家级学术会议、刊物上发表论文196篇,在省市级刊物上发表论文75篇。今年引进硕士生36名,博士生16名,使重点学科有以博士为主的优秀骨干,重点科室形成研究生群。

精神文明建设　为灾区捐款近10余万元,并捐赠大量的消杀药品。提前启用奥运应急无偿献血队伍,仅5月12日至5月31日18天就为灾区人民筹集新鲜血液7000单位;在辖区医疗机构中开展各项技能培训、模拟考核等岗位练兵活动以及政风行风建设自查互查和满意度调查等工作。

组织直属机构和辖区一、二级医疗机构开展首都公共卫生文明单位创建活动。一改以往创建模式,在实地检查、患者满意度调查以及各职能部门意见征求的基础上,组织各申报单位集体汇报并相互参与评议,创建工作做到了综合汇报与具体考核相结合、实地检查与社会调查相结合、民主参评与集中商议相结合的工作模式。

奥运卫生保障　成立海淀区奥运卫生保障工作领导小组;制定和完善《海淀区奥运公共卫生保障工作方案》和《海淀区卫生局奥运外围医疗保障方案》,建立集卫生监督、疾病控制、医疗救治为一体的全面保障机制。

3月24日,卫生局召开"海淀区卫生局奥运卫生保障团队工作启动暨培训大会"。抽调76名业务骨干组建18支场馆公共卫生保障团队,建立监督监测一体化的团队工作模式。借调107名卫生监督员及166名医护人员参加本区城市运行卫生保障工作,共组建28个外围卫生保障团队和17个医疗救治站点。7月20日,本区召开奥运城市运行公共卫生保障誓师大会。支援本区奥运城市运行公共卫生的101位奥运城市运行公共卫生保障人员全部到位,并与保障团队领导现场签署责任书。奥运会期间,本区卫生保障人员分成奥运场馆内公共卫生保障和城市运行公共卫生保障2大组,包括竞赛场馆公共卫生保障团队、非竞赛场馆公共卫生保障团队、训练场馆公共卫生保障团队、属地保障团队等共11类保障团队(组),共同承担奥运公共卫生安全保障任务。

保障团队对奥运场馆共巡查6742户次,监督检查送餐盒饭共计404655份,定型包装食品136706份,茶点87331份;保障奥运场馆内工作人员、志愿者等就餐人员共计447469人次;对奥运场馆内工作人员、志愿者开展健康主动监测225980人次;开展食品、生活饮用水、公共场所现场快速检测16672件,总合格率为99.7%。

对签约酒店进行现场快速检测8243件;监督检查属地餐饮服务商11532户次数,快速检测7495件;监督食品原料供货企业260户次,食品快速检测425件。

城市外围卫生监督检查共出动5391人次,监督15418户次;监督检查二次供水设施201户次、自备水源274户次、游泳场馆136户次;处理公共卫生举报投诉586件。

7月20日至9月17日,本区乙类传染病报告1657例,同比下降42.06%;丙类传染病报告2028例,同比下降34.24%。肠道传染病也有大幅下降,其中菌痢报告950例,同比下降56.26%;其他感染性腹泻报告1600例,同比下降46.33%。

奥运期间,17个120急救站点累计出车3428次,接诊病人2878人,行驶63222.45公里,及时救治转运包括奥运会德国田径裁判Dzgel、日本马拉松运动员土佐礼子等多名外籍人士在内的危重病人。

奥运期间,共网报涉奥人员传染病33例,其中本区场馆报告10例,外区场馆报告23例。场馆及二级以上医院共报告5种症状的涉奥人员343人,本区场馆报告145人,外区场馆报告198人;共监测到外籍非涉奥人员23人,均排除传染病疫情。接报聚集性关联病例27起139人,经排查3人被诊断为传染病。及时处理疑似食物中毒投诉2起。

【爱国卫生运动】 制定《海淀区奥运会期间病媒生物防控工作安排》、《海淀区2008年奥运会及残奥会病媒生物应急防制预案》及《海淀区关于进一步开展奥运病媒生物控制工作的实施方案》等文件。与22个街道、7个乡(镇)、10个相关委办局的主管领导以及33个涉澳场馆、23个签约饭店、5个定点医院的负责人签订病媒生物防控责任书。

建立区、街(乡)、社区三级病媒生物控制工作组织网络,组建17支共有131人的奥运保障消杀队伍。对全区爱卫干部、涉奥单位负责人的业务培训,安排有关病媒生物防控知识讲课8次,地区爱卫会共组织培训会37次。下发《奥运病媒生物防控指南》2000余册。

开展"爱国卫生月"活动共发动志愿者4万余人,累计清理卫生死角和蚊蝇孳生地175处,清除垃圾渣土70余吨,清除河渠水面污物及排污沟淤泥40余吨。清除小广告600余条,更换清洗广告牌匾3000余块,清洗健身器材150余处,清除痰迹600余处,清理绿地面积150万平米,树挂50余处,清理居民小区600余个,整顿门前三包8000余个。举办"美化环境、创清洁家园"活动共6次,组织宣传活动39次,发放各种宣传材料13.5万余份。

成立"海淀区禁止吸烟监督管理办公室",制定《海淀区爱国卫生运动委员会贯彻落实,〈北京市公共场所禁止吸烟范围若干规定〉的工作方案》。建立由84人组成的监督员队伍和9400人的检查员队伍;聘请各界代表为海淀区公共场所禁止吸烟社会监督员。发放禁烟宣传画4.6万张、光盘1200张、吸烟危害健康的各种资料8万余张。在"五一"、"世界无烟日"集中组织大型宣传活动4场,发放宣传资料3万余份组织街头宣传46次,制作展板468块,在公共场所、社区、单位共悬挂禁烟标语口号6400余条(块);在中小学开展"拒吸第一支烟,做不吸烟的新一代”签名活动;向全区下发张贴各种禁止吸烟标志、标牌6.8万余个,禁烟桌牌5.4万个;同时,发动各单位制作符合规定的禁止吸烟标牌计6.6万个。在禁烟场所设立室外吸烟区480余处。对重点单位进行执法检查和督导,共进行控烟检查436次,检查单位6756个(次)。奥运会期间,所有涉奥单位全面禁烟,100%达标。在开展的创建“北京市无烟餐饮单位”活动中,已有15个单位获得“北京市无烟餐饮单位”,还有43个单位通过市爱卫会的验收。

3月底,海淀区召开2007年建设北京市健康促进示范村工作总结表彰会暨创建2008年北京市健康促进示范村工作启动会。继2007年海淀区完成屯佃村、七王坟村、高里掌村3个健康促进示范村的创建工作后,本年在6个行政村开展健康促进示范村创建工作并通过验收。,对1000座户厕进行改造。到12月底完成全部户厕改厕工程,并通过市级组织的验收。

下属事业单位:

海淀区疾病预防和控制中心
地　址:海淀区甘家口小区12号
邮　编:100037
电　话:88364411

海淀区卫生监督所
地　址:海淀区甘家口小区12号
邮　编:100037
电　话:88364644

社区卫生服务管理中心
地　址:海淀区甘家口小区12号
邮　编:100037
电　话:88364234

新型农村合作医疗经办管理中心
地　址:海淀区甘家口小区12号
邮　编:100037
电　话:88364394

北京市海淀区卫生局
地　址:海淀区甘家口小区12号
邮　编:100037
电　话:88364126　(王　薇)

【海淀开办第三家惠民医院】 1月,继上地医院和羊坊店医院之后,上庄卫生院正式转型为海淀区第三家惠民医院,成为北部农村地区惟一可以接待内科住院患者的乡卫生院。上庄镇地处海淀区最北端,上庄医院已具备接诊内科急重症患者,接收内科常见病、多发病患者住院治疗的能力,主要面向北部地区10余万参加“新农合”的农民、以农民工为代表的流动人口及低收入和无收入等居民。

【中关村医院创海淀区首家“全国无烟医院”】 3月,中关村医院率先在海淀区创建“全国无烟医院”。该项目是由中国控制吸烟协会提供具体的项目实施方案和详细的经费预算,辉瑞基金提供资金支持,北京和上海两地共有20家医院参加。医院组织完成全员戒烟培训总计7次1333人;对院内吸烟的14名医务人员进行重点干预和管理;在社区卫生服务中,中关村医院在为居民建立“个人健康档案”中涉及吸烟史询问,门诊医护提供简要的机会干预,劝阻吸烟者进行戒烟,同时根据吸烟依赖性评分,对需要推荐到戒烟门诊的患者,工作人员会定期随访。

(田　颖)

【羊坊店医院挂牌北京四川新型农村合作医疗定点机构】 3月27日,在羊坊店医院举行北京四川新型农村合作医疗定点机构的授牌仪式。海淀区羊坊店医院和朝阳区第二人民医院成为在京川籍农民工的新型农村合作医疗定点医院,至此200万川籍农民工在北京享受上了医疗保障。　(王　薇)

【区妇幼保健院成立护士礼仪培训基地】 5月12日,海淀区妇幼保健院举行海淀全区首家护士礼仪培训基地的挂牌仪式。护士礼仪培训基地的教学内容包括:护士礼仪基础知识、护士的仪态、服饰、语言规范等。

【海淀育龄妇女可免费领叶酸】 12月26

日,海淀区启动以预防出生缺陷为主要目的的春晓工程。海淀区育龄妇女可在区内五所人口学校接受系统预防出生缺陷课程教育,并免费领取叶酸。5 所人口学校分别设在海淀区计生委、羊坊店社区卫生服务中心、温泉、曙光和中关村地区。即日起,市民可凭辖区内颁发的《生育服务证》免费领取一份叶酸。这 5 所学校也将在近期面向育龄群众开设出生缺陷课程。 (田 颖)

【海淀区区属医院】(30 个)

北京市海淀医院
地 址:海淀区中关村大街 29 号
电 话:62583004

北京市中关村医院
地 址:海淀区中关村南路 12 号
电 话:62554166

北京市中西医结合医院
地 址:海淀区永定路东街 3 号
电 话:68212076

海淀区妇幼保健院
地 址:海淀区海淀南路 33 号
电 话:82871456

北京市羊坊店医院
地 址:海淀区羊坊店双贝子坟路 1 号
电 话:51820198

北京市上地医院
地 址:海淀区农大南路树村西街甲 6 号
电 话:62973150 转 6677

海淀区双榆树社区卫生服务中心(海淀区中医院)
地 址:海淀区双榆树西里
电 话:62564032

海淀区甘家口社区卫生服务中心(甘家口医院)
地 址:海淀区增光路甲 57 号
电 话:68315627

海淀区北下关社区卫生服务中心(北下关医院)
地 址:海淀区交大东路 3 号
电 话:62223158

海淀区北太平庄社区卫生服务中心(北太平庄医院)
地 址:海淀区文慧园 6 号楼
电 话:62269365

海淀区清河社区卫生服务中心(清河医院)
地 址:海淀区安宁东路 19 号
电 话:62926072

海淀区精神卫生防治院
地 址:海淀区苏家坨镇西小营村路东
电 话:62409220

海淀区青龙桥社区卫生服务中心(新加入)
地 址:海淀区青龙桥筹胡同甲 14 号北
电 话:62881708

海淀区蓟门里社区卫生服务中心(蓟门里医院)
地 址:海淀区蓟门里小区内
电 话:62025876

海淀区万寿路社区卫生服务中心(万寿路医院)
地 址:海淀区翠微中里 13 号
电 话:68254956

海淀区北蜂窝社区卫生服务中心(北蜂窝医院)
地 址:海淀区北蜂窝路中段西侧
电 话:63969928

海淀区八里庄社区卫生服务中心(八里庄医院)
地 址:海淀区八里庄 22 号
电 话:88423486

北京市海淀区西三旗社区卫生服务中心(新加入)
地 址:海淀区宝盛里 32 号楼
电 话:暂无

北京市海淀区花园路社区卫生服务中心(新加入)
地 址:海淀区月季园小区 30 号楼
电 话:62389445

四季青医院

地　址:海淀区远大路 32 号
电　话:88439019
玉渊潭医院
地　址:海淀区阜成路 85 号
电　话:88118986
东升乡卫生院
地　址:海淀区西三旗花园三里 76 号
电　话:62956106
海淀乡卫生院
地　址:海淀区西苑操场 108 号
电　话:62878894
东北旺乡中心卫生院
地　址:海淀区西北旺镇西北旺路 19 号
电　话:62984596
温泉中心卫生院
地　址:海淀区温泉镇黑龙潭
电　话:62484627
永丰乡卫生院
地　址:海淀区西北旺镇六里屯村北
电　话:62473440
北安河乡卫生院
地　址:海淀区北安河路 8 号
电　话:62408512
聂各庄乡卫生院
地　址:海淀区聂各庄路 26 号
电　话:62459610
上庄乡卫生院
地　址:海淀区上庄乡上庄村北
电　话:62473176
苏家坨中心卫生院
地　址:海淀区苏家坨镇西小营村路东
电　话:62454631　　(彭　婷)

【辖区内部属、部队、市属医院(三级)】(17 家)

北京大学第三医院
地　址:海淀区花园北路 49 号
电　话:82266699
北京世纪坛医院(又名北京大学第九临床医学院,原北京铁路总医院)
地　址:海淀区羊坊店铁医路 10 号
电　话:63925588
北京大学口腔医学院
地　址:海淀区中关村南大街 22 号
电　话:62160700
北京大学第六医院
地　址:海淀区花园北路 51 号
电　话:82801984
中国中医科学院西苑医院
地　址:海淀区西苑操场 1 号
电　话:62875599
北京肿瘤医院
地　址:海淀区阜成路 52 号(定慧寺)
电　话:88121122
北京老年医院(原北京胸科医院)
地　址:海淀区温泉村 118 号
电　话:62456644
中国航天工业总公司中心医院(721 医院)
地　址:海淀区玉泉路 15 号
电　话:59971199
中国人民解放军总医院(中国人民解放军军医进修学院)(原解放军 301 医院)
地　址:海淀区复兴路 28 号
电　话:66887329
解放军总医院第一附属医院(原解放军 304 医院)
地　址:海淀区西八里庄
电　话:66848454
解放军总医院第二附属医院(原解放军 309 医院)
地　址:海淀区黑山扈路甲 17 号
电　话:62826121
中国人民解放军空军航空医学研究所附属医院(原解放军 466 医院)
地　址:海淀区北洼路北口
电　话:68412225
中国人民解放军海军总医院
地　址:海淀区阜成路 6 号
电　话:66958114

中国人民解放军空军总医院
地　址:海淀区阜成路30号
电　话:66928012
中国人民武装警察部队总医院
地　址:海淀区永定路69号
电　话:88276688
中国人民解放军261医院
地　址:海淀区上庄乡
电　话:66346114
北京三博脑科医院
地　址:北京市海淀区香山一棵松50号
邮　编:100093
电　话:400－677－1000　62856916/6918

（田　颖）

红十字会工作

海淀区红十字会是中国红十字会的地方组织,成立于1958年10月,原为海淀区卫生局内设职能科室,2005年5月成为区委、区政府直接联系的正处级群团机构。

本年底,全区团体会员单位289个,团体会员225108人,志愿者13475名。海淀区169所中小学、职业高中都建有红十字会组织,入会率达到100%,青少年会员约4万人。全区形成区、街道(乡镇、学校)、社区(村委会)三级红十字组织工作网络。

本年,区红十字会坚持“人道、博爱、奉献”的红十字精神和理念,开展“红十字与奥运同行——红十字奥运志愿服务活动”、“风雪救援计划”抗击南方冰雪灾害、“汶川救援行动”抗震救灾等人道救助工作。本年获中国红十字会总会颁发的“参与北京奥运会特别贡献奖”、“2007·2008年度中国红十字总会报刊宣传奖”,北京市红十字会颁发的“红十字服务奥运工作最佳组织奖”、“四川汶川大地震抗震救灾最佳组织奖”、“2006·2008年无偿献血宣传与推广项目特别融合奖”。

募捐救助　1月31日,启动“风雪救援计划”,开展专项募捐,共募集善款33万元,支援南方部分省市地区抗击冰雪灾害。5月13日,紧急启动“汶川救援行动”,募集辖区各界捐赠2002万元,全部上缴市红十字会统一实施救助。本年继续开展“博爱在京城”“红十字博爱文化月”活动,共募集善款170万元,超额完成市红十字会下达的募捐任务。发展红十字公益合作伙伴,在学校、超市投放红十字公益募捐箱96台,办理中国红十字龙卡4496张。

为拯救急需造血干细胞移植的白血病患者,2006年中国红十字总会发出《招募志愿捐献者的紧急通知》,旨在短期内扩容中华骨髓库,实现30万人份中华造血干细胞捐献者资料库的建立。本年,再次完成700人份造血干细胞捐献者资料入库工作。

本年,区红十字会共计投入837654元,实施博爱助困、博爱助学、博爱助老、博爱助残、博爱助医,救助总受益户1550户、总人数3269人,其中“两节送温暖”期间,救助困难家庭、党员、敬老院老人共计126000元;“六一”儿童节期间,救助100名困难学生每人400元,将北京金远见电脑技术有限公司捐助的价值33600元的200台电子字典转赠给湖北省孝感市学校的200名困难学生;将北京香格里拉饭店定向捐赠的400000元,用于200名贫困的白内障患者复明手术,为身患白血病患儿提供6000元救助款,救助患大病致贫人员136000元。继续加强苏家坨“红十字博爱超市”的建设,为博爱超市再次下拨价值25554元的米面油等生活必需品,救助苏家坨镇特困家庭和人员。

卫生救护培训　本年,按照市红十字会的整体部署,继续承担奥运志愿者初级急救员培训和对公众普及卫生救护知识的任务,6月至7月,为2400名奥运城市志愿者进行自救互救知识和技能的培训,并对辖区社会志愿者、安保人员、机关干部、企事业单位员工和辖区高校师生,分期分批培训。全年共举办70期卫生救护培训班,培训初级急救员10805人,超额完成市红十字会下达的5000人取证指标。截至年底,全区获“初级急救员证书”的人数已达20000人。

红十字志愿服务 区红十字志愿服务已被区委、区政府纳入海淀区义工事业发展整体工作体系中。截至年底。全区有13475名红十字志愿者,有4支区级红十字志愿者队伍:香山街道自愿无偿献血志愿者队伍、护理志愿者服务队、礼仪志愿者服务队、新闻志愿者队伍。年内,重点组织开展“红十字与奥运同行——红十字奥运志愿服务活动”。7月8日,区红十字会奥运志愿服务工作领导小组成立,在全区红十字系统启动“红十字与奥运同行——北京奥运会、残奥会红十字社会志愿服务日活动”,7月28日,召开海淀区北京奥运会、残奥会红十字社会志愿者服务工作会。全区373个社区红十字服务站正式挂牌,统一配备红十字志愿者服装、胸牌,招募5200名红十字社会医疗志愿者,活跃在场馆外围、社区、商业街、旅游景点,开展便民服务和医疗服务,并与团区委、公共服务委员会合作,在120个城市志愿者服务岗亭安排取得红十字初级急救员证书的城市志愿者,佩戴红十字标志,提供应急急救服务。本年,区红十字会系统获中国红十字会总会“参与奥运优秀工作者”2人、“参与奥运优秀志愿者”13人,获“北京奥运会、残奥会优秀志愿者”1人,“北京奥运会、残奥会志愿者先进个人”3人,“北京市红十字服务奥运工作优秀工作者”3人,“北京市红十字服务奥运工作优秀志愿者”50人,“北京市红十字服务奥运工作先进集体最佳红十字服务站”20个。

红十字青少年活动 继续开展红十字示范校、健康促进校活动,与区教委、卫生局对46所学校进行区级健康促进校、红十字学校检查验收。各学校组织开展“红十字与奥运同行——绿色生活,从我做起”、“红十字感动心灵征文”、“五.八博爱募捐”、“博爱电波书屋”、“我们在一起——北京、什邡红十字青少年夏令营活动”等项活动。继续争创红十字“十佳”、“百优”活动,本年海淀区再次获得“市红十字青少年十佳活动奖”3项、10名学生获“百优红十字青少年称号”。截至年底,海淀区有2所全国红十字模范校,3所北京市红十字示范校,33所北京市红十字学校;16项活动获市红十字青少年十佳活动奖,13项活动获市红十字青少年活动组织奖;104名学生获市百名优秀红十字青少年称号。

宣传传播与对外交流活动 本年,区红十字会利用“5·8世界红十字日”、“红十字博爱文化月”,先后举办4次公益宣传活动。全年在《中国红十字报》、《北京红十字报》、《海淀报》、海淀电视台等媒体发表各类报道41篇。

年内,区红十字会先后接待河北平山县红十字会、湖北孝感市红十字会、平谷区红十字会、大兴区红十字会等来访。参与市红十字会组织的各种交流活动。

海淀区红十字会
地　址:海淀区甘家口小区12号楼
邮　编:100037
电　话:88364184(传真)
电子信箱:gsq002@yahoo.com.cn　(郭胜清)

体　育

【综述】 海淀区体育局成立于1958年,原名海淀区体育运动委员会,2001年撤委改局。是负责本区群众体育、竞技体育等相关工作的政府职能部门。下属12个事业单位:海淀区体育运动学校、海淀区少年儿童业余体育学校、海淀区少年儿童游泳业余体校、海淀区重竞技业余体校、海淀体育馆、海淀游泳馆、海淀区综合训练馆、海淀体育场、海淀区社会体育管理中心、海淀区体育局综合管理服务中心、海淀区体育科研所、海淀棋院。

2008年是北京奥运会举办之年,也是海淀区体育局成立五十周年。区体育局开展群众体育运动,提高竞技体育水平,做好奥运服务工作,不断规范体育市场管理,继续推进“海淀体育中心第二综合馆”工程建设,促进温泉体育中心的设计和立项工作,完成全年各项工作。全年共获区级荣誉11项,市级荣誉15项,国家级荣誉1项。共计28人次获各级荣誉,其中1人被国家体育总局、中国奥组委授予突出贡献个人。

奥运服务 北京奥运会火炬传递北京阶段,海淀区通过选拔培训,共派出19名火炬手参加8月6日至8日在天安门－石景山－朝阳－一〇一中学奥林匹克青年营－国家体育场的传递活动。海淀区奥运火炬运行团队获得组织委员会授予的奥运火炬传递“优秀组织奖”。

北京残奥会火炬传递北京阶段,海淀区完成在海淀区中华世纪坛－颐和园新建宫门码头－颐和园八方亭广场举行的残奥会火炬传递活动的组织工作,参加传递火炬手120名,其中海淀区有5名(含1名残疾人)。海淀区残奥会火炬运行保障团队获得组织委员会授予的海淀区残奥会火炬运行保障团队“优秀组织奖”。

海淀体育馆、海淀综合训练馆承担北京奥运会和残奥会乒乓球训练任务,海淀体育场承担奥运会足球训练任务。海淀体育馆运行团队由370多人组成,来自全区30多个单位。奥运会期间,先后接待56个国家和地区的1254人次运动员、教练员及随队官员,接待152人次媒体记者;残奥会期间共接待45个国家和地区的793人次运动员、教练员。海淀体育馆运行团队被市委市政府和北京奥组委授予“北京奥运会残奥会五好团队”;4人被市委市政府和北京奥组委授予“2008年北京奥运会残奥会先进个人”称号。

社会体育 围绕“迎奥运、讲文明、树新风、促和谐、建首善”主题,先后举办迎奥运倒计时100天、全民健身月系列展示活动、“触摸奥运 感受激情”海淀区社区群众奥运体验活动等群众体育活动。结合区域特点和各方资源优势,以本区传统的四个万人活动为主线,发挥传统体育品牌优势,吸引市民参与奥运系列活动。

北京奥运会、残奥会期间,全区组织300名太极拳爱好者,在为期两个月的点练、合练、彩排的基础上,先后参加奥运会女子马拉松比赛、男子马拉松比赛、残奥会马拉松比赛期间和8月9日天安门广场举行的四场太极拳、剑、扇的表演任务。年初,海淀区体育局被国家体育总局授予“2007年全民健身与奥运同行活动先进单位”。区体育局还被市体育局授予奥运会全民健身展示活动“突出贡献奖”、区太极拳协会被授予优秀表演奖。

年内对2003年配建的190套居家工程和4套标准工程进行更新。为10个新建小区配建全民健身工程。目前,海淀区全民健身配建工程734个,居家工程706个,标准工程27个,市级工程1个,创建3个国家级社区体育俱乐部、1个市级社区体育俱乐部、5个北京市体育生活化社区、2个篮球专项工程、1个共建工程。

海淀区共建设区级体质检测中心1个,街、乡级体质检测指导站4个,居委会、村委会体质检测站23个。建立健全三级体质检测网络,将体质检测作为社区体育健身服务的重要内容,纳入社区综合管理。本年,体质检测中心完成1319人的行业系统测试任务。其中为北京市公安系统海淀区民警体质抽样调查测试609人,为全区机关处级干部体质测试710人。

截止年底,全区累计培训各级专兼职社会体育指导员5040名,其中国家级45名、一级159名、二级1442名、三级3394名。平均每个社区居家村委会配备社会体育指导员近7名。

竞技体育 在2008年第29届北京奥运会上,本区输送运动员林跃与队友合作夺得男子双人10米台冠军,也是本区输送运动员在奥运会上获得的首枚金牌;输送运动员张琳夺得男子400米自由泳亚军,成为国家游泳男子项目在奥运会上获得的首枚奖牌。为此,区体育局被市体育局授予"2008年北京奥运会输送后备人才突出贡献奖"。张琳的启蒙教练李小娜被国家体育总局、中国奥委会授予"2008年北京奥运会突出贡献个人"称号。

12月15日,"国家高水平体育后备人才基地"评审小组对海淀区体育运动学校申创"国家高水平体育后备人才基地"工作进行评审并通过验收。

全年全区共注册运动员1691余人(适龄运动员1294余人)。2008年向市一、二线运动队输送运动员51人。

学校体育 本年,区体育局与区教委对区体育传统校进行重新审批,重新命名47所体育传统校,其中市级24所,区级23所。协助区教委体卫中心招小升初体育特长生433人,初升高体育特长生招生244人。审查高考体育特长生资格454人。年内举办本区中小学生足球、篮球、排球、棒球、垒球、网球、田径、游泳、跆拳道、乒乓球10项比赛,参赛人数3000多人。承办北京市篮球(女子组)、乒乓球、羽毛球青少年锦标赛,共接待全市运动员、裁判员600多人。全年审批三级运动员61人,二级运动员352人。

体育科研 海淀区体育科研所是北京市三个骨龄测试点之一。年内为海淀区各体校、人大三高俱乐部、八一翱翔俱乐部、八一中学男排、101中学女排、棒球、田径、游泳等运动员拍摄骨龄共计436人次。全年共测试血红蛋白631人次,其中体校和学校运动队测试622人次,占总数的98.5%。科研所在10至11月期间,组织各体校运动员进行选材测试工作,共测试运动员528人,占全体运动员人数的92%,超出北京市规定的70%的要求。全年购买下发给各体校住校生维亿康儿童泡腾片400盒,共1200瓶。

年内,组织教练员参加"架起科学与运动实践之间的桥梁"、"心理学在运动实践中的运用"等专题知识讲座。向教练员们下发国际著名运动心理学家、美国人体运动和体育教育学会前主席雷纳．马腾斯教授著的《执教成功之道》进行自学。聘请知名专家组织教练员论文评选会,对海淀四个体校30名教练员的论文进行评选,并整理成册。

体育社团 全区建成一级体育协会28个,街乡镇一级体育协会近40个,居、村委会一级体育组织(包括体育协会、健身队、俱乐部等)共计2000多个。所有街乡镇以及社区都成立了体育组织,全民健身晨晚练辅导站700个。年内,协会组织2008年海淀区万人棋牌赛、抗震救灾京、津、冀鸽友募捐义赛、2008中国门球冠军赛北京分赛区海淀选拔赛暨"海淀杯"门球赛等有影响和规模较大的群众活动,参与人数达11万人。

体育行政管理 区体育局联合区城管局、安监局、卫生监督所、消防局、公安局重点对区域内8个奥运竞赛场馆、8处奥运训练场馆和奥运签约饭店、地下空间及奥运会训练比赛场馆200米内的250多家体育运动项目经营单位进行安全检查。查出隐患26项次,对存在隐患单位发出整改通知书56份。

6月1日,全区16所中小学体育设施对社会全面开放,区体育局对学校体育设施进行安全检查,对存在的个别问题提出整改意见。全年为新增的18家体育馆办了《北京市体育设施注册登记证》,复核《北京市体育设施注册登记证》190余家。注册2009至2010年度各级别裁判员300余人,审批商业性比赛3项次。

要求全区体育场馆共悬挂统一内容为"治理隐患防范事故,携手共筑奥运平安"横幅70余条,制作安全知识橱窗展板40余块,发放奥运知识宣传材料500余份,免费向体育场所发放中英文双语应急广播光盘200余张。参加了6月6日在海淀公共安全馆西侧广场举办的“2008年海淀区安全生产月宣传咨询月”活动。

四川汶川大地震后,区体育局组织干部职工向灾区捐款共计42820元。

【奥运倒计时100天气功展示活动】 4月26日,奥运会倒计时100天暨2008年全国“百县千村”健身气功交流展示会北京分会场活动在四季青镇双新爱心苑文化广场举行。展示大会上1200名健身气功习练者分别表演了“易筋经”、“五禽戏”、“六字诀”和“八段锦”四种由国家体育总局编制推广的健身气功。

【海淀区运动员参加农运会】 10月26日至11月1日,第六届全国农民运动会在福建省泉州市举行,本届农运会比赛共设15个大项、180多个小项。海淀区代表北京市参加了其中乒乓球、游泳和健身秧歌三个大项的比赛,获得3金2铜的成绩。其中获乒乓球男子团体和单打冠军,健身秧歌团体冠军,游泳个人和健身秧歌团体总分第三名。为此,海淀区被北京市授予参加全国第六届农运会突出贡献奖。（冯小明）

【中国第一个YONEX羽毛球馆落户海淀】 11月1日~2日,坐落在四季青镇玉泉地区的中国第一个以“YONEX”命名的羽毛球馆—北京YONEX羽毛球馆,揭开YONEX十万人试打会的序幕。此次活动共有98支队伍约720人参赛,赛事分为团体赛和单项赛两大项,其中团体赛又为分公开组和企业组。北京YONEX羽毛球馆高9米,设有16片场地,地面为双层龙骨加双层地板,上铺专业地胶,馆内采用国际最新的侧面柔和型灯光。

（田　颖）

海淀区体育局
地　址:海淀区颐和园路12号
邮　编:100080
电　话:62552218　62561669(传真)
电子信箱:hdqtyj@126.com
网　址:www.bjhdtyj.gov.cn
（冯小明）

教　育

基础教育概述

海淀区是中国教育和教育经济最发达的地区之一。2008年,区域内共有152所幼儿园、117所小学(包含10个小学部)、77所普通中学、37所普通高校、35所成人高校、20所具有招生资格的民办非学历高等教育机构、5所职业高中(区管)、12所中专技校和522个社会培训机构,有盲人学校、聋人学校、培智学校和工读学校各1所。有9所北京市示范幼儿园,有91所北京市一级以上幼儿园,占本区幼儿园总数的61.2%。有11所北京市示范性普通高中。中小学有市级特级教师163人,以中关村学院为龙头的社区教育体系继续发展,现有7个社区教育中心、10所社区教育学校、7所乡校和85所村校。全年基础教育经费投入407655万元,其中国拨319156万元,自筹88499万元。

海淀区教育委员会是负责本区基础教育事业的政府职能部门,中共海淀区委教育工作委员会是负责本区教育系统党的建设、思想政治工作和干部管理工作的区委派出机构。区教委与区委教工委合署办公。区教育督导室由区政府授权对本区的教育工作实施督导。海淀区学习型城区建设委员会办公室设在区教委。

2008年全区基础教育系统的工作思路是:以教育现代化建设为先导,加强教育系统党的建设,深化课程、人事制度、招生考试制度改革,提高基础教育优质均衡发展水平,加快学习型海淀建设步伐,强化依法治教、规范管理的各项工作,促进海淀教育又好又快发展。本年海淀区被评为“全国社区教育示范区”。

地方教育事业管理　2008年是海淀教育系统的“依法治教、规范管理年”。制定了《海淀区教委行政规范性文件的制定和备案管理办法》、《海淀区教委信息公开实施办法》以及《〈海淀区教育委员会工作规则〉监督办法和监察办法》。

推进“以园为本”教研制度建设。建立早教工作室,完善多方联动、互动合作的早期教育工作机制,利用早教大讲堂、早教活动站、家长学校等形式,普及社区儿童早期教育。新增12个市级社区早教示范基地,市、区级早期教育示范基地达到69个,覆盖全区各街道和乡镇,初步形成了以社区为依托、以学前教育机构为中心,向家庭辐射的多样化的学前教育布局。召开学前教育均衡发展推进大会,成立12个园际互动小组和16个早教交流小组。新发展18个社区早教活动站和游戏小组,建立了12个保教资源学习共同体。组织示范园与农村园“手拉手”活动。7所市级示范园获“北京市支持农村学前教育特殊贡献奖”。制定《海淀区使用居住小区配套学前教育设施举办学前教育机构管理实施办法》,规范小区办园行为。

本区促进义务教育均衡发展的各项保障机制不断完善,地区之间和校际之间的教育差距不断缩小。评定13所小学为素质教育优质校,小学素质教育优质校达到26所,在优质校就读的小学生数为60689人,占全区小学生总数的51.4%。启动第三批小学素质教育优质校创建活动。认定第四批“教学管理先进校”和“德育先进校”。民族小学被评为北京市民族教育示范校。在11所市级示范高中校就读的初中生为16416人,占全区初中学生总数的29.2%。新成立人大附中西山学校。

坚持政府统筹、齐抓共管、公办为主、依法规范的原则,保障进城务工人员随迁子女接受义务教育。进城务工人员随迁子女到公办校就读,由以前“五证”减少到“三证”,并免交教辅、教具、体检防疫、校服等费用。继续加强对经审批的流动人口自办学校的支持和管理。在本区就读的进城务工人员随迁子女有52851人。其中在公办校就读的43459人,占82.2%;在两所批准的自办校就读的1419人,占2.7%;在未批准的自办校就读的7973人,占15.1%。本区未经审批的自办校由29所减至16所。

制定《海淀区小学规范化建设工程实施方案》,并逐校制定实施方案。推进小学规范化建设工程。推进学校布局调整和资源整合,在城乡接合地区规划建设一批办学条件较好的学校,引进名校办学。将小学规范化建设与素质教育优质校创建活动相结合,加强学校软件建设。

继续推进初中建设工程,完成对初中建设工程达标情况的逐校验收,并通过北京市专项督导检查。继续实施将示范高中招生计划按比例分配给独立设置初中校和九年一贯制学校的政策。推荐生比例由去年的3%扩大到5%。完善小学、初中免试就近入学的办法。初中入学取消学科实验班的招生,增加推荐分配入学名额,改以往的初中招生为小学推荐。

进一步健全课程改革基地校和样本校工作制度,共认定91所义务教育课改实验基地校。推进义务教育课程改革,规范义务教育课程设置,指导并监督学校依法执行国家颁布的课程计划。召开小学课程改革工作会议,总结课程改革6年来的情况,表彰了16项小学课改成果。推进普通高中课程改革,建立了15个区级课改样本校,推荐12所学校为北京市样本校。召开中学教学工作会和高中课程改革专题工作会,围绕通用技术课程、社会实践、综合素质评价等重点难点,总结和部署课改工作。完成了6个高中通用技术基地校建设。组织示范高中校课堂开放日活动,举办全国部分大学附中教学研讨会和第二届全国课堂观察研讨会。2008年新增加了高中课改研究课实录、《高中教师发展手记》等。坚持“重软件、重过程、重示范”的原则,启动区级高中示范校建设工作。

重视特殊教育和工读教育,加大对特殊教育的资金投入,改善特殊教育学校办学条件。对特殊教育学生和随班就读学生减免费用和提供学习补助。海淀区培智中心学校被评为“全国特教先进单位”。

本区普通高中教育规模大,中等职业教育教育规模较小,且生源数量持续下降。确定本区中等职业教育的发展思路是:加强统筹、稳定规模、突出特色、培育精品、形成集群、服务社会。探索以就业为导向的多元办学模式。花园路职高和远大职高合并组建的商务管理学校被评为国家级重点职业高中。

学习型海淀建设取得进展。全区90%以上的机关、街道和乡镇被评为创建学习型组织先进单位,22家单位被评为创建学习型组织示范单位。“海淀终身学习平台”点击次数达326万人次。大力发展社区教育。举办第四届“教育进社区”活动,评选表彰10项社区教育科研优秀成果和10个优秀培训项目。继续实施“一村一名大学生”计划,开展农民学历教育。实施“科教兴村”工程,开展送教下乡活动。坚持学习型海淀建设联席会议制度,评选表彰11个区级示范性学习型组织。升级改造海淀终身学习网。

继续开展民办学校及幼儿园全面考核,

组织民办学校校长参加政策法规、管理知识的培训。完成对572家民办教育机构的年检。落实《民办教育促进法》,保障民办学校的合法权益和办学自主权。建立促进民办教育健康发展的表彰激励机制,继续推进民办教育培训机构示范校建设。终止科兴实验中学办学体制改革试点工作,完成3所办学体制改革试点校的转制工作。

规范学生住宿标准及审批,完善中小学、职业高中和幼儿园开办寄宿部申报的审批流程。规范学生集体外出管理,制定《海淀区教育系统组织学生集体外出管理办法》。

规范中小学学籍管理,升级CMIS学籍管理系统,开展学籍管理员培训。

实施素质教育 开展奥运教育,参与奥运服务,举办"福娃进校园、进社区、进家庭","红领巾小导游",奥运征文和绘画,中学奥运教育成果DV作品评选等活动。本区30所同心结学校和20余所奥林匹克教育示范校开展奥运教育活动。组织9所学校613名中学生参与奥运国际青少年行进管乐吹奏乐团演出,3所学校"红领巾鼓号队"参加奥运展示演出。培训奥运城市志愿者3.8万人,组织近2万人次中学生参加奥运城市志愿者上岗服务,4个服务站点被团市委授予"五星级站点"。奥运会、残奥会期间,完成师生11万余人次的观赛任务。北京市信息管理学校的学生承担"福娃说奥运"短片的制作。一〇一中学完成北京2008奥林匹克青年营的承办任务。区教委获奥运会、残奥会拉拉队组织工作先进单位等20余项先进称号。

召开德育领导干部会议,围绕"学生文化"、"新时期学生需求"等专题探讨德育研究新方向。举办首届小学校长德育论坛。率先在全市开展小学生青春期健康教育。开展以"快乐学习、健康工作"为主题的海淀区第三届心理周活动。开通海淀教育心理咨询网,启动海淀区中小学生娱乐网建设,进一步完善海淀德育网和红领巾博客网。围绕班集体建设、师生和谐关系、网络安全等基础工作,开展中小学班主任基本功培训与展示活动。24名教师获北京市"紫禁杯"优秀班主任一等奖,1名教师获特等奖。

修订完善《小学生素质发展报告书》与《小学生综合素质评价手册》。将"五个一"(写一笔规范汉字、背一百首古典诗词、会一项生活技能、有一项艺术特长、有一个体育爱好)纳入小学生素质发展评价范围,加大了思想品德的评价权重。继续做好五年级学生学业质量和体质监测,建立学业质量分析、学习状况调研、体质健康监测数据平台。

推进初中学生综合素质评价工作,坚持过程性评价与结果性评价相结合。高中学生综合素质评价工作与北京市评价系统完全接轨,在注重过程性评价和电子化平台应用的同时,倡导学生建立个人成长纪录袋。

发展校外教育,制定《关于创建海淀区中小学生社会大课堂实施方案》,建成海淀区中小学生社会大课堂信息平台。本区70家单位被认定为北京市首批社会大课堂资源单位,新增6个学生综合实践基地。坚持校外教育公益性和普及性原则,组织学生参与"快乐实践之旅"活动,参与学生突破4万人次。制定了《关于做好京剧进课堂试点工作的意见》,认定"京剧进课堂"试点校5所。增设3个区级国防教育基地,全区中小学生参训率达95%以上。启动专项环保教育"中国博奇杯——环保先锋主题系列活动"。全区22万名中小学生参与活动。

2008年,本区少年之家等校外教育单位达到679个,比上年增加61个。本区有市级科技示范校18所,市级艺术教育特色校5所,金帆艺术团23个,金鹏科技团5个,均比以往有所增长,数量和水平居全市之首。在各种科技、艺术和体育比赛中,本区学生共获得5项国际金奖,25项全国一等奖,58项全市一等奖,居全市各区县首位。十一学校承办全市中学生田径运动会，本区继续获初中组、高中组和团体总分冠军，金牌总数占全市40%。

开展阳光体育活动和冬季长跑活动，确保学生每天1小时体育活动时间，落实学校体育“1+X”发展特色。在北京市中小学生《国家学生体质健康标准》测试中，本区取得高中组第二名、初中组第一名、小学组第三名，全市团体总分第二名、城八区第一名的成绩。其中视力合格检出率高于全市平均水平，标准体重检出率列全市第三名。

2008年，全区共有16915名考生参加北京市高级中等学校统一招生考试，统招录取13533人。有16715名考生参加普通高考，普通高等学校录取13933人，录取率达到83.56%。本科录取首次突破万人。

服务保障与办学设施建设 增加下达学校的专项项目和资金。2008年，纳入学校预算部分的经费为14.96亿元，比2007年增加3.88亿元。

继续加大义务教育经费投入力度，全年用于义务教育阶段学校的经费补助达到2.74亿元。其中教职工工资补助3100万元，小学规范化建设400万元，初中建设工程50万元。农村地区的教育投入达到9500万元，比上年增加3262万元，增长52.3%。提高《调整北京市基础教育公用经费定额标准方案》中的日常公用经费、学生活动费、修缮费等6项经费标准共计增加投入1.27亿元。新增农村地区学校其他津贴、特教学校其他津贴等23个项目，共计增加投入3.67亿元。

执行义务教育阶段“两免一补”政策。投入3496万元，全部免除了有北京市户口的义务教育阶段学生的杂费，其中本市农村户口的学生还免交教科书费。专项投入666万元补助资金，为农村地区的小学和初中学生免除了教辅材料、学具、校服、保险和体检防疫等费用，平均每个学生免交277元。安排337万元，免除民办学校和已经审批的自办学校义务教育阶段学生的杂费。

规范工程管理，进行工程招标和施工全程监察，实现工程安全零事故，施工单位零投诉。本年，海淀教委修缮工程完成招投标项目34个，其中工程类10个，监理类9个，服务类15个，涉及16个学校综合修缮和食堂改造工程。

制定《海淀教委资产管理员管理暂行办法》。完成对全区教育系统固定资产管理的检查工作。制定《海淀区教育系统出租(出借)房屋(场地)管理暂行办法》。

继续推进办学条件达标工程，自2007年启动中小学办学条件达标工程后已累计投入2.53亿元，在全市率先完成区属公办中小学校及分校的设备仪器和图书资料等必配项目的达标工作，现正在推进选配项目的购置配备。

安排4000万元启动五棵松地区、西北旺地区等4个教辅中心的建设。投入3600万元将生均资源共享经费由每人100元提高至200元。城区4所纯初中校的校园修缮改造工程竣工。外电职高主体工程竣工。安排400多万元，用于农村地区校舍改建和校园文化建设。完成交大附小等16校操场改造、校园文化建设工程和田村小学等9所学校营养餐食堂改建工程。培星小学新址以及翠微小学分校新建教学楼投入使用。完成了玉渊潭中学等31所学校防水、土建维修工程，93所学校供暖改造工程，北大附中香山学校等18所学校避雷设施安装工程和羊坊店中心小学等27校电力设施改造工程。编制《海淀区2009－2015年基础教育设施建设专项规划》，启动《海淀区普教系统基本建设项目储备库》建设。

改善特殊教育学校办学条件。投资2600万元的海淀培智中心学校新址改造工程全面竣工投入使用，投入800万元的第三聋人学校综合修缮工程进展顺利。完成八一中学等50所学校无障碍设施改造工程，新增

3个特教资源教室。全区有70多所中小学配备了无障碍设施,建成特教资源教室9个,残疾康复技术指导中心4个。

安排4500万元用于发展职业教育,约占教育费附加的30%。基本完成计算机网络技术和数字媒体技术、金融事务、美容美发与形象设计、中西餐烹饪与厨艺、汽车服务与维修、动漫创作等6个市级重点实验实训基地和1个区级幼儿(艺术)教育实训基地建设。总投资1.5亿元的职教新校区建设工程进展顺利。

开展"安全示范校园"创建活动、校园安全和应急管理培训、"安全生产月"活动。建立防汛工作责任追究制度,开展了汛前隐患排查。

在全市率先免费为全区中小学生进行健康体检。落实幼儿园手足口疫情晨午检制度。建立海淀区中小学传染病早期预警系统。完善"海淀区学生体质健康网",建立完善"学生体质健康报告书"制度,初步实现学生健康体检结果网上一对一查询。推广"阳光亮眼操"。成立全区教育系统禁烟工作领导小组,指导创建"无烟先进校"。两所学校荣获"全国红十字示范学校"称号。

检查学生食堂以及学生在校集体用餐安全,纠正个别学校违反食品卫生法行为,控制学校食品卫生安全事故的发生。加强外送餐学校食品安全管理。

排查全区各学校建筑设施,制定抗震加固方案,计划总投资6亿元,用3年左右的时间完成全区学校建筑设施的抗震加固工作。

制定《进一步规范教育系统财务管理的暂行规定》。在全区学校进行审计自查,开展学校账外资金的清理和整顿工作。加强对教育资金的统筹和使用情况监管,对捐资助学款、共建款和慰问款三类款项实行统一收取、统筹管理,严禁学校和个人自行收取。组织区监察局、审计局和财政局等7部门对20所中小学的收费工作进行检查。查处学校违规收费补课行为。加强对高校附属中小学校收费的监管力度,召开北大、清华等10所大学纪委领导参加的联席会议。

党的建设和精神文明建设 组织学习十七大、十七届三中全会精神和"两会"热点。在本市教育系统率先建立新闻发布制度。教育系统新增区级文明单位40家。

规范小学学区党员管理、党员发展、离退休党员管理。对党务干部进行培训。组织教职工对各基层党组织进行网上测评。完善各级党组织数据信息库,实现党内数据统计、专项调查和党务管理的数字化。

推行党员发展预审制、公示制和票决制。增加一线教师、青年教师和在校学生在发展党员中的比例,全年发展党员302人,其中35岁以下青年教师占30%,在校学生占35%。加强民办学校党建管理,培训民办学校入党积极分子近600名。

总结"做学生喜欢的教师,当素质教育的先锋"主题实践活动开展三年来的情况。开展"学习型党组织"创建活动。完善党代表联系制度,组织党代表到基层学校调研。

落实党风廉政建设责任制。财务管理制度以及人财物等重要岗位权力分解、制约制度进一步健全,落实领导干部"一岗双责"。制定《海淀区教育系统贯彻落实"两办规定",制止党政干部公款出国(境)旅游专项工作的通知》,开展领导干部出国(境)专项治理工作。开展"讲党性、重品行、作表率"主题宣传教育活动。

加强党组织对群团、老干部和统战工作的领导。推广"点题式"校务公开和民主评议干部现场亮分制度。关注教师身心健康,成立心理健康服务中心,获北京市教育工会2008年"工会工作成果奖"。评选出市区两级全心全意依靠教职工办好学校的优秀书记、校长。区教育工会获市"三八红旗集体"等7项市区级荣誉称号。

开展市、区、校三级中学生业余党校培训

和推优工作。加强基层团队建设和中学生业余党校建设，分步推进学区少代会制度建设，成立全国首个少先队专家讲师团，启动社区少先队组织建设。

支援汶川地震灾区重建，全区教育系统共捐款1752万元，上缴特殊党费260余万元，捐献书包、文具1.5万套，捐赠少年队服1000余套。接纳264名灾区学生就读，部分学校与灾区学校建立了对口支援关系，选派优秀教师到灾区直接参与救灾和恢复教育秩序工作。区教委与什邡市教育局合作开展抗震救灾教育活动。开通"心系汶川"网上论坛，开展爱心教育、生命教育和安全自护教育。

推动各学校进完善安全设施和安全预案，加强安全教育。

干部教师队伍建设　本区有特级教师163人，市级学科带头人55人，市级骨干教师297人，市级学科带头人和市级骨干教师占全区教师总数的2.05%。区级骨干教师2526人，占全区教师总数的14.7%。区级学科带头人1160人，占全区教师总数的6.8%。55人被评为市级学科带头人，297人被评为市级骨干教师。

完善校长任用和管理机制，对21个单位的党政正职领导进行调整。对全区学校近800名中层以上干部进行了网上民主测评，教师总体参与率达70%以上。完善校务委员会的工作机制和教代会民主管理与民主监督机制。完成《海淀区中学领导干部课堂观测分析报告》。召开"学校领导力与管理创新"国际研讨会，推进教育科研不断深入。完成中学领导干部听课记录分析。

继续推进岗位工资、岗位管理和岗位设置改革。实行绩效工资增长和工资总额的双重控制。制定工资规范管理的基本方案及配套文件，按照"限高、稳中、补低"的原则，调控各学校工资总量，逐步缩小校际工资差距。制定中小学岗位设置方案，明确学校编制下达原则。调整编制核定办法，完成全区教职工编制核定工作。开展新的《劳动合同法》专题培训，规范学校内部机构设置和教职员工聘任考核管理。

安排干部教师培训经费6991万元，推进干部教师多样化培训。选派中学教学管理干部赴澳大利亚培训。接待新加坡4名校长到本区挂职学习，选派5名学校管理干部赴新加坡锻炼。举办北部新区小学校长培训班、小学学区书记校长研修班等6个培训班。选派47名干部到本市其他区县和上海、杭州、福州等地参加培训或挂职锻炼。

加强学科带头人和骨干教师培训，开展幼儿园骨干教师、业务园长专题培训，探究教研、培训一体化的指导与服务策略。培训中小学区级骨干教师605人。举办第二期"部分中小学骨干教师研修班"，培训53名中小学骨干教师。组织开展青年教师基本功培训，提高青年教师的教学技能。率先实施带薪脱产进修制度，首批40名小学骨干教师参加了全脱产带薪培训。组织1200名教师参加英语口语测试，选派37名中小学英语骨干教师、14名非英语学科骨干教师赴澳大利亚培训。近400名新教师接受澳洲专家的远程入职培训。推进"教师阅读工程"。建立20个"校本培训协作体"，探索校本培训新模式。

推进高中示范校与初中校、小学素质教育优质校与北部新区小学之间的教师交流和干部教师支教工作。组建由特级教师、市区骨干教师组成的"名师指导团"，到北部新区中小学听课、评课和进行校本教研指导。成立农村教师研修工作站。人大附中等6个研修工作站的名师、骨干教师为远郊区县53名农村教师进行了脱产研修培训。130名教师参与了全职支教，300名教师参加了兼职支教，并首次将他办校纳入到这项工作之中。新接收38名大学生到农村中小学支教。选派第四批城镇教师到农村支教、第五批教师援疆支教。区教委和北部新区实验中学被评为“北京市高校毕业生支教工作先进单位”。

深化名师队伍建设。出版了《高中数学新课程与学生学习》等系列精品丛书。为中学引进特级教师7人。第三聋人学校教师吕雪晶获“北京市人民教师”提名奖。

本区承担5项全国教育科学规划课题、15项北京市教育科学规划课题和7项北京市教育学会课题。学科教与学活动的构建与学生主体性发展研究、提升中小学生文明素养实践研究、现代学校制度研究、小学课堂教学有效性研究和中英合作项目等10余个重点课题,取得阶段性成果。启动“教师素养提升、学生素质发展”等7个行动研究项目,开展“小班化教育”实验,组织了第四届“世纪杯”小学课堂教学展评活动,承办“京城杯”六城区课堂教学研讨活动。建立课程改革实验基地校、样本校工作制度,将课程改革研究专题分解到学校,形成面上整体推进、点上深入研究的工作局面。

教育督导 发挥“监督、检查、评估、指导”职能,开展学校督导评价工作,对教育热点难点问题进行专项督导检查,推进教育督导队伍建设和教育督导工作的专业发展。完成对第二轮接受综合督导评价所有学校(中小学校共计138所,其中本年上半年复查中学4所,小学31所)的“整改措施”落实情况复查工作。于2007年4月至2008年7月对区域内所有初级中学、九年一贯制学校(初中部分)、完全中学(初中部分)的学校建设达标情况进行逐校验收。2008年上半年,完成32所初中校验收和15所市区级示范校、12所民办校的自评验收工作。对全区初中校(含完中、九年一贯制学校、12年一贯制学校的初中部分)办学条件部分开展主要项目达标验收抽验工作,并做出综合分析。接受市政府教育督导室对实施初中建设督导工程的检查。

2008年上半年,完成对34所中小学校关于不超班额、按规定开足开齐课程、保证每天体育锻炼一小时的3个专项督导检查。制定《海淀区落实〈北京市区县政府、教委、中小学校、幼儿园全面实施素质教育评价方案〉的实施方案(普通中小学分册)》。就中等职业学校、幼儿园全面实施素质教育综合督导评价进行研究。

参与北京市“创建学习型学校北京市先进单位”和海淀区“示范创建学习型组织先进单位”视导与验收工作。

本区教育存在的主要问题和不足:一是基础教育优质均衡发展水平还需进一步提升;二是干部教师队伍建设刻不容缓;三是教育各项改革亟待不断深入;四是依法治教、规范管理工作依然艰巨。

区教委直属事业单位名单(16个,不含各类学校)

北京市海淀区教师进修学校
北京市海淀区教育科学研究所
北京市海淀区教育信息中心
北京市海淀区教育委员会房管所
北京市海淀区教育委员会中小学体育卫生研究中心
北京市海淀区教育委员会教育技术装备部
北京市海淀区青少年活动管理中心
北京市海淀区青少年素质教育培训中心
北京市海淀区教育国有资产管理中心
北京市海淀区招生考试中心
北京市海淀区职业技术教育中心
北京市海淀区教育委员会人才服务中心
北京市海淀区教育委员会教师住宅建设中心
北京市海淀区教育新闻传播中心
北京市海淀区教育委员会中小学卫生保健所
北京市海淀区教师培训中心

中共海淀区委教育工作委员会
海淀区教育委员会
海淀区教育督导室
地　址:海淀区西四环北路11号(区政府第二办公区)

邮　编:100089
电　话:88487372(教工委)
88487306(教委)
88487353(督导室)　　　　(宋亚甫)

【外国语实验学校援建爱心希望小学】　3月5日,海淀外国语实验学校与河北省涞水县文化教育局签约,合作建设"北京市海淀外国语实验学校爱心希望小学"(原龙门小学),翻新改造旧校舍1182平方米,新建校舍900平方米,增加计算机教室、多媒体教室、音乐教室、图书馆等专业教室,更新全部教学设备,购买校服、被褥、寝具等生活用品。累计投资230万元,全部由学校师生及家长捐赠,涞水县政府和文化教育局提供土地,并承担运动场建设经费。于11月全部建成。

【5所中小学成为本市首批京剧试点校】　3月19日,海淀区5所中小学成为北京市首批京剧试点学校,分别为中关村一小、西颐小学、北大附小、八一中学、中关村中学。此外,海淀区还把评剧、黄梅戏、越剧等剧种引入课堂。　(宋亚甫)

【举办绿色奥运中英双语演讲比赛】　4月6日,海淀区教委举办"绿色奥运我参与"中英双语演讲比赛。14所中学及外电职高、盲人学校共16所学校38人参赛,演讲以节能、节水、节约用纸、环保选购、废物利用、文明礼仪、校园绿色生活、保护文化遗产等为题材,采用中文和英文两种语言,辅以图表、照片等演示文稿,结合诗朗诵、表演唱、配乐、情景表演形式,29人获奖,一等奖8人,二等奖10人,三等奖11人。　(宋世云)

【北航附中建立优秀后备人才培养试验基地】　5月5日,北航附中青少年科技俱乐部暨北京航空航天大学优秀科技后备人才、优秀艺术后备人才培养实验基地成立。该基地由区教委与北京航空航天大学联合建立,是国内首个在大学建立的优秀后备人才培养实验基地,包括航模、电子、DI①、创新项目及艺术后备人才培养。由北京航空航天大学的10余名全国知名导师、教授指导中学生。

【参加北京国际教育博览会】　5月8日至10日,海淀区教委参加第五届北京国际教育博览会。本届博览会共有来自世界21个国家和地区的教育机构,35所国内大学和北京9个区县教育行政部门参展。本区参展主题为"海淀教育,拥抱世界",展区面积126平方米。

【英国教育代表团在海淀区研修】　5月18日,英国教育代表团来海淀区研修。代表团由来自伦敦的11所学校校长、教师和教育专家、地方官员35人组成,代表团每个成员以员工身份到结对学校听课、当班主任、上课、共同备课,参加校本研究、主题研讨等,并与学校建立合作关系,交流教学经验。双方共同举行了"中外多元开放学习环境建设暨校外教育课程资源开发第三届合作论坛"。

【启动情系灾区红领巾爱心传递行动】　5月21日,海淀区教委启动"情系灾区、心系伙伴——红领巾爱心传递行动"。开展记录"爱心传递"日记、绘制爱心卡、赠送爱心福娃、交一位地震灾区手拉手小伙伴、写一封友情书信、送一份爱心礼物(书包、书籍、文具等学习用品)、捐献一条红领巾等活动。

(宋亚甫)

【农大附中体育设施向社区开放】　6月28日,农大附中与马连洼街道签订协议,学校体育设施向社区开放。协议规定在不影响学校教学和课余训练前提下,双休日、法定假日等非教学时间,学校体育活动场(馆)地和体育器材对马连洼街道开放。协议还明确加强制度保障、确保校园安全和双方的责任义务。

(闫修富)

【中小学生赴新疆参加观测日全食科技活

---

① 头脑创新思维竞赛(DI),是英文DESTINATION IMAGINATION的缩写,意思是"目的地想象",是一项国际性的培养青少年创造力的活动。DI协会成立于1983年,总部设在美国的新泽西州,并于每年5月在美国举办DI全球总决赛。

动】 7月27日至8月4日,由海淀区青少年天文协会与国家天文台专家共同组织包括理工附中、北大附小、二十中学13所中小学师生72人的观测团,赴新疆哈密地区伊吾县参加观测日全食科技教育活动。 (宋亚甫)

【刘彭芝当选全国十大教育杰出贡献校长】 12月,人大附中校长刘彭芝当选"2008全国十大教育杰出贡献校长"。刘彭芝,1997年起担任人大附中校长,北京市数学特级教师。本年9月作为中学教育界代表,应邀参加温家宝总理召集座谈会,被温家宝总理称为"真正懂教育并有实践经验的教育专家";作为全国100位优秀教师代表,受到胡锦涛总书记接见。2008年被聘为国家中长期教育改革和发展规划纲要工作小组咨询专家、"上海市普教系统名校长名师培养工程"名校长培养基地主持人。 (吴兆华)

【中学生"黑衣帮"成员受审】 12月,6名中学生因参与"黑衣帮"持刀故意伤害他人在海淀区人民法院受审。"黑衣帮"是一个未成年人有组织犯罪团体,其成员年龄最大的20岁,最小的14岁,绝大多数是在校中学生,也掺杂部分社会青年,最庞大时50多人。他们经常在校内打架斗殴,每次行动时穿黑色衣服和鞋子,统一留寸头。 (王 鑫)

幼儿教育

【综述】 2008年,海淀区共有152所幼儿园,其中教育部门办园4所,集体办园32所,其他部门办幼儿园92所,民办幼儿园24所。有9所市级示范园,37所区级示范园。全区一级以上幼儿园达到91所,占全区幼儿园总数的61.2%,占全市一级以上幼儿园总数的28%。本年新入园幼儿13122人,离园11647人,在园幼儿总计39921人,其中本市户籍幼儿31291人(含本市农业户籍幼儿1970人),外省市户籍幼儿8630人,学前三年教育普及率92%。教职工6922人,其中专任教师3475人,幼教教师中大专及以上学历的占教师总数70%以上,其中有市级学科带头人1名,市级骨干教师31人,区级学科带头人93名,区级骨干教师323名。

本年,3所幼儿园通过市级示范幼儿园初评,2所幼儿园通过"北京市学前教育信息化实验基地"评估,新增4所区级示范园,5所一级一类园。

全面普及社区儿童早期教育。新增12个市级社区早教示范基地,本区市区级早期教育示范基地达到69个,早教服务覆盖全区各个街道和乡镇。

推进"以园为本"教研制度建设。建立早教工作室,开展骨干教师、业务园长专题培训,探究教研、培训一体化的指导与服务策略。 (宋亚甫)

【北京明天幼稚集团】 1995年3月25日成立,是全国首家集团化办园的学前教育机构。本年,明天幼稚集团有17所直属幼儿园,1所为北京市示范幼儿园,其他全部为北京市一级一类幼儿园、北京市早教示范基地、海淀区示范园、海淀区早期教育示范基地和海淀区人民满意幼儿园。集团有120个教学班。教职工545人,其中专任教师374人,专任教师中具有研究生学历4人、大学本科120人、大学专科200人;北京市骨干教师3人、海淀区骨干教师51人;中学高级教师1人,小学高级教师138人。保育员139人,其中高级保育员15人。在园幼儿3842人,全年入园幼儿1261人,离园幼儿816人。园舍占地面积64004.18万平方米,建筑面积53330.66平方米。固定资产总值7319万元。园内建有幼儿体操房、音乐教室、计算机教室、美术教室、资料室、图书室、多功能厅、特色教室等专用教室;配有多媒体、投影、音像等电教设备;配有活动室、睡眠室、盥洗室、备课室等教学设施。全年教育经费总投入2341万元,其中国拨872万元,自筹1469万元。

与《启蒙专刊》和《学前教育》开展合作出刊。将幼儿学籍信息录入学籍系统，实现学籍管理信息化。承办市学前教育技术专业委员会第一届年会。明天幼稚集团第十幼儿园通过北京市早教示范基地验收。明天幼稚集团第一幼儿园接待《学前教育》园长培训班观摩。

开展"心系灾区，献我爱心"主题教育活动。为地震灾区捐款30万元，成立"北京明天幼稚集团心系灾区幼儿教师志愿者服务队"，为灾区儿童提供心理干预咨询、医疗保健和教育支持，建立灾区孤儿班，组建灾区孤儿"临时大家庭"。212名志愿者服务队员作为北京市唯一一家志愿者团体接力照顾伤员。2名教师作为中国教育研究会"中国汶川地震专家应对政策行动组"首批赴四川灾区"流动幼儿园"志愿者成员，到四川灾区开展学前教育服务支持和帮助。

（白春芝　刘光洪）

【召开以园为本教研制度建设项目工作会】 5月21日，海淀区教委召开"以园为本教研制度建设"项目工作会。4所幼儿园就项目建设方案进行交流；会议要求组建区域层面学习共同体，以提高教师专业化水平为切入点，以提升幼儿园教研质量为重点，逐步推进项目深入开展。20所项目园负责人参加会议。

（宋亚甫）

中小学教育

【综述】 2008年，海淀区有小学117所（含10个小学部），其中区属公办小学102所，其他部门办小学9所，民办小学6所。教学班3306个。在校生119897人，其中区属公办小学在校生101378人，其他部门办小学在校生13949人，民办小学在校生4570人；其中本市户籍小学生80479人，外省市户籍小学生39418人。招生20691人，毕业18502人；教职工7442人，其中专任教师6620人；小学入学率100%，巩固率100%，毕业率99.4%。中学77所，其中初级中学13所，高级中学4所，完全中学58所，九年一贯制学校2所；教学班2603个，其中初中1478个，高中1125个；招生33605人，其中初中18834人，高中14771人；毕业31584人，其中初中17714人，高中13870人；在校生99130人，其中初中56060人，其中本市户籍初中生44365人，外省市户籍初中生11695人，高中43070人，其中本市户籍高中生38955人，外省市户籍高中生4115人；初中入学率100%，巩固率99.9%，毕业率98.6%；高中入学率89.6%，完成率98%（毕业率89%），应届高考录取率83.56%；教职工9759人，其中专任教师7190人（初中3840人，高中3350人）。中小学教师学历合格率98%，其中小学教师合格率98%，初中教师合格率96.5%，高中教师合格率99.3%。中小学市级特级教师163人，其中小学特级教师16人、中学特级教师147人。中小学教师具有高级专业技术职务1912人，其中小学中高教师54人，初中高级教师702人，高中高级教师1156人。全区中小学图书馆藏书7262697册，电子图书1771048册。校舍总占地面积5023125平方米，总建筑面积2791948平方米，其中普通教室638972平方米，实验室113155平方米，图书室67546平方米。固定资产总值456137.22万元。

本年继续推进中小学办学条件达标工程，推进全区小学教育优质均衡发展，支持北部地区小学教育发展。初中建设工程进入收尾阶段。开展奥林匹克教育和宣传活动，组织中小学生进行奥运保障服务。

海淀区现有11所市级示范高中：中国人民大学附属中学、首都师范大学附属中学、清华大学附属中学、一〇一中学、八一中学、北京大学附属中学、北京理工大学附属中学、北京市十一学校、北方交通大学附属中学、北京市第二十中学、北京市中关村中学。本年人大附中西山学校成立。认定13所小学为第二批小学素质教育优质校。

（焦东琴　宋亚甫）

【中关村二小开展“与航天英雄在一起”系列活动】 1月10日至12月14日,中关村二小开展“与航天英雄在一起”系列活动。活动以“我们与‘神七’航天英雄在一起”为主题,开展参观航天城宇航员训练基地、举办探月科普知识讲座、欢送航天员出征、赴酒泉卫星发射基地亲眼见证神七升空、观看航天员出仓现场直播、迎接航天英雄凯旋、参观航天员科研训练中心等系列教育活动。

（路红芳）

【十一学校名家大师进校园活动启动】 1月24日,十一学校“亲近大师　厘清志向　导航人生—名家大师进校园”活动启动,于每周四邀请名家大师走进校园,与学生面对面交流。全年邀请科学家、艺术家、主持人、航天员、企业家、优秀教师等20余人到校举办报告会。（杨　雄）

【十九中艺术团赴美交流演出】 2月1至12日,北京市第十九中学艺术团赴美交流演出。艺术团由69人组成,赴美国参加洛杉矶华人华侨举办“红红火火中国年”庆典活动、凤凰城市政府举办“中国文化周”开幕式演出并参加金龙大游行活动。期间,艺术团还到亚利桑那州图森市绿树中学演出《花好月圆》、《茉莉花》等节目。（杨丽华）

【中关村中学举办纪念周恩来诗歌朗诵演唱会】 3月20日,中关村中学举办纪念周恩来总理诞辰110周年诗歌朗诵演唱会。朗诵演唱会以“诗言少年志　情系周恩来”为主题,分为伟人足迹、深情怀念、薪火相传3个篇章,师生们朗诵了周恩来青少年时期作品6首和8首自创诗歌;诗人闪世昌与学生一起诵读其创作散文诗《中关村的琴声》。中关村中学自1998年开展向周恩来学习活动,于1999年创建“周恩来班”、2007年开展两年一届“周恩来奖章”评选活动、创办“恩来诗话”社、出版《周恩来诗集详释》。

（王　巍）

【2学生获科技创新大赛市长奖】 3月21至23日,在第28届安捷伦北京青少年科技创新大赛上,人大附中贺虎、一〇一中学赵伟斯获“北京青少年科技创新市长奖”;清华附中李梦溪、中关村中学康博、人大附中王萌3学生获首次设立的市长奖“提名奖”。另有22个项目获得一等奖,居全市首位。

（宋亚甫）

【北大附小承办全国古诗文诵读交流活动】 3月26日,北大附小承办全国“中华古诗文诵读工程总结交流活动”。该活动由中国青少年发展基金会组织,听取学校工作汇报,学生以诵读古诗文的形式展示开展古诗文诵读活动10年的成果。（孙江红）

【实验小学成立豫剧团】 3月,海淀区实验小学豫剧团成立。豫剧团前身是由10人组成的戏曲兴趣小组,现有学生40人,聘请专业教师授课。10月,该团参加“全国少儿戏曲小梅花比赛”,表演的《武士请缨》获得小梅花金奖。（田　利）

【清华附中男子篮球队蝉联全国总冠军】 4月6日,在2007－2008中国高中男子篮球联赛中,清华附中蝉联全国总冠军。教练张涛获“最佳教练奖”,队员钟诚荣获“MVP(最有价值球员奖)”。（高　岷）

【开展小学春季传染病防控检查】 4月,海淀区教委与区疾控中心对12个中心学区108所小学的春季传染病防控工作进行检查,与校长签订学校传染病防控责任书,并请卫生部门专家进行业务指导。检查中显示的问题包括小学校专职卫生技术人员少,卫生老师流动大、担当多项兼职工作,个别校尚无独立卫生室,外来人口学生未接受正规免疫,需要查漏补种。（宋亚甫）

【八一中学学生获世界机器人锦标赛top10/优秀奖】 5月1～3日,2008年机器人世界锦标赛在洛杉矶加利福尼亚大学举行，来自世界13个国家和地区91支代表队400名中学生参赛，中国代表团由8个省市共19支队伍组成，八一中学机器人小组（由学生3人、教师2人组成）获得top10/优秀奖。

（潘跃金）

【人大附中培训中西部乡村中小学体育教师】 5月13日，人大附中培训中西部中小学体育教师。来自陕西、青海、山西、甘肃、宁夏、新疆、西藏、云南、安徽、贵州、广西、江西等12省100名乡村中小学体育教师，分四批接受为期12天培训，内容包括学习青少年足球基础教学理论和方法，进行带队实践演练，积累训练和管理经验。（吴兆华）

【八一中学举办宣传绿色奥运信件展】 5月19～23日，八一中学举办“白雪同学收到世界各国元首回信、照片展”。高二4班学生白雪，自2007年1月向80个国家发出倡导绿色环保理念信件，并自己设计签名卡，印有中国式花纹、长城、奥运会会徽等特色图案，倡导环保理念。截至2007年12月，收到30个国家元首回信。2008年7月21日，在北京奥组委举办的“中国青少年奥林匹克知识普及情况发布会”上，白雪向各国媒体展示她收到的部分外国元首回信。（左秋洁）

【中关村二小获国际艺术大赛三项大奖】 7月4～7月17日，中关村二小金帆少年交响乐团参加在奥地利维也纳举办“音乐无国界，奥运传友谊”艺术交流活动，获得“第二届维也纳‘至高荣耀’国际青少年艺术节”大赛交响乐组一等奖和最佳表演奖、“第37届国际青年艺术节”大赛交响乐第一名三项大奖。

（路红芳）

【人大附中学生获国际数学奥林匹克金牌】 7月10～22日，人大附中学生张瑞祥在第49届国际中学生数学奥林匹克竞赛上获得金牌。本届比赛在西班牙马德里举行，来自103个国家及地区的549名学生参加比赛，中国队以217分获得团体总分第一名，其中人大附中高二年级学生张瑞祥获得金牌。这是人大附中学生获得第5块国际中学生奥林匹克学科竞赛金牌。（吴兆华）

【海淀中心学区启动“携手互助工程”】 7月，海淀中心学区启动“携手互助工程”，并成立了“学区名师工作室”，推进学区内教师双向交流试点工作。中关村三小、万泉小学、人大附小分别与知春里小学、西颐小学、彩和坊小学正式签署“伙伴互助、携手同行”协议。中关村一小、中关村三小、人大附小安排老师到对方学校带班授课。（王　鑫）

【奥林匹克青年营在一〇一中学开营】 8月6日，位于一〇一中学的北京2008奥林匹克青年营正式开营。北京2008奥林匹克青年营以“青年创造未来”为主题，共有来自全世界481名青年（包括首次邀请的10名残疾人营员）参加，多数营员年龄在16至18岁之间，为热爱体育运动的在校学生、运动员或其他领域优秀青年代表。营期内主办方将组织营员参观奥运村、观看奥运会开幕式及部分比赛，开展“迷你奥运会”、“学厨在北京”等营员学习交流活动，观光北京夜景，游览故宫、长城等名胜古迹。（贺凤美）

【十九中学民乐团获奥林匹克文化节特殊贡献奖】 8月17日，十九中金帆民乐团在中国儿童艺术剧院举办专场演出，这次演出是“北京2008”城市奥运文化系列活动之一的“北京学校奥林匹克文化节专场演出”的一部分。其因表现突出获市奥林匹克文化节特殊贡献奖。

（时　昂）

【十一学校学生获世界航海模型锦标赛金牌】 8月20～27日，十一学校学生在第十四届世界航海模型锦标赛中获得金牌。该比赛在捷克亚布洛夫茨市举行，来自18个国家282艘模型参加竞赛。中国派出25人参赛，十一学校学生王梓宇获得1枚金牌，胡雅宁、谢小川各获得1枚银牌。（杨　雄）

【海淀区高考情况】 2008年，海淀区共有16715名考生参加全市统一高考，其中文科考生5064名,理科考生11651名,考生总数占全市考上的1/6。文科本科一批上线率为22.3%,本科整体上线率为44.7%,分别比上年提高4.56个百分点和6.98个百分点;理科本科一批上线率为42.3%,理科整体上线率为63.5%,分别比上年提高6.06个百分点和3.63个百分点。600分以上考生的数量占全市总数36.9%,比上年提高4.1个百分点。其中文科164人,占全市总数29.3%,比上年提高1.7个百分点;理科1595人,占全市总数37.9%,比上年提高4.3个百分点。人大附中考生胡梦蒙以702分获得北京市理科高考第一名。 (宋亚甫)

【农大附中内地新疆高中班开学典礼】 9月2日上午,中国农业大学附中举行内地新疆高中班开学典礼,本年农大附中从新疆招收了90名学生,其中维吾尔族学生50名,学校的新疆高班学生达170名。

(区民宗侨办组稿)

【人大附中出版“超常儿童培养系列丛书”】 9月16日,由校长刘彭芝和党委书记王珉珠主编的“人大附中超常儿童培养系列丛书”出版,包括《中国车手程丛夫》、《学苑“怪才”潘思塑》、《发明之星吴天际》、《艺术少年杨迪》、《剑桥学子肖盾》、《世纪少女杨夏男》、《校园“黑客”侯晓迪》、《绘画才子王羽熙》8本。以学生为主人公,通过纪实方式再现8个学生成长历程。

【民大附中①举办建校95周年庆祝活动】 10月3日,中央民族大学附属中学举办建校95周年庆祝活动。活动以“弘扬传统、凝聚人心、彰显风范、再创辉煌”为主题。温家宝、司马义·铁力瓦尔地、布赫、李岚清、阿不来提·阿不都热西提、热地等领导、科学家、艺术家、各界知名人士34人为校庆题词。10月1日,学校建成象征民族团结的“和”雕塑;举办校园文化周、学术活动月和征文征物活动;出版《校史》等书籍;制作校庆专题片、校庆文化衫、校庆邮品(纪念封、明信片)、校庆纪念品、校庆徽章。 (王 鑫)

【3所小学获少儿戏曲小梅花金奖】 10月6日,在第十二届全国少儿戏曲小梅花荟萃活动中,海淀区3所小学获得小梅花金奖。中国少儿戏曲小梅花荟萃活动创办于1997年,每年举办一次。西颐小学、北大附小、实验小学分获京剧业余组金奖2个,豫剧业余组金奖1个。

【农大附小学生获宋庆龄奖学金】 10月8日,海淀区农大附小学生李一获得宋庆龄奖学金。宋庆龄奖学金创办于1994年,是九年义务教育阶段唯一国家级奖学金,评选范围为全国义务教育阶段小学四年级至初中三年级在校学生。此届奖学金共有801名中小学生获奖。 (宋亚甫)

【清华附中与英国布莱顿中学合作建立孔子课堂】 10月24至30日,清华附中与英国布莱顿②中学合作建立孔子课堂。“孔子课堂”属非营利教育机构,主要业务包括开设汉语教学课程、培训汉语教师、编制和推广汉语学习资料和教材、开办汉语考试、举办增进大众对中国及中国语言文化了解的教学、学术和文化活动等。 (高 岷)

【中坞小学亚太口琴节获奖】 11月1日~4日,中坞小学参加第七届亚太口琴节比赛获奖。该项赛事由亚洲、太平洋地区口琴协会主办,杭州市下城区政府和中华口琴会承办,来自韩国、日本、新加坡、马来西亚、及国内各省市、台湾、香港地区口琴爱好者1000人参

---

① 中央民族大学附属中学前身是蒙藏学校,成立于1913年,1918年改名为蒙藏专门学校,是我国最早开办的民族高等学校。1920年代末改为蒙藏委员会北平蒙藏学校,为中等教育学校。1923年,李大钊、赵世炎、邓中夏等来校开展革命工作,培养第一批少数民族共产党员,建立第一个少数民族党支部,编辑第一本少数民族革命刊物《蒙古农民》。北平解放后被人民政府接管并改名国立北京蒙藏学校,1951年改为现名,是全国唯一一所面向各少数民族地区招生在北京参加高考和录取的寄宿制民族中学。

② 布莱顿中学建于1845年,开创小班教学、外语和科学教学、校刊、校体育馆等先河。2006年3月,该校成为英国第一所将汉语列为必修课的私立学校。

赛。海淀区中坞小学代表北京地区参加小学组7个项目比赛，5项进入前三名，其中大合奏、三合奏获得冠军，二合奏、四合奏获得亚军，小合奏获得季军。　（宋亚甫）

【射击协会后备人才基地在清华附中挂牌】　11月7日，国家体育总局射击射箭运动管理中心在清华附中举行“中国射击协会后备人才培训基地”暨“中国射击协会重点射击学校”挂牌仪式。清华附中自1999年开展中学生射击项目，有6人入选中国国家射击队，其中刘天佑在2006年多哈亚运会上获得3枚射击金牌；廖莎、罗玉麟等在世界大学生射击锦标赛上获得冠军。　（高　岷）

【中关村中学学生获“明天小小科学家”一等奖】　11月10日，在第八届“明天小小科学家”评审活动中，中关村中学学生陈小鸟的课题“辛伐他汀联合尼非地平增强保护血管内皮细胞的作用”被评为一等奖。（徐　军）

【清华附中获泛太平洋中学生运动会2枚金牌】　11月29日～12月9日，清华附中学生在2008年泛太平洋中学生运动会上获得2枚金牌。另获2枚银牌、两枚铜牌。

（高　岷）

【中关村二小举办首次跨国视频数学研修活动】　12月4日，中关村二小与美国加州州立大学安淑华博士及其研究生、杭州师范大学叶立军教授及其研究生，首次尝试三方团队实时在线视频交流。研讨美方小组合作学习基本理念、训练程度以及达到何种目的和效果，讨论中方数学教学中所用教材、课堂人数以及作业和小测验等问题。　（路红芳）

【海淀区部分北京市示范高中简介】

北京市八一中学　本年开设教学班73个（初中42个班、高中31个班）。教职工304人，包括专任教师224人，其中具有副高级职务61人、中级职务128人；市级学科带头人2人、市级骨干教师6人和市级特级教师3人。毕业生1050人，其中初中643人、高中407人；招生1004人，其中初中594人、高中410人；在校生3115人，其中初中1872人、高中1243人（包括寄宿生190人）。高中录取分数线（本区）515分；高考录取率文科100%、理科99.73%。有普通教室80个、专用教室33个和实验室17个。学校占地面积12.5万平方米，建筑面积75557平方米。体育场馆面积2.77万平方米。图书馆（室）藏书总数23.47万册。固定资产总值21335.10万元。全年教育经费投入6676万元，其中国家拨款5214万元，自筹经费1462万元。

八一中学是由中国共产党和人民军队最早建立的一所基础教育学校，在传承优良革命传统的同时，积淀并形成了独特的校园文化。

本年，学校开展“情系奥运，文明礼仪伴我行”主题教育，举办奥运主题板报展。初二（12）班学生刘通作为火炬手参加山西省平遥奥运圣火传递。组织师生2200人次到奥运赛场观赛，参加运动员入村欢迎仪式，参加奥林匹克青年营开营仪式，参与城市志愿服务。宣传“绿色奥运”理念，支持校学生会和“根与芽”社团开展环保实践活动。在抗震救灾活动中，本校部分高一学生作为北京中学生代表与北川中学部分幸存师生进行了交流。

学校现有社团32个，其中“根与芽”等10个社团被评为星级社团。“根与芽”社团参加义务植树活动。举办“参与回收、捐助灾区”活动宣传，长期开展“3R好生活——献一份爱心环保回收活动”，统一整理回收“利乐”包装、电子垃圾、废旧纸张和饮料瓶罐等，所得经费全部捐给灾区

开展教师读书活动，开辟师德论坛；完善课堂教学研究，开发和利用物理传感器实验室、生物分子微生物实验室、标本室等教学资源，建设语文阅读教室、美术工作室、通用技术实验室，研发课改年级音乐校本教材，开设网络研修教研博客。编辑《高三教学工作手册》。

建立学生选课指导中心和学生人生规划研究中心,针对高一新生进行新课改知识介绍、选课指导、适应新环境以及学业生涯规划教育。高一年级继续开展研究性学习,完成78个课题。2名学生参加北京市第28届青少年科技创新大赛获得一等奖。

接待皇家威尔士音乐戏剧学院师生访问。6月1日,师生代表2人参加广播电台“博爱电波书屋”节目制作,向北京市学生介绍学校“参与回收、爱心捐助”活动。

(左秋洁)

中关村中学 本年,开设教学班89个(其中初中54个、高中35个)。毕业1284人,其中,初中782人、高中502人;招生945人,其中,初中552人、高中393人;在校生3381人,其中,初中2081人、高中1300人。教职工318人,包括专任教师279人,其中副高级职务68人,中级职务152人;市级学科带头人1人、市级骨干教师8人,市级特级教师2人。学校占地面积48428.81平方米,建筑面积43710.3平方米。有普通教室91个,专业教室15个,实验室14个。体育场馆面积13560平方米。图书馆(室)藏书16.256万册。固定资产总值5324.46万元。全年教育经费投入6758.2万元,其中国家拨款4590.9万元,自筹经费2167.3万元。

举办高中课改阶段总结暨学生学业评价课题交流研讨会,举办主题“努力创新校本教研,精心构建合作文化”课堂观察展示培训现场会。举办学科特色教学基本功比赛。

开展奥运教育,举办奥运场馆建筑模型设计制作大赛,举行奥运倒计时100天主题活动。食堂员工42人参加奥林匹克青年营餐饮服务工作,获得奥组委颁发“北京奥林匹克青年营杰出贡献单位”奖。参加在天安门广场举行的迎奥运国际青少年管乐表演,获得奥组委颁发“北京2008年奥运会、残奥会奥林匹克教育工作突出贡献奖”。金帆管乐团获2008“智创杯”中国第二届非职业优秀管乐团队展演中学生组金奖第一名。

(黄文萍)

首都师范大学附属中学 2008年开设教学班43个,其中初中12个、高中31个。毕业615人;招生655人,其中初中175人、高中480人;在校生1842人,其中初中490人、高中1302人、外籍学生50人。有教职工232人,包括专任教师165人,其中具有中学高级专业技术职务72人;硕士学位教师31人;市级骨干教师5人,特级教师9人,享受政府津贴2人,区学科带头人26人。占地面积33100平方米,建筑面积24026平方米,体育场馆面积12930平方米。图书馆(室)藏书10万册。普通教室50个,专用教室7个,实验室12个。固定资产总值127760万元。全年教育经费投入63339万元,其中,国拨45616万元,自筹17723万元。

开展系列献爱心活动。为南方冰雪灾害捐款14721元,向汶川地震灾区捐款146327元,缴纳特殊党费60232元,派出4名教师前往什邡和北川中学开展支教活动。为山西国家级贫困县平顺县募捐图书6320册及音像制品。

承办全国部分大学附中协作体第17届年会,承接国家汉办“国外汉语教师来华研修项目”。举办企鹅英语朗读比赛。举办IBM“工程师周”活动,IBM工程师为高一学生讲授当代工程技术领域最新发展情况。接待美国科罗拉多州穆伦高中合唱团(Mullen HS)、费尔菲尔德学院预备学校合唱和爵士乐队(Fairfield Preparatory School)怀俄明州阿拉碧芙少女合唱团(Alla Breve Women's Chorale)一行114人访问。获第四届JA中学生创业计划大赛北京(地区)比赛第一名。

(朱振平)

清华大学附属中学 2008年开设教学班41个(初中10个、高中31个),招生540人(初中123人、高中397人),毕业753人(初中154人、高中599人)。在校学生1509

人（初中403人、高中1106人）。清华大学附属初级中学（初中校）开设教学班26个，招生300人，毕业378人，在校学生987人。寄宿生总人数625人。教职工273人，其中专任教师197人，高级专业技术职务教师90人，正教授职务1人，中级职务64人。市级学科带头人5人，市级骨干教师10人，市级特级教师17人。学校占地面积8万平方米，建筑面积5万平方米。有专用教室47个，普通教室94个。所有计算机通过光纤连入清华大学并进入国际互联网。教职工全部配备计算机，实现无纸化办公。体育场地22650平方米。图书馆藏书10万册。固定资产总值9858万元。全年教育投入5243万元，其中国拨2366万元，自筹2877万元。

举办第二届全国课堂观察活动，召开第二届全国普通高中课堂观察研讨交流会，承办“海淀区物理课堂教学开放日”教研活动，举办优秀教师示范课活动，召开新课改阶段性教学研讨会。

开展全校性教学调查2次，召开各年级教学情况分析会20余次，召开部分教师座谈会3次，在校学生座谈会10余次，毕业班学生座谈会6次。组织班主任基本功大赛的示范班会展示活动。建立见习班主任制度。

为地震灾区捐款20余万元，初一年级开展给灾区小朋友写封信活动。举办“2008中小学科技普及教育展示会”暨“中国雏鹰航空与工程DIY创新竞赛”。开展特色班集体建设和班级文化展示评比活动，开展交通、食品、治安防范的教育，进行安全疏散演习。组织500多名同学参加了奥运城市志愿者活动，组织1800多人次观赛。清华附中民乐团成立，获得北京市金帆民乐团称号，参与奥运青年营和奥运文化专场演出。成立科技俱乐部。红十字会78名学生会员赴北京市太阳村开展志愿服务和献爱心活动。举办西藏问题专场报告会，听取中央党校胡岩教授《所谓“西藏独立”问题的由来及其实质》报告。

本年，在学科竞赛方面，高中生获国际金奖2人，获全国一等奖6人、二等奖12人、三等奖27人；获北京市一等奖29人、二等奖57人、三等奖46人。初中生获全国一等奖7人、二等奖10人、三等奖12人；获北京市一等奖6人、二等奖16人、三等奖43人。物理教师潘天俊获得全国中学物理青年教师教学大赛一等奖。　（施　平　高　岷）

中国人民大学附属中学　2008年开设教学班103个，其中初中班47个、高中班56个。在校生4417人，其中初中2059人、高中2398人。有教职工402人，包括专任教师315人，其中具有正高级职务有2人，副高级专业技术职务209人，中级职务124人；市级学科带头人7人、市级骨干教师16人，市级特级教师21人。有普通教室111个，专用教室：音体美教室8个，技术与创新教室9个，信息技术教室12个，心理教室1个，实验室5个。占地面积94666平方米，建筑面积77591.31平方米，体育场馆面积2700平方米。图书馆藏书15万册。

举办北京市高中通用技术课程观摩研讨会、高中新课程改革数学教学研讨会。召开基础教育信息资源开发与服务试点工程名校校长研讨会。举办CNGI（中国下一代互联网示范工程）阶段总结和成果汇报大会。接待英国政治评论家、惠灵顿中学校长安东尼塞尔顿博士（Andoney Seldon）访问。校长刘彭芝当选全国十大教育杰出贡献校长。

年内开设150门校本选修课，研发“选修课管理平台”，实现网上选课、网上管理。每名学生每学期选修3门。建立“中共青少年党史教育活动基地”。

开展支援灾区志愿活动，全校师生共募集款项765276.72元。7月6日，学校教师志愿者22人和学生志愿者3人赴什邡灾区支教7天。

举办“奥运文明之光”主题活动。全国妇联永久收藏人大附中学生潘丹琳发明的奥运礼仪棋,学生罗杰独立创作歌曲《顾拜旦颂》。校长刘彭芝与学生刘漪秾参加火炬传递。

国际象棋队参加第十六届“李成智杯”全国青少年国际象棋冠军赛获3枚金牌,国际象棋国少队杨凯淇获得第一届韩国国际象棋公开赛冠军。合唱团获北京市第十一届学生艺术节合唱比赛金帆组最佳技巧奖、最佳作品奖、最佳训练奖,行进管乐团获北京市第十一届学生艺术节管乐比赛一等奖。参加2008北方青少年北方VEX机器人联赛暨VEX机器人世界锦标赛北方赛区选拔赛获一等奖第一名。学生管紫轩和张思卓在第二十五届全国中学生物理竞赛决赛中获一等奖。高中数学教师李秋生获得全国高中青年数学教师优秀课《随机事件的概率》评比一等奖第一名。

2008年,胡梦萦以702分获得北京高考理科第一名,吴文昊获唯一理科综合满分;100人考入北京大学,74人考入清华大学,51人考入人民大学,24人考入香港大学、香港中文大学等;21人考入哈佛大学、美国麻省理工、杜克大学、宾西法尼亚大学等。人大附中国际部和高考复读班有46人考入北大、清华,7人考入人大,8人考入香港各大学。

(吴兆华)

北京市一〇一中学　2008开设教学班80个,其中初中班45个、高中班35个。毕业1082人,其中初中529人、高中553人;招生1096人,其中初中630人、高中466人;在校生3008人,其中初中1628人、高中1380人。有教职工355人,包括专任教师248人,其中具有副高级专业技术职务101人、中级职务123人、市级学科带头人4人、市级骨干教师13人、市级特级教师5人。占地面积20.8万平方米,建筑面积5.5万平方米,体育场馆面积4万平方米。图书馆藏书11万册。普通教室100个,专用教室28个,实验室15个。固定资产总值17000万元。全年教育经费投入9000万元。

举办“新课程理念下的课堂教学模式探究活动”、首届“教坛新秀”、“教学能手”教师评比展示活动、“关注学生心理健康—北京一〇一中学班主任培训会”。承办以“立足课堂教学,发展学生技术素养”为主题的劳动技术课堂教学研讨会。高一年级展示首轮研究性学习成果。

启动“请带走环保袋,留给我们绿色的明天－免费发放环保袋活动”。举办首届模拟联合国大会。开展“让文化温暖冬日—北京一〇一中学校园文化市场”活动。邀请1996年诺贝尔经济学奖获得者詹姆斯·莫里斯(James Alexander Mirrlees)进行励志讲演。

高三毕业生组织义卖活动,共募集善款8286元,全部捐给北川中学。北川中学初二年级2名学生参加初三(1)班《我们在一起》主题联谊班会。

在北京奥运会期间,奥林匹克青年营在一〇一中学校园举办。初一、初二、高一、高二年级45个班参加“奥运给我一个机会,我给世界无限精彩——奥林匹克青年营走进一〇一”大型奥运主题班会展评活动。9名学生获“微笑北京　志愿奥运”微笑大使称号。

在第23届全国青少年科技创新大赛上,获得优秀学生项目一等奖、二等奖各1个。在泛太平洋中学生运动会上,高三学生刘飞获得男子跳远金牌,高二学生宋皓获得男子跳高金牌,并打破大会纪录。

(贺凤美)

【海淀区中小学 2008 年基本情况】

小学

学校全称	邮编	地址	电话
1、北京市海淀区五一小学	100039	永定路 127 号	88223366
2、北京市海淀区培英小学	100039	太平路 19 号	68158913
3、北京市海淀区图强第二小学	100039	五棵松正大南路 4 号	68276040
4、北京市海淀区群英小学	100036	翠微路 40 号	66708127
5、北京市海淀区玉泉小学	100039	金沟河路 35 号	68186343
6、北京市海淀区太平路小学	100039	采石路 9 号	88628368
7、北京市育英学校(小学部)	100036	万寿路西街 11 号	68273904
8、北京市建华实验学校(小学部)	100039	玉泉路 66 号	88279250
9、北京市海淀区翠微小学	100036	翠微路 22 号	68226638
10、北市海淀区羊坊店中心小学	100038	北蜂窝路 66 号	63984380
11、北京市海淀区羊坊店第四小学	100038	羊坊店路 114 号	63965129
12、北京市海淀区羊坊店第五小学	100038	北蜂窝路 9 号	63984248
13、北京市海淀区七一小学	100036	莲花池西路 1 号	63935811
14、北京市育鸿学校(小学部)	100843	复兴路 14 号	66984493
15、北京市海淀区二里沟中心小学	100044	二里沟中街 4 号	68356551
16、北京市海淀区实验小学	100037	西三环北路 107 号	68415029
17、北京市海淀区万寿寺小学	100081	万寿寺北里 16 号	88517669
18、北京市海淀区定慧里小学	100142	定慧西里 18 号	88125721
19、北京市海淀区六一小学	100142	恩济里小区 24 号楼	88123807
20、北京市海淀区银燕小学	100097	蓝靛厂火器营厢红旗 48 号	88432578
21、北京市海淀区花园村第二小学	100044	花园村 4 号	68412812
22、北京市海淀区车道沟小学	100089	车道沟 1 号	68413862
23、北京市海淀区八里庄小学	100036	八里庄 7 号	68414031
24、北京市海淀区亮甲店小学	100036	八里庄街道亮甲店 1 号	88132613
25、北京市海淀区魏公村小学	100081	魏公村小区 23 号楼	88570455
26、北京市海淀区北洼路小学	100089	车道沟南里 36 号	68410103
27、北京市立新学校(小学部)	100037	甘家口阜北一街甲 185 号	68351530
28、北京理工大学附属小学	100081	中关村南大街 5 号	68913361
29、北京 21 世纪实验学校(小学部)	100042	恩济庄 46 号	88124903
30、北京市海淀区星火小学	100082	新外大街小西天志强园	62210393
31、北京市海淀区今典小学	100082	红联北村 83 号	62256192
32、北京市海淀区艺术师范附属小学	100088	明光村 23 号	62225062
33、北京市海淀区向东小学	100081	西外太平庄 13 号	62184719
34、北方交通大学附属小学	100044	上园村 3 号院	62259428
35、中国农业科学院附属小学	100081	中关村南大街 12 号	62163712
36、北京医科大学附属小学	100191	花园路甲 3 号	62005621

37、北京市海淀区九一小学	100191	花园路1号	62017376
38、北京市海淀区前进小学	100088	健安西路32号后门	82028263
39、北京市海淀区民族小学	100088	德外后黑寺1号	62012029
40、北京市海淀区学院路小学	100088	蓟门里小区	62356667
41、北京航空航天大学附属小学	100083	学院路37号	82317160
42、北京师范大学实验小学	100875	新外大街19号	58808217
43、北京市海淀区中关村第一小学	100190	中关村南二街5号	62564837
44、北京市海淀区中关村第三小学	100190	中关村南一街4号	82575168
45、北京市海淀区中关村第四小学	100098	海淀区大钟寺太阳园14号	82130515
46、北京市海淀区万泉小学	100089	万泉庄甲1号	62545539
47、北京市海淀区彩和坊小学	100080	彩和坊19号	62567633
48、北京市海淀区知春里小学	100086	知春里小区甲22号	62572340
49、北京市海淀区西颐小学	100086	北三环西路49号	62545332
50、北京市海淀区双榆树第一小学	100086	双榆树东里32号	82129851
51、北京市海淀区双榆树中心小学	100086	双榆树西里36号	62634457
52、中国人民大学附属小学	100097	蓝靛厂路18号	88863978
53、海淀外国语实验学校（小学部）	100195	杏石口路20号	88436598
54、北京石油学院附属小学	100083	学院路20号	62381358
55、北京市海淀区清华东路小学	100083	清华东路4号	62311604
56、北京市海淀区六道口小学	100083	学清路32号	62327756
57、北京市海淀区前八家小学	100085	前八家村7号	62937745
58、北京市海淀区第三实验小学	100083	王庄路42号	62323580
59、北京市海淀区第二实验小学	100085	清河镇西	62942192
60、北京市海淀区清河第一小学	100085	清河毛纺厂南门东侧	62934874
61、北京市海淀区清河第四小学	100096	清河镇西三旗新都东站	82951502
62、北京市海淀区枫丹实验小学	100096	西三旗建材城中里1号小区	82911840
63、北京市海淀区永泰小学	100192	永泰小区东里49号	62906074
64、北京市海淀区育鹰小学	100085	西三旗空军装备研究院东门	82710040
65、首师大附属育新学校（小学部）	100096	西三旗育新花园34号	82951953
66、北京科技大学附属小学	100083	学院路30号	62332661
67、北京林业大学附属小学	100083	清华东路35号北京林大院内	62338960
68、北京市海淀区西苑小学	100091	西苑操场甲1号	62880380
69、北京市海淀区培星小学	100091	厢红旗董四墓村36号	62881646
70、北京市海淀区红山小学	100091	红山口甲3号	82831564
71、北京市海淀区肖家河小学	100091	肖家河王庄1号	62895369
72、北京市海淀区北宫门小学	100091	大有北里149楼	62818751
73、北京市海淀区中关村第二小学	100190	中关村北一条10号	82621897
74、北京市海淀区万泉河小学	100080	芙蓉里小区十号楼东侧	62551876
75、北京市海淀区清河第五小学	100084	体育大学院内小学	62965197

76、北京市海淀区上地实验小学	100085	上地东里五区	82781993
77、北京市海淀区六郎庄小学	100080	六郎庄慈佑街1号	62551778
78、清华大学附属小学	100084	清华园清华大学院内	62782241
79、北京大学附属小学	100871	北京大学燕东园内	62756089
80、北京市海淀区星星学校	102600	大兴区郁花园东区甲27号楼	60258764
81、北京市海淀区四季青中心小学	100195	通汇路9号	88436899
82、北京市海淀区田村中心小学	100049	田村后街	68163066
83、北京市海淀区西山小学	100097	四季青镇黑塔村142号	62590462
84、北京市海淀区中坞小学	100195	四季青乡中坞村174号	88855705
85、北京市海淀区四王府小学	100093	香山正白旗甲9号	62591333
86、北京市海淀区香山小学	100093	香山北正黄旗36号	82592661
87、北京市海淀区第四实验小学	100093	香山南路15号	59811695
88、北京市海淀区巨山小学	100093	北辛庄241号	62590469
89、北京市海淀区陶行知小学	100091	四季青乡北坞村267号	88855380
90、海淀尚丽外国语学校(小学部)	100093	香山南路四统碑	62591241
91、北京市海淀区东北旺中心小学	100094	马连洼兰园小区东侧	62829846
92、北京农业大学附属小学	100193	圆明园西路3号院	62899050
93、北京市海淀区唐家岭小学	100094	西北旺镇唐家岭村	62979543
94、北京市海淀区红英小学	100094	韩家川村南口	62457918
95、北京市海淀区冷泉小学	100095	西北旺镇冷泉村	62456605
96、北京市海淀区西北旺小学	100094	西北旺后厂村106号	62899052
97、北京市海淀区西二旗小学	100085	西二旗智学苑小区	62923038
98、北京市海淀区永丰中心小学	100094	西北旺镇六里屯村	62472773
99、北京市海淀区大牛坊小学	100094	西北旺镇大牛坊村	62472811
100、北京市海淀区西玉河小学	100094	西北旺镇西玉河村	62473004
101、北京市海淀区丰联小学	100094	西北旺镇辛店村	62473648
102、北京市海淀区宏丰小学	100094	西北旺镇亮甲店村	62456623
103、北京市海淀区温泉中心小学	100095	温泉镇环山村	62407812
104、北京市海淀区东埠头小学	100095	温泉镇东埠头村	62456893
105、北京市海淀区白家疃小学	100095	温泉镇白家疃村	62456185
106、北京市海淀区上庄中心小学	100094	上庄镇上庄村1号	62471435
107、北京市海淀区白水洼小学	102206	上庄镇白水洼村南	62471464
108、北京市海淀区前章村小学	100194	上庄镇前章村	62471264
109、北京市海淀区东马坊小学	100094	上庄镇东马坊村20号	62471422
110、北京市海淀区苏家坨中心小学	100194	苏家坨镇西小营村	62409511
111、北京市海淀区前沙涧小学	100194	苏家坨镇前沙涧村	62406913
112、北京市海淀区苏家坨三四村小学	100194	苏家坨镇苏三四村南区146号	62482536
113、北京市海淀区北安河中心小学	100095	北安河环谷园路2号	62488302
114、北京市海淀区红星小学	100194	北安河路36号	62455948

115、北京市海淀区周家巷小学	100095	军庄路1号区	62455244
116、北京市海淀区台头小学	100194	苏家坨聂各庄路13号	62459612
117、北京市北外附属外国语学校(小学部)	100085	西二旗大街19号	82747044

注:①2008年1月,海淀区图强一小并入图强二小。

②2008年9月28日,海淀区北坞小学更名为陶行知小学。

中学(共77所)

完全中学(合计58所)

学校全称	邮编	地址	电话
1、北京市育英学校	100036	万寿寺西街11号	68270365
2、北京市育英中学	100036	万寿路西街14号	68287770
3、北京市十一学校	100039	玉泉路甲66号	88278276
4、北京市太平路中学	100039	太平路8号	68156905
5、北京市永定路中学	100143	金沟河路13号	68273356
6、北京市玉渊潭中学	100038	羊坊店路皇亭子	63983619
7、北京市第五十七中学	100038	北蜂窝中路6号	63269986
8、北京市翠微中学	100036	翠微路1号	68273011
9、海淀教师进修学校附属实验学校	100097	远大路34号	88509458
10、北京市六一中学	100142	定慧西里17号	88127324
11、北京市立新学校	100037	阜成路甲3号	68334997
12、首都师范大学第二附属中学	100037	增光路50号	68429728
13、北京市海淀实验中学	100048	白堆子131号	68471805
14、北京理工大学附属中学	100089	车道沟	68730977
15、北京市万寿寺中学	100081	万寿寺北里14号	68726706
16、北方交通大学附属中学	100081	皂君庙12号	62116381
17、北京市第一〇五中学	100081	高粱桥斜街3号	62181395
18、北京师范大学附属第三中学	100088	北太平庄北三环中路甲36号	62027296
19、北京市明光中学	100088	学院南路1号	62233058
20、北京市八一中学	100080	苏州街29号	58839017
21、北京市中关村中学	100086	科学院南路甲14号	62619907
22、北京市知春里中学	100086	知春东里12号楼	82125874
23、北京市第十九中学	100089	万泉河路83号	62567672
24、北京市陶行知中学	100088	马甸换新西村2号	62370760
25、中国地质大学附属中学	100083	学院路甲31号	82310924
26、北京医学院附属中学	100083	花园北路40号	62051727
27、北京钢铁学院附属中学	100083	志新路36号	62310935
28、北京矿业学院附属中学	100083	学院路丁11号	62319913
29、北京石油学院附属中学	100083	学院路20号	62311307
30、北京市一〇一中学	100091	颐和园路11号	51633181
31、北京市第六十七中学	100091	厢红旗东门外甲3号	62881087

32、北京市第二十中学	100085	清河小营西路11号	62920533
33、北京农业大学附属中学	100094	圆明园西路3号	62818575
34、北京市温泉第二中学	100095	温泉镇环山村2号	62456591
35、北京市第四十七中学	100095	苏家坨镇环谷园路8号	62450147
36、北京市蓝靛厂中学	100097	蓝靛厂路25号	88457078
37、北大附中香山学校	100093	香山南辛村1号	82597165
38、北京大学附属中学	100190	黄庄	58751417
39、清华大学附属中学	100084	中关村北大街	62784695
40、中国人民大学附属中学	100080	中关村大街37号	62511859
41、首都师范大学附属中学	100037	北洼路33号	68415054
42、北京航空航天大学附属中学	100191	学院路37号	82317141
43、首都师范大学附属育新学校	100096	西三旗育新康园4号	82930293
44、北京市师达中学	100093	闵庄路70号	62858559
45、北京市二十一世纪实验学校	100042	恩济庄46号	88124903
46、北京市北外附属外国语学校	100086	西二旗大街19号	82747051
47、北京市建华实验学校	100039	玉泉路66号	88279205
48、北京市海淀区尚丽外国语学校	100093	香山南路四统牌	62591019
49、北京市中关村外国语学校	100096	西三旗东路	82930297
50、北京市海淀外国语实验学校	100195	杏石口路20号	88459948
51、北京市科迪实验中学	100194	苏家坨乡苏三四村	62482677
52、北京理工大学附属中学分校	100044	紫竹院南路11号	68421542
53、中国人民大学附属中学分校	100086	双榆树南里二区3号	62150370
54、北京市方致实验学校	100036	八里庄北里20号	88116295
55、北京市北达资源中学	100080	北京大学畅春园	62757187
56、北京市清华育才实验学校	100089	海淀区闵庄路56号	82576130
57、北京市西颐实验学校	100086	双榆树南里二区3号	62510162
58、北京市仕尚中学	100094	上庄路117号	58712288
初级中学(合计13校)			
59、北京市二〇六中学	100036	翠微路19号	68277115
60、北京市卫国中学	100036	复兴路21号	68181450
61、北京市万泉河中学	100080	海淀操场乙73号	62610491
62、北京市学院路中学	100088	蓟门里北甲11号	62015276
63、北京市上地实验学校	100085	上地二街3号	62975206
64、北京市上庄中学	100094	上庄镇43号	62471492
65、北京市上庄第二中学	100094	上庄镇东小营2号	62471523
66、北京市永丰中学	100094	西北望镇六里屯村北	62474285
67、北京市育强中学	100049	阜石路甲59号	68238169
68、海淀北部新区实验中学	100194	苏家坨镇西小营村	62454931
69、北京市上地中学	100084	中关村北大街2号	62619108

70、北京市清河中学	100085	清河镇一街83号	62927409
71、清华大学附属初级中学	100084	清华大学院内	62789616
九年一贯制学校(合计2校)			
72、北京市育鸿学校	100843	复兴路十四号院内	66985645
73、北京市海淀区星星学校	100193	马连洼菊园小区11号楼	62970546
高级中学(合计4校)			
74、中央民族大学附属中学	100081	法华寺甲5号	68933248
75、北京世贤学院附属中学	100083	二里庄小区24号	62316263
76、北京市清华志清中学	100084	体育大学家属区东侧	62974141
77、北京市一佳高级中学	100086	双榆树东里35号	82118457

注:2008年,海淀区中学撤并3所。1月,北英中学并入育英中学;5月,撤销清华园兴起中学;11月,科兴实验中学并入北师大三附中

(宋亚甫)

职业教育

【综述】 按照登记原则,2008年海淀区有中等职业学校19所(含开设职业高中部和中专部的成人和特教学校),其中职业高中5所,中专技校12所,海淀寄读学校和北京市第三聋人学校2所特殊教育学校办有职高班;4所公办职业高中有2所国家级重点校、1所省部级重点校。全区中职学校开设专业44个,招生4984人、毕业4849人,在校生16693人,其中职业高中在校生6541人,比上年减少583人;职业高中北京市户籍学生3661人,比上年减少670人。教职工1802人,其中专任教师1120人。全部职业学校占地面积282482平方米,建筑面积216952平方米;固定资产总值34446.84万元;全年教育经费投入18649万元,其中国家拨款15165万元,自筹3484万元。

本年,探索以就业为导向的多元办学模式,重点发展信息技术和数字媒体、文化创意、现代服务以及计算机应用、金融事务、汽车维修等专业。职业教育新校区建设工程进展顺利,基本建成计算机网络技术、数字多媒体技术、金融事务、美容美发与形象设计、烹饪、动漫创作6个市级实训基地建设和1个区级幼儿(艺术)教育实训基地,为职业学校专业教学、普通中学课改和社区居民技能培训服务。信息管理学校的计算机网络实训基地和海淀区艺术职业学校的动漫实训基地被列入北京市重点发展的10个实训基地。

【2008年海淀区中等职业学校名单】

学校全称	邮编	地址	电话
1、北京市海淀区外语电子职业高中	100192	清河清缘里小区	62993558
2、北京市海淀区艺术职业学校	100088	北三环西路4号	62269740
3、北京市商务管理学校	100083	北土城西路169号	62010944
4、北京市信息管理学校	100081	西三环北路20号	88516786
5、北京市残疾人职业高中(职高部)	100083	花园北路32号	62028462
6、北京市军乐艺术学校	100093	香山南路65号	62596696
7、北京市海淀寄读学校(职高部)	100095	温泉村170号	62400306
8、北京体育大学附属中等体育专业学校	01300	顺义体育局院内	69432457
9、中央民族大学(中专部)	100081	中关村南大街27号	68933983

10、北京市海淀区卫生学校	100192	清河永泰庄北路27号	62925762
11、首都体育学院附属竞技体校	100095	苏家坨镇草场村486号	62485360
12、北京舞蹈学院附属中等舞蹈学校	100081	民族学院南路9号	68935714
13、北京市盲人学校(职高部)	100097	五路居11号	88436313
14、北京市经济管理学校	100142	八里庄北洼路83号	68725419
15、北京体育大学附属竞技体校	100084	上地信息路48号	62989544
16、北京市皮革工业学校	100083	花园北路29号	62351532
17、北京市幼儿师范学校	100048	阜外北三街5号	68429730
18、海淀区四季青成人中等专业学校	100093	闵庄路70号	62858084
19、北京市海淀区职业学校(职高部)	100084	中关村北大街47号	62552269

注:①根据北京市教委公布的名单,本年无统一招生资格的学校为:中央民族大学中专部、海淀区四季青成人中等专业学校、北京市海淀区职业学校职高部。

②北京体育大学附属中等体育专业学校办学地点在顺义区,注册地点为海淀区,列入本区名单。

(宋亚甫)

特殊教育

【综述】 2008年,海淀区内有特殊教育学校4所(区属3所,市属1所),开设教学班57个,招生165人,毕(结)业122人,在校生813人;教职工256人,其中专任教师180人。工读学校1所,开设教学班13个,毕(结)业138人,招生118人,在校生287人;教职工91人,其中专任教师72人。2008年,投入2600万元建设的培智学校新校区竣工,投入800万元对第三聋人学校进行修缮。为50所学校配备无障碍设施,新建3个特教资源教室。全区已有70多所中小学配备无障碍设施,建成特教资源教室9个,残疾康复技术指导中心4个,为随班就读学生提供更好的学习条件和康复服务。对特殊教育学生和随班就读学生实施减免费用和提供学习补助政策。本年,海淀区培智中心学校被评为"全国特教先进单位"。

【北京市第三聋人学校(北京市残疾人职业高中)】 北京市第三聋人学校(北京市残疾人职业高中)是北京市规模最大的一所特殊教育学校,两校是一套领导班子。本年开设教学班22个,其中小学班8个、初中班6个、高中班8个。毕业67人,其中小学18人、初中6人、高中43人;招生63人,其中小学19人、初中21人、高中23人;在校生332人,其中小学132人、初中73人、高中117人。高考录取率78%。教职工87人,专任教师64人,其中具有高级专业技术职务、副高级职务和中级职务42人,市级学科带头人1人。学校占地面积11400平方米,建筑面积11600平方米,有普通教室22个、专用教室和实验室15个,体育场馆2000平方米。图书馆(室)藏书3万册。

承办全国特教课改与特教科研工作研讨会、北京市盲聋学校第10次研究课活动。听取学校课改工作进展情况介绍,观摩该校八年级英语展示课。4月15日,海淀区教委在第三聋人学校召开差异教学课堂教学研讨会,观摩高一英语课,听取该校班级管理探索多样化个别化教育策略实施课题研究汇报。与四川广安特教学校交流。接待日本广岛残疾人轮椅舞蹈团访问交流,接待中英青年交流计划访华团。与青海省西宁市聋哑学校签订友好协议,在教育教学、行政管理、特殊教育教师培训等方面开展长期学习交流和研究活动。参加市中学生运动会开幕式,演出手语舞蹈《微笑北京》。参加北京市特教学校快乐运动会和北京市特教学校运动会。进行奥运教育,举办盼奥运、护圣火、反藏独大会,举办模拟奥运会,参加残奥会火炬传递。9月5日,第三聋人学校全国优秀教师吕雪晶参加了北京残奥会北京地区火炬传递。

地　址:海淀区花园北路32号

邮　编:100191

电　话:62017546

网　址:http://www.edeaf.cn　　(陈建功)

【北京市盲人学校】 2008年开设教学班21个(其中初中3个班、高中2个班)。毕业27人,其中初中15人、高中3人;招生53人,其中职业中专35人;在校生234人,其中初中57人、高中18人,学生全体寄宿。教职工数121人,包括专任教师71人,其中具有副高级职务26人,中级职务33人;市级学科带头人2人、区骨干教师8人。学校占地面积29656平方米,建筑面积12660平方米。图书馆(室)藏书总数1.5万册(包括盲文版书1.2万册)。普通教室数21个、专用教室数16个、实验室3个。固定资产总值4822万元。全年教育经费投入5518万元,其中国家拨款5338万元,自筹经费180万元。本年,学校被评为"全国特殊教育先进单位"、"北京市三八红旗集体"、"海淀区2007—2008年度中小学艺术教育先进集体";3名教师获"北京市三八红旗奖章",1名教师获"第21届北京市中小学紫金杯优秀班主任特等奖"。

本年,学校推进基础教育教学工作、职业教育与培训工作。完成对全市随班就读视障学生指导工作,承担全国盲校数学、康复、职业课程网上教研的教研员任务。完成第二次人事制度改革,实行全员聘任制。新校舍开工建设,宿舍楼工程完成主体结构封顶。

加强德育基础工作,制定学生日常管理办法、学生量化考核办法、班级和文明宿舍评比办法,编制《德育工作手册》。构建学校、家庭、社区三方协作的德育工作机制和学校全员育人的工作体系。进行爱国主义教育、奥运教育、学生公民素养教育、行为养成教育、文明礼仪教育。出版《触摸的色彩》师生美工作品集和《黑暗中的绽放》优秀毕业生事迹集。参加首届盲聋校评优课,3名教师获奖。

召开视障学生信息技术课程校本教材研讨会,确定信息技术课程校本教材编写规划。举办视障随班就读教研活动。承办盲人定向行走技能训练培训。首届成人钢琴调律班开学,招收全国各地盲人学员14人,学制1年。举办针灸推拿专业毕业生测评暨推介会。参加区残疾人乒乓球比赛获冠军。参加全国第二届特殊教育学校教师信息技术综合应用能力大赛并获一等奖2名。参加模拟奥运圣火点燃仪式,盲人足球队参加残奥会盲人足球项目演练,举办"迎残奥、盲体验"接力赛。

奥运期间,盲校完成残奥会开闭幕式演出、残奥会运动员入村欢迎演出、奥运会残奥会运动员按摩保健志愿服务、奥运会残奥会期间国际来访接待、残奥会训练比赛裁判等任务,被第29届奥运会组委会授予"北京2008年奥运会、残奥会奥林匹克教育工作突出贡献奖",被两委评为"首都教育系统奥运工作先进集体",多名教师、学生被评为首都教育系统奥运工作先进工作者和优秀学生。

地　址:海淀区五路居11号

邮　编:100097

电　话:88461146　　(陈登芳　黄小丽)

【海淀区培智中心学校】 2008年开设教学班14个。毕业28人,其中义务教育18人、职业教育10人;招生49人,其中学前教育7人、义务教育27人、职业教育15人;在校学生247人,其中学前教育7人、义务教育200

人、职业教育40人。有在职教师48人,专任教师45人,其中具有初级专业技术职务24人,中级专业技术职务18人,高级专业技术职务2人,市区级骨干教师4人。2007年4月15日开工、本年5月9日完全竣工的北京市海淀区培智中心学校新址(人大南路6号)占地面积6699平方米,建筑面积5930平方米,体育场馆面积1480平方米。图书馆(室)藏书14000册。固定资产总值2432.125804万元。全年教育经费投人730万元,其中国拨694万元,自筹36万元。

为地震灾区捐款44949.6元。学生参加第三届奔向2008海淀区青少年文化艺术作品评选并获奖。举办国际残疾人日校园开放日,承办国际特奥东亚区家庭论坛。参加特教学校首届快乐运动会。开展"我为奥运种盆花"活动、福娃进校园、进家庭、进社区活动,组织9项特奥运动项目比赛,帮助父母做家务和到社区美化环境等活动。

地 址:北京市海淀区人大南路6号

邮 编:100086

电 话:62579388 62584231

网 址:www.happyonline.com.cn (方进宝)

【北京市海淀区寄读学校】 2008年开设教学班13个(初中班9个、高中班4个)。毕业生138人,其中初中113人、高中25人;招生118人,其中初中96人、高中22人;在校生287人,其中初中205人、高中82人。教职工91人,包括专任教师72人,其中具有高级专业技术职务的16人、中级职务39人;市区级班主任带头人2人、区级骨干教师11人。占地面积为54000平方米,建筑面积为29490平方米。体育场馆面积为5500平方米。图书馆藏书19000册。普通教室13个、专用教室6个和实验室4个。固定资产总值3672万元。全年教育经费投入2079万元,其中国家拨款1727万元,自筹经费352万元。

本年,召开以"迎奥运展青春风采"为主题的第二十五届春季运动会。为地震灾区捐款24987.74元。举办教学技能培训讲座,70名教师参加学习。召开创建和谐班级和谐校园专题教育会。参加"为了明天"运动会并获得团体冠军。

开展"学奥运知识,学奥运礼仪,做一名合格的奥运北京人"系列活动。全校师生在"学奥运知识、学奥运礼仪、做一名合格的北京奥运人"横幅签名。举办"迎奥运,创交通和谐,做交通文明使者"演讲比赛,组织全校学生学习奥运微笑圈含义、写《微笑成长日记》。举行"与圣火同行,为奥运加油"主题教育活动。学生手持自制"圣火",模拟圣火传递仪式;举办粉笔画比赛,画出舞动的北京、奥运福娃、五环旗、奥运环保标志、奥运会会徽等。

地 址:海淀区温泉村170号

邮 编:100095

电 话:62456823

网 址:http://www.hdjd.bjedu.cn

(王常智)

【盲人学校首届成人中专班毕业】 1月9日,北京市盲校首届成人中专班针灸推拿专业学生毕业。首届成人针灸推拿班共有学生17人,经过两年培训,修完北京市中等职业学校及该校针灸推拿专业要求全部课程,取得北京市教育委员会颁发的北京市中等职业学校毕业证书。

【盲人学校举办中美多重残疾和学前视障儿童项目师资培训班】 4月3日至12日,北京盲校与中央教科所举办中美合作多重残疾和学前视障儿童项目"全国盲(特)校师资培训班。总结项目开展7年来的发展状况和取得成绩;听取参与本项目盲(特)校教师专题报告,北京盲校教师作《学前视障低视力儿童教学策略》和《沟通与交流》专题汇报;听取由来自海伦·凯勒母校——美国柏金斯盲校的视障教育专家Lisa Zacob专题培训。来自上海、广州等地16所盲(特)教学校教师

70 人参加培训。

【盲人学校举办首届盲人五子棋比赛】 4 月 4 日,北京盲校举办首届北京市盲人五子棋个人赛。比赛由中国盲人协会主办、北京连珠体育文化中心和北京市盲人学校承办,盲校学生包揽本次比赛前 10 名。（黄小丽）

【海淀培智中心校新址落成】 5 月 9 日,海淀培智中心学校新址在人大南路 6 号竣工落成。新校址建筑面积 5930 平方米,包括个别训练室、治疗室等 23 个专业教室,其中水疗、沙疗等 15 个专业康复治疗室,具有教育、康复训练、职业培训、对外咨询综合功能。工程于 2007 年 4 月 15 日开工,总投资 3100 万元。至 2007 年年底基本建成,本年 3 月,学校迁入。

【刘延东六一慰问学生】 6 月 1 日,中共中央政治局委员、国务委员刘延东到海淀培智中心学校慰问学生。（方进宝）

【第三聋人学校举办建校 50 周年庆典】 10 月 19 日,第三聋人学校举办建校 50 周年庆典活动。庆典仪式包括集会、文艺演出、观摩听课、参观交流等。来自社会各界领导、三聋校离退休教师、历届校友、全国 23 个省、市、自治区 78 所特教学校代表 89 人,以及全校教师、学生、家长 1000 人参加了庆典仪式。

【第三聋人学校承办全国特教课改与特教科研工作研讨会】 10 月 20 至 21 日,第三聋人学校承办全国特殊教育学校课程改革与特教学校科研工作研讨会。23 个省、市、自治区 78 所特殊教育学校校长和教师 120 人参加研讨会。听取北京师范大学特殊教育《新课程改革介绍》、南京特殊教育师范学院《特教学校教育科研》专题报告,第三聋人学校、秦皇岛市特殊教育学校、西宁市聋哑学校、深圳市元平特殊教育学校、武汉市第一聋人学校、郑州市特殊教育学校等 6 所学校围绕课程改革工作进行交流。（陈建功）

【海淀培智中心举办国际残疾人日校园开放日】 11 月 27 日,海淀培智中心举办“走进海培校园,感受优质教育”校园开放日活动。100 名学生家长首次走进开放课堂,与学生一起上课,观看教师自创动感课间啦啦操,陪学生共进午餐;来自紫金庄园社区、万泉庄肯德基、麦当劳、城隍庙、禾谷园、比格比萨店、城乡仓储大超市、欧尚西四环店等单位领导和员工参观新校园,观看学生表演舞蹈、书法、戏剧治疗等潜能开发兴趣小组,并与学生进行特奥滚球、中国结制作等互动活动。

【培智中心学校承办国际特奥东亚区家庭论坛】 12 月 12 日 ~16 日,海淀培智学校承办国际特奥会东亚区家庭论坛。该论坛由国际特奥东亚区主办。论坛就东亚区家庭支持联络网发展现状、各成员组织发展情况等进行学习和探讨,开展幼儿运动员计划培训与展示、运动员健康计划培训,并组织家长参加东亚区特奥发展国际论坛开幕式及特奥融合实践活动,该校 5 名教师会议期间为推广东亚区幼儿运动员计划项目进行幼儿运动员计划培训和展示。（方进宝）

成人教育

【综述】 海淀区辖区内的成人教育包括成人学历教育、党政机关和教育主管部门主办的干部培训和社会教育。本年,在海淀区参加统一招生的成人高等学校 35 所,其中在海淀区单独设校和开设教学点 8 所(含分校)。有区属成人学校 3 所,成人中等学校 2 所。中央党校、国家行政学院、国防大学、中央社会主义学院、中央团校等党政军团领导机关、民主党派的高级干部学校和一些部门的干部管理学院设在本区境内。中关村学院承担海淀区文明市民学校总校工作,全区共有市民学校 655 所,全年培训 35 万人次。有社区教育中心 7 个、社区教育学校 10 所、乡办成人校(站)7 所、村校(站)85 所。

2008 年,本区居民参加各类继续教育和岗位技术培训达到1278457人次，其中工人职业资格和转岗再就业培训8688人次，农民实用技术培训27086人次，各类培训机构举办的学历或单科考试培训等达75万余人次，社区市民教育431171人次，中等职业学校开展的短期文化培训及岗位技术培训10133人次。开展社区奥运培训，举办市民大讲堂20场。全区90%以上的机关、街道和乡镇被评为创建学习型组织先进单位，22家单位被评为创建学习型组织示范单位。“海淀终身学习平台”点击次数达326万人次。2008年，本区被评为“全国社区教育示范区”。

【自学考试工作】　海淀区自学考试工作由海淀区招生考试中心自学考试办公室负责，每年1月、4月和10月举行考试。计算机应用基础上机考试和中国市场营销证书考试也由自学考试办公室负责。本年，海淀区自考办继续完善考场超员编排试点工作。

开展网上评卷改革。以海淀区系统结构及文字内容为基础，延伸开通北京市自学考试语音咨询电话，保证10路电话同时接入。研究组考工作变化、制定应对措施。确定核对考生信息时同时发放条形码的方法，编制《海淀区高等教育自学考试考点组考工作实用手册》，制作考点试卷交接单。修改培训课件和规范化用语光盘，13个区县使用海淀区两种光盘。

2008年各类考试报考情况统计一览表

考试月份	考试类型	报考人数	海淀籍人数	新生人数	海淀籍新生数	报考科次	考试天数	考场数
1月	自学考试	22764	794	6480	181	44862	2	1238
4月	自学考试	32370	1505	2578	166	98184	4	2661
4月	计算机应用基础上机考试	3617						
4月	市场营销资格证书考试	249		249				
10月	自学考试	25808	1204	2448	136	78803	4	2183
10月	计算机应用基础上机考试	2778						

（宋亚甫）

【中关村学院（海淀职工大学、北京广播电视大学海淀分校）】　中关村学院是由海淀区政府举办并管理，以高等学历教育为基础，以社区教育为发展方向，集学历教育和非学历教育于一体，为区域经济、文化建设服务的地区性、综合性高等教育机构。学院设在海淀区职工大学，是一所开放式、网络式的社区教育核心机构。北京市广播电视大学海淀分校于1991年9月与海淀区职工大学合并。本年，学院（职工大学）开设教学班75个（业余33个，脱产42个），其中高起本27个班，专升本11个班。教职工136人，其中专任教师79人；其中，高级专业技术职务3人、副高级职务13人、讲师41人。在校生5770人，其中专科3311人，本科生2459人（包括高起本学生、专升本学生）。图书馆藏书89100册，电子图书400册。学院占地面积67235平方米，建筑面积27812平方米；运动场馆面积17830平方米。固定资产总值4840.94万元，教学、科研仪器设备资产1013.41万元。学院还承担了海淀区文明市民学校总校工作，开展市民教育活动。

5月9日，举办诠释奥运精神报告会，全区29个街乡镇的200多名社区工作者和总校的教职员工听取北京体育大学的报告。举行“心相印”杯奥运观赛礼仪知识竞赛。举办首期苏家坨镇村级公共事业管理干部培训班。接待上海市终身教育代表团、加拿大使馆黄伟堂参赞和加拿大 Sunchild-Learning 首席执行官马丁·撒切尔参观访问。

地　址:海淀区北四环中路 271 号

邮　编:100083

电　话:62347024　62485790　88380295

网　址:www. zgcxy. com. cn　(林　艳)

【海淀区职业学校】　海淀区职业学校的前身为 1983 年 8 月成立的海淀区农民科学技术学校,1995 年 6 月更名为海淀区成人中等专业学校,2004 年 6 月更名为海淀区职业学校,是区委、区政府直属的集中等专业学历教育与职业技能培训为一体的正处级事业单位。主要承担培养中专学历人才和在职干部职工非学历教育的岗位培训、专业技术培训。是市级优秀职业学校、北京市下岗、失业培训定点学校,海淀区军地两用人才、随军家属、残疾人培训定点学校,持证上岗专业学校。2005 年 8 月,海淀区劳动局下属的海淀区职业技术学校并入海淀区职业学校。本校现有东、西两个校区,占地面积 45746 平方米,建筑面积 14840 平方米,固定资产 1534 万元,2008 年投入经费 390 余万元,用于东校区平改坡、更新制冷实训设备,东、西校区校园修缮、锅炉改造等。

西校区(中关村北大街 47 号)主要进行中等专业学历教育。本年招收全日制中专生 72 人,成人高考补习班 75 人,成人技能 + 基础班 41 人,与北京大学联合办学管理住宿生 535 人,年内社会人员会计继续教育培训 743 人。

东校区(北四环中路 275 号)主要进行各种职业技能培训,主要开展下岗失业、就业转岗、农村劳动力转移以及特种作业培训的任务。本年共开办培训班 200 余期,完成各种职业技能培训和社会性培训 6000 余人,其中下岗失业、就业转岗、农村劳动力转移 600 余人,特种作业培训 3000 余人,社会性职业等级培训 1400 余人。

学校还承担区属企业财会人员从业资格考前培训、专业技术职称考前培训和财会人员继续教育的培训任务,完成会计从业资格考试和会计人员继续教育培训 640 余人。

地　址:中关村北大街 47 号(西校区)

邮　编:100084

电　话:62552269　82628993(传真)

电子信箱:zyxxbgs@ sina. com　(李　莉)

【4 所村级社区教育学校成立】　1 月,海淀区成立 4 所村级社区教育学校,即温泉镇白家疃村社区教育学校、苏家坨镇徐各庄村社区教育学校、上庄镇西马坊村社区教育学校、四季青镇西山村社区教育学校。　(王　鑫)

【中关村学院首届动漫专业开课】　10 月 15 日,中关村学院首届电脑艺术设计(动漫)专业大专班正式开课。该专业是中关村学院与中影集团第一电影制片有限公司动漫部、北京种子动画艺术传播有限公司等单位合作建立的“中影种子动画中关村产学研基地”的核心专业,采用边学习、边实践、边参加制作的模式,使学生的培养与产业发展要求相契合。

【海淀区职工大学纪念建校 50 周年】　12 月 6 日,北京市海淀区职工大学建校 50 周年庆典在海淀剧院举行。各届老校友、在校生,以及学校教职员工、退休教工等近千人参加了典礼。学校领导介绍了学校的发展历程、学校目前的发展状况,以及未来学校的发展思路。北京市教委、海淀区政府、区教工委的领导参加庆典。　(宋亚甫)

【2008 年海淀区境内参加统一招生的成人高校名单】

1、海淀区职工大学△

地　址:海淀区北四环中路 271 号

电　话:62341115

网　址:www. zgcxy. com. cn

2、北京电子科技职业学院机械工程学院(北京市机械工业局职工大学)
地　址:海淀区翠微路4号
电　话:88613014　88231832
网　址:www. bjnct. com
3、首都联合职工大学
(1)航天二分校△
地　址:海淀区永定路52号
电　话:68386642、68386043
(2)工商分校△
地　址:海淀区复兴路12号
电　话:63988816
(3)国家图书馆分校△
地　址:海淀区中关村南大街33号
电　话:88545300
4、首都医科大学△
地　址:海淀区万寿路西街12号
电　话:68272706
5、首都师范大学
地　址:海淀区西三环北路105号
电　话:68901570
网　址:crjy. cnu. edu. cn
6、北京联合大学应用文理学院
地　址:海淀区北土城西路197号
电　话:62004519
网　址:www. ygi. edu. cn
7、北京城市学院
地　址:海淀区北四环中路269号
电　话:62322623
网　址:www. bcu. edu. cn/chjxb
8、首都体育学院
地　址:海淀区北三环西路11号
电　话:82099029
网　址:www. cipe. net. cn
9、北京工商大学
地　址:海淀区阜成路33号
电　话:68984656
网　址:cj. btbu. edu. cn
10、北京信息科技大学(北京机械工业学院与北京信息工程学院合并而成)
地　址:海淀区清河小营东路12号
电　话:82426899
11、北京电影学院
地　址:海淀区西土城路4号
电　话:82045802　82283252
12、北京舞蹈学院
地　址:海淀区民族学院南路19号
电　话:68935861　68937118
网　址:www. bda. edu. cn
13、北京农业职业学院
地　址:海淀区香山普安店29号
电　话:82595048
网　址:www. bvca. edu. cn
14、北京广播电视大学△
地　址:海淀区大钟寺皂君庙甲4号
电　话:62148306
网　址:www. btvu. org
15、中国青年政治学院
地　址:海淀区西三环北路25号
电　话:88567510
网　址:dept. cyu. edu. cn/yhd
16、国际关系学院
地　址:海淀区坡上村12号
电　话:62861664
网　址:www. uir. edu. cn
17、北京体育大学
地　址:海淀区中关村北大街
电　话:62989397
网　址:www. bsu. edu. cn
18、北京大学
地　址:海淀区颐和园路5号
电　话:62751455
网　址:oce. pku. edu. cn
19、中国人民大学
地　址:海淀区中关村大街59号
电　话:62511196　62511195
网　址:www. sce. ruc. edu. cn
20、北京师范大学

地　址:海淀区新街口外大街 19 号
电　话:58808167　58808165
网　址:www. scett. bnu. edu. cn
21、北京化工大学(西校区)
地　址:海淀区紫竹院路 98 号
电　话:64434771
22、北京理工大学
地　址:海淀区中关村南大街 9 号
电　话:68913146　68470065
网　址:www. bit. edu. cn
23、北京交通大学
地　址:海淀区西直门外上园村 3 号
电　话:51686679
网　址:dis. njtu. edu. cn
24、北京航空航天大学
地　址:海淀区学院路 37 号
电　话:82317795/7797/7798
网　址:cee. buaa. edu. cn
25、中国农业大学
地　址:海淀区圆明园西路 2 号
电　话:62732592
网　址:jjxy. cau. edu. cn
26、北京林业大学
地　址:海淀区清华东路 35 号
电　话:62338052
27、北京外国语大学
地　址:海淀区西三环北路 19 号
电　话:88817858
28、北京语言大学
地　址:海淀区学院路 15 号
电　话:82303138,82303139
网　址:cec. blcu. edu. cn
29、中央民族大学
地　址:海淀区中关村南大街 27 号
电　话:68932479　68936842
网　址:www. adultedu. cun. edu. cn
30、中国地质大学(北京)
地　址:海淀区学院路 29 号
电　话:82321265
网　址:dept. cugb. edu. cn/cjxy/index. asp
31、中国矿业大学(北京)
地　址:海淀区学院路丁 11 号
电　话:62331695
网　址:www. cumtb. edu. cn
32、中央财经大学
地　址:海淀区学院南路 39 号
电　话:62288322
网　址:www. cufe. edu. cn
33、中国劳动关系学院
地　址:海淀增光路 45 号
电　话:88561931
网　址:jiuye. ciir. edu. cn/chengjiao/
34、北京工业大学(西教学区)△
地　址:海淀区车公庄西路 35 号
电　话:68468283
35、武汉大学△
地　址:海淀区羊坊店路 15 号
电　话:63982181
注:△表示在海淀区单独设校或开设教学点

(王　鑫)

高等教育

【综述】　海淀区是全国高校最密集的区域,2008 年本区境内有 37 所普通高校,其中 4 所为具有统一高招录取资格的民办高校。天主教北京神哲学院和燕京神学院在区境内。本区域内的普通高等学校隶属于教育部、其他中央部委或北京市教委。

本年,各高校开展奥运服务保障工作。选派赛场志愿者和城市志愿者。部分高校建有比赛场馆和训练场馆。部分高校承担奥运科研项目。

【第四届“精彩人生”校园社交舞蹈比赛举行】　1 月 5 日,第四届“精彩人生”校园社交舞大赛在北京林业大学举行。清华大学、北京大学、北京航空航天大学等高校的舞蹈爱好者300余人组成12支代表队参加了比赛。比赛分为交谊舞、国标摩登舞、国标拉丁舞、拉丁风情舞和阿根廷探戈5部分，设置了30个奖项。

【低碳能源实验室落户清华大学】 1月10日，清华大学低碳能源实验室成立。该实验室重点研究国家未来能源状况和节能减排等高端技术命题，通过与企业合作实现重大技术集成和产品示范，并在“绿色北京”框架下设立和支持能源环境教育，将涉及能源与环境等综合学科融入到高等教育中。

【北京奥运会残奥会制服发布会】 1月20日，“冲刺2008——北京奥运会残奥会制服发布仪式”在中国人民大学举行。北京奥组委执行副主席蒋效愚、汤小泉，制服赞助商、阿迪达斯公司代表等出席发布仪式。

【清华大学全国中学生文化艺术冬令营开营】 1月22日~1月28日，清华大学2008年全国中学生文化艺术冬令营开营，来自全国的3000余名中学生参加艺术特长测试和文化测试。清华大学将在高考录取时对优秀生给予一定优惠。1989年清华大学率先在全国举办首届中学生文化艺术冬令营，已连续举办了20届，在全国高校中规模最大。

【泥人张彩塑作品北大展览】 2月26日~3月11日，北京大学、天津泥人张彩塑工作室联合主办的《中国民间艺术奇葩—天津泥人张彩塑艺术作品展》在北京大学百年纪念讲堂举办。展出的70件作品中，许多曾在国内外获大奖。

【北外开设“国学”公共课】 2月，北京外国语大学在全国外语院校中率先开设“国学”公共课，包括外国留学生在内的学生都可选修，学校还推出《国学读本》，将国学经典翻译介绍给世界各国。

【高校周边租房市场火爆】 2月，学生返校高峰到来，高校周边租房市场火爆，租赁客户比2007年底增加了近60%，海淀南路、北京大学、人民大学、中关村、五道口等区域，供需比已达到1:6。近年，在校大学生校外租房居住现象普遍存在且有不断增长的趋势，租房用途包括学习、情侣共同生活等。

【第十五届北京大学生电影节开幕】 4月6日，第十五届北京大学生电影节在海淀剧院开幕。本届组委会共收到2007－2008年获得公映资格的报名影片104部，最终36部国产影片入围。大学生自拍短片反对盗版，并与《爱拍电影》和电影网合作向社会传播，与世纪东方数字电影院线公司合作举办“数字电影全国高校巡展”活动推广数字电影进入高校。举办以“激情、超越、梦想”为主题的奥运体育电影展映及研讨会、“改革开放三十周年大型主题研讨会”和“电影、青春、文化”为主题的北京大学生电影节十五届纪念研讨会。

【成立全市首支涉外奥运大学生志愿普法队】 4月初，海淀区成立全市首支涉外奥运大学生普法志愿队，志愿队由60多名来自北京航空航天大学和北京联合大学的在校大学生组成。志愿队在举重场馆和涉奥酒店、医院开展法制宣传，发放中英文对照宣传材料，针对外国人提出的法律问题进行讲解和帮助。志愿队还在北航举重场馆建立法律咨询室，为各国游客、运动员提供法律服务。

【清华大学与市委社工委合办社会建设研究机构】 4月15日，清华大学与北京市委社会工委签署关于联合筹办清华大学“北京城市发展与社会建设研究院”的合作备忘录。研究院一方面针对城市发展与建设中的现实问题，为北京市在城市发展和社会建设方面的决策提供咨询服务，培养高水平人才；另一方面面向学科建设，为清华大学形成新的学科增长点积蓄力量。

【中国人民大学与民盟市委联合举办民生论坛】 4月，中国人民大学与民盟北京市委联合举办“民生·和谐·发展”论坛。论坛针对国内外出现的一些新情况新问题以及经济发展中的不确定因素，探讨如何应对前进中的各种挑战和风险,解决发展中的突出矛盾及民生问题。

【北师大工地失火罚3万】 6月2日,北师大科技园区在建的孵化大厦外立面发生火灾,过火面积300平方米,无人员伤亡。火灾是由于焊渣引燃外墙保温材料引起的,市消防局对施工单位按照罚款上限3万元进行处罚。

【北航学生采集圣山雪水赠奥运】 7月24日,北航凌峰登山社4名队员登顶西藏海拔6590米的桑丹康桑峰,采集雪水并在峰顶展示五环旗。8月初,他们将体积大约1升的圣山雪水以及登临顶峰后展示的五环旗赠送给北京奥组委。桑丹康桑峰地处念青唐古拉山脉中段,是西藏二十五座最高的山峰之一,山前的古道在民间传颂为"藏汉间的金桥",是通往内地的必经之路,青藏公路就修建在古道之上。

【高校资助灾区新生入学】 8月底9月初,30名考入清华的灾区新生,在该校四川校友会的护送下集体报到。清华首次开辟"特别绿色通道",2分钟就帮助灾区新生以及家庭经济特别困难的学生办好入学手续。新生还收到学校送的自行车、1000元补助等"入学礼物"。北大、中国政法大学等高校为灾区新生提供路费。中国农业大学本年毕业的千余名经济困难毕业生捐资近1.8万元资助灾区贫困新生。北京理工大学用于26名灾区新生的资助金额达到百万元。

【海淀6万高校新生统一监测结核】 8月底开始,海淀区疾控中心对辖区内的6万余名高校新生统一进行结核感染监测。海淀在校大学生人数占全市的79%。由于新生来自全国各地,加上居住密集,学习紧张,大学生是本市结核病高发危险群体之一。

【北理工加入"马可·波罗"计划】 9月,北京理工大学加入"马可·波罗"计划。该计划由西班牙国际银行有限公司(桑坦德银行)发起,旨在支持欧洲、南美洲和亚洲的高等教育发展及国际交流。北京理工大学成为第一批加入该计划的中国高校。桑坦德银行将分三年为北理工提供63万美元的奖学金,用于资助30名师生到马德里理工大学及美国布朗大学交流学习。

【驻区19所高校可单独招考研究生】 9月,北京市教育考试院公布北京市可单独招考研究生的高校共29所,其中海淀19所:北京大学、中国人民大学、清华大学、北京交通大学、北京航空航天大学、北京理工大学、北京科技大学、北京邮电大学、中国农业大学、北京林业大学、北京师范大学、首都师范大学、北京外国语大学、国际关系学院、北京体育大学、中央民族大学、中国政法大学、中国矿业大学(北京)、中国地质大学(北京)。

【预防高校职务犯罪论坛】 10月10日,北京市教育纪工委、海淀检察院举办"预防高校职务犯罪论坛"。近年来,高校发生的腐败现象日益严重,基建、采购、后勤和招生最易滋生腐败,贪污受贿、挪用公款最为常见。10年间,海淀区发生在高校的职务犯罪案件为46件,涉及55人(其中研究生及以上学历9人),主要是学校领导、主管财务的人员和后勤管理人员,占教育系统职务犯罪案件总数的85%。海淀区有23所高校曾发生职务犯罪案件。

【战国竹简古文《尚书》入藏清华大学】 10月,清华大学入藏校友捐赠的2100枚战国时代珍贵竹简(含残片),并成立了保护和研究机构。竹简中的真本古文《尚书》2000多年来首次面世,其中多篇是秦焚书以前的写本。竹简书中还有类似《竹书纪年》的编年体史书、类似《国语》的史书、类似《仪礼》的礼书,前所未见的乐书等。

【季羡林藏品"外流"事件】 11月,北京大学教授季羡林私人藏品"被盗拍卖"一事被媒体曝光,引发热议。北京大学声明未发现藏品外流,拍品为伪作,并呼吁媒体尊重事实和法律,客观报道。季羡林弟子钱文忠认为北大声明存有疑点。画作收藏者张衡不拿出原件鉴定使事件更加复杂。

【5名诺贝尔奖获得者成5所高校名誉教授】 11月11日,1996年诺贝尔经济学奖获得者詹姆斯·莫里斯和1986年图灵奖获得者约翰·郝普克若夫成为北京理工大学名誉教授。2004年诺贝尔物理学奖的戴维·格罗斯、2006年诺贝尔化学奖获得者罗杰·科恩伯格、1973年诺贝尔物理学奖获得者伊瓦尔·贾埃弗、2006年诺贝尔物理学奖获得者乔治·斯穆特成为清华大学、北京大学、北京化工大学和中科院研究生院等高校名誉教授。

【海淀区大学生就业实习基地建成】 12月10日,海淀区大学生就业实习基地启动暨合作协议签订仪式举行。团区委、企业和高校三方代表共同签署了"海淀区大学生就业实习基地合作协议书"。首批选取慧点科技、竞业达数码、荣科华创等企业和北京科技大学、北京航空航天大学、北京交通大学、北京邮电大学、北京理工大学等高校开展试点工作。团区委将企业用人需求反馈至高校,高校根据企业需求选拔学生到基地实习,期限为3~6个月。企业将优先录用优秀实习毕业生到企业工作。

【4名大学生参加APEC会议】 12月,北京师范大学的张萌、清华大学的曹丰、中央财经大学的杜竞强、中国人民大学的卢佳4名同学,代表中国大学生出席在秘鲁举行的亚太经济合作组织(APEC)领导人非正式会议。

【海淀高校近百名大学生应征入伍】 本年,海淀27所高校的98名大学生应征入伍,其中拥有硕士学历的在校生2人,女兵达到10人。各高校出台包括减免学费、发放入伍优抚金等政策鼓励学生入伍。

【海淀区境内普通高等院校名单】

1、中国青年政治学院
地　址:海淀区西三环北路25号
邮　编:100089
电　话:68420802(院办)
网　址:www. cyu. edu. cn

2、国际关系学院
地　址:海淀区坡上村12号
邮　编:100091
电　话:62877037
网　址:www. uir. cn

3、北京体育大学
地　址:海淀区中关村北大街
邮　编:100084
电　话:62989047
网　址:www. bsu. edu. cn

4、首都体育学院
地　址:海淀区北三环西路11号
邮　编:100088
电　话:82090776　82099007
网　址:www. cipe. net. cn

5、北京电影学院
地　址:海淀区西土城路4号
邮　编:100088
电　话:82048291　82048899-379
网　址:www. bfa. edu. cn

6、北京舞蹈学院
地　址:海淀区民族大学南路19号
邮　编:100081
电　话:68935788　68451413
网　址:www. bda. edu. cn

7、中国人民解放军艺术学院
地　址:海淀区中关村南大街18号
邮　编:100081
电　话:62176610　66869061

8、北京大学
地　址:海淀区颐和园路5号
邮　编:100871
电　话:62751407　62751201
网　址:www. pku. edu. cn

北京大学医学部(不单计)
地　址:海淀区学院路38号
邮　编:100083

电 话:82802223 82802191
网 址:www. bjmu. edu. cn
9、清华大学
地 址:海淀区清华园
邮 编:100084
电 话:62770334 62785001(查号台)
网 址:www. tsinghua. edu. cn
10、中国人民大学
地 址:海淀区中关村大街59号
邮 编:100872
电 话:62511192 62511132
网 址:www. ruc. edu. cn
11、北京师范大学
地 址:海淀区新街口外大街19号
邮 编:100875
电 话:58806183(查号台)
网 址:www. bnu. edu. cn
12、北京理工大学
地 址:海淀区中关村南大街5号
邮 编:100081
电 话:68914242(校办)
网 址:www. bit. edu. cn
13、北京科技大学
地 址:海淀区学院路30号
邮 编:100083
电 话:62332312(校办)
网 址:www. ustb. edu. cn
14、北京化工大学(西区)
地 址:海淀区紫竹院路98号
邮 编:100089
电 话:68416624
网 址:www. buct. edu. cn
15、北京交通大学
地 址:海淀区西直门外上园村3号
邮 编:100044
电 话:51688403(校办)
网 址:www. bjtu. edu. cn
16、北京邮电大学
地 址:海淀区西土城路10号
邮 编:100876
电 话:62282615(校办)
网 址:www. bupt. edu. cn
17、北京航空航天大学
地 址:海淀区学院路37号
邮 编:100083
电 话:82317114 82317580
网 址:zsjyc. buaa. edu. cn
18、中国农业大学
地 址:海淀区清华东路17号(东校区)
海淀区圆明园西路2号(西校区)
邮 编:100083
电 话:62736518(校办)
网 址:www. cau. edu. cn
19、北京林业大学
地 址:海淀区清华东路35号
邮 编:100083
电 话:62338216 62338279
网 址:zsb. bjfu. edu. cn
20、中国政法大学(学院路校区)
地 址:海淀区西土城路25号
邮 编:100088
电 话:58908060(院办)
网 址:http://gate. cupl. edu. cn/yjsy
21、北京外国语大学
地 址:海淀区西三环北路2号
邮 编:100089
电 话:8881648188816215
网 址:www. bfsu. edu. cn
22、北京语言大学
地 址:海淀区学院路15号
邮 编:100083
电 话:8230394382303609
网 址:www. blcu. edu. cn
23、中国矿业大学(北京)
地 址:海淀区学院路丁11号
邮 编:100083
电 话:62331534
网 址:www. cumtb. edu. cn

24、中央民族大学
地　址:海淀区中关村南大街27号
邮　编:100081
电　话:68932902　68933922
网　址:www. cun. edu. cn

25、中国地质大学(北京)
地　址:海淀区学院路29号
邮　编:100083
电　话:82321091　82322005(校办)
网　址:http://www. cugb. edu. cn

26、首都师范大学
地　址:海淀区西三环北路105号
邮　编:100037
电　话:68906415　68902217(校办)
网　址:www. cnu. edu. cn

27、北京工商大学
地　址:海淀区阜成路33号
邮　编:100037
电　话:68983276　68984698(校办)
网　址:www. btbu. edu. cn

28、中央财经大学
地　址:海淀区学院南路39号
邮　编:100081
电　话:62288332
网　址:www. cufe. edu. cn

29、北京信息科技大学①
地　址:海淀区清河小营东路12号
邮　编:100085
电　话:64884696　82426915

30、北京联合大学
应用文理学院
地　址:海淀区北土城西路197号
邮　编:100083
电　话:62004511(院办)
网　址:www. casbuu. edu. cn
广告学院
地　址:海淀区温泉镇东埠头路1号
邮　编:100095
电　话:62485324　62452188
网　址:http://adc. buu. com. cn

31、北京城市学院(民办)
地　址:海淀区北四环中路269号
邮　编:100083
电　话:62313336　62322652　62322676
网　址:www. bcu. edu. cn

32、中国劳动关系学院
地　址:海淀区增光路45号
邮　编:100048
电　话:88561833
网　址:www. ciir. edu. cn

33、机械工业管理局职工大学(高职办学点)
地　址:海淀区翠微路4号
邮　编:100036
电　话:88614633　88613587

34、北京农业职业学院(北校区)
地　址:海淀区香山普安店29号
邮　编:100093
电　话:82595048　82595042
网　址:www. bvca. net. cn

35、北京科技经营管理学院三义庙校区(民办)
地　址:海淀区三义庙2号院
邮　编:100086
电　话:62545146　80715245
网　址:www. bjjsy1985. cn

36、北京培黎职业学院(民办)
地　址:海淀区双清路1号
邮　编:100085
电　话:51634116/4119/4332/4333/4334
网　址:www. bjpldx. edu. cn

① 2004年,北京信息工程学院(清河校区)和北京机械工业学院开始合并筹建北京信息科技大学,2008年3月27日,北京信息科技大学经教育部批准正式设立,并于当年开始招生。

37、北京新圆明职业学院(民办)①
地　址:海淀区中关村科技园区聂各庄东路10号
邮　编:100194
电　话:58714114　62466725(传真)
网　址:www.ymyu.com　　　　　　　　(王　鑫)

社会力量办学

【综述】 社会力量办学是指非教育主管部门举办,由各类企事业单位、团体或个人举办的营利性学校、培训机构,又称民办学校,包括幼儿园、小学、中学、大学、职业学校和各类专门培训单位。2008年,本区有民办中小学23所,其中民办中学20所(6所设有小学部),民办职业高中1所,经批准的打工子弟学校2所,具有招生资格的民办非学历高等教育机构20所。全区民办中小学在校生22304人,其中义务教育阶段学生15229人。有民办幼儿园24所,在园幼儿4412人。此外,还有各类民办教育培训机构522家,2008年度招生96万余人,结业75万余人,有注册学生199554人。全市具有本、专科学历教育资格的民办普通高校共15所,其中北京科技经营管理学院、北京培黎职业学院、北京新圆明职业学院和北京城市学院等4所在海淀境内。

建立促进民办教育健康发展的表彰激励机制,继续推进民办教育培训机构示范校建设。完成中关村中学分校、北大附中香山分校和科兴实验中学3所办学体制改革试点校的转制工作,由原来多种办学形式并存改为公办学校后进行撤并。　　　　(宋亚甫)

【"范跑跑"进京任职无限期推迟】 12月,位于海淀区的北京开华培训学校与范美忠(被网络戏称为"范跑跑")签定时效两年的教师聘用合同,引起媒体再次关注。范美忠原是四川地震灾区一名中学教师,曾在汶川地震发生时撇下学生独自逃生,事后发表言论为自己辩护,受到舆论谴责。海淀教育主管机关称开华学校系民办学校,有用人自主权。用人单位后迫于舆论压力无限期推迟其上岗时间。　　　　(王　鑫)

【2008年海淀区境内具有招生资格的民办非学历高等教育机构名单(2008年7月2日北京市教育委员会公布)】

1、北京文理研修学院(原北京达德研修学院)
地　址:海淀区学院路37号学知楼111室
邮　编:100083
电　话:82333978　82334629

2、中国管理软件学院(南校区)
地　址:海淀区唐家岭39号
邮　编:100094
电　话:80717668　80705899

3、中华研修大学
地　址:海淀区蓝靛厂路21号
邮　编:100089
电　话:88434302　88437284

4、北京世纪英才高等研修学院
地　址:海淀区体育大学西路甲2号
邮　编:100084
电　话:62985681　62980929

5、北京世贤研修学院
地　址:海淀区二里庄小区24号
邮　编:100083
电　话:62316264

6、北京金融学院
地　址:海淀区西三旗新都环岛南侧。
邮　编:100096

---

① 北京新圆明职业学院(原北京圆明园学院)成立于1994年,是以专科教育为基础的全日制综合性民办普通高等学校。2007年6月13日,北京圆明园学院正式被北京市人民政府批准为具有独立颁发学历文凭资格的全日制民办普通高等学校,列入国家计划内招生范围,更名为北京新圆明职业学院。本年,北京市教委将北京新圆明职业学院列入入北京市具有统一高招录取资格民办高等教育机构名单。

电　话:82913284　62224859
网　址:www. bjjrxy-edu. com
7、北京国际汉语学院
地　址:海淀区恩济庄46号
邮　编:100142
电　话:82780420　82780469
网　址:www. bicc. org. cn
8、中国农民大学
地　址:海淀区中关村南大街12号
邮　编:100081
电　话:68919688
9、北京心理学函授学院
地　址:中关村18楼314室
邮　编:100080
电　话:62552048　62559680
10、北京明园大学
地　址:海淀区西三旗
邮　编:100096
电　话:82901395　82903383
11、中国逻辑与语言函授大学
地　址:海淀区北三环西路43号满庭芳园A座
邮　编:100086
电　话:62130053　62130056
12、北京京海研修学院
地　址:海淀区知春东里12号
邮　编:100086
电　话:82125202
网　址:www. jhins. com
13、北京新亚研修学院
地　址:海淀区罗庄西里13号楼203室
邮　编:100088
电　话:51295396
14、北京北大资源研修学院
地　址:海淀区北坞路23号
邮　编:100097
电　话:88857297
网　址:www. pkurc. com
15、国际留学基金管理委员会留学预科学院(北京总部海淀办公区)
地　址:海淀区知春路太月园3号楼8层
邮　编:100088
电　话:82057781　82058287
16、北京建设大学
地　址:海淀区天秀路10号
邮　编:100193
电　话:62734051
17、北京珠宝首饰研修学院
地　址:海淀区杏石口路98号
邮　编:100089
电　话:62233901　62256413
18、北京机械工程师进修学院
地　址:海淀区首体南路2号
邮　编:100044
电　话:68321828
19、北京八维研修学院(原北京电力经济研修学院)
地　址:海淀区上地信息产业园
邮　编:100193
电　话:82782221　82783961
20、中国继续教育联合学院
地　址:海淀区学院南路86号中国科协综合业务楼7层
邮　编:100081
电　话:62190225

注:①本年,北京圆明园专修学院、北京工商学院和现代管理大学无招生资格,故不列。
②本年,北京华大研修学院、蒙代尔国际企业家大学、北京应用技术大学和北京东方大学总部迁往其他区县,故不列。
③本年新增北京八维研修学院和中国继续教育联合学院为具有招生资格单位。

(王　鑫)

语言文字工作

海淀区语言文字委员会主管海淀区语言文字工作,办公室设在海淀区教委法规科。本年,开展第11届普通话推广周活动、党政机关和公共服务业语言文字工作达标评估工作、“我与汉语拼音”征文活动、“中华经典诵读和传统节日诗词创作”活动。

推普周活动以提高单位内部工作人员普通话水平为重点,尤其是提高公务员普通话水平。区语委办发放宣传材料3000份,为各委办局和乡镇、街道免费提供《提高公务员普通话水平》讲座。建设社会用字义务监督员队伍和普通话水平测试员队伍,推进公共场所用字规范化和普通话水平培训、测试工作。

下发《海淀区社会用字监督管理暂行办法》,新招募30名社会用字义务监督员。市语委办对新老义务监督员进行语言文字法律法规和社会用字监督知识培训,为新聘社会用字义务监督员颁发聘书。组织8名社会用字义务监督员对区内北京大学、清华大学等8所重点大学进行校园环境用字调研,撰写海淀区大学校园环境用字调研报告。

开展党政机关语言文字工作达标单位和语言文字工作示范校评估工作。启动政府各部门和教育系统各单位语言文字评估工作。确定对4家单位进行区级评估,推荐7家单位参加市级评估。区发改委、人事局和十一学校等7家单位被评为市级语言文字工作示范单位。

配合教育部和北京市语委开展中华经典诵读和诗词歌赋创作活动,收到近百篇诗词原创作品和90篇征文,有3人获奖。海淀区获本市唯一“中华赞·诗词歌赋创作”活动全国优秀组织奖和“汉语拼音征文”北京市优秀组织奖。 (宋亚甫)

区属校办企业及资产管理

海淀区教育国有资产管理中心负责对区教育系统校办企业中国有资产和全区教育系统中可经营性国有资产进行管理、监督、检查,使国有资产保值增值,盘活教育系统闲置资产。

本年,中心对原四十五中、原双榆树二中、原西颐实验学校、原一二三中分校、方致实验学校、建华实验学校、英才幼儿园、本真双语幼儿园共8处办学点资产进行评估,结果为:土地面积113511平方米(约170余亩);房屋及构筑物面积87390平方米;评估值合计41728万元,其中:土地价值30947万元,房屋及构筑物价值10021万元,其他760万元。与厂方、校方、区国资委、海淀及昌平工商局沟通协商,完成农大附中康而福保健品厂、上庄中心小学博利肉食品加工厂产权界定工作。

开展2007年至2008学年校方责任险理赔工作。全年共受理出险报案107起,报案数量比上年提高50%,其中已结案98起,赔付保险金121119.88元,通过法律途径解决5起,通融赔付解决2起,理赔金额低于上年。报案数量提高的原因,是本年参保单位比上年增加50所。完成2008至2009学年度新投保工作,共有294所公办、大学附属及社会力量兴办中小学及幼儿园投保下一学年校方责任保险,投保单位数比上年同期减少22所,投保率下降6.9%,投保总人数248671人,总保费1243355元。

重新修订《海淀区学生装征订制作合同》,完成2008年全区中小学学生装征订工作,征订运动装138668套,制式装13538套,为特困生、烈士子女减免632套学生装费用。

制定《海淀教委资产管理员管理暂行办

法》。升级和完善资产管理系统，对学校资产管理人员开展软件使用培训。通过对民办幼儿园的房屋、土地及其他设施的测算评估，明确了教育系统房屋租金测算标准。明确固定资产检查标准，完成对全区教育系统固定资产管理的检查工作。

重新修订《海淀区教育系统出租（出借）房屋（场地）管理暂行办法》，并对相关的申请表、合同、意向书等作相应修改。对全区193所中小学、幼儿园、直属单位进行相关情况摸底调查，已调查核实81家单位。

（宋亚甫）

社会事务

人口和计划生育工作

【综述】 海淀区人口和计划生育委员会是负责全区人口和计划生育工作的行政机构，下属2个全额拨款事业单位：海淀区计划生育生殖健康技术服务中心和海淀区计划生育宣传服务中心。

2008年，贯彻《中共中央国务院关于全面加强人口和计划生育工作统筹解决人口问题的决定》，开展"国策关怀"健康促进计划，落实"强基、丝雨、阳光、易得、春晓"五大工程，全区人口和计划生育工作取得新进展。被国家人口计生委评为"全国流动人口计划生育工作先进集体"，本区作品在"首届全国人口·家庭·健康题材公益广告作品"评选中获"特别贡献奖"。

在2008年度全区人口和计划生育工作目标考核评估中，18个计划生育综合治理部门、7个乡（镇）、22个街道均为达标单位。羊坊店街道和四季青镇被评为北京市人口和计划生育工作红旗单位，35个单位被评为北京市人口和计划生育工作先进集体，200个单位被评为海淀区人口和计划生育工作先进集体，108人被评为北京市人口和计划生育先进工作者，430人被评为海淀区人口和计划生育先进工作者。

截止到2008年12月底，海淀区户籍人口总数2099468人，比上年增长2.9%；其中60岁以上人口33.7万人，占户籍总人口的16.1%；户籍育龄妇女59.6万人，户籍人口出生17558人，出生人口性别比104，计划生育率98.26%。流动人口在海淀出生15286人，计划生育率69.73%；其中流动人口在海淀出生并在海淀居住的7963人，占出生总数的52.09%。全年办理生育第二个子女审批事项1018例，办理随父进京460例、贡献二孩24例。

综合治理和行政执法 年初，海淀区召开2008年人口和计划生育领导小组会和全区人口和计划生育工作会议、人口计生综合治理部门联席会等。区委常委会、区政府常务会先后听取人口计生工作专题汇报。由本委对已经落实到相关部门《海淀区"十一五"时期人口全面发展规划》分解任务完成情况进行督察，完成《海淀区"十一五"时期人口与计划生育事业发展规划》和《海淀区"十一五"时期人口全面发展规划》的中期评估

开展旨在实现"宏观调控常规化、人口研究前瞻化、计生数据信息化、干部队伍职业化"的"强基工程"。年初，区委区政府制定下发《关于贯彻京发〔2007〕20号文件全面加强人口和计划生育工作统筹解决人口问题的实施意见》，在区委党校中青年干部培训班中增加"人口形势和理论"课程，将流管办新纳入区计划生育综合治理部门，继续完善综合治理部门的职能。本区综合治理部门已有18个。完成《后奥运时期海淀区人口发展态势研究》、《海淀区集体存档人员现状及计生服务管理模式调查》两项调研课题，获全区2007年调研论文评比二等奖。工作重心下移，开展对基层人口计生工作年初的走访指导和年终的现场评估。加快信息化建设，逐

步实现网上协同办公。升级改版门户网站,增加信息公开、便民服务、主任信箱等栏目,开发海淀区结婚信息分发和信息录入软件、流动人口育龄妇女基础信息管理软件等。本年,全区实现了人口计生工作相关数据信息的资源共享。民政部门提供全区2.7万条结婚信息;公安部门提供12.3万条女大学生信息,提供每季度户籍人口变动情况及出生入户情况;卫生部门提供户籍人口出生情况及婴儿出生即死亡情况。修订各项规章制度,通过了ISO9000质量管理体系三年一次的再认证工作。推进干部队伍职业化建设。加强干部综合业务、人口形势培训及奥运知识培训。与区农林委联合转发市人口计生委市农林委《关于加强北京市村级计划生育干部队伍职业化建设的意见》,制定《海淀区居村计划生育宣传员管理办法(试行)》等文件,探索基层人口计生干部队伍职业化建设新途径。改善计生专干及宣传员的福利待遇,为村级计生专干发放4000元/人/年的工作补贴,为计划生育宣传员发放200元/人/年的工作补助。本委实行科级职位竞争上岗。加强基层协会组织建设,投资18万余元改善29个会员之家工作条件。

本年继续开展创建人口和计划生育示范社区和示范村活动,经过社区(村)自荐,乡(镇)街道推荐,确定并上报北京市18个示范社区、3个示范村。经过5年工作,截止2008年,全区已创建人口计生工作示范社区90个,占社区总数的15.8%;创建示范村15个,占村总数的17.6%。

深化“行政管理法制化、利益导向机制化和流动人口服务管理的市民化”的“阳光工程”,千方百计稳定低生育水平。全年组织22名新加入计生系统人员参加北京市执法资格考试。全区已有150名区、乡镇、街道人口计生干部取得《北京市计划生育执法证》。进一步规范病残儿鉴定工作,建立由32名具有副主任医师以上技术职称的医生组成的鉴定专家库,实行病残儿鉴定专家统一聘任制度。4月,本委与空军总医院举行“海淀区病残儿医学鉴定专家聘任仪式”。制定《海淀区病残儿医学鉴定审批工作规范》,继续严格实行材料审核“三把关”(鉴定时顶替“关”、上报材料初审“关”、集体研究讨论签字“关”)。严格按照鉴定标准和公开、透明的工作程序,组织四批56例参加了病残儿鉴定,并对鉴定合格的28例办理了生育第二个子女的《生育服务证》。与区公安分局、区法院联合开展业务培训,规范文书制作、行政征收以及高等学校在校生计划生育管理服务等工作。8月,试开通人口计生工作语音咨询电话系统,11月1日正式启用,至年底共有1000多例咨询。完善人口计生工作监督制约机制和目标管理责任制考核办法,探索建立人口计生工作“一票否决”制度。全年共答复行政复议两例,应诉行政诉讼4次,无行政复议被纠正和行政诉讼败诉案件,荣获2007年度海淀区政府行政执法案卷评查优秀单位称号。本区计划生育、卫生部门联手对几家涉嫌从事“两非”(即非医学需要的胎儿性别鉴定和非医学需要的选择性别的人工终止妊娠)的医疗机构或非法医疗机构进行了处理。

审核发放一次性奖励1960人,金额294万元;经济帮助76人,金额38万元;农村部分计生家庭奖励扶助524人,金额628800元。独生子女家庭帮困321户,金额321000元。独生子女家庭特别扶助制度是针对有北京市户籍、独生子女死亡后未再生育或收养子女的夫妻的一项扶助制度,自女方年满50周岁起,由政府对该夫妻给予每人每月200元的扶助金,直至亡故为止。启动全区独生子女家庭特别扶助工作,全年全区扶助689人,金额165余万元。

宣传教育 落实旨在实现“创意策划人性化、宣传形式多样化、传播手段现代化和知识内容科学化”的宣传教育“丝雨工程”,全新改版海淀区网上人口学校,除保留原有的视频教学版块外新增电子贺卡、电子宝宝、生育文化游戏、FLASH 公益广告、生育文化风景线等特色版块,增强网上人口学校的功能性和可看性。4 月,推出电子贺卡、电子宝宝两种全新的宣传载体。“电子贺卡”是将人口和计划生育等内容做成电子贺卡,通过采集群众的邮箱,定期发送贺卡,给予提示和问候。群众也可自己登陆“海淀区网上人口学校”,进入电子贺卡发送系统,为亲朋好友发送祝福。“电子宝宝”是模拟喂养和哺育一个刚刚出生的婴儿,群众可从网上“领养”一个电子宝宝,一直抚养它至一周岁,体验宝宝抚育过程,了解优育知识。

在海淀报城市周刊开通《人口视窗》专栏,与原海淀电视台《人口与家庭》栏目和海淀报《国策画廊》栏目共同成为全区人口计生工作三大栏目。海淀区现有视力残疾人员 2086 人,本委针对视力残疾人员开发了《盲人生殖健康导读》,这是全国第一本盲人生殖健康知识书籍。本委还携手区文化委以及摄影协会举办“国策亲情一家人”摄影大赛,作为第五届海淀文化节系列活动之一。编制《党政干部人口和计划生育知识读本》、开展全国预防出生缺陷知识竞答活动等宣传活动。持续推进小学高年级青春健康教育,自主开发小学高年级青春健康教师专用书。继续开展生殖健康快车进高校校园活动,先后在北京理工大学、中央财经大学等大学安排讲座 25 次。举办“关怀促和谐、携手迎奥运”生育关爱行动,组织全区亲情牵手家庭、志愿者和地震灾区独生子女代表一行 30 余人参观五棵松奥运场馆。继续打造“海淀人口生育文化一日游”精品工程,在接待本市百姓的同时,还接待了南京、广东等地群众及全国县级人口计生委主任班学员参观。

计划生育服务　开展以实现计生药具、技术服务、青春教育、生育关怀全面易得为目的的“易得工程”,不断深化和拓展计划生育优质服务。推进计划生育药具五星级管理模式,规范药具账目管理,完成国家审计署关于避孕药具财政专项资金使用效益情况延伸审前调研。改善计划生育免费药具设施,扩大区药具站库房面积,开通药具配送直通车。开展二期药具易得工程,拓展药具发放范围,新增 680 个药具发放点,全区现共有 1498 个药具发放点。与区卫生局合作开展安全套进客房、预防艾滋病活动,与区文化委合作开展“安全套进娱乐场所”活动,组织开展“药具进工地、关爱农民工”活动,全年共发放 232 余万元的计生用品,发放避孕套 1200670 只。开展“健康关爱计划”,投入 64 万元为 7508 名农村长效节育户籍已婚育龄群众进行免费健康体检。做好区政府为民“办实事”工程,完成对部分城市特困育龄妇女、基层计生专干、部分农村超育龄期妇女约 2700 人的健康检查。提供孕检服务 47257 次,流动服务车下乡(镇)、街道为育龄妇女集中孕检 50 余次。加强与计划生育技术服务协作医院的合作,增加服务人群的范围和服务项目,完成市人口计生委对生殖健康技术服务中心三年一次的校验工作。开展“海淀区育龄妇女(含流动人口)避孕失败情况”调查。继续做好“生育关怀——亲情牵手”家政服务和医疗卫生保健工作。

启动以“出生缺陷一级预防”为主要内容的“春晓工程”,逐步建立以区计划生育生殖健康技术服务中心为主体,乡(镇)、街道计生办、社区计划生育服务站及人口文化学校为基础的出生缺陷一级预防服务网络。依托民政局婚姻登记机构向新婚夫妇免费发放服务手册和“春晓工程”服务指南。发挥 5 个区级人口文化学校阵地作用,开展优生优育指导和服务,免费发放叶酸。12 月,在羊坊店街道人口文化学校启动“3S”学知苑(Self-service, Speak out, Satisfied smile),即“自助服务、倾吐心声、会心微笑”

流动人口计生工作　构建以优质服务为

导向，以筑牢基础、抓好服务、促进管理、推进协作为理念的流动人口计生工作新格局。在全区开展创建“流动人口特色示范社区（村）、市场”活动，已经通过评审“流动人口计划生育示范社区（村）、市场”42个。在流动人口比较密集的10个市场建立“流动人口计划生育图书角”，为29个社区村（居）协会会员之家建立“计划生育图书角”。加大执法检查力度，对全区1000余名流动人口育龄妇女进行执法检查。开展流动育龄群众基础信息调查工作。与区公共委、卫生局共同规范流动人口出生监测数据的采集、录入、报送制度，继续做好全国信息交流平台的信息交流工作。建立流动妇女孕检数字化网络管理系统，2008年流动人口孕检总数达47257人，免费检查7769人；流动服务车下街乡50次，检查3915人。代寄孕检证明6495张，发放流动人口免费手术单975人份，发放免费安全套336000只，为外省市计生办提供流动妇女孕情检查情况5621人次，享受免费上环、换环计划生育手术225人。利用春节前民工返乡高峰的契机，开展“药具进工地、关爱农民工”活动，各乡（镇）街道计生办为本辖区的农民工送药具、送知识、送健康、送政策，实行“同管理、同服务”，受到农民工的欢迎。此次活动为124家工地12574名民工发放了637420只安全套、避孕药570盒。

探索流动人口跨部门、跨区域立体服务管理模式。与曙光街道、驻区医院、企业共同开发“曙光卡”，为流动人口提供免费体检、孕检、生殖健康培训、法律咨询等市民化待遇，开创政府与驻区单位、企业、医院等资源单位联手提供服务的工作模式。探索流动人口计划生育区域合作机制，进一步加强与河北等流入育龄妇女较多地区的协作网络建设，起草《海淀区流动人口区域合作工作方案》。

奥运前夕，区人口计生委、公安分局、民政局联合对流动人口已婚妇女以怀孕为掩护在京偷盗自行车、制造假证件、贩卖黄色光盘的人员进行集中打击。本委与违法怀孕妇女户籍地的计生部门联系，将有犯罪行为且违法怀孕的妇女10余名送回原籍并采取补救措施。

奥运保障 奥运会前，本委组织全区各街、乡、镇主管领导和计生工作人员参加多次培训，开展“平安奥运、平安计生”行动，在全区人口计生系统普及人口计生和平安奥运知识，就奥运期间计划生育宣传教育的相关要求、突发事件的应对和本区计划生育工作的成绩进行宣讲。发动全区计生干部对辖区范围内的计划生育对外宣传牌、标语口号和宣传栏进行大规模检查，规范标语口号用语和画面。制定《海淀区人口计生系统社会突发事件总体应急预案》等应急预案。开展矛盾排查行动，建立和完善重点难点案件包案管理体系，奥运期间坚持领导干部24小时值班，在奥运后建立每周三领导干部接访制度，本委获“海淀区大接访工作先进集体”称号。奥运期间，全体干部志愿参加东升乡地区的社会治安防控工作，为维护地区治安、化解群众矛盾、协助开展奥运知识和安全教育等方面做出了贡献。

四川汶川地震后，全体干部职工踊跃捐款，共筹集捐款11150元。全体党员又缴纳“特殊党费”18900元。区计生协举办“捐一元会费 聚一份力量”抗震救灾献爱心活动，活动共募集资金35万余元。

【“春晓工程”启动】 12月26日，举行海淀区新生儿出生缺陷一级预防“春晓工程”启动仪式。仪式上为5所区级人口学校及羊坊店“3S学知苑”授牌，为到场的育龄妇女发放叶酸。本区探索民政、卫生、计生三位一体的“春晓工程”统筹机制，把住新婚登记、领取生育服务证和社区计卫服务“三个关口”，发挥“三大作用”：一是将宣传教育作为出生缺陷预防的基础性工作来抓，发挥大众传媒的作用。二是发挥本区五所人口学校的阵地作用,为育龄群众提供优生优育指导和服务。三是加大对人口计生干部和技术服务人员的培训力度,发挥技术支持和队伍保障作用,有效减少出生缺陷发生的危险因素。在“3S学知苑”里,育龄群众可以了解各种人口计生知识,相互交流经验。

海淀区人口和计划生育委员会
地　址:海淀区长春桥路17号
邮　编:100089
电　话:82510624

海淀区计划生育生殖健康技术服务中心
地　址:海淀区大钟寺14号
电　话:62123956

海淀区计划生育宣传服务中心
地　址:海淀区大钟寺14号
电　话:62118306

【海淀区计划生育协会】 截止到本年底,全区共有各级计生协会705个,会员小组9125个,各级理事7196人,会员12万余人。2008年,继续推进生育关怀和青春健康两大项目,各方面工作迈出新步伐。2008年市区两级共投入资金20万元,为全区各街乡推荐的第二批29家优秀会员之家配备宣传教育设施。4月,召开协会基层组织建设经验交流会。

年内,与区教委、试点小学先后召开4次教案编写工作会,组织试点小学专业教师自主开发小学青春健康教育教师教案,设计开发小学高年级男生女生口袋书6000册。与驻地院校协调,全年共开展大学生讲座25次,受教育大学生3000余人次,策划开发大学生生殖健康知识手册6000册。总结提升“生育关怀—金辉计划”助老服务项目。2008年共向20户独生子女夭折家庭提供每月每户10小时的家政服务,为11位老人提供医疗卫生保健服务,为15户亲情牵手家庭统一订阅报刊。三项服务涉及26户独生子女夭折家庭。

2月,受中国人口福利基金会、北京市计生协委托,区计生协承办中国人口福利基金会“亲情呼唤热线”海淀启动仪式,将价值10万元的5000张电话卡在农历正月十五前全部发放到流动人口和困难家庭中。全区共有23个街乡计生协参与发卡,领卡流动人口总数3296人、困难家庭403户。5月29日,区计生协举行“捐一元会费　聚一份力量”抗震救灾献爱心活动。中国计生协会姜春云会长现场捐出1000元的爱心会费,国家、市、区计生协向来自四川省北川、茂县等受灾地区流动人口捐赠了慰问品,区计生协将地区十万会员3天募集的35万元捐款现场转交给了海淀区红十字会。

地　址:海淀区大钟寺14号
电　话:62146653　　　　(程晓红　赵金库)

劳动和社会保障工作

海淀区劳动管理工作早在解放初期即已开始,海淀区人民政府先后设工商科、工商劳动科和劳动科。1972年11月成立海淀区劳动局,1999年7月更名为海淀区劳动和社会保障局(简称劳动保障局)。主要负责统筹城乡劳动力的开发利用和就业、综合管理城乡社会保险工作和社会保险事业机构、依法监督和调整劳动关系。现有下属事业单位8个。

2008年,区劳动保障局以创新就业和再就业工作、完善社会保障体系、依法规范调整劳动关系为重点,完成了各项工作任务。

就业再就业工作 本年,本局从政策扶持、体系完善、区域互助、城乡互动等方面入手,推进全区就业再就业工作。2008年全区共有24899名城镇登记失业人员实现了再就业,失业人员就业率达到62.58%,失业率为1.1%;11489名“4050”失业人员实现了再就业,超额38%完成市劳动保障局指标;开发社区就业岗位15442个,安置失业人员13001名,超额35%完成指标;实现创业

2737人，带动就业7751人，均超额完成指标任务。

完善农村劳动力转移就业政策体系，实施城乡一体化就业工程，3111名农村富余劳动力实现了转移就业。调整完善农村劳动力自谋职业补助政策和鼓励用人单位招用农村劳动力补助办法，简化申请农村劳动力自谋职业补助的办事流程，增加了用人单位招用农村劳动力的医疗保险和工伤保险两项补贴。鼓励在村一级建立农村劳动力就业服务站，对有组织地实施农村劳动力转移就业的，给予经费补助等扶持；鼓励农村就业服务站开发创业项目，以创业带动就业。目前，本区所有的村委会均已建立就业服务站，34个村成为“充分就业村”。

实施困难人员就业援助工程。完善“零就业家庭”长效帮扶机制。对认定的零就业家庭，从政策宣传、申报登记、就业服务、落实岗位到回访跟踪，提供一条龙服务。本年共帮助25户“零就业家庭”中的33人实现了就业再就业，全区“零就业家庭”始终保持动态为零。将随军家属纳入就业服务范围，开展随军家属就业援助服务，全年共帮助162名随军家属实现了就业。出台残疾人系列补助政策，通过给予岗位补贴及社会保险补贴的方式，鼓励用人单位招用失业残疾人，帮助智力、精神残疾人在社区就业。

创建“充分就业社区”，实施社区就业无障碍工程。一是开展“真诚相助帮解困、稳定就业促和谐”活动，推广充分就业社区的创建经验，带动更多的社区成为充分就业社区。全年有384个社区成为“充分就业社区”，占全区社区的66%。二是强化失业登记制度，完善就业服务，加大职业指导力度，确保失业人员在社区享受到无障碍的就业服务。三是完善就业援助长效机制。以失业人员为服务重点，兼顾大中专院校毕业生、农村劳动力和其他劳动者，提供免费政策咨询和职业介绍服务。年内先后开展就业援助月、春风行动、民营企业招聘周、高校毕业生就业服务月等活动，组织大型招聘洽谈会11场，中小型招聘会150余场，职业指导5.9万人次，推荐成功就业1.62万人。“5·12”四川汶川地震发生后，本局开辟了灾区绿色就业通道，接待地震灾区求职者1193人，组织14家企业赴灾区现场招聘，530名灾区求职者在海淀区实现了就业。

创新职业技能培训办法，实施就业促进工程。实行培训与就业相结合的原则，开展定岗、订单式培训，注重培训的针对性、实效性。出台农村劳动力定岗培训补助办法。全年为5790名失业人员和1213名农村劳动力进行了免费职业技能培训，失业人员和农村劳动力培训后的就业率分别达到60%和79%；职业技能考核鉴定26054人，其中初级工371人，中级工12204人，高级工以上人员13539人。出台高技能人才培养资助暂行办法和有突出贡献高技能人才评选奖励办法，推动本区高技能人才队伍发展。

社会保障工作 本年，社会保障范围进一步扩大。全区五项社会保险基金累计收缴124.63亿元，支付69.24亿元，结余55.39亿元，收、支、余分别同比增长29.46%、27.65%和31.78%，完成全年指标的115.35%，征缴率达到95%以上。

落实城乡无保障老年居民养老保障办法、无业居民大病医疗保险、“一老一小”大病医疗保险等制度。全区31975名无社会保障老年人领到了每月200元的“福利养老金”；7025名无业居民纳入大病医疗保险保障范围，其中享受免交费待遇的低保和重度残疾人4264人，占参保人数的60.7%；26.73万名“一老一小”人员完成了参保续费；为2983名农转非人员办理了补缴社会保险手续，补缴总金额达到17493万元。

创新服务，社会保障服务进一步便捷。一是社会保险网上申报系统正式上线运行，参保单位可以网上办理参保人员五项社会保险的增减、信息变更、查询等业务;二是规划筹建了街道、人才专项服务大厅,集中办理四险和医疗业务。开辟14个为重点企业优先服务窗口;三是开展社区慢病知己健康管理工作,引导患慢性疾病参保人员到社区就医,缓解群众的看病难、看病贵问题。全区28家定点慢性病试点社区卫生服务站有慢性病患者5073人。开展医疗保险门诊费用上传工作。全区所有定点医疗机构全部实现了门诊数据上传,成功率稳定在100%。在医疗保险报销高峰期实现了当月单据当月审核完毕,全年受理单据62万份,同比增长20.76%。

落实《北京市新型农村社会养老保险试行办法》,对山后54个行政村逐村进行全覆盖的宣传,出台《海淀区关于落实〈北京市新型农村社会养老保险试行办法〉的实施办法》,加大区财政补贴力度,大大提高了本区农民的养老保障水平。全年参保缴费人数达到58172人,覆盖率达到96%,超额完成市局下达的覆盖率80%的任务指标,农村养老保障金额由上年的人均102元/月提高到492元/月。

强化基金安全管理制度建设,出台《海淀区社会保障事务所社会保险基金账户管理暂行办法》,组织全区社保所财务人员进行社保基金收、支专用账户核算方法培训,规范全区社保所财务管理行为。制定《海淀区社会保险基金监督举报奖励实施办法》,强化社会和群众监督;开展社保基金现场、非现场监督检查和专项治理等工作,确保基金安全。

协调劳动关系 本年,本局以服务平安奥运、构建和谐社会为目标,加大劳动保障执法力度,加强劳动合同规范管理,开展劳动执法检查和大接访等工作,确保了奥运会、残奥会期间区域劳动关系稳定和市政府提出的“五无”工作目标(无重大重复上访、无零就业家庭、无拖欠工资现象、无城镇危房户、无社会救助盲点)的实现。全年受理劳动争议案件8109件,同比增长112.8%,已审结8028件,结案率为99%,其中调解结案2970件,调解率为37%;受理劳动监察案件3924件,同比增长48.4%;受理群体性讨薪案件796起,涉及18565人、11830万元;检查劳动用工单位5956家,涉及职工14.9万人,责令补签劳动合同9592人;受理群众来信来访咨询案件39809件,来信来访回复率达到100%。

宣传贯彻《劳动合同法》,相继开展“劳动合同宣传月”活动、“农民工维权周”行动、《劳动合同法》流动课堂,对海淀园高新技术企业、中关村人才中心、退伍军人进行培训,继续扩大《劳动合同法》的宣传覆盖面。全年开展现场宣传咨询活动180场次,发放宣传材料9万余份,举办培训班140余期,培训用人单位1.6万余家,培训各类人员2万余人。

围绕平安奥运,制定了应急突发事件预案,和区建委、公安等部门组成群体性突发事件应急处置小组;建立突发事件预警机制、多部门联合执法检查制度、信息共享制度等。针对建筑、餐饮、美容美发等重点行业、奥运场馆周边等重点地区开展经常性的拉网式检查。奥运期间,重点监控和检查涉奥场所周边200米范围内的企业,尤其是以前曾发生过拖欠工资行为的用人单位,确保奥运期间不出现工资拖欠行为。7月1日至11月30日,动员全局工作人员开展大接访活动,积极化解劳动纠纷。完善审批督办、信息通报和领导接访三项制度,明确领导包案、首问责任和办理终结制等三项责任,建立了预警、巡查、排查调解和处突等四项长效机制。在此期间共办理区领导交办件15件,局领导接访57批次130人,约访、下访、回访群众45批次700余人。

加强协调指导,维护区域劳动关系稳定。一是加强对企业重大劳动关系调整的指导协调,对企业因搬迁、经营调整、经济情况变化等因素造成的劳动关系集中解除进行登记、指导,对企业制订职工安置补偿方案及办理程序实施全程指导监控,全年指导经济性裁员18家,对44家改制及退出企业进行排查和监控,消除了群体性事件隐患。二是推进创建和谐劳动关系单位,制订评审工作办法,评选出60家"海淀区和谐劳动关系单位",并从中选出8家突出单位参加北京市评选。三是推进农民工工资支付保障制度,制订本区建筑施工企业建立"三个账户"办法,全年建立工资保证金账户265家,农民工工资专用账户131家,居全市首位。

下属事业单位(除海淀区职业介绍服务中心外,其他单位地址都在海淀区新街口外大街1号)

海淀区就业服务中心
电　话:82071188－8628

海淀区职业介绍服务中心
地　址:西四环北路73号中关村人才发展中心三层
电　话:88498582

海淀区劳动监察大队
电　话:82071188－8421

海淀区社会保险基金管理中心
电　话:82073822

海淀区医疗保险事务管理中心
电　话:82071188－8350

海淀区职业技能鉴定所
电　话:82071188－1001

海淀区农村养老保险办公室
电　话:82071188－1010

海淀区劳动和社会保障局信息中心
电　话:82071188－8722

北京市海淀区劳动和社会保障局
地　址:海淀区新街口外大街1号
邮　编:100088
电　话:62017809　62017809(传真)
电子信箱:public@hdlsj.gov.cn
网　址:www.hdlsj.gov.cn　　(袁　媛)

民族·宗教·侨务工作

海淀区民族宗教侨务办公室成立于2001年10月,是区政府主管民族宗教侨务工作的职能部门。

本年度,区民宗侨办以民族团结社区建设、民族宗教网络建设、和谐宗教活动场所建设和宣传贯彻侨法为主线,推动民族宗教侨务工作,为奥运服务,为海淀区的建设发展服务,为构建和谐平安海淀做出贡献。

本年,国家民委,市人大、市政协、市委统战部、市民委宗教局、市侨办领导多次到海淀区调研、视察;区人大检查了清真食品生产经营法律法规执行情况,区政府常务会专题研究民族宗教工作,主管区领导多次召开专题会,协调解决民族宗教重点、难点问题。本区2005年建立了民族政策监督员队伍,协助政府开展清真商业网点的调查和监督工作。本年重新组建民族政策监督员队伍,确定了26人担任监督员。开展基督教聚会点治理和清真网点专项治理工作,形成网络化管理。

本年,海淀区民族宗教侨务办公室获首都民族团结进步先进集体、2008年度首都国家安全工作先进集体、2008年度侨务工作先进单位等称号。刘希英被评为首都民族团结进步先进个人。

宣传教育和综合管理　本年利用海淀报、海淀有线、互联网开展宣传,并举办讲座、制作展板、发放材料等,举办奥运知识及文明礼仪和宗教界迎奥运外事礼仪讲座。在社区开展民族文化进社区巡展活动,发放《迎奥运讲文明树新风礼仪知识简明读本》。向全区各街道、乡镇、社区、村发放《民族宗教侨务法规知识选编》1000本。组织归侨侨眷召开侨法学习座谈会,组织全区侨务干部和侨界人士参加全国侨务法律法规知识竞赛。在紫竹院街道厂洼社区、学院路街道农大东社区设立侨法宣传角,捐赠图书各230余册。

制定《海淀区民宗侨办关于行政执法协调工作的若干规定》、《海淀区民族宗教行政执法责任追究办法实施细则》、《海淀区民宗侨办行政处罚自由裁量权规范》。组织执法人员参加市、区组织的培训、法院旁听等活动。全年办理行政许可94件,确认民族成份214件,对48起违反民族宗教政策、法规问题进行了处理。建立了由区民宗侨办依法监管、工商等相关部门分工配合、街乡镇协助日常管理、民族政策监督员定期监督的清真网点管理机制。对全区426家网点进行核查治理,为136家办理清真专用标志,对42家无照经营网点交工商部门处理。对北京伊光祥辉清真食品有限公司擅自使用清真标志和擅自使用北京市伊斯兰教协会监制包装的行为进行查处。

开展基督教聚会点专项治理工作,对全区基督教聚会点情况进行了调查。发挥区宗教事务管理三级网络和宗教工作协调机制的作用,指导各街乡镇落实宗教工作属地责任,完善聚会点片区管理制度。

组织街道主管领导、民族宗教侨务干部、社区主任、民族政策监督员和街乡镇民政专管员进行民族宗教侨务政策法规培训,为基督教慕道培训班信徒讲解《宗教事务条例》。开展清真餐饮行业礼仪服务、民族宗教知识培训,组织全区9家被评为北京市餐饮特色店的清真餐饮企业负责人、从业人员近百人参加学习。

制定并下发《海淀区开展民族团结进步创建活动方案》,召开民族工作重点街道、社区主任联席工作会,布置民族团结进步创建工作。举办了第二届民族社区运动会。组织30个社区(村)群众健身队伍,参加第二届北京市民族团结杯群众健身操舞大赛。完成了第六届首都民族团结进步先进集体、先进个人的推荐工作。

走访慰问民宗侨界困难户216户及部分民族宗教界侨界代表人士,送去慰问金和慰问品14.37万元。发动政协委员和宗教界捐款7.44万元,资助中央民族大学、中国地质大学、中国农业大学58名大学生及农大附中内地新疆高中班38名少数民族学生;民宗侨界人士积极向南方低温冰雪灾害和汶川地震灾区捐款捐物折合人民币1781.6万元。近年来,区民宗侨办搭建平台,发动各方力量关心支持民族教育事业。本区少数民族政协委员马华向民族小学捐款5万元,建成占地200平方米的学生花园;吴景馨向民族小学捐赠100件民族乐器,指导学校组建了民族吹打乐团;王冬梅为民族小学代理了5起民事诉讼案件。

民族宗教工作　落实平安奥运行动计划,制定《海淀区2008奥运民族宗教工作预案》,下发《海淀区清真网点治理工作方案》和《海淀区基督教聚会点管理工作方案》,制定《海淀区涉及民族宗教方面群体性突发事件应急预案》等9个工作方案,组织开展突发事件应急演练。举办宗教界消防和外事培训。指导各宗教活动场所制定奥运安全服务工作方案。奥运期间接待荷兰首相到基督教海淀堂做礼拜。

在宗教界开展学习建设年活动,举办以奥运服务、宗教政策法规为主题的专题讲座2次。组织宗教教职人员开展谈心会、场所管理组织成员恳谈会等,提高宗教活动场所内部管理水平。完善《海淀区宗教界人士2008—2012年培养规划》,选送部分教职人员到高校学习深造。对各宗教管理组织成员进行宗教政策法规培训,指导各宗教团体修订内部管理制度,完善"三公开"制度。在伊斯兰教开斋节、基督教圣诞节之际,市区有关领导前往慰问,有关部门采取措施确保活动安全。

多方出资2000万元(其中区政府投资600万元)解决蓝靛厂清真寺自养房问题区政府出资148万元对圣弥额尔教堂、海淀清真寺进行修缮。支持烤肉宛、西部马华火锅、北京舞蹈学院清真窗口等多个清真网点改造就餐环境、添置设备，推荐9家清真餐饮企业参加北京市清真特色餐厅评选活动。开展清真餐饮规范店评选活动，对经营规范的清真餐饮网点进行表彰。为农大附中、民族小学及花园路、紫竹院街道等8个单位争取市少数民族地区补助经费16.5万元。指导清华、北大等11所大学的清真食堂和北太平庄、曙光街道等21个单位向市民委申报2009年民族经济文化教育扶持项目43个。

侨务工作　本年开展贯彻侨法及构建‘和谐侨界、贡献奥运”宣传服务活动和以平安奥运为重点的建言献策活动。引导、组织侨界人士争当志愿者，为奥运会贡献力量。海淀区依法治区办、民宗侨办、侨联、司法局共同组织全区侨务干部和侨界人士参加全国侨务法律法规知识竞赛活动，共上交答卷2741份。

举办海淀区侨界人士迎新春座谈会，重点街道、社区负责人新春座谈会，侨界新春电影招待会。组织侨资企业家、侨界代表人士参加海外华侨华人港澳同胞在京企业家新春联谊会、首都侨界新春联谊活动。组织归侨侨眷50余人到云居寺春游踏青，教师节前夕到圆明园公园开展游园联谊活动。接待2008年“中国寻根之旅”澳大利亚中文教育促进会华裔青少年夏令营的16名营员。

发挥教师进修学校附属实验学校、燕京文化专科学校华文教育定点校作用，通过开展华文教育加强对外交流与合作。

本年为40多位归侨办理了《归国华侨证》申请上报手续，为61位归侨、华侨子女、归侨学生出具中、高考身份证明，为55位华侨、港澳同胞和外籍华人学生出具来京上中小学批准书，为60多人认定归侨、侨眷身份，对40多户困难归侨给予临时生活补助。全年处理侨界信访15件。开展为企业服务的“三日”（区长接待日、侨资企业走访日、企业家联谊日）活动，邀请区劳动局负责人为侨资企业宣讲《劳动合同法》，组织侨资企业家参加纪念中关村科技园区海淀园创新发展20周年座谈会、北京市高新技术企业认定专题讲座和政策咨询等活动，对于企业家反映的困难和问题，及时帮助解决。

海淀区民族宗教侨务办公室
地　址：海淀区西四环北路11号四层
邮　编：100195
电　话：88487070　88487095（传真）
电子信箱：yanyt@ mail. bjhd. gov. cn

（闫运涛）

民政工作

【综述】　本年，海淀区民政局落实各项年度工作计划，促进海淀经济社会平稳发展，组织支援南方抗击雨雪冰冻灾害和四川等省抗震救灾，保障北京奥运会、残奥会顺利举办，各项民政工作成绩突出，在全市18个区县民政工作评比中，第七次被评为北京市民政工作先进区。7月7日，根据京海办发[2008]20号文件关于“将原区委街工委（区街工办）指导城市基层政权建设和指导社区居民委员会民主选举及审批新建、撤销、调整社区居民委员会职能回归区民政局”的精神，区民政局与区委社会工委（区社会建设办）进行了工作交接。

社会救助　截至2008年底，海淀区城市低保对象为4711户、9325人，全年发放保障金3669万元。农村低保对象769户、1428人，全年发放保障金531万元。从7月1日起，海淀区城乡低保标准从330元调整到390元。本年，区民政局落实区政府为民办实事工程，实施农村困难户危房改造、翻建、维修，确保困难群体“住有所居”。5月，区民政局和区财政局、区劳动保障局、区公共委联合印发《关于完善本区城乡特困人员医疗救助政策有关问题的通知》,完善城乡特困人员医疗救助政策,在全市率先实行大病资金垫付,由事后救助变为事前救助,解决了一些特困家庭交不起住院押金不能及时就医问题。

区民政局落实医疗、教育和其他临时专项救助制度,全年医疗救助1354人、支出182万元,临时救助1118人、支出430万元。5月12日,区民政局和区财政局联合印发《关于进一步完善本区临时救助制度的通知》,提高了非义务教育阶段临时救助标准。从2008年6月1日起,上高中(含中专)阶段救助金额由每年1000元提高到2000元,上大学阶段由每年2000元提高到5000元,学费低于救助标准的,按实际发生金额救助。年内开发建设了海淀区社会综合救助管理信息平台,12月18日该平台上线试运行。

本年,海淀区救助管理站建立健全了区、街乡(镇)、社区三级救助网络,并采取多项措施,对街头流浪乞讨人员进行及时救助。在奥运期间,对奥运场馆周边、涉奥场所、繁华地区和交通要道进行不间断巡视;从7月20日至8月20日,区救助管理站先后组织巡视救助28次,出动救助车84车次、工作人员336人次,救助街头流浪乞讨人员291人,办理离站手续222人,该阶段离站率达到76.3%。在日常工作中,区救助站强化站内管理、强化疏散机制,增加保安力量,加强值班,加强服务管理,对进站受助人员的物品仔细检查,确保了站内安全。本年,救助站共救助流浪乞讨人员和暂时遇到困难的人员1998人(其中海淀区1403人、西城区593人),办理离站手续1939人,离站率为97.1%。

本年,区民政局在南方雪灾和四川地震等自然灾害发生后,迅速反应,组织募集赈灾物资。为支援南方抗击雪灾,制定捐赠活动方案,开通24小时捐赠热线,募集捐款231.68万元、接收棉衣被等过冬物资11.67万件;为四川地震灾区募集捐款6476.35元,募集物资7万余件折合人民币459.49万元。在10至11月份的爱心捐赠月中接收各界捐款106余万元,上交市捐赠中心;接受物资25万余件,对口支援了四川和内蒙古两省区。在日常捐赠工作中,通过全区29个“爱心家园”共接收物资16.4万件。全年累计接受捐款6814余万元,各类物资60余万件。

优待抚恤 截至2008年底,全区有伤残军人(含伤残警察、伤残国家机关工作人员、伤残民兵民工)1962名,烈士遗属(含因公牺牲军人遗属、病故军人遗属)以及在乡退伍红军老战士、在乡复员军人、在乡残疾军人、带病回乡退伍军人、部分参战参试军人退役人员593人,享受政治荣誉的烈属1039人(户),义务兵935人。落实相关政策,保障优抚对象利益。落实《军人抚恤优待条例》和《北京市实施〈军人抚恤优待条例〉办法》,本区制定《关于建立海淀区优抚对象临时生活困难补助制度的工作意见》。完成将优抚对象的医疗保障纳入社会医疗保障体系的工作,农村户口优抚对象通过所在乡镇参加新型农村合作医疗,城镇户口优抚对象在区劳动和社会保障局单独开设账户。完成病故军人、因公牺牲军人、革命烈士抚恤金和优抚对象定期生活补助、残疾军人优待金发放工作。年内调整了部分优抚对象抚恤和生活补助标准。

本年,本区军队离退休干部服务管理工作通过ISO9000管理体系监督评审,服务管理工作更加规范,军休干部“两个待遇”得到全面落实。召开第六次党代会,完成军休党委换届工作,加强了党组织建设。2008年,新接收安置军休干部2307名、军休职工1人,新成立军休所3个,完成北京市下达的接收安置任务。截至2008年底,本区已接收安置军休干部12318人,军休职工7979人。

本年,共受理见义勇为行为申报7件,依法确认5件(3人)见义勇为行为。

本年,退役士兵安置工作实施统一的城乡安置政策,全年接收2007年冬季退役士兵和复员、转业士官总计503人,其中需安置的417名城镇退役士兵全部得到安置,安置率再次实现100%。

社区建设和农村基层政权建设、行政区划管理 区民政局全年审批成立了4个社区居委会。开展2009年第七届社区居委会换届选举前期调研准备工作,组织了社区居委会选举知识竞赛,开发了自动计票系统。推进社区服务站标准化建设,并将社区服务站的工作内容由单纯的便民服务向公共服务、公益服务、便民服务三位一体转变。开展和谐社区示范创建活动,深化社区管理体制改革,完善社区服务体系,推进农村社区建设实验活动。加强社区服务设施建设与服务体系完善工作,继续实施社区服务重点项目。到本年底,全区共建成社区服务站540个,占全区社区总数的93%,社区基层服务网络初步形成。搭建社区服务信息平台,签约社区服务商达到42家,发布信息2万多条,网站点击率近120万人次。促进城乡社区协调发展,提升农村社区服务工作水平,开展农村社区服务站标准化建设、农村社区信息网络工程建设、农村社区志愿者队伍建设三项重点工作。本年,海淀区农村开展和谐村镇示范创建活动和"四个民主"(民主选举、民主决策、民主管理、民主监督)实践活动,推进村民自治制度化、规范化、程序化进程,创建了4个示范乡镇、60个示范村,全区达标率70%;其中西北旺镇、四季青镇、温泉镇3个镇,白家疃村、青龙桥村等29个村被评为市级"村务公开民主管理示范单位"。海淀区被全国村务公开协调小组命名为全国村务公开民主管理示范单位。

海淀区民政系统以区社区义工联合会为龙头,组建奥运志愿者服务队,形成了以22个街道、两个地区办事处义工分会为骨干,568个社区居委会为基础,总计1600余支义工服务队、4万余名志愿者参加的庞大社区义工队伍。对社区志愿者队伍骨干进行了"普及奥运知识、提高服务技能"培训。奥运期间,组织义工参加社区治安巡逻、交通秩序维护、"清洁北京,走进2008"等大型活动。青龙桥地区的义工指路队延长服务时间,热情为游览颐和园的中外游客指路,服务总量达到5000余人次。截止2008年底,全区社区义工服务队达到2247支,总人数65732名。

本年,开展平安边界创建活动,规范行政区域界线的日常管理,完成了信息资源库建库工作,测绘更新了海淀区行政区域界线协议书附图。

双拥共建工作 本年,双拥共建工作以服务"北京奥运"、争创全国双拥模范城(区)"七连冠"为动力,进一步增强军政军民团结。完成市政府下达的《驻京部队大单位营院周边环境整治工程目标责任分解书》折子工程,制定下发了《海淀区双拥工作要点》、《驻海淀区部队拥政爱民工作意见》和《海淀区军地联席会议制度实施方案》,明确了各部队服务奥运、保障奥运的工作计划和具体目标。组织开展军(警)民共建结对子等形式多样的双拥共建活动。年内新建国防教育基地3个,新建军民共建友谊路2条,3所少年军校进入北京市先进行列,1所被评为全国先进少年军校示范校。

老龄工作和社会养老服务 贯彻落实北京市各项优待老年人政策,把帮扶特困、高龄、空巢老人作为老龄工作的重点与难点。为本区6180名65岁及以上老年人办理老年优待卡,规定从2009年1月1日起,老年人持卡可以免费乘坐市域内地面公交和游览市区公园等旅游景区。按时足额发放百岁老人慰问金及80岁以上一次性特困补助;开展对90—99岁、100岁以上高龄老人的调查统计。截止本年底,全区共有2753位90—99岁、90位百岁以上老人享受政府高龄津贴。9月区政府决定成立海淀区居家养老服务工作领导小组,并出台《海淀区关于开展居家养老服务工作的意见》,区民政局和区财政局联合下发了《海淀区关于给予特殊老年人养老服务补贴办法》(试行)等相关文件。以羊坊店等街道为试点,推广居家养老菜单式服务模式。本区第一批5394位老人已接受由政府发放的居家养老补贴券。本年,贯彻新的《农村五保供养工作条例》,自5月1日起农村五保供养由以农村集体供养为主调整为以财政供养为主。

推进养老机构社会化进程。2008年全区养老机构共26所,其中政府办8所、民办18所,总建筑面积10万多平方米,总床位5800多张,入住老人3400多名。

参照2008年调整的本市最新基本养老金标准,本区调整了征地超转人员的补助标准。本区现有7911名征地超转人员,调标后平均每人生活补助标准为913元,人均增资118元。全年新接收安置各类超转人员4242人。年内还参照最新低保标准,调整了本区城市及农村地退无收入遗属的生活补助标准。

福利企业管理和福利彩票发行 截止本年底,全区共有福利企业53家,在职职工3449人,其中残疾职工1145人,残疾人职工比2007年底增加了68人,增长6.3%。

本年,福利彩票发行工作实现安全高效运行,彩票发行成绩显著,继续走在全市前列。

社会组织管理 社会组织管理工作实行“培育发展和监督管理并重”的方针,依法加强登记、管理与服务工作。全年共接待民间组织有关成立、变更、注销、年检等问题的咨询千余人次。目前全区共有社会组织610个,位居全市18区县之首,其中社会团体157个,民办非企业单位453个。继续推进“两村工程”(中关村、新农村),引导行业协会支持新农村建设。加强社区民间组织的备案工作,有1600多个社区民间组织完成备案。

婚姻登记 婚姻登记工作开拓创新,严格依法办事,不断完善人性化服务内容。全年共办理结婚登记28117对、离婚登记4452对,补领婚姻登记证1640件,收养登记41件,开具无婚姻登记记录证明1009件,办理合格率100%。特别是北京奥运会开幕日,举全局之力,圆满完成了8月8日2902对新人结婚登记工作,位列十八区县之首,实现了上级下达的婚姻登记工作100%平安、100%满足、100%合法、100%热情的目标。

殡葬监督管理 本年,殡葬管理工作加大行政执法力度,按照“平安清明,平安奥运”的要求,创新宣传方式,倡导文明祭奠,确保了清明节群众扫墓接待工作圆满完成。本年,全区共平坟685个,迁坟300余个,相关部门配合行政执法3次。本区全年死亡人数6868人,火化率达100%。

宣传信息工作与理论研讨 本区民政部门全年在各级各类媒体上刊发稿件2000多篇,制作了电视专题片,编制了宣传画册,刻录光盘10余张。为纪念改革开放30周年,组织开展征文活动,编辑了征文集和画册。本局全年共报送信息164篇,其中《北京民政信息》采用单条信息42条,北京民政信息网采用46条;对本局网站进行服务器迁移的升级改造,全年网站访问量达10万余人次;网站设立的局长信箱收到30条群众反映问题,及时做了回复。开展关注社会民生区级调研课题的立项与调研工作,组织全区民政系统干部进行民政理论调研,将所写的论文集结为《海淀区民政系统2008年民政理论调研文章汇编》。在相关政策出台前进行调研把关工作。

【开展支援四川地震灾区募捐活动】 5月12日四川省汶川县发生强烈地震后,5月13日下午,区民政局在万寿路街道复兴路83号院社区设立全区宣传活动主会场,组织了现场募捐活动。5月25日,按照北京市《关于开展“捐赠十元钱、爱心送汶川”捐赠日活动的通知》要求,区民政局制定了《捐赠日活动方案》,发动驻区部队、高校、高新企业等单位,以义卖、义演等多种形式开展捐赠活动。5月27日,各街乡分别在辖区内组织了捐赠日活动,由区民政局主办、中关村街道承办了“爱心家园·爱在行动拍卖会”。在这次捐助活动中,全区共为四川地震灾区募集捐款6476.35万元,募集物资折合人民币459.49万元。

【召开2008年社区服务重点项目发布会】 5月16日,区民政局组织召开海淀区2008年和谐社区服务体系社区服务重点项目发布会,部署2008年全区构建和谐社区服务体系工作实施方案,发布13项社区服务重点项目。和谐社区服务体系重点项目是区委、区政府为加强和谐社区建设、方便群众生活推出的为民办实事项目,2005年开始实施。截止2007年底,区政府共投入7000万社区服务专项资金、508万彩票公益金,在全区共建成318个社区服务站、432个社区就业服务站、45个社区卫生服务中心(站)、38个社区停车场、99个社区便民商业服务网点、10个街道家政服务基地、28个爱心家园、7个老人服务中心。

本区对2007年十大重点项目进行调整,推出2008年社区服务体系重点项目。其中包括保留项目9个,即:海淀区义工联合会,海淀社区服务项目策划、配送与管理中心,爱心家园,老人服务中心,社区服务站,社区卫生服务中心(站),社区就业服务站,社区停车场,社区便民商业服务网点;新增项目4个,即:海淀区社区社会工作人才培训、社区安全应急柜、社区自行车棚、社区治安防控图像监控。2008年社区服务重点项目坚持按照项目发布、项目申报、项目实施、项目评估四个环节组织实施,实行自下而上的项目申报方式,保证专项资金及时到位,调动项目牵头部门和基层项目实施单位两方面的积极性。区安监局、综治办、民政局是2008年4个新增项目的牵头单位。

【8月8日结婚登记高峰日】 海淀区婚姻登记总量历年居全市首位。2008年8月8日极具特殊纪念意义,婚姻登记数量再创历史新高。全天共办理结婚登记2902对,离婚登记15对,数量居全市第一,占全市总数的18.64%。海淀区民政局周密部署,从凌晨零点开始登记,投入工作人员400余名,顺利完成这一特殊历史时刻下超常的工作任务。全天未有排长队等候现象,没发生一起拥堵事件,没有任何矛盾冲突事件,没有收到一起投诉,现场秩序井然,气氛祥和。当日,到现场采访的媒体66家,其中境外媒体19家。

部分下属单位

海淀区民政局婚姻登记处
地　址:海淀区科学院南路31号
邮　编:100080
电　话:62615167(结婚咨询)
　　　62522340(离婚咨询)
　　　62633630(收养咨询)

海淀区军队离退休干部安置办公室
地　址:海淀区二里庄15号院
邮　编:100083
电　话:82373268

海淀区社会福利企业生产办公室
地　址:海淀区永丰路155号
邮　编:100094
电　话:62478047

海淀区福利彩票发行中心
地　址:海淀区科学院南路31号
邮　编:100080
电　话:62575312

海淀区社区服务中心
地　址:海淀区科学院南路31号
邮　编:100080
电　话:62525625

海淀区救助管理站

地　址:海淀区西北旺镇唐家岭村41区
邮　编:100094
电　话:82774171

8、阳台山老年公寓
地　址:海淀区北安河村西
邮　编:100095
电　话:62467841

海淀区民政局
地　址:海淀区蓝靛厂西路1号曙光办公中心
邮　编:100097
电　话:88862574　88862404
网　址:http://www.hdmzj.gov.cn (周迎芳)

街道、乡镇概况

社会建设和街道工作综述

中共海淀区委社会工作委员会(简称区委社会工委)和海淀区人民政府社会建设工作办公室(简称区社会建设办)(两部门合署办公)其前身是1980年组建的中共海淀区委街道工作委员会和海淀区人民政府街道工作办公室,是本区社会建设工作主管部门,2008年4月9日正式挂牌成立。同时成立海淀区社会建设工作领导小组,领导小组办公室设在区委社会工委(区社会建设办)。同时撤销区委街工委、区街工办,将原由区民政局承担的研究拟定本区社区建设发展规划、指导社区建设工作的职能划入区委社会工委(区社会建设办),将原由区委街工委(区街工办)承担的指导城市基层政权建设和指导社区居民委员会民主选举及审批新建、撤销、调整社区居民委员会职能划归区民政局。

区委社会工委的主要职责有:1、贯彻执行党的路线、方针和政策,保证区委社会建设和管理各项决定的落实;2、研究提出本区社会建设和管理的总体规划和重大方案,为区委社会建设宏观决策服务;3、按照区委、区政府要求和区社会建设工作领导小组安排,统筹推进各项任务的分解落实和督促检查;4、在区委组织部指导下,负责社区党建和"两新"组织党建工作,研究拟定加强社区党建和"两新"组织党建工作的总体规划和政策措施,并组织实施;5、负责社会工作者队伍和社会志愿者队伍建设的统筹协调和指导监督,研究拟定有关总体规划和重大方案,建立健全以培养、评价、使用、激励为主要内容的政策措施和制度保障;6、协助区委组织部抓好街道系统处级领导班子和干部队伍建设;7、协助区纪委抓好街道系统党风廉政建设;8、指导街道系统精神文明建设工作;9、完成上级交办的其他工作。区社会建设办的主要职责有:1、贯彻中央和北京市关于加强社会建设和管理方面的方针政策,加强本区社会建设和管理工作的总体研究,保证区委、区政府社会建设和管理各项决策的落实;2、研究拟定本区社区建设、社会组织建设、社会工作者队伍建设等方面的总体规则、改革方案和制度措施,并组织实施;3、统筹推进社区建设,综合协调本区社区建设中的重点难点问题,按照区委、区政府和区社会建设工作领导小组要求,指导监督社区建设各项方针政策的贯彻落实;4、负责本区社会组织建设、管理和服务工作的宏观指导,保证相关政策措施的落实;5、核定本区社区专职工作者工资待遇,统筹协调落实社区居民委员会办公用房、活动用房和有关社区服务用房;6、负责本区街道系统的综合管理及街道系统目标管理责任制考核,统筹协调城市建设和管理相关工作;7、调查研究本区街道办事处工作开展情况及遇到的问题,并提出对策建议,为区政府决策服务,综合协调区政府各职能部门和街道关系;8、负责本区街道集体企业改制工作;9、完成上级交办的其他工作。社会工委(区社会建设办)承担的安全监管(管理)职责是:1、结合本区街道工作的特点,负责组织开展安全宣传教育工作,督促各街道履行属地安全监督管理职责,督促各街道配合相关单位贯彻落实有关安全的法律法规,并承担相应的管理责任;2、负责本机关的安全工作,并承担相应的领导责任。

2008 年全区共有街道 22 个、社区居委会 578 个,其中街道所属居委会 543 个、乡镇所属居委会 35 个。

区委社会工委(区社会建设办)组建后重点发挥好五个作用:即区委、区政府的"参谋部"、社会建设和管理的"指挥所"、民生工作的"主抓手"、各类社会组织的"娘家人"、全民参与社会建设的"动员部"。新机构组建后,重点抓队伍建设、学习宣传和调查研究。完成了海淀区"1 + 4"调研课题,形成"海淀区社会建设总体规划研究"调研报告及四个子报告。

奥运服务保障工作 区委社会工委是海淀区奥运服务保障工作指挥部社区关系协调分指挥部的牵头单位。以奥运服务保障为重点,发挥三支社区志愿者队伍①的作用,开展各种志愿服务活动,8 月 8 日至 9 月 20 日期间,累计出动社区"三支志愿者队伍"1104160 人次,其中治安巡逻志愿者 897784 人次、社区环境保洁志愿者 128769 人次、社区人文关怀志愿者 77607 人次;出动 64738 人次监控重点人员 26178 人次,出动 4812 人次排查矛盾 290 起。街道共开展各项社区文体活动 368 场。完成了奥运赛场观众组织工作。

公共服务 把改善民生作为社会建设的根本。近年来通过实施和谐海淀"十大创建工程"、为民办实事折子工程、百姓"顺心顺眼"工程等,解决了一大批就业、医疗、教育、交通、社会保障等人民群众最关心、最直接、最现实的利益问题。本年,落实市委提出的"五无"②要求,制定专门工作意见,建立组织领导机构,明确责任和时限,加强督促落实。实现"零就业家庭"动态为零,城镇登记失业率控制在 1%;建成羊坊店、上地、上庄三家惠民医院,初步形成"南中北"的服务格局;开展面向残疾人、贫困家庭、优抚对象等特殊群体的社会救助、社会福利和优抚服务,救助网络覆盖全区所有街道和乡镇,城乡低保救助实现"应保尽保"和动态管理;九年义务教育全面普及,政府办学与社会力量办学并举,优质教育资源不断扩大。

设立社区服务专项发展资金,实施"社区服务十大重点项目",建成社区服务站 318 个,在全市率先建立"社区药品零差率销售"补助长效机制。建立社区服务项目管理机制,完善社区服务站相关制度,引入企业化项目管理机制。田村路街道泽丰苑和羊坊店街道有色设计院两个社区获"北京市第三届魅力社区"称号。

壮大社会组织 制订《加强社会组织建设的工作意见》、《培育和扶持社区民间组织发展的工作意见》、《推进义工事业发展的工作意见》,下拨专项资金,使社会组织的培育、发展、服务、管理等环节有效对接、全面推进。成立海淀社会组织联合会,对全区社会组织进行协调、管理。联合性质相同、业务相近的社会组织,形成一批服务市场化、运行规范化、人才专业化的社会组织。整合社区民间组织,已有 7 个街道、1616 个社区民间组织完成登记(备案)工作。

社会领域党建 社区党组织以构建和谐社区为目标,服务群众,凝聚人心,发挥领导核心作用。开展社区环节流动党员的教育管理,把党的工作向楼门、胡同、群众组织延伸。加强"两新"组织党建工作,构建具有海淀特色的"两新组织"管理模式。海淀园共有"两新"组织 15000 余家,已建党组织 320 个,其中二级党委 10 个、党总支 35 个、党支部 275

---

① 三支社区志愿者队伍:社区治安巡逻志愿者队伍、社区环境保洁志愿者队伍、社区人文关怀志愿者队伍。

② "五无"要求:无零就业家庭、无城镇危房户、无重大重复上访户、无社会救助盲点、无拖欠工资问题。

个，党员约12000人。本区新经济组织的党组织覆盖率达83%，启明星辰公司党支部、四方继保公司党委分别获全国先进基层党组织、北京市先进基层党组织称号。加强党在基层社会建设中的领导力量。成立街道、乡镇党的社会工作委员会，协调指导本街道、本乡镇的社会建设和社会领域党建工作。街道系统已基本完成社会工作委员会挂牌工作。

中共海淀区委社会工作委员会
海淀区社会建设工作办公室
地　址：海淀区长春桥路17号
邮　编：100089
电　话：82579250　（杨　菲）

万寿路街道

万寿路街道位于海淀区南部，成立于1963年3月。辖区面积8.78平方公里。分别与丰台区、石景山区交界。共有36个社区居委会，户籍人口158128人，流动人口26750人。辖区内驻军单位有总后勤部、总参通信部、解放军总医院、解放军后勤指挥学院、军事医学科学院、武警总医院等。另有中国铁道建筑总公司、国家地震局、信息产业部、中国新兴建筑总公司等多个中央部级、北京市局级单位和大型企业。

本地区有奥运竞赛场馆1处（五棵松场馆群）和签约医院1所（解放军总医院）。本年，街道按照“双体制”划分，实施“2+1+2+6”的指挥体系①，圆满完成五棵松场馆外围和地区奥运服务保障任务。辖区内五棵松场馆群奥运会期间共举办篮球、棒球比赛108场，产生金牌3枚；接待观众51万人次，其中贵宾约8000人，接待运动员约3600人次。

把确保安全放在首位，建立工作台账28项，加强对场馆外围地铁出入口、过街天桥等49处重点部位的安全防范，实施“网格布防、区域联动”的工作机制，形成“点、线、面”相结合的全方位、全覆盖的社会面防控体系。组织动员治安志愿者7000余人参与奥运安保工作，确保场馆外围从7月19日~8月27日40天内无任何警情，奥运期间无事故发生，达到市委、市政府提出的“大事不出、小事减少、管理严格、秩序良好”的总要求。建成覆盖全地区的科技创安视频监控系统，利用图像信息监控，为城市管理提供技术支持。全年有效上报各类事、部件15143件，立案15136件，街道层面问题处理的及时率和结案率达到100%。投资29万元为万寿路乙14号和万寿路1号院782户居民安装楼宇对讲系统。与消防重点单位签订安全生产管理责任书，全年检查生产经营单位2989户次，督促整改安全隐患2996项。加强社会矛盾的排查化解，领导干部全年共接访33批次、约访30次、下访12次，有效化解稳控信访事项13项。组织地区公安、工商、城管监察、卫生防疫等职能部门开展联合执法91次，确保奥运赛事期间的食品卫生安全。在场馆周边的10个社区开展社区人口、重点人员等调查，对重点防控人员139人实行一人一档管理制度。赛前在场馆周边及地区主要道路进行景观布置，摆放花坛、花堆。

投资1000万元在复兴路、玉南路等7条重点道路两侧整治商业门店1.6万平方米，规范广告牌匾8500平方米，清运垃圾渣土5500余吨。投资3200余万元对复兴路46号院、永定路西里等11个老旧小区进行改造；完成玉南路、西翠路和万寿路西街的绿化

---

① “2+1+2+6”指挥体系：五棵松场馆外围保障和万寿路街道奥运保障2个指挥部，分别负责场馆外围和地区的奥运外围保障工作；1名副处职领导在街道带班，负责地区安全和应急突发事件的处置；2名副处职领导担任场馆外围保障现场指挥，全面组织公安、交通、城管、工商、卫生防疫、环卫等保障力量开展保障工作，并处置应急突发事件；安保、交通、市政、环境、商务、社区6个工作组在赛期间开展专项保障工作。街道机关成立50人的应急分队，对场馆外围进行全面巡查，维持秩序疏导观众。

景观建设,道路绿化3500米,绿化面积约7万平方米。投资75万元完成玉泉路、太平路、朱各庄路等3条道路的绿化改造,共1万余平方米。协调市区有关部门改造扩建万寿路、朱各庄路等12条道路。推进垃圾分类工作,地区垃圾分类覆盖率已达67%,超额完成覆盖率达到50%的要求。完成388个生活污染源和37个工业污染源的普查。全年拆除违法建设2.5万平方米。

开展"迎讲树促建"活动,提倡"我参与、我奉献、我快乐",提高广大群众参与奥运、奉献奥运的热情。共招募社区志愿者7103人,其中治安巡逻志愿者5654人、环境保洁志愿者801人、社区关怀志愿者648人,奥运期间累计出动志愿者近10万人次。截止奥运会结束,各社区共组织社区居民参与乒乓球、太极拳等体育活动120余项次,参与群众1万余人。启动地区奥运宣传报道工作,截至残奥会结束共发稿20余篇。

加强社区专职工作者队伍建设,完善社区居委会制度化建设和规范化管理。完成2个区级文明社区的创建工作,总参通信部社区获评全国文明社区。

全年实现失业人员就业1600人,为1045名失业人员办理领取失业保险金手续,发放失业金300万元,报销医药费20万元。动态消除"零就业家庭",实现清零目标。全年发放低保金260.94万元、帮困金31.63万元。走访慰问低保家庭和边缘家庭787户,发放优抚慰问金28万余元。组织动员地区单位、居民为冰雪灾区和地震灾区捐款2928239.33元、捐衣被33198件。处理地区单位劳动争议案件51起,为2158名农民工追讨工资1911万元。全年共发放《经济适用房、限价房购买和廉租房资格核定表》3100户,初审材料合格728户,北京市备案通过480户。参加限价商品住房摇号选房家庭73户,享受租房补贴的家庭21户。

地　址:海淀区永定路西里11号楼
邮　编:100039
电　话:68242867
电子信箱:wanshljd@yahoo.com.cn

(李亚春)

羊坊店街道

羊坊店街道位于海淀区东南部,与西城区、宣武区和丰台区毗邻,具有"海淀南大门"和"进京第一印象"的区位特点。成立于1956年3月,1958年8月并入玉渊潭公社,1963年3月重建。辖区面积6.61平方公里。户籍人口38918户112730人,流动人口39051人。有38个社区居委会。驻地区部级单位有中共中央对外联络部、国家科技部、铁道部、国家税务总局、国务院三峡建设指挥部、中国工程院和中国科协等,军事单位有中央军委办公厅、海军、空军领导机关和军事博物馆等,市级单位有市测绘设计研究院、市勘查设计研究院和市水务局等。辖区有企事业单位3432个,其中年收入500万以上的企业401个;个体经营户1673个;各类行业协会25个。本年,街道获全国2008年全民健身活动优秀组织奖、北京奥运会残奥会先进集体、首都社会治安综合治理先进集体、北京市人口和计划生育红旗单位等奖项。

本地区有奥运签约饭店2个(梅地亚中心、京都信苑饭店)、奥运文化广场1个(中华世纪坛)、重点线路1条(复兴路)。奥运赛时运行阶段,各涉奥场所在全区率先开展奥运安保公共事件应急演练。辖区8221人参与奥运安保。组织地区2020名观众参与残奥会世纪坛火炬接力传递活动,完成奥运会闭幕式玉渊潭公园焰火燃放安保工作,协助中华世纪坛举办"奥运节拍"音乐会、"同一个世界、同一个梦想"等演出、展览109场。检查市场秩序2000余户,查处侵犯知识产权奥标保护类360余起。累计出动各类志愿者20万人次。辖区设城市治安志愿者岗亭75个。大学生城市志愿者5300余人次，负责地区7个奥运城市志愿者服务站的志愿服务工作，其中4个站点评为五星级站点、2个站点评为四星级站点。组织216名交通安全志愿者引导文明乘车、维护交通秩序，设立4个姐妹指路服务站，出动312人次社区巾帼志愿者参与服务。组织500人的奥运会应急无偿献血志愿者队伍。组织13批4531人次参与奥运观赛，优先组织残疾观众90人次。赛时阶段，中华世纪坛共接待游客10.5万人次，接待涉奥人员390人次。

赛前确定奥运环境秩序重点整治任务18处76项，全部按时完工。清洗粉饰建筑物36栋33万平方米，新做牌匾3670平方米，立面整治6500平方米。成立联合执法队、"门前三包"劝导队，建立"四方"谈话机制，协调城管、工商等开展"五大秩序"整治，期间共组织联合执法8次，查处小广告1865张，治理无照游商193起、劝导233人次、处罚27人次。开展"城市清洁日"、"人人动手、美化小区"等活动。采取委托专业公司作业的模式进行自管绿地养护和道路小广告清理。辖区新增、改造绿地2.7万平方米，种植苗木300余株。投入327万元，改造普惠寺、勘测等9个老旧小区，完成绿化6600平方米、新修甬道3290平方米、新建太阳能路灯11套、改建车棚9个，翻新、改造社区周边道路6条3060平方米。赛时阶段共出动安全生产检查人员299人次，检查涉奥单位633家、整改隐患300个，非涉奥单位347家、整改隐患653个。

本年，街道完成第一次全国污染源普查工作，普查单位859个。为居民免费安装节水马桶、龙头4500个。创建市级健康社区14个、节水小区4个。城管监督指挥分中心上报案件23091件。

《群众安全感调查》结果显示辖区群众安全感上升。电视监控系统三期工程新增电子监控设备18个，累计118个。制定、修订应急预案47个。全年组织联合执法30余次，撤除固定摊位66处，取缔无照经营230家，规范"门前三包"280余家，拆除非法户外广告200余块，清理垃圾200余吨。长安街联勤联动执法组处理各类治安案件1860件，没收非法摩的、黑三轮200余辆。开展15个专项行动。召开安全生产专题会议5次，开展安全生产法规教育讲座10次，建立实名制管理系统11处，深入施工现场检查410人次，未发生工地死伤事故。全年检查生产经营单位1810家，发现安全隐患3869处，整改1548处。年内辖区共发生火灾17起，同比下降32%。开展领导干部大接访活动。截至残奥会结束，街道领导接访16批次32人次，有效化解案件14批次。完成《区大接访工作交办函》交办件1件。辖区各级调委会调解矛盾纠纷492件，防止群体性上访5件500余人，制作人民调解协议书296份。接收矫正对象16人、帮教人员35人，解除劳教25人。在全区率先推出"爱心家园卡促稳定"活动，向矫正帮教困难人员发放爱心家园卡59张、特困补助金9000元。开展奥运普法讲座56场、法律咨询98场。

全年安置就业1045人，其中外地来京务工人员近100人。完成失业、低保、退休、公益性就业组织人员9939人的信息采集整理工作。全年发放失业保险金23万元、养老金72万元。为大龄失业人员500人办理灵活就业手续。为60岁以上无保障老人1200人办理福利养老金，为65岁以上老人办理优待卡1.4万张。为低保、残疾、贫困及贫困边缘人员和优抚对象办理各类补助金224.6万元。为辖区9个部队单位33名困难士兵发放救助金4.6万元。开展"幸福工程—救助贫困母亲"活动，募集捐款4.6万元。爱心家园发放救助品6.2万件，价值27.3万元，救助困难家庭1600户。创建玉渊潭南路"劳动保障规范一条街”。全年调解劳资纠纷76起,帮助340名农民工讨回拖欠工资300余万元。102家非公企业建立工会组织,发展会员2060人。民兵整组541人,征兵18人。在向四川地震灾区捐赠活动中,红十字会募集捐款10万元,地区党员缴纳“特殊党费”28.6万元,辖区178个单位和3万多群众捐款2779865.25元、捐物29686件。

创建区级文明社区1个,累计28个;创建市级文明社区2个,累计9个。辖区有色设计院社区在北京市第三届魅力社区评比中入选十大魅力社区,普惠寺社区获风采奖。评选区级学习型、健康型、公益型、节约型、平安型以及和谐家庭41户,街道级五好文明家庭65户,评选奥运文明小使者108名。举办第二届社区文化节,开展人文奥运讲坛活动。承办“海淀区全民健身月”启动仪式。代表本区进行“全国群众体育现状调查”入户工作。组织地区青年英才交友会和青年男子篮球赛。

6月,街道社区服务中心综合楼(2000平方米)投入使用,开发3大类9个服务项目。新签订社区服务商2家,累计90家。新增15个社区服务站,累计35个。投入15万元建立老年服务中心有色社区分中心,开办老年学校培训班和社区大课堂;投资12万元在普惠寺社区建立老年小饭桌,在50户老年人家庭中安装“一按灵”。更换社区健身器材13套,新装3套。在14个社区安装代缴费系统,为翠二社区534户居民安装信报箱,解决乔建社区服务和活动用房170平方米。为辖区5万人创建家庭医疗档案,配发限油壶及健康指导书籍。为3584人办理“一老一小”大病医疗保险。协调辖区医疗机构,为2055名儿童进行三聚氰胺奶粉筛查,为300位老人进行白内障免费筛查,为850名农民工和210名困难群众免费体检,为8000名60岁以上老人和7500名学生接种流感疫苗。完成白内障手术454例、肢体康复训练50例,免费发放残疾人康复用具167件。温馨家园组织残疾人康复培训、娱乐活动798人次。为165户老年人家庭建立长期上门服务机制。开展“国策亲情一家人”摄影大赛活动。为辖区困难、流动育龄妇女317人开展技术服务。投入4万余元将世纪坛便民市场建成服务于流动育龄群众的十有示范市场,成立普慧寺社区“流动人口温馨之家”。投入近20万元,在社区服务中心建立计生综合服务园地。

开展第二次全国经济普查工作,普查地区年收入500万以下企业1563家,已完成80%。

街道纪工委首次与56个基层党组织签订党风廉政责任书。成立非公企业独立党支部2个。

【“七个一”活动】 在中国共产党成立87周年之际,街道组织开展“七个一”活动,即搞好一次评比表彰、组织一次参观学习、举办一次党课教育、安排一次党史答卷、缴纳一次特殊党费、进行一次走访慰问、开展一次党日活动,全面提升了辖区基层党组织党建工作水平。

地　址:海淀区玉渊潭南路18号
邮　编:100036
电　话:68160579　68160584(传真)
电子信箱:yfdjdbgs@163.com　(张秀峰)

甘家口街道

甘家口街道地处海淀区东南部,成立于1957年4月,原名马神庙街道,1963年4月重建并改现名。辖区面积6.49平方公里,有21个社区居委会。户籍人口13万,外来人口3万多。辖区内有住房和城乡建设部、国家科技工业局、国家原子能机构、国家航天局、国家建材局、国家测绘局、国家外汇管理局、北京市财政局等中央、市级政府机关。有中国画研究院、人民画报社、中国国际图书贸易总公司及4所高等院校；有中国城市规划研究设计院、机械科学研究院、中国水利水电科学研究院、中国纺织设计研究院、公安部第一研究所等国家级科研院所。有甘家口大厦、西苑饭店、新世纪饭店、金玉万豪、裕龙大酒店及空军总医院、海军总医院等大型商业、服务业、医疗机构。有世界500强之一的中国五金矿产进出口总公司。

辖区内有奥运签约饭店4家(新世纪日航饭店、西苑饭店、金域万豪酒店和钓鱼台大酒店)。本年，街道投入141万元，完成甘家口医院门前道路等道路改造和环境建设工程。清洗粉刷楼房外立面15.5万平方米，装修临街商铺、门脸房305家，修复围挡墙4875平方米。拆除违法建设8处1291平方米，拆迁“城中村”居民365户，拆迁率为55.8%。开展“清洁日”活动10余次，综合整治行动20余次，清运渣土垃圾3330余吨。收缴小广告17万余张，清理整治广告牌匾3000余平方米。补植各种苗木5000余棵，修护各种乔木、灌木2.2万余株。奥运期间共摆放花卉30万盆。

开展科技创安工作。投资43万元为西三环等3个社区的1535户居民安装楼宇对讲系统。采集上报城市管理案件11536件，立案11435件，结案率达到98%。落实街道领导包社区、机关干部包片包院包楼门工作，制定应急预案、方案22项，组建安保队伍9支，参与人数7933人。赛时阶段日均发动4300余人开展治安巡逻工作，18个社区实现“零”发案。在奥运倒计时200天、100天、“全民健身与奥运同行”、“清洁日”等重要时段，开展礼仪、秩序、环境、赛场、服务等五大文明行动。在辖区内设立7个青年志愿者站点，700余名志愿者为奥运服务。成立由33人组成的文明职工拉拉队，完成奥运助威任务6次。组建应急献血队伍和6支志愿者服务队，参与人数3163人。组织1万余人次参加马拉松比赛和奥运火炬传递沿线秩序维护。组织社区居民2000多人次参观奥林匹克森林公园。

全年处理群众来信来访230余件，防止矛盾激化15件。调处各类纠纷358件，成功率达98%。辖区内有社区矫正人员26人，帮教安置人员157人，走访社会帮教人员及矫正对象1600人次，推荐就业17人，就业率91%；进监帮教10次/5人。奥运期间，开展排查9次。街道被评为“首都平安示范街道”，21个社区为区级平安社区，其中1个社区为市级平安社区。采集流动人口信息4万余人，办理暂住证27774个。开展安全隐患排查治理工作。完成全国“两会”、重要节日、敏感日及亚欧首脑会议等重大活动期间的安全保卫工作。

本年对651名失业人员进行技能和创业培训，开发就业岗位3658个，成功推荐852人。902名失业人员实现自主创业和灵活就业，1420名失业人员实现再就业，就业率65.3%，城镇登记失业率为1.12%。为社会化退休人员5300余人提供服务。为137户居民办理临时救助，为699人落实低保政策，为5136人办理医疗保险参保手续，为无保障老人1265人建立养老保障。发放住房保障申请表2250份，完成501户居民的申报工作，335户取得购买资格，166户取得选房资格。发放低保金、救助金、抚恤金及慰问品330余万元，报销药费3600余万元，发放失业金、养老金600余万元。在6个社区建立“爱心家园”试点。为地区4220名流动人口进行预防免疫。探索居家养老模式，组织志愿者与孤寡病残老人牵手帮扶，开展老年饭桌试点服务项目。开展劳动用工规范一条街工作，规范企业95家。处理拖欠工资22起，追欠工资490.45万元。街道组织辖区居民向汶川地震灾区捐款152.6万余元

投资80余万元用于社区基础设施建设和改造。投入18万元为社区购置、更新计算

机,完成21个社区网络光缆布线;投资6万元,建立社区服务站试点2个。社区教育培训中心开办书法、时装表演等21个班,培训学员1800余人次。开辟社区大课堂,举办公益讲座50场。完成社区居民需求服务单325个,街道各社区服务站接待参加活动人员8000余人次,服务设施利用率在95%以上。社区服务中心被评为海淀区先进义工分会。建立计生人口基础信息库,新建卡片2061人。办理各类入户、户口迁移1000余人次,办理生育服务证592人次,办理独生子女证180人次,办理各种救助60余人次,发放各类奖励近20万元,为228名育龄妇女进行免费孕检。投入4万元成立"流动人口之家"。举办以"樱花竞放迎奥运,计生游园促和谐"为主题的樱花节宣传活动和"国策一家亲"为主题的摄影大赛。

地　址:阜成路南二街2号
邮　编:100048
电　话:68580862
电子信箱:songzhao@ mail. bjhd. gov. cn

(宋　昭)

八里庄街道

八里庄街道位于海淀区南部,成立于1963年3月,辖区面积6.49平方公里,户籍人口82878人,流动人口4万余人,有36个社区居委会(本年新增颐慧佳园社区居委会)。地区内以湘鄂情、金悦、黎昌、顺峰等餐饮企业为代表的阜成路精品美食一条街,是北京市四大特色餐饮名街之一。有全国政协报社、首都师范大学、水晶石数字科技有限公司、北京科净源科技有限公司、集美家居市场集团等企事业单位1000余家。

辖区内有奥运训练场馆1处(首师大北校园体育馆)。本年,街道在全区率先建立奥运工作指挥部,组建安保、交通、市政、环境、商务、社区关系等6个专项工作组,采取"八个超常"措施①,确保"五个不发生"②、"八个安全"③的工作目标。组建5900余名的奥运安保团队,累计投入群防群治力量35万人次,奥运期间警情和发案率均降至2000年以来的最低点。开展安全隐患大排查、维稳大会战和矛盾纠纷排查大接访活动,大接访期间共排查出一般矛盾纠纷80余件,重点矛盾纠纷12件。奥运期间共接访20批次400余人次,化解矛盾纠纷案12件次,实现"双零"④指标。开展专项整治11项,制定各类应急预案60余件。城市环境显著改善。开展联合执法综合整治行动80余次,拆除违法建设近4万平方米,规范和拆除户外广告牌匾612块,整修围墙7492平方米,完成临街商铺整治2840平方米,清运垃圾渣土7000余立方米。查抄各类非法经营车辆500余辆,规范门脸店铺170余家,规劝沿街乞讨40余起,清理收缴非法小广告50000余张,清理"一日游"假站牌28块,规范废品回收服务网点22个,处理群众来信来访反映的环境秩序问题689个。对20余处边角地进行集中整治,修缮改造老旧小区道路12条,完成220栋楼房外立面粉饰130多万平方米,其中清洗粉饰首师大场馆周边外立面

---

① 八个超常:建立超常的指挥体系,实现高效运转;实施超常的力量整合,实现安保力量全覆盖;强化超常的抓实力度,严格落实责任制;采取超常的环境保障,确保城市运行平稳有序;落实超常的管控举措,确保安全稳定;采取超常的调处手段,化解各类矛盾;采取超常的安全监管,防止事故发生;营造超常的奥运氛围,展示精神风貌。

② "五个不发生":即确保不发生危害社会安全的暴力恐怖事件,不发生敌对势力和"法轮功"等邪教组织的捣乱破坏事件,不发生恶性重大刑事案件,不发生大规模的群体性事件,不发生群死群伤重大安全事故和有重大社会影响的社会事件。

③ "八个安全":即确保奥运设施安全、重点地区部位安全、公共交通安全、基本通讯安全、水电气热运行安全、食品药品安全、公共卫生安全、信息网络安全。

④ "双零":即在7月1日至9月30日期间,实现本地区群众无非正常上访和群体性事件。

238302 平方米。新建绿地近万平方米,组织摆放奥运花卉 17 万盆。组织安全检查、复查 854 家/次,发现各类问题 470 个,处理隐患 430 个,处理严重隐患 31 个、重大隐患 2 处。完成对首师大周边 114 家单位的监督检查,覆盖率 100%。完成地区人员密集场所 160 家单位安全检查,覆盖率 100%。组织"万人签名传递"、"奥运书画摄影展"、"排队推动日"、"五月的鲜花汇演"等群众性文体活动 30 余场次。街道被评为北京市奥运工作、奥运会环境建设和平安奥运行动安全生产保障工作先进集体,并获首都文明街道称号。

通过推进 6 个"10 ~ 15 分钟便民服务圈"建设①,解决群众最关心、最直接、最现实的买菜难、看病难、停车难、就业难等问题,落实为民办实事工程 70 余件,"五无目标"全部实现。"零就业家庭"保持动态为零,失业登记率控制在 1.1% 以内。全年新增就业 2023 人,1153 人实现再就业。办理工资拖欠案件 25 起,解决拖欠工资 49 万元,督促 143 家企业为 1842 人补签劳动合同、为 2631 名职工补缴社会保险。全年为 283 户低保家庭等 609 人发放 183.5 万元救助金,为 102 名困难老人办理有偿服务,为 36 名老人解决就餐问题,为 3000 名 65 岁以上老年人办理了免费乘车证。为 32 个边缘困难家庭提供临时救助。为 20 名残疾人进行职业技能培训,为 6 个残疾人家庭进行了无障碍设施改造。做好保障性住房工作,完成地区 3 万户家庭的住房调查,发放住房审核表 1200 余份。对地区 9 个困难户的危房进行解危处理,实现辖区内无危房户的目标。

开展"惠民电影周"、"和谐社区杯兵乓球比赛"、"夏日文化广场"等系列公共文化活动。发展社区民间组织,全年投入 70 万元培育 110 个社区民间文化团队,举办 100 余项主题文化科普活动。全年新建社区服务站 12 个、社区卫生服务站 2 个和全民健身广场 6 个,在服务内容、服务流程、服务制度、服务培训、服务站与社区居委会分开等方面进行机制创新。

年内完成 2 个市级、2 个区级文明社区创建和 1 个区级魅力社区创建任务。

通过举办奥运文化讲座、主题征文、拓展训练,开展奥运志愿服务和"创新聚力"主题实践等活动,加强领导班子和干部队伍建设,促进街道工委和办事处议事决策的科学化、规范化、制度化。班子成员带头落实党风廉政建设责任制,全体工作人员把政治上靠得住、业务上有本事、创新上有点子、管理上有办法作为目标,展示新形象、新姿态、新作风和新业绩。3 月 25 日,街道与河南省郑州市金水区北林路街道建立友好关系。举办街道成立 45 周年庆典活动,出版《辉煌的历程——纪念八里庄街道成立45 周年》大型画册并制作了《辉煌的历程》光盘。 (王同轩)

【"孝亲亭"八德文化墙落成】 4 月 10 日,"孝亲亭"八德文化墙在街道世纪新景园社区落成。该文化墙以孝、悌、忠、信、礼、义、廉、耻八德精神为主题,以弘扬中华传统美德、唤起地区居民用爱心及孝心关爱身边的人为目的,让地区居民了解、传承八德精神。

(刘 畅)

地 址:海淀区北洼路 64 号
邮 编:100048
电 话:51701152 51701170(传真)

紫竹院街道

紫竹院街道原名为蓝靛厂街道办事处,1959 年 11 月成立,1978 年 9 月更为现名。面积 6.23 平方公里,户籍人口 12 万人,流动人口 2.6 万人,有社区居委会 24 个。我国 56

① 6 个 10 ~ 15 分钟便民服务圈:居民出家门 10 ~ 15 分钟就能到医疗点、菜站、健身场、社区服务站、公交站、活动室。

个民族均有成员在域内居住生活。地区科教文化单位密集,有大专院校8所、科研单位18个。

辖区内有奥运竞赛场馆1处(北京理工大学体育馆)、签约饭店2家(北京香格里拉饭店和北京友谊宾馆)。本年,街道坚持"精心策划,有序推进、追求卓越,创先争优"的工作目标,圆满完成奥运服务、城市环境、社会保障、公共服务等任务。

全年拆除有碍环境景观的建筑5784平方米和3000余平方米违法广告,取缔无照商贩982起;拆除民大西路、民大南路、三义庙、昆玉河景观绿地内违法建设12处、约170平方米;依法处理侵犯奥运版权的无照经营行为66户,立案查处43起,罚款34万元;新增绿化面积16185平方米、改造绿地199094平方米;投资946万元完成10个老旧小区环境改造,修复甬路51000平方米、补种46种花木84078株;完成58栋291049平方米的楼体粉饰、14栋147921平方米的楼体清洗,43800平方米楼房平改坡工程;更换社区密闭垃圾箱80个;清运社区无主垃圾、渣土共140余车、700余吨。对紫竹院路、北洼路、三虎桥路等8条道路进行环境建设,投资140万元拓宽和整修万寿寺中学西路等道路。协助区市政部门改造社区道路15000平方米。对万寿寺东路平房区实施拆迁改造,摘掉"市级火灾安全隐患"的牌子。投资80万元完成魏公村路亮丽工程,新增装饰灯62盏,铺设电缆2500米,新建魏公村路东口"风雅颂"路标雕塑1座;在北京理工大学西墙绘制北京市第一个以奥运为主题的文化墙,全长460米。落实区、街道、社区道路清扫保洁责任制。

在北京理工大学场馆及周边地区加强交通保障,在交通主干道、路口设置场馆指向标志,开辟奥运车辆专用通道和奥运场馆公交连接线;在西、北三环辅路、魏公村路增设禁止停车标志。与涉奥场所签订奥运知识产权保护责任书,建立商标授权经营制度,打击盗版侵权;加强巡视和监管,确保场馆、签约酒店及周边不发生食品安全事件。

制定各类应急方案13个并开展演练、测试、风险源调查和风险评估工作,制定《重点区域防控台账》、《重点人员防控台账》等5类重点台账,实行奥运安保人防、物防、技防的"三位一体"体系。奥运会期间,街道整合24个社区的各类志愿者、防控力量6261人、55000余人次对重点路线、27个桥梁、场馆和饭店周边及水、电、气、热、讯设施检查、监督。为北京理工大学场馆比赛组织观众2.9万余人。街道被评为北京市奥运服务保障工作先进集体、北京奥运会残奥会环境建设先进集体、北京奥运会卫生保障先进集体、北京市平安奥运行动安全生产保障工作先进集体。

完成车南里社区28个楼门安装楼宇对讲系统和5个社区13个自行车棚改造工程。完成辖区两所大学和香格里拉饭店公共区域图像视频系统联网工程,共安装132个探头,覆盖地区8条主要大街和18条道路的重点部位。通过监控录相,配合公安部门破案30余起。在36个小区建立来客来访登记制度,对出租房屋、流动人口进行登记、核实。街道安全生产委员会与200个地区重点单位、社区签订安全责任书,为社区配备消防器材箱,检修灭火器材,为社区投资制作各种防火展板、横幅,对场馆周边14个重点部位进行摸底检查,对1774个企事业单位进行安全生产检查,查出隐患问题1117个,消除隐患970个,发出《奥运消防安全责任告知书》200份、自查表300份,发出安全生产检查(复查)记录单780份。组织单位负责人进行安全生产教育、培训,确保地区43个施工项目、在施面积54万平方米施工顺利进行。

完成工地空气质量环保降尘的检查工作,执行四级风以上天气停止土方施工的工作要求;检查工地的安全防护、工地明火的使用以及高考、中考期间停止夜间施工等;协调解决工地周边“扰民”和“民扰”矛盾。

开通信访工作邮箱，开展领导干部大接访活动，接待群众来访25人次，处理信访6件次，接待处理2起群体访事件，奥运期间化解可能影响奥运场馆的矛盾1起，解决1件历时两年的群众诉求。人民调解委员会共调解纠纷276件，成功265件，成功率96%。处理农民工合法权益群体性事件，共处理5人以上群体事件19起，解决5人以下劳动举报、劳动争议案件32起。开展专项劳动执法检查，检查单位1100家，涉及职工23000名。

推行“一老一小”大病医疗保险、城镇劳动年龄内无业居民保险、无老年保障居民养老保障制度，为2220人办理大病医疗手续，为284名城镇劳动年龄内无业居民办理参保手续，为698名无保障老年人办理申请手续。为失业人员发放失业金829人次，873304元。对辖区生活困难人员做到“应保尽保”，地区共有低保家庭170户、330人，其中进行医疗救助的家庭14户、临时救助的家庭8户。为51户80岁以上独居老年人家庭免费安装“一按灵”。为10户困难家庭的孩子免费配近视镜。对7名贫困大学生进行临时救助。“爱心家园”全年为710户751人次发放食品7560公斤、日用品1672件，接收居民捐赠的文具、衣物近1.5万件。发放经济适用房、廉租住房申请核定表1028户，上报通过77户；发放限价商品住房申请核定表1110户，上报通过294户。185户已选房。

对747人进行职业指导，召开大型招聘会6次，实现就业820人，技能培训435人。为“4050”就业困难人员建立再就业援助个人台账、签订《“4050”就业困难人员再就业援助协议书》。公益性就业组织托底安置就业困难人员115人。新安置残疾人社区就业16人，为217名特困、重残无业、长期失业残疾人发放补助金51.8万元，为35名个体就业残疾人办理保险补助10万余元。兴建车南里和魏北社区2个北京市示范残疾人“温馨家园”，建立“挚友”手拉手残疾人职业康复站；新建450平方米车南里社区卫生站。开展“迎奥运光明行动”，对低保户白内障患者进行筛查并免费实施手术。

为南方雪灾、四川地震等灾区捐款捐物110万余元，衣被1.4万件。地区红十字会为受灾地区捐款39.6万元。

举办“五月的鲜花”文艺汇演。为社区居民、地区单位、驻区部队、学校放映电影近100场。文艺、体育团队组织4000多人次，参加演出50多场。组织参加北京市第二届乒乓球赛“社区杯”比赛，获得优秀组织奖。开展“热心公益，乐于助人”、“人文奥运伴我行”活动；组织奥运倒计时100天、50天、30天、一周纪念活动。开展“霞光计划”活动，为辖区近100位老人及特需家庭做饭、洗衣服、打扫卫生、修理电视、代购物品等；组织地区青少年开展“迎奥运，争当绿色小使者”志愿服务活动。全年各种志愿服务活动196次，参与服务的社区志愿者7000余人次，接受服务人员18000余人次。

编辑《反腐倡廉文摘》，开展季度性廉政文化宣传；开展“五好党支部”建设和评比活动；开展“讲党性、重品行、作表率”活动和“双帮双扶”活动。

开展北京市第二次全国经济普查单位清查及个体经营户登记工作，第一阶段对5459单位、1026个体经营户进行清查登记，第二阶段对2541个单位进行填报。

地　址：北京市海淀区广源闸5号
邮　编：100081
电　话：68421575（传真）
电子信箱：zizhyjdb@ mail. bjhd. gov. cn

（赵佩娟）

北下关街道

北下关街道位于海淀区东南部，1963年

2月成立。辖区面积6.04平方公里。有社区居委会35个。户籍人口129827人,外来人口3万余人。辖区自然环境优美、文化古迹众多、科研院所密集、商业繁荣,有北京海洋馆、五塔寺石刻博物馆等旅游景点和文物古迹;有中国气象局、国家海洋环境预报中心、中央国家机关工作委员会等中央机构,北京市文化局、北京市教育考试院等市属机构;中国铁道科学研究院、中国农业科学院等科研机构;中国钢研科技集团、中国冶金科工集团等国有大型企业集团,和中央财经大学、北京交通大学等高等院校;双安商场、华宇时尚购物中心等大型百货商场。本年,街道以奥运服务保障工作为重点,在城市管理和社区建设上下功夫,全年为民办实事30件。被北京市委、市政府、市奥组委评为"奥运服务保障工作先进集体"。

辖区内有奥运竞赛场馆1处(首都体育馆)、训练场馆1处(北京交通大学体育馆)、签约宾馆3家(中苑宾馆、湖北大厦和首体宾馆)、定点医院1家(北大口腔医院)、涉奥场所5处(北下关街道"温馨家园"、北京石刻艺术博物馆、北京动物园、北京海洋馆和大慧寺)比赛线路1条(马拉松赛北下关段)。本年,街道建立"6+1"奥运服务保障组织机构,制定《北下关地区奥运场馆外围保障工作方案》。完成首都体育馆周边广场及部分道路改造、景观装饰、绿化改造,在五塔寺西侧建成绿茵停车场,在长河北侧制作了福娃彩绘宣传景观墙。街道协调地区城管、公安、交通、工商、卫生等执法部门组建联合执法队,开展奥运场馆周边市容环境秩序综合整治行动。街道编制涉奥应急预案16个,建立工作台账49种,赛前组织应急演练5次。成立志愿者队伍,开展清洁环境、奥运知识宣传、巡逻护院等活动500余项,18000余人次参与;组织专业奥运安保辅警力量近400人、动员地区群防群治志愿者4176人;为场馆周边的五塔寺居民院落配置消防器材,建立社区专职消防志愿者队伍;组织拉拉队9000余人次到奥运会、残奥会比赛现场观赛。设立城市志愿者服务点13个,3070名城市志愿者提供服务。

完成"2468"工程①连接线的整治和双榆树南里二区等9个老旧小区的改造。投资280万元完成五塔寺地区综合整治,投资160万元完成学院南路等地的绿地改造和道路硬化等工程。建筑物清洗粉饰总面积123万平方米,整治临街商铺1.6万平方米,清运垃圾渣土3000余立方米,设立奥运花卉景观节点4个,摆放花卉21万余株。

大接访期间共排查调处矛盾纠纷87件,受理信访件29批、187人次,办理群众事务呼叫中心案件239件。处理农民工讨要工资75起,涉及农民工600人、金额300万元。

为33个社区服务站安装灯箱和功能引导牌,投资50万元为街道各科室和社区服务站共93个点位安装视频会议系统。启用街道办公大厅东厅,增设计生、工会、法律援助、政府信息公开等服务窗口。开展扶贫济困活动,为冰雪、地震受灾地区募集捐款180余万元、衣物43000件。开展对计划生育困难家庭的救助活动,为地区180名社区计生专干、特困女孩家庭、流动人口独生子女户的育龄妇女办理女性安康保险。为享受低保的50名老人免费体检。开展职业指导、职业技能培训448人次,组织招聘会17场。

举办以"享文化大餐,品美食盛宴"为主题的第三届群众文化节,历时4个月,开展"我家的奥运菜系大比拼"等各类活动100余场,10000余人参加。在大柳树路建成以

① "2468"工程:"2468"是指两轴、四环、六区、八线。两轴是指东西长安街、南北中轴路;四环是指二环、三环、四环、五环路、长安街及延长线以北;六区是指天安门广场及周边地区、首都国际机场地区、奥运中心区、王府井商业区、北京站和什刹海地区;八线是指机场路、崇雍大街及延长线、西单北大街及延长线、平安大街及延长线、两广路、前三门大街、朝阜路、中关村大街。2007年开始实施。

人文奥运知识、地区文化古迹、赛场名将风姿、靓丽奥运场馆和地区群众喜迎奥运为主题的文化墙500延长米。在大慧寺北路建成反映本地区文化历史沿革和发展风貌的文化长廊。为12个社区更新全民健身器材。

对机关和社区全体党员干部进行“忠诚·奉献”主题教育。开展“百岗千员”和“展党员风采、做奥运先锋”活动，建立党员奥运先锋岗100个。在街道领导班子和中层干部中签定党风政风廉政建设责任书。建立社区监察员队伍，对街道单项投资10万元以上的建设工程进行行政效能监察。完善《北下关街道公共服务社会监督评价机制》，向社会发放《评价表》900余份，征集建议和意见118条。

在非公企业中新建基层工会90家，发展工会会员2100人。代征房产税931万元。完成第二次全国经济普查第一阶段工作，清查第二、三产业法人单位6898家、个体工商户2769家。在街道原第四选区①补选区人大代表1名。

【建成全市面积最大的街道级温馨家园】 6月，投资130余万元、面积660平方米的北下关街道温馨家园开始运行，这是北京市最大的街道级温馨家园。集残疾人康复锻炼、劳动及心理辅导、文化娱乐等功能为一体，设有康复锻炼、盲人定向行走训练、康复器材展示、图书阅览、技能培训、残疾人娱乐等服务项目。温馨家园被北京市旅游局定为全市7家之一、海淀区唯一一家残奥会官方参观开放点。残奥会期间，有境内外运动员、官员4批71人次前来参观交流，多家媒体进行了报道。

地　址：北京市海淀区学院南路47号
邮　编：100081
电　话：62123841
电子信箱：xuehp@ mail. bjhd. gov. cn

（薛惠排）

北太平庄街道

北太平庄街道办事处位于海淀区东南部，1957年成立。辖区面积5.17平方公里，有39个社区居委会。户籍人口143950人，流动人口44854人。辖区内有国家人口和计划生育委员会、国家环境保护部核与辐射安全中心、中国标准化研究院等中央机构；北京师范大学、中国政法大学研究生院、北京邮电大学、首都体育学院等高等院校；有交通部公路科学研究院、交通部水运科学研究院、中央教育科学研究所、中冶集团建筑研究总院等科研院所；中国铝业置业发展有限公司、中国节能投资公司、中国华能集团公司、中国电影集团公司等大型企业集团。本年，街道迁回异地纳税企业19家，代征房产税280余万元。7月，街道办事处办公地点由学院南路32号迁至文慧园68号。

辖区内有奥运训练场馆1处（首都体育学院场馆）、非竞赛场馆1处（北京师范大学美国运动员训练营）和奥运会马拉松赛段（知春路段）。本年，街道成立奥运服务保障工作总指挥部，下设10个专业指挥部；建立首都体育学院训练馆、北京师范大学美国运动员训练营、马拉松赛知春路赛段3个外围保障团队，形成“1+10+3”体系。制定各类应急预案19个。奥运会和残奥会期间，地区共出动治安巡逻志愿者6230余人；建立志愿者服务站5个，提供服务的城市志愿者人数达1000余人；成立由405人组成的社区红十字志愿者服务队。

年内，街道配合区有关部门完成对明光东路的整治，修复明光村路3903平方米，铺设排水管线562米；投入237万余元完成文

① 原北下关街道第四选区：本次补选未重新划定选区，仍按照2006年选举时所划定的选区进行选举。

慧园北路彩虹门等处道路绿化和环境改造；配合区城管大队拆除违章建筑10516.3平方米。对地区治安、市容、交通和市场四大环境秩序进行综合治理。取缔无照经营374起，查处露天烧烤30起，取缔黑摩的40辆。实行网格化管理，采集上报城市管理问题案件7618件，立案7513件，立案率达98.62%，街道承办案件处理及时率97.26%，结案率99.50%。

围绕“平安奥运行动”，开展打击刑事犯罪专项行动、文化娱乐服务场所专项清理整顿行动、城市秩序治理整顿行动、流浪乞讨人员集中救助行动、改善信访秩序行动、安全隐患排查整治行动、矛盾纠纷排查化解专项行动、流动人口和出租房屋基础调查行动、重点人群排查控制专项行动、涉奥场所及周边专项清理整治行动等11项专项清理整治行动。建立健全“地区—社区—志愿服务组”三级网络的安保指挥体系。为10个社区安装电子监控探头93个，为4个社区新修电子锁自行车棚5个。全年开展安全生产教育宣传咨询活动4次，组织安全生产知识讲座10次。与辖区企、事业单位签订《消防安全责任书》201份，签订《安全生产责任书》834份。制定公共安全应急预案19个，开展防火、防汛、防震、防爆、社会面防控等应急演练。开展对商场市场、校园周边、地下空间、非星级宾馆等场所的专项安全隐患排查行动，共检查企事业单位1489家，排查安全隐患2145处，下达整改通知书2099份，督促整改1987处。对辖区从事食品生产经营的588家主体企业进行摸底调查并建立台账。加强公共卫生、食品安全隐患排查。

建立“4050”、残疾、低保、“零就业”等不同人群的台账及专门数据库。全年完成就业指标1640人，居全区第二。新增充分就业社区8个，累计创建充分就业社区20个。职介部门安置失业人员660名，举办特色岗位招聘会10场，直接就业441人。组织2400人参加职业指导，完成指标120%。350人获得劳动和社会保障部颁发的职业技能等级证书。救助上大学、大专及高职的低保对象子女54名、168800元，对22户家庭发放医疗救助52020.69元，临时救助困难家庭子女20户、37000元。为10名特困残疾人申请特困补助和临时救助8800元，为20户特困残疾人发放慰问金6700元，为20名残疾人在校高中生、大学生和享受低保残疾人子女在校高中、大学生发放“扶残助学工程”资助金60000元。创建罗庄社区残疾人“温馨家园”，建立面积200余平方米的职业康复站，配备近3万元的康复器材。新增药费报销分站3个。为1125名无保障老人每月发放福利养老金，地区“一老一小”参保人员3900人。全年已通过市级备案的经济适用房226户、限价房434户、廉租房7户。参加摇号购房的限价房申请人228户，占全区总量的11%。“捐赠十元钱，爱心送汶川”主题捐款活动募集捐款1676164.52元，地区党员交纳“特殊党费”212012元；“捐赠衣被、温暖灾区”主题捐赠活动募集衣被13361件、捐款3万余元；“风雪救援计划”募集捐款61020元、衣被336件；“博爱在京城”活动募集捐款81200元。

全年处理劳动纠纷事件48件，其中建筑工地31起、餐饮服务业14起、物业3起，解决拖欠工资423万余元，涉及劳动者368人。

全年开展社区公益活动100余场。举办第一届威凯杯乒乓球比赛、第一届“东海明月杯”中华茶文化交流活动、第一届“文物保护进社区”及古玩交流活动、第一届“庆六一、迎奥运”多乐宝杯儿童创意绘画大赛等活动。举办“五月的鲜花”群众文艺演出、迎奥运倒计时系列活动、金秋十月健身活动。支持特色团队建设，为社区文化服务中心和太月园社区图书馆添购图书，建设太月园社区科普大讲堂，筹建地区非物质文化遗产工作室。开展计划生育“婚育新风进万家”宣传活动，全年地区计划生育率达98.8%。

对地区规模以上的17家非公有制企业，以单独建立党组织、建立联合党组织和建立党建指导员、企业确定党建工作联络员等3种形式完成党建覆盖任务。对辖区写字楼内党员及党组织基本情况进行调查，涉及单位581家、党员1099人，已建立党委1个、支部19个，单位覆盖面达100%。

地　址：海淀区文慧园68号
邮　编：100082
电　话：82210600　82210613（传真）

（孙　骁）

学院路街道

学院路街道位于海淀区东部，与朝阳区毗邻，成立于1963年4月，原称五道口街道，1968年3月改为东升路街道，1991年1月更名为学院路街道。有29个社区居委会（本年新增逸成社区居委会），面积8.49平方公里，户籍人口17.49万人，流动人口5.5万人。辖区地处中关村科技园区中心区域，有中国农业大学（东校区）、中国地质大学（北京）、中国矿业大学（北京）、北京林业大学、北京科技大学、北京语言大学、北京城市学院、中国人民大学继续教育学院、中关村学院共9所高等院校；有石油附中、钢院附中、地质附中、矿院附中等中小学校11所；有中国科学院半导体研究所、中国科学院生态环境研究中心、中国石油化工集团公司石油化工科学研究院、中国石油化工股份有限公司石油勘探开发研究院等国家级科研单位10所，是北京市及本区科技、文化、教育最密集的地区之一。

区域内有奥运会竞赛场馆2处（北京科技大学场馆和中国农业大学场馆）、奥运会训练场馆1处（北京语言大学场馆）、签约宾馆3家（西郊宾馆、梦溪宾馆、北京光华之家国际酒店）、奥运文化广场1处（北科大文化广场）、涉奥场所3处（北京奥运大厦、奥组委注册制证中心和奥组委下属部门票务中心）和比赛线路1条（公路自行车赛学院路段）。奥运会、残奥会期间，在本地区共产生金牌43块。9月29日，街道被中共中央、国务院授予“北京奥运会残奥会先进集体”荣誉称号。

本年，街道以服务保障奥运为核心，开展平安奥运工作，形成完备的奥运安保工作体系。建立“学院路街道社会面控制分级台账”，开展奥运外围保障综合性桌面演练和实战演习。制定奥运期间街道新闻发言人制度和各类应急预案、工作方案。完成全部涉奥场所周边老旧小区技防设施改造，实现涉奥场所与街道城管监督分中心视频监控室联网，地区内可监控探头达到473个。以实名制部署各类社会面防控力量6100人。开展专项打击行动12项，在奥运期间累计出动群防群治力量16.5万人次，对辖区内11名一级重点人实施24小时管控，实现地区全年发案率同比下降30.4%，安全生产和消防事故为零、群体事件为零，重点人漏管失控事件为零。全年对414家重点生产经营单位进行1300余次安全检查。奥运会前，市委副书记、市委政法委书记王安顺到街道调研平安奥运工作。奥运会期间，市委常委、市委政法委副书记马振川等到街道慰问安保人员。

奥运期间，以中国农业大学、北京科技大学、北京奥运大厦和北京语言大学4个场馆外围保障团队为基础，成立奥运会赛时保障指挥运行中心，启动“处级领导牵头指挥、机关干部点位包片、各方力量盯点负责”的赛时运行机制，将场馆周边社区、单位全部纳入保障体系覆盖范围。编制《奥运场馆服务保障工作手册》，建立各部门联动处置工作体系，通过网格化监督管理体系，妥善处理14起涉奥突发情况，反馈落实7200件城市管理问题。地区5所高校2700名大学生城市志愿者在地区内9处志愿者服务站提供各类咨询服务8万余次。8000名大学生志愿者参与公路自行车赛的服务保障工作。社区居民、党员、青少年积极加入志愿者队伍。

全年拆除违法建设9万平方米。规范户外广告牌匾257块,整治临街商铺27处。清理卫生死角30余处,清运垃圾400余吨,清除小广告1万余张。对地区13个老旧小区进行改造升级,铺设路面11万平方米,绿化补建7.6万平方米,种植各类花卉、树木6万余株,安装公共照明设施1300余套。对辖区内565栋楼体进行外立面清洗和粉饰工作,对地区内49个点位、6万余平方米的围挡进行修复和粉饰。在地区9条重点大街和连接线摆放绿植3500盆,设置大型花钵300余个,动员地区单位摆放各类花卉36万盆。

开展迎奥运健身气功展演、迎奥运百人踢毽等纪念活动,举办第五届学院路地区夏日文化广场、五月鲜花文艺汇演等大型文艺活动。地区"万紫千红"舞蹈队参加了天安门广场奥运文化演出和残奥会火炬传递启动仪式。连续3年印制本街道个性化奥运邮折。地区内多名奥运火炬手参加北京地区火炬传递接力。二里庄干休所社区、中国农业大学社区获北京市第三届"魅力社区风采奖"。地区13家律师事务所联合成立社区法制宣讲团,举办法律讲座30余次。通过"96156社区服务热线"为居民提供服务946次,组织开展各类生活常识讲座180场次。

走访慰问地区民政对象1100余人次。为雪灾地区、地震灾区募集捐款193万元、棉衣被1.5万件。1203名党员为地震灾区缴纳特殊党费17万余元。为41户重残家庭进行无障碍设施改造,创建温馨家园3处,为156名残疾人发放辅助器具。组织4000人次残疾人观看残奥会比赛。落实139名90岁以上老人高龄津贴政策,为100户80岁以上空巢老人安装"一按灵"呼叫系统。开展"滚烫的爱送给流动的您"活动,为399名流动育龄妇女进行免费孕检。对地区364家企业进行劳动用工规范检查,为职工追回加班工资13万余元,为502名农民工追讨工资300余万元。全年免费培训失业人员328人次,召开招聘会24次,开发就业岗位5228个,推荐求职1523人次,就业成功率87%。

对街道中层以上干部开设"领导力提升训练课程",组织青年干部进行野外生存训练。举办"廉政文化书画展",组织党员干部参观北京市警示教育基地。制定《北京市海淀区人民政府学院路街道办事处工作规则》,实施《学院路街道合同管理办法》、《学院路街道关于提升行政执行力的监督办法》、《〈学院路街道办事处工作规则〉的监察办法》等制度和规定。继续开展"创新聚力"工程,举办奥运礼仪知识、政府公共关系等大型主题讲座。召开"光荣使命展风采、奥运保障做先锋"共产党员誓师大会。年内新成立"两新"组织党支部1个。

年内,街道获首都社会治安综合治理2005－2008年度先进集体、2008年度北京市人口和计划生育先进集体等19项市级荣誉。

【街道通过全国安全社区现场评定】　12月18日～19日,中国职业安全健康协会暨全国安全社区促进中心专家组对本地区"全国安全社区"申请认证进行现场评定。评定组分别对二里庄社区服务中心、中国石油勘探开发研究院、北京林业大学等单位和社区进行现场考察。街道通过全国安全社区现场评定。这是全区首个通过该项评定的街道。

地　址:海淀区成府路15号
邮　编:100083
电　话:62311335　62312307　　（赵　艳）

中关村街道

中关村街道位于海淀区中部,地处中关村科技园区核心区。辖区总面积5.28平方公里,辖区内户籍人口16.36万人,流动人口3.98万人。辖区有33个社区居委会(本年新增希格玛社区居委会),国家级科研院所28家,高科技企业等各类企业约6500家,汇集了5000多名科学家和高级知识分子,有两院院士130余位在本地区居住。

辖区内有奥运签约饭店2家(翠宫饭店和燕山大酒店)、奥运比赛线路2条(马拉松中关村赛段和公路自行车中关村赛段)。奥运期间,街道共出动各类治安力量131811人次,其中专业巡防2983人次、物业保安16568人次、其他保安21945人次、治安志愿者90315人次。组织7300人次参与奥运会公路自行车赛、马拉松赛和残奥会马拉松赛观赛活动。辖区2300余名城市志愿者参加了7个志愿者服务站点的服务工作。

本年,对奥运比赛路线、火炬传递路线、"2468"连接线及重点道路、奥运场馆及签约饭店周边道路进行临街商铺整治,共整治道路17条,涉及商户、经营单位约1340家。实施临街商铺门脸房装饰29502平方米,围挡墙粉饰修复18405平方米。清理广告、宣传品7000平方米,拆除户外广告6200平方米。完成楼房外立面粉饰总面积约84万平方米。拆除违法建设115处、31580平方米,砌墙封门490平方米。完成双榆树北里4、5、6、9、10、22号楼前等道路改造。完成北大附中南侧路道路及管线工程、北大附中架空线入地工程。投资119万元在中关村南路修建180米长、2.4米高的奥运景观文化墙。组织地区居委会进行灭鼠、灭蟑、灭蝇、灭蚊活动8次。

在地区主要交通要道、重点要害部位、治安复杂场所建成社会治安视频监控点,投资44万元为196户居民安装楼宇对讲。科技创安社区达到30%以上。开展大接访活动,查出矛盾纠纷49件,其中列为区重点1件、街道重点25件;化解城市建设、物业管理和扰民问题40件,劳动、人事纠纷问题4件,困难家庭帮扶问题1件。

5月24日,中央政治局委员、北京市委书记刘淇和市长郭金龙到街道华清园社区调研社区服务站建设和运行情况。6月4日,北京市社工委领导到华清园社区检查指导社区服务站工作。10月14日,全国人大北京团到华清园社区就"社会建设"课题进行调研并指导工作。

本年,街道联合区建委,地区派出所等职能部门共同开展"农民工工资拖欠大检查"活动,对地区16家建筑企业工资保险金、劳务费和农民工资三大专项账户的储备及运行情况进行检查。街道提前完成1260人的全年就业指标任务。

6月15日~7月20日,街道与中关村地区文体联合会共同组织了第二届迎奥运·促和谐——中关村地区足球联赛,地区14支球队参加比赛。9月11日,中关村地区企业联合会成立;12月5日,中关村地区企业联合会餐饮酒店分会正式成立,分会有翠宫饭店、融金国际酒店、无名居、禾谷园等餐饮酒店企业会员31家。

本年,街道组织驻区单位、辖区居民为四川地震灾区捐款1211196.05元,爱心捐赠月捐款24495元,棉衣被4985件、折价183170元。

地　址:海淀区黄庄小区818楼
邮　编:100190
电　话:62550696　62542853(传真)
电子信箱:songfei@bjhd.gov.cn　(宋　绯)

海淀街道

海淀街道位于海淀区中部,1949年5月设海淀镇,1954年5月撤镇设街道,是海淀区第一个街道建制。1963年3月重新设海淀镇街道,1979年10月改称海淀街道。辖区面积6.9平方公里,现有33个社区居委会,户籍人口约 11.4 万人,流动人口约 5.2 万人。中关村科技园区标志性建筑群“中关村西区”(即原海淀古镇所在地)在域内。中关村西区是中关村科技园区的核心区域,已入驻企业 6000 余家。

辖区内有奥运会竞赛场馆 1 处(北京大学场馆外围保障)、训练场馆 2 处(中国人民大学体育馆和海淀体育中心场馆)、定点医院 1 家(海淀医院)、比赛线路 2 条(奥运会公路自行车赛和马拉松赛路线)、涉奥场所 3 处(白家大院餐饮场所、基督教海淀堂、海淀清真寺)和重点地区 1 个(中关村西区电子产品贸易中心)。本年,街道成立奥运赛时服务保障工作指挥部,下设专项工作组 10 个、涉奥场馆前沿工作组 3 个、巡视组 1 个和后勤保障组 1 个。制定带班值班制度、早例会制度、晚报告制度、应急指挥汇报制度、双指挥双报告制度、责任倒查和责任追究等 11 项制度。街道获“北京市奥运会残奥会环境建设先进集体”、“北京市奥运会残奥会外围服务保障先进集体”荣誉称号。

奥运期间,街道对辖区内 440 栋居民楼及平房、100 余块巡逻区域进行责任划分,对 490 名各类重点人员进行确认和落实负责人。组建 8000 余人的奥运安保队伍,对辖区内的奥运比赛、训练场馆,涉奥路线及场所,重点区域和重点部位进行监控,街道和社区均保持 24 小时人员在岗。奥运期间排查出重点矛盾 7 个和难点问题 9 个,接办区大接访活动领导小组批转的信访件 12 件。辖区内 11 个奥运城市志愿者服务站点开展服务 54 天,参与志愿者 2000 余人,上岗达 7500 人次,服务群众近 1 万人。组织地区群众 2500 人次到奥运场馆观赛助威。完成国际马拉松赛、自行车赛、奥运公路自行车赛、奥运会和残奥会马拉松赛等赛事活动,组织观众近 2 万人次。

完成三、四环路及中关村大街连接线所涉及的奥运场馆饭店周边、比赛路线、途经沿线两侧商业店面的改造工作,面积 23089 平方米。完成建筑物外立面清洗粉饰 1.7 万平方米,修复破旧围栏、油饰围墙 7040 平方米。对多条道路和 3 个社区进行环境升级改造,对人大小南门外麻辣烫一条街环境脏乱问题进行彻底整治。率先在友谊社区建设自行车门禁车棚并新建、改造 18 个社区的老旧车棚 33 个,该做法被区综治委在全区范围内推广。

本年,街道投资近 50 万元为海南南等 4 个社区的居民楼安装门禁系统。投资 90 余万元为海南南、苏州街路两个无法封闭的社区安装视频监控系统,在倒座庙、飞达社区增加视频探头。对人大东门、城乡仓储超市和中关村西区周边等地的无照游商、机动车占路售货进行联合执法,规范店外经营 34 家。加大食品安全检查力度,处理无照经营和非法经营案件 50 起,处罚和处理非法游商 700 余人,罚款 18 万余元。收缴盗版音像制品 40 余件,取缔未授权涉奥口号、旗帜 100 多个。对 480 余家单位进行安全生产检查,检查施工工地 14 家,对 4 块裸露地面共 30000 平方米进行治理。向各社区发放除四害药品 70 多箱 600 余公斤,喷洒药剂的区域达 10 万平方米。摆放鲜花 6 万余盆,奥运期间随时更换花卉 1 万余盆,插挂彩旗 580 面。全年共排查出矛盾纠纷 55 起,接待、受理、答复群众信访问题 47 件、900 余人次。处理施工工地劳动纠纷 26 件,涉及 1007 人,解决拖欠工资 663 万余元;调解地区单位劳动争议 10 件,涉及人员 86 人、金额 10 万余元。办理人大代表建议和政协委员提案 15 件,办理率、回复率均为 100%。办结区群众事务呼叫中心受理的各类投诉 296 件,同比增长 56%,结案率和及时率达到 98% 以上。

对地区 11 套全民健身器材进行更新。为 10 户独生子女困难家庭发放 300 元“爱心卡”以及学习用品。为 41 名社区计生专干和 100 名下岗、特困育龄妇女免费进行体检创建友谊、芙蓉里2个社区残疾人温馨家园，在社区内完成20名精神智力残疾人的病情康复、技能培养、劳动就业。新建社区服务站18个，成立居家养老办公室，对高龄特困老人进行资金补贴和免费生活服务。创建充分就业社区17个，社区总数的51%。为840名失业人员进行就业指导，451名失业人员进行求职推荐并被录用，举办技能培训班8期，培训学员240人。举办专场招聘会6期，提供就业信息4310个。推进住房保障工作，接待咨询12000余人次，办理廉租住房、经适房、限价商品房581人。为地区216户低保家庭放低保金13.9万余元，利用慈善基金对地区内81户困难家庭进行每户500—2000元的救助。依托爱心家园对100户低保边缘家庭进行每户500元的救助。全年创建区级文明社区3个。开展政府信息公开试运行工作，分拣政府信息200余篇，公开办事指南、工作动态70余条。

年内，举办迎奥运“和谐社区杯”乒乓球比赛，14000人参加；举办迎奥运倒计时100、50、10天等系列活动，约10万余人次参加。

开展共产党员献爱心、特殊党日等系列主题活动。汶川地震发生后，街道党员缴纳特殊党费28万余元。对地区流动人口中的615名流动党员进行甄别、核实，建立流动党员信息库，为已核实身份的305名流动党员发放联系卡。6家区直机关党组织与社区党组织结成共建“对子”，形成区域党建工作的新机制。

【阳春新纪元社区被评为“全国综合减灾示范社区”】 4月1日，在国家民政部召开的减灾工作表彰会上，阳春新纪元社区被评为“全国综合减灾示范社区”，为全国100家获此项荣誉的社区之一。

街道下属有专业服务性质的事业单位：

海淀街道社会事务保障所

地　址：海淀区北三环西路49号西颐小学院内

邮　编：100086

电　话：62561868

海淀街道社区服务中心

地　址：海淀区万泉河路小南庄31号楼

邮　编：100089

电　话：82611367

海淀街道保洁中心

地　址：海淀区万泉河路乙58号

邮　编：100080

电　话：62552195

海淀街道绿化队

地　址：海淀区万泉河路乙58号

邮　编：100080

电　话：62559580

地　址：海淀区丹棱街10号新海大厦

邮　编：100080

电　话：82666660（传真）

电子信箱：gwb1404@163.com　（索芦帆）

青龙桥街道

青龙桥街道位于海淀区中西部，成立于1963年3月，辖区面积18.59万平方公里，设24个社区居委会，户籍人口65585人（不包括11个驻军单位和国家安全部机关），流动人口约2.8万人。辖区有颐和园、圆明园遗址等名胜古迹，中央党校、国防大学、军事科学院、中国林业科学院等中央、军队单位驻在辖区内。

辖区内有奥运会训练场馆1处（清华大学体育馆），涉奥场所3处（一〇一中学奥林匹克青年营、颐和园和圆明园）、奥运比赛线路2条（公路自行车赛青龙桥段和马拉松赛青龙桥段），还负责北京大学及北京体育大学场馆的部分外围保障。奥运期间，街道成立奥运环境整治办公室，建立街道领导包片、科室包社区、地区各单位党政一把手对本单位奥运安保工作负主责的工作机制，签定

“平安奥运行动”目标责任书3000余份。对地区13个点、13条线、13个面进行布控和群防群控,共有4072名奥运安保人员参与值班巡逻。成立101中学奥林匹克青年营外围安保团队,制定工作方案。及时处置101中学奥运火炬传递过程中7万多人聚集围观事件、圆明园公园游客持刀伤人事件和法轮功人员散发反动传单事件等。协调执法部门对颐和园、圆明园周边无照游商、黑车载客、制假贩假、非法行医、黑职介、黑导游及非法“一日游”等突出问题进行综合治理整顿。协同地区公安派出所对北大比赛场馆外围的成府社区进行集中整治。开展奥运知识、安全保障服务技能培训。街道被评为北京市奥运服务保障先进单位。

组织地区经济普查第一阶段工作,完成1758户法人及产业活动单位,1126户个体经营单位的调查。

完成对辖区重点区域、主要道路和部分社区环境、设施的升级改造。对7条重点道路周边进行综合整治。改造地区城市主干道香颐路。对奥运比赛线路沿街门脸统一设计制作更新广告牌匾,粉刷老旧建筑物外立面37万多平方米。对京包铁路西侧脏乱现象进行治理,清运垃圾渣土6000余吨,增加绿化面积40000多平方米。对城铁13号线南侧(北侧属上地街道)100米范围进行绿化改造,绿化面积18000平方米,清运垃圾渣土5000立方米,回填黄土5000立方米。对街道原有的亮丽工程进行修复、更新和维护。对中央党校和颐和园北宫门周边进行绿化改造,增加部分新建景观。投入资金500多万元,对福缘门社区、水磨社区和一亩园社区进行道路改造和清理整顿。投资40万元对67组134块大中型广告灯箱进行整修并更换为奥运知识和观赛礼仪内容。清运垃圾、疏通下水、清除小广告等。奥运期间布置摆花4万余盆。

街道为社区购置无线通讯对讲机99台,在重点社区增加安装视频监控探头;聘请专职保安65名并配备自行车等设备,投资14.5万元购置消防器材。地区设置的80多个视频监控探头覆盖地区重要路段,奥运期间实施24小时监控,共上报案件678件。全年受理劳动用工投诉案件12起、涉及人数182人、追讨拖欠工资44.6万元;加强对地区餐饮企业的卫生检查。召开地区森林防火工作会议8次,与地区森林防火指挥部21个成员单位签订“2008~2009年度森林防火责任书”,坚持24小时值班制度,组织防火演练10次、扑火培训6次,确保地区无火情、无火警、无火灾。开展“大接访”工作,共调解纠纷188件,化解140件,履行129件,处理区大接访办公室转来的7封信件和地区群众上门反映的8件问题,接收呼叫中心转来信访件426件,处理和回复率达到100%。

年内,为189户、406名享受城市最低生活保障人员发放保障金164万元,为20户特困群众发放扶贫济困款11200元,发放各类临时生活补贴4.8万元、临时医疗救助报销医药费6.9万元。办理失业登记1020人次,发放失业金82万余元。组织职业指导培训628人次、职业技能培训160人次,实现就业688人次。审批各类保障性住房489户。开展向汶川地震灾区募捐活动,街道所属党员交纳特殊党费11万元;在“五月的鲜花”震灾募捐文艺汇演中,现场捐款60多万元;通过街道民政部门、红十字机构募集的捐款达110多万元;地区党政军各大单位按系统共向地震灾区捐款8000多万元。举办地区残疾人运动会,在国防大学社区建立市级温馨家园,为地区1000余名残疾人购买“交通一卡通”等用品。为10名意外伤残的独生子女父母发放补助5万元,为50名独生子女父母发放年老时一次性奖励7.5万元。为4名高龄老人安装“一按灵”。为194户贫困家庭提供生活救助。拨款51.46万元,走访看望军休职工、军干、超转人员、地退人员、优抚对象、高龄特困老人、百岁老人、空巢老人、残疾人、特困家庭等特殊人群5100人次。八一建军节期间，走访慰问辖区13个基层连队官兵，向赴地震灾区的95名救援官兵发放慰问品，为61名家庭受灾的四川籍战士赠送慰问金7.1万元。走访慰问军事科学院、国防大学、总参三部等驻军单位。在重阳节开展“孝亲敬老之星”评选表彰活动，组织地区400名60岁以上的健康老人参加登山活动，为地区48名85岁以上老人代表举办集体生日会，为地区560名85岁以上老人赠送电子血压计。教师节期间，开展以“让奥运精神在教育园地绽放”为主题的奥运健儿与教师代表座谈会，奥运健儿与教师代表共庆教师节。

考核选拔10名社区工作者充实到社区居委会，全年组织培训10次。组织开展平房社区和大院社区“两极互帮”活动，24个社区结成互帮对子。国际关系学院社区获得北京市“魅力社区和谐共建奖”。5月，街道投资200余万元筹建的地区公共服务大厅正式对外办公，大厅设置为民服务窗口19个，对居民日常事务实行“一站式”受理。全部完成2008年直接关系群众生活方面的9项实事；全年街道重要任务分解的64项工作全部完成。与区公共委合作，筹建4个社区医疗卫生服务站。举办社区“迎讲树促建”活动成果展和社区成就回顾展，开展迎奥运万人棋牌赛、乒乓球赛、健身操汇演、文明礼仪展演和奥运观赛知识竞赛等活动，举办趣味运动会。出版《青龙桥街道简讯》81期，登载稿件786篇。

开展以提升街道机关凝聚力、吸引力和向心力，提升机关工作人员认知力、执行力和创新力为内容的“双提升”活动。将“双提升”活动作为公务员培训的重要组成部分并建立培训人员档案。办理人大代表、政协委员书面建议7条。加强与党风廉政监督员、统战对象等各方面人士的联系和交流。统筹辖区发展，城市管理委员会等组织发挥积极的作用。街道作为海淀区4家试点单位之一开展廉政风险防范工作，提出“‘一个体系’、‘两种意识’、‘三项建设’、‘四个规范’”[①]的目标，制作《青龙桥街道廉政风险防范管理工作手册》，开展风险点查找工作，查找出风险点91条。举办系列活动庆祝街道成立45周年。

地　址：海淀区安河桥东1号
邮　编：100080
电　话：62862269
　　　　62862269　62877261（传真）
电子信箱：Yangyanling3967@ sina. com

（杨艳玲　刘俊岩）

清河街道

清河街道位于海淀区东北部，1949年5月建立清河镇人民政府，1959年11月成立清河街道办事处，1963年3月单独建置。街道辖区面积9.37平方公里，有社区居委会26个，户籍人口7.8万人，流动人口6.3万人。辖区城乡结合部特点突出，公共服务体系和城市基础设施建设相对落后，体现在商业、金融和科教文卫类设施供需不足，辖区新建住宅小区陆续完工，交通拥堵问题日益凸显。

本年，成立清河地区奥运服务保障工作总指挥部，制定28项工作方案和预案。投资144万元，在高发案的西二旗小区安装26个监控镜头，在朱房社区、北毛社区安装电子监控设备，在花园楼社区安装门禁系统。完成29份安保基础工作台账，对地区32个重点场所进行布控，对区上账的17个重点人采取

① 一个体系：ISO9001质量管理体系；两种意识：干部廉洁自律意识、为民服务意识；三项建设：领导班子建设、干部队伍建设、机关文化建设；四个规范：思想规范、行为规范、工作规范、财务规范。

管控措施,组织26个社区3060名志愿者参与巡逻,完成奥运公路自行车赛2000名观众的组织工作和安保任务。奥运赛时阶段,共完成各类交通勤务204次,出动警力3779人次。建立数据"流管信息平台"及《流动人口和出租房屋登记簿》;启动军警民共建平安社区机制,二炮司令部、空军装备研究院等部队和北京陶瓷厂、长城润滑油公司等地区单位抽调民兵在辖区重点部位进行巡逻。与11家地区单位和2个社区签定电力设施安全保卫责任书13份。开展安全生产检查工作,奥运前夕检查单位171家,复查48家,发现整改隐患133条,下发整改通知书51份;奥运期间,出动人员84人次,检查单位142家,发现安全隐患64条。

协助完成市、区两级政府投资1688万元:完成安宁庄东路等4条主要大街的门脸房整治工作,完成城铁13号沿线清河段的整治及4栋塔楼粉刷,提升改造小营西路、清河中学至清河水闸的绿化工程,完成铭科苑、砂轮厂两个老旧小区的环境整治任务。投资140多万元对北毛社区、力度社区联合平房区等老旧小区进行环境整治。规范主要大街和重点地区的街面广告及市场,清理整治上清桥桥下空间,拆除上清桥城中村边角地30户、3700余平方米违章建筑。完成清河翠谷北延工程绿色景观带建设。完成奥运会、残奥会期间的花卉摆放工作。在奥运公路自行车比赛沿线、西三旗桥、小营桥设立3个主景花坛,摆放绿植、花卉26万余盆。街道被授予2008年度海淀区奥运环境建设先进单位荣誉称号。

成立信访接待室,共受理矛盾纠纷105件,接访63批105人,实现"双零"指标。上报各类城市案件8329件,立案率99.8%;处理群众呼叫系统转办件256件,处理及时率82.86%;全年组织安全检查1000余次,消除安全隐患206处,未发生重特大安全事故。

建立健全居务公开、社区服务承诺、居民代表会议、四方议事、财务管理等制度,协调解决老旧社区环境改造、平房区居民供电等问题。投资37万元为社区居委会改善办公条件。招聘社区工作者21名,建立社区服务站25个,启动"爱心家园"、"居家养老服务"。开展奥运知识竞赛、奥运安保知识培训、英语课堂、数字电影放映、扶贫济困、社会捐助、志愿者服务等活动,举办地区第六届体育文化节暨清河地区"五月鲜花"文艺汇演。

全年实现失业人员再就业2600余人,助残救残、扶贫济困累计金额近170万元,为1259名农民工追回被拖欠工资357万元,为灾区捐款捐物110万余元,572户居民的保障性住房经市备案并通过。完成经济普查工作前三阶段的任务,共清查地区单位4150家、个体工商户3500家。

开展"展党员风采,做奥运先锋"主题实践活动,组建26支党员社区奥运志愿者队伍。

【成立人大代表工作站】　11月10日,北京市第一家"区人大代表工作站"在毛纺南小区成立。工作站设立人大代表信箱,聘请26名联络员具体负责本社区选民与代表的联系工作。站内公示了所有区人大代表的照片及联系方式,明确了代表接待选民的具体时间、地点和代表工作站职责。

地　址:海淀区清河小营西路20号
邮　编:100085
电　话:62912151
网　址:chenym@mail.bjhd.gov.cn

(陈原梅)

永定路街道

永定路街道位于海淀区西南部,成立于1979年,实行大院式街道体制,受海淀区政府和中国航天科工集团第二研究院双重领导。驻地区主要单位是中国航天科工集团第二研究院、中国航天科技集团的部分单位。辖区面积1.45平方公里，设有16个社区居委会，户籍人口39800人，外来人口9644人。

辖区内有奥运签约酒店1家（长峰假日酒店）、定点医院1家（武警总医院）。本年，街道成立地区奥运服务保障总指挥部，形成奥运保障“6+1”指挥体系，制定《永定路街道奥运服务保障工作体系方案》等6份文件，建立沟通协调、信息综报、工作汇报的机制及联席例会制度。完成全地区视频监控系统的联网工作，地区社会面视频监控中心和社区视频监控中心机房正式建成投入使用，探头覆盖率达到80%。对涉奥重点地区及其周边区域实现持续有效的监控。奥运期间，由保安队、联防队、巡逻队和流管队组成的“永定路地区社会治安巡防队”的200多名专职队员24小时值守。组建各种志愿者队伍16支，总人数2108人，赛时期间共出动志愿者40000余人次，24小时在辖区内防控巡逻。奥运期间，及时有效处理地区发生供水管线爆裂、个别居民楼停电、武警总医院住院病人扬言跳楼等突发事件。开展迎奥运倒计时100天活动、赛时保障誓师大会等大型奥运宣传活动。赛时阶段加强食品卫生检查，向地区餐饮服务企业发放宣传资料200余份，查处无照经营企业39家并限期补办手续，开具证明176份；取缔无照经营摊点7处，撤销违章及影响环境的摊点35个。

协调配合市政部门对永定路、正大南路进行大修，对采石路南段进行围挡整治，对采石路北段围挡墙修复粉饰，对辖区内所有商业用房的广告牌匾和外立面进行统一制作和装饰改造。整治商铺牌匾4522平方米，装饰商铺外立面7510平方米，围挡墙粉饰2498平方米，清运垃圾渣土2100立方米，补修绿化120平方米。对长安街延长线的10栋楼进行亮丽改造。废弃的40米高烟囱1个。金沟河路奥运文化艺术长廊建成使用。对三街坊东、西大门、85号门、五街坊西门、九街坊北门进行彻底改造，对三东、三中、三西3个社区居委会的办公室进行标准化改造，街道办公楼全面启用。二院相关单位对小区内近百栋楼房进行粉饰，对40余栋楼房进行平改坡，对四号门以及工业区两个临街大门进行改造。

据统计，巡防队员配合公安部门抓获各类盗窃犯罪嫌疑人30余人，法轮功等邪教人员9人。地区连续5年实现机动车丢失为“零”。街道被评为北京市奥运安保先进集体、北京奥运会残奥会环境建设先进集体；地区有4个单位、63人被评为市区先进；有43个单位、83人受到地区表彰。

全年共开发就业岗位1820个，解决失业人员就业433人。城镇登记失业人员的就业率达到74.5%以上。全年接收失业人员档案310余份，办理求职证549个、优惠证156个，办理失业金领取161人、36.4万余元。为262名社区灵活就业和自谋职业人员及公益性安置的114名事业人员进行管理服务，对社保所管理的231名退休人员进行养老金资格生存状况认定，完成工资调标。为退休人员1150名、3897人次报销医疗费用，承担二院事业单位退休的180名地退人员的管理服务工作。全年办理“一老一小”医疗保险新参保、续保手续1841人，报销医药费30余万元。为114名城镇无业居民办理了大病医疗保险。走访慰问特困事业人员家庭31户。街道有低保服务对象67户117名，临时救助6人，医疗救助12人，对低保家庭进行两次复审。

对566户地区中低收入家庭住房情况进行调查。发放核定表2000余份，受理540户，评审272户。年内共有169户居民参加海淀区两次限价商品房摇号，97户获得限价商品房配售资格。

为地区34名伤残军人发放抚恤金护理费，为6名优抚对象办理纳入城镇居民基本医疗保险工作。春节期间走访军烈属、定补人员、复员兵、伤残人员157人。为地区110名残疾人发放轮椅、手杖等辅助用品用具,新安排5名残疾人上岗就业,对15名残疾人进行职业技能培训。

地区现有769名老年居民享受每月200元的政府福利养老金,有112名60岁以上老年人享受居家养老服务补贴,有31名90岁以上老年人享受每月100元政府高龄津贴,为6827名65岁以上老年人办理优待卡,为258名60至64周岁老年人办理老年证、免费发放市属公园通用年票。16个老年星光活动站全部建成。

街道在全市率先启用计划生育FLASH动画宣传片在社区闭路电视播放。全年办理各种户籍生育服务证467人,办理独生子女父母光荣证245人,办理新生儿入户手续312人,办理异地家庭子女随父入户手续72人。为261名育龄妇女和30名育龄男性进行健康体检,为无业低保残疾的50名育龄妇女办理女性安康保险。组织各类生殖健康讲座20场次,受益人群近3万人;在16个社区设立免费药具自取架、自取箱45处,为长峰宾馆和海凌宾馆的客房配备免费避孕药具架,全年发放免费避孕药具4万人次。

本年,辖区内16个社区的社区服务站创建完成,1个社区停车场改造通过验收,完成二东、三东、六西、九街坊社区3900户的便民通邮工程。近100个便民服务网点遍布16个社区;建立黄楼社区医疗卫生服务中心和4个社区医疗卫生服务站。投入200多万元对社区卫生服务中心和社区卫生服务站进行标准化改造。

开展“四好”①领导班子创建活动,开展反腐倡廉宣传教育活动。实行“6s”②管理;ISO9001:2000质量认证工作管理评审再获通过。完成新一轮干部职工择岗竞聘工作;电子政务办公实现街道全系统覆盖。

组织动员辖区居民为南方雪灾捐款407560.37元;为汶川地震募捐252361.8元;“捐赠月”为灾区捐衣被11956件,现金143672元。

地　址:采石北路18号

邮　编:100854

电　话:88225383

电子信箱:ydlbgs@yahoo.com.cn　(王跃萍)

清华园街道

清华园街道位于海淀区中东部,成立于1980年7月,受海淀区和清华大学双重领导。辖区主体为清华大学校园,包括清华大学科技园等,面积3.49平方公里,校园内分学生区、教学区和家属区,户籍人口50588人,流动人口5443人,有9个社区居委会。地区共有法人单位919个。地区经济以高新企业为龙头,各行业同步发展,除同方科技、搜狐互联网信息服务中心、紫光集团等规模以上企业外,还有清华正大商贸公司、北京水木华清建筑装饰有限责任公司等工、商、服企业275家,个体经营292户。

辖区内有奥运训练场馆2处(清华大学综合体育馆和清华大学游泳馆)、签约宾馆1家(紫光国际文化交流中心)、比赛线路1条(奥运马拉松赛清华园段)。本年,街道建立“校内三区(学生区、教学区、居民区)联动,校外三街(清华园街道、青龙桥街道、东升乡)协调”,社区“三支队伍(城管巡防队、小区巡逻队、志愿者队伍)相互配合,三级预警(平时的常规防控、敏感时期的加强防控和紧急状态的临战防控)分级实施”的安保工作机制。

本年,街道投资100万元,进行社区环境

---

① 四好:政治素质好、经营业绩好、团结协作好、作风形象好。

② “6s”管理:整理(SEIRI)、整顿(SEITON)、清扫(SEISO)、清洁(SEIKETSU)、素养(SHITSUKE)、安全(SECURITY)。(均为日语的罗马拼音)

改造，为小区铺砖1000多平方米，绿化面积1000多平方米，新建岗亭2个、小区围栏150延长米，维修社区大门7个，翻新部分车棚，翻修老龄大学教室800平方米。投资260多万元建立老旧社区技防系统，在7个老旧小区安装监控探头76个。配合清华大学完成109栋楼、约29万平方米的建筑物外立面粉刷任务，并对辖区周边围墙、临街商铺及小区围栏进行了整治和粉刷。

加强"三点一线"（清华园地区2个奥运训练馆、1个签约宾馆、1条马拉松比赛线路）周边和校园环境整治，翻修马拉松线路1.5万平方米，拆除临时建筑和违章建筑20940平方米，修建停车场11693平方米，绿化40285平方米，铺设透水砖人行道路面9800平方米，置换广告牌90.85平方米。查抄游商1562起，查扣黑车68辆。严格出租房屋和来京人员管理，开展专项宣传活动6次，登记出租房屋390户，对4969名来京人员进行入户登记，做到"一人一表一证（身份证）"，代办暂住证2210份。组织社区防火防盗安全检查12次。对校园27个餐饮、服务企业进行食品安全大检查2次、开展地区性爱国卫生大检查5次。年内，街道及各社区以"营造和谐环境、服务北京奥运"、"唱响文明、展示风采、喜迎奥运"、"唱响和谐、激情盼奥运"、"全民健身、与奥运同行"、"永恒的历史、不朽的丰碑"、"参与奥运、奉献奥运、享受奥运"等11个专题为内容制作精神文明宣传栏6期、165块。与区民政局联合举办"同迎奥运、共创和谐——从我做起、从身边做起"奥运倒计时100天社区庆祝活动，与区体育局联合举办"迎北京奥运、树海淀形象、展健身风采"活动，1500人次参加；组织"过路要看红绿灯，文明礼让斑马线"宣传引导活动、"文明礼让"排队推动宣传日活动和多项奥运知识服务培训；组织"做奥运环保使者，建绿色文明家园"家庭签名活动；举行"唱响红五月，和谐迎奥运"居民歌曲联唱、"迎奥运，庆'七一'"社区党员文艺演出活动；举办第三届社区游泳比赛。各社区组织中小学生开展"我的奥运情"征文、"我心中的奥运"手工艺作品展、奥运安全小志愿者行动等活动60多次，4000多人次参加。开展"清凉夏日迎奥运，一日电影夏令营"青少年校外教育活动，参加活动的青少年以奥运文明故事为题材，创作出"少开一天车，北京天更蓝"、"帮助别人，快乐自己"，"讲文明，排队上车"主题漫画20多幅。组织居民1600多人参观奥林匹克森林公园和奥林匹克公园。

奥运期间，建成城市志愿者服务站4个，462名学生志愿者、102名社区志愿者参加站点服务，累计上岗时间2916小时，服务人数15万余人次，发放报纸8万余张、自制清华地图5.2万余份、其他宣传材料2万份。在街道9个社区，470多名社区党员、社区文明之星、热心居民组成环境维护队、治安巡逻队、巾帼文明举止提示队等。

6月1日，清华园街道南楼社区精障人员白林作为火炬手，参加北京奥运会在湖北宜昌三峡坝区火炬传递活动。白林是全国1600多万名精障者中唯一被选为第29届奥运会火炬手的代表。

本年，街道获区奥运安保工作先进集体、首都教育系统奥运工作先进集体、北京奥运会残奥会环境建设先进集体等称号。

各社区开展学礼仪、学外语、学歌舞、学摄影、学编织等市民教育活动；开展庆"三八"社区居民联欢、"六一"儿童文艺演出、"九九"重阳老人乐等文娱活动；在社区"体育节"期间，开展家庭趣味运动会等。全年利用一站式综合服务平台，出动便民医疗车640余车次，家政类服务800余人次，小维修服务达240人次，殡葬一条龙服务90多次，消费者权益维护服务60人次。组织义工培训16次，提供各项公益服务约80项，参与人数约3800人次，受益人数近10000人次。建立社区“一窗式”服务站9个。老龄大学全年招收学员1200多人次,设44个教学班。组织老人专题讲座4次、参观3次,开展活动、庆典、座谈会11次,走访慰问500多人次。

社区发生矛盾纠纷71起,与2007年相比下降30起,同比下降29.7%,调解成功66起,成功率为93%。落实“七包一”帮教小组,对社区36名安帮对象、5名矫正对象的帮教率达到100%,脱管率和重新犯罪率实现“零”指标。

地区享受城市最低生活保障的困难家庭55户102人,新办理低保申请8户16人,为6名低保户办理入学救助2万元,为21人办理低保医疗救助2万元,为困难群众发放补贴7.25万元;依托“爱心家园”,对95名低保边缘家庭援助资金5.5万元;为22名地退人员申请困难补助2.4万元,为37名地退人员免费体检。办理老年证80份、老年优待卡4173份,为94名老人办理养老服务补贴,为74名90~99岁老人办理高龄津贴,为100多位80岁以上空巢老人、低保老人、学校知名人士办理亲情服务卡。全年慰问老人710人次。组织大型募捐活动2次,共募集善款90.1687万元,衣被1万多件。

社保所全年接待失业、求职、企业社会化社退休人员来访3200人次,办理各类申报、证件900余人次,为680人报销医疗费168.061万元。公布就业岗位信息500多项,成功推荐就业73人。开展廉租房困难群体调查工作,完成15户经适房及278户限价房申报工作,其中参于配售摇号104户;为1049人办理“一老一小”、“无业居民”医疗参保手续,参保率98%以上。

辖区内有残疾人217人,劳动适龄段残疾人就业率达99%,13名残疾人享受城市最低生活补助。为8名残疾学生、残疾人子女申请助学补助,为17名残疾人安排公益性岗位,精障康复俱乐部开展活动80余次,节日期间走访慰问残疾人。在本区首次召开地区“同享奥运精神,共促身心健康”主题精障工作研讨会。

本年办理生育服务证225个、新生儿出生证234个,办理随父入户新生儿手续85份,发放独生子女证176个,为142名独生子女父母发放一次性奖励费14.2万元,为304名社会人员发放独生子女费1.715万元,为774名流动人员进行免费孕检。组织专题讲座8次。

与区民政局合作进行本区居家养老服务需求状况调研工作,涉及5个街道,完成了《海淀区居家养老服务需求状况调研报告》。

地　址:清华大学服务楼内
邮　编:100084
电　话:62771507
网　址:http://jdbsc.cic.tsinghua.edu.cn

(夏　滢)

燕园街道

燕园街道位于海淀区中部,成立于1981年12月,属于大院式街道办事处,受海淀区政府和北京大学的双重领导。辖区面积约1.84平方公里,北京大学校园面积2721682平方米(4082.5亩,含医学部及昌平校区),有社区居委会7个。户籍人口42091人,其中集体户口25298人、外来人口7930人。

辖区内有奥运竞赛场馆1处(北京大学乒乓球馆)、比赛线路2条(马拉松赛燕园段和公路自行车赛燕园段)。本年,地区承担北大乒乓球馆外围、马拉松赛、公路自行车赛燕园街道赛段以及火炬传递活动途经本街道路线的周边及沿线的环境整治、安全服务保障和奥运安保工作。制定《燕园街道属地奥运服务保障工作方案》等应急预案,赛前进行演练。完成2008“好运北京”马拉松赛、公路自行车测试赛、乒乓球测试赛的安保工作;

参与北京大学校内赛道的勘察、划线，赛道周边的景观布置以及赛事期间的观众组织等工作。奥运期间，招募在册治安志愿者 1600 名，其中社区奥运安保工作实名制志愿者 1161 人，占辖区实际人口的 5%。

年内，完成临街商铺建设 8366.88 平方米，闲置空地绿化 4000 余平方米，围挡墙修复 1 万余平方米，清运垃圾渣土 900 立方米，外立面粉饰 40 万平方米，建筑物外立面清洗 5.2 平方米、沿街牌匾整治 1500 平方米，清理占道灯箱 7 处，清理堆物堆料和垃圾 2 处，拆除违规广告及各种私设广告 8 处，清刷小广告 48 处。在蔚秀园、燕东园家属区安装社区监控摄像头，在中关园家属区南区安装西电子门、封闭西侧门，建立北区值班室。

建立流动人口和出租房屋综合管理信息平台，办理暂住证 6930 份，签订出租房屋协议书 713 户，对奥运场馆周边进行出租房屋和流动人口的摸底排查。

作为本区限价商品房 4 家试点单位之一，街道成立住房保障工作领导小组，开设住房保障审核受理窗口 2 个。全年共通过北京市限价房商品房审核 412 户、经济适用房审核 15 户、廉租房审核 4 户，共有 380 户获得购房资格，240 户实际购房。

邀请专家为社区居委会干部开展《科学发展观与和谐社区建设》、《民政工作的任务与要求》、《从社会学角度看如何做好北大的街道居民工作》、《魅力社区》和《如何进行魅力社区建设》等讲座 5 场。

开展节日文艺汇演活动，举办英语学习班、电脑操作班、压花工艺提高班、布帖艺术提高班等社区学习班。组织参加海淀区第二届迎奥运和谐社区杯乒乓球比赛，燕北园、中关园社区 2 个代表队进入决赛。参加区老年门球协会组织的“三八杯”老年门球赛，街道女队获第二名。

办理一胎《生育服务证》167 本、独生子女证 82 本，办理新生儿入户手续 151 人，办理随父入户 36 例，查验流动人口《婚育证》442 本，为 342 名青少年、幼儿办理“国寿学平”保险，为北京大学教职工和档案在街道人员发放“独生子女父母年老时一次性”奖励和独生子女父母奖励费，为流动人口育龄妇女办理免费技术服务卡 21 份。为辖区“一老一小”办理医疗保险 608 人，失业转入 100 人，学生转入 47 人。为失业人员办理求职业证 176 张、优惠证 82 张，为 7 位失业人员办理自主创业手续，办理灵活就业 37 人，失业人员实现再就业 188 人，全年共为 60 人发放失业金 233905 元。全年办理退休新增手续 50 人，日常管理退休人员 448 人，为无业人员办理大病医疗保险 80 人，为无保障老人办理大病医疗保险 152 人。

年内，组织讲座、募捐、观剧等活动。开拓学生助理机制，聘用北京大学 5 名学生作为助理充实到各科室。聘请常年法律顾问 1 人。在北京大学网页上建立燕园街道主页。

地　址：北京大学西门畅春园院内
邮　编：100871
电　话：62751338
网　址：http://www.yanyuan.pku.edu.cn

（修亚冬）

香山街道

香山街道地处海淀区西部，1986 年 2 月成立，同年 4 月 26 日正式挂牌。辖区面积 20.34 平方公里，设有 6 个社区居委会。户籍居民 9851 人，户籍农民 3957 人，流动人口 3.2 万人。辖区地处旅游风景区，有香山公园、碧云寺、卧佛寺、北京植物园等名胜，有双清别墅、孙中山衣冠冢、教育家熊希龄墓及京剧艺术大师梅兰芳墓等。本地区是中央首长的驻地，又是典型的城乡结合部，农居混杂，流动人口多，管理难度大。

本年，街道成立奥运安保指挥部和督察

组,制定地区奥运安保防控方案,组建2800人的防控队伍,建立奥运安保重点人、重点单位、重点部位工作台账,摸排流动人口和重点人员情况,重点监控129人。投资120万元,在地区重点路段和重点部位安装监控探头,实现了安全监控全覆盖。奥运期间,共整合城市志愿者130余人,交通志愿者103人,环保志愿者50人,社会治安巡逻志愿者450余人,红十字志愿者80人,组建20人的献血突击队,174名社区党员参与奥运社区志愿活动。奥运城市志愿者完成奥运会、残奥会期间和红叶节期间近100天的服务任务,参加人数1200余人次,服务时间9600小时,服务次数2.4万人次。

本年,完成奥运环境建设中香颐路、杏林山庄路、买卖街和煤厂街的整治。铺修主路便道,整修商业门店,规范门店牌匾。投资近250万元对部分社区道路进行整修,铺装路面近1.2万平方米,铺设污水、雨水管线2500米,补种苗木近1000株。协调区市政管委出资135万元改造四王府道路,重铺沥青路面2500平方米,铺设下水管线500余米,基本解决了困扰四王府地区百姓多年的行路难、污水无处排的问题。在重点地段摆放奥运花卉8万余盆。开展城市清洁活动,共出动车辆60余次,清理垃圾600余吨。协调改建北植西门外的一处旱厕。在卧佛寺西路安装路灯。改造部分水泵房和老化供水管线,保障供水安全。改造香泉环岛人行道,修建雨水簸箕口,增加雨水箅子,治理积水点。投资25万元修建雨水截流工程,确保汛期安全。

地区联合执法队在奥运前夕组织大规模整治6次,夜查12次,取缔歌厅3家、网吧6家、发廊10家,拘留黑车揽客16人,口头警告25人。加强对消夏露天场所的管理,查处无照经营、规范坐商。督促无照经营商户办理临时执照140余份。按规定暂停通信号码服务20余部,查处没收小广告1.2万余张,清除小广告3.5万余张。开展养犬专项整治10余次,查处无证犬185条,注册登记犬1000多条。

完成桃花节、红叶节的园外保障工作。桃花节中间跨清明节、“五一”劳动节两个节假日小黄金周,历时八周。红叶节因北京残奥会上香山红叶的表演而使游人大幅增多,高峰日近10万人次。园外指挥部制定应急预案,缓解下山拥堵的状况;改造规范停车场和公交临时上下车站,制做游人指示牌4块。两节期间共计接待游人240万余人。

开展护林防火应急演练和宣传,与地区沿山单位签订责任书,签订率100%,护林防火工作实现无火情、无火警、无火灾。对地区120家单位的用工情况进行专项执法检查,涉及职工6786人。全年受理投诉案件20起,追讨拖欠工资及工伤费用32万余元,补发工资、经济补偿金近10万元,非公企业补签劳动合同36家、891人。完成流动人口录入采集34655条,出租房屋1671条,协助抓获网上在逃人员3名、法轮功人员3名。香山治安、民事联合调解室接待各种咨询600余人次,受理各类纠纷400余件,其中承接派出所调解治安纠纷150余件,调解地区民事纠纷250件,90余件达成协议。开展法律讲座16次。在香山公园设立的法律援吧接待各种案件400余件,代拟法律文书38份,接待法律援助案件2起,咨询接待涉案金额900余万,受益人达1500余人次。承办群众事务呼叫中心转来投诉建议140件,办结率100%,接待处理群众来信、来访、来电的投诉、咨询和建议120余件。全年地区无重大刑事案件、群体恶性案件,无群体访、越级访事件,两劳人员重新犯罪率为零。

对社区的办公用房、服务用房进行维修改造。实行社区书记、主任例会制度、居委会例会制度、社区代表议事制度等。组织社区专职工作者进行社会工作师初级培训及岗位培训。全年受理经济适用房、廉租房、限价商品房咨询630次，审核通过90余户，其中限价商品房50余户通过市级备案。接收退休人员97人，征地超转人员199人，失业人员170余人。全年职业指导341人，接待招聘单位74家，组织招聘会2次，发布空岗信息980多个，推荐就业成功73人。地区残疾人康复站成为北京市首批命名授牌的温馨家园。为地震灾区募集善款31万余元，衣被3000余件，434名党员共交纳特殊党费5.2万元。对地区部队、企事业单位以及外来务工人员中的川籍人员进行摸底调查并开展救助慰问。

年内组织民俗节庆活动、和谐杯社区乒乓球赛和五月鲜花系列文化活动。社区图书馆图书借阅率和读者群日益提高，特色读者活动、为盲人读者服务成为亮点。市民培训开展“主题创新实践评比”活动。围绕“迎讲树促建”主题，在北京植物园、香山公园等旅游景点和公交站台宣传文明礼仪、营造奥运氛围。煤厂街通过市文明示范街验收。

制定《开展党员干部廉政风险防范管理工作实施方案（草案）》，签订党员干部廉政风险防范管理承诺书90份。坚持双周四下午的机关学习日制度，全年组织学习15次，平均参学率80%。组织参加公务员培训超市的学习。处级干部在线学习平均学时达到105学时。开展普法活动，落实领导带头学法、依法决策制度，干部培训教育、科长宣讲业务法制度，联合执法、依法治理制度以及特色普法经费保障制度四项制度。对居民开展普法宣传教育。3月20日，街道团工委成立。

地　址：海淀区香山一棵松2号
邮　编：100093
电　话：62591369（传真）
电子信箱：xshjdbgsh@sohu.com　　（刘志芳）

花园路街道

花园路街道地处海淀区东部，位于中关村科技园区中心区，2000年3月30日成立。辖区面积6.33平方公里，有居委会35个，户籍人口11.9万人，流动人口3.05万人。辖区内有各类法人单位4992家，其中部队单位19个，高校、科研院所集中。地铁十号线沿北土城西路、知春路贯穿辖区。

辖区内有奥运竞赛场馆1处（北京航空航天大学场馆）、签约宾馆4家（鸿翔大厦、丽亭华苑大酒店、花园饭店和大唐科苑宾馆）、定点医院1家（北医三院）、涉奥场所2处（马甸清真寺、奥运大厦驻地周边及停车场）和比赛线路2条（马拉松赛花园路段和公路自行车赛花园路段）。本年街道成立奥运服务保障分指挥部，下设10个专项工作指挥部。完成“好运北京”系列测试赛，奥运会、残奥会赛事的外围服务保障任务，实现赛事运行和安保工作“零差错”。组建1200人的城市志愿者队伍，奥运期间地区共设置城市志愿服务站点6个，5904人班次上岗服务。2个站点被评为“五星级站点”，4个站点被评为“四星级站点”。奥运期间共出动社区治安巡逻志愿者76549人次，社区环境保洁志愿者1800人次，社区人文关怀志愿者2400人次。组织职工文明拉拉队志愿者及观众10000余人次参加奥运会、残奥会的观赛活动。8月19日，户籍在牡丹东里社区的16岁体操运动员何可欣在本届奥运会女子高低杠决赛中获金牌。

年内，在10条主要大街及涉奥场所两侧等重点地区开展环境整治与管理，完成“2468”环境建设任务。拆除违法建设3232平方米，规范整治户外广告牌匾101处、13000平方米，规整外墙立面15447.39平方米、围墙23346平方米。奥运期间查处各类违法案件627起。完成对马甸地区等老旧小区环境整治。完成重点大街两侧建筑物的清洗粉饰,粉饰楼房外立面72栋、65万平方米;补植绿化9处、4万平方米;修复甬路9处、1.8万平方米。开展“城中村”、边角地整治,协调总参保障部及有关单位对北极寺干休所东侧占地约48亩、房屋800余间的闲置土地进行整治,对临建房屋全部拆除并进行绿化。协助区市政管委完成马甸路和牡丹园东街道路大修工程,全长837米,总面积8200余平方米。投资11万元完成龙翔路社区平房区内道路及污、雨水管线的改造;投资100万元完成牡丹中街污水管线的置换及路面的维护工作,解决1868户居民排污问题。完成盖板河路等6个绿化项目,绿化改造15666平方米,新工建设8100平方米,铺装硬化1020平方米。奥运期间共摆花37.5万盆。

建立由管片民警、治安协管员、治保会、安保服务队、治安志愿者、义务巡逻员、楼门组长组成的七位一体防控体系。全年共抓获各类危害社会治安秩序犯罪嫌疑人213人,拘留101人。破获一般案件41起、重大刑事案件3起。对重点人员在奥运时期实施24小时监控。抓获从事非法活动的法轮功分子3人。增加监控设备和安装监控探头30个。全年累计上报案件10806件,立案率为99.16%,其中奥运赛时阶段立案各类城市管理问题1633件,结案1500件,结案率91.86%。群众事务呼叫平台累计收到信件258件,无申请延时信件,及时率100%。科技创安视频监控在奥运期间24小时运行,完成奥运会女子、男子马拉松比赛花园路辖区赛段的全程视频监控工作。奥运期间取缔无照商贩327处,整治消夏大排挡烧烤点32处,清理小广告12800余张;规范店外经营176家。清理垃圾渣土80车近400吨,为小关街沿街商户配备垃圾桶45个,保洁中心日常清运垃圾231吨。

全年接待来信来访92人次,下访350余次,约访17人次。召开地区矛盾纠纷、信访案件协调会5次。解决群众反映强烈的小关街无照经营、马甸地区、北极寺东墙外违章建设等。召开代表建议办理座谈会8次,办理市区代表批评建议11件,人大代表、政协委员提出与环境建设有关的批评建议30余条,均得到不同程度落实。

地区企业与职工签订劳动合同率达到100%。处理建筑工地拖欠农民工工资突发事件17件,涉及农民工620人,金额301.74万元。开展流动人口和出租房屋基础调查工作,实现流动人口和出租房屋“底数清、情况明、来有登记、走有注销”的工作目标。

组织“2008年‘好运北京’马拉松测试赛暨迎奥运倒计时100天”文艺演出活动,举办以“迎精彩奥运会、建和谐花园”为主题的“五月鲜花”文艺演出活动,举办迎奥运倒计时50天暨花园路社区夏日文化广场活动。开展“奥运读书活动”,“征文活动”、“读书讲座”、“知识竞赛”等活动。舞蹈队、书法班、艺术团等社区民间组织积极参与地区文化活动。

开展以“安全从我做起,拒绝酒后驾车”为主题的宣传教育,建立交通安全监督检查工作记录单1000余份,对重大违章行为责令违章单位写出书面整改措施800余份。督促1000余家生产经营单位建立突发事件应急预案,开展安全生产检查2000余家次,全年未发生安全事故。

本年新办理低保家庭18户、30人,调整低保金额67户、194人,停发48户、73人,共发放低保金1223925.02元。办理医疗救助21人、区临时救助16人、自采暖救助24户、贫困大学生救助11人、地区临时救助45人、街道慈善救助31人。爱心家园救助395户,发放救助物资折合319410.57元。奥运前夕对4名生活困难的重点对象进行救助。为地区80岁以上空巢老人安装“一按灵”,为10名80岁以上特困老人发放困难补助6000

元。为残疾人提供服务并开展救助工作，全年共发放慰问救助金 7 万余元，街道残疾人温馨家园职业康复站工作进展顺利。有就业愿望和就业能力的“零就业家庭”就业率达 100%。

在已建成 9 个社区服务站的基础上，本年 26 个社区的社区服务站已完成申报。占地面积 275 平方米的社区医疗站正式成立并投入使用。

落实保障性住房计划，全年共受理咨询、来访人员 16400 人次，发放《限价商品住房核定表》3000 余份，市住保办备案通过 578 户；发放《经济适用房核定表》900 余份，市住保办备案通过 156 户；发放《廉租住房申请核定表》300 余份，市住保办备案通过 14 户。

规范修订社区居委会工作制度，开展居委会文书档案整理工作，对各社区居委会的固定资产进行统计核查，调整社区办公经费的使用并核拨。继续推行居务公开。帮助北影社区增加活动用房 80 平方米，黄亭子社区增加用房 10 平方米。组织社区百万家庭数字生活技能大赛及数码摄影比赛、“讲社区故事、展海淀魅力”、“我家与奥运”征文及网上奥运知识竞赛答题活动。

完成新建工会 67 家，发展新会员 750 人。对已建立的工会进行整顿和规范。

组织机关政治理论、职业道德及业务知识的培训和讲座。年内接受区建委、区纪委、监察局等部门的廉政风险防范管理综合测评工作。开展“创新聚力”主题活动、“展党员风采，做奥运先锋”主题实践活动、党支部、党员承诺活动。组建 860 人的党员志愿者队伍。开展创建特色党支部活动及创先争优、表彰先进、纪念建党 87 周年系列活动。年内，新成立党支部 3 个，建立“两新”党支部工作例会制度，发展新党员 3 名。

组织“捐献 10 元钱、爱心送汶川”、“为了母亲和孩子，捐一元会费、献一份爱心”、“奥运在我心、汶川系我情”等募捐活动，共募集捐款 152 万余元，全地区 1571 名党员交纳特殊党费 22 万余元。

地　址：牡丹园西里 18 号
邮　编：100083
电　话：62014903　82080877（传真）
电子信箱：hyljdbsc@163.com
（张晴晴）

西三旗街道

西三旗街道成立于 2000 年 3 月，位于海淀区东北部。辖区面积 8.23 平方公里，户籍人口 103521 人，流动人口 70046 人。有社区居委会 27 个，辖区为城乡结合部地区，流动人口聚集。年内，金隅集团开发的润生园小区房改与危改建设项目已初具规模，地区常住人口呈逐年上升趋势。辖区内有北新建材集团、北京北冶功能材料有限公司等高新产业基地，有中国电力科学研究院、中国邮政规划设计院等科研机构，北京信息科技大学等高等院校，武警总部直属支队、武警五支队、63926 部队等驻军。本年再次明确辖区范围，印发《西三旗街道、东升乡行政区域界线管理协议书》。

辖区内有奥运比赛线路 1 条（奥运公路自行车赛西三旗段）。年内，对西三旗段的德昌路辅路东侧绿色海岸线进行全面升级改造，更换照明灯和灯罩 300 余盏，更换草皮 1.1 万余平方米，新栽各类树木 500 余棵，奥运公路自行车赛段沿线摆放花卉 35 万余盆；投资 60 余万元新建 4000 余平方米的多功能花园 1 处，栽种各类树木 1500 余棵，安装 4 个花坛和大型花架 1 座。协调市、区政府投入 3000 余万元对龙岗路、永泰庄北路、永泰中路及林萃路等四条主要大街两侧约 6000 余平方米的牌匾进行重新安装，铺装路面 18000 余平方米，绿化整体升级改造 12000 余平方米，清理垃圾渣土 4000 余立方米。投资 700 余万元改造大修永泰庄路、永泰庄东路和鲲鹏小区西路,全长1400米。投资2000多万元对8个老旧小区进行整体升级改造,改造面积100000余平方米。年内开展地区房屋普查,普查总面积53万平方米,其中住宅总面积34万平方米,总套数39604套。全年绿化养护面积18.5万平方米,外立面粉饰面积16万平方米,整顿户外广告牌匾8000平方米。奥运期间,街道成立地区奥运服务保障工作总指挥部,组建5000余人的群防群控志愿者队伍。8月9～10日,公路赛自行车当天,组织志愿者1200人、观赛群众4300人,并对沿线3000延长米的开放赛段进行防控。组织辖区居民1000多人次到奥林匹克中心区、鸟巢等地参观、观赛。

与地区单位签订安全生产责任书300余份。开展地区安全生产宣传教育活动12次。组织地区安全生产培训8期。实施安全生产大检查,检查地区经营单位1597家,查出各类安全隐患2607件,整改2456件,整改率94%。排查治理地下空间180余次,涉及单位700余家,查出隐患292处,整改286处,依法关闭无证换气站1家。完成冶金、枫丹丽舍2个平安社区创建工作。奥运期间,地区共封存机动车218辆。建立社区养犬工作电子档案,完成养犬年检工作1500余条,狂犬病疫苗注射率100%。

开展《劳动法》及劳动政策宣传,开展劳动用工日常巡查及专项检查5次,检查用人单位1324家,涉及劳动者1.5万余人。受理78家企业拖欠劳动者工资报酬的投诉事件,涉及职工619人,追讨拖欠工资528万余元。年内成立街道住房保障办公室,接待来访群众1万多人,发放保障性住房《核定表》2000余份,423户通过街道、区、市三级审核。上半年,街道接收和处理人民来信27件,接待群众来访18批67人次;排查矛盾纠纷75件,化解重点矛盾纠纷7起,未发生越级上访事件。下半年开展大接访工作,成立6个专案组和1个处突预备队,共接访14批次,电话访27次,下访72批次,领导约访19批次;27个社区排查矛盾纠纷58批次,区转办件5件得到及时妥善的解决。全年共接收市区群众事务呼叫中心来信466件,回复率100%。

街道建立社区服务站16个,地区27个社区服务站建站任务全部完成。新建菜篮子工程网点3个。安排失业人员就业575名,举办职业技能培训5期。为近700户特困家庭、低保边缘户发放节日慰问金、医疗救助金、助学金等35万余元。为100余名困难家庭子女常年免费培训文化知识,并建立学习档案。落实90周岁以上高龄老人津贴发放,完成7000余名65岁以上老年优待卡的办理和发放工作。为629名老人申请养老保障金,办理"一老一小"医疗保险2300余人、无业居民大病医疗保险297人。为571名流动育龄妇女进行免费孕检,为600名失业育龄妇女进行免费妇科体检。组织大型募捐活动3次,共募集捐款138万余元,衣被2.6万余件、价值24万元。地区1467名党员交纳"特殊党费"200267元。年内新增行云四海咨询公司党支部,街道非公企业党支部达到8个。街道全程办事代理政务服务大厅受理群众代办事项7万余件,群众满意率达到100%。

举办主题为"阳光拥抱生命,健身与奥运同行"的首届地区特殊群众暨残疾人运动会,700余名居民参加。推进学习型地区创建工作,举办英语、编织、厨艺等15个项目、27个门类、519个班次培训班,35421人次参加。为社区放映数字流动电影175场,直接受益群众2.3万人次。

全年创建首都文明社区1个、区级文明社区3个、区级文明单位2个。街道获北京市奥运服务保障先进集体和全国社区教育示范街道荣誉称号。

地　址:海淀区清河龙岗路6号
邮　编:100192
电　话:62904230
电子信箱:xsqjdbjs@163.com

（王　敏）

马连洼街道

马连洼街道位于海淀区中部偏东，2000年3月成立，辖区面积10.74平方公里，设有15个社区居委会，户籍人口5.7万人，流动人口5万人。辖区属于城乡结合部，是“以居民为主，农民为辅，流动人口密集”的混合居民区。辖区特点是“三多三少”，即：“部队单位多，企业单位少；搬迁户多，本地户少；农转居多，纯居民少。”

本年，街道开展环境和社会秩序专项整治，绿化五环路肖家河桥东北侧空地8510平方米，整治桥下空间，拆除广告牌匾。对梅园、兰园等老旧小区建筑物外立面184481平方米进行粉饰。组织民兵担负水源地看护任务。配合区环保局对地区汽车修理行业、餐饮企业和工地进行监督管理，奥运期间停止喷漆业务，督促饭店餐馆清洗排烟设施，要求工地不发生道路遗洒、噪音扰民、扬尘等现象。

奥运前夕，街道投资20余万元，对地区奥运自行车竞赛途经路线（肖家河立交桥下）、主要道路（农大北路十字路口、天秀路十字路口东西两侧）及重点部位摆花美化。投资15万元对辖区内的38个垃圾点进行半封闭式改造。奥运期间，每天派出50名保洁人员并增加执勤时间，清运垃圾60吨，清掏粪便160车，帮助受限制机动车出行的单位清运垃圾100余车，为肖家河河北新营25号院的残疾人上门清运垃圾。

本年，街道接到群众来信来访278件，处理热线及群众举报案件120件。解决了药植所围墙空缺问题，处置西北旺绿谷汽车园停电纠纷、兰园垃圾楼和停车收费、七彩花园停车场规划、圆明园花园别墅开发商拖欠施工工地农民工工资、百旺和肖家河社区饮水安全等问题，来信来访回复率100%。社区调委会参与平息因红山食品厂排气污染纠纷和建设大学学生坠楼身亡引起的上访事件。但辖区部分矛盾仍然较为突出，如圆明园花园别墅水电暖等矛盾纠纷、肖家河地区的夏季饮用水问题，及菊园燃气爆炸后的遗留问题等都有待解决。实行“打防结合、预防为主”的工作方针，开展专项整治，使重点社区发案得到有效遏制，地区入室、两抢、街头案件等大幅下降。

制作以“做彬彬有礼、精精神神、堂堂正正中国人”为主题的奥运专刊，更新农大路沿线100块展板；在天秀公共文明示范地区创建工作中突出奥运特色，制作长150米、主题为“恰同学少年——少年之墙、奥运之墙、文明之墙”的文化墙。为纪念奥运倒计时200天、100天和50天，举办大型文艺晚会，组织机关干部参与奥运观赛礼仪知识答题和海淀区“心相印”杯奥运观赛礼仪知识竞赛。成立545人的奥运应急无偿献血志愿者队伍。开展交通文明宣传活动。组织地区学校和社区居民3500多人次参观奥林匹克森林公园。组织观众3500人次赴奥运、残奥赛场观赛；组织观众600余人、残疾人20余人和舞蹈演员20余人参加残奥会火炬颐和园段传递活动，举办以“牵手残疾人·走进残奥会”为主题的残疾人联欢活动。组建“社区党员义务巡逻队”、“奥运职工文明拉拉队”、城市志愿者、“巾帼文明举止提示队”、姐妹指路队和交通秩序维护等志愿者队伍。

街道落实为民办实事8件。启动地区社区服务中心的工作。投资800多万元对肖家河桥及农大路周边环境建设进行改造；出资110万元对梅园社区进行电力改造，解决936户居民安全用电问题。配合区残联完成41户残疾人家庭的无障碍改造。

年内，完成信息管理系统和社区物技防建设任务。辖区内的图像信息监控系统和社区内部的视屏监控系统为治安、交通、环卫等执法部门提供案情线索36起。全年上报城市管理问题6330件,立案6322件,结案3040件,立案率99.87%。拆除违法建设面积20402平方米,清理无主垃圾6900余吨,查获无准运证运输31起;查处黑车28辆、暂扣三轮车62辆,查处小广告窝点8个,没收小广告15000余张,清刷小广告13000余张,清理(收缴)非法广告牌及各类条幅82块(条)。

全年接到农民工讨薪投诉举报79起,涉及人数2280人、金额713.07余万元,其中5人以上群体性投诉举报41起,涉及人数2164人、金额704.65余万元;个人投诉举报38起,涉及人数116人、金额8.42余万元。全年结案率100%。完成8种分队461人的民兵编组任务,完成兵役登记任务,登记率为67.36%。

开展文明街道和地区14个社区的区级文明社区申报活动,并参加北京市第三届魅力社区评选活动,其中兰园社区被选送到北京市参评;天秀社区当选北京市和海淀区市民讲外语先进社区。执行社区党支部、居委会联席会制度。为南方雪灾捐款40727元,捐物1528件。支援四川地震灾区捐款80余万元。

全年为残疾人发放辅助器具175件。为征地超转人员690人次报销药费,实际支付医药费为4286609.94元。为17名伤残军人、警察、国家工作人员发放伤残抚恤金。发放爱心卡126个,购置爱心救助物品38143.65元,累计救助407人次。为失业人员发放失业金29.58万元,报销药费6665元。为居民申请办理住房122户。提供岗位/20余个,123人达成就业意向。为320名无业、下岗育龄妇女和123名流动育龄妇女进行免费体检,为1569人发放近10万元的独生子女费,办理生育服务证256个;为73户符合随父进京政策的家庭办理入户手续;发放独生子女光荣证102个。本年计划生育率99%,育龄妇女区内握手率① 91%,市内68%。

地　址:海淀区马连洼北路8号

邮　编:100093

电　话:62817898　　　　(邓雪萍)

田村路街道

田村路街道位于海淀区西南部,于2000年3月30日成立,辖区面积7.77平方公里,轮廓呈长方形。辖区属城乡结合部,有七条主要道路(四环辅路、永定路、玉泉路、沙石场路、山南路、田村路、金沟河路)。辖区居民3.6万户,人口11.06万,其中常住人口5.5万人,流动人口5.56万人。街道下辖社区居委会28个。

辖区内有中铁五棵松饭店、航天科工集团8359所、核工业总公司华北物资处、新兴建设集团公司等10余个中央单位;有解放军三军仪仗队、66429部队、51112部队、国防大学干休所、总参训练基地等13个驻区部队单位;有燕化供水、田村山净水厂、城建构件厂、环京物流公司(原西郊粮库)、橡胶工业研究设计院等79个市属单位;有社区卫生站4个。

有在建工地43个,其中商业开发小区工地33个、在建面积53.8万平方米,市政道路施工工地10个、在建道路里程16.8公里,有民工约4万人。

本年共拆除违法建设34处、面积69987平方米,清运垃圾渣土2200余吨;清洗粉饰外立面54栋、110050平方米;阜石路(火炬接力)沿线改造商铺外立面15200平方米、广告14566平方米,修复围挡墙4000平方米,拆除户外违法广告块28块、6800平方米,清刷非法张贴小广告23000万余条,打掏小广

① 握手率:人户分离人员的户籍地及居住地信息录入的准确率。

告窝点20个，停机1874个，查处黑出租62辆、人力三轮等非法运营车辆121辆，查处无照游商400多起。街道接受市、区污染源普查验收，清查生活源338家、工业源21家。完成5项基础市政设施的普查，完成自养绿地近6万平方米的养护工作任务。新增绿地20775平方米，改造绿地700平方米，摆花42万余盆。累计完成15万平方米的道路保洁和19万平方米的区域保洁工作，16个社区、4个超市实施了垃圾分类工程。

开展地区综合整治工作，组织了半壁店后街整治、无主管小区整治、高发案区域整治、自由市场整治，共打掉黄赌毒黑窝点3处；辖区公安、城管、建设、工商、卫生等部门执法检查30多次，检查宾馆、饭店及文化娱乐场所80多家，消除各类安全隐患133处。

加强劳动监察执法。检查用人单位182户(次)，签订劳动合同6216人，办理社会保险5663人。增扩社区服务网点。在西木社区服务中心设立家政服务，派出住家服务员220名、小时工410人次。完成360多人的退休金审核工作，为1734人办理“一老一小”大病医疗保险。成立田村路邮电所。全年实现再就业323人，新核实、认定“40、45”大龄社区灵活就业81人。有低保户203户，共452人。走访慰问困难残疾人164人次、低保人员512人次，为5142个民工办理工伤、医疗保险。

开展“情系新居民，争当新主人”工程，关爱困难党员和军烈属，走访看望困难党员175人次；走访伤残军人51人、烈属13人、军退职工88人。创新流动党员服务管理模式，成立“玉海园社区流动党员服务中心、活动中心”。

【泽丰苑社区获北京第三届魅力社区评比第一名】 田村路街道泽丰苑社区参加“北京第三届(2008年度)魅力社区评选”活动，取得第一名，获“魅力社区”称号。

泽丰苑社区建于2003年，社区绿化面积2万平方米，占总面积的35%。小区种有松树、柏树、柳树、玉兰树、碧桃等树1000多棵，月季花、菊花、迎春花等3000余株，小区四周种有柏树绿篱矮墙6600平方米，做到三季有花，四季常青。小区物业管理有序，服务热情，小区大门口的电子显示屏实时滚动播报天气预报、国家重要新闻及社区重要活动等事项。

社区2005年被评为首都绿色社区、海淀区文明社区。2006年获北京市级先进社区居委会、北京市健康社区、首都文明社区、海淀区和谐社区十大工程样板单位，2007年北京第二届魅力社区共建和谐奖。在北京人民广播电台直播“俩社区、同台比，短信支持有惊喜”特别节目中，泽丰苑社区以378条短信的支持率获最佳人气奖。

泽丰苑社区提出的“百家布头环保袋、装满绿色新生活”项目，号召社区居民最大限度地减少塑料袋的使用，用废旧的布料自己动手设计、制作时尚个性的环保布袋。

地　址：海淀区田村路37号
邮　编：100143
电　话：88268383
电子信箱：tiancunlu@ sina. com　　（杨　靓）

上地街道

上地街道位于海淀区东北部，是上地信息产业基地和中关村软件园所在地。2000年3月成立。辖区面积9.52平方公里，有社区居委会11个。辖区内共有常住人口82607人，外来人口69000余人。企业总数超过5400家，从业人员108000余人。本年5月29日，上地街道办公地址从上地大厦迁入东北旺南路27号的上地办公中心。

辖区内有奥运训练场馆1处（北京体育大学场馆）。年内依法拆除违法建设12408.93平方米；进行围挡和简易绿化，对北体大南门外的环境进行10余次综合整治,关闭无照经营单位9家;对信息路等地区主要干道的小广告整治进行委托管理;打通上地西路;对东北旺东段道路进行整修;对上地办公中心南北两侧道路、东北旺中路道路和人行步道进行铺装,对道路两侧实施绿化,改造雨污水管线350延长米。共投资370余万元。争取市、区专项资金1800余万元,完成1个场馆社区和5个老旧社区共99栋楼体的外立面粉刷工作;完成1个社区的道路铺装和2个社区的绿化升级改造工程;完成13号线沿线环境的整体改造工作。对部分社区道路和污水管线等设施进行维修、粉饰;联合实创总公司投资240余万元完成信息路三街以北的绿化美化建设。地区全年绿化竣工面积达85943平方米。奥运期间完成地区主要路口和地段的花卉景观布置。解决地区城市管理问题,全年共上报案件6102件,及时率99.85%、结案率100%。

在树村社区展开联合执法10余次,出动人员200余人次,奥运会前夕首都综治委摘掉了树村高发案社区的帽子;开展专项整治活动10项,检查、复查生产经营单位1957家,查处隐患问题5224件,监督整改4972件,整改率为95.2%。奥运会前与北体大周边200米以内的所有经营单位签订《2008年"平安奥运"、"平安上地"安全责任书》120份,与地区76家物业公司、项目部和500余家较大的公司企业签订安全生产和交通安全责任书。解决各类案件33件,涉及人员529人,涉案金额151.24万元;开展大接访活动,地区7个重点案件在奥运会前全部解决,结案率100%。

奥运前夕,街道对北体大周边200家门脸房和4个居民小区的居民楼展开摸底调查,修订应急预案16项。在北体大周边加密安装电子监控探头10个,对地区已有的136个监控探头进行检修和优化调整;建成街道奥运工作指挥中心;对地区治安防控联动网进行改造,形成由92部无线电对讲机组成的,集街道应急指挥、地区社会面控制和社区治安防控三个专向网为一体的无线电通讯网。奥运期间,对地区136个重点点位、22条重点线路、15个面等水、电、气及通讯等重要部位、重要地段及重要目标落实了重点防控措施。自7月20日至奥运会、残奥会结束,地区共组织、出动群防群治力量总计375965人次,平均每天出动6065人。组建1250人的城市志愿者服务队伍,设置服务站点6个,奥运赛时期间累计出动城市志愿者15000余人次,发放材料30000余份,4个服务站点被区委评为五星级服务站。

举办以"迎奥运、讲文明、树新风、促和谐、建首善"为主题的五月鲜花文艺汇演;奥运会倒计时100天时,开展文化体育活动30余次;在市、区电视台等媒体播出新闻近100条,在市、区级刊物刊登新闻报道近100篇。街道被首都文明委评为"首都创建公共文明示范先进地区"。

建立社区"零就业家庭"预警机制,举办招聘会20余次,成功就业630人。发放失业金近64万元,为自谋和灵活就业人员上缴三险费用80余万元;为退休人员发放退休金690余万元;为本地区低保人员和特困人员发放低保金23万元,办理临时救济金33万元,发放福利养老金74余万元。做好居民保障性住房的申报工作,完成退休人员、失业人员自采暖补助工作,为东馨园社区增加237.5平方米办公及活动用房。全年为灾区募捐1126323.81元,募集衣被3000件。

组织机关全体党员和基层党支部书记参加十七大理论学习班;组织开展"六比六讲"①活动,推进机关的自身建设;组织全体党员以"特殊党费"的形式向灾区捐款近11

① 六比六讲:比学习,讲政治;比工作,讲贡献;比团结,讲风格;比作风,讲纪律;比创新,讲特色;比服务,讲优质。

万元;在社区中开展特色支部创建活动,逐步形成“一支部一特色”的党建局面。

地　址:海淀区东北旺南路27号上地办公中心

邮　编:100193

电　话:82785599　　　　　　　　　(任克红)

曙光街道

曙光街道位于海淀区中西部,2004年9月21日成立,同年12月16日正式对外办公。辖区面积5.45平方公里,户籍人口6.5万人,流动人口5.6万人。本年新组建远大园社区居委会,现有社区居委会15个。

辖区内有奥运签约宾馆1家(世纪金源大酒店)。年内,街道成立奥运服务保障分指挥部。修建大型奥运文化墙2处,开展以“决胜奥运,繁荣曙光”为主题的曙光文化节活动,开展“为祖国争光,为奥运添彩”、“奥运倒计时100天”等大型主题活动,组织“迎奥运盛会,展党员风采,做时代先锋”地区党员主题实践活动,组织了地区“为奥运出征”誓师大会;开展迎奥运亲子活动,被北京青年报《瞰奥》特刊以“袖珍奥运会”为题选用;发放奥运明信片22300张,印制应急疏散图2万余张;组织居民4000人次参加“服务奥运学英语”等活动;组织动员各社区开展奥运宣传285场次,宣传培训3万余人。组成200余人的职工文明观赛拉拉队现场观赛20余场。残奥会火炬传递时,组织地区机关、学校、部队、企业、社区1500余人和拉拉队队员100人参加。街道获海淀区奥运服务保障先进集体称号。

建立信息报告制度、会商制度、督查制度,制定突发公共事件应急处置等各项工作预案。针对涉奥饭店——世纪金源大酒店周边200米范围内的风险源召开专题协调会,对地区重点基础设施部位进行24小时全方位看护,对辖区17名重点人实施分层次看护。开展反邪教、防火、社区治安巡防演练。对科技创安视频监控平台的80多个监控点位进行阶段性整合,全年共发现治安、城市管理、道路交通等案件500余件,网络监督员发现上报信息化城市管理案件2000多件,为执法部门办案取证提供图像信息10次。组建3800多人的治安志愿者队伍。开展食品安全卫生检查。与辖区各执法单位开展联合执法行动50余次;清理金夕园南侧道路的非法建设商亭,解决商贩和游商占道经营问题。全年检查生产经营单位、地下空间、建筑工地1454处,查出安全隐患2575条,责令限期整改并监督落实情况。

奥运期间,在辖区内设置花坛665个,摆放花卉26万余盆;在金源购物中心东广场、人大附小南侧和烟树园小区东北角修建以“弘扬奥运精神、倡导科学发展、展示地区文化、构建和谐曙光”为主题的雕塑13个;改造曙光办公中心办公楼南侧花园。

完成为民办实事8件。建成占地27公顷的曙光防灾教育公园;在上河村和金庄甲1号安装健身器材并修建居民活动用房、自行车棚等;社区服务中心图书馆建成并开放;“96156”服务热线接听各类咨询电话3000余次,介绍保姆、小时工121人次,服务满意率100%。群众事务呼叫中心办理群众呼叫事项150件,群众满意率均达100%。拓宽道路,修缮蓝靛厂西路两侧的人行步道。在社区修建娱乐休闲设施15个。组建社区志愿者队伍共8大类76支。为冰雪和地震灾区捐款153万元、衣被20000余件。

为群众办理“一老一小”大病医疗保险和福利养老金,为1000多名失业人员提供全程服务,接受职业指导培训187人,实现转就业526人。为34名符合条件的退休人员发放自采暖费用309600元,为588名退休人员报销医药费150余万元。协调解决各类拖欠工资纠纷案件58起,涉及人员1467人,资金

791.99万元。 (叶 莉)

【成立本区首家餐饮服务行业工会联合会】 1月19日,曙光地区餐饮服务行业工会联合会成立。该行会所属餐饮企业18家,会员1018人,受曙光街道工会领导。 (刘 畅)

地 址:海淀区蓝靛厂西路1号
邮 编:100097
电 话:88453766 88891953(传真)

乡镇工作综述

截止到2008年底,海淀区设8个乡镇,2个地区办事处。其中玉渊潭乡实际已经撤销,海淀乡、东升乡分别与万柳、东升两个办事处合署办公。全区行政村84个,其中四季青镇13个,海淀乡4个,东升乡5个,西北旺镇16个,温泉镇7个,苏家坨镇19个,上庄镇20个。全区农业人口99545人。各镇、地区办事处下辖35个社区居委会。

奥运服务保障 本年,各乡镇成立奥运服务保障工作指挥部,制定应急预案并开展应急演练。开展平安奥运专项整治,对影响民生、环境和奥运会安全的社会治安、城市秩序问题进行综合治理。加强巡防队伍正规化建设和科技创安、群防群治网络建设。加大环境整治力度,拆除违章建设、清洗粉饰主要道路周边及重点地区的楼房外立墙面、整治规范广告牌匾等。组织人员24小时看护水源地等重点地区及重点部位。开展"大接访"工作,及时化解、化小各类矛盾问题。组织开展迎奥运倒计时100天活动,开展"五月的鲜花"、"夏日文化广场"等系列文体活动。开展奥运志愿服务,累计出动各类志愿者52万余人次。组织群众1万余人次参观奥林匹克中心区和现场观赛。

农村环境建设 开展10个村的村庄规划编制工作。加快推进新农村基础设施"五项工程"①建设,本区有9个市级新农村基础设施建设整体推进村,其中2007年3个(西北旺镇屯佃村、温泉镇高里掌村、苏家坨镇七王坟村),已全部完成建设,2008年6个(西北旺镇东玉河村,苏家坨镇徐各庄村、柳林村,上庄镇双塔村、西辛力屯村、东马坊村),正在实施。全年铺设供水管道44961米、雨污水管道59981米,新建小型污水处理站4座,硬化街坊路15万平方米,建设公厕8座,改造户厕500户。在农村地区推广"新能源"工程②,包括:实施"三起来"工程(亮起来、暖起来、循环起来),在6个乡镇和西山农场的村内道路及乡村旅游道路安装太阳能灯1063盏,在上庄镇前章村建设日产热水6吨的太阳能公共浴室1座,并配套增加图书室、活动站等文化服务设施。推动节能减排工作,改善农村公共交通条件,编制《海淀区农村公共交通客运网络规划》、《海淀区村村通公交建设标准》,4条拟建公交道路建设已列为区政府投资项目,完成北部地区5个公交站点的勘查工作。整治村庄环境,23个环境整治重点村全部通过市、区两级验收。完成9个新农村建设重点村绿化美化建设,创建国家级先进单位2个、市级先进单位25个。建立农村信息服务网络,移动农网共发送气象、应急、政务等各类信息61.7万条。

农村民生 制订海淀区落实北京市新农保制度实施办法,提高政府补助标准,降低农民缴费负担,提高养老金领取水平,调动农民参保积极性。对参保农民的财政补贴金额达到6122万元,是2007年的4.57倍;参加新农保人数5.4万人,覆盖率95%。88004人参加新型农村合作医疗,参合率超过90%;

① 即五项基础设施建设。2007年以来,北京市在13个郊区县开展了新农村基础设施建设整体推进村"五项工程"建设,即街坊路硬化、安全饮水、污水处理、厕所改造和垃圾处理。

② 即推广应用太阳能、风能、地源热能、生物质能以及各种节能产品等新型能源的利用,以达到节能减排,农业农村资源实现循环和农业可持续发展的目的。

3400名农民工享受医疗保险待遇，2000名16岁以下农业户籍学生儿童参加学生儿童大病医疗保险。区财政投入资金3.29亿元、乡镇投入1.25亿元，为17205名农转工人员补缴社会保险，平均养老金水平995元。农村居民1468人享受城乡统一最低生活保障，对特困人员实行医疗救助制度和临时救助。促进农村劳动力就业，落实公益性就业岗位安置农村就业困难人员、农村劳动力自谋职业、用人单位招用农村劳动力等鼓励政策，加大对零就业家庭就业帮扶，抑制农村富余劳动力增加势头。

通过实施农村学校校舍改建项目、建立手拉手对口协作机制、举办北部新区干部教师研修班、加大对农村地区教师的补贴等措施，提高农村地区学校的软硬件水平，义务教育阶段农村学校教学设备配置水平已与城区大致相当，生均经费、教师培训经费都高于城区。构筑区、街乡镇、社区行政村三级文化设施网络。加快乡镇社区卫生服务中心、社区卫生服务站建设，完善农村的公共卫生服务设施。开展科技创安工作、送法进农村活动，加强农村法律服务室工作。

村务管理与经济体制改革　开展农村集体经济合同清理工作，着手建立集体经济合同管理长效机制。开展村务公开民主管理示范单位创建活动，创建示范镇4个、示范村60个，获“全国村务公开，民主管理示范区”称号。按照“资产变股权、农民当股东”方向，乡村集体经济产权制度改革取得新进展。东升乡村级集体经济组织全部改制并陆续成立集体股份经济合作社；海淀乡完成老股金、劳龄情况的登记，并对老股金、劳龄数据进行三榜公布；西北旺镇、苏家坨镇的集体资产处置工作取得新进展。

农村党的建设　年内对部分乡镇班子和村级党支部班子进行调整。推进教育培训、管理制度、后备干部选拔、村官助理等工作。加强基层组织建设，理顺村级“两委关系”，消除村委会党员空白点。以农村“三资”①管理为重点，加大信访反映“热点”问题查处，规范决策程序和民主理财制度，加强基层党风廉政建设。落实党员干部承诺制和无职党员设岗定责、划分责任区责任户，加强党员队伍建设。结合农村中心工作，实施“创新聚力”工程。

（于鸿珊）

四季青镇

四季青镇位于海淀区西南部，其前身为1958年成立的四季青人民公社，1984年改公社为乡，2004年9月乡改镇。镇域面积40.83平方公里。下辖13个村委会、7个居委会，有直属企事业单位35个。镇域内户籍人口8.5万，其中农业人口3.2万，非农业人口5.3万，流动人口约20万。

2008年，全镇经济完成总收入48.25亿元，纯收入9.43亿元，分别同比增长10.01%和10.03%。集体账内完成总收入18.74亿元，纯收入5.52亿元，分别同比增长10.22%和12.51%。实现利润净额2.96亿元，同比增长11.32%。集体账内劳均分配19589元，同比增长20.7%；集体账内人均分配6736元，同比增长13.7%。

发展以观光采摘为主的现代都市农业，本年樱桃一项收入700万元。本年开始实施的“一河十园”②规划阶段性建设已经完成，利用旱河路两侧已建成的观光园，打造都市农业观光带，并带动餐饮、娱乐、健身等产业发展。修改完善总公司与各下属单位的经济承包合同，进行集体经济合同清理工作，部分

① “三资”：农村的集体资金、资源和资产。

② 一河十园：“一河”既指旱河；“十园”是指：四季青镇的9个观光园（振兴观光园、北京市四季青西山采摘观光园、果林所观光园、双新观光园、京香绿谷观光园、玉泉观光园、御林观光园、御香观光园、香山绿色果品观光园）和海淀乡的1个观光园（西洼观光园）。2008年3月提出。

单位开展了清产核资工作。学习新的绿化隔离带政策,对全镇现有合作开发项目及拟启动项目进行调整,推进回迁楼及重点项目建设,振兴小区回迁入住,福朋喜来登大酒店、四季御苑生态园、YONNEX 羽毛球馆等项目开业,西郊汽配市场中心、兴海物流等项目进展顺利。

本年成立四季青镇奥运服务保障工作指挥部,开展平安奥运专项整治。加大环境整治力度,加强巡防队伍正规化建设和科技创安、群防群治网络建设。举办消防演习和地震应急演练。开展"迎讲树促建"活动,组织全镇人民开展各种文体活动和奥运志愿服务活动。做好信访和矛盾排查调处工作,实行镇领导信访包案制度和定期联席会议制度,实现奥运期间"双零"指标。加大资金投入,解决了一些群众反映强烈的问题。

年初与区新农办签订的 12 项新农村基础设施建设项目及 15 个支农项目和"千万资金项目"合同已基本完成,总投资 4137.4 万元,用于村中道路、上下水改造、排洪设施治理、村民健身广场、设施农业等建设。完成年初制定的 53 件重要实事和区政府上账的西山公园改造任务,完成玉东和丹青圃郊野公园建设任务,启动玉泉郊野公园建设。完成四季青镇统筹合作医疗与海淀区新型农村合作医疗的接轨,全镇农民 32000 余人加入新农合。实现农民养老保险与市新型农村养老保险并轨,全镇适龄村民 22887 人全部加入市新农保,无退休费老人 3606 人执行《北京市城乡无保障老年居民养老保障办法》。实施大病救助政策,全年累计投入 44 万多元,解决部分村民因病致贫、致困问题。为村民发放镇内退休金、生活补贴和生活补助 9600 万元。落实农村劳动力自谋职业补贴办法、社会养老机构补贴等政策。对农村劳动力和城镇登记失业人员 494 人进行了职业技能培训。实现农村劳动力转移就业 1005 人,城镇登记失业人员再就业 402 人。开展"支援灾区·奉献爱心"活动,捐款 925 万元、棉衣棉被 2254 件(套),居全区之首。

召开全镇组织工作大会和宣传思想工作大会。完成新一轮后备干部选拔工作,制定《四季青镇 2008——2010 干部培训教育规划》。

为纪念四季青公社成立 50 周年,开展"我们走在大路上——四季青五十年回眸"系列庆祝活动。

本年镇政府获北京市"人口计生工作红旗单位"称号及市、区两级"奥运服务保障工作先进集体",被授予"北京市可持续发展实验乡镇"称号。四季青社保所获三星级合格社保所称号。

地　址:海淀区四季青路 29 号
邮　编:100195
电　话:88432727
电子信箱:88432727@163.com　　(陈永伟)

玉渊潭乡(实际撤销)

玉渊潭乡原位于海淀区南部。1958 年 8 月成立玉渊潭人民公社,1984 年改设玉渊潭乡。2001 年 9 月所辖 4 个村民委员会撤销,辖区划归相邻街道。2001 年 10 月 15 日市民政局批复同意撤销玉渊潭乡,2003 年 4 月 25 日乡人民政府及乡人大摘牌,仅保留经济合作社建制,合作社下设农工商总公司。2004 年 8 月 16 日,玉渊潭乡党委归口区国资委党委。2004 年 11 月 13 日,乡党委撤销,改设玉渊潭农工商总公司党委。但迄今,海淀区人民政府尚未正式宣布撤销玉渊潭乡。

【玉渊潭农工商总公司】 玉渊潭农工商总公司是在初级社、高级社和人民公社的基础上发展起来的集体企业,负责原玉渊潭乡政府、玉渊潭经济合作社所有的集体资产的经营管理。玉渊潭最早的一批企业成立于

1956年，被誉为中国乡镇企业的发源地之一。公司地处海淀区东南部，所管理的企业、资产大多位于西三环和西四环之间的黄金地段，下辖15家全资子公司（本年新成立1家）、100余家经营单位，现有企业用地近131万平方米，经营建筑面积102万平方米，形成以经营性物业、宾馆酒店业、房地产开发为主体的产业格局。

2008年，总公司实现收入157589万元，同比增长11.38%；纯收入50958万元，同比增长23.86%；集体积累10719万元，同比增长35.74%；上缴税金12825万元，同比增长7.35%；劳均收入26946元，同比增长8.22%。

本年，总公司围绕"平安奥运"专项工作开展安全大检查4次，检查2319个单位次，查出并整改排除隐患近900多个。组建330人的平安奥运应急队伍。协调八里庄街道、万寿路街道、田村街道等街道、派出所和居委会等相关单位召开信访工作座谈会，做好群众安抚工作和重点人的宣传解释工作。集中对员工进行奥运维稳和防范措施培训。永兴花园饭店（总公司旗下酒店）提供"8·12协查通报"重大线索，并协助警方抓捕疑犯，受市局表彰。奥运期间，总公司向残疾人工作者发放残奥会门票300余张并组织观众到赛场助威。

总公司的经营性物业集商业、娱乐、餐饮、网络服务为一体。阜成路沿线的裕惠大厦、汇鑫盛商贸大厦、金商誉大厦、银都大厦、中裕商务花园、裕宝商务小区、集兴商务小区、裕海泰商贸公司、玉北商务小区等总公司所属产业物业汇集了近千家企业驻地办公；总公司所属物业公司承担了集美家具建材城、北京摄影器材城等多家知名企业和红子鸡海鲜酒楼、黎昌海鲜皇宫、便宜坊烤鸭连锁店、辣婆婆酒楼、湘鄂情酒楼、杭州新开元酒楼等餐饮企业的物业管理，阜成路成为京城的高档美食一条街。

总公司现有自营酒店10余家，已形成较为明显的集团管理优势，包括裕龙国际大酒店、永兴花园饭店、中裕世纪大酒店、金龙潭大饭店、裕龙大酒店、瑞成大酒店、紫玉饭店、天天假日饭店、如意商务酒店、玉都饭店、西南饭店、永兴商务酒店等。总公司所属企业永兴世纪建筑有限公司取得建筑国家一级资质。近几年来，总公司独自或合作开发的项目有20余个，包括阜成路上的亮丽园，昆玉河边的绿波·漫板、颐惠佳园，车公庄延长线上的美丽经典园等。

2008年，总公司加强资金和资产管理，确保重点项目投资建设；倡导成本效益管理理念，提升企业资质和管理水平。在不利的宏观经济环境下，总公司主要业绩指标持续增长，产业结构日趋优化，企业核心竞争能力进一步加强，逐步向"结构合理、制度先进、管理科学、具有较强核心竞争力的一流的综合运营企业集团"的战略目标迈进。

深化集体经济体制改革，推进建立股份合作制企业。继续做好份额回报的发放及第三期流转变现款本息的支付工作，全年共支付变现款及回报利息8345万元。继续解决劳龄补登、未领确认书、未交申请等遗留问题，全年共办理各项遗留问题90余项。进一步研究股份经济合作社成立问题，完善修改章程、股权流转办法和股东代表选举及选区划分办法等相关文件。

总公司将长期自管、补贴的退休人员近2000人全部纳入政府有关保障体系。总公司全体员工累计为地震灾区捐款1249468.05元。全年共筹集资金近50万元用于困难职工的帮扶工作。发放农林生活补助费，解决农转非退休职工农龄不算工龄问题，累计接待近万人，办理有效登记手续3942份，发放存折3930份，领取率为99.7%。总公司获海淀区大接访工作先进集体称号。

年内，总公司所属各党总支、支部开展了

换届选举工作。

地 址:海淀区阜成路73号
邮 编:100142
电 话:68415083 68429825(传真)
网 址:www. yuyuantan. com (车 沐)

海淀乡(万柳地区)

海淀乡(万柳地区)位于海淀区中部,1984年4月设立海淀乡,2001年12月成立万柳地区办事处,与海淀乡政府实行一套班子、两块牌子的管理模式。乡域面积40平方公里,其中万柳地区行政区域面积4.79平方公里。辖万泉庄、六郎庄、树村、青龙桥4个村委会和六郎庄、功德寺2个居委会。有户籍人口12361人,其中农民6536人,居民5825人,流动人口约30000人。

全年实现区域经济总收入131108万元,同比增长10.17%。其中集体经济总收入41022万元,同比增长5%;集体经济纯收入21112万元,同比增长4%;人均劳动所得16477元,同比增长10%;新增4万平方米面积的商业楼。

全乡已完成劳龄三榜公布和老股金集中退偿工作,启动全乡清产核资工作,完成经济合作社分社换届选举。清理不规范经济合同,对2.3亿元专项资金进行审计。

成立海淀乡奥运服务保障工作指挥部和"意大利奥运之家"①外围保障工作指挥部。完成"意大利奥运之家"的外围保障任务和途径乡域的马拉松赛、公路自行车赛、残奥会火炬传递路线的环境整治、安全维稳和观众组织等工作。本乡被评为北京市奥运服务保障先进集体,3个乡属单位被评为海淀区奥运服务保障先进集体。

建立综治防控网络,组成治安员、巡防队、志愿者、民兵预备役等1400余人的奥运安保队伍,对31个重点部位实行24小时巡逻看守。大接访期间共排查出矛盾纠纷21件,化解矛盾19件。接待来访群众99批245人次,化解、缓解矛盾38个,实现越级非正常上访和群体性事件零指标。创新社会治安防范工作新机制,在六郎庄村率先建立"四警一区"②警务工作站,本乡获"首都平安示范乡镇"称号。

对"意大利奥运之家"西侧的六郎庄污水沟、自行车赛道周边的畅春新园、奥运会重点道路香颐路进行改造。拆除违章建设1210平方米,清洗粉饰场馆周边楼房外立墙面21000平方米,整治场馆周边广告牌匾8937平方米。成立奥运食品安全工作组,定期对奥运重点地区的超市、市场、食品加工点及餐馆进行食品安全检查。奥运期间组织环境整治执法169人次、巡防1089人次、出动志愿者700人次,检查经营场所113家,收缴清理户外广告26块,纠正店外经营38处,下达整改通知书7份。开展安全隐患整治,自6月初至残奥会结束,共组织联合检查14次,出动检查人员186人次,检查企业85家次和5个农贸市场的563个食品摊位。与个体工商户(临时户)签定食品安全责任书17份、承诺书9份,停业整顿12家,停业并罚款1家。

利用奥运倒计时100天等时间节点,开展"携手迎奥运、建设新农村"、"人文奥运伴我行"等主题活动。组织干部群众7000余人参观奥林匹克公园和途经乡域的奥运比赛项目。

---

① 意大利奥运之家:作为意大利的新闻媒体中心和接待中心,赛前向公众开放,展示意大利体育和文化,赛时对奥运大家庭成员开放,包括奥组委官员、运动员、裁判、奥运赞助商等,同时还定向邀请其他国家的官员、运动员、记者。意大利之家对外开放时间为2008年7月26日至8月24日,其中上午10点至傍晚6点对公众开放,傍晚6点至凌晨2点对受邀嘉宾开放。(地址:北京市海淀区新建宫门路2号,海淀展览馆。)

② "四警一区":海淀派出所在六郎庄设立的警区工作站,有四名民警在此处办公。

全年投入158万余元慰问和救助各类低保对象、困难家庭。设立扶贫济困专款50万元,解决特殊困难群众生产生活问题。建立100万元医疗救助基金,开展因病致贫的医疗救助工作。为辖区810名无保障老人办理福利养老金申领和发放手续。为地区1600余名老人办理老人优待证。启动居家养老服务工作。

修改完善《海淀乡农村合作医疗管理办法》,报销门诊和大病医疗费用900万元,惠及农民6700人。完成无业居民参保和"一老一小"续保工作,363名辖区居民享受到大病医疗保险待遇。启动新农保参保工作,参保人数3177人,适龄农民参保率98%。办理农转非超转380人,将40名乡自管超转人员移交区民政局。

与45家用工单位建立合作关系,举办招聘洽谈会8次,城镇失业人员实现就业360人,其中"4050"就业困难人员230人。加大对劳动合同法的宣传力度,落实"规范用工一条街"工程,维护劳动者合法权益。

本年为群众拟办的10件实事全部完成,投入经费1220万元。在树村、青龙桥村建设标准化社区服务站。人口计生工作完成各项考核指标。

参加区农民艺术节开幕式演出,组织"五月的鲜花"、夏日文化广场汇演、书画摄影展等活动。举办海淀乡第二届运动会。万柳艺术团获区级二级演出团队资质。对六郎庄进行有线电视线路改造,对青龙桥文化广场的健身设施进行更新扩建,为裕隆新村、万树园小区建设数字电影放映厅。

开展科学发展观主题实践活动和作风建设大讨论活动。组织乡党委理论中心组学习11次,举办村"两委"干部、中青年干部、基层干部等各类培训班14期。按照"五个好"的要求开展基层党建创新,乡党委连续5年获"五个好"党委称号。支援汶川抗震救灾,组织全乡干部群众捐款捐物共计185万元,全体党员交纳特殊党费22万元。

地　址:海淀区西苑操场108号

邮　编:100091

电　话:62885551　　（曹　莹）

东升乡(东升地区)

东升乡位于海淀区中东部,其前身为1958年8月成立的东升人民公社。1977年11月,清河、东升两社合并为东升公社。1984年3月改东升乡。2001年12月,设东升地区办事处,在原农村管理职能基础上,兼履行城市管理职能,与乡政府实行两块牌子一套机构。全乡面积54.6平方公里,地区办事处与乡辖区内7个街道办事处划分了属地界线,辖区面积8.32平方公里。有5个村民委员会和3个社区居委会。户籍人口8669户、15351人,其中农业人口3521户、5141人,非农业人口5148户、10210人,外来人口9.5万人。全乡区域城市化程度较高,原下辖的大钟寺村、太平庄村两个村的集体土地绝大部分被征为国有,村民委员会已撤销;北部小营、马坊、清河、八家、塔院等村正处于城市化进程中,农居混杂,土地权属国有、集体所有相互交错,城乡结合部特征突出。

本年,全乡经济总收入完成274576万元,比上年增加2719万元,增长1%;经济纯收入完成51594万元,比上年增加1012万元,同比增长2%;第三产业收入占全乡集体经济总收入的75.5%,实现利润占全乡利润总额的87%。人均分配21868元,比上年增加2535元,同比增长13%;劳均分配33653元,比上年增加4472元,同比增长15%。集体经济总收入完成107640万元,比上年增长14258万元,增长15.3%;集体经济纯收入完成43507万元,比上年增长5648万元,同比增长14.9%;集体经济人均分配21868元,比上年增加2535元,同比增长13%;集体经济劳均分配33653元,比上年增加4472元,同比增长15%。

集体资产处置和经济体制改革取得实质性进展,继太平庄、清河上年完成改制后,马坊、八家、小营、塔院、大钟寺陆续实施改制,村级股份社改建工作全部完成;各股份社完善法人治理机构,建立健全全股东代表大会制度等9项制度,实现规范管理;乡直属单位个人身份和劳龄三榜确认基本完成,资产清查和核实工作方案已形成。

年内,融金时代大厦、首享科技大厦、华源世纪商务楼、电焊机厂新建商业楼投入运营;大石桥科技综合楼装修竣工并完成招商;同源大厦装修基本完成并开始招商;东升科技园区、宝盛里公建、马坊新村公建、鲲鹏商业大厦等项目封顶,开始进行内外装修和招商;永泰服务楼项目在办理过户手续;京海产业用房、大运村体育文化公园、东升社区医院等一批项目已开始筹备。本年,全乡新增固定资产面积为43万平方米,累计形成手续齐备的永久性固定资产152万平方米。全乡净资产达228367万元,其中物业服务业等经营性资产182306万元,占全乡净资产的80%。清理集体经济合同4260份,涉及金额28.4亿元;整改规范合同509份,规范整改面达96%。为东升科技园区项目争取2008年度税收返还优惠政策,为砂布实业公司搬迁车间申报环保项目资金奖励150万元。开展第二次经济普查工作。本年,乡内获准实施建设项目15个,预算总投资3139万元,争取市区扶持资金2404万元。年内建成并通过验收项目6个,其中西小口村自备井管网改造工程建成上水管线6983米,实施一户一表313户;建成清河朱房村、西小口村、西三旗南路东段、塔院双泉堡村污水管道6576米、沥青混凝土路面15252平方米。清河早市道路改造工程、西小口村安装太阳能节能灯等支农项目实施顺利。

年初针对重点单位、部位、场所、人员首度建立分级控制台账26个,制定完善应急和防震减灾各类预案17项;5月完成对3329名安保力量的实名制录入工作。奥运赛时阶段,对重点地区实施24小时巡防,共出动乡消防治安巡逻车305次,组织发动群防群控力量14.8万人次。组建200人的乡职工文明拉拉队,完成13场次、1700余人次的观赛助威任务。部署马拉松所属赛段的服务保障及观众组织工作。开展评选奥运文明小使者、“携手来京建设者,共建文明迎奥运”活动、宣传文明出行等活动。

本年办理人民来信37件次,来访171批次1020人次,实现“双零”指标;调解各类纠纷97件,调解成功率100%;处理建筑工地突发性群体事件37起,为民工追讨工资近400余万元。落实各级人大议案建议32件。规范以协管员为代表的公益性就业群体及政府临时用工行为。

开展“人文奥运,法治同行”主题宣传活动;开展以《劳动合同法》、《北京市房屋租赁管理办法》及国土资源相关法律为重点的普法工作。强化对社区服刑人员及帮教安置人员的排查监控,并通过帮扶就业、给予最低生活保障解决其后顾之忧,确保奥运期间全乡社区服刑及帮教安置人员情况稳定,未发生重新犯罪。依法加强对基督教聚会点和清真饮副食网点的管理,做好民族宗教界人士和信教群众的团结教育工作。

开展各类清理整顿行动33次,对重点地区八家双清路开展联合整治和硬件环境改造,对存在火灾隐患的前八家商业一条街占道经营情况进行专项清理整治。对农大场馆周边(双泉堡村)临街商铺门脸房实施牌匾整治1750平方米,粉饰外立面5100平方米,清运垃圾渣土9540立方米,修建围墙1340平方米。拆除道路两侧私搭乱建的违章建筑1300平方米,铺设消防管线1500米;迎接市、区新农村环境整治年度验收,清理积存垃圾杂物218处、残墙断壁58处,整改道路不平19处、污水横流62处、厕所脏乱25处;两周内清理84处、11928吨积存垃圾和渣土。完成第一次污染源普查工作。破获财经东路清华大学东门外连续多起乱倒渣土案件。本年上报立案城市管理案件9461件,立案率达99.42%。

对铁路沿线的八家黄土坡实施绿化升级28750平方米,栽培树木6781株,改造形成的绿色休闲园被群众誉为“乡村公园”;沿五环路北重塑并绿化一道1.5米高、80米长的山坡;对林翠路两侧实施整治绿化13500平方米。实施北京市十大郊野公园之一的八家地郊野公园项目,该公园于10月8日动工,建设规模101.45公顷、投资6387万,已基本完成土方平整、道路、停车场、广场等基础设施建设、植物调整等工程目标。

全年共接待失业人员494人次,失业登记234人,就业人数279人。组织145名城镇失业人员参加技能培训,142人取得职业资格证。举办失业人员招聘会3场,推荐岗位172人次,达成意向89人。为289名灵活就业人员办理了社会保险补贴手续。

本年,乡新农合参合率达81.3%,年度共筹资1278万(其中区、乡财政投入553万),共为1833人次报销医疗费979万元。帮助247名无业农民加入区新农合。为352人办理“一老一小”大病医疗参保手续,为877名城乡无保障老人申请福利养老金;对全乡1176名60岁以上老人进行健康检查,参检率97%。推进居家养老服务,对城乡低保家庭发放低保金及临时补贴12.3万元。重大节日走访慰问困难户并送去慰问救助金共23万,爱心家园提供救助资金11.5万元。开展残疾人基础信息采集登记工作,落实扶残、助残“十项优惠政策”。对12000名流动人口育龄妇女建立计生基础信息库。本年出生人口161人,计划生育率98.1%。落实对低收入家庭的优惠购房政策,有56户家庭通过三级申请、两级公示审核,36户家庭摇号成功。

年内为地震灾区募集款额350.12万元、捐赠物品价值3.8万元。

开展乡第十八届农民艺术节、“激情迎奥运,乡村大舞台”大型群众文化活动、“激情五月,畅想奥运”东升乡迎奥运倒计时100天暨五月鲜花诗歌吟诵会、纪念改革开放30周年文艺汇演等活动;推进“数字电影进农村”,在小营、清河改扩建两处数字电影厅;组织全民跳绳测试赛,参与率达99%;对清河、小营、八家的全民健身器材进行自检更新。

制作放映以乡“十个好”获选人物为典范的《播撒文明　润物无声》宣传片。乡志编纂工作初步完成文教卫体、精神文明、社会等20个篇目,总计40万字。创办扶持10家公益性社区民间组织。开展农村社区建设试点工作。界线管理工作被评为北京市先进集体。

研究出台《政府工作规则》、《财政专项资金管理实施细则》。政府实事项目如期完成;为318户小营西小口村村民(常住人口1682人,流动人口11260人)解决吃水难问题;在7个行政村增设摄像头60多个,对一期科技创安工程加装防雷装置。

开展“七一”评比优秀表彰先进工作,对2个先进党总支标兵、3个先进党总支、15个先进支部、15名优秀党务工作者、63名优秀共产党员进行表彰。

【花园饭店完成奥运外宾接待任务】 花园饭店位于海淀区花园东路30号,临近地铁10号线牡丹园站,具有四星级饭店资质。奥运会、残奥会期间,作为全市119家奥组委签约饭店中的唯一一家乡镇企业,花园饭店严格按照北京奥组委要求,做好对来自20个国家和地区的224名注册媒体记者的接待工作,受到外宾好评。

地　址:北京市海淀区成府路45号
邮　编:100083
电　话:82619007　　　　(何惠芳)

苏家坨镇

苏家坨镇位于海淀区西北部,成立于2003年8月,由原苏家坨乡、北安河乡、聂各庄乡3乡合并而成。地势西高东低,西部为浅山地带,东部为平原。区域内旅游资源丰富,西部沿山分布有凤凰岭景区、阳台山景区、鹫峰景区及七王坟、九王坟、大觉寺等历史文化古迹,东部平原地区有稻香湖景区,形成了集自然山水、历史人文、都市休闲、民俗旅游为一体的旅游产业带。镇域面积84.51平方公里,镇域内主干道路有六环路、北清路、温阳路、颐阳路,京密引水渠和稻香湖湿地纵贯镇域南北。全镇共有19个村委会、4个居委会。截至2008年底,全镇共有户籍人口33229人,其中农业人口18761人,非农业人口14468人;有流动人口17937人。

2008年,全镇经济总收入159121万元,比上年的147545万元增加11576万元,增长7.8%。其中第一产业11080万元,比上年减少11506万元,下降50.9%;第二产业85807万元,比上年增加10501万元,增长13.9%;第三产业62234万元,比上年增加12581万元,增长25.3%。纯收入34098万元,比上年增加2554万元,增长8.1%;完成税金3912万元,比上年同期增加219万元,增长6%。人均所得8545元,增长6.5%,劳均所得16489元,增长4.6%。三种产业所占比例分别为6.92%、53.9%、39.1%。一产比上年下降8.38个百分点,二产上升2.9个百分点,三产上升5.4个百分点。由于传统农业逐步萎缩,加之奥运期间交通限行管制,农业产品销售受到较大影响,全年一产下降幅度较大。旅游基础设施建设加快,以观光农业、精品农业为代表的都市型现代农业发展势头强劲,二、三产业,特别是第三产业上升趋势明显,并有较大的发展空间。

5月,制定《苏家坨镇奥运服务保障工作指挥体系方案》,成立奥运服务保障工作总指挥部,下设办公室及6个专业指挥部。制定应急预案16项,开展应急演练29次。抽调专门人员成立督察小组,开展信访、矛盾纠纷和群体性事件隐患排查化解工作,信访稳控工作实现"双零"指标。发动群防群治,强化社会面管控,在全镇布防岗位461个,投入力量2175人,督导力量55人。开展重点部位安全隐患排查整治行动,查处重点安全隐患21处。对镇域内7.4公里京密引水渠管护工作段采用24小时全线走动式巡逻。投资800余万元建设电子监控系统,覆盖全镇重点部位。完成海淀、门头沟地区人工影响天气工作任务。

年内,完成大工村拆违任务,拆除总建筑面积854.51平方米,拆除围墙362.05米。集中清理大觉寺路、温阳路、稻香湖路沿线的地面、公交站牌、过街天桥等公共设施的小广告和脏乱差点,完成大觉寺、稻香湖、凤凰岭等旅游景点周边及346路公交车沿线的环境整治工作。完成西山防火路一期工程4.1公里,阳台山综合整治一期工程、二期工程竣工并完成验收工作,配合区市政管委完成北安河村秀峰寺路、贝家花园路、阳台山路及346路聂各庄—台头段道路大修工程。

启动柳林、徐各庄、管家岭、七王坟等4个新农村整体推进试点村项目。整理、申报、实施新农村建设项目30余个,其中得到市财政扶持项目6个、扶持资金335万元,区新农村建设项目13个、扶持资金1695万元。落实"亮起来"工程,为2个行政村及阳台山自然风景区安装太阳能灯300盏;完成本镇能源发展利用的整体规划。

推进旅游产业发展。完成管家岭村民俗旅游整体改造意向方案;推进大西山乡村旅游示范带进程，深入乡村旅游示范带沿线4个民俗旅游村调研。"五一"、"端午"、"中秋"和"十一"4个节假日期间，凤凰岭公园、车耳营民俗旅游村、阳台山、鹫峰国家森林公园、大觉寺等景区景点接待游客近10万人次，旅游收入218.47万元。举办果品采摘节活动，统一设计"西山"果品品牌商标并尝试进行水果深加工，解决果品销售难的问题。

加强农业基础设施建设。完成管家岭节水灌溉工程，建设面积309亩，解决管家岭村山区果园灌溉难问题；大觉寺抗旱水源工程1723米管线铺设完工；推进农民安全饮用水改造等水利工程。完成农田路网建设近8万平方米。

完善社会保障体系。为全镇532名低保对象发放低保金184.4663万元，发放慰问品、冬季燃煤补助、申请临时救助约53万元。爱心家园、博爱超市运转正常。投资43万余元对全镇14户农村低保家庭进行危房改造。新型农村合作医疗全镇参合人员15914人，参合率达到95.6%，全年报销总额396.7万元；落实新型农村社会养老保险政策，10709人参加新农保，参保率82%。为664名地区妇女儿童办理计生系列保险，为86名符合条件的独生子女父母发放一次性奖励费129000元。扩大地区农民就业途径。通过全市职业介绍网络，登记各类求职人员80余人、招聘单位信息27家、空岗信息100余条。对120余人进行职业指导，召开招聘洽谈会2场，对2007年就业安置有突出贡献的15家企业奖励金额20.8万元，鼓励镇内企业开发就业岗位。对零就业家庭实施动态管理，全年无新增零就业家庭。

本年创建首都文明村5个、区级文明村9个、区级文明单位15个，车耳营村被评为"2008北京最美的乡村"。举行"全民终身学习周活动"，全年放映数字电影980场，开展文化体育活动共154项次，参与群众6万人次以上。开展以"迎激情奥运，展改革风采"、"迎北京奥运、树海淀形象、展健身风采"等为主题的大型群众活动16次。对前沙涧村"少林子弟棍会"、"民俗灯会·香赞"，苏一二村"单槌大鼓会"和"高跷会"，周家巷村"莲花落"，南安河村"善缘老会—武松打店"，后沙涧村民间舞《扑蝴蝶》，聂各庄村葫芦雕工艺等非物质文化遗产进行保护性扶持，鼓励推陈出新。分别为冰冻灾害和汶川地震灾区募集捐款123516元和764492.65元。

开展"五五"普法活动。开展党性党纪党风教育和警示教育，落实党员廉政建设责任制。推行政务公开及其延伸工作，强化民主监督，促进政府机关工作作风的转变。

本镇在发展中存在的问题：基础设施薄弱，产业结构不甚合理，农民收入增长仍然缺乏有效途径，就业压力依然存在；随着征占地补偿、拆迁工作的推进、历史遗留问题的显现、社会闲散人员的增多，农村治安形势严峻，维护稳定的压力增大。因此需要加强工作的主动性和创造性，坚持以经济发展为第一要务，切实改善民生，维护地区稳定，以实现经济快速发展。

地　址：海淀区苏家坨镇西小营村北
邮　编：100194
电　话：62406929　62454604（传真）
电子信箱：sjtzdzb@sina.com　（滕梦远）

温泉镇

温泉镇位于海淀区西北部，其前身温泉乡成立于1956年3月，1961年4月成立温泉公社，1984年4月改设温泉乡，1997年5月撤销温泉乡，设立温泉镇。镇域面积33.23平方公里，设有白家疃村、温泉村、杨家庄村、太舟坞村、高里掌村、东埠头村、辛庄村7个村民委员会，有社区居委会10个。户籍人口32458人，其中农业人口8348人，非农人口

24110 人,流动人口 30751 人。

全年完成经济总收入 139583 万元,同比增长 15000 万元,增幅 12%;纯收入 28628 万元,同比增长 2120 万元,增幅 8%;税金收入 2610 万元,同比增长 135 万元,增幅 5%;人均收入 11144 元,同比增长 536 元,增幅 5%;财政总收入完成 14224 万元。从经济结构来看,一产收入 1847 万元,同比增长 651 万元,增幅 54%,二产受国际金融危机和拆迁的影响,收入 71166 万元,同比减少 5691 万元,减幅 7%,三产收入完成 66570 万元,同比增长 20040 万元,增幅 43%。

发展观光采摘业,筹备观光采摘接待中心和农家餐饮系列设施建设,全镇果品采摘收入较上年有较大增长。提升改造温泉市场、天客隆超市等商业区。兴业公共服务公司中标天秀地区 13 万余平方米道路 3 年的保洁项目,每年增加收入 138 万元。本年北京金辉温泉度假村有限公司和瀛海欣泉水务工程公司两家股份制企业正式成立并运营。

推进小城镇建设,启动 F11 地块①项目的建设,截至本年底,9 幢楼房已有 6 幢封顶。温泉商业中心用地危房改造项目的申报完成并启动建设。22 家企业全部签订拆迁协议,已拆除 13 家、41000 平方米,占总面积的 78%。完成新西村水厂建设和工业区内高压走廊线路改移并通电。协助北辰集团启动 D1 地块②建设,基本建成名人居路。D1、D2③ 地块溢价收入返还工作取得重大进展。与浙江金轮集团协商解决百亭鱼乐园的历史遗留问题,基本确定双方的债权债务。解决白家疃石灰厂与龙凤山沙石厂近 40 年的土地权属纠纷,引进金隅集团进行开发。推进温泉郊野公园建设。

申报新农村建设项目,启动“村邮站”建设,配备办公用品,对邮递人员进行专业培训;启动“村村通公交”工程,开展东埠头村道路整修、公交站点设计等前期工作。完成新型民居方案设计并上报审批。确定温泉村为新农村建设环境整治试点村,完成高里掌村新农村整治规划和煤气站建设。建立太舟坞蔬菜生产设施基地,已建成新型节能日光温室 5 栋。启动 7 个自然村的安全饮水工程和高里掌村给排水改造;加强雨水利用,在白家疃南山建造蓄水池。整修太舟坞村和温泉村排洪沟,对太舟坞村内道路进行改造,启动太舟坞污水处理厂污泥综合利用项目。在东埠头村、太舟坞村新装太阳能路灯 150 盏。完善设计方案,规划温泉红楼梦源旅游带,配合区旅游局启动曹雪芹小道一期工程建设。完成区 08 办下达的 1.28 万平方米拆违任务。对残次林进行改造,完成废弃矿山与防火道裸露边坡植被恢复工程 76 亩。在太舟坞村、东埠头村新建垃圾楼 2 座。本镇被评为全国绿化模范单位,连续 3 年被评为京郊新农村建设先进集体。

为杨家庄、白家疃的文明市民学校安装电脑 40 台,为高里掌、东埠头村安装宣传栏 12 块,在大的车站和主要路口安装精神文明建设宣传栏 41 组和宣传牌 8 块。启动全国文明乡镇先进镇的创建工作。为 3 个社区安装休闲座椅 18 组,为 2 个社区安装宣传栏 4 组,为白家疃社区选定新的办公地址。

与地区重点单位签订奥运安保责任书,制定奥运安保工作预案,布置 8 个应急疏散场所。开展治安志愿者、城市志愿者、奥运志愿者和无偿献血志愿者的招募工作,温泉镇城市志愿者服务站被评为五星级站点。建立重点人台账并进行动态监控,对全镇水源地和自备井进行 24 小时看守。完成全镇技防联网工作。本镇被评为首都奥运安保先进集体。

组织劳动技能培训班 5 期,参训 266 人;成功推荐 137 人就业,为 42 名农转居人员办

① F11 地块:农民回迁楼二期(杨家庄村农民回迁楼)。

② D1 地块:北辰香麓项目。

③ D2 地块:尚峰尚水项目。

理灵活就业；督促用工单位补签劳动合同222份；解决拖欠民工工资问题，接待投诉案件56起，涉及596人，落实金额2738976元。

出台《温泉镇农村合作医疗管理办法》，在全区率先将农转非个人存档不享受门诊报销人员纳入农村合作医疗门诊报销范围。出台《温泉镇农村社会养老保险指导意见》，为全镇5566名农民缴纳农村社会养老保险。全年为1498名超转人员审核药费2911766.53元，实际报销医药费2055730.40元。开展城乡无保障老年养老金和“一老一小”大病医疗保险工作，为1250人办理无保障待遇申请手续，涉及无保障养老金100余万元；办理“一老”医疗保险214人，“一小”医疗保险569人。本年新增50万元用于帮扶困难群体。为256户困难家庭发放300至500元的爱心卡，向困难家庭发放衣物棉被等物品244件，为48户自采暖低保家庭购买燃煤，为10户家庭申请总额5万元的福彩救助金。办理临时救助32人、医疗救助9人。发放低保金50余万元，临时生活补贴1.8万余元，发放失业人员保险金350人次30余万元。对全镇658名持证残疾人开展康复需求调查，配发辅助器具，筹备残疾人辅助器具服务站建设，创建残疾人温馨家园。

出资4.5万元支持学校设施建设，为325名外来人口子女开具《在京借读批准书》。“六一”国际儿童节对小学进行慰问，教师节前出资24万对全镇教师进行慰问。出资20万元资助中心卫生院进行硬件设施建设，依法查处非法行医点，清查不合格药品；为外来务工人员接种流脑疫苗799人次、麻疹疫苗797人次，为学龄前流动儿童查漏补种933人。与镇内32家单位签署《食品安全工作目标管理责任书》，对全镇生活饮用水井进行卫生防疫检测，为管水人员进行体检；加强对重点幼儿园的检查监督。全年发放计划生育奖励金333120元、困难补助金19000元，免费为本镇采取长效避孕措施的妇女进行健康体检。

全年接待住房保障政策咨询1000余人次，发放住房保障和限价商品房核定表300余份，32户住房保障和82户限价商品房申请家庭通过初审并经市建委备案，18户家庭通过限价商品房的审核备案，取得摇号配售资格。

开展双拥共建、优抚优待、军转安置和政府信息公开工作，超额完成征兵任务，被评为市村务公开民主管理示范乡镇。对早期防空洞、废弃矿井进行调查，并对部分危房进行治理。启动全国第二次经济普查工作，完成全国第二次农业普查，本镇被评为国家级先进集体。

全年共收到转来信访件39件，接待群众来访85批278人次。接待集体访14次、重复访12次，结案率达到100%。开展大接访活动，化解矛盾纠纷14件。

组织动员全镇居民向地震灾区捐款143万元，衣被3300件套。全镇29个党（总）支部1133名党员共交纳“特殊党费”390737元。

【举行地区运动会】 10月11日，温泉镇举办2008年“环保园杯”地区运动会，32个单位的29个代表队共2100名运动员参加了田赛、竞赛、趣味竞赛和集体项目4个大项138个小项的角逐。温泉村代表队获团体总分第一。

地　址：海淀区温泉镇白家疃村北
邮　编：100095
电　话：62456621　62409949（传真）

（张　扬）

上庄镇

上庄镇位于海淀区西北部，其前身是1956年成立的白水洼乡，1961年4月成立上庄公社（与西郊农场合一），1984年4月改上庄乡,1998年11月乡与农场分离,2003年8月撤乡设镇。辖域面积38.45平方公里,南、北沙河贯穿镇域。北京市西郊农场、261医院等单位驻本镇域内。全镇设有20个村民委员会,7个事业单位(社保所、农经站、敬老院、幼儿园、水管站、农业服务中心、文化服务中心),一个商贸中心(泰丰商贸中心)。户籍人口22213人,其中农业人口11799人,非农业人口10414人;流动人口19848人。

全镇基本农田17226亩(1148.4公顷),一般农田17225亩(1148.4公顷)。有林地15300余亩(1020.0公顷)。以上庄为品牌的精品农业主要产品有京西贡米、食用菌、芦笋、冬枣、草莓、樱桃、油桃、糯玉米等。

本年,全镇经济总收入77737万元,同比减少9%;纯收入完成19121万元,比上年增长1246万元,增长7%;税金完成2050万元,同比减少29%;人均所得达到7916元,同比增长5%。地区粮食直补资金共计发放58.22万元,兑现林业管护政策资金1354.4万元。

成立农村产业发展领导小组、村级集体经济发展领导小组,建立京西稻国家级农业标准化种植示范基地、有机农业生产技术示范基地和设施农业生产基地。完成投资951.3万元的农田路网二期工程,总面积10万余平方米。完成投资195万元的街坊路改造工程,总面积3万平方米。举行上庄三嘉信苑经济适用房建设项目奠基仪式。完成上庄路北段、梅辛路大修改造工程。开展村村通公交道路提级改造、农村村级经济合作组织建设课题调研。完成2008年地区产业重点项目申报21项,协助区旅游局汇编出版介绍地区旅游资源的查询手册。

本年新增城市管理和科技创安监督分中心,负责地区城市监管职能。协助完成北部四镇城市管理部件普查工作。完成辖区科技创安设备安装调试任务。

制定奥运服务保障工作预案和9个专项应急预案。奥运期间,对地区重点单位、重点地区、重点部位、重点人员实行24小时监控,每日平均出动奥运安保人员1989人次,实施重点人员监控力量22人次。安排光缆井盖、高压线塔、有线光接点、饮用水井房等重点防控点位269个。接待上访群众3批次29人次,约访11批次16人次,处理政府政务专网群众事务呼叫中心转办件23件。建立169人的奥运无偿献血志愿者队伍和100人的城市志愿者队伍。组织6批次1300多人次参观奥林匹克森林公园,观看鸟巢、水立方等场馆的比赛。

在残奥会上,来自本镇上庄村的运动员朱鹏凯获得标枪F11－12(视力残疾)等级冠军,并打破世界纪录。

协助环卫部门改建环保厕所5座,完成户厕改造350座,治理环境脏乱点156处。整治各村非正规垃圾场16处,面积10万平方米。粉刷墙面8000余平方米,围挡围栏修复2000余平方米。八家村、河北村区级生态文明村通过验收。上庄水库上游整体治理建设规划制定完成。

本年调解民事纠纷103件、开展法制宣传讲座20场、农村普法活动30余次。开展劳动监察巡访各类企业197家、规范用工行为59家、调解用工纠纷3起、处理投诉案件36起,涉及人数460人,涉案金额246万余元。下发停工通知86份,解决宅基地和地上建筑物矛盾纠纷20余起,拆除违法建设面积8000余平方米。

新型农村合作医疗参保10219人,参合率达98.2%,筹集收缴医疗门诊经费149.4万元。为163名60岁以上的低保人员办理慈善医疗卡,每人每年可享受500元的医药费补助。全镇共计发放城市低保金62户,32万余元;发放农村低保金314户,185万余元。为36户困难家庭修缮翻盖房屋共计105间。开展失业人员技能培训281人次、实用技能培训162人次。安置低保家庭从事各类公益性岗位 85 人。接待求职人员 162 人,实现再就业 71 人,自谋职业 40 人。组织大型再就业招聘活动,2000 余名地区群众与 132 余家用人单位面对面交流,实现就业 1238 人。对地区 143 名流动党员进行信息采集,为 26 名低保党员建立帮扶台账。

南方雨雪冰冻和汶川地震发生后,全镇党员干部群众共捐款 77 万余元。对辖区内各单位(企业)四川籍务工人员进行摸底调查,共登记受灾情况核查表 750 份。

(王婷婷)

【成立全区首家农村义工分会】 4 月 29 日,海淀区义工联合会上庄义工分会在本镇成立,有义工 60 人。该分会受上庄镇政府直接领导,主要为镇内大型社会活动、公益事业及弱势群体提供义务服务。 (刘 畅)

地 址:海淀区上庄村南
邮 编:100094
电 话:62471193 62471231(传真)

西北旺镇

西北旺镇成立于 2003 年 8 月,由原永丰乡、东北旺乡合并而成,位于海淀区北部地区,镇域面积 51.02 平方公里,现有 16 个村民委员会、9 个社区居委会。全镇户籍人口 33537 人,其中农业人口 15537 人,非农业人口 18000 人。建有永丰嘉园、蒲柳人家、杏林湾、颐和山庄和碧水家园等住宅小区。中国航天城、中关村永丰产业基地坐落在镇域内。

2008 年全镇农村经济总收入完成 256360 万元,同比增长 10%,农村经济纯收入完成 45375 万元,同比增长 8%。民营经济总收入占全镇农村经济总收入的 95% 以上,增长速度较快。全年获市、区专项款 3100 万元,其中项目建设争取资金 1565 万元。完成本年粮食直补工作,其中小麦直补涉及 41 户,面积 1186 亩,直补资金 136390 元;玉米直补涉及 167 户,面积 1901.2 亩,直补资金 144472.4 元。

开展第二次全国经济普查工作。完成各普查区建筑物信息核对,法人单位、产业活动单位和个体工商户清查、填表及信息录入工作,界定各法人单位及产业活动单位的行业类型。

开展奥运安保工作,奥运会及残奥会期间每天参与安保和社会面控制力量 4296 人。开展环境整治,截至本年 6 月,全镇共拆除违法建筑 60817.07 平方米、清理村内堆物堆料 112 处、没收小广告 8700 余张、清理小广告 58000 余张、查处无照经营 556 起,取消地撮式垃圾池 450 个、垃圾房 57 座,清除积存垃圾、渣土 15000 余吨,清理马路 42 万平方米。开展奥运安全生产检查,涉及单位 1485 家,发放限期整改通知书 80 份,责令停业整改 4 家,暂扣存在交通隐患的车辆 2 辆,查处黑诊所 9 处;与 60 家单位签订“平安奥运”交通安全责任书。

完成马达加斯加共和国奥运参观团驻地城市学院北校区外围保障工作,组织协调区域有关职能单位对地区周边进行清理,共清理私搭乱建、乱堆乱放 120 余处,拆除不规范牌匾、灯箱、广告牌 130 余个,整治废品回收站 5 个、村内早市 1 处、建筑工程门前脏乱 1 处,粉刷外立面 4500 多平方米,修缮城市学院周边道路 4000 多平方米,整修沿路路灯 20 座。

本年,镇域内安全饮水工程施工涉及屯佃、永丰屯、六里屯等 8 个行政村,工程建设总投资 2988.261 万元。进行村、镇两级沟渠治理,完成“平安奥运”防汛任务。完成小牛坊、西玉河、皇后店、大牛坊等村“亮起来”工程项目,安装太阳能路灯 150 盏,对 2 年内安装的太阳能路灯进行检查、维修。完成冷泉、大牛坊、六里屯、唐家岭、土井、西北旺、皇后店等 11 个村 16 个批次的农转居工作,劳动力近 2000 人。为六里屯、大牛坊、冷泉、皇后店、西玉河等村13名农转居劳动力办理因伤残、病残丧失劳动能力鉴定,使其享受超转人员待遇。

加强社会治安防控,规范镇流动人口服务管理组织机构和基层管理员队伍建设。本年共接待群众来访68批、530人次,其中集体访12批、382人次;区转信访件23封,群众事务呼叫中心收到信件183件。开展大接访工作。

集体经济体制改革工作稳步推进。年内完成撤制村(队)集体资产处置工作。起草《西北旺镇经济合作社改建登记工作流程》和《西北旺镇农村经济合作社改建方案》,指导各单位进行改建登记。规范各村劳龄登记表、委托书、承诺书等有关文本格式,对工作组人员进行培训。亮甲店、东玉河两个村完成个人劳龄确认工作。

全年举办各类农民技能培训班6期,分别进行保洁、插花、电工等方面的培训,参训人员300多人。对周边企业进行空岗摸底,与海淀职介联合召开劳动用工招聘会。全年为8933人办理参保缴费和系统录入手续。办理"一老一小"医疗保险参保134人,对已参保的881人进行信息核实确认。新型农村合作医疗工作进展顺利,全镇农民参合人数13644人,参合比例84.52%。有效控制手足口病情的发展。

组织开展"五月的鲜花"、"夏日文化广场"等大型系列文体活动,被评为北京市优秀文化活动乡村。开展双拥共建工作。做好民兵预备役队伍建设工作。为冰雪和地震灾区捐款260万元。

本镇工作仍存在不足之处:各村征地转非各项工作进展不平衡,政策衔接等工作需要进一步协调;社会事业及民主法制宣传工作力度要进一步加大,提升村民自治组织的自治水平;对集体经济体制改革的认识还需进一步提高。

地　址:海淀区后厂村路69号
邮　编:100094
电　话:82403884(传真)　　　(崔　燕)

人　物

先进人物

全国“三八”红旗手获得者（2008年3月授予，共2人）

刘　燕　北京市六一幼儿院院长
高　扬　北京龙泉机动车驾驶员培训中心总经理

全国商务系统劳动模范（2008年4月授予）

张丽君　北京翠微大厦股份有限公司　董事长、总经理

首都劳动奖章获得者（2008年授予，共11人）

甄建军　海淀区房屋土地经营管理中心供暖经营中心甘家口供暖维修站站长
张　强　海淀区建设管理委员会党组书记、主任
李新素　北京石油学院附属小学教师
朱良玉　北京市保安服务总公司海淀分公司保安员
薛轶青　北京北冶功能材料有限公司副部长
金玉华　北京当代商城有限责任公司总经理
赵兰晓　海淀区环境卫生服务中心一队六班班长
应华清　海淀区疾病预防控制中心副主任
孟　辉　北京湘鄂情股份有限公司定慧寺餐饮分公司经理
刘迎建　汉王科技股份有限公司研究员
徐明波　北京双鹭药业股份有限公司教授级高级工程师

首都“见义勇为好市民”（2007年度）

聂玉道

首都“见义勇为”荣誉市民（2007年度）

韩超导

海淀区“见义勇为”积极分子（2008年度）

腾　强　刘学军　高廷京

区政权机关、党派、群众团体、垂直领导单位，直属事业单位及街道乡镇领导人（负责人）

中共海淀区委员会

书　记　谭维克
副书记　林抚生　关成启（7月任）
常　委　谭维克　林抚生　刘建朝
　　　　周京生　关成启（满族）　贾沫微

张伟刚　刘　鸿(女)　杨志强
于　军(11月免)

海淀区人民代表大会常务委员会

主　任　周来升
副主任　王纪表　蔡长敏(女)　李松波
王鲁豫　杨忠岐

海淀区人民政府

区　长　林抚生
副区长　杨志强　于　军(11月免)
孙宝启　刘长利
吴亚梅(女,满族)
穆　鹏　臧桂武

中国人民政治协商会议北京市海淀区委员会

主　席　彭兴业(满族)
副主席　王洪秀(女)　刘　恪(女)
孙　津　孙　狄　徐世杰
王训练

中共海淀区纪律检查委员会(与区监察局合署办公)

书　记　周京生
副书记　张　勇　白　艳(女)
贾利亚(11月免)
邹立华(11月任)
区监察局局长　白艳(女,兼任)

北京市海淀区人民法院

院　长　吕京生

北京市海淀区人民检察院

检察长　孙　力

海淀区民主党派及工商联地方组织

中国国民党革命委员会北京市海淀区工作委员会　主任委员　雷　达
中国民主同盟北京市海淀区委员会
主任委员　徐世杰
中国民主建国会北京市海淀区委员会
主任委员　孙宝启
中国民主促进会北京市海淀区委员会
主任委员　臧铁军
中国农工民主党北京市海淀区委员会
主任委员　杨忠岐
中国致公党北京市海淀区委员会
主任委员　孙　津
九三学社北京市海淀区委员会
主任委员　王训练
台湾民主自治同盟北京市海淀区工作委员会
主任委员　叶　莉(女)
北京市海淀区工商业联合会
主　席　孙　狄

海淀区主要群众团体

区总工会　主席　惠远霖
团区委　书记　曹宇明(女)
区妇联　主席　吴琢如(女)
区文联　主席　卫汉青
区侨联　主席　彭　骖
区残联　理事长　周修富
区科协　主席　白春礼(中国科学院常务副院长)
常务副主席　李云飞
区红十字会　会　长　孙宝启(兼)
常务副会长　宋义辉

中关村科技园区海淀园管理委员会

主　任　林抚生(兼)

副主任　杨志强(兼)
于　军(兼)
穆　鹏(兼)
傅首清(兼,10月任)
综合办公室　主任　傅首清(兼)
常务副主任　张稷发(3月免)
副主任　张秀英(女)
胡　岩(10月任)
孟　涵(10月任)
赵新鸣(10月任)
秘书处处长　胡　岩(10月任,兼)
产业规划发展处(原企业发展处)
处　长　张稷发(兼,3月免)
孟　涵(兼,10月任)
国际合作与品牌建设处(原国际合作处)
处　长　张秀英(女,兼)
服务体系与公共平台建设处(原创业促进处)
处　长　魏开锋(7月免)
赵新鸣(10月任)
规划建设管理办公室主任　黄晓堤
投资促进办公室(海淀区投资促进局)
主任(局长)　梁　捷(女)

中共海淀区委中关村科技园区海淀园企业工作委员会

书　记　王兴远
副书记　刘永水　毕淑琴(女)
纪工委书记　毕淑琴(女)

海淀区北部地区开发建设委员会办公室

主　任　古红梅(兼)
常务副主任　李中南(5月免)
刘万德(5月任)
副主任　白亮宝　张飞虎(6月任)
韩顺新(兼,6月任)
祝的春(兼,6月任)
方海强(兼,6月任)
刘精明(兼,6月任)
陈晓智(兼,6月任)

海淀区政府公共服务委员会

主　任　(空缺)
常务副主任、党委常务副书记　于小千

区机关各部门、街道乡镇及直属事业单位(正处级)

区委系统

办公室　主任　刘　鸿(女)
常务副主任　杨剑飞(1月任)
组织部　部长　关成启(满族)
常务副部长　陈　清(女,1月任)
宣传部　部长　贾沫微(5月免)
于　军(5月任)
常务副部长　魏怀中(1月任)
统一战线工作部　部长　关成启(满族,兼)
常务副部长　刘　恪(兼)
对台工作办公室主任　杨志洪
区委政法委员会书记　贾沫微(兼)
常务副书记　周建欣
区维护社会稳定工作领导小组办公室(2006月12月成立,与政法委合署办公)
主　任　周建欣(兼)
社会治安综合治理委员会办公室(与政法委合署办公)
主　任　刘志平
区流动人口和出租房屋管理委员会办公室主任　郭少东
区直属机关工作委员会书记　吴长清
精神文明建设委员会办公室主任　张　炜
区委防范和处理邪教问题领导小组办公室(挂区政府防范和处理邪教问题办公室牌子,简称610办公室)　主　任　米群岛
老干部局局长　张文启(11月免)
张维明(11月任)

人民武装部部长　吴祖安
政　委　刘建朝

中共海淀区委党校(海淀区行政学院)
校　长　关成启(兼)
院　长　臧桂武(兼)
常务副校长(常务副院长)　宁克明(11月免)
许　云(11月任)

区党史区志办公室主任　许　云(11月免)
吴宝华(11月任)

区政府系统

区长助理　傅首清　古红梅(女)
办公室主任　丁志明
区商务局局长　王淑侠(女)
区教育委员会(与区委教育工作委员会合署办公)
书　记　南顺弟(3月免)
张卫光(3月任)
主　任　孙　鹏
区科学技术委员会主任　王际祥
区民政局局长　潘开云(4月免)
南顺弟(4月任)
区司法局局长　齐雨晨
区财政局局长　杨文胜(4月免)
徐永全(4月任)
区人事局局长　杨　莉(女)
区机构编制委员会办公室(与区人事局合署办公)
主　任　刘松林(11月免)
曹学明(11月任)
区城市管理监督指挥中心
主　任　吴亚梅(女,兼)
常务副主任　陈　刚
区劳动和社会保障局局长　李大成
区市政管理委员会主任　周有建
区建设委员会主任　张　强
区农林委员会(与区委农村工作委员会合署办公)主任、书记　李殿安
区文化委员会主任　刘明星
区卫生局局长　潘苏彦(女)
区人口和计划生育委员会主任　刘　彦(女)
区发展和改革委员会主任　赖　东(4月免)
刘伯正(4月任)
金融办公室(2008年12月成立,挂靠区发展和改革委员会)
主　任　刘伯正(8月任,兼)
区人民政府国有资产监督管理委员会党委书记　段岩毅
主　任　冯仁华(女,3月免)
董殿毅(3月任)
区审计局局长　刘伯正(4月免)
张稷发(4月任)
区安全生产监督管理局局长　李四友
区环境保护局局长　苏德琴(女)
区统计局局长　李　泉
区水务局局长　胡淑彦(女)
区旅游局局长　孙继光
区体育局局长　孟令迪(11月免)
马士起(11月任)
区民族宗教侨务办公室主任　刘希英(女)
区法制办公室主任　王德道
区委社会工作委员会(与区社会建设工作办公室合署办公)
书　记　赤　飞(3月任)
主　任　潘开云(3月任)
区信访办公室主任　张建水(11月免)
赵寒(11月任)
区民防局局长　康建民
区城管监察大队大队长　鲍忠义
区“2008”环境建设指挥部办公室
主　任　周有建(兼)
常务副主任　杨剑飞(1月免)
区新闻中心主任　牛爱忠(1月任)
区环境卫生服务中心主任　张俊成(4月免)
杨奋翮(4月任)
区市政园林服务中心主任　周培芳
区房屋土地经营管理中心主任　许　立

圆明园管理处主任 魏怀中(1月免)
陈名杰(1月任)
区机关事务管理处处长 赵玉宝
区地震局局长 郑国强
区档案局(馆)局长 廉抗美(4月免)
王京彦(4月任)
区农经站(与区农资办实行一套机构两块牌子,合署办公) 站 长 李殿安(兼)

区人大常委会

办公室(研究室)
办公室主任 翟小凡(女)
研究室主任 俞昌吉
代表联络室主任 孙大钧
内务司法工作委员会办公室主任 范 联
教科文卫工作委员会办公室主任 齐 勇
城建环保工作委员会办公室主任 李永根
财政经济工作委员会办公室主任 邓荣民

区政协

秘书长 李彦来
办公室主任 刘 玲(女)
研究室主任 蒋海军(11月任)
专委会工作一室主任 刘凤来(4月免)
李强(4月任)
专委会工作二室主任 陈跃年
专委会工作三室主任 李燕生
专委会工作四室主任 王建中

垂直领导单位

北京市公安局海淀分局局长 张伟刚
政委 许克嘉
北京市公安局公安交通管理局海淀交通支队
队长 张建国
政委 贾继红(3月免)
刘保君(3月任)
北京市国家安全局海淀分局局长 姚一群
北京市工商行政管理局海淀分局
局长 张凤平
海淀区国家税务局局长 明建华
海淀区地方税务局局长 杜军利
北京市药品监督管理局海淀分局
局长 杨俊卿
海淀区质量技术监督局局长 常英实(女)
海淀区气象局局长 李如清
北京市规划委员会海淀分局局长 甘靖中
海淀区烟草专卖局局长、经理
沈 勇(2月免)
王文相(2月任)
北京市国土资源局海淀分局局长 张继安
海淀出入境检验检疫局局长 赵金生
海淀区消防支队队长 朱文才
政委 王有刚

街 道

万寿路街道党工委书记 曹成恩(4月免)
王国强(4月任)
办事处主任 陈国启
羊坊店街道党工委书记 张西渭
办事处主任 朱春生
甘家口街道党工委书记 李向洋
办事处主任 张宝信
八里庄街道党工委书记 甄 蕾(女)
办事处主任 吴传峰
紫竹院街道党工委书记 张 力(1月免)
田桂茹(女,1月任)
办事处主任 王京立
北下关街道党工委书记 张振西
办事处主任 林德江
北太平庄街道党工委
书记 张卫光(3月免)
汤新秀(女,3月任)
办事处主任 汤新秀(女,3月免)
学院路街道党工委书记 王瑞贤(女)
办事处主任 张连仲(3月免)
赖 东(3月任)
中关村街道党工委书记 王传敏

办事处主任　占　剑
海淀街道党工委书记　高　峰
办事处主任　冯志军
青龙桥街道党工委书记　鲍晓戈(1月免)
张京玲(女,1月任)
办事处主任　沙海江
清河街道党工委书记　白建平
办事处主任　邢玉平
永定路街道党工委书记　王家文
办事处主任　蔡德利
清华园街道党工委书记　赵如发
办事处主任　高　斌
燕园街道党工委书记　何敬仁
办事处主任　沈扬(女)
香山街道党工委书记　郭文举(11月免)
贾利亚(11月任)
办事处主任　王玉方
花园路街道党工委书记　黄亦红(女)
办事处主任　刘佩金
西三旗街道党工委书记　车苇歆(女)
办事处主任　张晨光
马连洼街道党工委书记　刘长龙(11月免)
郝　飞(11月任)
办事处主任　郝　飞(11月免)
张建水(11月任)
田村路街道党工委书记　于占沼(女)
办事处主任　李国祥
上地街道党工委书记　郝九富
办事处主任　李旭东
曙光街道党工委书记　苗燕荣(女)
办事处主任　孙玉芝(女)

乡　镇

四季青镇党委书记　刘万德(3月免)
张连仲(3月任)
镇长　李万生
玉渊潭乡(无编制)
海淀乡(万柳地区)
党委(党工委)书记　李良轩
乡长(办事处主任)　高念东
东升乡(东升地区)
党委(党工委)书记　肖熙之
办事处主任　范永红(4月免)
刘振华(4月任)
乡长　范永红(6月免)
刘振华(6月任)
温泉镇党委书记　龚宗元
镇长　韩顺新
苏家坨镇党委书记　曹仲晞
镇长　方海强
上庄镇党委书记　李景奇
镇长　刘精明
西北旺镇党委书记　马士起(11月免)
王桐慧(11月任)
镇长　祝的春

烈　士

万体强

万体强,男,汉族,1976年8月出生于四川省资阳市,生前系武警新疆边防总队喀什边防支队正连职上尉。其亲属住在本区。2008年8月4日,在“8·4”喀什严重暴力袭警事件中英勇无畏,壮烈牺牲。2008年8月6日,根据《革命烈士褒扬条例》第三条第四款规定的条件,中国人民武装警察边防部队政治部批准万体强同志为革命烈士。

逝世知名人物

齐　心

齐心,1925年4月~2008年12月21

日，男，河北省肃宁县人，原北京市海淀区人大常委会副主任、老年教育的开拓者、书画艺术家、社会活动家。

1938 年 10 月参加革命工作，1939 年加入中国共产党。1938 至 1946 年先后任肃宁县妇救会通讯员、冀中四分区干部学校学员、清苑县青救会儿童部长、华北联合大学二队党代表、宁晋县委二区青救会主任、冀中六分区青救会秘书、冀南二分区冀特区抗联会宣传部长、冀中抗联北上工作团组长、晋冀鲁豫分局党校学员、冀中九分区青联会文教部长、胜芳市青联会主任。1946 至 1949 年，先后任胜芳市委、胜霸县委秘书、委员。1949 至 1957 年，先后任新华社天津地区支社记者、天津地委办公室秘书、天津地委研究室主任、河北省委第一办公室副主任。1957 至 1966 年，先后任大兴县委书记处书记、县委副书记、县委常委。1971 年任北京市委农林组“一打三反”办公室负责人。1971 年 6 月至 1976 年 10 月，先后任海淀区商业服务局党委书记、海淀区委农村组组长。1976 年至 1981 年，任海淀区委常委、海淀区革委会副主任。1981 年 1 月至 1984 年 8 月，任海淀区政府副区长。1984 年 8 月至 1986 年 3 月，任海淀区人大常委会副主任，海淀区第八届人大代表。1986 年 3 月离休。获中共中央、国务院、中央军委颁发的抗日战争胜利六十周年纪念章。

齐心是中国老年教育的开拓者之一。1984 年 9 月他创办了海淀老龄大学，并一直担任校长职务，24 年来海淀老龄大学毕业学员 2 万多人。由他主编的书画教材及书刊 40 余种。1988 年当选为中国老龄大学学会副会长，北京齐白石艺术研究会副会长、北京市书协常务理事，曾获全国老有所为贡献奖并受到党和国家领导人接见。

他酷爱民族艺术，并形成了自己独特的书法的和绘画风格。擅长画白石虾、蟹，独创画金鱼技法，并以画令箭荷花著名。

统计资料(选编)

海淀区主要经济指标

项　目	单　位	2007年	2008年
人口			
#年末户籍人口	人	2038808	2099468
人口自然增长率	‰	5.7	5.7
机械增长率	‰	19.8	25.5
海淀生产总值	**亿元**	**1828.8**	**2109.7**
一产	亿元	1.3	1.3
二产	亿元	359.6	390.3
三产	亿元	1467.9	1718.1
商业			
社会消费品零售额	亿元	747.1	885.0
社会消费品零售额(按可比口径调整的数据)	亿元	747.1	885.0
投资			
全社会固定资产投资总额	亿元	475.8	463.7
#房地产投资	亿元	274.6	226.2
住宅	亿元	105.0	95.7
全社会固定资产投资总额(按可比口径调整的数据)	亿元	475.8	463.7
财政			
财政收入	亿元	115.68	136.22
劳资			
从业人员平均人数	人	1013547	1043774
在岗职工平均工资	元	56532	63781.4

续表

项　目	单　位	2007 年	2008 年
海淀园			
总收入	亿元	4077.38	4844
工业			
工业企业总产值(现价)	亿元	1095.0	1100.9
建筑业			
建筑业总产值	亿元	527.6	714.5
农村经济			
#农业总产值(现价)	亿元	3.9	4.1
农村经济总收入	亿元	159.7	171.7
农村经济纯收入	亿元	32.5	35.7
对外经济贸易			
#新批项目数	家	580	561
合同外资额	亿美元	21.9	20.0
实际利用外资额	亿美元	9.8	12.0
海关进出口总额	亿美元	262.0	298.3
#进口额	亿美元	171.5	176.4
出口额	亿美元	90.5	121.8
金融			
#银行存款余额	亿元	6891.1	8701.7
城乡居民储蓄存款余额	亿元	1914.4	2514.0
银行贷款额	亿元	2462.8	2725.6
城市公共事业			
城市绿化覆盖率	%	44.65	45.06
人均绿地面积	平方米	53.02	47.99
劳动就业			
城镇登记失业率	%	0.95	1.10
失业人员再就业率	%	61.13	62.58

海淀园主要经济指标

项　目	单　位	2008 年	2007 年	2008 年 为 2007 年%
总收入	**亿元**	**4844. 00**	**4077. 38**	**118. 8**
#技术收入	亿元	1205. 00	1038. 46	116. 0
#产品销售收入	亿元	2013. 00	1860. 57	108. 2
#商品销售收入	亿元	1312. 00	917. 94	142. 9
上缴税费总额	亿元	233. 00	194. 26	119. 9
出口总额	亿美元	48. 00	33. 23	144. 4
利润总额	亿元	325. 00	333. 82	97. 4
研究与发展经费支出	亿元	214. 00	239. 10	89. 5
新认定三资企业数	个	220	332	66. 3
实际利用外资额	亿美元	8. 75	7. 02	124. 6
从业人员期末人数	万人	55. 50	51. 35	108. 1
孵化器数	个	31	25	124. 0
累计孵化企业数	个	3614		
加速器数	个	1	1	100. 0
大学科技园数	个	14	14	100. 0
其中:国家级大学科技园	个	11	11	100. 0
合同成交总金额	亿元	488. 85	420. 09	116. 4
其中:实现技术交易额	亿元	309. 26	262. 64	117. 8
创新资金立项金额	万元	2210. 00	2780. 00	79. 5
专利实施专项资金	万元	500. 00	500. 00	100. 0
重大产业专项资金	万元	3800. 00	4200. 00	90. 5

附　录

中共海淀区委 2008 年文件目录(京海发)

文　号	日　期	文件名
京海发[2008]1 号	2008.01.07	中共北京市海淀区委十届六次全会决议
京海发[2008]2 号	2008.01.07	中共北京市海淀区委关于印发《中共海淀区委常委会 2008 年工作要点》的通知
京海发[2008]3 号	2008.01.28	中共北京市海淀区委关于印发《中共北京市海淀区委 2008 年政法维稳工作要点》的通知
京海发[2008]4 号	2008.02.18	中共北京市海淀区委北京市海淀区人民政府关于表彰海淀区 2006 年度军转安置工作先进单位先进个人的决定
京海发[2008]5 号	2008.02.21	中共北京市海淀区委关于开展廉政风险防范管理工作的意见
京海发[2008]6 号	2008.02.24	中共北京市海淀区委关于表彰 2007 年度海淀区思想政治工作优秀单位和优秀思想政治工作者的决定
京海发[2008]7 号	2008.02.22	中共北京市海淀区委北京市海淀区人民政府关于印发《海淀区"平安奥运"计划》的通知
京海发[2008]8 号	2008.02.26	中共北京市海淀区委关于调整十届区委常委工作分工的通知
京海发[2008]9 号	2008.02.27	中共北京市海淀区委关于印发《区委常委会 2008 年议题框架》的通知
京海发[2008]10 号	2008.03.04	中共北京市海淀区委北京市海淀区人民政府关于授予张莉等 31 名同志"海淀区精神文明建设奖"荣誉称号的决定
京海发[2008]11 号	2008.03.12	中共北京市海淀区委关于进一步加强防范和处理邪教问题的工作意见
京海发[2008]12 号	2008.03.19	中共北京市海淀区委北京市海淀区人民政府关于印发《2008 年区委区政府重点工作任务分解方案》的通知
京海发[2008]13 号	2008.03.31	中共北京市海淀区委北京市海淀区人民政府关于进一步加强督查工作的决定
京海发[2008]14 号	2008.04.03	中共北京市海淀区委北京市海淀区人民政府关于贯彻京发〔2007〕20 号文件全面加强人口和计划生育工作统筹解决人口问题的实施意见

京海发[2008]15 号	2008.04.16	中共北京市海淀区委北京市海淀区人民政府关于表彰2006—2007 年海淀区调查研究工作先进单位和优秀调研成果的决定
京海发[2008]16 号	2008.04.21	中共北京市海淀区委北京市海淀区人民政府关于授予马军等 10 名同志第四届“海淀十大杰出青年”称号的决定
京海发[2008]17 号	2008.05.09	中共北京市海淀区委北京市海淀区人民政府关于表彰海淀区信访排查调处工作先进集体和先进个人的决定
京海发[2008]18 号	2008.05.23	中共北京市海淀区委北京市海淀区人民政府关于深入开展支援抗震救灾工作的意见
京海发[2008]19 号	2008.06.11	中共北京市海淀区委北京市海淀区人民政府关于进一步促进服务业发展的实施意见
京海发[2008]20 号	2008.06.25	中共北京市海淀区委关于表彰海淀区先进基层党组织、优秀共产党员、优秀党务工作者和“十佳”政工师的决定
京海发[2008]21 号	2008.07.07	中共北京市海淀区委十届七次全会决议
京海发[2008]22 号	2008.07.08	中共北京市海淀区委关于印发《中国共产党北京市海淀区代表大会代表证制度》的通知
京海发[2008]23 号	2008.07.07	中共北京市海淀区委北京市海淀区人民政府关于开展平安奥运维护稳定大会战暨矛盾纠纷排查化解大接访活动的工作意见
京海发[2008]24 号	2008.08.27	中共北京市海淀区委关于表彰 2007 年度海淀区农村创建“五个好”单位的决定
京海发[2008]25 号	2008.10.14	中共北京市海淀区委北京市海淀区人民政府海淀区奥运服务保障工作总指挥部关于表彰北京奥运会残奥会海淀区先进集体先进个人和优秀志愿者的决定
京海发[2008]26 号	2008.12.25	中共北京市海淀区委北京市海淀区人民政府关于表彰海淀区信访排查调处化解暨大接访工作先进集体和先进个人的决定

海淀区人民政府 2008 年文件目录(海政发)

海政发〔2008〕1 号	2008.2.4	关于印发海淀区 2008 年人口和计划生育工作要点的通知
海政发〔2008〕2 号	2008.1.10	关于印发海淀区迎奥运查处取缔无证无照经营专项整治工作方案的通知
海政发〔2008〕3 号	2008.1.7	关于温泉 D1D2 地块预收资金管理使用的意见
海政发〔2008〕4 号	2008.2.22	关于印发海淀区创建全国生态环境监察试点区工作实施方案的通知
海政发〔2008〕5 号	2008.2.20	关于印发 2008 年政府工作报告的通知
海政发〔2008〕6 号	空号	
海政发〔2008〕7 号	2008.2.3	关于表彰 2007 年度依法行政先进单位和个人的决定

海政发〔2008〕8号	2008.2.4	关于进一步加强人大代表建议、政协委员提案办理工作的意见
海政发〔2008〕9号	2008.2.4	关于印发海淀区办理人大建议政协提案专项资金管理办法的通知
海政发〔2008〕10号	2008.2.27	关于表彰2007年度养犬管理工作先进集体先进社区先进个人的决定
海政发〔2008〕11号	2008.2.27	关于印发2008年海淀区养犬管理工作方案的通知
海政发〔2008〕12号	2008.3.5	关于印发本区落实市政府第十四阶段控制大气污染措施的工作方案的通知
海政发〔2008〕13号	2008.3.7	关于印发2008年区政府投资建设项目方案的通知
海政发〔2008〕14号	2008.3.11	关于印发2008年海淀区在直接关系群众生活方面拟办的重要实事的通知
海政发〔2008〕15号	2008.3.12	关于进一步加强就业工作的意见
海政发〔2008〕16号	2008.3.21	关于以奥运为契机进一步深化服务型政府建设的意见
海政发〔2008〕17号	2008.3.21	关于表彰2007年度财政贡献突出企业优秀金融企业的决定
海政发〔2008〕18号	2008.3.21	关于表彰2007年度税源建设工作先进单位先进个人的决定
海政发〔2008〕19号	2008.3.21	关于表彰2007年度行政机关作风效能建设先进单位的决定
海政发〔2008〕20号	2008.3.21	关于表彰2007年度专项效能监察优秀项目先进单位的决定
海政发〔2008〕21号	2008.3.10	关于表彰2007年度海淀区信息化工作先进单位先进工作者的决定
海政发〔2008〕22号	2008.3.13	关于表彰本区政府系统督查工作先进单位优秀督办件优秀督察调研报告先进个人的决定
海政发〔2008〕23号	2008.3.17	关于印发本区进一步提升行政执行力若干措施(试行)的通知
海政发〔2008〕24号	2008.3.27	印发本区关于进一步优化发展环境为区域重点企业做好服务的办法(试行)的通知
海政发〔2008〕25号	2008.4.8	关于调整中关村西区环境建设委员会及管理体制的通知
海政发〔2008〕26号	2008.4.8	关于涉及奥运服务保障经费有关问题的通知
海政发〔2008〕27号	2008.4.17	关于印发本区依法行政工作报告的通知
海政发〔2008〕28号	2008.4.21	关于下达本区2008年城镇退役士兵安置指标的通知
海政发〔2008〕29号	2008.4.22	关于颁发2007—2008年度海淀劳动奖状海淀劳动奖章的决定
海政发〔2008〕30号	2008.4.28	关于印发2008年区政府投资建设第二批正式项目及部分项目调整方案的通知
海政发〔2008〕31号	2008.5.6	关于印发《海淀区2008年推进构建和谐社区服务体系工作

		实施方案》的通知
海政发〔2008〕32 号	2008. 5. 26	关于印发本区建筑节能工作有关文件的通知
海政发〔2008〕33 号	2008. 5. 28	转发市政府关于进一步加强测绘工作实施意见的通知
海政发〔2008〕34 号	2008. 6. 20	关于印发本区落实《北京市新型农村社会养老保险试行办法》实施办法的通知
海政发〔2008〕35 号	2008. 6. 25	关于印发 2008 年区政府投资建设第三批正式项目及部分项目调整方案的通知
海政发〔2008〕36 号	2008. 7. 23	关于开展第二次全国经济普查的通知
海政发〔2008〕37 号	2008. 8. 29	关于本区 2008 年度行政执法案卷评查情况的通报
海政发〔2008〕38 号	2008. 8. 4	关于成立海淀区促进区县合作发展领导小组的通知
海政发〔2008〕39 号	2008. 8. 7	关于印发本区促进创业投资企业发展暂行办法的通知
海政发〔2008〕40 号	2008. 9. 2	关于印发本区行政事业单位国有资产处置管理暂行办法的通知
海政发〔2008〕41 号	秘密文件	
海政发〔2008〕42 号	2008. 9. 3	关于印发本区提升行政执行力的监督办法(试行)和监察办法(试行)的通知
海政发〔2008〕43 号	2008. 9. 1	关于授予滕强刘学军海淀区见义勇为积极分子称号的决定
海政发〔2008〕44 号	2008. 9. 16	关于加强为金融机构服务工作的若干意见
海政发〔2008〕45 号	2008. 9. 16	关于印发本区促进大学科技园发展暂行办法的通知
海政发〔2008〕46 号	2008. 9. 18	关于开展居家养老服务工作的意见
海政发〔2008〕47 号	2008. 9. 26	关于印发本区土地权属争议调查处理办法的通知
海政发〔2008〕48 号	2008. 10. 28	关于印发本区国有工业用地土地使用权出让管理办法(试行)的通知
海政发〔2008〕49 号	2008. 10. 10	批转上地街道关于上地东里等三个社区居民生活用水问题处置情况报告的通知
海政发〔2008〕50 号	2008. 10. 15	关于印发《2008 年区政府投资建设项目调整方案》的通知
海政发〔2008〕51 号	2008. 10. 15	关于成立北京市海淀区房屋管理局的通知
海政发〔2008〕52 号	2008. 10. 17	关于印发本区促进商业服务业发展暂行办法的通知
海政发〔2008〕53 号	机密文件	
海政发〔2008〕54 号	2008. 11. 25	关于印发海淀区 2009 年烟花爆竹燃放秩序维护工作方案的通知
海政发〔2008〕55 号	2008. 12. 2	关于开展农村住户抽样调查工作的通知
海政发〔2008〕56 号	2008. 12. 4	关于扶持大中型水库农转非移民的实施意见
海政发〔2008〕57 号	空号	
海政发〔2008〕58 号	2008. 12. 31	批转区发展改革委关于进一步推进本区第一道绿化隔离地区建设实施意见的通知
海政发〔2008〕59 号	2008. 12. 30	关于印发 2009 年区政府常务会议法律知识学习计划的通知

海淀区行政区划基本情况

序号	地　区	社区居委会	村委会	辖区面积(平方公里)
	全区	578	84	430.71
1	万寿路街道	36		8.78
2	永定路街道	16		1.45
3	羊坊店街道	38		6.61
4	甘家口街道	21		6.49
5	八里庄街道	36		6.49
6	紫竹院街道	24		6.23
7	北下关街道	35		6.04
8	北太平庄街道	39		5.17
9	学院路街道	29		8.49
10	中关村街道	33		5.28
11	海淀街道	33		6.90
12	青龙桥街道	24		18.59
13	清华园街道	9		3.49
14	燕园街道	7		1.84
15	香山街道	6		20.34
16	清河街道	26		9.37
17	花园路街道	35		6.33
18	西三旗街道	27		8.23
19	马连洼街道	15		10.74
20	田村路街道	28		7.77
21	上地街道	11		9.52
22	曙光街道	15		5.45
23	万柳地区	2	4(属海淀乡)	4.79
24	东升地区	3	5(属东升乡)	8.28
25	四季青镇	7	13	40.83
26	温 泉 镇	10	7	33.23
27	西北旺镇	9	16	51.02
28	上 庄 镇		20	38.45
29	苏家坨镇	4	19	84.51
备注	注1:海淀区对外公布面积为430.77平方公里,本表各街乡镇面积为2006年2月13日北京市测绘设计研究院制图中心图测数据,精确到小数点后第二位。 注2:海淀区设海淀乡、东升乡,分别与万柳地区、东升地区是两块牌子一套机构。			

海淀区域发展高层联席会议倡导单位名单(2008)

(共228家,按单位名称笔画排序,*为2008年新加盟单位)

党政军机关(45家)

中央军委办公厅

中央社会主义学院

*中央档案馆

中共中央对外联络部办公厅

中共中央党史研究室办公厅

中共中央党校办公厅

中共北京市海淀区委员会

中关村科技园区管理委员会

中华人民共和国中关村海关

中华人民共和国外国专家局

中华人民共和国国防科学技术工业委员会办公厅

中华人民共和国国家人口和计划生育委员会办公厅

中华人民共和国国家知识产权局

中华人民共和国国家税务总局办公厅

中华人民共和国建设部办公厅

中华人民共和国科学技术部办公厅

*中华人民共和国海淀出入境检验检疫局

中华人民共和国铁道部办公厅

中国人民武装警察部队总部政治部

*中国人民武装警察部队森林指挥部

中国人民政治协商会议北京市海淀区委员会

中国人民解放军军事科学院政治部

中国人民解放军后勤指挥学院

中国人民解放军国防大学政治部

中国人民解放军空军指挥学院

中国人民解放军空军政治部

中国人民解放军总后勤部政治部

中国人民解放军总参通信部

中国人民解放军海军政治部

中国人民解放军第二炮兵司令部

中国气象局

中国地震局办公室

*中国科学技术协会

北京市工商行政管理局

北京市财政局
北京市环境保护局
北京市海淀区人民代表大会常务委员会
北京市海淀区人民政府
北京市教育考试院
北京铁路局
国家外汇管理局
* 国家自然科学基金委员会
国家行政学院办公厅
国家质量监督检验检疫总局办公厅
国家测绘局办公室

科研院所(30 家)

中国人民解放军军事医学科学院
* 中国水利水电科学研究院
* 中国电力科学研究院
* 中国电子工程设计院
* 中国电子信息产业发展研究院
* 中国石油化工股份有限公司石油化工科学研究院
* 中国石油集团科学技术研究院
中国农业科学院
* 中国纺织工业设计院
中国林业科学院
中国空间技术研究院
* 中国城市规划设计研究院
* 中国测绘科学研究院
中国科学技术信息研究所
中国科学院计算技术研究所
中国科学院生态环境研究中心
中国科学院行政管理局
中国科学院物理研究所
中国科学院软件研究所
中国航天员中心
中国航天科工防御技术研究院(二院)
* 中国资源卫星应用中心
公安部第一研究所
北京长城计量测试技术研究所
* 北京市政工程设计研究总院
* 北京橡胶工业研究设计院
* 交通部公路科学研究院

＊交通部水运科学研究院
＊机械科学研究总院
钢铁研究总院
教育系统(35家)
中央民族大学
中央财经大学
中国人民大学
中国人民大学附属中学
中国人民解放军艺术学院
中国农业大学
中国地质大学
＊中国劳动关系学院
中国矿业大学(北京)
中国青年政治学院
＊北京一〇一中学
北京大学
＊北京大学附属中学
北京工商大学
北京外国语大学
北京电影学院
北京交通大学
北京师范大学
北京体育大学
北京邮电大学
北京林业大学
北京城市学院
北京科技大学
北京语言大学
北京航空航天大学
北京理工大学
北京新东方学校
北京舞蹈学院
国际关系学院
空军直属机关幼儿园
首都师范大学
＊首都师范大学附属中学
首都体育学院
清华大学
＊清华大学附属中学

医疗卫生(8家)

中国人民武装警察部队总医院
中国人民解放军空军总医院
中国人民解放军总医院
中国人民解放军海军总医院
中国中医科学院西苑医院
北京大学医学院口腔医院
北京大学第三医院
北京肿瘤医院

新闻媒体(10家)

《中关村》杂志社
人民教育出版社
中央电视台
中国新闻社北京分社
北京电视台
北京百度网络技术有限公司
北京搜狐新时代信息技术有限公司
神州电视有限公司(凤凰卫视)
科技日报社
新浪网技术(中国)有限公司

文化文艺单位(12家)

中央民族歌舞团
中国人民武装警察部队政治部文工团
中国人民革命军事博物馆
中国人民解放军军乐团
中国人民解放军空军政治部文工团
中国人民解放军总政治部话剧团
中国人民解放军总政治部歌舞团
中国人民解放军海军政治部文工团
中国人民解放军海军海娃艺术团
中国人民解放军第二炮兵政治部文工团
中国外文出版发行事业局
国家图书馆

旅游饭店(8家)

北京友谊宾馆
北京市香山公园管理处
北京市植物园
北京市颐和园管理处
北京首都旅游国际酒店集团有限公司香山饭店

北京香格里拉饭店
京西宾馆
钓鱼台国宾馆

企业(75家)

一汽丰田汽车销售有限公司
*大唐电信科技产业集团(电信科学技术研究院)
中关村文化发展有限公司
中国中钢集团公司
*中国五矿集团公司
中国化工集团公司
*中国对外贸易运输(集团)总公司
*中国电影集团公司
*中国石油化工股份有限公司润滑油分公司
*中国华能集团公司
*中国地质工程集团公司
*中国机械工业集团
*中国冶金科工集团公司
*中国投资担保有限公司
中国国际电视总公司
*中国建筑材料集团公司
中国房地产开发集团公司
*中国城市建设控股集团有限公司
*中国核电工程有限公司
*中国航天科工集团公司
*中国航天科技集团公司
*中国铁道建筑总公司
*中国铁路物资总公司
*中国船舶重工集团公司
*中国铝业公司
*中国普天信息产业股份有限公司
中国新兴(集团)总公司
*中国新时代控股(集团)公司
中国精密机械进出口总公司
中星微电子有限公司
太极计算机股份有限公司
世纪金源集团
*世博伟业投资控股有限公司
北大方正集团有限公司
北京三元食品股份有限公司

＊北京三聚环保新材料有限公司
北京中关村软件园发展有限责任公司
＊北京中科通用能源环保有限责任公司
＊北京中棉紫光生物科技有限公司
北京五棵松文化体育中心有限公司
＊北京仁创科技集团有限公司
北京巴士股份有限公司
北京王致和食品集团有限公司王致和食品厂
北京四方继保自动化股份有限公司
北京市万安公墓
北京龙徽酿酒有限公司
北京华旗资讯数码科技有限公司
北京纽曼理想数码科技有限公司
北京欧尚超市有限公司金四季店
北京绅士服装服饰有限公司
北京城乡贸易中心股份有限公司
北京科技园建设(集团)有限公司
＊北京科净源环宇科技发展有限公司
＊北京美尔斯通科技发展股份有限公司
＊北京桑德环境工程有限公司
＊北京清华阳光能源开发有限责任公司
北京银行中关村科技园区支行
北京歌华文化发展集团
北京锦绣大地农业股份有限公司
＊北京嘉博文生物科技有限公司
＊北京碧水源科技股份有限公司
汉王科技股份有限公司
用友软件股份有限公司
时代集团
远大空调有限公司
恒有源科技发展有限公司
神州数码(中国)有限公司
香港冠城集团
朔黄铁路有限责任公司
＊浦华控股有限公司
海淀区邮电局
＊清华同方人工环境有限公司
清华紫光股份有限公司
联想控股有限公司

锦江麦德龙限购自运有限公司华北区

社会团体(5 家)

中国文学艺术界联合会

北京市儿童福利院

北京市海淀区饮食服务行业协会

北京市海淀区消费者协会

＊北京注册会计师协会

注:本年新增 60 家单位,减少北京奥组委秘书行政部 1 家单位。

(区委办)

海淀区域内中国科学院院士名单

(307 人,分学部按汉语拼音音序排列)

数学物理学部

白以龙　陈佳洱　陈建生　陈木法　陈难先　陈式刚　崔尔杰　戴元本　丁伟岳　丁夏畦
范海福　方守贤　甘子钊　郭柏灵　郭尚平　郝柏林　何泽慧(女)　何祚庥　贺贤土
洪朝生　黄祖洽　姜伯驹　邝宇平　李邦河　李德平　李方华(女)　李家春　李家明
李惕碚　李荫远　林　群　陆启铿　马大猷　马志明　欧阳钟灿　钱学森　沈文庆　石钟慈
苏肇冰　田　刚　万哲先　汪承灏　王鼎盛　王恩哥　王乃彦　王诗宬　王绶琯　王　元
王梓坤　文　兰　吴文俊　吴岳良　席泽宗　冼鼎昌　解思深　谢家麟　徐叙瑢　严加安
杨国桢　杨　乐　杨应昌　应崇福　于　渌　于　敏　张殿琳　张恭庆　张涵信　张　杰
张仁和　章　综　赵光达　赵忠贤　郑厚植　周光召　周毓麟　朱邦芬　庄逢甘

化学部

陈家镛　程津培　费维扬　高　松　郭慕孙　何鸣元　黄春辉(女)　黄志镗　江　龙
黎乐民　李洪钟　李静海　梁敬魁　刘若庄　刘元方　陆婉珍(女)　闵恩泽　唐有祺
佟振合　汪家鼎　王　夔　徐光宪　徐晓白(女)　姚建年　张存浩　张礼和　张　滂
张　希　赵玉芬(女)　周其凤　朱道本　朱起鹤

生命科学和医学学部

贝时璋　陈可冀　陈慰峰　陈文新(女)　陈宜瑜　方精云　方荣祥　韩济生　韩启德
贺福初　洪德元　蒋有绪　匡廷云(女)　李季伦　李家洋　李振声　梁栋材　娄成后
孟安明　邱式邦　饶子和　石元春　孙曼霁　孙儒泳　唐守正　田　波　童坦君　王大成
王文采　王志新　魏江春　吴常信　吴祖泽　武维华　许智宏　阳含熙　杨福愉　翟中和
张广学　张树政(女)　张新时　赵进东　郑光美　郑儒永(女)　朱作言　庄巧生

地学部

巢纪平　陈述彭　陈　颙　陈运泰　丑纪范　戴金星　丁国瑜　符淙斌　侯仁之　黄荣辉

李德生 李小文 刘昌明 刘光鼎 刘振兴 吕达仁 欧阳自远 秦大河 邱占祥 孙鸿烈 孙 枢 陶诗言 田在艺 童庆禧 涂传诒 王鸿祯 王铁冠 魏奉思 吴传钧 吴国雄 吴新智 徐冠华 杨 起 杨遵仪 姚檀栋 姚振兴 叶笃正 於崇文 曾庆存 曾融生 翟裕生 张本仁 张弥曼(女) 张宗祜 赵柏林 赵鹏大 钟大赉 周秀骥 朱日祥

信息技术科学部

陈翰馥 陈俊亮 戴汝为 董韫美 高庆狮 郭 雷 侯朝焕 黄 琳 黄民强 黄纬禄 简水生 李启虎 李 未 李衍达 李志坚 梁思礼 林惠民 陆汝钤 陆元九 罗沛霖 秦国刚 宋 健 王大珩 王启明 王守觉 王守武 王 圩 王阳元 王 越 王占国 吴德馨 吴宏鑫 吴一戎 夏建白 夏培肃 杨芙清 叶培大 张 钹 张效祥 周炳琨 周巢尘

技术科学部

蔡其巩 蔡睿贤 曹春晓 陈创天 陈能宽 陈祖煜 范守善 高镇同 葛昌纯 顾秉林 顾诵芬 顾逸东 过增元 胡海昌 胡海岩 胡文瑞 胡聿贤 黄克智 柯 俊 李敏华(女) 梁守盘 林秉南 柳百新 卢 强 路甬祥 闵桂荣 欧阳予 潘际銮 任新民 邵象华 师昌绪 宋家树 孙家栋 屠守锷 王补宣 王崇愚 王大中 王淀佐 王希季 魏寿昆 温诗铸 吴承康 吴良镛 肖纪美 徐采栋 徐建中 徐性初 薛其坤 严陆光 颜鸣皋 叶培建 俞鸿儒 张楚汉 张光斗 张兴钤 张 泽 郑哲敏 周干峙 周国治 周孝信 周 远 朱 静(女)

海淀区域内中国工程院院士名单

(224 人,分学部按汉语拼音音序排列)

机械与运载工程学部

陈懋章 陈先霖 崔国良 朵英贤 范本尧 冯培德 顾国彪 顾诵芬 关 桥 胡正寰 李椿萱 刘大响 柳百成 陆元九 路甬祥 闵桂荣 戚发轫 钱学森 苏哲子 屠善澄 汪顺亭 王 浚 王玉明 于本水 钟群鹏

信息与电子工程学部

陈敬熊 陈俊亮 陈良惠 戴 浩 方滨兴 何德全 何新贵 胡光镇 胡启恒 黄培康 姜景山 金国藩 金怡濂 李伯虎 李德毅 李国杰 李三立 李幼平 梁骏吾 罗沛霖 毛二可 倪光南 沈昌祥 宋 健 孙家广 童志鹏 王 越 王大珩 王任亭 王小谟 魏正耀 邬贺铨 吴 澄 吴佑寿 许祖彦 姚骏恩 叶铭汉 俞大光 张履谦 张尧学 钟 山 周炯盘 周立伟 周仲义

化工、冶金与材料工程学部

才鸿年 陈丙珍(女) 陈国良 陈立泉 陈蕴博 干 勇 金 涌 李大东 李东英

李恒德 李龙土 李正邦 刘伯里 闵恩泽 邵象华 沈德忠 师昌绪 时铭显 舒兴田
屠海令 汪燮卿 汪旭光 王淀佐 王震西 吴以成 徐更光 徐匡迪 殷瑞钰 张国成
赵振业 朱永浚

能源与矿业工程学部

安继刚 陈毓川 范维澄 韩大匡 韩德馨 韩英铎 胡见义 胡思得 蒋洪德 康玉柱
刘广志 毛用泽 倪维斗 彭士禄 彭苏萍 彭先觉 苏义脑 唐西生 童晓光 谢和平
徐旭常 许绍燮 杨奇逊 杨裕生 于润沧 袁士义 张光斗 张信威 张宗祜 郑绵平
周永茂 朱建士

土木、水利与建筑工程学部

曹楚生 陈厚群 陈肇元 陈志恺 崔俊芝 冯叔瑜 关肇邺 韩其为 黄　卫 江　亿
雷志栋 李道增 刘先林 龙驭球 孟兆祯 钱七虎 沙庆林 王　浩 王梦恕 王瑞珠
吴良镛 徐乾清 杨秀敏 张在明 郑哲敏 周　镜 周丰峻 周干峙 朱伯芳 邹德慈

环境与轻纺工程学部

陈联寿 丁一汇 顾夏声 郝吉明 季国标 李泽椿 钱　易(女) 汤鸿霄 唐孝炎(女)
许健民 张　懿(女) 周国泰

农业学部

陈俊愉 戴景瑞 董玉琛(女) 范云六(女) 方智远 冯宗炜 郭予元 李　宁 李文华
刘更另 卢良恕 任继周 沈国舫 石元春 孙九林 汪懋华 王　涛(女) 尹伟伦
曾德超 曾士迈 张子仪

医药卫生学部

巴德年 陈冀胜 陈君石 陈香美 黄翠芬(女) 黄志强 李连达 刘玉清 卢世璧
秦伯益 沈倍奋(女) 沈渔邨(女) 盛志勇 王琳芳(女) 王士雯(女) 王澍寰 吴德昌
肖碧莲(女) 肖培根 俞梦孙 庄　辉

工程管理学部

杜祥琬 傅志寰 李京文 刘源张 陆佑楣 孙永福 王礼恒 徐寿波

(区科学技术协会 提供)

京城驾

海淀驾校

是北京市第一家面向社会的驾驶员培训学校。在发展历程中，驾校始
张燕晨带领下，驾校确立了“开拓进取、科学管理、与时俱进”的发
化内部管理。经过二十多年的发展，已从建校时的 16 台教练车、23
900 多名员工的大中型企业。每年向社会输送三万多名合格驾驶员，
在发展过程中注重环境治理，投入大量的财力、人力，在一片沙石河
丽校园。海淀驾校的发展得到北京市、海淀区政府及上级主管部门的
单位”、“首都精神文明单位”等荣誉称号。
本地区的人员就业，不仅缓解了本地区就业难的问题，而且每年上
来累计上缴税金 4349 万元。为促进山后地区经济发展，海淀驾校以
级短道拉力赛车场，承办了 2002 年、2003 年、2004 年三届全国汽
厂商、赛车队及媒体，为山后地区的发展做出了贡献。
办期间，海淀驾校为做好服务保障工作，分别采取了购置环保班车、
培训模式及加强重点部位安全检查等措施。校长张燕晨被评为“北
个人”。
立全面、协调、可持续的科学发展观，为社会做出更大的贡献。

海淀驾校办公楼

海淀驾校报名大厅

海淀驾校加油站

一期改造后的排洪渠

新法规培训教学楼

公 司

2008年7
司调研奥运电

2008年8月8日是奥运会的开幕日，也是结婚登记的高日。区婚姻登记处采取提前现场预约、拓展网上预约和当现场登记3种方式办理婚姻登记。海淀供电公司提前周密署，确保“奥运夫妻”的登记供电工作万无一失。

海淀供电公司“北京市电力杯”“防止线路变压器零线被盗次数”的QC成果获得特等奖。

公司职员快速抢修。

在为“
学供电过程
车，以减少
的影响。

公司获得「奥运会残奥会先进集体」荣誉称号。

获得「2008北京奥运会残奥会海淀区奥运服务保障工作先进集体」荣誉称号。

2008年海淀供电公司圆满完成了高考、全国两会、亚欧论坛等161项政治保电任务，政治保电天数达到343天。图为工作人员正在检查电气设备。

公司职员铺设电缆。

公司先后完成“神六”、“嫦娥飞天”、“神七”三次载人飞船的飞控保电任务。

工作人员在奥运场馆保电现场。

公司确保北京奥组委驻地——奥运大厦供电正常。

中国工商银行

中国工

行召开全行工作会议

海淀支行与海淀区人民政府签定土地储备战略合作协

参加北京分行炫彩青春服务展示大赛

陪同北京分行王珍军行长慰问一线员工

贵宾理财中心营业大厅

陪同分行领导慰问退休老职工

陪同分行“展时代风采”模特大赛

聘请专家对职工进行形体礼仪培训

北京龙泉机动车驾驶员培训中心

校长与先进职工合影

办公楼

中心于2001年率先在同行业中获得ISO9001：2001标准质量管理体系国际国内双认证，2003年获得ISO14001环境管理体系双认证。

中心情系社会，关心公益事业。校长高扬把回报社会当作自己义不容辞的责任，十多年来先后为“希望工程”、“孤寡老人”、“夕阳红”等事业以及妇女活动、弱势困难群体、体育事业、贫困地区、灾区捐资捐物，扶贫助学。中心服务社会，造福一方，每年出资20多万元组织文艺演出，慰问西北旺镇各村的村民，为创建和谐社会作出了贡献；吸收本地区农村富余劳动力、下岗职工近600人，为政府排忧解难；增加地方税收，推动了地方经济的发展。《人民日报》、《北京日报》、《北京青年报》、《劳动午报》、《法制报》、《中国企业报》、《中国妇女报》等十余家报纸对龙泉驾校及高扬校长的先进事迹作了报道。中心曾多次被上级主管部门、新闻媒体、社会组织评为首都职工喜爱的十佳驾校、先进驾校、明星驾校、星级驾校、先进示范校、首都绿化美化花园式单位、市级爱国先进卫生单位、企业合法权益重点保护单位、“质量放心，用户满意”双优单位、驾校行业十大品牌等，赢得了社会和群众的赞许。校长高扬先后获得“十佳校长”、“海淀区巾帼十杰”、“北京经济技术创新标兵”、“首都劳动奖章”、“北京农家女创业”、“全国创业女性”、“北京市劳动模范”、“全国三八红旗手”等称号。

环岛训练

教练场

亿城集团·

亿城集团，

多次获评“最具投资价

“中国

和谐社

亿城集团股份

中国深

亿城秉承“做中国梦

以“尊重、责任、

2003年 碧水

卡尔生活馆

万柳亿城

2004年 三里屯3·3/北

万城华府/人杰地灵，丰业永乐

2006年 亿

2008年 亿城西山华府

更多企业

VANLAND MANSION 萬城華府

亿城·山水颐园 城市，山水间

卡尔生 KARL HOUSE

以上为亿城集团北京部分开发项目

品待发，

墅

花园叠

波士顿

[城

环

享

配

大

西五环
西四环
西三环
晋元桥
阜石路
定慧桥
航天桥
田村山
沙石厂路
玉泉路
金隅·山墅
八角桥
西长安街
五棵松桥
新兴桥